Droit processuel en RD Congo

Boniface KABANDA MATANDA

DROIT PROCESSUEL EN RD CONGO

Les principes directeurs du procès équitable et la responsabilité civile du magistrat

Préface de Christian VALLAR

Doyen de la Faculté de Droit et Sciences Politiques, Université de Nice Sophia Antipolis France

L'Harmattan

5-7, rue de l'École-Polytechnique ; 75005 Paris
http://www.harmattan.fr
diffusion.harmattan@wanadoo.fr
harmattan1@wanadoo.fr
ISBN : 978-2-343-07588-4
EAN : 9782343075884

Préface

Maître Boniface KABANDA Matanda est avocat aux barreaux de Lubumbashi et de Kinshasa/Matete et Professeur à l'Université de Kinshasa en République Démocratique du Congo.

Il est venu étudier à la Faculté de Droit et Sciences Politiques de Nice où il a soutenu en 2011 sa thèse de droit sur la fiscalité des investissements en Afrique.

Désireux de maintenir sonactivité dans le secteur de la recherche, il est devenu chercheur associé au laboratoire que je dirige, le C.E.R.D.A.C.F.F (Centre d'Etudes et de Recherches en Droit Administratif, Constitutionnel, Financier et Fiscal/ EA7267).

Il a également entrepris la rédaction de cet ouvrage considérable sur le droit processuel congolais de 484 pages de texte et de 2326 notes de référence. Il s'agit d'un travail très important aussi bien sur le plan quantitatif que qualitatif. Maître KABANDA rappelle que le droit processuel est là pour structurer les principes du contardictoire, de la bonne foi, del'égalité des parties et de l'impartialité du juge, ce qui n'est malheureusement pas le cas en pratique en République démocratique du Congo.

La responsabilité civile du magistrat est exercée par le juge de cassation, ce contrôle est révélateur de l'échec de l'indépendance du juge et, donc, unéchec de la justice elle-même.Il insiste sur la procédure spéciale de prise à parti, laquelle, bien loin de contribuer à l'établissement du procès équitable et du respect des principes généraux du droit, viole l'ordre public processuel national et international.

Abordant d'abord l'exposé détaillé et particulièrement complet des droits fondamentaux de la procédure dans une première partie traitant du contardictoire, de la loyauté des débats et de l'égalité des parties ainsi que de l'indépendance du juge, Maître KABANDA développe ensuite, dans ce qu'il appelle l' « *Annus horribilis* », les thèmes d'une société dominée par l'injustice et l'échec de la procédure de la prise à parti du juge.

Il est à souhaiter que cette œuvre particulièrement riche et précise favorise l'établissement d'un droit processuel authentique dans le pays dont Maître Boniface KABANDA Matanda est un ressortissant engagé afin que l'avenir judiciaire en soit meilleur.

Christian VALLAR
Doyen de la Faculté de Droit et Sciences Politiques
Université de Nice Sophia Antipolis
France

INTRODUCTION GENERALE

Le besoin et l'organisation du service public de la justice sont séculaires pour toute société humaine. La pluralité d'objets de litige ou de contentieux[1] et les droits subjectifs des justiciables coexistent avec le droit objectif de l'office du juge qui l'oblige à mettre en balance les intérêts généralement opposés. Le procès constitue pour ainsi dire un univers de pression interne et externe, le lieu de vengeance de la société, de l'accusation et des victimes pourquoi pas des gens de la justice[2].

Partant, la procédure ne peut être simple et rapide parce que, tel que le soutient Treilhard, les parties n'exposent pas à l'instruction de leur affaire de bonne foi, elles le font souvent au mépris des règles de convenance, de la justice, du devoir. Notre Auteur en tire la conclusion suivante :

> « … laquelle l'insouciance, l'impetrie, la mauvaise foi, l'aigreur, la haine, la puérile vanité et l'intérêt du moment qui n'est pas toujours d'accord avec l'intérêt de tous les jours refluent si souvent et si fortement sur les actions des hommes »[3].

Si dans une étude comparative, l'ancien Premier Président de la Cour de cassation française, Guy CANIVET, note que :
le procès, dans la conception du XIXème siècle, était une activité gouvernée par des valeurs symboliques à désintéressement : respect des juridictions, recherche d'absolu, de complétude et de perfection, attachement à des règles de comportement marquées par la confiance, le respect des fonctions et l'appartenance à la communauté homogène des *« Robins »*, il n'échappe pas aujourd'hui aux réalités économiques. A notre époque, les professions judiciaires sont soumises à des impératifs de rentabilité, à la relation des professionnels à la libre concurrence, à l'organisation judiciaire, à l'optimisation des ressources publiques, aux relations avec le justiciable et au consumérisme[4].

Bien que soumises au statut d'indépendance et de secret, les professions juridiques ne sont pas simplement des auxiliaires de la justice, elles sont copropriétaires des intérêts qui sont dans la cause[5]. La relation client-conseil étant liée par les intérêts, Eric DUPOND MORETTI et Stéphane DURAND-

---

[1] Olivier DE SCHUTTER, *Fonction de juger et des droits fondamentaux ; transformation du contrôle juridictionnel dans les ordres juridiques américain et européen* ; Bruylant, Bruxelles, 1999, p. 18.

[2] Jacques VERGES, *Justice et littérature*, PUF, Paris, 2011, pp. 1 et suivantes.

[3] TREILHARD cité par Georges WIEDERKEHR, « Point de vue, Les exposés des motifs du code de procédure civile de 1806 », in *De la commémoration d'un code à l'autre : 200 ans de procédure civile en France*, Litec, Paris, 2006, p. 94.

[4] Guy CANIVET, Accueil in *De la commémoration d'un code à l'autre ; 200 ans de procédure civile en France*, *op.cit.*, p. 2.

[5] Les honoraires sont fixés notamment en fonction du résultat obtenu : 20 – 30 %.

SOUFFLAND y trouvent une autre liaison lorsqu'ils affirment : « J'entre dans la vie de mon client et j'utilise la mienne pour le défendre au mieux »[6].

Deux âmes dans un seul corps arrivent à former un contrat judiciaire, celui de la ligne de défense à soumettre à l'épreuve de feu des droits de la défense, de l'indépendance et de l'impartialité de l'office du juge. Les droits de la défense forment le plus beau principe processuel. Mais à leur sommet, s'il y a l'indépendance de l'office du juge, et sans les droits de la défense, celle-ci devient boiteuse[7].

L'ordre public processuel et international dégage les droits fondamentaux de procédure dans la finalité du procès équitable. Les droits de la défense, vocable ambigu rattaché aux droits de l'homme, tous aussi difficiles à déterminer avec exactitude, se sont imposés en procédure comme l'idéal de justice parce que tirés du droit naturel, cequi amena Henri MOTULSKY et B. OPPETIT à utiliser, à raison, à notre avis, l'expression des *« Règles éternelles et immuables »*[8].

Les règles fondamentales de procédure ou droits fondamentaux processuels constituent le thermomètre du procès équitable. Ils sont érigés en principes généraux de droit à toute instance nationale ou internationale. Autour d'eux, une certaine unanimité du point de vue législation, jurisprudence et doctrine semble se dégager dans le sens de les inscrire comme principes directeurs du procès équitable. Ils partent du contradictoire ou la contradiction à la loyauté des débats, ou la bonne foi, l'égalité des justiciables devant le service public de la justice en passant par l'accessibilité au tribunal indépendant et impartial.

Les principes directeurs du procès équitable doivent répondre à l'utilité de la législation, celle de l'effectivité des droits processuels[9]. La cour européenne des droits de l'homme considère que l'accès effectif au juge s'étend en droit européen à un droit d'accès concret et effectif[10].Les garanties processuelles doivent s'analyser comme une réalité de droit à la justice et non des droits virtuels[11].

La justice contemporaine serait une œuvre imbécile pour quelques hommes, disait France ANATOLE. Les droits de la défense ne suffisent

---

[6] Eric DUPOND-MORETTI et Stéphane DURAND-SOUFFLAND, *Bête noire condamné à plaider*, Michel Lafon, Neuilly-sur-Seine, Cedex, 2012.

[7] Georges BOLARD cité par Loïc CADIET, *Dictionnaire de la justice*, PUF, Paris, 2004, p. 364.

[8] H. MOTULSKY et B. OPPETIT cités par Loïc CADIET, *op.cit*, p. 364.

[9] Olivier DE SCHUTTER, Fonction de juger et droits fondamentaux. Transformation du contrôle juridictionnel dans les ordres juridictionnels américain et européen, Bruylant, Bruxelles, 1999, p. 593.

[10] C.E., Bellet c/France, 4 décembre 1995 § 36 JCP, 1996 II, 22648 note M. HARICHAUX : Lire Frédéric SUDRE, *Droit européen et international des droits de l'homme*, 10ème édition, PUF, Paris, 1989, p. 405.

[11] Jean François RENUCCI, *Droit européen des droits de l'homme*, 3ème édition, LGDJ, Paris, 2002, p. 208.

même pas pour filtrer la vérité judiciaire d'une part, et d'autre, l'on constatera que les gens de la justice insécurisent tout autant.
La faillite de l'indépendance et de l'impartialité de l'office du juge conduit inévitablement à la méconnaissance de l'égalité des justiciables devant le service public de la justice, fort préjudiciable aux droits qui sont en jeu. Le statut divin de l'office du juge, depuis la Grèce antique, associé à l'univers sacré[12] lui interdit de se comporter en humain soumis à la règle générale de réparation des dommages dont il serait l'auteur.

Les thématiques d'exigence du procès équitable sont d'une telle pertinence que nous leur consacrons le premier titre du présent livre en termes des droits fondamentaux de procédure, avec 3 chapitres (chap. 1 le contradictoire, chap. 2 la bonne foi et l'égalité des justiciables devant la justice, chap. 3 l'indépendance et l'impartialité de l'office du juge).
L'évidence contemporaine démontre que la justice nationale a failli à sa mission et qu'elle devrait par conséquent répondre de ses actes. Voilà qui fait que le deuxième titre du livre se penche sur l'*« Annus horribilis »* avec deux chapitres dont le premier est relatif à la société dominée par l'injustice et le second à la prise à partie comme réponse légale à la perte d'indépendance dans le chef du magistrat même s'il convient aujourd'hui de se demander si la responsabilisation du juge a-t-elle apporté la paix à la société et aux justiciables.

Dans cette même logique, il semble légitime de répondre à la question de savoir si la procédure de prise à partie s'intègre-t-elle dans la logique du procès équitable formé par l'ordre public processuel et que si c'est normal que la juridiction spéciale de prise à partie, juge naturel de cassation qui elle-même a échoué à apporter la paix à la société et aux justiciables, pourrait l'être en faveur de l'indépendance du juge. Toutes ces préoccupations ayant fait que les désaveux populaires, appuyés par les Etats,se tournent vers la justice communautaire,elles soulèvent une autre préoccupation de savoir si cette dernière est une solution ou une capitulation. En dernière analyse, une conclusion générale, synthèse et extension des résultats, coiffe l'ensemble du travail.

[12] Antoine GARAPON, *Bien juger : essai sur le rituel judiciaire*, Odile Jacob, 2001, p. 23.

Titre premier : LES DROITS FONDAMENTAUX DE PROCEDURE

Les droits fondamentaux de procédure, autrement appelés droits de la défense, sont des règles éternelles et immuables fondées sur le droit naturel qui, selon Henri Motulsky[13], sont applicables à toute instance. Ils constituent les principes directeurs du procès, à savoir : le contradictoire (Chapitre 1), la loyauté et l'égalité des parties (chapitre 2) et l'indépendance et l'impartialité de l'office du juge (chapitre 3).

La théorisation des droits fondamentaux ne facilite pas la détermination compréhensible des valeurs universelles humaines, au regard par exemple de différents instruments juridiques internationaux d'une part et, d'autre, de la fixité commune de leur contenu. Le droit processuel a construit des principes directeurs tirés des droits fondamentaux de l'homme. De ce fait, ils héritent de leur impression, ou mieux de leur polémique scientifique et judiciaire.

Cette difficulté semble expliquer la raison probable de Monsieur Olivier De Schutter de parler du contenu des droits fondamentaux processuels en développant leureffectivité[14].

Les instruments juridiques internes et internationaux ont dégagé l'ordre public international processuel qui contient les droits fondamentaux de procédure [(15)]. Mais les hautes juridictions précisent les droits fondamentaux processuels [(16)] et les exigences du procès.

---

[13] Loïc CADIET, *Dictionnaire de la justice*, PUF, Paris, 2004, p. 364.

[14] Olivier DE SCHUTTER, *Fonction de juger et droits fondamentaux : transformation du contrôle juridictionnel dans les ordres juridiques américain et européen*, Bruylant, Bruxelles, 1999, p. 27.

[15] Jean-François RENUCCI, *Droit européen des droits de l'homme*, 3ème édition, LGDJ, Paris, 2002, p. 41 ; Loïc CADIET, Jacques NORMAND et Soraya AMRANI MEKKI, *Théorie générale du procès*, PUF, Paris, 2010, p. 93.

[16] Louis FAVOREN et Loïc PHILIP, *Les grandes décisions du conseil constitutionnel*, 5ème édition, Sirey, 1989, p. 799 ; M. Long, p. Weil, G. BRAIBANT, P. Delvolvé et B. GENEVOIS, *Les grands arrêts de la jurisprudence administrative*, 17ème édition, Dalloz, 2007, p. 841 ; Jacques BORE et Louis BORE, La cassation en matière civile, 4ème édition, Dalloz, Paris, 2008, p. 169.

Chapitre premier : LE CONTRADICTOIRE

Le principe du contradictoire en appelle à la clarification tant sur le plan sémantique que du point de vue contenu (Section première). Parce que principe au cœur du judiciaire, il s'impose à toute instance aux parties (Section deuxième). A défaut de concentration des moyens, l'office du juge y supplée très limitativement (section troisième). Malheureusement, l'avis du Ministère Public (section quatrième) et les notes d'audience (section cinquième) sont insoumis à la contradiction dont l'office du juge en a reçu mission de sentinelle(Section sixième).

Section 1 : Théorie et fondement juridique du contradictoire

L'étude du principe du contradictoire requiert une analyse préalable de ses fondamentaux sans lesquels il serait difficile d'appréhender sa finalité. C'est pour cette raison que cette première section s'emploie à étudier la théorie générale sur le principe du contradictoire (§ 1) pour ensuite analyser en détails son fondement (§ 2)

§ 1.Théorie

Le contradictoire est défini comme étant une opération (judiciaire ou extrajudiciaire) à laquelle tous les intéressés ont été mis à même de participer, même si certains n'y ont pas été effectivement présents ou représentés, mais à la condition que tous y aient été régulièrement convoqués de telle sorte que le résultat de cette opération leur soit tous opposable. En ce sens, une opération contradictoire peut être amiable ou contentieuse. Au sens plus restreint,elle s'oppose parfois à *« Par défaut* » et à « R*éputé contradictoire »*[17].

Les Professeurs Jacques HERON et Thierry LE BARS soutiennent que le principe de la contradiction est également appelé principe contradictoire ou du contradictoire. Ces expressions étant synonymes, elles peuvent être employées indifféremment[18] ainsi que l'admet aussi le Recteur Honoraire Serge GUINCHARD[19].

---

[17]Gérard CORNU, *Vocabulaire juridique*, PUF, Paris, 1987, p. 229

[18]Jacques HÉRON et Thierry LE BARS, *Droit judiciaire privé*, 4ème édition Montchrestien, Paris, 2010, p. 233 (2).

[19]Serge GUINCHARD, Cécille CHAINAIS et Frédérique FERRAND, *Procédure civile, Droit interne et droit de l'Union Européenne*, 30ème édition, Dalloz, Paris, 2010, p. 547.

La contradiction est la façon dont une personne dément ce qu'affirme une autre. Mais si l'esprit de contradiction est plutôt dénigré dans la vie courante, ce mode est l'essentiel des procès. Le contradictoire exige qu'une personne mise en cause soit en mesure de faire valoir les arguments en sa faveur, se protégeant ainsi contre la perspective d'une décision judiciaire défavorable[20].

Socle par excellence du procès équitable et pilier des droits de la défense, le contradictoire s'appuie sur la présomption d'innocence, le doute raisonnable et la charge de la preuve.

La présomption d'innocence est destinée à donner à chaque justiciable accusé les garanties et les moyens de se défendre comme s'il était innocent afin de le demeurer[21]. En recherchant ses origines, Michèle-Laure RASSAT note la méconnaissance dudit principe par l'ancien droit. Non seulement que tout au long du procès, la personne poursuivie était présumée coupable et placée délibérément dans une situation difficile pour sa défense, mais aussi qu'elle ne pouvait, en l'absence de preuves positives de son innocence, bénéficier d'une véritable autorité de la chose jugée[22].

Comme on peut le constater, plusieurs idées ont contribué à la construction du principe de la présomption d'innocence. Notons avec Jean-François BREGI la contribution d'Hésiodequi, s'inspirant de Socrate, affirme que la justice est ce qui distingue le plus fondamentalement l'homme de la bête. Elle constitue le propre de l'homme. La tella est la loi que le cronide a prescrite aux hommes : « Que les poissons, les fauves, les oiseaux ailés se dévorent puisqu'il n'est point parmi eux de justice ; mais aux hommes, Zeus a fait don de la justice qui est de beaucoup le premier des biens »[23].

Avant le procès contradictoire, la justice du roi ou celle de l'Eglise était loin d'être celle de la sauvegarde des droits de la défense.

Le Professeur NOËL Didier explique la guerre entre l'Eglise et le roi en ces termes : « Deux puissances, vivant côte à côte, à la fois spirituelles et temporelles, se partagent les droits (…). La présence dans la ville de plusieurs cours à compétence concurrente a été une entrave à la justice, une source de charges et d'inconvénients pour les justiciables contraints pour un même acte ou un même délit à se prêter à des formalités multiples et onéreuses[24].

---

[20]Loïc CADIET, *Dictionnaire de la justice*, PUF, Paris, 2004, p. 236.

[21]Loïc CADIET, *op.cit*, p. 1023.

[22]Michèle-Laure RASSAT, *Procédure civile*, Ellipses, Paris, 2010, pp. 223-224.

[23]Jean-François BRÉGI, *Introduction historique au droit*, Ellipses, Paris, 2005, p. 101.

[24] Noël DIDIER, *Un procès en annulation d'une sentence pontificale (1276-1277*, in recueil de mémoires et travaux). Société d'histoire du droit et des institutions des anciens pays de droit écrit, Imprimerie F. Boisseau, Toulouse, 1948, pp. 29-30.

Le temps de méconnaissance des droits individuels appela la révolte des éclairés dans le triomphe de la vertu de la Grèce classique[25], justice selon Aristote et Platon.

Evidemment, la question du procès équitable dans sa branche du contradictoire demeure une aspiration universelle. Meng Tsere (372-289 avant notre ère) écrit: « L'individu est infiniment important, la personne du souverain est ce qu'il y a de moins important »[26].

La canalisation de la vengeance par la justice est fondamentale. Nietzche ne se trompe pas en affirmant que « Tout le monde se vengera, à moins d'être sans honneur ou alors plein de mépris ou d'amour pour l'auteur du dommage et de l'offense. Même celui qui s'adresse aux tribunaux veut sa vengeance en tant que particulier, mais en outre et accessoirement, en tant que membre conscient et prévoyant de la société. La peine juridique rétablit ainsi et l'honneur personnel et l'honneur de la société, ce qui veut dire que la peine elle-même est une vengeance »[27].

S'inspirant des personnages cornéliens dans le *Cid*, le doyen Jean Carbonnier décèle l'idée de vengeance dont Chimène est incapable en ces termes : « *Scandaleuse sinon dépravée* » en aimant le meurtrier de son père, elle manque à son devoir de vengeance. Sa faute est là : bafouer le système de représentation qui régit une société fondée sur l'honneur. Chimène doit épouser Rodrigue : « Ta gloire est dégagée et ton devoir est quitte. Ton père est satisfait et c'était le venger »[28].L'idée de vengeance a depuis les nuits des temps dominé l'environnement judiciaire. On peut l'observer dans la loi du talion ou encore dans les *Euménidés* d'Eschyle où Apollon, dieu de la lumière et de la poésie, devait protéger le meurtrier de Clytemnestre contre les représailles et la fureur vindicatives[29].

La vengeance affecte également le procès civil par un règlement du litige conforme aux principes fondamentaux de la société[30].

La preuve devient l'âme du procès dans le besoin séculaire de la recherche de la vérité judiciaire. Le Professeur Michèle-Laure RASSAT, analysant la problématique de la preuve, quel que soit le cadre juridictionnel dans lequel elle se situe se pose entre autres questions de savoir : « Qui doit

---

[25]Jean François BRÉGI, *Introduction historique au droit*, Ellipses, Paris, 2005, p. 89.

[26]Les Notices : Protection des libertés et des droits fondamentaux, Documentation française, Paris, 2007, p. 7.

[27]NIETZCHE cité par Nasri Antoine DIAB, *Le droit fondamental à la justice, la procédure civile Libanaise à l'épreuve des droits fondamentaux*, Bruylant, Delta et LGDJ, première édition, 2005, p. 24.

[28] Denis SALAS, La justice saisie par la littérature dans l'œuvre de Jean Carbonnier, in Justice *et droit du procès du légalisme procédural à l'humanisme processuel*. Mélanges en l'honneur de Serge GUINCHARD, Dalloz, Paris, 2010, p. 55.

[29] Jacques VERGES, *Justice et littérature*, PUF, Paris, 2011, p.87.

[30]Serge GUINCHARD, *Droit et pratique de la responsabilité civile. Droit interne-Droit communautaire*, Dalloz, 6ème édition, Paris, 2009, p. 222

prouver ? Comment doit-on prouver ? Jusqu'où doit-on apporter la preuve de ce qu'on affirme ? »[31].

Les droits de la défense sont un instrument de vérité[32].Le droit processuel a pris forme. Le principe du contradictoire y trône. Quels peuvent être dès lors son fondement, ses limites et ses destinataires ?

§ 2. Fondement du contradictoire

Les droits de la défense peuvent-ils avoir un fondement du droit naturel ? (A) et/ou du droit temporel ? (B).

A. Droit naturel

Le droit naturel est fondé sur un ordre des valeurs éminentes même si l'exigence dont il s'agit a été par ailleurs reconnue par la loi positive :

1. règle considérée comme conforme à la nature de l'homme ou des choses ;
2. qui résulte d'un fait de la nature (physique, biologique, etc.[33].

Le droit naturel renvoie à la question des droits de l'homme et aux droits fondamentaux. Gérard Cornu souligne que le naturel, du latin naturalis, de natura, est fondé sur un ordre des valeurs éminentes (justice idéale, devoir moral) ; règle considérée comme conforme à la nature (de l'homme ou des choses) et à ce titre reconnue comme de droit idéal[34].

Dans l'éthique à Nicomaque, Aristote note que la vertu de la justice est la disposition acquise qui rend l'individu apte à vouloir et à faire, de son plein gré, ce qu'exige la justice[35].

Analysant les droits de l'homme, B. MATHIEUaffirme que « La notion de dignité est essentielle car elle apparaît comme le « P*rincipe matériel* » par excellence qui constitue le socle des droits fondamentaux, voire leur raison d'être »[36].

En dépit du contour flou de la théorisation des droits de l'homme, le Professeur Frédéric Sudre soutient, à juste titre, sa finalité idéologique. Pour lui, le droit international des droits de l'homme aspire à exprimer une

---

[31]Michèle-Laure RASSAT, *op.cit*, p. 233.
[32] Serge GUINCHARD, *op.cit*, p. 593.
[33] Loïc CADIET ou Gérard CORNU, 2004, p. 607.
[34] Gérard CORNU, *Vocabulaire juridique*, PUF, Pris, 1987, p. 607.
[35] Loïc Cadiet, op.cit, p. 72.
[36]B. MATTHIEU cité par Jean-François RENUCCI, *Droit européen des droits de l'homme*, 3ème édition, LGDJ Paris, 2002, p. 1.

idéologie commune à l'humanité toute entière, dont le principe premier est celui de l'égalité de tous les hommes[37].

L'homme, animal social, est un loup pour l'autre. De ce fait, le crime est l'œuvre de l'humain.

En analysant le mythe de la Bête en l'homme pour dégager l'histoire naturelle de l'animalité humaine, Pierre KARTI se réfère à la pensée de Konrad LOVENZ qui pouvait parler de :

> Cette quantité néfaste d'agressivité dont une hérédité malsaine pénètre encore l'homme aujourd'hui jusqu'à la moelle, ou encore de l'instinct d'agression hérité de nos ancêtres anthropoïdes et que notre raison ne peut pas contrôler[38].

Par ailleurs, pour Maître Jacques VERGES, le crime est pareil à la mort. C'est que les assassins ou les monstres, pour s'unir au langage courant, ne sont guère différents de nous. Ce sont nos semblables et nos frères, eux qui n'ont pas moins que nous deux yeux, deux mains, un sexe, mais un cœur, un cœur qui bat[39].

Dans cette même logique, l'Auteur en conclut que l'infraction est une caractéristique de la société humaine. Dans la société animale, il n'y a pas de crime. C'est pourquoi, la vie pour lui est la rencontre chaque jour de milliardaires et de mendiants, de saints et d'assassins, de militants et de flics, de juges et de gardiens de prison, de journalistes et de poseurs des bombes[40].

Dans *Le Roman de la Vie* de Patrice Debré, Deyrolle veut s'éloigner du cœur de l'interrogation humaine sur « l'origine » ; le prêtre l'arrêta : « Je me prends souvent à penser que nulle forme n'arrive à différencier le monde vivant de l'inerte, la chair de l'argile, le pétale de l'agate »[41].

Les écoles psychiatriques et criminologiques se divisent sur la notion d'acteur social. DE GREEFF, Maître de l'école de criminologie de Louvain, rompit le système d'explication causale simple en matière pénale. Pour lui, l'accent doit être mis sur le « Je » du délinquant en soutenant que, « d'une certaine manière, le comportement de transgression a paru à cet agent la meilleure si pas la seule solution à un moment donné »[42].

De l'affaire des Rosenberg qui, condamnés à mort et exécutés, après quoi leurs enfants publient un livre intitulé *« Nous sommesvosfils»*[43], l'on peut

---

[37]Frédéric SUDRE, *Droit européen et international des droits de l'homme*, 10ème édition revue et augmentée, PUF, Paris, 1989, pp. 38-39.

[38]Pierre KARTI, *Acteur social et régulation biologique in acteur social et délinquance*. Hommage à Christian Debuyst Pierre Mardage, Liège-Bruxelles, 1990, p. 43.

[39]Jacques VERGÈS, *Justice et littérature*, PUF, 2011, pp. 38-39.

[40] Jacques VERGES, *Beauté du crime*, Plon, Paris, 1988, p. 7.

[41]Patrice DEBRÉ, Le Roman de la vie, Flammarion, 1999, p. 50.

[42] De Greef cité par Christian DEBUYST, Présentation et justification du thème, in *acteur social et délinquance*, hommage à Christian Debuyst, Pierre Mardaga, Liège-Bruxelles, 1990, pp. 27 – 28.

[43] MICHAEL et Robert MECROPOL, *Nous sommes vos fils. L'affaire Rosenberg*, éditions sociales, Paris, 1975.

retenir que nous sommes tous des potentiels justiciables ; des Saints, en commençant par le fils de Dieu Jésus-Christ, des diables, des riches et des pauvres, des seigneurs et des esclaves, des lettrés et des illettrés, jeunes et vieux. Les droits de la défense sont un filtre de vérité pour tout humain. Ils font partie des droits fondamentaux de l'homme régis par le droit naturel qui s'impose à toutes les procédures juridictionnelles.

La nature humaine nous impose l'instinct de défensed'où l'on tire la notion de légitime défense. La légitimité de la défense est ainsi connue dans le monde animalier pour répondre à l'attaque. Les saintes écritures n'en disent pas moins vrai en donnant cependant une exception : l'agneau, typifiant Christ, peut lui se livrer volontiers au sacrifice alors que les autres bêtes y résistent car il s'agit d'un instinct naturel.

En dépit de cette exception rarissime, la défense reste la règle de la nature.

La cour de cassation française dès 1828 considéra les droits de la défense comme les règles de droit naturel, idée reprise avec force par Henri MOTULSKY comme un principe inhérent à toute légitimité processuelle[44].

La source du droit naturel du contradictoire, reprise par l'arrêt de la cour de cassation française de 1828, a été aussitôt reconnue par l'Etat Indépendant du Congo, par l'ordonnance du 19 mai 1886 approuvée par le décret du 12 novembre 1886, prescrivant que le contradictoire est un principe naturel de l'instance, que chaque partie est en mesure de discuter les prétentions, les arguments et les preuves de son adversaire[45].

Le conseil d'Etat décida que le jugement suppose le respect de la procédure contradictoire et comporte, dans son dispositif, l'autorité de la chose jugée. Dans ce débat, le justiciable doit être protégé tant de l'agression de son adversaire que de la puissance du juge. Tel est précisément le rôle assigné aux droits de la défense[46].

La brutalité de l'acte criminel est souvent amplifiée par les journalistes [47] ; les tueurs d'histoire dérèglent la sérénité des débats judiciaires[48]. Tel est le crime de Jack l'éventreur de Jacques VERGES[49]. Il en est de même de Ditrou en Belgique, des actes du 11 septembre aux Etats-Unis, des viols à l'Est de la République Démocratique du Congo, etc.

---

[44]*Dictionnaire de la justice*, PUF, Paris, 2004, p. 364.

[45] Ruffin MUSHIGO-A-GAZANGA GINGOMBE, *Les principes généraux du droit et leurs applications par la cour suprême de justice du Congo*, Bruylant, Louvain-la-Neuve, 2002, p. 37.

[46]CE, section 5, Mai 1944, dans Veuve Trompier-Gravier cité par M. LONG, P. WEIL, G. Braibant, P.G. DELVOLVÉ et B. GENEVOIS, *Les grands arrêts de la jurisprudence administrative*, 16° édition, Dalloz, Paris, 2007, p. 367.

[47] François Rigaux, Acteur social et sujet de droit in *Acteur social et délinquance, hommage à Christian Debuyst*, Pierre Mardaya, Liège-Bruxelles, 1990, p. 84.

[48] Jacques VERGES, *op.cit*, p. 37.

[49] Eric DUPONT MORETTI cité par Matthieu ARON, *Les grandes plaidoiries des ténors du Barreau. Quand les mots peuvent changer*, Jacob Duvernet, 2010, p. 61.

Maître Eric DUPONT MORETTI abonde dans le même ordre d'idées. Comme Avocat du prévenu, il trouve des mots, la force des mots : « Aux parties civiles, je m'incline en tant qu'homme devant votre chagrin, je m'incline sur votre dignité. On voit si souvent dans les cours d'assises des parties civiles (...) qui mesurent leur possibilité de reconstruction à la hauteur des années de prison prononcées »[50].

Le constat de Maître Jacques Fremolet de Villers, Avocat de Paul Touvier reste d'actualité. Il souhaite qu'il ne faille pas mélanger la douleur et la haine, qu'il ne faut pas mélanger la mémoire et la vengeance, qu'il ne faut pas mélanger l'hommage dû aux morts, aux morts innocents et la vengeance contre celui qui n'a pas été l'instrument volontaire de leur mort[51].

La cruauté des actes terroristes, moins encore les infractions politiques, ne peuvent changer le fondement du droit naturel du contradictoire. La réalité semble donner la négation du droit naturel du contradictoire[52].

Lors de la visite du Pape Jean-Paul II à Cassel Gandolfo, en 2001, le Président George W. Bush fut exhorté par le Saint Père à défendre le caractère sacré de l'existence[53]. Les méthodes d'interrogatoire de la CIA sont si proches de la négation du droit fondamental du contradictoire, car l'arrêt rendu à la majorité estima que l'article III commun aux quatre conventions de Genève concernant exclusivement les conflits armés (...) le texte interdisant toute atteinte à la dignité des personnes[54].

C'est pourquoi, par les droits de la défense et face à la haine et la passion, Maître Henri Leclerc se propose par la plaidoirie de faire aimer l'accusé[55].

En somme, la justice, comme une idée de la communauté sociale, est la première vertu des institutions sociales comme la vérité est celle des systèmes de pensée[56]. Ces institutions sociales reconnaissent à l'homme des droits inhérents à sa nature, justification du droit naturel. D'où l'influence exercée par les courants démocratiques sur les lois processuelles.

La justice au sens que lui donne Bentham Jeremy, celui de l'utilité, permet de trouver les vraies raisons d'évaluation de l'action sans se laisser influencer par les préjugés ou les sentiments[57]. Le judaïsme offre les premiers fondements des droits de la défense. La justice ne cherche pas l'élimination du transgresseur mais la prise de conscience par lui des causes de ses actes (Techowa) en vue de son acceptation de la loi, celle d'un

---

[50] Idem, p. 61.

[51] Jacques FREMOLET, cité par Matthieu ARON, *op.cit*, p. 56.

[52]Lotti RAÏSSI, *le 20ème Kamikaze n'a jamais existé, histoire d'une manipulation des services secrets américains et anglais*, Jacob-Duvernet, 2011, p. 33.

[53]George W. Bush, *Instants décisifs*, Plan, 2010, p. 330-331 : photos avec le Saint Père

[54] Idem, p. 187.

[55] Matthieu ARON, *op.cit*, p. 19.

[56])John RAWLS, *Théorie de la justice*, Imprimerie Froch à Mayenne, 1987, pp. 29, 564.

[57] Jeremy BENTHAM cité par Loïc Cadiet, *op.cit*, p. 132.

univers, non clos, en perpétuelle création et surtout pour la réparation (Tikkoun)[58].

Ecrivant sur la loi naturelle et le droit naturel, Jérémie Bentham estime pour sa part que les deux espèces de fiction ou de métaphore jouent un si grand rôle dans les livres de législation[59].

Les droits de la défense sont consacrés tant par le droit naturel que par le droit positif.

B. Le droit positif du contradictoire

Le principe du contradictoire constitue l'aspect le plus visible des droits de la défense. L'utilitarisme classique de la justice en a fait de larges commentaires[60]. Le principe de l'utilité repose sur le bonheur public, qui est l'objet de législation[61]. Le contradictoire est une préférence inter-temporelle, ses valeurs sont universellement reconnues et, partant, érigées en principe général de droit.

1. La déclaration universelle des droits de l'homme

La société est dynamique. Les organisations internationales créent des règles juridiques et judiciaires. Ces règles priment sur la loi en dépit de l'opinion d'Aristote et Platon de considérer la loi comme une expression de la raison : « La loi est une raison libre de désir »[62].Le droit international constitue ainsi une source du droit processuel.

Pour tenter de définir la préoccupation de l'application directe de la règle internationale, Olivier De Schutter met en exergue deux critères. Le premier avancé par le chief justice Marshall en 1829 dans l'arrêt Foster and Elam V. Neilson de la cour suprême des Etats-Unis. Pour la cour, l'esprit des auteurs de la constitution, le respect des engagements internationaux en instituant la clause the supreme law of the land (art. VI cl 2. Le deuxième provenant de l'avis consultatif du 3 mars 1928 de la cour permanente de justice internationale dans l'affaire relative à la compétence des tribunaux de Dantzig « l'intention des parties contractantes »[63].

La primauté du droit international sur la source interne constitue une évidence. La constitution Française du 4 octobre 1958 en est un exemple. Son article 55 dispose que « les traités ou accords régulièrement ratifiés ou

---

[58] Loïc Caidet, *op.cit*, p. 670.

[59] Jérémie BENTHAM, *Traités de législation civile et pénale*, Dalloz, Paris, 2010,p. 19

[60] John RAWLS, *op.cit*, p. 333.

[61] Jérémie BENTHAM, *op.cit*. p. 10.

[62]Jean François BRÉGI, *op.cit*, p. 110.

[63]Olivier DE SCHUTTER, *Fonction de juger et droits fondamentaux. Transformation du contrôle juridictionnel dans les ordres juridiques américains et européens*, Bruylant, Bruxelles, 1999, pp. 121-122.

approuvés ont, dès leur publication, une autorité supérieure à celle des lois »[64].

L'article 215 de la constitution congolaise correspond presque à la lettre de l'article 55 de la constitution Française précitée[65].

La primauté du droit international sur la source interne s'affirme chaque jour. Dans l'affaire Flaminio Costa contre Enel, AFF. b/64, la cour de justice des communautés européennes, affirmant la primauté du droit communautaire pouvait soulignerce qui suit :

> Attendu que cette intégration au droit de chaque pays membre de dispositions qui proviennent des sources communautaires et, plus généralement, les termes et l'esprit du traité, ont pour corollaire l'impossibilité pour les Etats de faire prévaloir, contre un ordre juridique accepté par eux sur une base de réciprocité, une mesure unilatérale ultérieure qui ne saurait ainsi lui être opposable. Que la force exécutive du droit communautaire ne saurait, en effet, varier d'un Etat à l'autre à la faveur des législations internes ultérieures, sans mettre en péril les réalisations des buts du traité visé à l'article 5 (2), ni provoquer une discrimination interdite par l'article 7[66].

Le conseil d'Etat reconnaît la primauté du droit communautaire sur la loi comme l'indique un des attendus de l'un de ses grands arrêts aux termes duquel nous pouvons lire ce qui suit :

> considérant qu'il ressort des pièces du dossier qu'en l'état des connaissances scientifiques les dispositions introduites au second alinéa de l'article L 224-2 du code rural par la loi du 3 juillet 1998 sont, dans leur quasi-totalité, incompatibles avec les objectifs de préservation des espèces de l'article 7 paragraphe 4 de la directe n° 79409/CEE du 2 avril 1979 telle que celle-ci a été interprétée par l'arrêt de la cour de justice des communautés européennes du 19 janvier 1994 ; que ces dispositions du second alinéa de l'article L 224-2 du code rural étant ainsi inapplicables, elles ne pouvaient légalement justifier que saisi d'une demande en ce sens, le ministre chargé de la chasse refusad'exercer, dans le respect des objectifs de la directive, la compétence réglementaire qu'il tenait des dispositions combinées au premier alinéa de l'article L 224-2 du code rural et de l'article R 224-6 du même code[67].

La déclaration universelle des droits de l'homme de l'Assemblée générale des Nations-Unies de 1948, ratifiée par la majorité des Etats, en l'occurrence la RD Congo qui lui réserve une place de choix dans le

---

[64]*Les constitutions de la France depuis 1789*, GF. Flammarion, Paris, 1995, p. 440.

[65]Constitution de la RD Congo, J.O. n° spécial, 78, 18 février 2006, pp. 9-76.

[66]L. DUBOIS et C. GUEYDAN, *Les grands textes du droit de l'union européenne*, Tome 1, 7ème édition, Dalloz, Paris, 2005, p. 559.

[67]M. LONG, P. WEIL, G. BRAIBANT, P. Delvolvé et B. GENEVOIS, *Les grands arrêts de la jurisprudence administrative*, 16ème édition, Dalloz, 2007, p. 809.

préambule de sa constitution, constitue une source évidente du droit processuel.

Par l'adoption de la déclaration universelle des droits de l'homme, Frédéric Sudre voit la mondialisation desdits droits par l'affirmation suivante « La reconnaissance des droits de l'homme revêt un caractère global et universel, qui traduit un consensus apparent de la société internationale, une bonne conscience collective : les droits de l'homme urbi et orbi »[68].

Le principe du contradictoire apparaît clairement à l'article 10 de la déclaration universelle des droits de l'homme lorsqu'il exige que la cause soit entendue équitablement et publiquement par un tribunal indépendant et impartial, qui décidera, soit de ses droits et obligations, soit du bien-fondé de toute accusation en matière pénale.

Les libellés de l'article 11 sont encore plus clairs lorsque l'accusé doit bénéficier de la présomption d'innocence jusqu'à ce que sa culpabilité ait été légalement établie au cours d'un procès public où toutes les garanties nécessaires à sa défense lui auront été assurées.

Dans le même ordre d'idées, l'alinéa 2 de l'article 11 de la déclaration universelle des droits de l'homme pose un principe fondamental de la non-rétroactivité de la loi pénale et de légalité des infractions et des peines en ces termes :

> Nul ne sera condamné pour des actions ou omissions qui, au moment où elles ont été commises, ne constituaient pas un acte délictueux d'après le droit national ou international. De même, il ne sera infligé aucune peine plus forte que celle qui était applicable au moment où l'acte délictueux a été commis.

L'on ne peut, à ce niveau, s'empêcher de déceler l'influence certaine de la déclaration des droits de l'homme et du citoyen de 1789 sur celle des Nations-Unies de 1948.

La déclaration de 1789 proscrit des actes qui sont, à l'heure, revenus en force, surtout pour les inculpés du terrorisme. L'article 9 commande que s'il est jugé indispensable de procéder à l'arrestation de l'inculpé, toute rigueur qui ne serait pas nécessaire pour s'assurer de sa personne doit être sévèrement réprimée par la loi[69].

Les conditions d'arrestation de Dominique Strauss-Kahn aux Etats-Unis rappellent la pertinence de l'article 9 de la déclaration de 1789[70].

Si l'ancien Président George W. Bush considère la décision de se marier à Madame Laura comme la meilleure décision[71], l'approbation des méthodes

---

[68]Frédéric SUDRE, *op.cit*, p. 130.

[69]*Les constitutions de la France depuis 1789*, G.F. Flammarion, Paris, 1915, p. 33.

[70] Procédure pénale aux Etats-Unis – M. c/ Dominique : Violence sexuelle.

[71] George W Bush, *Instants décisifs*, Plon, 2010, pp. 184-185.

de la CIA sous son règne a toujours offert à ses adversaires de taxer son régime de violation des droits de l'homme[72].

En somme, les droits de la défense relèvent du droit naturel, autrement appelés droits de l'homme. Magali BESSONE relève que les droits de l'homme sont « Naturels, inaliénables et sacrés ». L'homme en est la seule source[73].

2. Le contradictoire, un principe général de droit

Le principe général de droit est défini comme étant une source du droit international au regard de l'article 38 du statut de la cour internationale de justice, qui fait référence aux principes généraux de droit reconnus par les nations civilisées : principes communs aux ordres juridiques internes et à l'ordre international (bonne foi, abus de droit, enrichissement sans cause, autorité de chose jugée, égalité des parties à une instance, ou principes spécifiques à l'ordre international qui parfois se distinguent difficilement des règles coutumières (souveraineté, responsabilité, l'égalité des Etats)[74].

J. BOUVIER définit pour sa part les principes généraux de droit comme des vérités ou des propositions tellement claires qu'elles ne peuvent être prouvées ni contredites sauf par des propositions qui sont encore plus claires[75].

Quant à Gérard CORNU, il définit les principes généraux de droit du fait de leur reconnaissance comme tels par les cours et tribunaux. Pour lui,ce sont des règles admises par la jurisprudence comme s'imposant à l'administration et à ses rapports avec les particuliers, même sans texte, et ayant une valeur égale de la loi, de sorte que celle-ci peut y déroger et que, au contraire, l'administration et le pouvoir réglementaire doivent les respecter[76.]

Par contre, le Professeur VUNDUAWE TE PEMAKO met en exergue la reconnaissance par le législateur des principes généraux de droit. Ainsi, il les définit comme un ensemble des règles de droit reconnues par le législateur et admises par la jurisprudence comme étant obligatoires, non seulement pour

---

[72] Les tortures à Guantanamo.

[73]Magali BESSONE, *La justice*, GF Flammarion, Paris, 2.000, p. 66.

[74]*Dictionnaire du vocabulaire juridique*, PUF, Paris, 1987, p. 721.

[75]J. BOUVIER cité par Ruffin MUSAIGO-A-GAZANGA GINGOMBE, *Les principes généraux du droit et leurs applications par la cour suprême de justice du Congo*, Academia-Bruylant, Louvain-La-Neuve, 2002, p. 21.

[76]Gerard CORNU, cité par KALALA MUENA MPALA, *Juridictions de droit commun siégeant en matière du travail : composition, compétence et saisine irrégulières. Moyens d'ordre public d'annulation et de cassation pour violation de la loi*, Nata, Kinshasa, 2008, p. 69.

l'administration mais aussi dans les relations entre l'administration et les particuliers, et dont la violation est sanctionnée par le juge[77].

François MARTINEAU épouse la définition des principes généraux de droit proposée par RODIERE. Ce dernier les définit comme

> « Des maximes traditionnelles de portée générale qui, pour reprendre une formule tautologique de la cour de cassation peuvent être considérées comme l'expression d'un principe général et qui sont applicables même en l'absence d'un texte de droit »[78].

Et l'auteur de préciser qu'ils n'ont de valeur juridique que s'ils sont repris par la jurisprudence, sanctionnés par elle, de sorte qu'ils constitueraient une source de droit que si les juges l'entendent comme telle[79].

Tous les principes généraux ne sont pas prévus par les textes législatifs. Beaucoup ont été dégagés par la sagesse jurisprudentielle avant leur reconnaissance législative.

A en croire Philippe Bouvier, magistrat au conseil d'Etat, « Dans l'identification des principes généraux, le juge occupe donc un rôle prépondérant. Il arrive que certaines règles qualifiées de principes généraux soient en réalité déjà inscrites dans un texte (...). Le plus souvent les principes généraux trouvent leur fondement dans la volonté implicite du constituant, du législateur ou de l'autorité réglementaire[80].

Les branches du droit sont, au quotidien, au maintien de leur autonomie pour celles qui l'ont acquise. Elles tiennent à la conserver. D'autres se battent encore, situation qui conduit à la catégorisation entre la loi à caractère général et celle qui est spéciale. La diversité des juridictions et la pluralité de procédure constituent une autre réalité.

Les juridictions sont à la fois nombreuses et diversifiées[81], le dégagement des principes généraux du droit n'est pas admis de la même manière et au même moment par toutes les différentes juridictions.

L'antagonisme s'observe à la haute Cour où tous les ordres juridictionnels se livrent à la concurrence sous le label de spécialité. Les juridictions de l'ordre administratif reconnaissent comme principe général de droit « Les droits de la défense » au même titre que le juge de cassation et le Conseil constitutionnel.

Les juridictions administratives françaises consacrent aussi le contradictoire comme principe général de droit.

Dans l'affaire Dame veuve Trompier-Gravier, le conseil d'Etat décida entre autres que :

---

[77]VUNDUAWE TE PEMAKO, cité par KALALA MUENA MPALA, *op.cit.*, p. 69.

[78]RODIÈRE cité par François MARTINEAU, *Petit traité d'argumentation judiciaire*, 4ème édition, Dalloz, Paris, 2010, p. 50.

[79]François MARTINEAU, *op.cit*, p. 50.

[80]Philippe BOUVIER, *Eléments de droit administratif*, De Boeck&Larcier, Bruxelles, 2002, pp. 41-42.

[81]Roger PERROT, *Institutions judiciaires*, 11ème édition, Mont Chrestien, Paris, 2004, p. 87.

Eu égard au caractère que présentait, dans les circonstances susmentionnées, le retrait de l'autorisation et à la gravité de cette sanction, une telle mesure ne pouvait légalement intervenir sans que la dame veuve Trompier-Gravier eût été mise à même de discuter les griefs formulés contre elle ; que la requérante, n'ayant pas été préalablement invitée à présenter ses moyens de défense, est fondée à soutenir que la décision attaquée a été prise dans des conditions irrégulières par le préfet de la Seine et est, dès lors, entachée d'excès de pouvoir [82].

Le conseil d'Etat réaffirma le même principe dans l'affaire Mr Moineau face au conseil régional qui refusa son inscription à l'ordre des médecins[83].

Dans les observations de l'arrêt Madame veuve Trompier-Gravier, il est indiqué que la jurisprudence exigeait que l'intéressée ait été mise en mesure de discuter les motifs de la mesure qui la frappe. Cette extension aux décisions administratives d'une règle de procédure fondamentale en matière juridictionnelle (conseil d'Etat, 20 juin 1913, Téry)[84], facilitée par les dispositions législatives relatives à la discipline des fonctionnaires, constitue l'une des applications les plus remarquables de la théorie des principes généraux du droit[85].

Le contradictoire doit être aussi observé par les organismes tels que l'ordre national des médecins, des pharmaciens, des experts comptables, des avocats, etc.

Consécutivement à l'arrêt du conseil d'Etat (Ass. 29 juillet 1950, comité de défense des libertés professionnelles des experts-comptables brevetés par l'Etat), les observations rappellent une autre décision de la haute cour administrative par laquelle elle décida que « Constituent des actes administratifs non seulement les codes de déontologie prenant la forme de décret tel le code de déontologie médicale, mais aussi ceux qu'ont élaborés les organismes eux-mêmes lorsque la loi leur confère ce pouvoir »[86].

Les conclusions, sur l'arrêt Bougnen, du commissaire du gouvernement Lagrange restent d'actualité et l'on peut dire à ce titre que :

Le pays qui a su soumettre la puissance publique elle-même au contrôle juridictionnel ne saurait tolérer qu'y échappent tels ou tels organismes investis du pouvoir de créer, d'appliquer ou de sanctionner des règlements, sous le prétexte qu'on serait en présence d'un droit autonome ou sui generis[87].

---

[82]C.E. 5 mai 1944, Dame Trompier-Gravier, Rec. 133.
[83]C.E., section 2 février 1945, Moineau, Rec. 27.
[84]M. LONG, P WEIL, G. BRAIBANT, p. DELVOLVÉ et B. GENEVOIS, *Les grands arrêts de la jurisprudence administrative*, 16è édition, Dalloz, Paris, 2007, p. 357.
[85] Idem, p. 357.
[86]M. LONG, P WEIL, G. BRAIBANT, p. DELVOLVÉ et B. GENEVOIS, *op.cit.*, p. 432.
[87]Ibidem, pp. 432-433.

Philippe BOUVIER partage le point de vue du conseil d'Etat. Le principe contradictoire, dit-il, comprend le respect des droits de la défense, applicables en matière disciplinaire. Il s'apparente à une règle de bonne administration et d'équitable procédure[88].

Le contradictoire, principe général de droit, a été reconnu par le conseil d'Etat le premier avril 1869, dès l'origine du droit public. C'est ainsi que l'article L5 impose au juge administratif « qu'aucun document ne saurait être régulièrement soumis au juge sans que les parties aient été mises à même d'en prendre connaissance »[89].

Monsieur Jean MARC SAUVE reconnait au juge administratif le rôle de prolongement de l'Etat du serment durable de la République, comme un acteur essentiel de la protection des libertés publiques. Le juge administratif, gardien des libertés fondamentales, reconnaît le contradictoire comme principe fondamental reconnu par les lois de la République et objectif à valeur constitutionnelle[90].

Le conseil constitutionnel ne méconnait pas le principe du contradictoire[91]. Saisi le 30 juin 1980 par MM. Marchal Champeix et autres sénateurs et le 4 juillet 1980 par MM. Maurice ANDRIEUX et autres députés, il décida

> Qu'il résulte des dispositions de l'article 64 de la constitution en ce qui concerne l'autorité judiciaire et des principes fondamentaux reconnus par la République en ce qui concerne, depuis la loi du 24 mai 1872, la juridiction administrative, que l'indépendance des juridictions est garantie ainsi que le caractère spécifique de leurs fonctions sur lesquelles ne peuvent empiéter ni le législateur ni le gouvernement ; qu'ainsi, il n'appartient ni au législateur ni au gouvernement de censurer les décisions des juridictions d'adresser à celle-ci des injonctions et de se substituer à elles dans le jugement des litiges relevant de leur compétence ; considérant que ces principes de valeur constitutionnelle ne s'opposent pas à ce que dans l'exercice de sa compétence et au besoin, sauf en matière pénale, par voie de dispositions rétroactives, le législateur modifie les règles que le juge a mission d'appliquer (...) [92].

Lors de la réforme du code pénal et du code de procédure pénale, les députés et sénateurs avaient saisi le Conseil constitutionnel, notamment quant à l'atteinte aux droits fondamentaux de droit pénal. Les requérants

---

[88]Philippe Bouvier, op.cit, p. 46.

[89] Christian VIGOUROUX, *La contradiction : principe et pratique du juge administratif in Justices et droit du procès*, *op.cit*, p. 573.

[90] Jean-Marc SAUVE, Le juge administratif et la protection des libertés et des droits fondamentaux, in *Justices et droit du procès*, *op.cit*, pp. 545 à 547.

[91]*Dictionnaire de la justice*, PUF, Paris, 2004, p. 242.

[92]Conseil constitutionnel, 22 juillet 1980, validation d'actes administratifs (IIPDC), Louis FAVOREU et Loic PHILIP, *op.cit.*, p. 421.

s'inquiétaient notamment sur le pouvoir de police du juge à l'égard de l'avocat d'une des parties, lequel pouvoir serait de nature à porter atteinte au droit du contradictoire. L'on pouvait ainsi lire :

> Lorsque l'attitude d'un avocat compromet la sérénité des débats, le président peut, en vertu de ses pouvoirs de police d'audience, le bâtonnier du conseil de l'ordre du barreau du tribunal ou de son représentant entendu, décider d'écarter cet avocat de la salle d'audience pour une durée qui ne peut excéder deux jours. Il appartient au bâtonnier du conseil de l'ordre du barreau du tribunal ou à son représentant de décider, s'il y a lieu, de la prorogation de cette mesure jusqu'à ce que le conseil de l'ordre compétent ait statué sur l'instance disciplinaire et de désigner d'office un autre avocat pour l'audience pendant la durée qu'il détermine[93].

Le juge constitutionnel censura la rédaction de l'article 66 en soutenant qu'en ce qui concerne cet article de la loi relative à la discipline des avocats et à la police de l'audience : considérant qu'il résulte tant des termes que des travaux préparatoires de cette disposition qu'elle permet au président d'écarter un avocat de la salle d'audience en vertu de ses pouvoirs de l'audience et pour préserver la sérénité des débats sans même que, pour autant, l'avocat ait nécessairement manqué aux obligations que lui impose son serment ; considérant que, même si la mesure que le président, aux termes de l'article 25-1 précité, pourrait prendre à l'égard d'un avocat dont l'attitude compromettrait la *« Sérénité des débats »,* avait le caractère d'une simple mesure de police de l'audience et ne revêtait pas celui d'une sanction disciplinaire, il ne demeure pas moins vrai que cette mesure, qui pourrait intervenir alors que l'avocat n'a manqué à aucune des obligations que lui impose son serment et alors qu'il a donc rempli son rôle de défenseur, serait contraire tant dans la personne de l'avocat que dans celle du justiciable, aux droits de la défense qui résultent des principes fondamentaux reconnus par les lois de la République ; que dès lors, le paragraphe II de l'article 66 de la loi soumise à l'examen du conseil constitutionnel est contraire à la constitution[94].

La cour de cassation française attache une importance particulière au principe du contradictoire. Elle affirmait, dès 1828, que « La défense étant de droit naturel, personne ne doit être condamnée sans avoir été interpellée et mise en demeure de se défendre »[95].

---

[93]Louis FOVOREU et Loïc PHILIP, Les grandes décisions du conseil constitutionnel, 5ème édition, Sirey, Paris, 1989, p. 443.

[94]Louis FOVOREN et Loïc PHILIP, *op.cit*, p. 437.

[95]Code de procédure civile, 102ème édition, Dalloz, Paris 2011, p. 37. Serge GUINCHARD, Cécile CHAINAIS et Frédérique FERRAND, *Procédure civile : droit interne et droit de l'Union Européenne*, 30ème édition, Dalloz, Paris, 2010, p. 527. Serge Guinchard, Frédérique Ferrand et Cécile CHAINAIS, *Procédure civile*, Dalloz, Paris, 2009, p. 329 Serge Guinchard,

Le droit du contradictoire constitue également une des caractéristiques du système Anglo-Américain. A propos, Steve OUMA pouvait entre autre souligner que

> Adversarialprocedure: because of its colonial legacy Kenya inherited an Anglo-American system of law. Being part of the system of Anglo-American law, a dominant characteristic of Kenya civil procedure is that it adheres to the adversarial system of litigations. This is system that is generally adopted in common-law countries[96].

Les droits de la défense, comme principe général de droit congolais, depuis 1886, se trouvent au cœur de la constante jurisprudence de la cour suprême de justice du Congo[97]. Quelle peut en être dès lors la situation au niveau des juridictions internationales ?

2.1. Le contradictoire : principe général de droit international reconnu par lajustice.

Les Etats de l'Union Européenne se veulent porteurs de liberté. Le préambule du traité de Maastricht du 7 février 1992 ne dément pas l'attachement des Etats membres aux principes de la liberté, de la démocratie et du respect des droits de l'homme et des libertés fondamentales et de l'Etat de droit[98].

> Aux termes du traité de Maastricht nous pouvons lire par exemple que L'Union est fondée sur les principes de la liberté, de la démocratie, du respect des droits de l'homme et des libertés fondamentales ainsi que de l'Etat de droit, principes qui sont communs aux Etats membres. L'Union respecte les droits fondamentaux, tels qu'ils sont garantis par la convention européenne de sauvegarde des droits de l'homme et des libertés fondamentales, signée à Rome le 4 novembre 1950, et tels qu'ils résultent des traditions constitutionnelles communes aux Etats membres, en tant que principes généraux du droit communautaire (…)[99].

En analysant le droit européen et international des droits de l'homme, Frédéric Sudre indique les instruments à portée générale, à savoir la déclaration universelle des droits de l'homme de 1948, les deux pactes

---

Droit et pratique de la procédure civile, Droit interne, droit communautaire, Dalloz, Paris, p. 593.

[96] Steve OUMA, *A commentary on the civil procedure act cap 21*, Law Africa, 2010, p. 4.

[97] DIBUNDA KABUINJI MPUAMBUAMBUYI, *Répertoire général de jurisprudence de la cour suprême de justice*, 1969-1995 ; CPDZ, Kinshasa, 1990 ; Ruffin MUSHIGO-A-GAZAMBA GIGOMBE, *op.cit*, p. 35 et suivantes.

[98] L. DUBOUIS et C. GUYDEUR, *Les grands textes du droit de l'Union Européenne*, Tome 1, traité-institutions-ordre juridique, 7ème édition, Dalloz, Paris, 2005, p. 4.

[99] Idem, p. 6.

relatifs aux droits de l'homme, adoptés par l'Assemblée Générale des Nations-Unies le 16 décembre 1966[100].

Quant aux instruments à portée spécifique, il y a lieu de citer la convention européenne de sauvegarde des droits de l'homme et des libertés fondamentales du 4 novembre 1950[101].

L'article 6 de la convention européenne des droits de l'homme institue un droit à un procès équitable comme principe général de droit en ces termes :

1. Toute personne a droit à ce que sa cause soit entendue équitablement, publiquement et dans un délai raisonnable, par un tribunal indépendant et impartial, établi par la loi, qui décidera, soit des contestations sur ses droits et obligations de caractère civil, soit du bien-fondé de toute accusation en matière pénale dirigée contre elle. Le jugement doit être rendu publiquement, mais l'accès à la salle d'audience peut être interdit à la presse et au public pendant la totalité ou une partie du procès dans l'intérêt de la moralité, de l'ordre public ou de la sécurité nationale dans une société démocratique lorsque les intérêts des mineurs ou la protection de la vie privée des parties au procès l'exigent, ou dans la mesure jugée strictement nécessaire par le tribunal, lorsque dans les circonstances spéciales la publicité serait de nature à porter atteinte aux intérêts de la justice ;
2. Toute personne accusée d'une infraction est présumée innocente jusqu'à ce que sa culpabilité ait été légalement établie ;
3. Tout accusé a droit notamment à :

a) être informé, dans le plus court délai, dans une langue qu'il comprend et d'une manière détaillée, de la nature et de la cause de l'accusation portée contre lui ;
b) disposer du temps et des facilités nécessaires à la préparation de sa défense ;
c) se défendre lui-même ou avoir l'assistance d'un défenseur de son choix et, s'il n'a pas les moyens de rémunérer un défenseur, pouvoir être assisté gratuitement par un avocat d'office, lorsque les intérêts de la justice l'exigent ;
d) interroger ou faire interroger les témoins à charge et obtenir la convocation et l'interrogation des témoins à décharge dans les mêmes conditions que le témoin à charge ;
e) se faire assister gratuitement d'un interprète, s'il ne comprend pas ou ne parle pas la langue employée à l'audience.

---

[100]Frédéric SUDRE, *Droit européen et international des droits de l'homme*, 10ème édition revue et augmentée, PUF, Paris, 1989, p. 131.

[101]Idem, p. 135.

Comparativement au libellé de l'article 6 de la convention européenne de sauvegarde des droits de l'homme, il est préférable de le compléter par celui de l'article 14.du pacte international relatif aux droits civils et politiques qui prescrit que

> Tous sont égaux devant les tribunaux et les cours de justice. Toute personne a droit à ce que sa cause soit entendue équitablement et publiquement par un tribunal compétent, indépendant et impartial, établi par la loi, qui décidera soit du bien fondé de toute accusation en matière pénale dirigée contre elle, soit des contestations sur ses droits et obligations de caractère civil[102].

A la lumière de la convention européenne des droits de l'homme, Jean-François RENUCCI a dégagé des principes européanistes, notamment le principe de l'effet utile de la convention. Se fondant sur ce principe, les juges européens rappellent que la convention européenne a pour but de protéger des droits non pas théoriques et illusoires, mais concrets et effectifs[103].

En analysant l'effectivité dans l'ordre juridique communautaire, Olivier DE SCHUTTER voit deux définitions de l'effectivité, la première définition qui a des liens étroits qu'elle présente avec la question de l'applicabilité directe, aperçoit l'effectivité dans le choix du juge d'écarter les règles qui confinent sa compétence, afin de procurer son effet plus utile possible à la règle matérielle qu'il a mission d'appliquer. Et la deuxième, l'effectivité comme un déplacement de l'objet du litige, du droit subjectif vers l'obligation dont l'objet serait imposé par le droit objectif[104].

La procédure contradictoire caractérise la cour européenne des droits de l'homme ainsi que le soutient Frédéric SUDRE. La convention révisée garantit le principe contradictoire qui faisait défaut dans le texte de 1950[105]. Le principe général de droit, « Le contradictoire » est prévu à l'article 38 de la convention européenne des droits de l'homme où il est stipulé : « Examen contradictoire de l'affaire et procédure de règlement amiable :

1. Si la cour déclare une requête recevable, elle :

a) poursuit l'examen contradictoire de l'affaire avec les représentants des parties et, s'il y a lieu, procède à une enquête pour la conduite efficace à laquelle les Etats intéressés fourniront toutes facilités nécessaires ;

---

102 Pacte international relatif aux droits civils et politiques, conclu à New York, le 16 décembre 1966.

103 Cour EDH 9 octobre 1979, Airey el Irlande Préc. §26 Adde 13 mai 1980, Artico e/Italie Préc. §33 Lire Jean-François Renucci, *op.cit*, p. 514.

104 Olivier DE SCHUTTER, *Fonction de juger et droits fondamentaux : transformation du contrôle juridictionnel dans les ordres juridiques américain et européen*, Bruylant, Bruxelles, 1999, p. 165.

105 Frédéric SUDRE, *op.cit*, p. 723.

b) se met à la disposition des intéressés en vue de parvenir à un règlement amiable de l'affaire s'inspirant du respect des droits de l'homme tels que le reconnaissent la convention et ses protocoles ;

2. La procédure décrite au paragraphe 1(b) est confidentielle »[106].

Le contradictoire comme droit fondamental s'impose à toute procédure contentieuse (civile, commerciale, sociale, administrative), et ce quelle que soit la nature de l'autorité compétente en la matière, de droit privé ou de droit public [107].

La Cour de justice des communautés européennes considère les droits fondamentaux comme principes généraux de droit quand elle fait observer qu'

> En effet, le respect des droits fondamentaux fait partie intégrante des principes généraux du droit dont la cour de justice assure le respect. Que la sauvegarde de ces droits, tout en s'inspirant des traditions constitutionnelles communes aux Etats membres, doit être assurée dans le cadre de la structure et des objectifs de la communauté[108].

La convention européenne de sauvegarde des droits de l'homme, en son article 13 institue le droit à un recours effectif en développant que toute personne dont les droits et libertés reconnus dans la présente convention ont été violés a droit à l'octroi d'un recours effectif devant une instance nationale, alors même que la violation aurait été commise par des personnes agissant dans l'exercice de leurs fonctions officielles[109].

Dans la constance de considérer un recours juridictionnel effectif comme principe général du droit, la cour décida

> Qu'il convient de rappeler d'abord que l'article 6 de la directive impose aux Etats membres l'obligation d'introduire dans leur ordre juridique interne les mesures nécessaires pour permettre à toute personne qui s'estime lésée par une discrimination « De faire valoir ses droits par voie juridictionnelle ». Il découle de cette disposition que les Etats membres sont tenus de prendre des mesures qui soient suffisamment efficaces pour atteindre l'objet de la directive et de faire en sorte que les droits ainsi conférés puissent être effectivement invoqués devant les tribunaux nationaux par les personnes concernées. Le contrôle juridictionnel imposé par cet article est l'expression d'un

[106]Convention européenne des droits de l'homme, Gilbert Azibert, code de procédure pénal, Litec, Paris, 2005, 1955.

[107]77, Note Delamarre (avocat) 26 septembre 1995. JCP, 1996, I, 3910, n° 25. Obs. Sudre 22, JCP, 1984, II, 20210. Concl. GULPE ; 1996, 403, note Stahl et Chauvaux. JCP 1996, II ; 22669. Note Lascombe et Vion.

[108] CJCE, 17 décembre 1970, internationale, Hendelsgesellechaft.mbH contre.Einfuhr-UnJNorratsstelle für Getreide Und Fut terrinittel. Aff. 11/70 Rec. p. 1125.

[109] Gilbert AZIBERT, *code de procédure pénale*, Litec, Paris, 2005, p. 951.

principe général de droit qui se trouve à la base des traditions constitutionnelles communes aux Etats membres. Ce principe a également été consacré par les articles 6 et 13 de la convention européenne de sauvegarde des droits de l'homme et des libertés fondamentales[110].

Dans l'affaire Boyle et Rice contre le Royaume-Uni, la cour européenne réaffirme le droit à un recours effectif devant une instance nationale conformément à l'article 13 de la convention de sauvegarde des droits de l'homme[111].

Le droit processuel du contradictoire est également reconnu comme principe général de droit par la cour pénale internationale.

Toutefois, le chapitre 3 de la convention portant statut de la cour pénale internationale prescrit les principes généraux du droit, et ce non compris le contradictoire. Cependant, son préambule ne semble pas indiquer clairement l'importance du contradictoire comme l'a si bien indiqué la déclaration universelle des droits de l'homme des Nations-Unies de 1948[112] influencée par la déclaration française des droits de l'homme de 1786[113].

Cette situation peut-elle rassurer les potentiels justiciables considérés comme au-dessus des lois nationales qui garantissent leur impunité ?

La méfiance actuelle à l'égard de la cour pénale internationale peut-elle trouver une argumentation d'une justice à deux vitesses contre les dictateurs et les chefs militaires[114] pendant que les traditions constitutionnelles européennes reconnaissent comme principe général du droit les droits de la défense ?

La convention instituant la cour pénale internationale pèche par le fait de ne pas clairement indiquer que l'office du procureur est soumis au principe général du droit du contradictoire[115]. La saisine de l'office du Procureur par le conseil de sécurité des Nations-Unies, organe éminemment politique, peut inquiéter quant au respect du contradictoire.

A la phase juridictionnelle, ce principe général du droit, « le contradictoire », retrouve ses ailes. Il est souhaitable que le code ou la loi puisse clairement indiquer le principe du contradictoire. Dans cette optique, il est juste de saluer et de jeter les fleurs au législateur français de la procédure pénale qui, en son article préliminaire, à la différence des autres,

---

[110]CJCE 15 octobre 1987.

[111] Vincent BERGER, *Jurisprudence de la cour européenne des droits de l'homme*, Dalloz, Paris, 1994, p. 241.

[112]Déclaration universelle des droits de l'homme des Nations-Unies.

[113]Déclaration universelle des droits de l'homme et du citoyen de 1786.

[114]L'office du parquet de la CPI renforce la méfiance du Sud : une « justice pour les africains ».

[115]Article 55 convention instituant la cour pénale internationale.

prescrit solennellement et visiblement que « La procédure pénale doit être équitable et contradictoire et préserver l'équilibre des droits des parties »[116].

Le code de procédure pénale suisse prescrit la contradiction à son article 3 comme principe directeur du procès[117] ?

A l'instance de la juridiction pénale internationale, le droit fondamental de la contradiction apparaît à l'article 67 de la convention. L'accusé a droit à ce que sa cause soit entendue publiquement, et ce, en tenant compte des dispositions équitables et de façon impartiale. Il a droit à la pleine égalité. L'accusé doit disposer du temps et des facilités nécessaires à la préparation de sa défense et communiquer librement et confidentiellement avec le conseil de son choix.

Quand bien même d'autres principes généraux du droit seraient prévus par la cour pénale internationale[118], le principe de la contradiction reste un principe fondamental au regard de l'article 67. Il se retrouve d'ailleurs au cœur du tribunal pénal international pour l'ex-Yougoslavie.

Suivant la résolution 827 du conseil de sécurité des Nations-Unies dans l'article 39 de son statut, le tribunal international de l'ex-Yougoslavie observe le principe du contradictoire en ses articles 62, 66 et suivants[119]. Au niveau du droit interne, le contradictoire demeure un droit fondamental de procédure.

2.2. Le contradictoire : un principe général de droit interne

Les Etats modernes ont une tradition constitutionnelle de concevoir le contradictoire comme un principe général de droit. A titre indicatif, la France prévoit le contradictoire, aspect des droits de la défense, comme un principe général de droit.

L'article 2 du code judiciaire belge prescrit que les règles énoncées dans le présent code s'appliquent à toutes les procédures, sauf lorsque celles-ci sont régies par des dispositions légales non expressément abrogées ou par des principes de droit dont l'application n'est pas compatible avec celle des dispositions dudit code.

A l'alinéa 8 de l'article 2, le code de procédure belge considère comme principe général de droit les droits de la défense. Par contre, à l'alinéa 9 de

[116] Gilbert AZIBERT, *Code de procédure pénale*, Litec, Paris, 2005, p. 1 ; code de procédure pénale, code de justice militaire, Dalloz, Paris, 2004, p. 1

[117] Code de procédure pénale suisse, confédération suisse, 2010, p. 1.

[118] Ceux de la légalité des peines et des incriminations, la non rétroactivité de la loi pénale, la responsabilité individuelle, etc.

[119] Article 62 : lecture de l'acte d'accusation est à l'accusé dans une langue qu'il parle, comprend et s'assure que l'intéressé comprend l'acte d'accusation

Article 66 : communication des pièces par le procureur dès que possible après la comparution initiale de l'accusé. Le procureur communique à la défense copie de toutes les pièces jointes à l'acte d'accusation de la demande de confirmation.

l'article 2 du même code, il est stipulé que le principe du contradictoire ne constitue pas un principe général de droit comme il en a été jugé par la cour de cassation en date du 4 décembre 1995, Pas, P 1102 ; Camp. Cass. 2 octobre 1996, Pas, P. 900[120]. Par contre, le droit judiciaire belge considère le principe dispositif comme principe général de droit[121], du reste une variante du contradictoire. La confédération suisse reconnaît l'importance moderne du contradictoire et même l'a érigé en principe directeur du procès[122].

Cette dernière ne s'écarte pas non plus de l'idée du procès équitable, et le contradictoire demeure un des principes fondamentaux de procédure. L'article 53 stipule : « Les parties ont le droit d'être entendues. Elles ont notamment le droit de consulter le dossier et de s'en faire délivrer copie pour autant qu'aucun intérêt prépondérant public ou privé ne s'y oppose »[123].

L'article 55 du même code ne manque pas d'intérêt en prévoyant la maxime des débats et celle d'inquisitoire que

> Les parties allèguent les faits sur lesquels elles fondent leurs prétentions et produisent les preuves qui s'y rapportent. Les dispositions prévoyant l'établissement des faits et l'administration des preuves d'office sont réservées[124].

Le code de procédure pénale suisse reprend à son article 107 les termes de l'article 53 du code de procédure civile. Toutefois, l'article 108 du code de procédure pénale institue le régime de restriction du droit d'être entendu.

En République Démocratique du Congo, l'ordonnance du 14 mai 1886, approuvée par le décret du 12 novembre 1886, institue entre autres comme principes généraux de droit le contradictoire et les droits de la défense[125].

L'institution autonome du contradictoire comme principe général interdisant au juge de ne pas accepter des conclusions déposées après la clôture des débats et de fonder sa décision sur des conclusions non communiquées à la partie adverse constitue une variante des droits de la défense.

Cette thèse est soutenue par Henri MOTULSKY et Serge GUINCHARD qui confient qu':

> A la suite de H. Motulsky, la doctrine contemporaine tend à remettre en cause l'assimilation traditionnelle du principe des droits de la défense et du principe de contradiction. Le principe de contradiction

---

[120] Les codes Larcier, Tome 1, Droit civil et judiciaire, 2010, p. 187.

[121] Cas, 22 Avril 1993, Pas, p.389.

[122] Article 3 du code de procédure pénale suisse, 2010, p. 1.

[123] Stephen V. Berti, *Code de procédure civile suisse*, Helbing, 2009, p. 196.

[124] Stephen V. Berti, *op.cit.* p. 197.

[125] Ruffin MUSAGO-A-GAZANGA GINGOMBE, *Les principes généraux du droit et leurs applications par la cour suprême de justice du Congo*, Academia-Bruylant, 2002, pp. 36-37.

est plus souvent retenu comme un élément des droits de la défense plus étendus[126].

Jacques Héron et Thierry Le Bars estiment, pour leur part, que la contradiction comprend aujourd'hui deux visages bien différents. Celui qui vient à l'esprit en premier régit les rapports entre les parties. En ce sens, le principe de la contradiction serait l'expression d'un principe plus large de *« loyauté des débats »*. Le second visage est lié quant à lui au développement du pouvoir du juge[127].

Le principe du contradictoire comme principe de droit naturel, principe général du droit international et interne, s'impose comme une règle démocratique et, partant, est même constitutionnalisé.

2.3. Le contradictoire, droit processuel constitutionnalisé

Les logiciens définissent la contradiction comme l'affirmation d'une proposition en même temps que de sa négation : une chose ne peut pas en effet, dans le même temps et sous le même rapport, être et en même temps être son contraire[128].

Le contradictoire, dans un cadre du procès judiciaire, renvoie aux notions des droits de défense et de la justice. Celle-ci est un service public relevant du droit administratif qui dérive du droit constitutionnel.

Dans les contradictions scientifiques sur les sources du droit administratif, certains auteurs affirment que le droit administratif est un droit constitutionnalisé. Christian Panier estime pour sa part « Qu'obtenir justice est une aspiration inscrite au cœur de tout homme civilisé. Rendre la justice devient une fonction primordiale de toute société organisée, un service inscrit au programme de toute démocratie »[129.]

Le besoin de justice est aussi vieux que la notion de civilisation actuelle et de démocratie. Il est fondamental. Il va de la nature humaine, au mieux du droit naturel[130]. Les institutions judiciaires par lesquelles l'Etat s'acquitte de son devoir de rendre la justice aux sujets de droit forment un service public[131] appelant une séparation des pouvoirs[132].

---

[126]Serge GUINCHARD, *Droit et pratique de la procédure civile. Droit interne-droit communautaire*, Dalloz, Paris, 2009, p. 598. Droits de défense La polémique : Dictionnaire de la justice, PUF, Paris, 2004, pp. 364-376.

[127]Jacques HÉRON et Thierry LE BARS, *Droit judiciaire privé*, 4ème édition, Mon Chrestien, Paris, 2010, pp. 233-234. Lire les mêmes auteurs à leur 2ème édition Mont Chrestien, Paris, 2002, p. 209.

[128]François MARTINEAU, *Petit traité d'argumentation judiciaire*, 4ème édition, Dalloz, Paris, 2010, p. 96.

[129]Christian PANIER, *Comprendre la justice*, Académia – Bruylant, 2004, p. 1.

[130] Conception de la justice depuis Aristote, Platon.

[131] Jacques HERON et Thierry LE BARS, *Droit judiciaire privé*, 4ème édition, Montchrestien, Paris, 2010, p. 12.

[132]*Journal des tribunaux*, Bruxelles, 108ème année n° 5517, 30 septembre 1989, p. 521.

C'est en ce nom de séparation des pouvoirs que le conseil constitutionnel a rendu des décisions consacrant l'indépendance de l'autorité judiciaire comme principe constitutionnel[133].Plusieurs auteurs reconnaissent le caractère constitutionnel du droit processuel[134].

A cet effet, Natalie Fricero explique par exemple que les sources traditionnelles sont internes. D'après les dispositions de l'article 34 de la constitution du 4 octobre 1958, la loi fixe les règles relatives à la création de nouveaux ordres de juridictions et statuts des magistrats[135].

Serge Guinchard et ses pairs apportent une précision quant au principe de la constitutionnalisation du droit processuel. Ils soutiennent que parler de la constitutionnalisation de la procédure civile, ce n'est pas essayer de l'attraire à tout prix dans le champ de l'application législatif de l'article 34 de la constitution. C'est constater que cette branche est sous l'empire des droits fondamentaux. La réception du droit processuel constitutionnel se manifeste de deux façons, directement ou indirectement[136].

Paul MARTENS, juge à la cour d'arbitrage, analyse les tribulations constitutionnelles des droits de la défense. Il rappelle les efforts du procureur général Canshof Van DER MEERSCH qui déduisit de plusieurs arrêts le principe général du droit[137].

La cour de cassation belge, en audience plénière du 19 juin 1992, consacra le principe de constitutionnalité des droits de la défense en instituant que « Les droits de la défense constituent un principe général de droit applicable devant toutes les juridictions, même si le législateur n'en a pas réglé ou n'en a réglé que partiellement l'exercice »[138].

Dans sa recherche sur l'importance de la constitutionnalisation du droit processuel dans la procédure civile libanaise, le Professeur Nasri Antoine Diab met en exergue l'aspect sociopolitique car le juge tranche le litige au nom du peuple libanais et reçoit par ce fait une délégation du peuple (article 20 de la constitution et l'article 537 du code de procédure)[139].

---

[133]Conseil constitutionnel, 26 janvier 1967, 9 juillet 1970 (31 DC – 40 DC) décision 67, 31 DC Rec 19 et 70 – 40 DC, Rec 25.

[134]Henri D. BESLG et damien VANDERMEERSCH, *Droit de la procédure pénale*, la charte, Brugge, 1978, p. 40.

[135]Natalie FRICERO, *Procédure civile*, 6ème édition Gualino, Paris, 2010, p. 17.

[136]Serge GUINCHARD, Frédérique FERRAND et Cécile CHAINAIS, *Procédure civile*, Dalloz, Paris, 2009, p. 9.

[137]Paul MARTENS, Les tribulations constitutionnelles des droits de la défense sur les droits de la défense, in *Actes d'un colloque « Jacques Henry » organisé par la conférence libre du jeune barreau de Liège le 28 mars 1997*, ASBL éditions du jeune barreau de Liège, 1997, p. 15.

[138]Paul MARTENS, Les tribulations constitutionnelles … ,*loc.cit.*, p. 15.

[139]Nasri Antoine Diab, *Le droit fondamental à la justice : la procédure civile libanaise à l'épreuve des droits fondamentaux*, LGDJ, Paris, 2005, p. 48.

Cette constitutionnalité du droit processuel ne se dément pas de nos jours, elle s'intensifie universellement[140].On en trouve des repères en droit ougandais [(141)] et au Kenya à propos par exemple de la compétence de la Cour en matière d'interprétation de la loi pénale[142].

Les Etats-Unis d'Amérique ont constitutionnalisé aussi leur droit processuel. Stephen Breyer, juge à la cour suprême des Etats-Unis, en fournit quelques exemples dont la compétence de la cour suprême statuant comme juridiction de première instance dans tous les litiges concernant des ambassadeurs, d'autres ministres publics et consuls, et ceux auxquels un Etat sera partie. Dans les autres cas susmentionnés, la cour suprême aura juridiction d'appel[143].

Olivier DE SCHUTTER reconnaît également la constitutionnalisation du droit processuel américain notamment en ce qui concerne les cas d'irrévocabilité des garanties du quatorzième Amendement de la constitution fédérale à la démonstration que l'acte reproché soit imputable à l'Etat et le cas d'applicabilité des droits constitutionnellement garantis aux relations interindividuelles[144].

Les instruments internationaux notamment la convention européenne de sauvegarde des droits de l'homme, la déclaration universelle des droits de l'homme des Nations-Unies, par leur ratification, font partie du droit positif des Etats. Ils font l'objet d'application directe par les cours et tribunaux comme source supérieure aux sources internes[145]. Comme dérivé du droit constitutionnel, le droit processuel en a été ainsi reconnu dans ses nombreux arrêts par la cour suprême de justice notamment en date du 10 janvier 1973, en décidant que « Constituent une violation des droits de la défense garantis par l'article 8 alinéa 4 de la constitution, le défaut de citation d'un prévenu, conformément aux dispositions de l'article 104 alinéa 3 du code pénal et l'absence d'indication au procès-verbal établi lors de la dernière audience qu'après les réquisitions du Ministère Public, la parole fut accordée au prévenu »[146].

La constitutionnalité du contradictoire à toute instance est prévue par la plupart des Etats modernes. Depuis la déclaration universelle des droits de

---

[140]Lire les juridictions des Etats membres de l'Union Européenne, C.J.C.E., Luxembourg, 2009.

[141] Francis J. AYUME, *Criminal procedure and law in Uganda*, Law Africa, 2010, p. 2.

[142] Article 26 de la constitution Kenyane, Tim Mweseli, An outline of criminal Law procedure in Kenya, Faculty of Law, University of Nairobi, 1997, p. 11.

[143]Stephen Breyer, La cour suprême, l'Amérique et son histoire, Odile-Jacob, Paris, 2011, p. 53.

[144] Olivier DE SCHUTTER, *op.cit*, pp. 43-44.

[145]Les annexes de la procédure pénale française, lire Gilbert Azibert, Litec, Paris, 2005. L. Dubours, C. Gueydan, *Les grands textes du droit de l'Union Européenne*, Tome I, traités – institutions – ordre juridique, 7ème édition, Dalloz, Paris, 2005-Code Larcier, Tome 1, 2010, les juridictions européennes.

[146] C.S.J, RP 80, 10 janvier 1973, Bul. 1974, P. 10

l'homme et du citoyen de 1789, la France a une tradition de la constitutionnalité processuelle du contradictoire[147].

Comme on peut le constater, le principe du contradictoire est presque universellement attesté ; de l'analyse de la constitution de la RD Congo de 2006 par exemple, il saute bien aux yeux qu'il est consacré en son article 19[148]. La constitutionnalisation dudit principe est ainsi libellée :

> Nul ne peut être soustrait ni distrait contre son gré du juge que la loi lui assigne. Toute personne a droit à ce que sa cause soit entendue dans un délai raisonnable par le juge compétent. Le droit de la défense est organisé et garanti. Toute personne a le droit de se défendre elle-même ou de se faire assister d'un défenseur de son choix, et ce à tous les niveaux de la procédure pénale y compris l'enquête policière et l'instruction pré juridictionnelle. Elle peut se faire assister également devant les services de sécurité[149].

Les droits de la défense constitutionnellement garantis s'appuient sur un autre principe constitutionnel, celui de la présomption d'innocence qui doit demeurer jusqu'à ce que la culpabilité soit établie par une décision coulée en force de chose jugée[150], principe dégagé universellement par la déclaration universelle des droits de l'homme de 1948 et du pacte international relatif aux droits civils et politiques du 16 décembre 1966.

En application de l'esprit et de la lettre constitutionnels en droit processuel, le droit helvétique prescrit notamment le respect de la dignité et du procès équitable par l'obligation mise à charge des autorités pénales à respecter la dignité des personnes impliquées dans la procédure à toutes les étapes de celle-ci en se conformant :

1. au principe de la bonne foi ;
2. à l'interdiction de l'abus du droit ;
3. à la maxime voulant qu'un traitement équitable et le droit d'être entendu soient garantis à toutes les personnes touchées par la procédure ;
4. à l'interdiction à appliquer des méthodes d'enquête qui sont attentatoires à la dignité humaine[151].

En somme, le principe du contradictoire ou de la contradiction constitue une règle fondamentale de procédure. Certains auteurs y ont vu le droit naturel[152]. La pertinence démocratique s'accentue du jour au jour de façon

---

[147]Les constitutions de la France depuis 1789, GF Flammarion, Paris, 1995

[148]Constitution de la République Démocratique du Congo, journal officiel, 47ème année, numéro spécial, 20 juin 2006

[149]Article 18 de la constitution de 2006.

[150]Article 17 de la constitution de 2006.

[151] Article 3, code de procédure pénale suisse.

[152] Motulsky et autres.

universelle. C'est à ce titre que les instruments internationaux[153] de même que les juridictions internationales l'ont érigé en principe général de droit[154].

Par ailleurs, même les constitutions nationales ne sont pas en reste et, en toute logique, les lois inférieures l'ont également consacré.

3. *La légalité du droit processuel du contradictoire*

Le contradictoire comme principe général du droit s'impose à toute instance. Avant de l'analyser en droit congolais, il est nécessaire d'en faire un contour en droit comparé.

3.1. Droit comparé

La procédure pénale française consacre le contradictoire à l'article préliminaire qui prescrit que la procédure pénale doit être équitable et contradictoire et préserver l'équilibre des droits des parties[155].

Aussi, avons-nous constaté que même la procédure civile française ne s'écarte pas non plus de l'idée du contradictoire. L'article 14 du code de procédure civile stipule que « Nulle partie ne peut être jugée sans avoir été entendue ou appelée »[156].

En application des dispositions si pertinentes de l'article préliminaire du code de procédure pénale, la cour de cassation a conféré que

> La procédure pénale est contradictoire. Il en résulte notamment qu'une chambre de l'instruction ne saurait fonder une décision de non-lieu sur des pièces de procédures pénales et civiles distinctes que s'est fait communiquer le procureur général sans que ces pièces ne soient versées au dossier dans le délai prévu par l'article 197 dudit code de procédure pénale pour être connues des parties et soumises au débat contradictoire[157].

La cour de cassation jugea aussi que la défense étant un droit naturel, personne ne doit être condamné sans avoir été interpellé et mis en demeure de se défendre[158].

Etant donné que le contradictoire est un des principes directeurs du procès, il doit s'imposer à toute juridiction notamment celle de cassation. En

---

153 Déclaration universelle de droits de l'homme de Nations-Unies de 11948, la déclaration européenne de sauvegarde des droits de l'homme.

154 Cour européenne de doit de l'homme, CPI, CJCE.

155 Gilbert AZIBERT, *Code de procédure pénale*, Litec, Paris, 2005, p. 1.

156 Code de procédure civile, 102ème édition, Dalloz, Paris, 2011, p. 37 ; Loïc CADIET, *Code de procédure civile*, Litec, Paris, 2011, p.28.

157 Cass. Crim. 16 janvier 2004, Dr prén. 2004, note A. Maron, p. 27.

158 Cass. Civ. 7 mai 1828, S. 1828, 1, 93 (personne physique) ; cass. Com. 4 nov. 1987 (CP 1988, II 21087, obs. Cadiet (personne morale). Lire Loïc Cadiet, code de procédure civile, Litec, Paris, 2011, p. 28.

matière pénale par ailleurs, le juge de cassation est soumis au principe du contradictoire en vertu des articles 567-1 à 568 du code de procédure pénale[159]. Cependant, en matière civile, le contradictoire est très formalisé[160].

Le code judiciaire belge consacre quant à lui le principe du contradictoire à toute instance en ses articles 735 à 748 bis[161].

En procédure, les parties ont l'obligation d'alléguer les faits sur lesquels elles fondent leurs obligations et doivent produire les preuves qui s'y rapportent. Se fondant sur le mérite de l'article 55 du code de procédure civile, l'office du juge interpelle les parties lorsque leurs actes ou déclarations sont peu clairs, contradictoires, imprécis ou manifestement incomplets et leur donne l'occasion de les clarifier et de les compléter[162].

Le droit processuel pénal suisse garantit le contradictoire, notamment à l'article 3 point C qui prescrit la maxime voulant qu'un traitement équitable et le droit d'être entendu soient garantis à toutes les personnes touchées par la procédure. La constitution du conseil juridique étant garantie[163], les parties ont le droit d'assister à l'administration des preuves par le ministère public et les tribunaux et de poser des questions aux comparants. Dans l'hypothèse de l'entraide judiciaire, les parties, au travers de la commission rogatoire, peuvent adresser des questions à l'autorité étrangère requise. De même, elles peuvent consulter les procès-verbaux de l'administration, des preuves effectuées par la commission rogatoire. Elles peuvent aussi poser par écrit des questions complémentaires[164].

Les débats contradictoires sont garantis par les articles 341 et 347 du même code. A titre indicatif, le tribunal fédéral suisse reçoit les recours en matière civile, pénale et de droit public. Il observe le principe du contradictoire conformément aux articles 42 à 57[165].

On notera aussi que la procédure civile Kenyane est fondée sur le principe du contradictoire[166].

C'est dans ce sens qu'expliquant la caractéristique procédurale Kenyane « The Bilaterality », Steve OUMA affirme:

> This principle assumes that both litigants will have a fair and balanced opportunity to present their respective claims or defenses inherent in this principle is the belief that the truth will emerge if each party presents his own biased view of the issues in dispute[167].

---

[159] Le pourvoi en cassation en droit français.
[160] Articles 973 à 995 du code de procédure civile, Dalloz, Paris, 2011, p. 726.
[161] Les codes Larcier, Tome 1, *Droit civil et judiciaire*, 2010, p. 325 et suivantes
[162] Idem, articles 55 et 56, in code de procédure suisse, voir Stephen, p. 197.
[163] Articles 127 à 138 du code de procédure pénale suisse, confédération suisse.
[164] Articles 147 à 148 du code pénal suisse.
[165] Procédure fédérale, confédération suisse, loi du 17 juin 2005 (Etat, le 1er janvier 2011).
[166] Order 1. R5 up 19. The civil procedure rules, 2010. Lire Steve OUMA, *op.cit.* p. 97.
[167] Steve OUMA, *op.cit*, p. 5.

Ainsi, le contradictoire se fonde sur la présomption d'innocence reconnue par le Kenya, comme l'explique Patrick KIAGE[168]. Dans le même ordre d'idées, le droit processuel congolais a aussi légalisé le contradictoire.

3.2. Le contradictoire, un droit processuel congolais

En n'affirmant pas expressément à l'instar du droit processuel français le droit de procédure des juridictions de fond le contradictoire comme un principe directeur du procès[169], nous ne pensons pas que ceci valle sa méconnaissance à toute instance.

3.2.1. Juridiction de fond

Les formalités liées à la saisine de juridictions constituent l'affirmation du contradictoire[170].L'article 15 du code de procédure civile consacre le principe de la contradiction en droit processuel congolais en confiant que « Les parties sont entendues contradictoirement. Elles peuvent prendre des conclusions écrites ».

Et dans le domaine de l'administration de preuve, la preuve contraire est de droit[171].En matière du travail, le contradictoire se trouve garanti tant au niveau de la conciliation que de la juridiction[172]. Au pénal en outre, l'instruction pré juridictionnelle a toujours ordonné la confrontation des parties et/ou avec les témoins à charge ou à décharge.

Cependant, la procédure pénale n'indique pas clairement à la phase juridictionnelle, le caractère contradictoire de la procédure. Toutefois, l'article 74 prescrit l'ordre de l'instruction en stipulant que « Le prévenu est interrogé ». La formulation dudit article reste évasif sur le principe du contradictoire. L'article 73 ne tranche pas non plus. Il se limite à stipuler que « Chacune des parties peut se faire assister d'une personne agréée spécialement dans chaque cas par le tribunal pour prendre la parole en son nom »[173].

Le code des juridictions militaires n'apporte pas de remède aux reproches faits aux procédures civile et pénale du droit commun. Il n'indique pas la volonté expresse du caractère contradictoire du procès bien que les exigences de la régularité de la saisine de la juridiction à l'égard du prévenu soient prévues[174].

---

[168] Patrick KIAGE, *Essentials of criminal procedure in Kenya*, Law Africa, 2010, p. 169

[169] Articles 3 à 9 du code de procédure civile.

[170] Les formalités de saisine de la juridiction.

[171] Articles 31, 53 du code de procédure civile.

[172] Articles 298 à 302 du code du travail réglementant la procédure de conciliation

[173] Articles 73 et 74, code de procédure pénale

[174] Articles 237 à 241, code de judiciaire militaire, journal officiel, 44ème année, numéro spécial, 20 mars 2003, pp. 46-47

Y'a-t-il honte de cacher entre les lignes le fondement légal du contradictoire ? La loi doit être claire pour autant qu'elle s'adresse d'abord au justiciable qui est censé la connaître même sans en être professionnel.

Qu'il nous souvienne ici les critiques du code de procédure civile français de 1806 tel que Jean Louis HALPERIN nous en peint l'image de plusieurs générations: « Que le code de procédure civile de 1806 soit un code de praticiens, rédigé par des praticiens, pour des praticiens, un code sans théorie, un code qui consolide la pratique antérieure ou renvoie à la pratique future, ou tout cela à la fois[175] ». La cause semble faire depuis longtemps l'unanimité de processualistes et d'historiens du droit[176].

Bernard BEIGNEIR n'en nie pas les reproches. Pour lui, les auteurs sont des praticiens écrivant pour d'autres praticiens, lesquels mettent en œuvre des règles de procédure élaborées par des praticiens[177].

Les praticiens eux-mêmes critiquèrent le projet du code de 1806 pour son caractère descriptif[178]. Faut-il alors un code entre pratique judiciaire et droit savant[179]. Face aux désaveux de la justice congolaise qui n'habite plus le palais de justice au profit du Royaume d'injustice, il faille réaffirmer, avec force le droit naturel du contradictoire.

Les lois ordinaires doivent mettre le prescrit du contradictoire à la place où les justiciables sont capables de le voir et de l'invoquer. Ceci vaut autant pour les praticiens de tout bord un peu comme une lampe placée sur la table, et non en dessous, il est donc préférable que le contradictoire soit en préliminaire comme la procédure pénale française nous en offre l'exemple.

A l'instar de la bible qui commence par la puissance créatrice de la genèse pour finir par la restauration après la phase apocalyptique, comme tout chrétien catholique, le verset de la remise de clef céleste à Saint Pierre par le Christ et au protestant, l'effusion du Saint Esprit, sont des chapelets.

Analysant l'article 38 du code général des impôts qui définit le bénéfice imposable, Maurice COZIAN soutient qu'il est un article fondamental qui devrait être appris par cœur par les apprentis fiscalistes[180].

---

[175] Jean Louis HALPERIN, Le code de procédure civile de 1806 ; un code de praticien ?, in De la commémoration d'un code à l'autre : 200 ans de procédure civile en France, Litec, Paris, 2006, pp. 23-24

[176]Jean-Louis HALPÉRIN, Le code de procédure civile de 1806, un code de praticiens ?in*De la commémoration d'un code à l'autre : 200 ans de procédure civile en France*, Litec, Paris, 2006, p. 23

[177]Bernard BEIGNEIR, Le nouveau code, un droit de professeur ?, in *De la commémoration d'un code à l'autre : 200 ans de procédure civile en France*, Litec, Paris, 2006, p. 35.

[178] Sere DAUCHY, La conception du procès civil dans le code de procédure civile de 1806, in *De la commémoration…*, *op.cit*, p. 77.

[179] Catherine CHADELAT, Point de vue : l'élaboration d'un code de procédure civile entre pratique judiciaire et droit savant, in *De la commémoration…*, *op.cit.* p. 47.

[180]Maurice COZIAN, *Précis de fiscalité des entreprises*, 30ème édition, Litec, Paris, 2006, p. 23

La procédure civile congolaise prévoit expressément la primauté du contrat judiciaire, principe du contradictoire. La section VI est intitulée « Le contradictoire », et l'article 14 affirme la volonté du législateur d'avoir un procès contradictoire entre parties[181]. En pratique, les cours et tribunaux congolais reconnaissent le caractère du contradictoire comme principe général du droit repris par les procédures[182].

Qu'en est-il alors de la situation de la cassation en matière du contradictoire ?

3.2.2. Le prescrit du contradictoire à la cour de cassation

Comme on peut le constater, le contradictoire est très formalisé à la cour de cassation. Le formalisme procédural, selon le célèbre aphorisme de JHETING, école de la discipline et de l'ordre est l'ennemi juré de l'arbitraire[183].

En effet, la finalité du formalisme est énoncée par Treilhard qui proposa un système qui doit tout prévoir afin que rien ne se fasse qui n'ait été ordonné, ceci afin d'imposer dans les procès une marche fixe qui ne permette pas l'arbitraire dans l'instruction parce qu'il serait bientôt suivi de l'arbitraire dans le jugement[184].

Le principe du contradictoire est contenu dans l'article 4 de la loi organique n° 13/010 du 19 février 2013 relative à la procédure devant la cour suprême de justice. Il prescrit que toute requête et/ou tous mémoires produits devant elle doivent être accompagnés, sous peine d'irrecevabilité, de deux copies signées par l'avocat ou, en matière administrative, par la partie elle-même, s'il y a lieu, ainsi que d'autant d'exemplaires qu'il y a des parties désignées à la décision entreprise[185].

L'article 976 du code de procédure civile français constitue le correspondant de l'article 4 de la nouvelle loi relative à la procédure devant la cour de cassation [186]. Le code de procédure civile français dispose que la déclaration est remise au greffe en autant d'exemplaires qu'il y a des défendeurs. La remise est constatée par la mention de sa date et le visa du greffier sur chaque exemplaire dont l'un est immédiatement restitué[187].

La procédure de cassation belge prévoit la disposition similaire à son article 1079 qui prescrit que « Le pourvoi est introduit par la remise au

---

[181]Procédure civile, Dalloz, Paris, 2010.

[182]Procédures civile et pénale congolaises, lire notamment Ruffin Lukao Munsubao, La jurisprudence congolaise en procédure civile, T.1, édition On s'en sortira, Kin, 2009, p. 134.

[183]Jheting, cité par Serge DANCHY, *op.cit*, p. 80.

[184]TREILHARD, cité par Serge Danchy, *op.cit*, p. 81

[185] Loi organique n° 13/010 du 19 février 2013, journal officiel, 54ème année, 1ère partie, numéro spécial, Kinshasa, 20 février 2013.

[186] Numéro spécial, Kinshasa, 20 février 2013, p. 4.

[187]*Code de procédure civile*, 102ème édition, Dalloz, Paris, p. 728.

greffe de la cour de cassation d'une requête qui, le cas échéant, est préalablement signifiée à la partie contre laquelle le pourvoi est dirigé »[188].

Le principe du contradictoire est également renforcé par l'article 8 alinéa 2 de la loi organique. Celle-ci requiert que toute requête, réquisitoire ou mémoire déposé au greffe devra avoir été, en toute matière contentieuse, préalablement signifié à la partie contre laquelle la demande est dirigée[189].

Les dispositions de l'article 15 de la même loi s'inscrivent dans la logique du respect du contradictoire. Les parties peuvent présenter des observations orales uniquement sur les moyens développés dans la requête ou les mémoires[190].

A cet égard, les irrégularités de forme sont sanctionnées par la cour suprême de justice. Il a été jugé de manière constante qu'est irrecevable le pourvoi dont la requête n'est pas accompagnée ni de l'expédition de la décision attaquée, ni de la copie conforme de l'assignation, ni de la feuille d'audience ; l'absence au dossier de ces documents empêchant la cour suprême de justice d'exercer son contrôle[191].

Sur la même lancée, la cour de cassation française avait décrété l'irrecevabilité du pourvoi à la copie de l'acte de signification de la décision attaquée qui n'est pas jointe au dépôt du mémoire ampliatif ou, à défaut, s'il n'a pas été déposé dans le délai prescrit[192].

La forme et la remise du pourvoi étant prescrites par la loi, n'est en conséquence pas recevable le pourvoi formé par lettre ou télécopie adressée au greffe de la cour de cassation[193].

La cour suprême de justice avait déclaré irrecevable la requête en violation de l'article 4 de l'ordonnance-loi du 8 janvier 1969 relative à sa procédure qui prescrivait que toute requête et/ou tout mémoire doivent être accompagnés, à peine d'irrecevabilité, de deux copies signées par l'avocat ainsi que d'autant d'exemplaires qu'il y a de parties désignées dans la décision[194].

Il saute bien aux yeux que la cour suprême de justice est très formaliste lorsqu'elle siège comme juge de cassation[195].

La cour européenne des droits de l'homme considère quant à elle que l'excès de formalisme peut nuire aux parties. Ainsi qu'elle considéra qu' « une interprétation par trop formaliste de la légalité ordinaire faite par une juridiction empêche, de fait, l'examen au fond du recours exercé par

---

[188]Code judiciaire belge, article 1079.

[189]Article 8 alinéa 2 de la loi organique n° 13/010 du 19 février 2013.

[190]Article 15.

[191] C.S.J, RC 38, 8 mars &çè » ? Bull ; 1974, p. 42.

[192]CIV 3ème, 10 février 2009, procédures 2009, Comm. 109, note Perrot

[193]CIV 2ème, 8 juin 1995 n° 94 – 60 – 582, Bull. Civ II n° 175, JCP, 1995, II. 22512.

[194] C.S.J, RP. 487, 28 décembre 1982, RJ-Z, 1984, p. 55.

[195] DIBUNDA KABUINJI, MPUBUAMBUYI, *Répertoire général de Jurisprudence de la cour suprême de justice*, 1969-1985, CPDZ, Kinshasa, 1990, pp. 167-177.

l'intéressé » et peut aussi priver le requérant de son droit d'accès à un tribunal[196].

En revanche, la procédure fédérale suisse apporte un assouplissement à la rigueur du formalisme franco-congolais en stipulant que

> Si la signature de la partie ou de son mandataire, la procuration ou les annexes prescrites font défaut ou si le mandataire n'est pas autorisé, le tribunal fédéral impartit un délai approprié à la partie pour remédier à l'irrégularité et l'avertir qu'à défaut le mémoire ne sera pas pris en considération. Si le mémoire est illisible, inconvenant, incompréhensible ou prolixe ou qu'il n'est pas rédigé dans une langue officielle, le tribunal fédéral peut le renvoyer à son auteur ; il impartit à celui-ci un délai approprié pour remédier à l'irrégularité et l'avertit qu'à défaut le mémoire ne sera pas pris en considération[197].

Certes, en l'absence de disposition contraire, le pourvoi est fait par un haut processualiste de la cour de cassation. Gérard COUCHEZ et Xavier LAGARDE rappellent à cet effet l'arrêt de la cour de cassation qui considère qu'en l'absence de disposition contraire, cette obligation a une portée générale[198].

Le formalisme excessif ruine la foi due à la justice. Il étouffe comme dans l'œuf la vérité des questions processuelles.

Il faut donc y remédier pour l'emprunt d'un juste milieu processuel.

La démocratisation de la justice, un service public, se cristallise dans le principe de la consécration du contradictoire comme principe directeur de tout procès, au mieux de tout contentieux.

Ainsi donc, le contradictoire a acquis un droit de cité et est érigé, avec un large consensus tiré du droit naturel, en principe général de droit constitutionnalisé, légalisé et réglementé.

La source internationale l'a par conséquent formellement édifié.

Dès lors, comment ce principe général se vit dans une procédure contentieuse (ses obligations et ses limites) ? Quelles sont les exigences des parties et celles du juge face au contradictoire ainsi compris comme principe fondamental de droit processuel ?

---

[196]CEH, 13 oct. 2009, Ferré Gisbert c/Espagne n° 39590/05 DV et proc, 2010/3. Suppl. DV. Proc, internationales, n° 14, P. 12. Obs. Fricero. Lire, 8, Serge GUINCHARD, Cécile CHARNAIS et Frédérique FERRAND, *op.cit*, pp. 1321-1322.

[197]Article 42, Loi sur le tribunal fédéral du 17 juin 2005 (Etat le premier janvier 2011). Confédération suisse

[198]CIV 1ère, 10 mai 2000 D. 2000 J. 649, note Fricero (l'arrêt précisant que notre règle n'est pas à la convention européenne des droits de l'homme. Lire Gérard Couchez et Xavier Lagarde, Procédure civile, 16ème édition, Dalloz, Paris, 2011, p. 513

Section 2 : Le droit processuel du contradictoire face aux parties

En effet, le contradictoire faisant partie des droits de la défense (§ 1) constitue un principe directeur du procès (§ 2) à charge des parties mais aussi de l'office du juge (§ 3).

§ 1. Notions de partie au procès

Disons-le tout de suite que partie au procès ou à l'instance s'entend de toute personne physique ou morale engagée dans un procès. Toute personne est dans l'instance, soit comme demandeur, soit comme défendeur, soit comme intervenant y compris le ministère public (partie jointe ou partie principale) et la partie civile[199].

Coralie AMBROISE-CASTEROT et ses pairs définissent la partie comme une personne physique ou morale qui figure dans les actes de procédure et qui fait valoir un droit. La partie peut avoir plusieurs positions procédurales : demandeur, défendeur, tiers intervenant, appelant, intimé[200].

Les définitions de la partie, les unes aussi valables que les autres, renvoient à la question de l'action. Celle-ci est définie comme un droit pour l'auteur d'une prétention d'être entendu sur le fond de celle-ci afin que le juge la dise bien ou mal fondée. Pour l'adversaire, l'action est le droit de discuter le bien-fondé de cette prétention[201].

En ce sens, l'action est perçue tantôt comme un droit substantiel tantôt comme un pouvoir virtuel[202].

Pour DEMOLOMBE, l'action ne forme pas un bien distinct du droit ou plutôt du bien lui-même auquel le droit s'applique. Il est vrai que dans l'ancien droit romain, l'action intentée créait un droit nouveau et, par suite, une espèce de bien[203].

L'action comme un pouvoir virtuel découle de l'article 30 du code de procédure civile qui stipule que l'action est le droit pour l'auteur d'une prétention d'être entendu sur le fond de celle-ci afin que le juge la vise bien ou mal fondée. Elle ouvre les dispositions de l'article 31 du même code à tous ceux qui ont un intérêt légitime au succès ou au rejet d'une prétention sans réserve des cas dans lesquels la loi attribue le droit d'agir aux seules personnes qu'il qualifie pour qualifier, élever ou combattre une prétention ou

---

[199]Gerard CORNU, *Vocabulaire juridique*, PUF, Paris, 1987, pp. 663-664.

[200]Coralie Ambroise-Castérot, Natalie Fricero, Laurence-Caroline Henry et Patrick Jacq, *Glossaire des procédures ; Procédure civile – procédure pénale, procédure administrative – procédure communautaire – procédure européenne*, Gualino éditeur, Paris, 2007, p. 129.

[201]Article 30, Code de procédure civile, 102ème édition, Dalloz, Paris, 2011, p. 65.

[202] Lire Serge GUINCHARD, Cécile CHAINAIS et Frédérique FERRAND, *Procédure civile : droit interne et droit de l'union européenne*, 30ème édition, Dalloz, Paris, 2010, p. 109.

[203]Jacques HÉRON et Thierry LE BARS, *Droit judiciaire privé*, 4ème édition, Montchrestien, Paris, 2010, pp. 43-44.

pour défendre un intérêt déterminé[204]. Pour l'adversaire, l'action est le droit de discuter le bien-fondé de cette prétention. Le droit d'agir en justice est indépendant du bien-fondé de la prétention. MM. CORNU et FOYERsoutiennent que le droit d'agir en justice existe indépendamment de la demande ou encore prescrit à la demande[205].

Pour Natalie FRICERO, l'action était considérée comme droit à l'état de guerre. Elle était confondue avec le droit substantiel dont elle n'était qu'un attribut permettant d'assurer la défense. Cette acception était contredite par la réalité procédurale lorsque le juge déboute le demandeur en niant l'existence du droit substantiel allégué[206].

Le code de procédure civile suisse distingue plusieurs sortes d'actions, à savoir action condamnatoire, action en paiement non chiffré ; action partielle, action formatrice, action en constatation de droit et action des organisations[207], l'intérêt étant ici porté sur la procédure contentieuse[208].

Les parties au procès doivent être encadrées pour éviter, si possible, la passion. Paul Ricoeur semble trouver des mots justes en ce qui est de la réalité de l'antagonisme processuel des parties. Il écrit :

> Derrière le procès, il y a le conflit, le différend, les querelles, le litige, et à l'arrière-plan du conflit il y a la violence. La place de la justice se trouve ainsi marquée en creux, comme faisant partie de l'ensemble des alternatives qu'une société oppose à la violence et qui toutes les fois définissent un Etat de droit[209].

C'est que le procès se déroule entre la sympathie et l'antipathie.

L'ancien premier Président de la cour de cassation française, Guy CANIVET, a fait une étude comparative du procès au point de vue économique dans la conception du 19ème siècle lorsqu'il confiait pertinemment entre autres que

> Le procès était une activité gouvernée par des valeurs symboliques : désintéressement, respect des juridictions, recherche d'absolu, de compétitivité et de perfection, attachement à des règles de comportement marquées par la confiance, le respect des fonctions et l'appartenance à la communauté homogène des *« Robins »*. Il n'échappe pas aujourd'hui aux réalités économiques. Les professions judiciaires sont soumises à des impératifs de rentabilité, la relation des professionnels à la libre concurrence[210].

---

[204]*Code de procédure civile*, 102ème édition, Dalloz, Paris, pp.65-66.

[205]Idem, p. 48.

[206]Natalie FRICERO, *op.cit.* p. 27.

[207]Articles 84 à 89 du code de procédure civile du 19 décembre 2008.

[208]Contentieux : ensemble des litiges susceptibles d'être soumis aux tribunaux soit globalement, soit dans un secteur déterminé : Gerard CORNU, *op.cit.* p. 226.

[209]Paul RICOEUR, cité par NASRI ANTOINE DIAB, *op.cit.* p. 23.

[210] Guy CANIVET, Accueil, in *De la commémoration*, *op.cit*, p. 1.

Le monde de la justice, constate Maître Jacques VERGES, est un monde clos et cruel, à un point qu'on ne peut imaginer de l'extérieur. Ses portes capitonnées sont là pour étouffer les cris, ses vitres cathédrales pour brouiller la vue[211].

Le Professeur Bernard ASSO note comme TREILHARD que l'homme a su conserver de tout le temps et de tous les âges son patrimoine sentimentaliste[212].

L'attitude haineuse et toute gratuite mais dangereuse des parties constitue le lot commun de la justice. Maître Jacques VERGES en offre même un exemple d'un Avocat qui possédait une des études les plus importantes de France et qui fut frappé de suspension du fait de la plainte de ses collègues qui lui reprochaient son train de vie somptuaire et des détournements. La haine des justiciables en général et de l'avocat en question en particulier se révèle des propos ci-après :

> Je lui demande pourquoi il me désigne si tard, alors que la première bataille est perdue et que celle de l'appel est compromise parce que, me répond-il on ne décide de se battre à mort que lorsqu'on a épuisé toutes les tentatives d'arrangement. Vous désigner, c'est choisir la lutte à mort. De toute manière, je n'ai plus rien à perdre. Maître A veut bien mourir mais non sans mordre à son tour (...). Tout homme vaincu a besoin de donner vite un sens à son échec s'il veut échapper au désespoir[213].

Ce sont ces hommes que l'on trouve souvent dans les procès. Mais en dépit de l'antagonisme des intérêts, les droits de la défense demeurent l'instrument de vérité, filtre de vérité[214].

Henri MOTULSKY préfère user de l'expression des règles éternelles et immuables, une exigence supérieure de l'idéal de justice. Le respect des droits de la défense participe de ce fond commun à tout procès à travers les âges, depuis le droit romain[215].

L'obligation du contradictoire, principe processuel du droit, s'opère dans un cadre d'un procès. Les parties forment, par le fait de l'action, le contrat judiciaire. La contractualisation du procès a fait l'objet de beaucoup d'écrits, l'expression traduit une double acception de procédure et de litige[216].

Le terme *procès* vient étymologiquement du latin *procedere* qui signifie aller de l'avant. La notion du procès si voisine de procédure et de litige ne

---

[211]Jacques VERGÈS, *Beauté du crime*, Plon, Paris, 1988, p. 21.

[212] Bernard Asso, *Information et désinformation*, Master 2, sécurité intérieure, Nice, 2016.

[213] Jacques VERGES, *Beauté du crime*, Plon, Paris, 1988, pp. 21-22.

[214]Serge GUINCHARD, *Droit et pratique de la procédure civile ; Droit interne-Droit communautaire*, 6ème édition, Dalloz, Paris, 2009, p. 554.

[215] H. MOTULSKY, cité par Loïc CADIET, *Dictionnaire de la Justice*, PUF, Paris, 2004, p. 364.

[216]Loïc CADIET, Les jeux du contrat et du procès : esquisse, in *Philosophie du droit et droit économique. Quel dialogue ?* Frison-Roche, Paris, pp. 99, p. 26.

saurait se confondre[217].avec les parties de même qu'elle ne le serait avec l'intervention du juge, fonctionnaire de l'Etat soumis au droit administratif[218] ; le contrat judiciaire diffère fondamentalement du contrat privé régi par le code civil[219].

Lè code civil suisse par exemple considère le contrat comme parfait lorsque les parties ont réciproquement et d'une manière concordante manifesté leur volonté. Cette manifestation peut être expresse ou tacite. Si les parties se sont mises d'accord sur tous les points essentiels, le contrat est réputé conclu, lors même que les points secondaires ont été réservés. A défaut d'accord sur les points secondaires, le juge les règle en tenant compte de la nature de l'affaire[220].

Ainsi, pouvons-nous constaté, les interactions évidentes entre ces deux formes de contrat.

§ 2. Principe directeur du procès

On ne le dira jamais assez, le contradictoire, principe du droit naturel[221], principe général de droit[222], constitutionnalisé[223] et légalisé[224], constitue un principe directeur de toute instance.

Le recteur Serge GUINCHARD nous fournit le double fondement du contradictoire. Pour lui, les parties, sujet du droit, doivent connaître les éléments qui se révèleront déterminants pour l'issue du litige. Elles doivent avoir la possibilité de les discuter[225]. C'est l'exigence du procès équitable prévu par l'article 14 du pacte international des droits civils et politiques de 1966, article 6 de la convention européenne des droits de l'homme et le conseil constitutionnel[226].

Quant à Fabrice HOURQUEBIE, il voit dans le contradictoire une règle de transparence démocratique en écrivant que

> L'exigence première du débat démocratique est sa transparence appliquée de manière satisfaisante devant la juridiction judiciaire et devant la juridiction administrative. En vue d'accroître la légitimité

---

[217] *Dictionnaire de la justice*, PUF, Paris, 2004, pp. 1081-1083

[218] La mission du juge de trancher le litige.

[219] Article 1101 et suivants, Code civil livre 3. Les codes Larcier, Tome 1, Droit civil et judiciaire, 2010, p. 82

[220] Articles 1 à 2. Loi fédérale complétant le code civil suisse, livre cinquième, Droit des obligations, du 30 mars 1911, (Etat le premier janvier 2011).

[221] Arrêt de la cour de cassation française de 1828.

[222] Droit interne et droit international.

[223] Droit processuel constitutionnalisé.

[224] Exigence du procès équitable prévue par les codes de procédure

[225] Serge GUINCHARD, *Droit et pratique de la procédure civile*, *op.cit*, p. 599.

[226] *Dictionnaire des droits de l'homme*, PUF, Paris, Octobre 2008, p. 638.

du juge, la transparence doit avant tout imprégner le déroulement de l'instance[227].

Le souci d'effectivité du droit du contradictoire appelle à des garanties. C'est à ce titre que J. VEHE et R. ERGES écrivent quant à ce que « Pour réaliser la protection efficace des droits de l'homme, il ne suffit pas de consacrer des droits matériels, encore faut-il des garanties fondamentales de procédure de nature à renforcer les mécanismes de sauvegarde de ces droits »[228]. La cour européenne des droits de l'homme décida « De protéger des droits non pas théoriques ou illusoires mais concrets et effectifs »[229]. En ce sens, la même cour prescrit l'exigence processuelle de l'examen effectif de la contestation à relever cas par cas[230].

L'ordonnance du 14 mai 1886, approuvée par le décret du 12 novembre 1886, érige en principe général de droit le contradictoire : « Il est un principe naturel de l'instance que chaque partie soit en mesure de discuter les prétentions, les arguments et les preuves de son adversaire ».

La même ordonnance a érigé un autre principe général de droit qui ne constitue qu'une variante du principe du contradictoire en ces termes « Il est interdit au juge d'accepter des conclusions déposées après la clôture des débats et de fonder sa décision sur des conclusions non communiquées à la partie adverse »[231].

Les principes généraux de droit dégagés distinctement par l'ordonnance du 14 mai 1886 sont institués de manière autonome par rapport au huitième principe général de droit, à savoir le respect des droits de la défense pendant que la doctrine et la jurisprudence considèrent les deux principes généraux comme faisant partie des droits de la défense[232].

D'ailleurs, le libellé même du huitième principe tend à soutenir l'affirmation susdite : Chaque partie au procès a le droit d'avancer les éléments de fait et les arguments de droit qu'elle croit de nature à soutenir sa prétention et sa défense.

La déclaration universelle des droits de l'homme des Nations-Unies de 1948, mère des instruments internationaux de protection des droits de l'homme [233] a été ratifiée par la RD Congo comme le dit le préambule de sa constitution. Aux termes de celle-ci, nous pouvons lire :

---

[227]Fabrice HOURGUEBIE, *Sur l'émergence du contre-pouvoir juridictionnel sous la Vème République*, Bruylant, Bruxelles, 2004, p. 476.

[228]J. VEHE et R. ERGES, cités par Serge GUINCHARD, Le procès équitable : garantie formelle ou droit substantiel ?, in *Philosophie du droit et droit économique. Quel dialogue ?*, Edition Frison-Roche, Paris, 1999, p. 142.

[229]CEDH, 9 octobre 1979, Arrêt Airey §24 cité par Serge Guinchard, *op.cit*. p. 143.

[230]Fréderic Desporter et Laurence Lazerges Cousquer, Traité de procédure pénale, Economica, Paris, 2013, P. 253

[231]Idem, p. 36.

[232] Ruffin MUSHIGO-A-GAZANGA GINGOMBE, *op.cit*, pp. 35 à 39.

[233]Nasri Antoine Diab, *op.cit*, p. 78.

Réaffirmant notre adhésion et notre attachement à la déclaration des droits de l'homme, à la charte africaine des droits de l'homme et des peuples, aux conventions des Nations-Unies sur les droits de l'enfant et sur le droit de la femme[234].

Le droit du contradictoire étant un droit constitutionnalisé notamment à travers les articles 18 et 19, il est organisé et garanti[235].

L'article 15 du code de procédure civile prescrit le contradictoire en ces termes : « Les parties sont entendues contradictoirement. Elles peuvent prendre des conclusions écrites »[236].

Comme principe fondamental de tout procès, la section V de la procédure civile française prescrit le contradictoire en affirmant que « Nulle partie ne peut être jugée sans avoir été entendue ou appelée »[237]. Et l'article 15 d'ajouter que les parties doivent se faire connaître mutuellement en temps utile les moyens de fait sur lesquels elles fondent leurs prétentions, les éléments de preuve qu'elles produisent et les moyens de droit qu'elles invoquent afin que chacune soit à même d'organiser sa défense[238].

Le code judiciaire belge prescrit le contradictoire à son article 736 en stipulant que « Les parties se communiquent les pièces avant leur emploi, sous peine de surséance d'office à la procédure sauf le cas prévu à l'article 735, le demandeur doit faire cette communication dans les huit jours de l'introduction de la cause, le défendeur avec la communication de ses conclusions »[239]. Les dispositions de l'article 741 concernent les conclusions prises par les parties[240].

Le principe du contradictoire comme règle fondamentale de procédure s'impose à toute instance, notamment pénale, militaire, civile, commerciale, disciplinaire[241].

L'article préliminaire du code de procédure pénale français prescrit que la procédure pénale doit être équitable et contradictoire et préserver l'équilibre des droits des parties[242].

Le code de procédure pénale suissel'érige comme principe régissant l'action répressive, le respect de la dignité du procès équitable[243].

---

[234]Constitution de la RD Congo, *journal officiel*, 47ème année, numéro spécial, 20 juin 2006, p. 9.

[235]Constitution de 2006, *journal officiel*, 47ème année, numéro spécial, 20 juin 2006, pp. 12-13.

[236]Code de procédure civile du Congo.

[237]Article 14, Procédure civile.

[238]*Code de procédure civile*, Dalloz, Paris, 2011, p. 40.

[239]*Code judiciaire belge*, Larcier, Tome 1, p. 326.

[240] Idem, p. 326.

[241]Articles 4 et 5 de la loi de la procédure devant la cour suprême du Congo ; articles 1080-1081 – code judiciaire belge, p. 360 ; article 615 de procédure civile de la cassation française, Dalloz, 1509 ; article 43 procédure fédérale de la confédération suisse, p. 12.

[242]Gilbert AZIBERT, *op.cit*, p. 1.

[243] Article 3 du code de procédure pénale suisse

L'obligation du contradictoire est ainsi à la charge des parties et d'intervenants.

§ 3. Obligation du contradictoire

L'idée imparfaite de la contractualisation du procès[244] appelle les obligations et droits des parties dans un contexte processuel.

L'ancien premier Président Guy CANIVET définit le code de procédure civile du point de vue technique comme étant un instrument de communication structuré entre les divers acteurs et institutions ; le procès conçu comme une organisation relationnelle interactive entre la juridiction et les parties, et les parties entre elles. C'est un lieu de connaissance et d'échange de pièces, d'arguments, de preuves, de délais, d'ordres divers, de protestations, de dates, de décisions[245].

La transparence processuelle en commençant par l'acte introductif à la décision, en passant par les voies de recours et d'exécution, constitue la règle démocratique de droit de procédure.

Fabrice HOURQUEBIE, estimant que la transparence compense les déficiences de la procédure, affirme que

> Sans toutefois être érigée en dogme dont l'effet ne peut être que néfaste, car l'idéologie démocratique est fondamentalement a-dogmatique, la transparence est un mode de légitimisation moderne réinventé dans la démocratie constitutionnelle[246].

Le Royaume d'Espagne, à son article 117 de la constitution, assure le principe de légitimité démocratique[247].

La Cour européenne des droits de l'homme décida qu'il incombe à l'Etat de définir aux rapports privés un cadre juridique de nature à éviter les atteintes aux droits qui y ont leur source[248]. Comme corollaire de l'institution du principe du cadre juridique, il faut également prévoir les sanctions contre ces violations, seule garantie effective des droits subjectifs.

Le procès équitable suivant l'article 6, alinéa 2 de la convention européenne de sauvegarde des droits de l'homme, reconnaît à chaque partie « une possibilité raisonnable d'exposer sa cause au tribunal et la faculté de

---

[244]Loic CADIET, Les jeux du contrat et du procès esquisse, in *Philosophie du droit et droit économique. Quel dialogue ?* , Frison-Roche, Paris, 1999, p. 23.

[245]Guy CANIVET, *Accueil, commémoration d'un code à l'autre : 200 ans de procédure civile en France*, Litec, Paris, 2006, p. 1.

[246] Fabrice HOURQUEBIE, *Sur l'émergence du contre-pouvoir juridictionnel sous la Vème République*, Bruylant, Bruxelles, 2004, p. 493.

[247]Les juridictions des Etats membres de l'Union Européenne, cour de justice des communautés européennes, Luxembourg, 2009, p. 159.

[248]Olivier DE SCHUTTER, *Fonction de juger et droits fondamentaux. Transformation du contrôle juridictionnel dans les ordres juridiques américain et européens*, Bruylant, Bruxelles, 1999, p. 313.

prendre connaissance des observations et pièces produites par l'autre partie et ainsi d'en discuter[249]. Le contradictoire commence par l'acte introductif d'instance. Tel est le principe de l'article 14 alinéa 3 point b du pacte international relatif aux droits civils et politiques.

Le respect de l'obligation processuelle du contradictoire commence par la rédaction des actes de procédure mais surtout à la phase de leur signification au défenseur ou à l'accusé. La signification des actes de procédure vaut ainsi invitation donnée à une partie de faire ou de ne pas faire.

A. Appelé pour être entendu

1. Assignation

Les dispositions de l'article 54 du code de procédure civile français constituent l'évolution dans l'instruction des justiciables à la différence du droit congolais en ceci qu'on y prescrit :

> Sous réserve des cas où l'instance est introduite par la présentation volontaire des parties devant le juge, la demande initiale est formée par assignation, par remise d'une requête conjointe au secrétariat de la juridiction ou par requête ou déclarationau secrétariat de la juridiction.

Dans la procédure belge, on peut dégager la procédure similaire notamment aux termes des articles 700 et suivants du code judicaire.

L'article premier du code de procédure civile congolais garde encore le contexte colonial de la majorité des justiciables illettrés. Cependant, aujourd'hui, les actes de procédure sont l'œuvre des avocats. L'habitude ne faisant pas la loi, l'article premier se limite à prescrire que « Toute personne qui veut en assigner une autre fournit au greffier de la juridiction où la demande sera portée tous les éléments nécessaires à la rédaction de l'assignation. Si le requérant sait écrire, il remet au greffier une déclaration écrite[250].

L'article 2 renchérit que l'assignation est l'œuvre du greffier qui contient les noms, profession et domicile du demandeur et les noms et demeure du défendeur ; elle énonce sommairement l'objet et les moyens de la demande et indique le tribunal où la demande est portée, ainsi que le lieu, le jour et l'heure de la comparution. Lorsque le demandeur n'agit pas en son nom personnel ou que le défendeur n'est pas assigné en son nom personnel, l'assignation mentionne en outre leur qualité[251].

---

[249]Commission EDH, Req. N° 434-58 an II, P. 355, Cour EDH, 24 février 1995, Mc Michel c/Royaume Uni, D 1995, Jurispr. p. 449. Lire Didier Del Prete et Eva Fischer, institutions juridictionnelles, Hachette, 2006, Point 49, (www.Hachette_education.com)

[250]Article premier du code de procédure civile

[251]Article 2 du code de procédure civile.

Le code de procédure civile suisse abonde dans le même ordre d'idées que l'article 2 du code de procédure congolais. L'article 133 de la citation (synonyme d'assignation en droit congolais) a comme contenu :

a. Le nom et l'adresse de la personne citée à comparaître ;
b. L'objet du litige et les parties ;
c. La qualité en laquelle la personne est citée à comparaître ;
d. Le lieu, la date et l'heure de la comparution ;
e. L'acte de procédure pour lequel elle est citée ;
f. Les conséquences d'une non comparution ;
g. La date de la citation et la signature du tribunal[252].

L'énonciation sommaire faite à la partie adverse par voie d'assignation ne peut l'informer correctement.

La procédure kenyane est plutôt plus soucieuse de l'information suffisante à donner au défendeur sur les armes du demandeur et ses preuves contenues dans l'acte introductif « Order 3 R 1 commencement of suit and case track allocation prescrit :

1) Every suit shall be instituted by presenting a plaint to the court or in such other manner as may be prescribed ;
2) The claim shall indicate at the heading the choise of track ; namely « Shall claims, fast track or multi track » ;
3) For purposes of this rule :
   a) « Small claim » refers to a simple claim involving not more than two parties hand whose monetary value dos not exceed khs 49,999 ;
   b) « Fast track » refers to a case with straight forward fast legal issues ; relatively few parties ; and would likely be concluded within one hundred and eighty days after the pre trial directions under order » ;
   c) « Multi track » refers to a case with compt facts and legal issues ; or several parties which would likely be concluded within two hundred and forty days from the date of the pre trial directions under order » ;
4) In choosing the case track :

   a) The complexity of the issues of fact, law or evidence ;
   b) The financial value of the claim
   c) The likely expense to the parties ;
   d) The importance of issues of law or fact to the public ;
   e) The nature of the remedy sought ;
   f) The number of parties or prospective parties ;

   The tiers required for pre trial disclosures and for preparation for trial or hearing[253].

---

[252]Stephen V. BERH, *code de procédure civile suisse*, Helbing Lichtenhahn Verlag, P. 213

L'acte d'accusation doit être accompagné des documents prévus par order 312 "documents to accompagny suit": all suits filed under rule 1 (i) including suits against the government, except small claims, shall be accompanied by:

a. An aftidavit referred to under order 4 rule A[254] ;
b. A list of witnesses to be called at the trial ;
c. Written statements signed by the witnesses excluding expert witnesses and ;
d. Copies of documents to be relied on at the trial including a demand letter before action ; provided that statement under so brule
e. May with leave of court be furnished at least fifteen days prior to the trial conference under order 11.

D'autres formalités sont encore exigées par le code de procédure civile kenyan[255].Cette exigence légale, commente Steve Ouma, a pour but de permettre au juge et dans une seule procédure et entre les parties de solutionner les différends[256].

La procédure pénale Kenyane prescrit comme principe, l'information à donner à l'accusé des infractions mises à sa charge avec détail. C'est ainsi qu'en commentant le principe directeurdésigné *"Right to be informed of the charge, with sufficient detail to answer it"*, Patrick O Kiage soutient à juste titre qu' *"an accused person is to be informed, as soon as reasoly practicable, in a langage that he undestrads and in detail, of the nature of the offense with which he is charged"*[257].

Le code judiciaire belge a influencé négativement la procédure civile congolaise pendant plusieurs années. Les belges sont des conservateurs de l'exposé sommaire du contenu dans l'assignation ; « Sous peine de nullité, l'exploit de citation contient, outre les mentions prévues à l'article 43:

1. Le nom, prénom et domicile du demandeur ;
2. Le nom, prénom et domicile ou, à défaut de domicile, résidence du cité ;
3. L'objet et exposé sommaire des moyens de la demande ;
4. L'indication du juge qui est saisi de celle-ci ;
5. L'indication de lieu, jour et heure de l'audience[258].

C'est en état de l'exposé sommaire du droit belgo-congolais que l'assignation est donnée au défendeur sans qu'il soit exigé d'annexer les pièces. En outre, c'est en cet état d'assignation simple donnée à la huitaine

---

[253]Sterne OUMA, *op.cit*, p. 143.
[254] Idem, p. 143
[255] Notamment Order 3 rule 3, order 4R4.
[256] Steve OUMA, *op.cit.* p. 147
[257] Patrick O KIAGE, *Essentials of criminal procedure in Kenya*, Law Africa, Kenya, 2010, p. 164.
[258]Article 702 du code judiciaire, codes Larcier, Tome 1, *Droit civil et judiciaire*, p. 321

que les législateurs belge et congolais prescrivent que la cause peut être plaidée à l'audience introductive[259].

L'institution d'exposé sommaire des moyens dans l'acte introductif d'instance au préjudice de l'effectivité du contradictoire se trouve renforcer par le régime de sanction, des irrégularités des actes de procédure fondée sur le préjudice tel que le prévoit l'article 28 du même code[260].

La procédure civile congolaise entretient une confusion qui porte préjudice au contradictoire et, partant, au procès équitable. L'article 14 règle la question de comparution des parties à l'audience introductive. Quant à l'article 15 du même code, il est stipulé que les parties, donc à l'audience introductive, sont entendues contradictoirement et peuvent prendre des conclusions écrites.

Le législateur, à l'article 16, estime que la cause peut être plaidée à l'audience introductive. Il va plus loin même pour soutenir que le jugement peut intervenir le même jour de l'audience introductive. L'on peut ainsi lire :

> Si les parties comparaissent et qu'à la première audience il n'intervient pas de jugement qui dessaisit le tribunal, celui-ci peut ordonner aux parties non domiciliées dans son ressort d'y faire élection de domicile. L'élection de domicile est mentionnée au plumitif de l'audience. Toutes les significations, y compris celles du jugement, sont valablement faites au domicile élu. Si la partie omet ou refuse de faire élection de domicile, les significations visées à l'alinéa 3 sont valablement faites au greffe du tribunal saisi[261].

Les dispositions des articles 14, 15 et 16 du code de procédure civile posent problème dans leur application et au respect du contradictoire, principe général de droit, constitutionnalisé et légalisé, du reste relevant du droit naturel[262].

Endéans 8 jours francs avec l'obligation de communiquer les pièces et moyens, et le temps à mettre pour les préparer, pour autant également que le législateur ne s'est pas prononcé clairement sur l'option de la signification de l'assignation avec pièces et conclusions, le renvoi s'impose à la première audience sauf sur les mesures conservatoires préalablement indiquées dans l'assignation.

Sur le plan pratique, certaines parties, souvent représentées, assignent avec pièces et font indiquer qu'en ce qui concerne les moyens, elles se

---

259- Articles 707 et 729 du code judiciaire belge ; Article 702 code judiciaire belge correspondant de l'article 2 du code de procédure civile du Congo
- Articles 9 et 16, code de procédure civile congolais

260 Cass, 7 janvier 2008, C0606.35 F, Pas. p. 39 avec concl.suivi Publi, les codes Larcier, T. 1, *op.cit*, p. 321.

261 Article 16 code de procédure civile congolais.

262 Cass. Civ. 7 mai 1828, Sirey, 1828 I, p. 329. Ruffin Mushigoma-Gazanga Gingombe, Les principes généraux du droit et leurs applications par la cour suprême de justice du Congo, Bruylant, Bruxelles, 2002.

réfèrent à l'exploit introductif d'instance. A l'audience introductive et pour contraindre le défendeur à plaider, les demandeurs font acter le renoncement de communication des moyens et pièces de la partie adverse.

Cette pratique constitue la preuve de l'artisanat procédural comme le disait feu Bâtonnier M'BUYI TSHIMBADI, car elle viole les principes du contradictoire et de l'égalité des armes. Elle met en outre le juge en impossibilité d'être éclairé par l'autre son de cloche du défendeur. Celui-ci suivant les termes de l'article 14 alinéa 3 point b du pacte international relatif aux droits civils et politiques, doit disposer du temps et des facilités nécessaires à la préparation de sa défense et à communiquer avec le conseil de choix.

Etant donné que l'obligation d'entendre le défendeur incombe au tribunal et non au demandeur, il revient à l'office du juge de renvoyer la cause.

En ce domaine précis, le droit français préserve le principe du contradictoire dans son aspect informationnel. A la différence des articles 2 du code de procédure civile congolais et 702 du code judiciaire belge, les dispositions de l'article 56 du code de procédure civile français commandent, sous peine de nullité, que l'assignation doit avoir un objet de la demande avec un exposé des moyens en fait et en droit (...), elle comprend en outre l'indication des pièces sur lesquelles la demande est fondée. Ces pièces sont énumérées sur un bordereau qui lui est annexé (...). Elle vaut conclusions[263].

Le législateur français ne parle pas d'exposé sommaire, terminologie malheureusement retenue par le droit belgo-congolais. La juridiction de cassation décide que

> si aux termes de l'article 56, l'assignation doit contenir, sous peine de nullité, l'objet de la demande avec un exposé des moyens en fait et en droit, le fait que, dans l'acte introductif d'instance, la demanderesse fasse état de l'utilisation des photocopies la représentant sur des affiches et précise qu'elle a saisi le tribunal pour voir reconnaître la notation de son droit à l'image et obtenir la réparation du préjudice qui en est résulté, suffit à définir l'objet de la demande et le fondement juridique de l'action[264].

> De la même façon l'on peut lire :

> L'action en contrefaçon de modèles, d'interprétation stricte, implique que le demandeur, dans son assignation, caractérise la contrefaçon, notamment en donnant les références des dépôts dont il se prévaut, qui font l'objet de la contrefaçon et en expliquant en quoi les modèles incriminés sont contrefaisants. En l'absence d'assignation valable dans

---

[263] *Code de procédure civile*, 102ème édition, Dalloz, Paris, 2011, p. 113.

[264] Paris, 13 juin 2002, LPA, 14 novembre 2002, p. 15, note Pansier.

le délai de quinze jours prescrits par l'article L 521-1 CPI, la saisie de contrefaçon est nulle[265].

Dans l'affirmation de la pleine information apportée au défendeur, la cour de cassation est revenue sur sa décision qui considérait l'obligation d'énumérer dans l'assignation et par bordereau annexé les pièces sur lesquelles la demande est fondée n'est assortie d'aucune sanction et ne constitue pas une formalité substantielle ou d'ordre public[266].

Il a été contrejugé que même à défaut d'être prescrite clairement à peine de nullité, l'obligation pour le demandeur d'énumérer les pièces sur lesquelles il fonde son action constitue une formalité substantielle pour la régularité de la procédure puisque cette règle nouvelle tend à mieux informer le destinataire de l'assignation des motifs du procès qui lui est intenté, et par conséquent, lui permettant d'apprécier précocement la pertinence de l'action engagée à son endroit et de faire valoir ses droits [267].

A la différence également du droit congolais, le droit processuel français impose au demandeur, à peine de nullité, d'accorder un délai de quinze jours [268] au défendeur pour se constituer un conseil[269].

Cependant, l'article 751 pose le principe de constitution de conseil pour les parties. Dès qu'il est constitué, l'avocat du défendeur en informe celui du demandeur, copie de l'acte de constitution est remise au greffe[270].

L'article 757 du même code de procédure civile prescrit que le tribunal est saisi après l'assignation donnée au défendeur suivi de la constitution du conseil. Les dispositions de l'article 757 sont respectueuses et du contradictoire et de l'égalité des armes. Elles disposent que « Le tribunal est saisi, à la diligence de l'une ou l'autre partie, par la remise au greffe d'une copie de l'assignation. Cette remise doit être faite dans les quatre mois de l'assignation, faute de quoi celle-ci sera caduque. La caducité est constatée d'office par ordonnance du président ou du juge saisi de l'affaire. A défaut de remise, requête peut être présentée au président en vue de faire constater la caducité ».

Le régime d'assignation en droit belgo-congolais et français est très différent étant entendu qu'elle vaut conclusion en droit processuel français[271]. Jacques Junillon, Avoué à la cour, commente l'évolution

---

[265]Code de procédure civile, 102ème édition, Dalloz, Paris, 2011, p. 113.

[266] Civ. 2°, 3 avril 2003, Bull. Civ. II n° 34, D. 2003, IR 1134 ; Procédures 2003, Comm. 132, note Perrot, LPA 27-29 juill. 2003, p. 21, note Bolze, JCP 2003, IV, 1974.

[267] TGI le Mans, JME, 22 mars 2007, Juris Data n° 2007 – 331020, Procédures, Focus, 26 obs. Granet (refusant l'annulation pour absence de grief), TGI Le Mans, JME, 22 mars 2007, Juris Data n° 2007 – 331019, Procédures, Focus, 26, obs. Granet (Prononçant l'annulation).

[268] Article 755 du code de procédure civile, 102ème édition, Dalloz, Paris, 2011, p. 581. Lire aussi les articles 784, 814 et 816 du même code.

[269]Article 752, code de procédure civile, 102ème édition, Dalloz, Paris, 2011, p. 580.

[270]Article 756 du code de procédure civile, 102ème édition, Dalloz, Paris, 2011, p. 582.

[271]Article 56, code de procédure civile, 102ème édition, Dalloz, Paris, 2011, p. 112.

législative de rédaction de l'assignation. Il note que « Depuis la réforme de 1972, l'assignation n'est pas seulement l'expression de la volonté du demandeur de lancer une procédure. Elle est elle-même la première phase du procès et l'article 56 C.PR. Civ. rappelle qu'elle vaut conclusions »[272].

Gérard COUCHEZ et Xavier LAGARDE ne démentent pas l'évolution dans la rédaction des textes successifs applicables à l'assignation qui traduit la plus grande exigence. Ils arguent que « Tout d'abord, (...) sous l'empire de l'ancien code de procédure civile, d'un exposé « *Sommaire* » des moyens, le code de 1975 n'a pas repris ce qualificatif. Ceci traduisait déjà la volonté de ses auteurs d'exiger une motivation plus substantielle qu'autrefois de l'assignation de cette volonté étant au demeurant attestée par l'article 56 selon lequel*« L'assignation vaut conclusions* ».

Ensuite, alors qu'il était seulement question, dans l'article 56-2° d'origine de ce dernier code d'un exposé des moyens, il est actuellement exigé en conséquence du décret du 28 décembre 1998 qui a complété cet article un exposé des moyens en fait et en droit. Le texte actuel condamne donc une certaine pratique qui consistait à n'indiquer dans l'assignation que des moyens de faits invoqués à l'appui de la demande[273].

En vue de soustraire les demandes fantaisistes, l'assignation valant conclusions selon l'article 56 du code de procédure civile, est donnée en même tant que la communication des pièces. L'article 56 susvisé prescrit « Qu'elle comprend en outre l'indication des pièces sur lesquelles la demande est fondée. Ces pièces sont énumérées sur un bordereau qui lui est annexé »[274].

Dans la persévérance de la recherche d'un procès apaisé et équitable, Serge GUINCHARD, Cécile CHAINAIS et Frédérique FERRAND commentent l'article 751 qui prescrit la saisine de la juridiction par la remise au greffe d'une copie de l'assignation dans les quatre mois de sa signification. Les auteurs soutiennent qu' « On a ainsi voulu éliminer les affaires non sérieuses, celles dans lesquelles le demandeur est particulièrement négligent. Mais il faut souvent plus de 4 mois pour rassembler certaines pièces ou pour mener à bien une conciliation, une transaction, on court le risque de voir se poursuivre, pour échapper à la caducité, des affaires qui, avec un peu plus de patience, auraient connu une issue non contentieuse » [275].

Dans le souci de l'effectivité informationnelle à donner au défendeur, le règlement de procédure de la cour commune de justice et d'arbitrage du 18

---

[272]Jacques JUNILLON, Règles générales de rédaction des actes de procédure in *Droit et Pratique de la procédure civile, Droit interne – Droit communautaire*, Dalloz, Paris, 2009, p. 346.

[273]Gérard COUCHEZ et Xavier LAGARDE, *procédure civile*, 16ème édition, p.292.

[274]Article 56, code de procédure civile, 102ème édition, Dalloz, Paris, 2011, p. 112.

[275]Serge GUINCHARD, Cécile CHAINAIS et Frédérique FERRAND, *procédure civile. Droit interne et droit de l'union européenne*, 30ème édition, Dalloz, Paris, 2010, p. 1207.

avril 1986 à son article 27 ne retient pas la terminologie de résumé sommaire. Il commande que l'original de tout acte de procédure doit être signé par l'avocat de la partie. Cet acte est accompagné de toutes les annexes qui y sont mentionnées (...). A tout acte de procédure est annexé un dossier contenant les pièces et documents invoqués à l'appui et accompagné d'un bordereau de ces pièces et documents[276].

En l'état actuel du droit processuel de rédaction d'assignation, le défendeur n'est pas correctement informé d'une part et, d'autre , le délai de la huitaine franche ne peut égaler le temps pris par le demandeur pour pouvoir se constituer conseil, réunir les preuves et préparer les actes de procédure.

En sus, l'assignation contient généralement la clause de réserves promettant de compléter ou de modifier les faits et les prétentions en cours d'instance.

En conséquence, il est juste et équitable qu'à la première audience, les parties remettent l'affaire pour la mise en état sauf la demande des mesures conservatoires postulées dans l'assignation.

Le contradictoire doit être observé à l'introduction d'instance. La partie doit être appelée régulièrement à l'instance. La cour de cassation décide qu'il y a excès de pouvoir qui peut ouvrir un appel en nullité ou un pourvoi en cassation de nullité même si les recours sont fermés par la loi, si le juge condamne une personne alors qu'il est établi qu'elle n'a pas été informée de la procédure[277].

La Cour commune de justice et d'arbitrage ayant prescrit que la procédure est essentiellement écrite[278] exige qu'à tout acte de procédure soit annexé un dossier contenant les pièces et documents. Si en raison du volume d'une pièce ou d'un document, il n'est annexé à l'acte que des extraits, la pièce ou le document entier ou une copie complète déposé au greffe[279].

Tel est le régime retenu par la cour de justice et le tribunal de première instance des communautés européennes[280]. A priori, l'on peut affirmer que l'information du défendeur devient un aspect du principe du contradictoire.

2. *Information du défendeur, aspect du principe contradictoire*

La contractualisation processuelle en matière civile crée l'instance régie par les lois procédurales. Elle (instance) crée des droits et des obligations à charge de parties dont l'observation du contradictoire par les parties.

---

[276] Ohada, *Traité et actes uniformes commentés et annotés*, juriscope, France, 2012, p. 100.
[277]Com. 16 juin 2009 n° 08-13658, Gaz Pal 26-28 juillet 2009, P. 18 N. Fricero. Lire Natalie Fricero, 6ème édition, Gualino, Paris, 2010, p. 80.
[278] Article 34, al 1. Règlement de procédure de la cour commune de justice et d'arbitrage du 18 avril 1996.
[279] Idem, article 27.
[280] Article 43 Règlement de procédure, code judiciaire belge, p. 907.

2.1. Théorie de l'instance et les parties

Gérard CORNU définit l'instance, *instantia* en latin, comme facteur qui s'appliquera :

1. à la procédure engagée devant une juridiction : phase d'un procès et la première instance est celle qui se déroule devant les premiers juges, au premier degré de juridiction, éventuellement suivie d'une instance en appel ou en cassation ;
2. à désigner plus précisément la suite des actes et délais de cette procédure à partir de la demande « *Introductive d'instance* » jusqu'au jugement ou aux autres modes d'extinction de l'instance, y compris instruction et incidents ;
3. Par extension à la situation juridique des parties en cause, l'instance est en ce sens un lien juridique, source de droits et obligations pour les parties à l'instance[281].

Une partie au procès ou à l'instance est une partie litigante : personne physique ou morale engagée dans un procès ; toute personne qui est dans l'instance soit comme demandeur (parfois unique) soit comme défendeur, soit comme intervenant, y compris le ministère public (partie jointe ou partie principale)[282].

Au niveau de cassation, soulignent Jacques BORE et Louis BORE, l'instance en cassation est une instance nouvelle qui est introduite par une déclaration de pourvoi dirigée contre un jugement ou un arrêt rendu en dernier ressort, et qui donne lieu à une procédure essentiellement écrite conduite, sauf dispensé, par un mandataire spécialisé, ayant un monopole à cet effet[283]

Le code de procédure civile français ne définit pas le mot instance. Il l'identifie à la notion de l'action en justice. Ainsi, selon les termes de l'article premier : « Seules les parties introduisent l'instance, hors les cas où la loi en dispose autrement. Elles ont la liberté d'y mettre fin avant qu'elle ne s'éteigne par l'effet du jugement ou en vertu de la loi »[284].

Ce défaut imputable au législateur français l'est aussi pour le législateur suisse etbelge[285]. A leur différence, le code de procédure civile congolais préfère parler d'assignation au lieu d'action ou de l'instance. En son article

[281]Gérard CORNU, *Vocabulaire juridique*, Paris, PUF, 1987, p. 498.

[282]Gérard CORNU, *op.cit*, pp. 661-662.

[283] BORE Jacques et BORE Louis, *La cassation en matière civile*, 4ème édition, Dalloz, Paris, 2008, p.523.

[284]*Code de procédure civile*, 102ème édition, Dalloz, Paris, 2011, p. 7, CADIET Loïc, *code de procédure civile*, Litec, Paris, 2011, p. 5.

[285]Articles 84 à 90 code de procédure civile suisse du 19 décembre 2008 catégorisant les actions sans les définir. Article 17 code judiciaire belge, code Larcier, Tome I, droit civil et judiciaire, 2010, p. 189.

premier, il est stipulé que « Toute personne qui veut en assigner une autre fournit au greffier de la juridiction où la demande sera portée tous les éléments nécessaires à la rédaction de l'assignation. Si le requérant sait écrire, il remet au greffier une déclaration signée »[286].

Au niveau de la doctrine, l'unanimité sur les notions d'instance et d'action ne s'est pas encore dégagée.

A la différence du professeur Philippe HOONAKER qui ne définit pas l'instance[287]. Coralie AMBROISE-CASTEROT et ses pairs définissent l'instance, en matière civile, comme un lien juridique de nature procédurale qui unit le demandeur et le défendeur, emporte des droits et des obligations processuels (accomplir les actes de la procédure, bénéficier de ses droits de la défense). En procédure administrative, elle est une succession des actes de procédure allant du dépôt de la requête jusqu'au moment où le jugement est rendu[288].

Sans définir l'action en justice, Serge GUINCHARD, Cécile CHAINAIS et Frédérique FERRAND notent la négligence en droit français de la théorie de l'action et ce sont les auteurs de droit public qui ont été conduits les premiers à l'étudier[289].

La théorie de l'action en justice [290] repose et réaffirme la reconnaissance d'un droit fondamental,*« Accès au juge »,* lequel droit en fait logiquement partie [291] étant donné que nul ne peut se faire justice à soi-même.

L'article 66 de la constitution française du 4 octobre 1958 stipule que « Nul ne peut être arbitrairement détenu. L'autorité judiciaire, gardienne de la liberté individuelle, assure le respect de ce principe dans les conditions prévues par la loi »[292].

Mr Guy CANIVET, ancien Premier Président de la cour de cassation française, relève la confiance accordée à l'autorité judiciaire se fondant sur la garantie de l'indépendance[293].

En commentant le principe de base de la justice, le Professeur John Rawls note :

---

[286]Code de procédure civile de la RD Congo.

[287] HOONAKKER Philippe, Actes introductifs d'instance, in *Droit et pratique de la procédure civile*, *op.cit*, p. 419.

[288]CORALIE Ambroise-Casterot et alii, *Glossaire des procédures. Procédure civile – Procédure pénale – Procédure administrative – Procédure communautaire – Procédure européenne*, Gualino, Paris, 2007, p.94

[289]GUINCHARD Serge et alii, *Procédure civile*, Droit international et droit de l'union européenne, 30ème édition, Dalloz, Paris, 2010, p. 116.

[290] GUINCHARD Serge et alii, *Procédure civile*, Dalloz, Paris, 2009, p. 35.

[291] FRICERO Nathalie, *Procédure civile*, 6ème édition, Gualino, Paris, 2010, p. 27.

[292] Cour de cassation française 1828.

[293] CANIVET Guy, Protection juridictionnelle des libertés et droits fondamentaux par le juge judiciaire in *Protection des libertés et droits fondamentaux, la documentation française*, Paris, 2007, pp. 50 – 51.

En premier lieu, chaque personne doit avoir un droit égal au système le plus étendu de libertés de base égales pour tous qui sont compatibles avec les systèmes pour les autres. En second lieu, les inégalités sociales et économiques doivent être organisées de façon à ce que, à la fois, l'on puisse raisonnablement s'attendre à ce qu'elles soient à l'avantage de chacun et qu'elles soient attachées à des positions et à des fonctions ouvertes à tous[294].

Dans le processus de règlement des litiges, les lois de formes jouent le rôle de filtre de l'apaisement des parties. La procédure s'entend comme une progression vers un but déterminé, le processus selon lequel certaines décisions doivent être prises, certaines opérations doivent être conduites[295].

Gérard CORNU définit la procédure (du latin *« Procedere »* qui signifie s'avancer, procéder à une action judiciaire) comme une branche de la science du droit ayant pour objet de déterminer les règles d'organisation judiciaire, de compétence, d'instruction des procès et d'exécution des décisions de justice et englobant la procédure administrative, civile et pénale[296].

Le contradictoire, à la différence du droit belge[297], étant un principe général du droit fondamental, commence par l'information, dans les formes déterminées, à donner au défendeur ou à l'accusé.

2.2. Introduction contradictoire de l'instance : Régularité de signification et de notification des actes de procédure

On l'a dit, le contradictoire, principe du droit naturel[298], principe général du droit interne et international sauf en droit judiciaire belge[299], droit constitutionnalisé et légalisé commande pour son respect que le demandeur puisse appeler à l'instance le défendeur. Les modes de saisine de cours et tribunaux sont diversifiés.Ils partent de l'assignation à la citation directe en passant par la requête aux fins de fixation, la requête, la saisine d'office, etc.

Le Recteur Honoraire Serge GUINCHARD indique avec ses collègues que l'introduction d'instance contentieuse type comprend deux aspects : en premier lieu, le demandeur doit avertir son adversaire du déclenchement de la procédure par sa demande introductive d'instance ; en second lieu, le

---

294 RAWLS John, *Théorie de la justice*, Floch à Mayenne, 1987, p. 91.

295 CADIET Loïc, *Dictionnaire de la justice*, PUF, Paris, 2004, p. 1053.

296 CORNU Gérard, *op.cit*, p. 725.

297 Article 2 al 9 le contradictoire n'est pas un principe général du droit. Cassation 4 décembre 1995, Pas p. 1102 ; Comp. Cassation 2 octobre 1996. Pas. P 900, code judiciaire belge, 2010, p. 188.

298 Cour de cassation française

299 Code judiciaire belge article 2 et arrêt de la cour de cassation belge, cass, 4 déc. 1995, Pas. P. 1102 ; cass, 2 oct. 1996 ; Pas. p. 972.

demandeur et/ou le défendeur doivent accomplir certaines formalités pour saisir le tribunal[300].

C'est le fondement même de l'article 30 du code de procédure civile français qui stipule que « L'action est le droit pour l'auteur d'une prétention d'être entendu sur le fond de celle-ci afin que le juge la dise bien ou mal fondée. Pour l'adversaire, l'action est le droit de discuter le bien-fondé de cette prétention »[301].

Ce principe veut en l'occurrence que nulle partie ne peut être jugée sans avoir été entendue ou appelée, de la même manière que la signification des actes de procédure revêt le même fondement, la signification pouvant donc être faite au domicile réel ou élu.

2.2.1. *Domicile ou résidence*

La Cour européenne des droits de l'homme vise l'effectivité des droits fondamentaux[302]. La signification et la notification ont une finalité bien noble, de porter les prétentions des adversaires à la connaissance des parties à l'instance judiciaire, étant entendu que la justice consiste à rendre à chacun le sien (sunu euique tribuere) étant donné que demander justice signifie réclamer son dû, son droit[303].

Cependant, le droit belge distingue la signification de la notification[304]. Là, la signification est faite à personne, à tout endroit, lorsque copie de l'acte est remise en mains propres du destinataire[305]. Toutefois, à la différence du droit judiciaire congolais, le droit belge prévoit un autre cas de signification à personne en ce qui concerne les personnes morales lorsque la copie de l'acte est remise à l'organe ou au préposé qui a qualité, en vertu de la loi, des statuts ou par délégation régulière, pour représenter, même avec d'autres, la personne morale en justice[306].

La signification peut être faite au domicile, à défaut de domicile, à la résidence du destinataire et, s'il s'agit d'une personne morale, à son siège social ou administratif. La copie de l'acte est remise à un parent, allié,

---

[300]Serge GUINCHARD, Frédérique FERRAND et Cécile CHAINAIS, *procédure civile*, Dalloz, Paris, 2009, p. 332.

[301]Principal général de droits institués par les conventions internationales, la constitution et les lois ordinaires.

[302] Olivier DE SCHUTTER, *Fonction de juger et droits fondamentaux : transformation du contrôle juridictionnel dans les ordres juridiques américain et européen*, Bruylant, Bruxellles, 1999, p. 165.

[303] CORNU Gérard, *op.cit*, p. 532.

[304]Article 31 code judiciaire

- Signification : la remise d'une copie de l'acte, elle a lieu par exploit d'huissier
- Notification : l'envoi d'un acte de procédure en original ou en copie, elle a lieu par la pose, ou dans les cas déterminés par la loi, suivant les formes que celle-ci prescrit

[305] Article 33 code judiciaire belge

[306] Article 34 code judiciaire belge

préposé ou serviteur du destinataire. Elle ne peut être remise à un enfant qui n'a pas atteint l'âge de seize ans accomplis[307].En matière de signification, le droit suisse est fort intéressant. Lorsque la partie est représentée, les actes sont notifiés à son représentant[308].

L'article 138 prescrit la forme des actes processuels comme suit :

1. Les citations, les ordonnances sont notifiées par envoi recommandé ou d'une autre manière contre accusé de réception. L'acte est réputé notifié lorsqu'il a été remis au destinataire, à un de ses employés ou à une personne de seize ans au moins vivant dans le même ménage. L'ordre donné par le tribunal de notifier l'acte personnellement au destinataire est réservé.
2. L'acte est en outre réputé notifié :
   a) en cas d'envoi recommandé, lorsque celui-ci n'a pas été retiré, à l'expiration d'un délai de sept jours à compter de l'échec de la remise, si le destinataire devait s'attendre à recevoir la notification ;
   b) Lorsque le destinataire à qui il doit être remis personnellement refuse de le réceptionner et que le refus est constaté par le porteur le jour du refus de réceptionner
3. Les autres actes peuvent être notifiés par envoi postal normal[309].

Le droit processuel français ne fait pas la différence, comme le droit belge, entre la notification et la signification car la notification et la signification sont les œuvres d'huissier[310].

Le principe du contradictoire étant un des principes directeurs du procès, le législateur français, dans sa procédure pénale, a solennellement affirmé que la procédure pénale doit être équitable et contradictoire[311]. Il le réaffirme encore dans la procédure civile à l'article 654 en prescrivant que la signification doit être faite à personne[312].

Si la signification à personne s'avère impossible, dit le législateur français, l'acte peut être délivré soit à domicile, soit à défaut de domicile connu, à résidence. L'huissier doit relater dans l'acte les diligences qu'il a accomplies pour effectuer la signification à la personne de son destinataire et les circonstances caractérisant l'impossibilité d'une telle signification.

Le législateur français ne remet pas le chèque en blanc à l'huissier car il lui enjoint de ne laisser la copie qu'à condition que la personne présente l'accepte et déclare ses nom, prénom et qualité[313].

---

[307]Article 35 code judiciaire belge
[308]Article 137 code de procédure civile suisse – Stephen V. BERTI, *op.cit*, p. 214.
[309]Article 138 code de procédure civile suisse. Lire Stephen V. BERTI, *op.cit*, p. 214.
[310]Articles 651 et 652 *code de procédure civile*, Dalloz, Paris, 2011, pp. 531 – 532.
[311]Gilbert AZIBERT, *Code de procédure pénale*, Litec, Paris, 2005, p. 1.
[312] Article 654 code de procédure civile, Dalloz, Paris, 2011, p. 532.
[313]Article 655 code de procédure civile.

La Cour de cassation jugea dans le sens de la loi que « L'huissier doit mentionner les circonstances caractérisant l'impossibilité de signification à personne [314](…) ; ces circonstances doivent être décrites de manière suffisamment précise[315].

L'article 655 alinéa dernier du code de procédure civile ordonne à l'huissier de justice de laisser, dans tous ces cas, au domicile ou à la résidence du destinataire, un avis de passage daté l'avertissant de la remise de la copie et mentionnant la nature de l'acte, le nom du requérant ainsi que les indications relatives à la personne à laquelle la copie a été remise[316].

La volonté du respect du contradictoire, valeur démocratique, se renforce dans le droit processuel français.

En vue de garantir l'effectivité du droit du contradictoire, en le préservant de la partialité de l'huissier, la loi instruit à celui-ci de ne pas instrumenter pour lui-même, pour son conjoint, pour ses parents ou alliés et ceux de son conjoint en ligne directe à l'infini, ni pour ses parents et alliés collatéraux, jusqu'au degré de cousin issu de germain inclusivement[317].

En respect du prescrit de l'article 550 du code de procédure pénale, la cour de cassation française avait dit le bon droit en ces termes :

> Il y a nullité de la citation pour violation de l'article 550 du code de procédure pénale lorsque l'original de l'exploit ne comporte pas la signature de la personne qui en a reçu copie et qu'il n'est pas précisé qu'elle n'a pu ou voulu signer. Dès lors que le prévenu n'a été ni présent ni représenté à l'audience, la nullité de l'exploit par lequel il a été cité a eu pour effet de porter atteinte à ses intérêts[318].

Il se dégage également des dispositions, combien pertinentes, de l'article 555 du code de procédure pénale sur la constance du contradictoire dans le régime processuel français. L'huissier doit faire toute diligence pour parvenir à la délivrance de son exploit à la personne même du destinataire ou, si le destinataire est une personne morale, à son représentant légal, à un fondé de pouvoir de ce dernier ou à toute personne habilitée à cet effet, à qui il doit remettre une copie.

Lorsque la signification est faite à une personne morale, l'huissier doit, en outre et sans délai, informer celle-ci par lettre simple de la signification effectuée, du nom du requérant ainsi que de l'identité de la personne à laquelle la copie a été remise[319].

---

314 Civ, 2ème, 27 avril 1983, Bull. Civ. II n° 103, 26 janvier 1986. Bull. Civ. II n° 175, 11 février 1987. Bull. Civ. II n° 43.

315 Civ. 2ème, 21 juillet 1986, Bull. Civ II n° 130, Gaz. Pal 1987.1 Somm 172. Obs. Croze et Morel.

316 Article 655 code de procédure civile, Dalloz, Paris, 2011, p. 534.

317 Article 550 code de procédure pénale, Gilbert AZIBERT, *op.cit*, p. 415.

318 Cass. Crim, 26 mars 1997. Bull. 130.

319 Article 555 code de procédure pénale. Gilbert AZIBERT, *op.cit*, p. 416 ;

La recherche d'un procès contradictoire, filtre de vérité judiciaire, demeure constante. Les dispositions des articles 556 à 558 viennent en appui de celles des articles susvisés, lorsqu'il ne s'agit pas d'une signification à personne, l'huissier informe sans délai l'intéressé de cette remise, par lettre recommandée avec avis de réception[320].

La signification des actes processuels en RD Congo ne garantit pas souvent le principe du contradictoire, et ce pour plusieurs raisons, à savoir :

1. les raisons liées à l'administration des entités territoriales :
   a) non tenue des registres de l'état civil ;
   b) l'absence de carte d'identité pour les nationaux ;
   c) les lotissements de terrain sans normes urbanistiques ;
2. la formation des huissiers et greffiers congolais et leur traitement en tant que fonctionnaires de l'Etat;
3. les réticences et le niveau intellectuel des citoyens à contribuer à l'administration d'une bonne justice.

Généralement, le recrutement actuel des greffiers et huissiers congolais ne répond à aucun critère précis de formation. Certains ont des diplômes d'Etat, d'autres se forment sur l'état. L'huissier congolais est fortement différent de l'huissier français principalement sur le plan de formation et de l'organisation du métier. Suivant le décret n° 75-770 du 14 août 1975, à son article premier, il est prescrit que

> nul ne peut être huissier de justice s'il n'est pas notamment titulaire soit de la licence en droit, soit de l'un des titres ou diplômes qui seront reconnus comme équivalents pour l'exercice de la profession d'huissier de justice par arrêté de garde des sceaux, Ministre de la Justice [321].

Le décret n° 92-1448 du 30 décembre 1992, à son article premier organise les sociétés d'exercice libéral d'huissier de justice[322]. La Belgique n'est pas en reste quant à l'organisation du métier d'huissier[323].

Un autre point de différence entre les huissiers du Nord et ceux du Sud réside sur le plan matériel. En effet, les conditions sociales et de travail sont nettement différentes. Et surtout l'esprit du corps et l'environnement de justice facilitent le travail des huissiers du Nord.

En droit processuel congolais, les actes de procédures peuvent être signifiés soit par l'huissier soit par le greffier[324]. Le droit des procédures civile et pénale en RD Congo organise la signification des actes de procédure[325].

---

[320]Article 557 à 558 code de procédure pénale français.

[321]*Code de procédure civile*, 40 éditions, Dalloz, Paris, 2011, p. 2513.

[322]Code de procédure civile, 102ème édition, Dalloz, Paris, p. 2528.

[323]Droit judiciaire belge.

[324]Article 3 code de procédure civile.

[325]Article 4 code de procédure civile et articles 58 et 59 du code de procédure pénale.

L'article 4 alinéa 2 du code de procédure civile de la RD Congo prescrit qu'à défaut de signification à personne ou au parent ou allié, au maître ou à un serviteur, une copie de l'exploit d'assignation est remise, moyennant signature de l'original, à un voisin ou dans une circonscription au chef de cette circonscription ou au chef de sa subdivision coutumière. Le commissaire de zone et/ou le chef de circonscription, ou encore le chef de sa subdivision coutumière, après signature de l'original prennent les mesures utiles pour que la copie de l'assignation parvienne à l'assigné. Si les personnes refusent de recevoir la copie de l'exploit ou de signer l'original, la copie est remise au juge qui avise au moyen de la faire parvenir au défendeur[326]. Ces dispositions sont reprises par l'article 59 du code de procédure pénale[327].

Les modèles de signification ne sont plus dans leur contexte de l'état colonial de solidarité africaine et de l'existence de la machine administrative. Les exigences de l'article 5 du code de procédure civile ne sauraient garantir un procès équitable. L'urbanisation ne permet pas à l'huissier de certifier les relations de bon voisinage avant que la signification en soit donnée au voisin du justiciable. Au regard de ces aléas, le droit processuel suisse par exemple exclut la signification au voisin[328].

Dans un contexte de destruction de l'outil postal, moins encore de la confiance due à un messager ordinaire, le législateur congolais le conserve comme mode de signification[329].

Pour le législateur congolais, dans l'hypothèse où la partie défenderesse ou prévenue n'aurait ni domicile, ni résidence connus en RD Congo, mais aurait un autre domicile ou une autre résidence connus à l'étranger, une copie de l'exploit doit être affichée à la porte principale du tribunal où la demande est portée, une autre est immédiatement expédiée à son domicile ou à sa résidence sous pli fermé mais à découvert recommandé à la poste.

Si le défendeur ou le cité n'a ni domicile ni résidence connus, une copie de l'exploit est affichée à la porte principale du tribunal où la demande est portée et un extrait est envoyé pour publication au journal officiel, ainsi que sur décision du juge à tel autre journal qu'il déterminera[330].

Au regard de l'irrégularité de la parution du journal officiel et sa couverture très limitée, il est établi que ce mode de signification ne peut être qu'un pur formalisme. Il en est de même de la voie postale. Le code judiciaire belge prescrit une possibilité de signification qui consiste en la remise de la copie de l'exploit au bureau central des huissiers de justice là où il existe, sinon au commissariat de police et, là où il n'y a pas de

[326]Article 4 code de procédure civile congolais
[327]Article 59 code de procédure pénale congolais
[328] Article 138 du code de procédure civile suisse.
[329] Article 6 code de procédure civile congolais
[330]Article 7 code de procédure civile, article 61 code de procédure pénale

commissariat de police, au bourgmestre, à un échevin ou au fonctionnaire délégué à cet effet.

Le code de procédure pénale suisse quant à lui prévoit l'hypothèse de signification par voie édictale sous certaines conditions en vue de garantir le contradictoire. L'article 141 impose que la notification est effectuée par publication dans la feuille officielle cantonale ou dans la feuille officielle suisse du commerce :

a) lorsque le lieu de séjour du destinataire est inconnu et n'a pas été déterminé en dépit des recherches qui peuvent raisonnablement être exigées ;
b) lorsqu'une notification n'est pas possible ou présente des difficultés extraordinaires ;
c) lorsque la partie domiciliée à l'étranger n'a pas élu domicile de notification en suisse malgré l'injonction du tribunal

4. L'acte est réputé notifié le jour de la publication[331].

Le droit processuel suisse tient compte de la représentation en justice pour prescrire que lorsque la partie est représentée, les actes sont notifiés à son représentant[332]. Toutefois, le code de procédure civile prescrit que l'ordre donné par le tribunal de notifier l'acte personnellement au destinataire est réservé[333].

En analysant l'article 14 du code de procédure civile, fondement du contradictoire, les Professeurs Jacques Héron et Thierry Le Bars soutiennent que la rédaction de cet article appelle deux observations : la première est qu'en énonçant que l'autre partie doit être « entendue ou appelée », la loi n'exige pas que le défendeur soit effectivement entendu. Le mot important est « Appelé ». Si l'expression ne sonnait pas mal aux oreilles, on pourrait dire « Appelé pour être entendu ». Il lui appartient ensuite de choisir l'attitude qu'il entend adopter[334]. Il est libre de participer ou de ne pas participer au procès. S'il choisit de ne pas y participer, il supportera les conséquences de son abstention volontaire. En second lieu, il faut remarquer que la règle de l'article 14 ne s'appliquepas seulement à l'introduction de l'instance. Elle joue pour toutes les demandes, même incidentes.

La finalité des actes introductifs d'instance, pour le législateur est d'atteindre le cité ou le défendeur. A cet égard, il apparaît très nettement que la réalité du domicile élu est certaine.

---

[331]Article 141 code de procédure civile suisse. Voir Stephen V. BERTI, *op. cit*, p. 215 ; lire aussi l'article 88 code de procédure pénale suisse.

[332] Article 137 du code de procédure civile suisse.

[333] Article 138 du code de procédure civile suisse.

[334]Jacques HÉRON et Thierry LE BARS, *Droit judiciaire privé*, 4ème édition, Montchrestien, Paris, 2010, p. 235.

2.2.2. *Signification au domicile élu*

a) Procédure civile

Le droit congolais de procédure civile tel qu'il peut être constaté aux termes de l'article 16 du code qui connait les cas d'élection de domicile stipule que:

> … le tribunal peut ordonner aux parties non domiciliées dans son ressort d'y faire élection de domicile. L'élection de domicile est mentionnée au plumitif de l'audience. Toutes les significations, y compris celles des jugements, sont valablement faites au domicile élu. Si la partie omet ou refuse de faire élection de domicile, les significations visées à l'alinéa 3 sont valablement faites au greffe du tribunal saisi[335].

Le législateur français de procédure civile, à la différence du législateur congolais, impose aux parties devant le tribunal de grande instance et la Cour d'appel de faire élection de domicile.

En matière contentieuse devant le tribunal de grande instance, les parties sont, sauf disposition contraire, tenues de se constituer un avocat. La constitution de l'avocat emporte élection de domicile[336]. Même au niveau de la cour d'appel, la constitution d'avocat emporte élection de domicile[337].

En cas de pluralité des conseils, pour la même partie, la question a été tranchée par la cour de cassation en ce sens que « Lorsqu'une partie déclare avoir plusieurs avocats, l'élection de domicile faite auprès d'un seul le désigne comme étant le représentant de cette partie »[338].

La même cour jugea aussi que « N'est pas nulle l'assignation qui mentionne deux avocats mais porte élection de domicile au cabinet du seul avocat inscrit au barreau du tribunal saisi et donc seul susceptible de représenter le demandeur »[339].

A l'instance de cassation, la question de l'impératif d'élection de domicile est réglée par l'article 973 du code de procédure civile qui prescrit que « Les parties sont tenues, sauf disposition contraire, de constituer un avocat au conseil d'Etat et à la cour de cassation. Et, comme dit ci-haut, cette constitution emporte élection de domicile »[340].

En droit suisse, par ailleurs, l'article 140 met en exergue la question d'élection de domicile [341] en ces termes :

---

[335]Article 16 code de procédure civile.

[336] Article 751 code de procédure civile, 102ème édition, Dalloz, Paris, 2011, pp. 579-580.

[337] Article 899 code de procédure civile, 102ème édition, Dalloz, Paris, 2011, p. 686.

[338]Civ. ème, 10 novembre 1998, Bull. Civ, II n° 267.

[339]Civ. 1er, 17 novembre 2005. D 2005. IR 3033 SCP, 2005, IV 3661.

[340]*Code de procédure civile*, 102ème édition, Dalloz, Paris, 2011, p. 726.

[341] Stephen V. BERTI, *op.cit*, p. 255.

Le tribunal peut ordonner aux parties dont le domicile ou le siège se trouve à l'étranger d'élire en suisse un domicile de notification. En toile de fond, le droit congolais de procédure, de fond comme de cassation à l'instar des autres droits plus haut connait l'élection de domicile[342].

Le règlement de procédure de la cour commune de justice et d'arbitrage du 18 avril 1996 rend obligatoire l'élection de domicile au lieu où la cour a son siège. Elle indique le nom de la personne qui est autorisée et qui a consenti à recevoir toutes significations.

La communication au domicile élu étant passée en revue en procédure civile, il s'avère nécessaire d'en faire cas en procédure pénale.

b) Procédure pénale

En droit processuel français, la procédure contentieuse en matière civile prévoit l'obligation d'élection de domicile au cabinet constitué [(343)]. De la lecture du code de procédure pénale, en ses articles 272-1 et 576, le législateur n'a pas opéré le choix de domicile élu comme moyen de signification des actes processuels[344].

Le code de procédure pénale suisse prévoit l'élection de domicile lorsqu'il institueque :

> Les parties et leur conseil qui ont leur domicile, leur résidence habituelle ou leur siège à l'étranger sont tenus de désigner un domicile de notification en suisse ; les instruments internationaux prévoyant la possibilité de notification directe sont réservés. Si les parties sont pourvues d'un conseil juridique, les communications sont valablement notifiées à celui-ci. Lorsqu'une partie est tenue de comparaître personnellement à une audience ou d'accomplir elle-même un acte de procédure, la communication lui est notifiée directement. En pareil cas, une copie est adressée à son conseil juridique[345].

Le droit processuel suisse renforce le principe d'information au cité par la double signification des actes de procédure à donner et à la partie et à son conseil. Sa procédure fédérale admet la question de l'élection de domicile en son article 39[346].

---

[342] Article 16 du code de procédure civile congolais ; article 5 de la loi organique n° 13/010. du 19 février 2013 relative à la procédure devant la cour de cassation.

[343] Articles 56, 59, 756, code de procédure civile, 102ème édition, Dalloz, Paris, 2011.

[344] AZIBERT Gilbert, *code de procédure pénale*, Litec, Paris, 2005.

[345] Code de procédure pénale suisse du 5 octobre 2007 (Etat le 1er janvier 2011).

[346] Loi sur le tribunal fédéral suisse du 17 juin 2005 (Etat, le 1er janvier 2011).

En RD Congo, le droit commun de procédure pénale ne dit rien sur la signification des actes de procédure au domicile élu du prévenu[347], moins encore de celle des parties civiles ou civilement responsables.

Si le législateur de procédure pénale a gardé le silence sur la signification des actes processuels au domicile élu, la loi spéciale régissant la procédure devant la cour suprême de justice reconnait expressément la signification au domicile élu des parties.

2.2.3. *Signification des décisions judiciaires et voies de recours*

Le contradictoire s'impose et s'observe à toutes les phases judiciaires. La signification des décisions judiciaires s'inscrit dans le respect des voies de recours, qui sont le prolongement du contradictoire.

En droit processuel pénal congolais, le législateur impose que la décision par défaut en matière pénale soit signifiée au condamné en personne, pour faire courir le délai d'opposition, à défaut de signification à personne, le délai court à compter du jour où l'intéressé aura eu connaissance de la signification. S'il n'a pas été établi qu'il en a eu connaissance, l'opposition peut être faite jusqu'à expiration des délais de prescription de la peine quant aux condamnations pénales et jusqu'à l'exécution du jugement quant aux condamnations civiles[348].

Ce point de vue du droit processuel congolais est partagé par le droit suisse qui stipule en son article 368 que « Si le jugement rendu par défaut peut être notifié personnellement au condamné, celui-ci doit être informé sur son droit de demander un nouveau jugement au tribunal dans les dix jours, par écrit ou oralement » [349].

Le droit processuel organise les voies de recours contre les décisions judiciaires qui lèsent les intérêts des parties. Notons pourtant que le formalisme requis n'en facilite pas l'usage.

En RD Congo, à toute instance de recours (opposition, appel et cassation), l'avocat doit être porteur de procuration spéciale. Les procurations spéciales données par photocopies, fax et mails ne sont pas admises par les cours et tribunaux.

Le mandat entre le conseil et les parties peut être verbal ou écrit. Dans le souci de préserver le principe du contradictoire à toute instance, il y a lieu de réguler la question comme en droit belge. Toute partie qui a un intérêt

---

[347] Articles 58 à 61 code de procédure pénale.

[348] Article 89 du code de procédure pénale congolais.

[349] Article 368 code de procédure pénale suisse du 5 octobre 2007 (Etat le premier janvier 2011).

juridiquement protégé à l'annulation ou à la modification d'une décision a qualité pour recourir contre celle-ci[350].

Bien que les dispositions de l'article 385 du code de procédure pénale prescrivent la motivation et la forme de recours, celui-ci doit être motivé en indiquant précisément :

a) les points de la décision qu'elle attaque ;
b) les motifs qui commandent une autre décision ;
c) les moyens de preuves qu'elle a invoqués[351].

Dans l'hypothèse où le mémoire ne satisfait pas aux exigences ci-dessus, l'autorité de recours le renvoie au recourant pour qu'il le complète dans un bref délai. Si après l'expiration de ce délai supplémentaire, le mémoire ne satisfait toujours pas à ces exigences, l'autorité de recours n'entre pas en matière. La désignation inexacte d'une voie de recours est sans effet sur sa validité[352].

Le législateur suisse, en ce qui concerne la procédure écrite, exige le dépôt de mémoire de recours sans parler de la procuration spéciale que doit produire le conseil du recourant.

Toutefois, la procédure fédérale suisse prévoit la procuration que doit avoir le mandataire. L'article 40 stipule « Qu'en matière civile et en matière pénale, seuls ont qualité pour agir comme mandataires devant le tribunal fédéral les avocats autorisés à pratiquer la représentation en justice en vertu de la loi du 23 juin 2000 sur les avocats ou d'un traité international. Les mandataires doivent justifier de leurs pouvoirs par une procuration »[353].

Le code de procédure pénale français, en son article 489, prescrit que le jugement par défaut est non avenu dans toutes ses dispositions si le prévenu forme opposition à son exécution ; il peut, toutefois, limiter cette opposition aux dispositions civiles du jugement[354]. La cour de cassation jugea qu' « Il résulte de l'article 489 du code de procédure pénale qu'un avocat, même muni d'un pouvoir spécial, ne peut représenter un prévenu pour faire opposition à un jugement rendu par défaut »[355].

La même cour décida également que « L'opposition si elle n'est soumise à aucune formalité ne peut cependant être formée que par l'intéressé lui-même »[356].

---

[350]Article 382 code de procédure pénale suisse du 5 octobre 2007 (Etat le premier janvier 2011).
[351]Article 385 code de procédure pénale suisse du 5 octobre 2007 (Etat le premier janvier 2011).
[352] Idem, p. 119.
[353]Article 40 procédure fédérale suisse du 17 juin 2005 (Etat le premier janvier 2011).
[354] AZIBERT Gilbert, *Code de procédure pénale*, Litec, Paris, 2005, p. 379.
[355]Cass. Crim. 21 juin 1990. Bull. 255.
[356]Cass. Crim. 7 août 1993 Dr Pénal, juin 1993, n° 146 – Cass. Crim. Premier février 1994. Bull. 46.

Par contre, le même législateur pénal reconnait la faculté de former appel par représentation avec ou sans procuration. L'article 502 du code de procédure pénale stipule que

La déclaration d'appel doit être faite au greffier de la juridiction qui a rendu la décision attaquée. Elle doit être signée par le greffier et par l'appelant lui-même, ou par un avoué près la juridiction qui a statué ou par un avocat, ou par un fondé de pouvoir spécial, dans ce dernier cas, le pouvoir est annexé à l'acte dressé par le greffier. Si l'appelant ne peut signer, il en sera fait mention par le greffier.

Le droit processuel congolais peut utilement s'inspirer du droit de la procédure française en vue de sanctionner le justiciable fugitif qui préfère le demeurer mais en contestant les décisions par défaut ou en allant contre ladite décision à travers l'opposition ou l'appel par voie d'un mandataire spécial.Au niveau de cassation, les dispositions de l'article 576 du code de procédure pénale sont claires quant à ce :

La déclaration de pourvoi doit être faite au greffier de la juridiction qui a rendu la décision attaquée. Elle doit être signée par le greffier et par le demandeur en cassation lui-même ou par un avoué près la juridiction qui a statué ou par un fondé de pouvoir spécial. Dans ce dernier cas, le pourvoi est annexé à l'acte dressé par le greffier. Si le déclarant ne peut signer, le greffier en fera mention.

La Cour de cassation jugea en ce sens qu'

« Une lettre adressée au procureur général ne saurait remplacer la déclaration au greffe [357]; tout autant, le télégramme adressé au greffier de la cour d'appel, sans indication du nom de l'expéditeur portant déclaration de pourvoi contre un arrêt rendu contre une personne désignée nommément, ne satisfait à aucune des exigences de l'article 576 du code de procédure pénale relatif à la forme du pourvoi ; une telle déclaration est dès lors irrecevable » [358].

Les voies de recours en toute matière constituent le prolongement du contradictoire. Le formalisme excessif des voies de recours pour leur formation méconnaît les droits de la défense.

Les voies de recours ordinaires permettent aux parties que l'ensemble de l'affaire soit examiné en fait ou en droit. De ce fait, elles produisent les effets suspensifs pour l'appel, et le jugement attaqué régulièrement par défaut par le cité est réputé inexistant au pénal[359].

---

[357]Cass. Crim. 4 janvier 1963. Bull. 2.

[358] Cass. Crim. 3 avril 1991. Bull 153.

[359] Article 489 code de procédure pénale ; Gilbert AZIBERT, *code de procédure pénale*, Litec, Paris, 2005, p. 379.

Le professeur Michele-Laure RASSAT soutient, et à juste titre, que comme en droit commun, l'appel produit un double effet suspensif et dévolutif [(360)]. La cassation en matière pénale a des effets suspensifs.

Serge Guinchard, Frédérique Ferrand et Cécile Chainais notent une autre identité entre les voies de recours : les règles communes liées au :

1. délai des voies de recours :
   - point de départ du délai de recours ;
   - Les effets de la notification à l'égard de qui la notification fait-elle courir le délai de recours ;
   - cas d'interruption du délai de recours ;
   - suspension du délai de recours ;
   - sanction de la méconnaissance du délai de recours et dérogation.
2. L'exercice des voies de recours[361].

Le désastre de procuration spéciale dans le monde judiciaire est énorme. La rédaction de la procuration spéciale pour le mandataire des justiciables a fait perdre à certains des procès. La cour suprême de justice décida que n'est pas procuration celle qui ne mentionne ni la juridiction qui a rendu la décision attaquée ni la date à laquelle elle a été rendue, ni les noms des parties[362]. C'est pourquoi il y a lieu de soutenir l'adoption du système belge de non exigibilité de procuration pour faire acter une voie de recours à toute instance et en toute matière.

Il a été jugé aussi par la cour suprême de justice que la procuration spéciale déposée par un avocat n'ayant pas reçu pouvoir de substituer doit être rejetée. Les procurations émises à l'étranger répondent à l'exigence d'authentification[363].

Le droit processuel est un droit démocratique fondé sur la liberté. La signification des actes processuels au défendeur ou au cité tient au respect du contradictoire dans son aspect informationnel faute de quoi, le destinataire peut refuser de les reconnaître devant la juridiction régulièrement saisie.

---

[360]Michele-Laure RASSAT, *Procédure pénale*, ellipses, Paris, 2010, p. 569.

[361]Serge GUINCHARD, FERRAND Frédérique et CHAINAIS Cécile, *Procédure civile*, Dalloz, Paris, 2009, pp. 312 à 315.

[362] C.S.J, RP 57, 5 juillet 1972, Bull, 1973, R.C. 268, 27 août 1980, inédit ; RP. 960 du 23 juillet 1985, inédit, DIBUNDA KABUINJI MPUMBUAMBUYI, *Répertoire général de jurisprudence de la cour suprême de justice, 1969-1985*, Kinshasa, 1990, p. 185.

[363] CSJ, RC 454 du 10 avril 1985 Inédit, DIBANDA KABUINJI M, *op.cit*, p. 186.

3. *Défaut de comparaître*

3.1. Principe

En analysant le principe du contradictoire (droit naturel, principe général du droit international et interne, principe constitutionnel et légal), consistant en ce que nulle partie ne peut être jugée sans avoir été entendue ou appelée[364], les Professeurs Jacques Héron et Thierry Le Bars soutiennent que la loi n'exige pas que le défendeur soit effectivement entendu, le mot important est « Appelé ». S'il choisit de ne pas y participer, il supportera les conséquences de son abstention volontaire[365].

Le droit d'informer le défendeur relève des droits de la défense, du reste constitutionnalisés et reconnus notamment par la cour constitutionnelle[366]. Le professeur Jacques Héron note cette importance remarquable en ces termes : « Il a été indiqué avec quelle minutie, le législateur réglementait la rédaction et la signification des actes d'huissier. Or, en droit judiciaire privé, l'acte d'huissier, c'est d'abord l'assignation, qui contient la citation adressée au défendeur d'avoir à comparaître devant le tribunal »[367].

La mesure de l'usage de la liberté par les parties n'est pas facile.

La liberté processuelle a un poids moral : l'exigence du respect du juge et de l'adversaire ; d'où le devoir de concentration des moyens dès la première instance[368].

Le professeur Emmanuel DERIEUX constate la difficulté de concilier les droits et libertés apparemment opposés, vocation essentielle du droit dans un système de type libéral[369].

Le Général Jansen connaissait mieux les hommes lorsqu'il soutenait que seule la société change et non les hommes[370]. Les hommes sont ce qu'ils

---

[364] Relevé d'office : nulle partie ne peut être jugée sans avoir été entendue ou appelée : inobservation de cette règle d'ordre public doit être relevée d'office. Civ. 2ème, 10 mai 1989. Bull. Civ II n° 105.

[365] HERON Jacques et LE BARS Thierry, *Droit judiciaire privé*, 4ème édition Montchrestien, Paris, 2010, p. 235.

[366] Décision du 23 janvier 1987 citée par Paul MARTENS, *op.cit*, p. 19.

[367] Jacques Héron, Droit judiciaire privé, Montchrestien, Paris, 2002, p. 210.

[368] Yves STUCKLER, Liberté, j'écris ton nom, in *Justices et droit du procès*, op.cit, PP. 385-388.

[369] Emmanuel DERIEUX, Le conseil constitutionnel et les principes du droit de la communication, in *mélanges Jacques Robert*, Mont Chrestien, Paris, 1998, p. 241.

[370] Jansen, cité par Boniface KABANDA MATANDA, *Echec de politique sectorielle fondée sur les exonérations fiscale et parafiscale en matière des investissements. Appel à la globalisation des politiques, cas de la RD Congo*, 25 mai 2011, Université de Nice Sophia Antipolis.

sont. La citation de TREILHARD est encore d'actualité lorsqu'il note lui que

Cette instruction serait fort courte si les deux parties se présentaient, et si elles exposaient leur affaire de bonne foi pour mettre le juge en état de prononcer. Pourquoi cela n'est-il pas toujours ainsi ? Je demanderai à mon tour pourquoi tous les hommes, dans tous les Etats, ne font-ils pas toujours ce qu'ils devraient faire d'après les règles de convenance, de la justice, du devoir ?[371].

La sympathie et l'antipathie influent sur l'arsenal juridique. Jérémie Bentham observe cette influence sur les lois :

« Ce principe, tout ce qu'on poursuit sous les noms les plus spécieux, sans avoir le bonheur pour objet unique et indépendant, bonnes mœurs, égalité, liberté, justice, puissance, commerce, religion même : objets respectables, objets qui doivent entrer dans les vues du législateur, mais qui l'égarent trop souvent, parce qu'il les considère comme but, et non pas comme moyen »[372].

En préfaçant le livre de Jérémie Bentham, Malik Bozzo-Rey, Anne Brunon-Ernst et Emmanuelle de Champs lui rappellent la bonté de ses écrits d'un autre livre *« Introduction aux principes de morale et de législation ».* La nature a placé l'humanité sous le gouvernement de deux maîtres souverains, la douleur et le plaisir. C'est à eux seuls d'indiquer ce que nous devons faire aussi (…). A leur trône sont fixés, d'une part, la norme du bien et du mal, de l'autre, l'enchainement des causes et des effets »[373]. Cet univers de plaisir et de douleur, de vengeance publique ou privée s'invite dans les débats judiciaires[374].

Il convient que l'on se demande par là si les lois processuelles sont-elles à même de filtrer la haine et l'amour pour un procès équitable ?

Jean Carbonnier attribue la sécurité juridique à la loi dans sa pensée : « La loi doit accompagner le changement de la société, sans la précipiter ni tenter de l'arrêter. Elle est de l'inflation juridique comme de la monnaie : elle fait perdre toute crédibilité aux valeurs »[375].

La cour de cassation veille sur le respect du contradictoire. Elle assure une surveillance soutenue de son respect. Beaucoup de décisions qui l'avaient méconnu ont dû être cassées [376] par la sentinelle des pourvois

---

[371]TREILHARD cité par Georges WIEDERKEHR, Point de vue des exposés des motifs du code de procédure civile de 1806, in *De la commémoration d'un code à l'autre : 200 ans de procédure civile en France*, Litec, Paris, 2006, p. 94.

[372]Jérémie BENTHAM, *Traités de législation civile et pénale*, Dalloz, Paris, 2010, p. 19.

[373] Jérémie BENTHAM, *op.cit*, p. VII.

[374]Nasri Antoine Diab, *Le droit fondamental à la justice ; La procédure civile Libanaise à l'épreuve des droits fondamentaux*, L.G.D.J., Paris, 2005, pp. 23-24.

[375]Discours prononcé par Jean François BURGELIN, Procureur Général, in *Rapport de 2003 de la cour de cassation.*

[376]Rapport de la cour de cassation 1987, p. 230.

formalisés. Il est pourtant regrettable que l'évitement du contradictoire est très croissant devant les juridictions congolaises de fond.

Les justiciables, demandeurs ou parties citantes préfèrent une décision par défaut. Les règles processuelles leur servent de passerelles. L'adresse de la partie adverse est fournie par tout demandeur, ce compris le demandeur déloyal, sur pied de l'article premier du code de procédure civile.

En matière pénale par exemple, l'article 57 prescrit que « La citation doit indiquer à la requête de qui elle est faite. Elle énonce les noms, prénoms et demeure du cité »[377]. Il en est de même pour la majorité des législateurs[378].

Au regard des conditions de recevabilité des actions en justice, l'article premier du code de procédure civile français a trouvé mieux d'affirmer que « Seules les parties introduisent l'instance »[379].

La procédure civile française prévoit deux possibilités de saisine du juge du contentieux. La première, c'est la présentation volontaire des parties. La demande initiale est formée par assignation, par remise d'une requête conjointe au secrétariat de la juridiction ou par requête ou déclaration au secrétariat de la juridiction. La seconde possibilité est celle prévue par l'article 55 qui institue que « L'assignation est l'acte d'huissier de justice par lequel le demandeur cite son adversaire à comparaître devant le juge »[380].

La compétence des tribunaux pour le domicile du défendeur joue un rôle fondamental (le for impératif et l'élection du for). [381]. Il revient toujours au demandeur de donner l'adresse du défendeur[382].

Le droit judiciaire belge n'écarte pas l'idée du droit franco-congolais et suisse. L'article 702 dispose, à peine de nullité, que l'exploit de citation contient outre les mentions prévues à l'article 43 :

1. le nom, prénom et domicile du demandeur ;
2. le nom, prénom et domicile ou à défaut de domicile, résidence du cité[383].

Par ailleurs, l'article 704 du code judiciaire belge est similaire à l'article 55 du code de procédure civile français en ce qui concerne la saisine du juge du travail par voie de requête contradictoire[384].

Même la procédure civile kenyane ne contredit pas l'obligation à charge du demandeur de donner l'adresse de son adversaire[385].

---

[377]Article 57 du code de procédure pénale.

[378] Article 133 du code de procédure civile suisse ; Article 702 du code judiciaire belge ; Articles 55, 56 et 648 du code de la procédure civile de la république française.

[379]Article premier, *Code de procédure civile*, 102ème édition Dalloz, Paris, 2011, p. 7.

[380]Article 55, Code de procédure civile, 102, édition Dalloz, Paris, 2011.

[381]Article 9 et 17, Code de procédure civile suisse.

[382]Article 66, idem.

[383]Code judiciaire belge, p. 321

[384]Article 704, code judiciaire belge, p. 321.

[385] Steve OUMA, *A Commentary on the civil procedure act cap 21*, Law Africa, Nairobi, 2010.

Ainsi, appelé pour être entendu, le défendeur ou le cité peut user de sa liberté, celle de refuser de comparaître.

Dès lors, le refus de comparaître doit constituer une évidence que le cité a été bel et bien atteint par l'assignation et qu'il a décidé en âme et conscience de refuser le contradictoire, socle d'un procès équitable.

C'est dans ce sens que le législateur français de procédure civile a prévu de dispositions dissuasives pour le défendeur atteint par l'acte introductif d'instance de comparaître soi-même ou d'être représenté.

L'article 56 du code de procédure civile, dont le législateur congolais peut s'inspirer, stipule que « L'assignation contient, à peine de nullité, outre les mentions prescrites pour les actes d'huissier de justice (...), l'indication que, faute pour le défendeur de comparaître, il s'expose à ce qu'un jugement soit rendu contre lui sur les seuls éléments fournis par son adversaire (...) »[386].

Comme on le voit, la volonté affirmée du procès contradictoire du législateur français ne souffre d'aucun doute. Il incite le défendeur ou le cité à comparaître pour le triomphe non pas du demandeur ou de la partie citante ou civile mais de la justice.

C'est pourquoi les dispositions de l'article 551 du code de procédure pénale stipulent que « (...) la citation délivrée à un témoin doit en outre mentionner que la non comparution, le refus de témoigner et le faux témoignage sont punis par la loi »[387].

Afin également de détourner le cité de la manœuvre dilatoire consistant à retarder la procédure, la loi a prévu la possibilité de condamner le défaillant par une décision réputée contradictoire. L'économie de l'article 410 est assez claire :

> Le prévenu régulièrement cité à personne doit comparaître à moins qu'il ne fournisse une excuse reconnue valable par la juridiction devant laquelle il est appelé. Le prévenu a la même obligation lorsqu'il est établi que bien que même n'ayant pas été cité à personne, il a eu connaissance de la citation régulière le concernant dans les cas prévus par les articles 557, 558 et 560. Si les conditions sont remplies, le prévenu non comparant et non excusé est jugé par jugement contradictoire à signifier, sauf s'il est fait application des dispositions de l'article 411. Si un avocat se présente pour assurer la défense du prévenu, il doit être entendu s'il en est fait la demande, même hors le cas prévu par l'article 410 du code de procédure pénale [388].

D'ailleurs, même le code de procédure civile contient les dispositions similaires à celles de l'article 410 du code de procédure pénale. En vue

---

[386] Article 56, code de procédure civile, 102ème édition, Dalloz, Paris, 2011, p. 112.
[387] Gilbert AZIBERT, *op.cit*, p. 415.
[388] Gilbert AZIBERT, *op.cit*, p. 348.

d'éviter le dilatoire, lorsque le défendeur ne comparaît pas, le jugement est rendu par défaut si la décision est du dernier ressort et si la citation n'a pas été délivrée à personne. Le jugement est réputée contradictoire lorsque la décision est susceptible d'appel ou lorsque la citation a été délivrée à la personne du défendeur[389].

L'article 654 du code de procédure civile réglemente la signification faite à personne (personne physique). Quant à la personne morale, elle est faite à personne lorsque l'acte est délivré à son représentant légal, à un fondé de pouvoir de ce dernier ou à toute autre personne habilitée à cet effet[390].

Le législateur vise également les manœuvres qui peuvent émaner du demandeur, si sans motif légitime, celui-ci ne comparaît pas, le défendeur peut requérir un jugement sur le fond qui sera contradictoire, sauf la faculté du juge de renvoyer l'affaire à une audience ultérieure[391].

Pour pouvoir obtenir un jugement réputé contradictoire, dit l'article 471, la citation doit être délivrée à personne[392]. Cette exigence cadre avec le principe du contradictoire à toute instance contentieuse en filtrant la vérité par les actes de procédure.

Pour ce faire, le juge doit s'assurer que le défendeur a été atteint par les actes de procédure. Ainsi, agissant sur pied de l'article 471 du code de procédure civile, la citation est réitérée selon les formes de la première citation. Le juge peut cependant ordonner qu'elle sera faite par acte d'huissier[393].

Le juge pénal a la même compétence de vérification de l'effectivité de l'information portée à la connaissance du prévenu[394].

Les dispositions de l'article 558 du droit processuel français prescrivent que « Si l'huissier ne trouve personne au domicile de celui que l'exploit concerne, il vérifie immédiatement l'exactitude de ce domicile. Lorsque le domicile indiqué est bien celui de l'intéressé, l'huissier mentionne dans l'exploit ses diligences et constatations, puis il remet une copie de cet exploit à la mairie (…), il informe sans délai de cette remise l'intéressé par lettre recommandée avec avis de réception en lui faisant connaitre qu'il doit retirer immédiatement la copie de l'exploit signifié à la mairie indiquée (…) » [395].

En outre, la juridiction doit rechercher la volonté du cité de refuser de comparaître pour retenir le défaut à sa charge.

La Cour de cassation décida que « Bien que régulièrement cité à personne à comparaître, le prévenu détenu qui ne comparaît pas, ne saurait être

---

[389]Article 473, code de procédure civile, 102ème édition, Dalloz, Paris, 2011, p. 361.
[390]Article 654, code de procédure civile, 102ème édition, Dalloz, Paris, 2011, p. 532.
[391]Article 468, idem.
[392]Article 471, ibidem.
[393]Article 410 à 411, code de procédure pénale. Gilbert AZIBERT, *op. cit*, p. 350.
[394]Articles 410, 550 et suivants du code de procédure pénale français.
[395] Gilbert AZIBERT, *op.cit*, p. 418.

condamné contradictoirement dès lors que la décision ne constate pas qu'il a manifesté sa volonté de ne pas être présent aux débats »[396].

A cet effet, la haute cour censure les décisions de fond qui ne motivent pas sur le refus du cité de comparaître en décidant qu'« Encourt la cassation, l'arrêt qui, pour statuer contradictoirement à l'égard d'un prévenu cité en mairie, se borne à énoncer que le prévenu, régulièrement cité, ne comparaît pas et n'a fourni aucune excuse »[397].

L'activisme à rechercher l'effectivité de la saisine de la juridiction et du refus de comparaître doit caractériser le tribunal. La partie peut être atteinte même par voie de domicile élu. La cour de cassation décida que « La requête de la partie civile mentionne les nom, prénom, profession et domicile réel ou élu de celle-ci »[398].

Il est pareil en matière civile. Dans ses nombreux arrêts, la cour de cassation exige aux juges inférieurs, au regard des pièces versées aux débats, que le défaillant était régulièrement atteint.

Il a été décidé que ne satisfait pas aux exigences de l'article 472 le jugement qui se borne à constater que le défendeur n'avait pas comparu et qu'il y avait lieu de statuer à son encontre sans rechercher dans quelle mesure la demande était régulière et bien fondée » [399].

La procédure civile française quant à elle veut d'un procès contradictoire, c'est pourquoi et dans un ton impératif, l'article 654, al. 1 stipule que « La signification doit être faite à personne »[400].

En application des dispositions légales susvisées, il a été décidé comme principe processuel que les dispositions de l'article 654 s'imposent quelque soit le lieu de la signification, sans distinction entre les grandes agglomérations où l'huissier rencontre d'importantes difficultés et les autres[401].

S'il y a impossibilité de signification à personne conformément aux dispositions de l'article 654 du code de procédure civile, l'huissier doit aviser l'intéressé de la signification, le jour même ou au plus tard le premier jour ouvrable, par lettre simple comportant les mêmes mentions que l'avis de passage et rappelant, si la copie de l'acte a été déposée en son étude, les dispositions du dernier alinéa de l'article 656. La lettre contient en outre une copie de l'acte de signification[402].

---

[396]Cass. Crim. 26 janvier 1977, Bull. 36, JCP 77 IV, 74, cass. Crim, 5 janvier 1982 Bull. 6 JCP 82, IV 106, Rév. Sc cass. Crim, 1983, p. 489. Obs. J. Robert.

[397]Cass. Crim. 17 septembre 1991, Bull. 314.

[398]Cass. Crim. 5 mars 1970, Bull. 93, cass. Crim, 15 mai 1984, Bull. 179.

[399]Civ. 2è, 17 décembre 1979, Bull. civ. II n° 295 Com. 12, 12 février 1985, Gaz. Pal 1985. 2 pan 188, obs. GUINCHARD et MOUSSA. Soc 19 juin 1991. Bull. civ. V n° 314, 9 décembre 1983, JCP 1994, IV, 17.

[400]Article 654 Code de procédure civile, 102ème édition, Dalloz, Paris, 2011, p. 532.

[401] Idem.

[402]Article 658, code de procédure civile, 102ème édition, Dalloz, Paris, 2011, p. 537.

C'est ainsi que la haute cour décida que l'huissier doit mentionner les circonstances caractérisant l'impossibilité de la signification à personne et ces circonstances doivent être décrites de manière suffisamment précise[403].

La Cour de cassation continue à se montrer très attentive au principe de la contradiction[404]. Elle décida que « Lorsque l'huissier remet copie d'un acte en mairie, le dépôt d'un avis de passage et l'envoi d'une lettre simple sont exigés à peine de nullité, ainsi que la mention de ces formalités dans l'original de l'acte[405]. En revanche, si ces formalités ont été accomplies, la signification est régulière, sans qu'il importe que l'avis de passage et la lettre soient effectivement parvenus au destinataire[406].

Le législateur suisse encourage les parties, comme le législateur français, à éviter la procédure par défaut. Comme en droit de procédure français[407], la citation en droit suisse doit contenir notamment les conséquences d'une non comparution[408]. Le tribunal rend les parties attentives aux conséquences du défaut[409].

La procédure pénale suisse a érigé en principe directeur du procès le droit d'être entendu, aussi exige-t-elle qu'il soit garanti à toutes les personnes touchées par la procédure[410]. Les conditions requises pour que le défaut soit retenu sont prévues à l'article 366 en ces termes :

1. Si le prévenu, dûment cité, ne comparaît pas aux débats de première instance, le tribunal fixe de nouveaux débats et cite à nouveau le prévenu ou le fait amener. Il recueille les preuves dont l'administration ne souffre d'aucun délai.
2. Si le prévenu ne se présente pas aux nouveaux débats ou ne peut y être amené, ils peuvent être conduits en son absence. Le tribunal peut aussi suspendre la procédure.
3. Si le prévenu s'est lui-même mis dans l'incapacité de participer aux débats ou s'il refuse d'être amené de l'établissement de détention aux débats, le tribunal peut engager aussitôt la procédure par défaut.
4. La procédure par défaut ne peut être engagée qu'aux conditions suivantes :

---

[403]Civ. 2è, 27 avril 1983, Bull. Civ. II, n° 103, 26 janvier 1986. Bull. Civ. II n° 175, 11. février 1987. Bull. Civ. II, n° 43. Civ, 2è, 21 juillet 1986, Bull. Civ. II n° 130, Gaz Pal 1987, I somm 172, Obs. CROZE et MOREL.

[404]Rapport de la Cour de cassation 1984, p. 113.

[405]Civ. 2è, 10 décembre 1975. Bull. Civ. II n° 265, 26 novembre 1986, JCP. 1987, VI. 43

[406]Civ. 2è, 12 octobre 1972. Bull. civ. II, n° 244, 1er juillet 1976, Bull. Civ. II n° 223, 12 novembre 1980. Bull. Civ. II n° 230.

[407]Article 56 du code de procédure civile, 102ème édition, Dalloz, Paris, 2011, p. 112.

[408] Article 133, code de procédure civile suisse, Stephen V. Berti, helbing Lichtenhahn Verlag, 2009, p. 213.

[409] Article 147, idem, p. 216.

[410]Code de procédure pénale suisse du 5 octobre 2007, P. 1 (Etat le premier janvier 2011).

a) Le prévenu a eu suffisamment l'occasion de s'exprimer auparavant sur les faits qui lui sont reprochés ;
b) Les preuves réunies permettent de rendre un jugement en son absence[411].

La procédure civile fédérale suisse est soucieuse également de droits de la défense. L'article 12 prescrit qu' « A moins que la loi n'y attache d'autres effets, l'omission d'un acte de procédure a pour seule conséquence que l'instance suit son cours sans l'acte omis.

Lorsqu'une partie fait défaut à une audience, celle-ci a néanmoins lieu. Les conclusions et moyens présentés jusqu'alors par la partie défaillante restent acquis.

Lorsque par suite de l'omission d'une écriture ou de défaut d'une partie, des faits avancés par la partie adverse n'ont pas été contestés, la preuve doit être néanmoins ordonnée s'il y a des raisons de douter de leur exactitude[412].

La primauté du procès contradictoire ne se dément pas. Le législateur français de procédure civile prescrit que le jugement rendu par défaut ou le jugement réputé contradictoire au seul motif qu'il est susceptible d'appel est non avenu s'il n'a pas été notifié dans les six mois de sa date. La procédure peut être reprise après réitération de la citation primitive[413]. L'ordre public processuel s'est légitimé par la préférence du débat contradictoire

La cour de cassation décida que

« Lorsque le défendeur ne comparaît pas, seul est non avenu, s'il n'a pas été notifié dans les six mois de sa date, le jugement réputé contradictoire au motif qu'il est susceptible d'appel, rendu sur une assignation qui n'a pas été délivrée à personne »[414].

Le peu d'intérêt qu'accorde le législateur au jugement par défaut montre la préférence de la procédure contradictoire. Du fait de l'opposition du prévenu, le jugement par défaut est non avenu dans toutes ses dispositions[415]. Il en est de même en droit processuel pénal congolais où les dispositions de l'article 95 en ce qui concerne uniquement l'opposition du prévenu et lorsqu'elle est reçue, le jugement par défaut est considéré comme non avenu et le juge statue à nouveau sur l'ensemble de l'affaire[416].

Le jugement par défaut au civil n'est pas nul et non avenu du fait de l'opposition qui ne produit que les effets suspensifs sauf si l'exécution provisoire en a été ordonnée[417]. L'article 572 du code de procédure civile de

[411]Code de procédure pénale suisse du 5 octobre 2007 (Etat le premier janvier 2011) p. 114.

[412]Article 12, Loi fédérale de procédure civile fédérale du 4 décembre 1947 (Etat le premier janvier 2011).

[413]Article 478 du code de procédure civile, 102ème édition, Dalloz, Paris, 2011, p. 363.

[414]Civ. 2ème premier juin 1988, Bull. Civ. II n° 133 D, 1988. Somm. 180. Obs.Julien Civ. 2ème, 22 mars 2007, procédures 2007. Commm. 130, note Perrot.

[415]Article 489 code de procédure pénale français.

[416]Article 95 al 1, code de procédure pénale.

[417]Article 64 code de procédure civile congolais.

la République française a des similitudes avec l'article 64 du code de procédure civile congolais, et ce d'autant plus qu'à son alinéa second, il est stipulé que le jugement frappé d'opposition n'est anéanti que par le jugement qui le rétracte[418].

Préfaçant le livre de Mauro CAPPELLETTI, Louis FAVOREU nota l'opposition de l'auteur dans ses nombreux écrits à la transposition d'un modèle américain en Europe lorsqu'

> «il ne cède pas à la facilité trop souvent observée chez certains administrateurs du système américain de vouloir transporter en Europe le modèle venu des Etats-Unis, car il a pleinement conscience que ce modèle n'est pas vraiment transportable et que l'Europe doit suivre une voie originale[419].

Peut-il y avoir l'antagonisme entre l'idéal d'une justice juste et un ordre juridique interne ? Certainement pas. Certes, les différents systèmes juridiques existent, ils poursuivent le même but, mais en faisant porter les chapeaux sur les ï pour les uns et pour les autres la nécessité n'est pas là. Telle est la querelle entre le système américain et Monsieur Mauro CAPPELLETTI sur la place du droit jurisprudentiel[420].

Le droit congolais est fortement influencé par le droit romano-germanique dont il fait partie. L'effectivité de l'information à donner à la partie doit être activement recherchée par le tribunal avant de retenir le défaut.

Le droit franco-suisse devrait influencer le droit processuel congolais qui prescrit l'obligation de la signification à personne, pour pouvoir requérir le défaut à la première audience. Lorsque la signification n'est pas faite à personne, l'huissier doit faire le rapport et compléter l'exploit principal par d'autres documents tels l'avis de passage, la certification du domicile réel ou résidence actuelle du signifié.

Actuellement, les cours et tribunaux congolais recherchent juste la formule habituelle des huissiers vidée de tout sens, à savoir : « Etant à son domicile, n'ayant pas trouvé ni parent, ni allié, ni maître ni serviteur et y parlant au voisin ».

Au pire de tout, il (l'huissier) soutient que « N'ayant trouvé ni voisin » pour justifier la signification à la commune qui doit prouver la transmission de l'exploit au défendeur ou au cité.

Comment tous les voisins, en plus des membres de la famille, seraient tous absents pendant plus d'une semaine ? Les greffiers et les huissiers se contentent souvent de descendre une seule fois à l'adresse indiquée, faute de moyens conséquents. Quand bien même la partie diligente pourvoirait aux moyens financiers, l'agent préfère arrondir ses mois. Le budget affecté par

---

[418]Article 572, procédure civile, 102ème édition, Dalloz, Paris, 2011, p. 472.

[419]Mauro CAPPELLETTI, *Le pouvoir des juges*, Economica, Paris, 1990, p. 16.

[420]Idem, p. 16.

l'Etat à la justice et l'administration du territoire ont un impact sur le rendement de la justice. Il est parfois des cas malheureux où il est constaté que l'huissier ou le greffier remplit l'exploit tout en étant à son bureau seul avec sa table sans le destinataire de l'exploit.

Certains juges, de manière fort intéressée, préfèrent retenir le défaut car la remise risque de coïncider avec une date où ils ne siègeront pas.

Cette attitude du tribunal contribue à son illégitimité. Elle est la source des décisions judiciaires contradictoires. Par exemple en matière immobilière à Kinshasa, la population constate le déguerpissement du défendeur, en exécution d'une décision judiciaire. Trois mois après, c'est l'inverse. La cause est la recherche effrénée des décisions rapides du défaut.

Didier Chauvaux, conseiller d'Etat en France, rappelle la règle déontologique des magistrats en signifiant que

> « Lorsqu'il rend sa décision, le juge s'estime, de plus en plus, tenu non seulement d'apporter à la question qui lui est soumise une réponse juridiquement irréprochable, mais de contribuer à un règlement durable de la situation litigieuse »[421].

La mission traditionnelle et séculaire du juge est de trancher le litige conformément aux règles de droit qui lui sont applicables [422].Appliquant les dispositions de l'article 12 du code de procédure civile, la cour de cassation décida que « Tenu de trancher le litige conformément aux règles de droit qui lui sont applicables, le juge ne peut se contenter d'inviter les parties à régler amiablement leur différend et les renvoyer à se pourvoir ainsi qu'elles aviseraient[423].

En sus, Didier CHAUVAUX rappelle aux juges le souci d'éviter que le litige renaisse de ses cendres, influence le choix d'un terrain d'annulation, il justifie parfois de consentir un effort nécessaire pour éviter une annulation purement platonique ne faisant pas obstacle à une nouvelle décision qui sera légale mais ne manquera pas d'être attaquée inutilement[424].

Pourquoi le juge doit-il courir derrière une décision réputée non avenue dès l'opposition du prévenu ?

A tout instant de l'instance judiciaire, le juge doit avoir une mémoire vive : « C'est le lieu de venger ». Il doit être guidé par le doute. Les parties peuvent se servir de lui comme COSTA et BRISSANDen font témoignage lorsqu'ils notent :

> « (...) passions populaires, réflexe de peur, résignation devant la force maîtresse de l'heure : Ô justice, combien de crimes furent commis en ton nom ? Combien le seront encore ! Question débattue certes mais

---

[421]Didier CHAUVAUX, L'office du juge administratif – Constantes et mutations, in *justice et cassation,Revue annuelle des Avocats au Conseil d'Etat et à la cour de cassation*, Dalloz, Pars, p. 58.

[422]Article 12, code de procédure civile, 102ème édition, Dalloz, Paris, p. 28

[423]Soc, 21 février 1980, Bull. Civ V n° 173.

[424]Didier CHAUVAUX, *op.cit*, p. 66.

question d'actualité. L'affaire Calas contre la Turquie du premier juillet 1997 ayant suscité l'interrogation, s'agirait-il d'une nouvelle « Affaire Calas » ? [425].

Le juge est un homme, il faut le formalisme procédural selon le célèbre aphorisme de Jhering : « Ecole de la discipline et de l'ordre et ennemi juré de l'arbitraire »[426].

Treilhard a-t-il raison d'exiger une procédure formaliste et légaliste face aux injustices. Il souhaite un système qui doit tout prévoir afin que rien ne se fasse qui n'eût été ordonné, ceci afin d'imposer dans les procès une marche fixe qui ne permette pas l'arbitraire dans l'instruction, parce qu'il serait bientôt suivi de l'arbitraire dans le jugement[427].

En effet, l'exigence de la légalité procédurale a pour fondement et comme utilité la garantie de la sûreté des citoyens [428].

Certes, il est difficile de tout prévoir, mais le formalisme de saisine doit primer.

Le professeur Ost appelle à l'examen des moyens choisis par le législateur. Sont-ils efficaces et moins coûteux ? Les effets du droit sont mesurables et collent à l'opinion publique[429].

La théorie utilitaire du droit s'intéresse à son contexte, car il y a des faibles qui doutent de leur droit, de leur propre force[430]. Monsieur Emmanuel Piwnica, Avocat au conseil d'Etat et à la cour de cassation, considère que depuis l'abolition de l'article 16 de la loi des 16-24 août 1970 des privilèges en matière de juridiction, les droits procéduraux constituent l'un des terrains d'élection du principe fondateur de la démocratie qu'est le principe d'égalité [431].

Monsieur Canivet Guy, ancien Premier Président de la cour de cassation, souligne que le principe d'égalité d'accès à la justice a une importance primordiale puisqu'il commande le droit de faire constater par la juridiction suprême du système judiciaire la légalité des décisions rendues par les juges de fond, donc le droit à une justice légalement rendue [432].

---

425 COSTA et BRISSAND cités par Eliane DE VALICOURT, *L'erreur judiciaire*, l'Harmattan, Paris, 2005, p. 31.

426 JHERING cité par Serge DANCHY, La conception du procès civil dans le code de procédure civile de 1806 in commémoration, p. 80.

427 TREILHARD cité par Serge DANCHY, *op.cit.* p. 85.

428 Fréderic Desporter et Laurence Lazerges-Cousquer, op.cit, P. 156

429 Jean CARBONNIER cité par François OST. Colloque du 25 novembre 2010- Université de Nice, Sophia Antipolis.

430 Jean CARBONNIER cité par Elisabeth Paillet, Colloque du 25 novembre 2010 – Université de Nice Sophia Antipolis.

431 Emmanuel PIWNICA, L'égalité in rapport de la cour de cassation 2003, p. 61.

432 Guy CANIVET, L'égalité d'accès à la cour de cassation, in rapport de 2003 de la cour de cassation, p. 43.

Les juges se trompent souvent lorsqu'ils pensent que leur œuvre serait corrigée par l'usage des voies de recours ordinaires comme extraordinaires. On ne tranche pas provisoirement.

La recherche de la sécurité judiciaire a conduit à la création de la cour de cassation française. Guy CANIVET en résuma la pensée lorsqu'il écrivait que

> Dans l'intérêt de la société, comme dans celui de la justice elle-même, il serait plus utile d'établir un corps de magistrats (...) à la sagesse desquels on confierait l'examen (...) de tous les jugements qui seraient attaqués et, qui, revêtus d'une spécialité exclusive, seraient, dans chacune de leurs décisions, absolus, impartiaux, intègres, indépendants et offriraient ainsi à l'ordre public plus de sécurité, plus de garantie et plus de repos[433].

Rentrant dans le contexte de la création de la cour de cassation française, Thomas JANVILLE note le fait que comme une résignation raisonnable, revient encore le mot sentinelle dans la bouche de Prieux par exemple le tribunal de cassation est une sentinelle établie pour le maintien des lois. Languinais, en particulier, a bien fait comprendre qu'il ne pourrait s'agir que de sanctionner les fautes grossières du juge ou même des attitudes de prévarication, erreurs tellement énormes qu'elles pourraient, dit-il encore, se comparer à un dol[434].

Maître Jean François VAN DROOGHEN BROECK fournit les discours fondateurs de création de la cour de cassation belge lors des discussions du congrès national, notamment les propos de Monsieur RAIKEN qui pouvait affirmer que :

> Le but de la loi, dans l'établissement des tribunaux, est d'obtenir une exacte justice. Mais le juge peut excéder ses pouvoirs en franchissant les limites de l'autorité judiciaire, en se portant dans le domaine d'un autre pouvoir. Il peut abuser de son pouvoir en violant la loi. Il peut négliger les formes à l'observation desquelles la loi l'astreint pour donner à sa décision le caractère d'un véritable jugement. Le cours de la justice peut être entravé par la difficulté de régler le juge auquel une affaire doit être renvoyée. Pour tous ces cas, il doit exister une autorité impérieuse qui juge le jugement lui-même et le pouvoir des juges, plutôt qu'il ne décide la contestation. Cette autorité doit être unique. La loi ne peut avoir qu'un seul sens dans l'intention du législateur ; les autres sens qu'on veut lui attribuer sont nécessairement faux. S'il y avait plusieurs autorités chargées de connaître de la violation des lois,

---

[433]Discours prononcé par Mr Guy CANIVET, Premier Président de la cour de cassation à l'audience solennelle de début de l'année judiciaire, le jeudi 6 janvier 2000, in Rapport de la cour de cassation 1999, documentation française, Paris, 2000.

[434]Thomas JANVILLE, *La qualification juridique des faits*, Presses universitaires D'AIX-Marseille, 2004, p. 63.

> elles pourraient être interprétées en divers sens ; et la jurisprudence ne pourrait être ramenée à ce point d'uniformité qui est une des plus belles conceptions de l'esprit humain[435].

Certes, la cour de cassation a été créée, mais le repos tant recherché par ses créateurs s'évapore. Ses décisions d'absolus impartiaux se raréfient et les gens de la justice insécurisent même les parties et la société.

Bien qu'il ait comparé la cour suprême de Justice à une patrouille vigilante aux frontières de l'Etat de droit[436], Monsieur Stephen Breyer qui en fut juge aux Etats-Unis, constate à plusieurs moments de l'histoire américaine que les décisions de la cour suprême ont été contestées, enfreintes ou ignorées par l'opinion, et même par le Président et par les congrès[437].

Le juge est en fait considéré comme le dernier gardien des promesses et des serments de la société[438]. Ceci commande que chaque juge et à toute instance privilégie le principe du contradictoire au lieu de prendre le raccourci du défaut.

Maître Paul Lombard quant à lui voit une justice déclassée rendant des décisions arbitraires et le public répugne à comparaître devant un homme ordinaire, affirmations confirmées par Madame Simone Rozès, ancien Premier Président de la cour de cassation[439].

L'érosion de confiance au juge est parfaitement notée par Elisabeth Michelet quand elle affirme que « La façon dont ont été perçus les juges à travers les intitulés des ouvrages qui leur ont été consacrés ces dernières années, mériterait une analyse pour une psychanalyse »[440].

Il y a en effet l'écroulement de la théorie de l'intime conviction comme le notent Jacques VERHAEGEN et Christiane HENNAU. Ceux-ci rappellent les arguments de tenants de cette théorie dénudée de sens actuellement lorsqu'ils signent:

> « Les auteurs qui, voici deux siècles, ont proposé d'abolir le régime des preuves légales et de lui substituer celui de l'intime conviction, avaient tendance à accorder au savoir-faire des juges une confiance sans limite, compte tenu du risque négligeable de voir se tromper un juge intègre se livrant à une recherche consciencieuse de la vérité.

435VAN DROOGHENBROECK Jean François, *Cassation et juridiction*, Iura dicitcuria, LGDJ & Bruylant, Paris, Bruxelles, 2004, p. 95.
436Robert BADINTER, Préface du livre de Stephen Breyer, *la cour suprême de l'Amérique et son histoire*, Odile Jacob, Paris, 2010, p. 14.
437 Stephen BREYER, *op.cit*, p. 31.
438 Antoine GARAPON, *Le gardien des promesses, justice et démocratie*, Odile Jacob, Paris, 1996, p. 23
439Paul LOMBARD et Simone ROZÈS, le juge et l'avocat. Dialogue sur la justice, Robert Laffont, Paris, 1992, p. 49.
440Eliane De VALICOURT, *op.cit*, p. 10.

Tout homme donc de saine raison, mûri par l'éducation et l'expérience trouve en lui une puissance d'instinct qui le guide vers la vérité »[441].

Ils opposent à ces arguments angéliques les faits humains que « la prémisse n'était pas dépourvue d'un certain optimisme. En fait, beaucoup plus l'arbitraire des juges, ce sont « Toutes les faiblesses du raisonnement humain dans l'interprétation des indices »[442].

La justice est devenue un instrument d'insécurité de la société et non une gardienne de celle-ci. La délinquance des gardiens de promesse est hautement dangereuse comme les romains l'ont même indiqué *« Onis custodes custodiet »*[443].

Certes, le droit processuel sanctionne le défaut de comparaître car ne pas le faire serait une prime à la mauvaise foi accordée au défendeur.

De ce fait, le droit processuel doit renforcer les exigences du procès contradictoire, en améliorant les conditions de signification d'actes ; pour éviter la délinquance aux huissiers,*« Onis custodes custodiet ? »*[444], écarter comme mode de signification les voisins et les messages ordinaires, le législateur processuel doit imposer la primauté du procès où le contradictoire est un principe directeur.

Dès la première audience, si la signification n'a pas été faite à personne, le défaut ne peut être retenu à charge de l'accusé. Pour les affaires en persécution, le défaut ne peut être retenu contre une partie qui a comparu à toutes les audiences, surtout conclu et communiqué ses moyens et pièces.

Il en est de même du défaut congé. La mise en état de la cause par une partie constitue une preuve de sa volonté de se défendre.

Qu'il nous souvienne un cas de triste mémoire qui s'était produit à la cour d'appel de Lubumbashi où l'avocat de l'appelant avait comparu à toutes les remises. A la dernière, il était dans la salle d'audience et par inattention, l'affaire sera appelée et le défaut congé adjugé sur le banc[445]. La partie tenta de saisir le juge pénal par citation directe.

A la première audience, le défaut fut décrété à charge du citant et le jugement fut rendu sur le banc à l'instant où le conseil du citant mettait la robe.

Un autre cas similaire est celui de la cour d'appel de Mbuji-Mayi où l'intimé fera relancer l'affaire à l'insu de l'appelant, aveugle de son état, pour enfin solliciter le défaut-congé et sans autre forme de procès, le déguerpissement était au rendez-vous.

---

[441]Jacques VERHAEGEN et Christiane HENNAU, *Droit pénal général*, Bruylant, Bruxelles, 2003, p. 119.

[442]Idem, p. 119.

[443] HERON Jacques et LE BARS Thierry, *op.cit*, p. 235.

[444]Qui nous protégera contre ceux qui nous protègent ? Lire Mauro CAPPELLETTI, *op.cit*, p. 115.

[445] Régime du défaut-congé, lire NSAMBAYI MUTENDA LUKUSA, *Droit judiciaire congolais*, 2ème éditions universitaires africaines, Kinshasa, 2010.

C'est pourquoi, dès la constitution du conseil, l'élection de domicile doit être réputée faite au cabinet du conseil [446] comme en droit français et congolais en ce qui concerne seulement la procédure de cassation.

Cette disposition est dans l'intérêt tant de la justice que des justiciables, mais aussi des huissiers chargés de signification qui connaissent bien les cabinets des avocats du ressort et de leurs horaires de travail.

La position du droit suisse de signifier tant au domicile ou à la résidence de la partie qu'au domicile professionnel du conseil renforce ou rend possible l'effectivité [447] de l'information à donner à la partie.

Autant la préoccupation est légitime de rechercher un débat contradictoire, autant le dilatoire doit être sanctionné[448].

Il se développe de façon croissante une attitude ambivalente. En effet, les parties représentées ou assistées se retirent de la barre dès que la cause est retenue,sans s'assurer que les conseils représentant les parties ont eu d'elles l'autorisation de retirer leur comparution et d'accepter les conséquences du retrait.

Généralement, les cours et tribunaux retiennent le défaut bien qu'il y ait silence de la loi. Le droit français règle la question à l'article 413 du code de procédure pénale qui institue que « Nul n'est recevable à déclarer qu'il fait défaut dès lors qu'il est présent au début de l'audience » [449].Sur les traces de ce texte, la Cour de cassation jugea aux termes de l'article 413 du code de procédure pénale que nul n'est recevable à déclarer qu'il fait défaut dès lors qu'il est présent au début de l'audience ; fait une exacte application de ce texte la cour d'appel qui statue à l'égard d'un prévenu par décision contradictoire, après avoir relevé que celui-ci s'est présenté à l'audience, mais a quitté définitivement la salle avant l'examen de son affaire[450].

C'est à juste titre que le droit processuel français sanctionne utilement les dilatoires des parties. Les dispositions de l'article 489 du code de procédure pénale sont exemplaires en prescrivant que le jugement par défaut est non avenu dans toutes ses dispositions, si le prévenu forme opposition à son exécution. Il peut, toutefois, limiter cette opposition aux dispositions du jugement.

En application de ces dispositions, la cour de cassation française jugea de manière à décourager les dilatoires et l'irrespect du tribunal et des parties adverses qu' «Il résulte de l'article 489 du code de procédure pénale qu'un

---

[446] Article 8 ordonnance-loi n° 82-017 du 31 mars 1982 relative à la procédure civile devant la cour suprême de justice.

[447]Droit de procédure pénale suisse.

[448]DE SCHUTTER Olivier, *Fonction de juger et droits fondamentaux. Transformation du contrôle juridictionnel dans les ordres juridiques américain et européen*, Bruylant, Bruxelles, 1999, p. 43.

[449]AZIBERT Gilbert, *Code de procédure pénale*, Litec, Paris, 2005, p. 352.

[450]Cass. Crim, 28 février 1995. Bull. 86.

avocat, même muni d'un pouvoir spécial, ne peut représenter un prévenu pour faire opposition à un jugement rendu par défaut »[451].

Elle décida aussi que « L'opposition, si elle n'est soumise à aucune formalité, ne peut cependant être formée que par l'intéressé lui-même »[452].

De la même manière, le droit processuel suisse fait primer le contradictoire tout en sanctionnant aussi le dilatoire de la partie défaillante. Bien que reconnaissant le droit de faire opposition à la décision par défaut, le droit suisse impose cependant à l'opposant d'exposer brièvement les raisons qui l'ont empêché de participer aux débats. Mais il appartient au tribunal de les apprécier, lequel peut toutefois rejeter la demande lorsque le condamné dûment cité fait défaut aux débats sans excuse valable[453].

Quoiqu'il en soit, les dispositions de l'article 369 du code de procédure pénale suisse attribuent à la direction de la procédure de fixer les nouveaux débats[454].

Ainsi, l'information à donner à la partie en vue de se défendre doit être vérifiée par le juge, à l'appui d'autres éléments processuels en présence.

B. La défense

Du latin *« Defensa »*, ce mot vient du verbe*« Defendere »* qui veut dire écarter, repousser, protéger, soutenir une thèse, une opinion, une position[455]. Mais en justice, la défense est une action de défendre autrui devant le juge ; comme représentant ou assistant d'une partie, de faire valoir ses intérêts. C'est dans ce sens par exemple que l'avocat assure la défense de son client[456].

En d'autres termes, la défense est une action de se défendre en justice, de faire valoir devant le juge ses droits ou ses intérêts (comme demandeur ou défendeur), soit par soi-même (seul ou avec assistance), soit par représentation selon ce que la loi permet ou ordonne[457].

Qui dit défense sous-entend au même moment la théorie des droits de la défense. Georges BOLARD pouvait se demandait mêmesi le principe de respect des droits de la défense ne serait pas le plus beau principe[458]. Il estime pour sa part que si l'on admet le triple fondement ainsi proposé, le principe des droits de la défense conduit à reconnaître aux plaideurs, dans le

---

[451] Cass. Crim, 21 juin 1990, Bull. 255.

[452] Cass. Crim, 7 avril 1993, Dr Pénal, juin 1993, n° 146 ; Cass. Crim 1er février 1994, Bull. 46

[453] Article 368 du code de procédure pénale suisse du 5 octobre 2007, Etat le premier janvier 2011.

[454] Article 369, Idem

[455]Gérard CORNU, *op.cit.*, p. 275.

[456]Idem, p. 275.

[457]Ibidem, p.275.

[458]*Dictionnaire de la justice*, PUF, Paris, 2004, p. 364.

respect de leurs personnes et selon les valeurs fondamentales de notre civilisation, toutes facilités dans l'organisation de leur défense[459].

En effet, le procès est un lieu d'affrontement des intérêts, de la confrontation des arguments devant une autorité investie du pouvoir de régler le litige. Dans ces conditions, le justiciable doit être protégé de l'agression de l'adversaire que de la puissance du juge[460].

Le respect des droits de la défense est une notion ambiguë. La doctrine lui fait un sort tellement divers qu'il en devient, tout autant que son contenu, introuvable, qui, face à l'apparition de nouveaux concepts, alors qu'il exprime l'essence même du procès, semble ne plus servir qu'à désigner quelques droits subjectifs processuels[461].

La confusion persiste lorsqu'on parle de la défense comme appartenant au défendeur quand même cela ne serait pas exclusif. Maître Henri GERPHAGNON regroupe sous le label des moyens de défense tous les procédés qui permettent au défendeur de réagir contre l'attaque dont il est l'objet. Ceux-ci sont quatre, à savoir la défense au fond, l'exception de procédure, la fin de non-recevoir et la demande reconventionnelle[462].

Les droits de la défense sont dirigés directement contre les prétentions du demandeur. Prétention, du latin « Praetentus », part de « Praetendere » qui signifie tendre en avant, invoquer, alléguer[463]. Gérard CORNU la définit comme une affirmation en justice tendant à réclamer quelque chose, soit de la part du demandeur (par demande principale ou additionnelle), soit de la part du défendeur (par demande reconventionnelle) dont l'ensemble (prétentions respectives) détermine l'objet du litige (dans la mesure où chacun s'oppose à la prétention adverse)[464].

L'article 2 du code de procédure civile congolais prescrit que l'assignation, à peine d'irrecevabilité, doit contenir l'objet du litige mais sans définir la notion de l'objet ni son contenu[465].

Le code de procédure civile français est assez clair quant à ce. En son article 4, il est stipulé que « L'objet du litige est déterminé par les prétentions des parties. Ces prétentions sont fixées par l'acte introductif d'instance et par les conclusions en défense. Toutefois, l'objet du litige peut être modifié par des demandes incidentes lorsque celles-ci se rattachent aux

---

[459]Georges BOLARD, *Principe des droits de la défense in Droit et pratique de la procédure civile, Droit interne – Droit communautaire*, Dalloz, Paris, 2009, p. 594.

[460]PIWNICA Emmanuel, *les droits de la défense in Protection des libertés et de droits fondamentaux, les notices de la documentation française*, Paris, 2007, p. 142.

[461]Dictionnaire de la justice, PUF, Paris, 2004, p. 364.

[462]GERPHAGNON Henri, Etre défendeur, in *Droit et pratique civile. Droit interne-Droit communautaire*, Dalloz, Paris, 2009, p. 483.

[463] CORNU Gérard, *op.cit*, p. 715.

[464]Idem, p. 715.

[465] Article 2, code de procédure civile congolais.

prétentions originaires par un lien suffisant » [466].Les demandes contenues dans l'acte initial sont des demandes juxtaposées. En conséquence, elles ne sont pas régies par le régime des demandes incidentes[467].

En fait, les demandes en justice ou les prétentions limitent et obligent le juge. Le principe dispositif offre aux plaideurs la maîtrise de la matière en procès. Le juge ne peut trancher uniquement que les prétentions qui ont été soumises par les parties (principe dispositif) [468] étant donné que l'article 5 du code de procédure civile français par exemple stipule que le juge doit se prononcer sur tout ce qui est demandé et seulement sur ce qui est demandé. Le principe du dispositif découle également de l'article 53 du code de procédure civile stipulant que « La demande initiale est celle par laquelle un plaideur prend l'initiative d'un procès en soumettant au juge ses prétentions ». Ces dispositions doivent être reliées avec celles des demandes incidentes et des droits de la défense.

Les prétentions sont soumises au juge, dans le cadre d'une procédure, instrument structuré de communication[469], pour qu'il les tranche conformément aux règles de droit qui leur sont applicables[470].

Certes, le juge doit trancher les prétentions des parties. La fonction de juger est si difficile comme l'indique Maître Jacques VERGES :

> Seuls les avocats ont le privilège d'être à la fois les spectateurs d'un tel drame, confidents du héros, et les coauteurs, parce qu'ils accompagnent l'accusé tout au long du procès et l'aident à affronter le cinquième acte de sa tragédie, l'épilogue de son roman, le dénouement de son film, à charge pour les juges d'incarner le destin aveugle[471].

Ce destin aveugle doit connaître une interruption dans chaque cas d'espèce lorsque les parties veulent dire la vérité en droit et en fait. Ce n'est pas toujours facile. Jean Denis Bredin se posa la question de savoir qu'est-ce que la vérité pour l'orateur ? C'est le sentiment du vrai. Le prêtre et le politique enseignent non la vérité mais ce qu'ils croient être le message de vérité. De même, l'avocat dit-il souvent, pas toujours, ce qu'il croit vrai. Thierry LEVY souligne que « L'avocat peut s'écarter de la vérité si cela lui permet de soutenir de manière cohérente l'innocence d'un accusé qu'il défend »[472].

---

[466]Article 4, code de procédure civile, 102ème édition, Dalloz, Paris, 2011, p. 9.

[467] HÉRON Jacques et LE BARS Thierry, *droit judiciaire privé*, 4ème édition, Montchretien, Paris, 2010, p. 100.

[468] BOLARD Georges, La matière du procès et le principe dispositif, in *Droit et pratique de la procédure civile*, *op.cit.* p. 573.

[469] CANIVET Guy, *op.cit.* p. 1.

[470] Article 12, code de procédure civile, 102ème édition, Dalloz, Paris, 2011, p. 12.

[471] VERGÈS Jacques, *Justice et littérature*, PUF, Paris, 2011, p. 1.

[472] BREDIN Jean-Denis et Thierry LÉVY, *Convaincre : Dialogue sur l'éloquence*, Odile Jacob, Paris, 1997.

En ce sens, la finalité des droits de la défense est de contrer les prétentions adverses par une argumentation judiciaire. L'argumentation est définie comme une démarche discursive par laquelle une personne entend persuader un auditoire du bien-fondé de sa thèse, et ce par l'emploi d'arguments[473].

1. Conclusions ou mémoires

A en croire Gérard Cornu, les conclusions sont un énoncé des prétentions des parties à un procès, présenté soit oralement (conclusions à la barre), soit le plus souvent (et quelquefois obligatoirement) par écrit (rédigé en ce dernier cas par un avocat ou un avoué). Par extension, les écritures matérialisant ses demandes, un tel écrit contenant en outre l'exposé du fait et du droit. Pour le Ministère public, les conclusions englobent les avis donnés oralement ou réquisitions[474]

Gérard CORNU considère le mémoire comme un document qui, notamment devant certaines juridictions (cour de cassation, conseil d'Etat), remplace à la fois les conclusions et la plaidoirie (en ce qu'il contient les arguments et les prétentions d'une partie) et qui, de ce fait, constitue la pièce maîtresse d'une procédure écrite[475].

Par plaidoirie il faut entendre le développement réel des conclusions prises. Rentrant dans le passé de la plaidoirie, sous la direction de Loïc CADIET, les auteurs constatent l'histoire prestigieuse qui éclaire celle de la justice. Le plaideur peut puiser, comme le tribun politique ou le prêcheur, aux ressources du bien dire, mais il entretient depuis toujours une relation paradoxale avec l'éloquence, dont il ne sait trop si elle est un don, un savoir-faire ou une vertu[476].

L'article 15 du code de procédure civile congolais ne donne pas la forme des conclusions moins encore leur contenu. Le droit belge, en ses articles 741 et 742 du code judiciaire est proche du droit congolais quant à ce. Les droits belgo-congolais et suisse précisent que les conclusions sont l'œuvre des parties, celles-ci sont identifiées par le nom, prénom et domicile du demandeur, de même pour le défendeur[477]. Il en est de même en droit de procédure civile en ce qui concerne l'assignation[478].

---

[473]MARTINEAU François, *Petit traité d'argumentation judiciaire*, 4ème édition, Dalloz, Paris, 2010, p. 3.
[474] CORNU Gérard, *op.cit.* p. 198.
[475] Idem, p. 584.
[476]*Dictionnaire de la justice*, PUF, Paris, 2004, p. 984.
[477] Article 700 à 703 du code judiciaire belge, article 2 du code de procédure civile congolais, article 57 du code de procédure pénale congolais ; articles 39 à 40 de la procédure fédérale suisse.
[478] Article 56, code de procédure civile.

L'identification complète de chaque partie est requise en ce qui concerne les conclusions en droit français, thèse que peut épouser le droit congolais. En ce qui concerne l'acte de constitution d'avocat ou d'avoué et conclusions, le législateur français impose qu'il doit indiquer :

a) si le défendeur est une personne physique, son nom, prénom, profession, domicile, nationalité, date et lieu de naissance ;
b) si le défendeur est une personne morale, sa forme, sa dénomination, son siège social et l'organe qui le représente légalement[479].

L'obligation d'identité complète des parties demeure également au niveau de cassation.

L'article 975 du code de procédure prescrit que « la déclaration de pourvoi contient, à peine de nullité :

1. pour les personnes physiques : l'indication du nom, prénom, domicile du demandeur en cassation ;
2. l'indication des nom, prénom et domicile du défendeur, s'il s'agit d'une personne morale, de sa dénomination et de son siège social (...)[480].

La procédure devant la cour de cassation congolaise recoupe celle du droit français. L'article 3 de sa procédure prescrit que « (...) tout mémoire est daté et mentionne : les nom et prénom, s'il y a lieu la qualité et la demeure ou le siège de la partie concluante »[481]. Les dispositions de l'article 743 du code judiciaire belge s'apparentent à celles du droit processuel français relativement à l'identification des parties.

Mais, de tout ce qui précède, si les parties doivent échanger les conclusions et les mémoires, il convient de se demander en quoi consiste leurs prétentions. En d'autres termes, c'est la question de savoir quel est alors le contenu des conclusions et des mémoires.

2. Contenu des conclusions etmémoires

En effet, les conclusions des parties doivent contenir les moyens tendant à affirmer ou infirmer les prétentions adverses. Le moyen vient du latin « medianus » qui signifie du milieu, ou « Medius », au milieu, au centre.

Pour Gérard CORNU, le moyen, dans une demande ou une décision en justice, est un soutien, un fondement, un élément de justification, un motif destiné à fonder en fait et en droit une demande en justice ou un jugement. Il se dit principalement des raisons de fait et de droit invoquées par un plaideur à l'appui de sa prétention, dès la demande originaire ou au soutien d'un

---

[479]Article 814 et 960, code de procédure civile, 102ème édition, Dalloz, Paris, 2011, pp. 630, 723.
[480]*Article 975, code de procédure civile*, 102ème édition, Dalloz, Paris, 2011, p. 727.
[481]Article 3 de la loi organique n° 13/010 du 19 février 2013 relative à la procédure devant la cour suprême de justice.

recours (moyen d'opposition, d'appel, de cassation). Il se dit également des motifs de droit que le juge relève d'office (suppléé ou substitué)[482].

Serge GUINCHARD, Cécile CHAINAIS et Frédérique FERRAND apportent plusieurs précisions terminologiques sur la qualification, requalification, relevé d'office d'un moyen, moyen de droit, moyen de fait, moyen de pur droit, moyen d'ordre public. Ils mettent en garde contre la confusion entre la cause et le moyen car le moyen qui soutient la cause peut être constitué par des éléments de droit ou par des éléments de fait[483].

Ils définissent quant à eux le moyen de droit comme le fondement juridique, la raison tirée d'une règle de droit propre à justifier la demande ou la décision, du moins selon celui qui l'expose. Par moyen de fait, ils désignent les faits spécialement allégués par un plaideur pour fonder ou critiquer une prétention[484].

Bien que le terme de« Droits de la défense » soit ambigu[485], les moyens de défense qui en découlent sont des procédés qui permettent au défendeur de réagir contre l'attaque dont il est l'objet. Ils sont regroupés en trois, à savoir la défense au fond, l'exception de procédure et la fin de non-recevoir[486].

Le principe du contradictoire repose sur le principe général du droit et du droit naturel[487], fondement du procès équitable[488]. Le défendeur est appelé pour être entendu sur les prétentions du demandeur. En application du principe général de droit suivant lequel « Nulle partie ne peut être jugée sans avoir été entendue ou appelée », le défendeur doit répondre aux prétentions initiales et additionnelles adverses. Il doit rester dans le principe dispositif. En d'autres termes, il s'agit du moyen de droit ou de la cause dans le débat[489].

Parlant des moyens, la Cour de cassation en fait une typologie [490].Elle considère en effet comme moyen de pur droit le fait que « Le juge saisi d'une contestation, comme le souligne un arrêt du 20 février 1854, ne peut la juger que conformément aux lois qui régissent la matière, alors même que

---

[482]CORNU Gérard, *vocabulaire juridique*, PUF, Paris, 1987, p. 600 – Lire à ce sujet le moyen de défense, moyen de droit, moyen de fait, moyen de faux, moyen de pur droit, moyen mélangé de fait et droit, moyen nouveau (Gérard CORNU, *op.cit*, pp. 600 – 601).

[483]GUINCHARD Serge et alii, *Procédure civile, Droit interne et droit de l'union européenne*, 30ème édition, Dalloz, Paris, 2010, p. 400.

[484]GUINCHARD Serge et alii, *op.cit*, p. 402.

[485]*Dictionnaire de la justice*, Paris, 2004, p. 364.

[486] GUINCHARD Serge et alii, *op.cit*, p. 278.

[487] Article 14, code de procédure civile, 102ème édition Dalloz, Paris, 2011.

[488] Article 6 de la convention européenne des droits de l'homme.

[489]GUINCHARD Serge et alii, *op.cit*, p. 574.

[490]Moyens : recevabilité, moyens nouveaux, moyens d'ordre public, moyens de pur droit. FAYE Ernest, *la cour de cassation, 1903*, édition La mémoire de droit, Paris, 1999, pp. 140-145.

l'application de ces lois n'aurait pas été formellement requise par les parties »[491].

Cependant, l'article 15 du code de procédure civile congolais ne détermine pas le contenu des conclusions[492]. Suivant les cinquième et huitième principes généraux de droit institués par l'ordonnance du 14 mai 1886, approuvée par le décret du 12 novembre 1886, les conclusions doivent contenir les éléments de fait et les arguments de droit que les parties soumettent au contradictoire[493].

La procédure particulière de la cour de cassation prescrit que les mémoires contiennent les moyens complémentaires à la requête ou les exceptions et les moyens opposés à la requête ou aux mémoires[494].

En ce sens, le conseiller rapporteur désigné par le premier Président rédige un rapport sur les faits de la cause, sur la procédure en cassation, et sur les moyens invoqués[495]. L'article 16 de la même loi stipule qu' « Aucun moyen autre que ceux repris aux requêtes et mémoires déposés dans les délais prescrits ne peut être reçu. Toutefois, la cour peut soulever tous moyens d'ordre public »[496].

En droit de procédure civile suisse, l'article 221 indique que la demande contient notamment les conclusions sans en définir le contenu. L'article 228, alinéa premier prescrit que les parties présentent leurs conclusions et les motivent une fois les débats principaux ouverts[497]. Motivation vient du verbe motiver, le motif et l'ensemble des motifs d'un jugement, argumentaire, discussions, raisonnement, caractérisation, base légale[498].

Motiver une décision de justice est devenu un principe fondamental de procédure qui participe sans doute d'une tendance générale à la transparence[499]. Par ailleurs, la procédure fédérale suisse précise le contenu des mémoires, notamment les motifs qui doivent exposer succinctement en quoi l'acte attaqué viole le droit. Si le recours n'est recevable que lorsqu'il soulève une question juridique de principe ou porte sur un cas particulièrement important au sens de l'article 84, il faut exposer en quoi l'affaire remplit la condition exigée.

---

[491]FAYE Ernest, *op.cit*, p. 143.

[492]Article 15, code de procédure civile

[493] MUSHIGO-A-GAZANGA GINGOMBE Ruffin, *Les principes généraux du droit et leurs applications par la cour suprême de justice du Congo*, Academia Bruylant, Bruxelles, 2002, pp. 36 – 37.

[494]Article 3 de la loi organique n° 13/010 du 16 février 2013 relative à la procédure devant la cour de cassation

[495]Article 3 de la loi organique relative à la procédure devant la cour suprême de justice.

[496]Article 16, al. 2, *op.cit*, p. 69.

[497]Articles 221 et 228 alinéa premier de code de procédure civile suisse. Lire Stephen Berti, op.cit, pp. 233 et 235.

[498]Gérard CORNU, *op.cit*, p. 600.

[499]*Dictionnaire de la justice*, PUF, Paris, 2004, p. 911.

Dans le même ordre d'idées, la loi fédérale de procédure civile suisse du 19 décembre 1947, en ses articles 29 et suivants, insiste sur les moyens des parties[500]. Celles-ci, ainsi que le stipule l'article 19, doivent articuler à la fois tous leurs moyens de demande ou de défense. L'état de fait et les moyens de preuve peuvent encore être complétés au cours de l'échange ultérieur d'écritures et, s'il y a lieu, oralement pendant les débats préparatoires jusqu'au début de l'administration des preuves. Ils ne peuvent l'être subséquemment que si le retard est excusable ou si de nouveaux moyens peuvent être pris d'office conformément à l'article 3.[501].

En droit belge, les conclusions contiennent les moyens de fait et de droit, comme le stipule l'article 744 alinéa 2 selon lequel :

> Les conclusions doivent formuler expressément les prétentions du concluant ainsi que les moyens de fait et de droit sur lesquels chacune de ces prétentions est fondée. Les conclusions prises dans une autre cause ou à un autre degré de juridiction, auxquelles il est renvoyé ou fait référence, ne sont pas considérées comme des conclusions au sens de l'article 780, alinéa premier[502.]

Mais, au niveau de cassation, l'article 1080 stipule que la requête doit, à peine de nullité, indiquer les dispositions légales dont la violation est invoquée[503]. En droit français, les règles processuelles reconnaissent la valeur des conclusions qui doivent contenir les moyens de droit et de fait. L'article 56 du code de procédure civile prescrit que « L'assignation contient, à peine de nullité, (…) l'objet de la demande avec un exposé des moyens en fait et en droit (…). Elle vaut conclusions »[504].

Il en est de même au degré d'appel où, sur pied de l'article 95 du code de procédure civile, les conclusions doivent formuler expressément les prétentions des parties avec indication pour chaque prétention des pièces invoquées. Toutefois, un bordereau récapitulatif des pièces y est annexé.

Les prétentions sont récapitulées sous forme de dispositif. La cour ne statue que sur les prétentions énoncées au dispositif. Les parties doivent reprendre, dans leurs dernières écritures, les prétentions et moyens présentés ou invoqués dans leurs conclusions antérieures. A défaut, elles sont réputées les avoir abandonnés et la cour ne statue que sur les dernières conclusions déposées. La partie qui conclut à l'infirmation du jugement doit expressément énoncer les moyens qu'elle invoque sans procéder par voie de référence à ses conclusions de première instance. La partie qui, sans énoncer

---

[500]Article 42, Loi sur le tribunal fédéral suisse du 17 juin 2005/Etat du 1er janvier 2011

[501]Articles 12 et 19 de la loi fédérale de procédure civile fédérale suisse du 4 décembre 1947 (Etat le premier janvier 2010).

[502]Article 741, code judiciaire belge, Larcier II, 2010, p. 327.

[503]Idem, p. 360, lire aussi les articles 1087, 1094, 1098 : procédure écrite

[504]Article 56, code de procédure civile, 102ème édition, Dalloz, Paris, 2011, p. 112.

de nouveaux moyens, demande la confirmation de jugement est réputée s'en approprier les motifs[505].

Comme on peut le constater, en cassation, il est des principes de son existence que la haute cour juge le droit et non le fait. Beaucoup de propositions furent émises à sa création : dépendait-elle du corps législatif selon Robespierre[506] ? Comment trouver les juges impartiaux qui rendraient d'absolus jugements[507] ? Dans cette ordre d'idées, Clermont-Tonnerre réfléchissant sur le but à atteindre par la cour de cassation, dira que

> La constance dans la doctrine, la profonde connaissance de la loi, l'éloignement parfait des intérêts des justiciables (...), cette uniformité, si difficile à trouver dans les hommes (...) , exige qu'on réunisse toutes les circonstances : mêmes lieux, mêmes hommes, mêmes sources, comparaison des jugements à rendre avec les jugements rendus[508].

Bien que la cour ait fait du chemin, elle est restée juge du droit, soucieuse des moyens de droit et non de fait[509]. Tel est le consensus des juridictions de cassation. Les conclusions principales, additionnelles et en réplique, tant du demandeur que du défendeur, tout autant de toute partie au procès, doivent contenir les moyens de fait et de droit.

Sur le plan pratique, la question n'est pas facile. Les parties ont la liberté de se défendre et cette liberté peut aboutir aux abus préjudiciables et à la justice et aux justiciables.

3. *La liberté de la défense face à l'obligation de la défense totale*

Les règles processuelles sont respectueuses de la liberté des parties. Celles-ci, invitées à comparaître, peuvent refuser de comparaître tout comme de conclure et/ou de plaider.

3.2. Fondement juridique de la liberté processuelle

Le défendeur a comme droit d'être informé de l'accusation portée contre lui et non l'obligation de comparaître[510]. Dans le cas du choix de comparaître, il lui revient de choisir son conseil ou de se défendre seul. Ce droit est reconnu aussi au demandeur.

---

505 Article 954, code de procédure civile, 102ème édition, Dalloz, Paris, 2011, p. 714.

506 FAYE Ernest, *op.cit*, p. 2.

507 L'impartialité est une vertu.

508 FAYE Ernest, *la cour de cassation, 1903*, éditions La Mémoire du Droit, Paris, 1999, p. 3.

509 Articles 978 et 1010, code de procédure civile, 102ème édition, Dalloz, Paris, 2011, pp. 729-748, Lire aussi Serge GUINCHARD et alii, *Procédure civile, Droit interne et droit de l'union européenne*, 30ème édition, Dalloz, Paris, 2010, pp. 1322 – 1323, HÉRON Jacques et LE BARS Thierry, *Droit judiciaire privé*, 4ème édition, Montchréstien, Paris, 2010, pp. 655 – 674.

510 Articles 14 et 18, code de procédure civile congolais.

3.2.1. La liberté de constitution du conseil et l'organisation de la défense

Les dispositions de l'article 19 de la constitution de 2006 posent le principe démocratique en prescrivant que toute personne a le droit de se défendre elle-même ou de se faire assister d'un défenseur de son choix, et ce à tous les niveaux de la procédure pénale, y compris l'enquête policière et l'instruction pré juridictionnelle[511].

Le code de procédure civile, en son article 14, reconnaît la liberté aux parties de comparaître en personne ; par un avocat porteur des pièces ou un fondé de pouvoir [512].Toutefois, certaines procédures excluent la comparution personnelle en instituant la représentation obligatoire. La procédure particulière, telle que celle de cassation ne limite également le choix des avocats que sur ceux admis à la cassation.

La Cour européenne des droits de l'homme en reconnaissant la spécificité de la procédure de cassation, monopole des avocats spécialisés, décida qu'

> il est clair que la spécificité de la procédure devant la cour de cassation, considérée dans sa globalité, peut justifier de réserver aux seuls avocats spécialisés le monopole de la prise de parole, et qu'une telle réserve n'est pas de nature à remettre en cause la possibilité raisonnable qu'ont les requérants de présenter leur cause dans des conditions qui ne les placent pas dans une situation désavantageuse (...) compte tenu du rôle qui est celui de la cour de cassation et ce eu égard aux procédures considérées dans leur ensemble. Le fait de ne pas avoir offert aux requérants l'occasion de plaider leur cause oralement, personnellement ou par l'intermédiaire d'un avocat inscrit à un barreau n'a pas porté atteinte à leur droit à un procès équitable au sens de l'article 6[513].

L'option libérale de choix de défenseur reconnue aux parties ne peut dénaturer les droits de la défense. La cour européenne des droits de l'homme, dans ses nombreux arrêts, donne les lignes directrices de l'appel du droit de la défense.

A titre indicatif :

1) toute administration, lorsqu'elle prend une mesure de nature à léser gravement des intérêts individuels, est tenue de mettre l'intéressé à même de connaître son point de vue [514] ;

---

[511]Article 19 constitution de 2006, journal officiel, numéro spécial, 20 juin 2006, p. 13

[512]Article 14, code de procédure civile congolais.

[513]Arrêt du 26 février 2002, EDH, siégeant en Grand Chambre.

[514]Arrêt du 27 octobre 1977, Affaire 121/76 Mali/Commission. Rec. Q. 1971 ; 1979 ; Arrêt du 13 avril 1978, affaire 75/77. Mollez/Commission.Rec. p. 897, 907.

2) le respect des droits de la défense dans toute procédure susceptible d'aboutir à des sanctions notamment à des amendes ou astreintes, constitue un principe général de droit communautaire [515] ;
3) le respect des droits de la défense dans toute procédure ouverte à l'encontre d'une personne et susceptible d'aboutir à un acte faisant grief à celle-ci constitue un principe général de droit fondamental[516].

Les droits de la défense constituent un cadre de la justice. Celle-ci, comme disait Pascal, est la propriété des lois, c'est pour cette raison qu'il faut y obéir [517].Comme on le voit, les parties comparaissent seules ou représentées par les conseils de leur choix, en dépit de leurs horizons différents : social, éducationnel, culturel etc. Le droit leur offre un cadre communicationnel des moyens de droit et de fait se trouvant dans la cause.

Les avocats par leur mandat et qualité peuvent consulter, conseiller, concilier, rédiger des actes sous seing privé, assister ou représenter les parties en dehors des juridictions [518].Les affaires sont ainsi conduites par eux avec célérité et compétence. L'article 76 de la loi organique sur le barreau en RD Congo prévoit le cas de responsabilité personnelle du conseil à la suite d'un dommage qui résulterait de la négligence dans l'accomplissement des formalités de procédure[519].

La profession d'avocat est une profession libérale et indépendante[520]. Le décret n° 2005-790 du 12 juillet 2005, à son article 16, prescrit que « l'avocat se conforme aux exigences du procès équitable, se comporte loyalement à l'égard de la partie adverse, respecte les droits de la défense et le principe du contradictoire. La communication mutuelle et complète des moyens de fait, des éléments de preuve et les moyens de droit se fait spontanément, en temps utile et par les moyens prévus par les règles procédurales »[521].

---

[515]Arrêt du 13 février 1979. Hoff. Mann – La Roche/Commission. Rec. p. 461 – 511, Arrêt du 7 juin 1983, Affaires jointes 100 à 103/80 Musique. Diffusion française/Commission.Rec. p. 1825, 1880. Arrêt du 9 novembre 1983 Affaire 322/82. Michelin/Commission Rec. p. 3461, 3498.

[516]Arrêts du 10 juillet 1988. Aff. 234/84 et 40/85. Belgique C/Commission ; Arrêt du 11 novembre 1987, Affaire 259/87. France c/Commission ; Arrêt du 21 mars 1990 Affaire 142/87. Belgique c/Commission.

NB : ces différents arrêts de la CEDH peuvent être trouvés dans le répertoire de jurisprudence de droit communautaire CEE-CECA-CEEA. Cour de justice et tribunal de première instance, 1977-1990, vol. 1, Luxembourg, 1995.

[517]Jean Luc. A. Charter, L'esprit de la justice, in *Mélanges en l'honneur de Jean-François Burgelin, Principes de justice*, Dalloz, Paris, 2008, p. 106.

[518]Article premier alinéa 2 de l'ordonnance-loi n° 79-028 portant organisation du Barreau, corps des défenseurs judiciaires et du corps des mandataires.

[519]Idem, article 76.

[520]Article premier de la loi n° 71-1130 du 31 décembre 1971, code de procédure civile, 102ème édition, *op.cit.* p. 1507.

[521]*Code de procédure civile*, 102ème édition, Dalloz, Paris, 2010, p. 1742.

Ces exigences universelles et permanentes de la fonction d'avocat se constatent par l'identité de législation sur les devoirs de loyauté, de probité, de diligence et de dignité[522]. Le serment de l'avocat indique les obligations qui lui incombe[523]. Dans *La profession d'avocat au Congo*, le Bâtonnier National MBUY MBIYE TANAYI essaie d'en donner les origines.

Par ailleurs, dans son cours de déontologie, le Bâtonnier NKULU MWAKIZUKI enseignait que dès la prestation de serment de l'avocat, celui-ci devient le plus vieux de la communauté pour la conseiller. Quant à l'avocat stagiaire, le corps accorde une particulière attention à sa formation[524].

Toutefois, il sied de signaler que la vulnérabilité professionnelle du stagiaire n'empêche pas le commun de mortel à lui confier des dossiers d'une certaine technicité. Au sein du corps, l'avocat stagiaire se trouve dénier la possibilité de voter ou d'être élu comme membre du conseil de l'ordre. Le Bâtonnier National MBUY-MBIYE TANAYI, expliquant le sens de l'article 33 du code de l'organisation et de la compétence judiciaire, conformément à ces dispositions, confie que seuls les avocats inscrits aux tableaux peuvent compléter le siège du tribunal[525].

En dépit du port commun et du titre d'avocat et de la robe, l'expérience professionnelle entre les avocats inscrits au tableau n'est pas la même. D'ailleurs, les conditions pour être élu membre du conseil de l'ordre tout comme bâtonnier marquent une certaine distinction[526], même pour être admis au Barreau près la cour de cassation[527].

La qualification sur base de diplôme est un autre facteur de différenciation entre avocats. Les dispositions de l'article 428 du code judiciaire belge posent déjà le problème de qualification entre avocats. On peut y lire :

> Nul ne peut porter le titre d'avocat ni en exercer la profession s'il n'est belge ou ressortissant d'un Etat membre de l'Union Européenne, porteur de diplôme de docteur ou de licencié en droit,

[522] Recueil de règles professionnelles, Barreau de Bruxelles, ordre français des avocats, Bruxelles, 2007, pp. 175-232.

[523] MBUY MBIYE TANAYI, *La profession d'avocat au Congo*, 2ème édition Ntobo, Kinshasa, p. 64.

[524] 14 janvier 2008, règlement de l'ordre des Barreaux francophone et germanophone relatif au code judiciaire belge, Tome 1, Larcier, 2010, P. 1308 ; Marie Wagermans et Yves Oschinsky, Recueil des règles professionnelles, Barreau de Bruxelles, Ordre français des avocats, 2007, p.141.

[525] MBUY MBIYE TANAYI, *La profession d'avocat au Congo*, 2ème édition Ntobo, Kinshasa, p. 70.

[526] Etre ancien membre du conseil de l'ordre.

[527] Conditions d'admission par l'article 105 de la loi organique sur le barreau, notamment ancienneté et publication.

s'il n'a prêté le serment visé à l'article 429 et s'il n'est inscrit au tableau de l'ordre et sur la liste des stagiaires [528].

Tel est le cas même en RD Congo où il est fait obligation au requérant d'être porteur d'un diplôme de licence ou de doctorat en droit[529]. Cette différence de niveau d'études entre avocats se trouve à la base de remous dans le chef de plusieurs d'entre eux. Certains préfèrent ne pas être appelés Maîtres mais Professeurs, d'autres encore, s'ils acceptent volontiers d'être appelés Maîtres, mais tiennent à ce que leurs diplômes aient une certaine publicité.

L'article premier de la loi n° 71-1130 du 31 décembre 1971 prescrit que le titre d'avocat peut être suivi, le cas échéant, de la mention des titres universitaires, des distinctions professionnelles, de la profession juridique réglementée précédemment exercée, d'un titre dont le port est réglementé à l'étranger et permet l'exercice en France des fonctions d'avocat ainsi que celle d'une ou de plusieurs spécialisations [530].

Et pourtant, la polémique entre généralistes et spécialistes en médecine ne pose pas assez de problème entre les confrères, moins encore entre les praticiens et leurs patients. Mais la spécialisation des cours et tribunaux souhaiterait avoir des juges spécialisés avec les organes de la défense spécialisés aussi[531].

Les chambres de la cour de cassation française suivent l'option de spécialisation dans la distribution des causes. Le recrutement des juges spécialisés constitue une nécessité parmi les avocats spécialisés[532].

Certes, la longue expérience enrichit l'avocat mais ne remet pas en cause la spécialité ou la technicité d'un domaine scientifique. Soutenir les moyens de fait et de droit d'une cause, c'est conclure sur une question de droit qui relève d'une discipline déterminée. A l'heure de l'autonomie des branches de droit, chacune d'entre elle consacre parfois des règles particulières de forme et de fond.

A titre indicatif, en droit pénal ordinaire, le procureur général a la plénitude de l'action publique. Le régime de la charge de la preuve lui incombe[533]. Les deux principes ne le sont pas en droit fiscal. Le droit fiscal, à l'instar du droit pénal ordinaire, érige un certain nombre des faits en infraction. La poursuite des infractions prévues aux articles 101 et 102 de la

---

[528] *Code judiciaire belge*, Tome 1, Larcier 2010, p. 274, WAGEMANS Marc et OSCHINSKY Yves, *Recueil des règles professionnelles*, Barreau de Bruxelles, ordre français des avocats, 2007, p. 127.

[529] Article 7 de la loi organique. Lire Bâtonnier MBUY MBIYE TANAYI sur la controverse de diplômes délivrés par le secteur d'enseignement public et privé, *op.cit*, pp. 36 – 45.

[530] *Code de procédure civile*, 102ème, édition, Dalloz, Paris, 2011, *op.cit*, p. 1508.

[531] Les tribunaux sur le terrorisme, les contentieux fiscaux.

[532] Le juge de par sa fonction, doit trancher, mais il y a les problèmes à remplir notamment la connaissance du droit.

[533] *Actori incubit probatio.*

procédure fiscale par le procureur n'est soumise qu'à la requête de l'agent de l'administration des impôts revêtu de la qualité d'officier de police judiciaire à compétence restreinte, du Directeur Général ou du Directeur compétent.

La charge de la preuve de l'intention frauduleuse incombe à l'administration fiscale conformément à l'article 103[534].

La défense efficace des prétentions passe également par la prise de conscience des parties des enjeux en cause. Les personnes morales ont une capacité supérieure à celle des personnes physiques dans la prise de conscience des enjeux procéduraux.

D'ailleurs, ces personnes morales préviennent les contentieux ou les règlent avant même la signature des contrats. Par leurs organes juridiques et le niveau intellectuel de ses dirigeants, les êtres moraux sont à même d'examiner la qualité de travail de leur défenseur. La défense d'une cause est une défense totale.

3.3. Limites de la liberté processuelle

Le droit processuel est un droit respectueux de la liberté mais qui répugne le libertinage. L'humanisation du procès a construit les droits de défense dont il doit être fait usage en vue de repousser les prétentions de l'adversaire. C'est pourquoi, les règles de forme tentent d'encadrer cette liberté processuelle par l'institution du régime du procès.

La légalité processuelle demeure la limite de la liberté de procédure des justiciables et des gens de la justice.

3.3.1. Concentration des moyens et des faits : régime du premier degré

Les droits de la défense sont dans l'intérêt de la justice. Il renvient au professionnalisme qui dépasse la qualité de justiciable ordinaire, leur destinataire, de gérer le contentieux judiciaire ou extrajudiciaire comme le souligne Maître Jacques VERGES qui affirme que la procédure s'est alourdie et compliquée, obéissant à des règles de plus en plus positives et formalistes, si bien que le procès tend à devenir un débat hermétique entre spécialistes, juges, procureurs et avocats. L'accusé non initié se trouve ainsi réduit à l'impuissance et, d'emblée, exclu, ce qui le contraint à déléguer sa parole, sa liberté et parfois sa vie à un avocat[535].

La délégation de la parole par le justiciable ne règle pas toute la question du mythe judiciaire. A tout le moins, le principe général de droit de dispositif

---

[534]Loi n° 06-003 du 27 février 2006 modifiant et complétant certaines dispositions de la loi n° 0041 du 13 mars 2003 portant réforme des procédures fiscales. Journal officiel 47ème année, numéro spécial, 15 mars 2006.

[535] Jacques VERGES, *op.cit.*, p.123.

éclaire les justiciables représentés ou assistés qui prescrit que le juge doit se prononcer sur tout ce qui est demandé et seulement sur ce qui est demandé[536].

L'on peut ainsi soutenir, comme le souligne le professeur Jacques Van COMPERNOLLE, que le principe dispositif auquel fait allusion cet autre adage selon lequel « Le procès est la chose des parties »[537], crée des droits et des obligations à leur charge.

Se fondant sur le principe dispositif, postulat fondamental des droits judiciaires, les parties assurent la direction du procès [538].Dès la première instance, les parties doivent intérioriser la notion du procès[539]. Le régime de la première instance est celui de la véritable exigence de concentration des moyens en vue d'éviter que la décision qui en découlera soit remise en cause d'une part et, d'autre, que la chose tranchée puisse obtenir l'effet processuel de l'autorité de la chose jugée.

C'est dans ce sens que dans l'affaire Cesarco, la Cour de cassation, en assemblée plénière du 7 juillet 2006, statuant dans le souci de préserver l'autorité de la chose jugée, décida que

> « (...) désormais le changement de fondement juridique ne suffit plus, à lui seul, à différencier la cause et à neutraliser l'autorité de la chose jugée lors d'une nouvelle action en justice. Aussi incombe-t-il désormais au demandeur de présenter, dès l'instance relative à la première demande, l'ensemble des moyens qu'il estime de nature à fonder celle-ci »[540].

Mais le droit anglais pose, il y a plus d'un siècle, dans le célèbre arrêt Henderson v. Henderson la question de la concentration des moyens en ces termes :

> La règle impose aux parties de porter l'ensemble de leur affaire devant la juridiction afin que tous les aspects de celle-ci puissent être tranchés (sous réserve d'appel) une fois pour toutes. En l'absence de circonstances spéciales, les parties ne peuvent pas retourner devant une juridiction pour soulever de nouveaux arguments, prétentions ou défenses qu'elles auraient pu mettre en avant pour être tranchés dans la première décision[541].

---

[536] Article 12 du code de procédure civile, 102ème édition, Dalloz, Paris 2011, p.15.

[537] Jacques VAN COMPERNOLLE, Préface du livre de Jean François Van rooghenbroe ck, *op.cit*, p. XI.

[538] DROOGHENBROECK Jean François, *op.cit*, p. 306.

[539]*Dictionnaire de la justice*, *op.cit*, p. 1081.

[540] Ioannis Delicostopoulos et Constantin Delicostopoulos, L'autorité de la chose jugée et les faits, in *Justices et droit du procès*, Mélanges en l'honneur de Serge Guinchard, Dalloz, Paris, 2010, p. 684.

[541] Ioannis DELICOSTOPOULOS et Constantin DELICOSTOPOULOS, *op.cit*, pp. 685-686

L'exigence processuelle de concentration des moyens et des faits répond aux principes généraux de droit de la bonne administration de la justice, de la règle non bis in idem, de l'autorité de la chose jugée.

Quelles que soient les limites pertinentes des règles de non bis in idem et de l'autorité de la chose jugée au civil comme au pénal, et en dépit de polémiques textuelles, le principe de concentration des moyens et des faits dès le premier degré occupe une place de choix.

Tel est le cas de contradiction apparente entre l'énoncé de l'article 4.2 du protocole n° 7 de la convention européenne des droits de l'homme et les dispositions de l'article 368 du code de procédure pénale.

Le texte européen sus rappelé stipule que « il n'empêche pas la réouverture du procès, conformément à la loi et à la procédure pénale de l'Etat concerné, si des faits nouveaux ou nouvellement révélés ou un vice fondamental dans la procédure précédente sont de nature à affecter le jugement.

Et le droit processuel pénal français prescrit autrement « qu'aucune personne acquittée légalement ne peut plus être reprise en accusé à raison des mêmes faits, même sous une qualification différente[542].

Il demeure pertinent que les justiciables observent l'exigence de concentration des moyens et des faits dès le premier degré.

Ainsi, le régime du premier degré permet d'ajouter aux demandes originaires les demandes incidentes, additionnelles et reconventionnelles, outre les interventions[543].

Chaque partie doit maîtriser le chemin processuel qui se rétrécit au fur et à mesure que l'on avance, et ce à partir du degré d'appel déjà avec l'interdit de demandes nouvelles sauf la compensation pour que la demande ne soit que la défense à l'action principale ou la demande des intérêts, arrérages, loyers et autres accessoires échus depuis le jugement et les dommages et intérêts pour le préjudice souffert depuis le jugement[544].

Le professeur Frédérique FERRAND fournit un bel exemple de la restriction du champ de l'appel en droit allemand.

Au regard de la réforme allemande, contenue dans une loi du 27 juillet 2001 entrée en vigueur le 1er janvier 2002, l'appel est soumis à l'autorisation des juges de première instance en cas de question soulevée par l'affaire. Les juges d'appel sont également liés par les constatations de faits de première instance, sauf exceptions, et ne peuvent accueillir de nouvelles demandes en appel ni de nouveaux moyens au soutien des demandes ou

---

542 Fréderic Desportes et Laurence Lazerges-Cousquer, op.cit, P. 310, 748

543 Serge GUINCHARD, *Droit et pratique de la procédure civile, Droit interne et droit communautaire*, 6ème édition, Dalloz, Paris, 2009, pp. 607 à 628.

544 Article 77 du code de procédure de la République Démocratique du Congo.

défense et enfin la restriction de l'accès à l'instance de cassation (dite révisionsinstanz) devant la cour fédérale de justice (Bundesgrichtshof)[545].

Mr RAVADANI Georges, Président de la Cour administrative de Luxembourg, se réserve de considérer l'appel comme une garantie de bonne justice, avec effet de qualité des décisions qui résulte de l'instruction de l'affaire et des discussions devant les premiers juges. Ainsi, l'appel apparaît comme une sorte de contre preuve dont l'efficacité est fonction de ce que, venant après un temps opportun de réflexion et d'études, elle porte sur des questions qui avaient été déjà préalablement débattues et éclairées. C'est pourquoi, il souhaite qu'il est absolument primordial de distinguer entre les raisons d'être du double degré de juridiction d'une part et, de la supériorité attachée à la seconde décision, d'autre[546].

Les thèses développées ci-dessus ne font que confirmer la restriction du chemin processuel. Ainsi, la première instance est l'instance de la concentration des moyens, des faits et des droits de la défense.

Au total, les droits de la défense, assis sur la règle de liberté des parties, oscillent avec les impératifs processuels qui exigent que les parties, spontanément, puissent apporter au juge de fond la totalité des faits et desdroits liés à la cause sur lesquels, et uniquement en rapport avec le principe dispositif, le juge sera appelé à trancher le litige.

La liberté de défense se trouve limitée par les règles processuelles strictes.

3.3.2. Défense totale et sanction de défaut de réponse aux prétentions adverses

En effet, la partie défenderesse peut décider de comparaître et refuser de conclure et/ou de plaider. Il arrive souvent qu'une partie puisse conclure uniquement sur la forme en refusant d'aborder le fond en dépit des exceptions jointes au fond et de l'invitation du juge de plaider à toutes fins. Le droit processuel congolais au premier degré ne règle pas formellement la question de refus de répondre à certains chefs de prétention par une partie [547] sauf en ce qui concerne le refus de conclure que la solution se trouve proposée par l'article 19[548]. Toutefois, le juge de fond statue souverainement.

Mais le droit de procédure civile suisse impose aux parties de répondre aux écritures adverses et prévoit également les sanctions. La demande en droit suisse contient les conclusions de la demanderesse que le tribunal

[545] FERRAND Frédérique, La restriction du champ de l'appel : les précieux enseignements du droit allemand in *Justices et droit du procès*, *op.cit*, pp. 250-251.

[546] RAVADANI Georges, *Interrogations autour d'un droit fondamental : l'appel in Justices et droit du procès*, *op.cit*, p. 359.

[547] Droit de procédure civile.

[548] Code de procédure civile congolais.

notifie au défendeur et lui fixe un délai pour une réponse écrite, le défendeur est appelé à exposer dans ses écritures (conclusions) quels faits allégués dans la demande sont reconnus ou contestés[549].

Au cas où le défendeur serait en défaut de répondre, le tribunal lui fixe un bref délai supplémentaire. Si la réponse n'est pas déposée à l'échéance du délai, le tribunal rend la décision finale si la cause est en état d'être jugée. Sinon, la cause est citée aux débats principaux[550]. La procédure civile fédérale suisse, en ce qui concerne la défense totale, exige que la réponse à la demande doit contenir:

a) toutes les exceptions contre la recevabilité de la demande, avec motifs à l'appui ;
b) les conclusions au fond, le cas échéant, la demande reconventionnelle du défendeur (article 31) ;
c) la réponse aux moyens de la demande et l'exposé clair des faits motivant les conclusions (article 19). Les motifs à l'appui de la demande reconventionnelle peuvent être joints à la réponse ou être présentés séparément ;
d) l'indication précise pour chaque fait des preuves et contre-preuves, avec mention des numéros du bordereau des annexes (Let. f), ainsi que les oppositions contre les preuves invoquées par le demandeur ;
e) le bordereau numéroté des annexes ;
f) la date de l'acte et la signature de l'auteur[551].

Dans sa constance de l'exigence de la défense totale des parties, le législateur suisse oblige les parties à articuler à la fois tous leurs moyens de demande ou de défense. Le rôle actif du juge de mise en état, sentinelle de la défense totale, rappelle les obligations des parties quant à ce. Et surtout au regard de l'essence de la justice, celle de trancher les litiges conformément aux règles de droit, les conclusions et les pièces sont encadrées par le juge avant la plaidoirie. C'est pourquoi, la juridiction prend des ordonnances de preuves avant l'administration des preuves. Elle désigne en partie les moyens de preuve admis et détermine pour chaque fait à quelle partie incombe la preuve ou la contre-preuve[552].

Se fondant sur les dispositions de l'article 30 de la loi fédérale de procédure civile, le tribunal a la compétence légale et légitime d'encadrer la liberté des parties notamment en limitant leur réponse à la question de recevabilité de la demande s'il a des doutes sérieuses à ce sujet ou si le défendeur émet de tels doutes sitôt après la notification de la demande.

---

[549] Article 222 du code de procédure suisse.

[550] Article 223 du code de procédure suisse.

[551] Article 29 Loi fédérale de procédure civile fédérale du 4 décembre 1947 (Etat le premier janvier 2010. Droit suisse).

[552] Article 254 du code de procédure civile suisse.

L'exigence de la défense totale à charge des parties implique d'examiner en toute cause les moyens de forme et de fond, étant entendu que les dispositions des articles 59 et 60 érigent le principe du droit processuel à charge du tribunal, selon lequel celui-ci n'entre en matière que sur les demandes et les requêtes qui satisfont aux conditions de recevabilité de l'action. L'office du juge a l'obligation de relever d'office si les conditions de recevabilité sont remplies[553].

En droit belge, le principe de la défense totale est consacré par l'article 744 qui stipule que

> « (...) les conclusions doivent formuler expressément les prétentions du concluant ainsi que les moyens de fait et de droit sur lesquels chacune de ces prétentions est fondée. Les conclusions prises dans une autre cause où à un autre degré de juridiction, auxquelles il est renvoyé ou fait référence, ne sont pas considérées comme des conclusions au sens de l'article 780 alinéa 1er, 3è »[554].

Le droit processuel français est d'avis avec le principe de défense totale de la cause pour permettre au juge de trancher le litige en droit. C'est pourquoi, il prescrit que

> Les parties doivent se faire connaître mutuellement en temps utile les moyens de fait sur lesquels elles fondent leurs prétentions, les éléments de preuve qu'elles produisent et les moyens de droit qu'elles invoquent afin que chacune soit à même d'organiser sa défense[555].

L'article 953 du même code prescrit que « Les conclusions d'appel doivent formuler expressément les prétentions des parties et les moyens de fait et de droit sur lesquels chacune de ses prétentions est fondée avec les indications pour chaque prétention des pièces invoquées et un bordereau récapitulatif des pièces est annexé. Il sied de noter toutefois que ces prétentions sont récapitulées sous forme de dispositif.

La Cour ne statue que sur les prétentions énoncées au dispositif. Les parties doivent reprendre, dans leurs dernières écritures, les prétentions et moyens précédemment présentés ou invoqués dans leurs conclusions antérieures. A défaut, elles sont réputées les avoir abandonnées et la cour ne statue que sur les dernières conclusions déposées »[556].Les conclusions principales additionnelles, voire en réplique, bref toutes conclusions, doivent contenir les prétentions des parties, les moyens de droit et de fait, et ce à toute instance[557].

---

[553] Articles 59 et 60 procédure civile suisse, Stephen V. VERSKI, *op.cit*, pp. 197-198.

[554]Article 744 code judiciaire belge, Tome 1, Larcier, 2010, p.326.

[555]Article 15 du code de procédure civile, 102ème édition, Dalloz, Paris, 2011, p. 40.

[556]Article 953, code de procédure civile, 102ème édition, Dalloz, Paris, 2011, p. 714.

[557] Conclusions et mémoires fournissent à la partie adverse et à la juridiction les faits et le droit au soutien de leurs prétentions fondées ou infondées.

Cette exigence de légalité processuelle contredit la pratique à la barre où les défenseurs prétendent apporter au juge les faits. Pourtant, ils n'ont pas été désignés par les parties comme experts en faits.

La loi organique commande que l'avocat doit conduire les affaires avec compétence. Celle-ci se note dans la rigueur juridique de qualifier correctement les faits en droit[558]. C'est à ce titre que l'on dit que le droit habille les faits. Les parties, assistées ou représentées, apportent au juge les faits et le droit et attendent de lui le jugement dont il détient le monopole.

Le droit franco-suisse attire l'attention des parties sur les conséquences du défaut, notamment le défaut de répondre aux prétentions adverses appuyées par les pièces. La conséquence c'est que le tribunal statuera sur ces prétentions sous réserve de les vérifier si elles sont recevables et fondées.

On sait bien que le droit processuel se trouve fortement dominé par l'écrit. Face à la domination de l'écrit sur l'oralité, Mr Jean Louis Gillet, Président de chambre à la cour de cassation, s'interroge s'il faut sauver l'oralité. Malheureusement, constate-t-il, pour l'oralité, un excès d'honneur ou à tout le moins une imprudente profession de foi. Ses fondements ordinaires résident dans la mise en œuvre des règles simples au moyen des procès loyaux ou encore des règles claires au moyen des procès rapides[559]. Au niveau de cassation par contre, la procédure est plus écrite et quand bien même l'oralité y demeurerait, elle y est confinée.

3.3.3. *Les limitations du juge d'appel : effet dévolutif et interdiction de prétentions nouvelles*

Il est de principe que le premier juge et celui du second degré (le juge d'appel) sont tous des juges de fait et de droit des juridictions de fond (les effets dévolutifs de l'acte d'appel).

Bien que les juges de premier et de second degré soient des juridictions de fond, leur régime respectif est bien différent.

Dans le souci du respect des principes directeurs du procès, principes accusatoire et de dispositif, au degré d'appel, il y a remise en cause de l'office des parties dans la conduite du procès d'appel qui sont soumises aux obligations fondamentales processuelles de concentration des moyens dès le premier degré et celles de l'interdit de nouvelles prétentions [560].

En dépit de ces interdits processuels, l'appel demeure la voie d'achèvement du procès. En vue d'éviter inutilement le litige, au risque de revenir au premier degré, l'effet dévolutif d'appel en est le réparateur[561].

---

[558] Article 76 loi organique sur le barreau en RDC.

[559] GILLET Jean Louis, *Faut-il sauver l'oralité in Justices et droit du procès*, *op.cit*, p. 710.

[560] *Justice et cassation Dossier : l'office du juge*, Dalloz, Paris, 2010, pp. 128-129.

[561] Idem, p. 130.

Les dispositions de l'article 77 du code de procédure civile limitent la liberté des parties au contrat judiciaire. Si au premier degré, les parties jouissent de la liberté contractuelle sous l'encadrement du contrôle du juge ; au second degré cette liberté se trouve plutôt diminuée, notamment en ce qui concerne les nouvelles prétentions.

En effet, l'article susvisé dispose qu'

Il ne peut être formé, en degré d'appel, aucune nouvelle demande, à moins qu'il ne s'agisse de compensation ou que la demande ne soit la défense à l'action principale. Souvent aussi, les parties demandent des intérêts, arrérages, loyers et autres accessoires échus depuis le jugement et les dommages-intérêts pour le préjudice subi depuis ledit jugement[562].

L'article 564 du code de procédure civile français est le correspondant de l'article 77 du code de procédure civile congolais. Le droit processuel français prescrit, à peine d'irrecevabilité relevée d'office , que les parties ne peuvent soumettre à la cour de nouvelles prétentions si ce n'est pour opposer la compensation, faire écarter les prétentions adverses ou faire juger les questions nées de l'intervention d'un tiers ou de la survenance ou de la révélation d'un fait » [563].

Au degré d'appel, les prétentions nouvelles sont interdites. Toutefois, les moyens nouveaux et la production de nouvelles pièces, de même de nouvelles preuves y sont permises[564].

Le code de procédure civile congolais ne définit pas ce qu'il faut entendre par prétentions nouvelles. Cependant, le code processuel français quant à lui ne considère pas comme prétentions nouvelles les cas suivants :

1. les prétentions qui tendent aux mêmes fins que celles soumises au premier juge même si leur fondement juridique est différent [565] ;
2. les prétentions qui étaient virtuellement comprises dans les demandes et défenses soumises au premier juge, les demandes accessoires[566].

Le législateur suisse de droit processuel partage avec les autres législateurs (franco-congolais) sur la pertinence des interdits du degré d'appel. Bien qu'ayant reconnu l'appel comme droit fondamental de procédure, le droit suisse prescrit comme motif d'appel : la violation du droit et constatation inexacte des faits[567].

---

[562]Article 77, code de procédure civile congolais.
[563]Article 564.
[564]Article 563, Code de procédure civile, 102ème édition, Dalloz, Paris, 2010.
[565]Article 565 Code de procédure civile, 102ème édition, Dalloz, Paris, 2010.
[566]Article 566 Code de procédure civile, 102ème édition, Dalloz, Paris, 2010.
[567] Article 310 du code de procédure civile.

Il a été jugé qu' « est recevable la demande en démolition et reconstruction formée en appel, dès lors qu'elle ne constitue qu'une modalité de la réparation du préjudice »[568].

Toutefois, il approuve au degré d'appel des faits et moyens nouveaux et la modification de la demande comme suit :

1. les faits et moyens nouveaux ne sont pris en compte qu'aux conditions suivantes :
   a) ils sont invoqués ou produits sans retard ;
   b) ils ne pouvaient être invoqués ou produits devant la première instance bien que la partie qui s'en prévaut ait fait preuve de la diligence requise[569].
   c) la demande ne peut être modifiée que si la modification de la demande (de l'assignation) au degré d'appel est admise mais conditionnée par :
   d) les conditions fixées à l'article 227 al. 1er sont remplies ;
   e) la modification repose sur des faits ou des moyens de preuve nouveaux[570].

Les dispositions de l'article 227 du code de procédure civile suisse règlementent la modification de la demande comme suit :

1. la demande peut être modifiée si la prétention nouvelle ou modifiée relève de la même procédure et que l'une des conditions suivantes est remplie :
   a) la prétention nouvelle ou modifiée présente un lien de connexité avec la dernière prétention ;
   b) la partie adverse consent à la modification de la demande.
2. lorsque la valeur litigieuse de la demande modifiée dépasse la compétence matérielle du tribunal, celui-ci la transmet au tribunal compétent ;
3. la demande peut être restreinte, mais en tout état de la cause, le tribunal saisi reste compétent[571.]

La loi fédérale suisse de procédure civile permet au demandeur de modifier ses conclusions ou en prendre de plus amples pourvu qu'elles soient en connexité avec la demande primitive sous conditions de l'article 19 al. 2 et 3 qui stipule que l'allégation des faits nouveaux à l'appui des conclusions modifiées est possible [572].Au regard des interdits processuels du degré d'appel en respect du régime de concentration des moyens du premier

---

[568]Civ. 3ème, 10 janvier 1990, Bull. Civ. III n° 5.
[569]Article 229 du code de procédure civile suisse.
[570]Article 317 code de procédure civile suisse.
[571]Article 227 code de procédure civile suisse.
[572] Article 26 de la loi du 4 décembre 1947 (Etat le 1er janvier 2010.

degré, le juge d'appel suisse peut ordonner des débats ou statuer sur pièces [573].

Le droit processuel belge connaît le principe de l'effet dévolutif de l'appel mais il n'indique pas la modification en appel de la demande originaire contenue dans la décision appelée[574]. Au cas où une partie n'aurait pas conclu au premier ou au second degré, la cour renvoie la cause à une audience ultérieure pour être conclue et statuée au fond[575].

Bref, la pertinence des interdits au degré d'appel, à la différence de la première instance, renforce ou légitime le tribunal lorsque l'institution du juge de mise en état est établie.

Le juge de mise en état joue le rôle de la transparence démocratique qui a pour incidence certaine de découvrir la face cachée des prétentions nouvelles des parties, au degré d'appel.

Il faut que la partie violatrice des règles processuelles sache que la juridiction appelée à trancher le sait ainsi que la partie adverse avant la prise en délibéré de la cause. Les parties savent d'avance, comme l'étudiant intelligent et son jury, ce que la juridiction décidera.

L'institution du juge de mise en état peut attirer l'attention des parties sur certains faits non précisés, comme l'oubli de la production des actes sociaux. Il en est de même de certaines contradictions que l'on trouvemalheureusement dans le dispositif des conclusions : « Déclarer l'action irrecevable et fondée ».

L'erreur est humaine. Le juge de mise en état peut loyalement retourner les écritures pour correction, par exemple. La liberté des parties continue de se rétrécir devant les juridictions de recours.

3.3.4. Délai de recours

Le régime de délai des voies de recours ordinaire et extraordinaire est commun en ce qui concerne l'ordre public qu'il contient. Le justiciable est appelé à contester la décision, par le principe de concentration des moyens pour éviter la forclusion de délai de recours.

3.3.5. Principe de non bis in idem

La règle de non bis idem est un principe général de droit[576]. Le respect de ce principe introduit d'autres principes processuels tels que l'autorité de la chose jugée.

---

573 Article 316 du code de procédure civile, Stephen V. BERTI, *op.cit*, p. 258.
574 Article 1068 code judiciaire belge, Tome 1, Larcier, 2010, p. 358.
575 Article 1071 idem.
576 Cass, 5 mai 1992, Pas. p. 782.

A titre indicatif, les dispositions de l'article 95 du code de procédure civile prescrivent le principe général de droit de non bis idem que : « La requête civile n'est pas recevable ni contre le jugement déjà attaqué par cette voie, ni contre le jugement qui l'a rejeté, ni contre le jugement rendu après qu'elle a été admise»[577].

Pour expliciter la notion de non bis idem, Gérard Cornu soutient que c'est une maxime latine signifiant « Pas deux fois sur la même chose ». Aujourd'hui utilisée pour exprimer qu'un accusé jugé, acquitté ou condamné par une décision non susceptible de recours ne peut plus être poursuivi pour le même fait [578], ce principe est davantage prisé par le droit fiscal qui interdit de taxer deux fois une même opération[579]. Pour le professeur Marc DASSESSE, la règle de non bis in idem veut qu'un impôt ou des impôts de même nature ne frappent pas deux fois la même matière imposable[580].

Au niveau de cassation, la règle de concentration des moyens s'impose en prescrivant la règle de non bis in idem par l'article 29 de la loi organique comme suit :

> « Les arrêts de la cour de cassation ne sont susceptibles d'aucun recours sous réserve de l'article 161 alinéa 4 de la constitution. Toutefois, à la requête des parties ou du Procureur Général, la cour peut rectifier les erreurs matérielles de ses arrêts ou en donner interprétation, les parties entendues »[581].

Au niveau de la Cour de cassation, l'interdit séculaire de moyens nouveaux apparait comme la sanction d'une défense boiteuse.

3.3.6. Censure des moyens nouveaux en cassation

La question des moyens nouveaux en cassation revêt d'une grande importance. Gérard Cornu définit le moyen nouveau dans le développement d'un procès comme celui qui est invoqué pour la première fois dans une instance de recours, alors qu'il n'avait pas été soumis à la discussion dans l'instance qui avait précédé[582].

La cour de cassation répond impérativement à la préoccupation de la surveillance de la légalité de la décision entreprise en cassation[583]. Telle est sa mission séculaire. Elle veille à l'unité de l'interprétation de la loi par l'ensemble des tribunaux du pays et à l'égard de tous les justiciables, quelles

---

[577] Code de procédure civile de la RD Congo

[578] CORNU Gérard, *op.cit*, p. 613.

[579] DEBAT Olivier, *Droit fiscal des affaires*, Montchrestin, Paris, 2008, p. 495.

[580] DASSESSE Marc, *droit fiscal, première partie*, volume I, principes généraux et impôts des personnes physiques, Presses universitaires de Bruxelles, 2006, p. 37.

[581] Autorité des arrêts rendus par la cour de cassation.

[582] Gérard CORNU, *Vocabulaire juridique*, PUF, Paris, 1987, p. 620.

[583] Comme juridiction de droit et non de fond.

que soient la région où se situe le tribunal, la profession des parties ou la nature du litige[584].

Loïc CADIET exprime correctement le double regard de la haute cour sur les décisions de justice soumises à son contrôle. Elle contrôle la légalité de la décision, c'est-à-dire sa conformité au droit ; elle contrôle aussi sa rationalité, qui concerne la motivation ou encore l'intelligibilité de l'acte de juger[585].

Jacques Héron qui adhère à cette vision indique en outre que si la haute cour n'est pas le juge des faits, elle n'est pas désintéressée des faits. Il affirme aussi la « Nécessité d'un contrôle des motifs de fait pour que la cour de cassation puisse se livrer à un examen de l'affaire en pur droit, il faut qu'elle trouve dans la décision des juges de fond tous les éléments de fait qui lui sont nécessaires (…). La Cour de cassation est alors contrainte de se tourner vers les faits de l'espèce (…), elle ne le fait que pour examiner si les juges de fond ont statué en fait de façon suffisante »[586].

Par la production des décisions de premier et second degrés, outre les conclusions des parties, la cour de cassation examine les moyens de droit en rapport avec les faits soumis au juge de fond.

Jacques BORE et Louis BORE fournissent les formes de la nouveauté des moyens comme suit :

- moyen modifiant l'objet de la demande ;
- moyen modifiant la cause juridique de la demande ;
- moyen nouveau pour la partie qui l'invoque ;
- moyen fondé sur des pièces nouvelles ;
- moyen fondé sur une interprétation nouvelle des pièces produites[587].

En cassation, la limitation de la liberté de défense ne porte pas seulement sur les faits nouveaux, elle concerne également les moyens nouveaux qui n'ont pas été soulevés devant le juge de fond.

L'article 619 du code de procédure civile dispose que les moyens nouveaux ne sont pas recevables devant la cour de cassation. Peuvent néanmoins être invoqués pour la première fois, sauf disposition contraire, les moyens de pur droit et les moyens nés de la décision attaquée[588]. Le conseiller à la cour de cassation française, Monsieur Ernest FAYE, établit un parallélisme entre la juridiction de fond et la cour de cassation par rapport aux moyens nouveaux.

---

[584] Procureur Général R. HEYOIL DE TERMICOURT cité par Jean François VAN DROOTHENBROECK, *op.cit*, p. 95.

[585] Loïc CADIET, *Dictionnaire de la justice*, PUF, Paris, 2004, p. 1007.

[586] HÉRON Jacques, *Droit judiciaire privé*, 2ème édition Mont Chrestien, Paris, 2002, p. 621 ; lire aussi COUCHEZ Gérard et LAGARDE Xavier, *Procédure civile*, 16ème édition, Dalloz, Paris, 2011, p. 505.

[587] BORE Jacques et BORE Louis, *op.cit.*, pp. 492-493.

[588] Article 619 code de procédure civile, 102ème édition, Dalloz, Paris, 2011, p. 511.

Le haut magistrat part de l'article 464 du code de procédure civile, correspondant de l'article 77 du code de procédure civile congolais[589], qui interdit au degré d'appel de former une demande nouvelle. Toutefois, l'appelant peut y faire valoir, dit-il, les moyens négligés en première instance. Par contre, à la cour de cassation, les moyens nouveaux sont exclus, sauf ceux qui ont été expressément ou implicitement soumis au juge de fond[590].

L'interdit de moyens nouveaux en cassation est une tradition séculaire fondée sur le respect du contrat judiciaire, les principes dispositif et du contradictoire d'une part, et d'autre, la prise en compte de la justice des hommes. En 1825, la cour de cassation décida que l'on ne peut présenter devant elle des moyens nouveaux, mais seulement apprécier la solution légale donnée aux moyens débattus devant les juges de fond[591].

La haute cour considère le moyen nouveau soit en raison de son objet [592], soit en raison de son fondement juridique[593]. Le moyen nouveau désobéit au caractère du contradictoire devant les juges de fond. C'est un moyen, dit la cour de cassation, qui n'a pas fait l'objet des conclusions [594]régulières[595].

C'est pourquoi, la Cour de cassation belge, sur pied de l'article 1080 du code judiciaire, ordonne l'irrecevabilité, fut-il sur une disposition légale ou sur le principe général du droit public ou relevant du droit impératif, le moyen qui n'a pas été soumis à l'appréciation du juge de fond ni examiné d'office par celui-ci lorsque les éléments de fait nécessaires n'apparaissent ni de la décision attaquée ni des pièces auxquelles la cour de cassation ne peut avoir égard[596].

En vue d'expliquer le bannissement du fait nouveau de l'instance de cassation, VAN DROOGHENBROECK Jean-François part de l'interdit du juge de fond. Celui-ci n'examine que les faits qui se trouvent dans le débat et qui lui ont été régulièrement soumis. La règle jouit d'une constance absolue. Elle ne perd rien de sa superbe dans le passage de la juridiction à la cassation. Il est, en effet, radicalement exclu que le moyen présenté au juge de la légalité ou le motif substitué par lui s'appuie sur un fait qui n'avait pas intégré le débat mû devant le juge de fond [597].

---

[589]Code de procédure civile congolais.

[590]FAYE Ernest, *la cour de cassation*, 1903, Editions la mémoire du droit, Paris, 1999, p. 140.

[591]Rep. 23 novembre 1852, DP 1852.1.324.

[592] Com. 30 mai 1972 Bull. Civ. IV n° 168.

[593] Civ, 2ème, 12 janvier 1972 Bull. Civ. II n° 60.

[594] Civ. 2ème, 31 mai 1972, Bull. Civ II, n° 158.

[595] Civ. 2ème, 28 octobre 1968, Bull. Civ. II, n° 257 ; Civ. 1er, 18 février 1981, Bull. Civ. 1 n° 59 ; Civ. 2ème, 5 décembre 1985, Gaz Pal 1986.2. Somm. 324. Obs. Guinchard Moussa.

[596]Cass. 14 juin 1991, Pas. p. 898.

[597] VAN DROOGHENBROECK Jean François, *op.cit*, pp. 728-729 ;

Le droit processuel congolais de cassation, à l'instar du droit franco-belge, interdit les moyens nouveaux[598].

Le Président honoraire de la Cour suprême de justice, BOJABWA BONDIO DJEKO Michel, rappelle l'interdit de la cour suprême de justice des moyens nouveaux non débattus devant les juges de fond et qui seraient invoqués pour la première fois en cassation [599].

Dans la constance de ses décisions, la cour suprême de justice décida que le moyen invoqué pour la première fois en cassation et qui n'est pas d'ordre public manque de fondement[600].

Pour la cour suprême de justice, le moyen nouveau qui doit être rejeté est celui invoqué pour la première fois en cassation par lequel le demandeur invoque l'extinction de l'action civile par voie de transaction entre lui et la partie civile[601].

Dans la justification du rejet des moyens nouveaux par la cour de cassation, le conseiller Ernest FAYE y trouve deux fondements :

1. un jugement ou un arrêt ne peut être cassé que pour une violation de la loi commise par le juge auquel on ne peut faire grief de n'avoir pas statué sur un moyen qui ne lui a pas été proposé ;
2. raison de l'interdiction qui est faite à la cour de cassation de connaître du fond des affaires, elle doit prendre le débat dans l'état où il se présente devant le juge de fait[602]. Tel est le raisonnement qui tend à convaincre qu'en cassation, il n'y a pas des parties, le vrai défendeur soumis au contrôle de légalité est le jugement ou l'arrêt qui tranche au fond ou une exception.

L'écartement de moyens nouveaux par la haute cour s'appuie également sur d'autres principes processuels, notamment le principe dispositif[603], l'interdiction faite au juge de statuer ultrapetita, l'obligation constitutionnelle faite au juge de motiver sa décision et de vider sa saisine[604].

Par le choix opéré par le législateur processuel de cassation qui écarte les faits nouveaux, la société admet dès lors que certaines décisions injustes soient-elles peuvent demeurer sans être annulées en cassation.

L'histoire de création de la cour de cassation montre qu'elle fut créée pour réparer les injustices apparentes au dol commises par les juges de fond.

---

[598]Articles 3, 4, 15 ordonnance-loi n° 82-017 du 31 mars 1982 relative à la procédure devant la cour suprême de justice ;

[599]Michel Bojabwa B.D, *Formation en matière de cassation et d'annulation*, 2011, p. 9.

[600] CSJ, RC 153, 31 août 1977, Bull, 1978, P. 90, RC. 209, 1er septembre 1977, Bull, 1978, P. 128; RC 165, 19 avril 1978, Bull, 1979, P. 62; RP 260, 27 novembre 1979, Bull, 1984, p. 333, Lire Dibunda K.M., *op.cit*, pp. 136 à 155.

([601]) CSJ, RP 104, 18 mars 1975, Bull, 1976, p. 79.

([602]) Ernest FAYE, *op.cit*, p. 141.

[603]BOLARD Georges, *La matière du procès et le principe dispositif in Droit et pratique de la procédure civile, Droit interne-Droit communautaire*, 6ème édition, Dalloz, Paris, 2009, p. 573.

[604] Principes généraux du droit.

Le souci de ne pas surcharger la haute cour anime certains législateurs, d'où le formalisme excessif processuel qui peut être considéré comme une négation de l'effectivité du recours.

Dans son discours prononcé à l'ouverture solennelle du début de l'année judiciaire, le jeudi 6 janvier 2000, le Premier Président, Monsieur Guy Canivet souligna la surcharge de la cour de cassation. Celle-ci impose aux parties une durée anormalement longue du procès[605].

En vue de décongestionner sa cour suprême (Jojesteret), le Danemark exclut de la saisine de la haute cour les ordonnances et les décisions en matière de dépens ainsi que les dispositions relatives aux dépens figurant dans les arrêts/jugements sauf autorisation du conseil de procédure[606]. Il en est de même de l'Allemagne avec les conditions requises pour former le pourvoi notamment[607] :

- l'interdiction de pourvoi fondé sur des critères financiers ;
- l'autorisation de pourvoi par la juridiction d'appel pour une affaire qui présente une importance de principe ou le développement du droit ou encore la garantie d'une jurisprudence unitaire exigeant une décision de la cour suprême.

La cour de cassation demeure un instrument de la justice au sens que lui donne John Rawls[608].

Dans la recherche de la réponse à l'interrogation de savoir si la cour de cassation est une juridiction de jugement, de l'arrêt ou de l'affaire, les professeurs Jacques Héron et Thierry Le Bars affirment que la haute cour n'est pas juge de l'arrêt, elle est juge de l'affaire ou plus simplement, disent-ils, elle est juge[609].

La haute cour dit le droit, pour le faire, les parties apportent les faits et leurs qualifications en droit.

La loi fédérale de procédure civile suisse accorde une si grande importance aux faits. Elle impose au juge qui doit attirer l'attention des parties sur les lacunes de leurs conclusions et les engager à articuler complètement les faits et les preuves nécessaires à la manifestation de la vérité[610].

La cour de cassation, observe le Professeur Hervé Croze, dit le droit au travers du contrôle de la légalité des décisions frappées de pourvoi. Au regard de son interdiction à connaître les nouveaux éléments de fait ou de substituer sa propre appréciation des faits à l'appréciation souveraine des

---

605 Rapport de la cour de cassation, 1999, Documentation française, Paris, 2000, p. 51.

606 Les juridictions des états membres de l'union européenne. Structures et organisation. Cour de justice des communautés européennes, Luxembourg, 2009, p.

607 FERRAND Frédérique, *op.cit*, p. 249.

608 John RAWLS, *théorie de la justice*, Nouveaux Horizons, France 87, p. 437.

609 HÉRON Jacques et LE BARS Thierry, *Droit judiciaire privé*, 2ème édition, Montchrestien, Paris, 2007, p. 597.

610 Article 3 Loi fédérale du 4 décembre 1947 (Etat le premier janvier 2010).

juges de fond, le juge de cassation partage avec celui de l'excès de pouvoir cette fonction de la légalité qu'est une forme privilégiée mais spécifique et limitée de juridiction[611].

Certes, sur pied de l'article 604 du code de procédure civile, le pourvoi en cassation tend à faire censurer par la cour de cassation, la non-conformité du jugement qu'il attaque aux règles de droit[612]. Ces dispositions de l'article 604 trouvent de justification dans celles de l'article 12 qui prescrit que le juge tranche le litige conformément aux règles de droit qui lui sont applicables[613].

Comment la haute cour peut-elle exercer sa mission de censure sans avoir une idée sur les faits de la cause afin de conclure si les juges de fond en ont donné l'exacte qualification en droit ?

Pour autant que les hauts magistrats restent humains, les parties leur apporteront les faits de la cause pour censurer la décision attaquée[614].

Serge GUINCHARD et ses pairs notent une certaine tendance actuelle des justiciables de la cour de cassation qui seraient à la recherche d'une cassation davantage tournée vers le fait que le droit, expression d'un mécontentement de la justice rendue par les juges du fond plutôt que du souci d'obtenir une décision de principe en droit [615].

La Cour de cassation a toujours rejeté les moyens nouveaux mêlés ou mélangés des faits et des droits[616].

L'irrecevabilité des faits et moyens nouveaux par la cour de cassation peut être considérée comme une négation à ne pas reconnaître à chacun ce qui lui est dû. Elle crée une injustice d'un système judiciaire, avec ses auxiliaires qui n'ont pas pu soulever les prétentions des faits et des droits devant les juges de fond, dans le respect de la concentration des moyens et de la défense totale.

A un autre point de vue, les justiciables sont victimes des institutions publiques qui leur proposent les auxiliaires dont ils n'ont pas le choix au regard du monopole de représentation dont ils bénéficient.

Le droit processuel congolais doit être adapté pour affirmer solennellement le principe de la défense totale fondée sur celui de concentration des moyens en vue d'éviter la survenance d'autres procès

---

[611] CROZE Hervé, Le juge doit-il dire le droit ?, in *Justices et droit du procès*, *op.cit*, p. 227.

[612]Procédure civile, 102ème édition, Dalloz, Paris, 2011, p. 492 ; Articles 1082 et 1095 code judiciaire belge ; Articles 3 et 16 de procédure devant la cour suprême de justice congolaise.

[613] Idem, pp. 28, 492.

[614]Les mémoires : articles 42. Loi sur le tribunal fédéral suisse du 17 juin 2005 (Etat le premier janvier 2011).

[615]GUINCHARD Serge et alii, *Procédure civile*, Droit interne et droit de l'union européenne, 30ème édition, Dalloz, Paris, 2010, pp. 887-888.

[616] HÉRON Jacques et LE BARS Thierry, *Droit judiciaire privé*, 4ème édition, Montchrestien, Paris, 2010, p. 666.

entre les mêmes parties, et ce pour remettre en cause l'autorité de la chose jugée.

La concentration des moyens produit d'autres effets positifs. De l'arrêt d'Henderson par exemple, le droit anglais tire la notion d'*« Abuse of process estoppel »* qui déclenche le pouvoir inhérent (inherent jurisdiction) des tribunaux de réprimer, le cas échéant, les abus processuels[617].

Certes, pour ne pas surcharger et dénaturer le rôle de la cassation, il faut trouver une solution sur des faits étrangers à la procédure de requête civile, comme en droit suisse afin que la cassation puisse demeurer la gardienne de la loi.

Ces aléas processuels justifient l'institution du juge de mise en état, qui s'appuie sur la rigueur du contradictoire, dans toutes ses facettes. Le droit processuel suisse érige en principe général de procédure la défense totale.

L'article 3 alinéa 2 commande que le juge ne peut aller au-delà des conclusions des parties, ni fonder son jugement sur d'autres faits que ceux qui ont été allégués dans l'instance. Toutefois, il doit attirer l'attention des parties sur les lacunes de leurs conclusions et les engager à articuler complètement les faits et les preuves nécessaires à la manifestation de la vérité. A cet effet, il peut en tout état de cause interpeller les parties personnellement[618].

Les dispositions de l'article 3 sont renforcées par celles de l'article 19 al 1 qui enjoignent aux parties d'articuler à la fois tous leurs moyens de demande ou de défense.

Dans la volonté constante du principe général de la défense totale, le code de procédure civile réglemente même les conclusions de la défense en prévoyant que : « La réponse à la demande doit contenir [619] :

a) toutes les exceptions contre la recevabilité de la demande, avec motifs à l'appui ;
b) les conclusions au fond ;
c) le cas échéant, la demande reconventionnelle du défendeur ;
d) la réponse aux moyens de la demande et l'exposé clair des faits motivant les conclusions (article 19). Les motifs à l'appui de la demande reconventionnelle ne peuvent être joints à la réponse ou être présentés séparément ;
e) l'indication précise, pour chaque fait, des preuves et contre-preuves, avec mention des numéros du bordereau des annexes (lel f), ainsi que les oppositions contre les preuves invoquées par le demandeur ;
f) le bordereau numéroté des annexes ;

---

617 DELICOSTOPOULOS Ioannis et DELICOSTOPOULOS Constantin, *op.cit*, p. 686.
618 Article 3 Loi fédérale de procédure civile fédérale du 4 décembre 1947. (L'Etat le premier janvier 2010).
619 Article 19, idem.

g) la date de l'acte et la signature de l'auteur[620].

Les parties ont l'obligation de conclure tant sur la forme que le fond dès leurs premiers échanges d'écritures étant donné que le second échange d'écritures est de la compétence du tribunal qui peut l'ordonner suivant les circonstances[621].

Elles ont l'obligation aussi d'apporter les faits et d'administrer la preuve, à l'appui de leurs prétentions[622].

Bien que le droit judiciaire belge ne reconnait pas au principe du contradictoire le caractère de principe général du droit, tel qu'il a été jugé par la cour de cassation[623], les parties ont l'obligation d'assurer la défense totale en s'appuyant sur le prescrit de l'article 744 qui stipule que

> « (...) les conclusions doivent formuler expressément les prétentions du concluant ainsi que les moyens de fait et de droit sur lesquels chacune de ces prétentions est fondée. Les conclusions prises dans une autre cause ou à un autre degré de juridiction, auxquelles il est renvoyé ou fait référence, ne sont pas considérées comme des conclusions au sens de l'article 780 alinéa 1er,3° »[624].

La 6ème chambre de la cour décida conformément au principe de la défense totale qu'

> En l'état présent des dispositions du code judiciaire qui déterminent les règles à suivre en matière de conclusions à titre principal, en réplique et en duplique (...), la faculté leur est, en outre, reconnue implicitement mais certainement, de prendre des conclusions nouvelles jusqu'à la clôture desdébats[625].

Quoiqu'il soit permis de répliquer et dupliquer, cette faculté n'exclut pas le principe de la défense totale de la cause. L'usage de ladite faculté peut conduire à des abus que constate la juridiction belge lorsque l'on pouvait lire dans l'un de ses arrêts :

> Attendu que ce principe doit être tout combiné avec celui qui exige que chaque partie puisse avoir un procès équitable ; que ce principe peut amener le juge à rejeter le dépôt de conclusions additionnelles lorsqu'un tel dépôt constitue un abus de droit et menace les droits de la défense (...), les conclusions ne contiennent aucun nouvel argument qui aurait pu amener l'appelant à vouloir répliquer à ces conclusions mais ne sont qu'une adaptation mécanique de la défense [626].

---

[620]Article 29, idem.

[621]Article 225 code de procédure civile suisse. Lire Stephen V. Berti, *op.cit*, p. 234.

[622]Articles 4, 6 et 9 code de procédure civile, 102ème édition, Dalloz, Paris, 2011.

[623]Cass. 4 décembre 1995, Pas. p. 110 ; Comp 2 octobre 1996, Pas P. 900. Lire code Larcier, Tome 1, Droit civil et judiciaire, 2010, p. 188.

[624]Code judiciaire belge, 2010, p. 327.

[625]Bruxelles (6ème chambre) 24 mai 1988, Journal des tribunaux, 108ème année n° 5517, 30 septembre 1989.

[626]Bruxelles, 6ème chambre, 24 mai 1988, idem.

Si le juge, dit l'article 5 du code de procédure civile, doit se prononcer sur tout ce qui est demandé et seulement sur ce qui est demandé, ce principe dispositif veut que le tribunal puisse rencontrer les moyens des parties contenus dans leurs conclusions régulièrement communiquées[627].

La Cour de cassation jugea par exemple que le juge ne peut en une « Formule de style couramment pratiquée » déclarer rejeter « Tous les chefs » qu'après avoir examiné tous les chefs de prétention, ceux qui n'ont été envisagés ni dans les motifs, ni dans le dispositif ayant nécessairement été omis [628].

Les parties doivent alléguer la totalité des faits pour permettre au juge de trancher. C'est pourquoi, la cour de cassation décida que « la cour d'appel n'a pas à rechercher l'existence d'éléments de fait non allégués propres à établir la prétention du demandeur[629].

La liberté de défense se cristallise dans la volonté ou le refus de comparaître d'une part et, d'autre, dans le choix des armes de la défense. La partie défenderesse peut développer ses moyens sur le fond et sur la forme[630].

Il arrive souvent qu'une partie ait choisi le terrain de la forme pour assurer sa défense. Ce sectarisme de la défense est fortement dangereux lorsque les exceptions soulevées pourraient être déclarées irrecevables ou non fondées.

Face à l'irrecevabilité des faits et moyens nouveaux en cassation, la partie ayant adopté la stratégie du sectarisme processuel aura du mal à obtenir gain de cause. Certainement, elle pourra se glisser sur le terrain d'abus de droit notamment de la requête civile, la recherche de faux et usage de faux, la prise à partie hypothétique.

Le législateur congolais du code de procédure civile veut une défense totale à l'instance. Sur pied de l'article 26, le tribunal peut joindre les exceptions et déclinatoires au principal et ordonner aux parties de conclure à toutes les fins[631].

Par ces dispositions et malheureusement sur le plan pratique, les cours et tribunaux s'inscrivent dans la violation des droits de la défense. Joindre les exceptions au fond est conforme aux dispositions de l'article 26 susvisé ; il faut alors renvoyer la cause afin de donner le délai de conclure au fond et soumettre au contradictoire les moyens et les preuves.

---

[627] *Code de procédure civile*, 102ème édition, Dalloz, Paris, 2010, p. 15.

[628] Civ. 1ère, 1er mars 1983, Bull. Civ. I, n° 83, Gaz. Pal 1983.1. Somm. 176. Obs. GUINCHARD, RTD. Civ. 1983, 596, Obs. Perrot, Civ. 1ère 11 février 1981. Bull. Civ. n° 51, Civ. 3ème, 27 février 1985.

[629] Civ. 1ère, 6 octobre 1976. Bull. Civ. I n° 288.

[630] Article 71 et suivants, code de procédure civile français.

[631] Article 26 code de procédure civile

Gérard CORNU définit le fait de plaider comme exposer oralement l'une des thèses en présence à la barre d'un tribunal, faire une plaidoirie[632]. Le dictionnaire juridique qualifie de plaidoirie la forme orale d'une controverse judiciaire dans laquelle chaque partie soutient successivement sa cause[633]. Mais, le doyen Georges DE LEVAL constate la solidarité de l'écrit et de la parole. Il note par ailleurs la division de la jurisprudence et de la doctrine au sujet de la question de savoir si la partie qui n'a pas conclu dans les délais a le droit de plaider[634].

Les dispositions de l'article 26 du code de procédure civile peuvent être prises en relation avec celles de l'article 15 du même code qui prescrivent que les parties peuvent prendre des conclusions écrites.

Certains praticiens ouvrent une autre polémique, celle de soutenir que sur pied de l'article 15 du même code, les parties ont la faculté de prendre les conclusions verbales[635].

Certes, les conclusions, verbales ou écrites, doivent respecter le principe fondamental du contradictoire même dans l'hypothèse de jonction des exceptions au fond. Comment peut-on faire respecter le principe directeur du contradictoire lorsque le plaideur argue avoir pris les conclusions orales de nature à influencer la décision de l'office du juge ?

Le droit processuel français règle la question en respect du principe général de droit du contradictoire.

A son article 76 du code de procédure civile, il est indiqué que « le juge peut, dans un même jugement, mais par des dispositions distinctes, se déclarer compétent et statuer sur le fond du litige, sauf à mettre préalablement les parties en demeure de conclure sur le fond ».

La Cour de cassation décida que le juge qui entend rejeter une exception d'incompétence et statuer au fond dans un même jugement doit préalablement mettre les parties en demeure de conclure sur le fond si elles ne l'ont déjà fait [636].

Elle jugea également que l'obligation de mettre les parties en demeure de conclure sur le fond si elles ne l'ont déjà fait, s'applique devant toutes les juridictions et notamment devant le T.Com, sans qu'y fasse obstacle l'oralité

---

[632] CORNU Gérard, *op.cit*, p. 684.

[633] *Dictionnaire juridique*, *op.cit*, p. 984.

[634] DE LEVAL Georges, Les droits de la défense en droit judiciaire privé : granit ou alibi, in *les droits de la défense*. Actes du colloque « Jacques Henry » organisé par la conférence libre des jeunes Barreau de Liège, le 28 mars 1997, p. 191.

[635] Définition des conclusions donnée par CORNU Gérard, *op.cit*, p. 198.

[636] Civ. 2ème, 1er avril 2004, Bull. Civ. II n° 148, Procédure 2004. Comm. 144, note PERROT, JCP 2004 VI 2092. 18 février 2009, procédure 2009. Comm. 144.

de la procédure à laquelle obéit cette juridiction[637], sauf si le défendeur s'était lui-même expliqué sur le fond[638].

Le droit processuel à toute instance se trouve dominé par l'écrit et non plus par l'oralité. L'habitude de l'écrit s'enracine et la pièce qui s'y rattache acquiert peu à peu le statut d'ossature du débat[639]. L'interdit de moyens nouveaux en cassation connait des exceptions.

3.3.7. Exceptions de recevabilité des moyens nouveaux en cassation

Jacques Boré et Louis Boré notent la pertinence de la recevabilité des moyens nouveaux en soulignant notamment :

1) les moyens implicitement invoqués par les conclusions ;
2) les moyens révélés par la décision attaquée ;
3) le moyen de pur droit ;
4) le moyen d'ordre public ;
5) les moyens d'irrecevabilité et de défense révélés par le pourvoi[640].

Le régime des moyens de pur droit et ceux qui perturbent l'ordre public processuel constituent les exceptions fondées à la recevabilité des moyens nouveaux [641].Tous les moyens nouveaux ne sont pas écartés par la Cour de cassation. Les dispositions de l'article 619 du code de procédure civile en donnent deux exceptions : les moyens de pur droit et les moyens nés de la décision attaquée[642].

Comme moyen tiré de la décision attaquée, la cour de cassation jugea qu' « est recevable le moyen dirigé contre une disposition de l'arrêt qui ne pouvait être critiqué avant qu'il fut rendu[643]. Tel est le moyen fondé sur un vice de forme de la décision attaquée[644]. Il en est de même des moyens qui se fondent sur un vice interne à la décision attaquée[645].

Un fait nouveau peut également être reçu par la Cour de cassation. C'est dans cette perspective qu'elle jugea par exemple qu'« est recevable le moyen tiré de la violation de l'article 6§1 Conv. EDH, dès lors que le demandeur au

---

[637] CIP, 2°, 14 novembre 1979. Gaz, Pal 1980 I. 186 note viatte, Paris, 9 mars 1979, ibid. 1979, 2. Somm. 438, Paris 16 mai 1994. Gaz, Pal 1994, I. somm. 351.

[638] Com. 15 février 1982 JCP 1982, IV. 161.

[639] GILLET Jean Louis, *op.cit*, p. 711.

[640] Jacques BORE et Louis BORE, *La cassation en matière civile*, 4ème édition, Dalloz, Paris, 2008, pp. 494-512.

[641] FAYE Ernest, *La cour de cassation*, éditions La mémoire du droit, Paris, 1999, pp. 140 à 145.

[642]Article 619 code de procédure civile, 102ème édition, Dalloz, Paris, 2011, p. 511.

[643]Civ. 2ème, 27 mai 1968, Bull. Civ. II n° 154, 9 mai 1994.

[644] Civ, 20, 29 mars 1971, Bull. Civ II n° 138.

[645] Civ, 2°, 19 Oct 1961, Bull Civ II n° 672.

pourvoi, qui n'était pas assisté devant la juridiction du fond, n'a connu la composition de celle-ci qu'au moment de la notification de la décision ».

Les faits sont très importants à toute instance. Ils doivent être correctement qualifiés même par la haute cour. Dans l'arrêt Fouquet, la cour européenne des droits de l'homme sanctionna l'Etat français pour une erreur de fait commis par la cour de cassation et, une autre fois, pour mauvaise appréciation du caractère nouveau d'un moyen (affaire Dulaurans)[646].

Le juge européen prend à cœur la préoccupation de la question des moyens nouveaux. Dans cette perspective, il pouvait juger que

> Sa tâche est de s'assurer que l'irrecevabilité du moyen nouveau n'est pas le résultat d'une erreur manifeste ; le droit au procès équitable ne peut passer pour effectif que si ces observations sont dûment examinées par le tribunal ; l'article 6-1 implique à la charge du tribunal l'obligation de se livrer à un examen effectif des moyens, arguments et offres de preuve des parties, sauf à en apprécier la pertinence[647].

Le rejet systématique des faits et moyens nouveaux constitue une porte fermée à la justice. Il peut y avoir des faits connus des parties à l'instance, d'autres inconnus mais pertinents. La loi fédérale suisse reconnait la possibilité d'alléguer les moyens et faits nouveaux au tribunal fédéral. L'article 26 dispose que « le demandeur peut modifier ses conclusions ou en prendre de plus amples, pourvu qu'elles soient en connexité avec la demande primitive. L'allégation des faits nouveaux à l'appui des conclusions modifiées n'est possible que dans les limites de l'article 14 al 2 et 3 »[648].

L'article 19 al 2 et 3 précise les faits nouveaux invocables lorsqu'il stipule :

> L'état de fait et les moyens de preuve peuvent encore être complétés au cours de l'échange ultérieur d'écritures, s'il y a lieu, et oralement pendant les débats préparatoires jusqu'au début de l'administration des preuves. Ils ne peuvent l'être subséquemment que si le retard est excusable ou si les nouveaux moyens peuvent être pris d'office en considération conformément à l'article 3 al 2. 2ème phrase. Ces mêmes conditions s'appliquent à la partie qui n'a pas produit un mémoire dans le délai fixé[649].

Les frais occasionnés par le retard sont à la charge de la partie qui aurait été en mesure de produire les nouveaux moyens en temps utile.

La question de recevabilité des faits et moyens nouveaux que pose la législation suisse au niveau du tribunal civil fédéral a une importance

---

[646]GUINCHARD Serge et alii, *Procédure civile Droit interne et droit de l'union européenne*, 30ème édition, Dalloz, Paris, 2010, p. 887.

[647] CEDH, 21 mars 2000, D. 2000. 883 note Clay JCP. 2000-II. 10344, note Perdrian, RTD. Civ 2000, 439, obs Marguénaud.

[648]Loi fédérale de procédure civile du 4 décembre 1947 (Etat le premier janvier 2010)

[649]Article 19 idem.

processuelle extrême pour autant qu'elle marque la différence avec les causes de requête civile [650]appelée procédure des révisions en droit français [651].

L'admissibilité des faits et moyens nouveaux facilite également le travail du conseil qui succède au premier, surtout l'avocat de cassation, par son expertise éprouvée. Ceci peut également faciliter que soit assurée réellement et avec compétence la défense totale en se fondant sur les moyens négligés par le premier conseil.

La recevabilité des faits et moyens nouveaux est réparatrice des abus de la justice. Celle-ci est une vertu, disait Aristote. Le dictionnaire de grandes œuvres juridiques souligne que, contrairement à d'autres vertus qui ont trait au seul rapport du sujet à lui-même, elle concerne le rapport à autrui. Cet autrui n'est pas n'importe quel autrui, mais un autrui qualifié[652].

Cicéron fait une liaison entre la justice et le droit. Celui-ci procède de la nature, il exprime le sentiment intime que chacun a de la justice et la loi écrite qui dit le droit positif est l'expression ultérieure d'une loi naturelle, « le produit d'une force morale agissant dans la conscience humaine »[653].

La justice étant le principe suivant lequel on doit attribuer à chacun ce qui lui est dû[654], le Professeur John Rawls, en en analysant son rôle en arrive à l'affirmation avec la force de raison qu'elle est la première vertu des institutions sociales comme la vérité est celle des systèmes des pensées. Si élégante et économique que soit une théorie, elle doit être rejetée ou revisitée si elle n'est pas vraie ; de même, si efficaces et bien organisées que soient des institutions et des lois, elles doivent être reformées ou abolies si elles sont injustes[655].

La ratification du traité le 17 octobre 1993 relatif à l'harmonisation du droit des affaires en Afrique par la République Démocratique du Congo a permis à celle-ci d'adhérer à la justice communautaire. Le traité susvisé crée la Cour commune de justice et d'arbitrage qui supplante l'ordre judiciaire interne des Etats membres[656].

3.3.8. La juridiction communautaire et les moyens et faits nouveaux

Le traité du 17 octobre 1993 relatif à l'harmonisation du droit des affaires en Afrique a institué une justice communautaire. Conformément au principe moderne de la suprématie des traités régulièrement ratifiés sur le droit

---

[650] Article 85 du code de procédure civile congolais.

[651] Article 593 Code de procédure civile.

[652] *Ethique à Nicomaque*, livre V, *Dictionnaire des grandes œuvres juridiques*, Dalloz, Paris, 2008, p. 2.

[653] Idem, p. 95.

[654] Ibidem, p. 327.

[655] John RAWLS, *op.cit*, p. 29.

[656] Article 10 et 20 du traité tel que révisé à Québec le 17 octobre 2008.

interne, les dispositions de l'article 10 stipulent que les actes uniformes sont directement applicables et obligatoires dans tous les Etats nonobstant toute disposition contraire de droit interne.

La Cour commune de justice et d'arbitrage, juge de cassation d'un genre particulier, connait des décisions des juridictions de fond des Etats parties rendues en appel dans toutes les affaires soulevant les questions relatives à l'application des actes uniformes et des règlements prévus au présent traité à l'exception des décisions appliquant des sanctions pénales. Elle se prononce dans les mêmes conditions sur les décisions non susceptibles d'appel rendues par toute juridiction des Etats membres dans les mêmes contentieux[657].

La suprématie de la cour commune et d'arbitrage se révèle également par l'autorité de la chose jugée et de la force exécutoire de ses arrêts sur le territoire de chacun des Etats parties, ou encore, par l'exécution forcée dans les mêmes conditions que les décisions nationales. Dans une même affaire, aucune décision contraire à un arrêt de la cour commune de justice et d'arbitrage ne peut faire l'objet d'une exécution forcée sur le territoire d'un Etat partie[658].

A la différence de la tradition séculaire des cours de cassation nationales, la cour commune connait de l'intervention volontaire et des voies de recours extraordinaires telles que la tierce opposition et la révision.

Du fait de l'acceptation de la tierce opposition, la cour admet les faits nouveaux étant donné que le tiers opposant doit apporter les faits et les moyens[659].

La constance de l'acceptation des faits nouveaux par la cour commune découle aussi des dispositions de l'article 49 du règlement de la cour commune de justice et d'arbitrage du 18 avril 1996 qui organise la procédure de révision fondée sur la découverte d'un fait de nature à exercer une influence décisive qui, avant le prononcé de l'arrêt, était inconnu de la cour et de la partie qui demande la révision.

Dans la procédure qui organise la requête tendant à obtenir la surséance à l'exécution forcée d'une décision de la cour, le requérant est fondé à alléguer les faits nouveaux[660].

L'acceptation des faits nouveaux procède de l'essence même de la justice de rendre à chacun ce qui lui est dû d'une part et, d'autre, facilite le travail de la succession des conseils. En sus, ayant rendu obligatoire le ministère de l'Avocat devant la cour, celle-ci admet tout avocat selon le droit interne des Etats parties[661]. Le droit processuel charge l'office du juge par le relevé

[657] Articles 13 et 14.
[658] Article 20 du traité du 17 octobre 1993.
[659] Article 47.
[660] Article 46 du règlement de la cour commune et d'arbitrage du 18 avril 1996.
[661] Article 23 règlement de procédure de la cour commune de justice et d'arbitrage.

d'office à suppléer à la défaillance de l'obligation de défense totale qui incombe à toute partie au procès.

Section 3 : Supplément de la défense par les juges

Dans le rituel de trancher les litiges, l'office du juge se retrouve en face des principes processuels tels que celui de dispositif. Jean François Van Drooghenbroeck considère ledit principe comme non porteur d'aucune vérité dogmatique sur les rôles respectifs du juge et des parties dans l'allégation et l'application du droit[662].

Le rôle de l'office du juge est de trancher les litiges conformément aux règles de droit qui lui sont applicables. Il doit donner ou restituer leur exacte qualification aux faits et actes litigieux sans s'arrêter à la dénomination que les parties en auraient proposé. Il peut relever d'office les moyens de pur droit quel que soit le fondement juridique invoqué par les parties[663].

Ce fond commun processuel en droit comparé de la fonction de juger a permis à Jean François Van Drooghenbroeck de trouver dans l'adage « *iura novit curia* » une fonction supplétive certaine dans le chef de l'office du juge [(664)].Le formalisme processuelle et l'imperfection de l'œuvre humaine des justiciables représentés ou assistés justifient le fondement du relevé d'office par le tribunal.

Par le pouvoir de relevé d'office (§1) et en respect du contradictoire (§2) par la substitution d'un moyen de pur droit à un motif énoncé (§3) ; le tribunal supplée légalement à la défaillance de la défense des parties.

§ 1. Les moyens relevés d'office par l'office du juge

Le contentieux judiciaire dépasse le cadre contractuel du droit civil avec l'intervention du juge. Certes, en dépit de l'intervention du juge, les parties doivent assurer leur défense et administrer la preuve dans la totalité des faits et des prétentions, conformément au principe de concentration des moyens dès le premier degré.

Il arrive souvent, comme toute œuvre humaine, et ce à toute instance, que certains moyens, en dépit de leur évidence, ne soient pas soulevés par les parties en cause. Le relevé d'office d'un moyen de droit consiste pour le juge à faire spontanément application au litige des règles de droit qu'aucune des parties n'a invoquées[665].

---

[662] VAN DROOGHENBROECK Jean François, *op.cit.*, p. 772.

[663] Article 12, code de procédure civile, 102ème édition, Dalloz, Paris, 2011, p. 28.

[664] VAN DROOGHENBROECK Jean François, *op.cit*, p. 341.

[665] Serge GUINCHARD et alii, *Procédure civile. Droit interne et droit de l'union européenne*, 30ème édition, Dalloz, Paris, 2010, p. 402.

Ce pouvoir de relever d'office, ainsi que l'affirme une certaine doctrine, semble dégager un grand consensus, spécifiquement en ce qui concerne les moyens de pur droit [666].C'est un pouvoir reconnu au juge par beaucoup de législateurs.

Le législateur de la procédure civile suisse par exemple reconnaît au juge d'examiner d'office si les conditions de recevabilité sont remplies[667].

La recevabilité des actions étant érigée en principe directeur du procès[668], à toute instance, la loi fédérale de procédure civile reconnaît comme principe général de procédure la recevabilité de la demande. L'article 3 impose au juge fédéral d'examiner d'office la recevabilité de l'action et de tous les actes de procédure[669].

Les dispositions de l'article 59 prescrivent que le tribunal n'entre en matière que sur les demandes et les requêtes qui satisfont aux conditions de recevabilité de l'action, en l'occurrence si:

a) le demandeur ou le requérant a un intérêt digne de protection ;
b) le tribunal est compétent à raison de la matière et du lieu ;
c) les parties ont la capacité d'être partie et d'ester en justice ;
d) le litige ne fait pas l'objet d'une litispendance préexistante ;
e) le litige ne fait pas l'objet d'une décision entrée en force ;
f) les avances et les sûretés en garantie des frais de procès ont été versées[670].

En droit français par exemple, ce pouvoir du juge de relever d'office les moyens non soulevés par les parties découle notamment de l'article 16 qui prescrit que le juge ne peut fonder sa décision sur les moyens de droit qu'il a relevés d'office sans avoir au préalable invité les parties à présenter leurs observations[671].

Le juge relève d'office également les exceptions de nullité fondées sur l'inobservation des règles de fond relatives aux actes de procédure lorsqu'elles ont un caractère d'ordre public. Le tribunal peut aussi relever d'office la nullité pour défaut de capacité d'ester en justice[672].

Il doit aussi relever d'office, prescrit l'article 125 du code de procédure civile, les fins de non recevoir lorsqu'elles ont un caractère d'ordre public, notamment lorsqu'elles résultent de l'inobservation des délais dans lesquels doivent être exercées les voies de recours ou de l'absence d'ouverture d'une

---

[666] Idem, p. 424.
[667] Article 60 code de procédure civile suisse, Stephen V. Berti, *op.cit*, p. 198.
[668] Titre 3 principes de procédure et conditions de recevabilité, procédure civile suisse.
[669] Loi fédérale de procédure civile fédérale du 4 décembre 1947 (Etat le premier janvier 2010).
[670] Article 59 code de procédure civile suisse.
[671] *Code de procédure civile*, 102ème édition, Dalloz, Paris, 2011, p. 43.
[672] Article 120 code de procédure civile français, p. 167.

voie de recours. Le tribunal peut relever d'office la fin de non-recevoir tirée du défaut d'intérêt, du défaut de qualité ou de la chose jugée[673].

Ces dispositions s'imposent également au juge de cassation. En analysant la compétence de la Cour de cassation, Monsieur Ernest Faye qui y a exercé les fonctions de conseiller, rappelle les dispositions de l'article 7 de la loi du 20 avril 1810, fondement de la compétence de la haute Cour.On peut lire :

> La justice est rendue souverainement par les cours d'appel ; leurs arrêts, quand ils sont revêtus des formes prescrites, à peine de nullité, ne peuvent être cassés que pour une contravention expresse à la loi. Les arrêts qui ne sont pas rendus par le nombre de juges prescrit, ou qui ont été rendus par des juges qui n'ont pas assisté à toutes les audiences de la cause, ou qui n'ont pas été rendus publiquement, ou qui ne contiennent pas les motifs sont déclarés nuls. La connaissance du fond est toujours renvoyée à une autre cour d'appel[674].

La Cour de cassation se voit attribuer la compétence d'examiner ou de censurer les décisions entreprises par rapport aux règles de forme. Telle est l'essence de l'article 607 du code de procédure civile qui prescrit que « peuvent également être frappés de pourvoi en cassation les jugements en dernier ressort qui, statuant sur une exception de procédure, une fin de non-recevoir ou tout autre incident, mettent fin à l'instance »[675].

Le relevé d'office rappelle la notion des moyens d'ordre public. Le conseiller Ernest FAYE, le considérant comme moyen tiré de la violation d'une règle d'ordre public, estime qu'il ne peut jamais être considéré comme nouveau ; il est toujours dans la cause, lorsqu'il doit exercer une influence sur la décision dans un sens ou dans l'autre, soit au fond, soit au point de vue de la recevabilité de l'action, et le juge, dès qu'il a pu le connaître, est en faute de ne l'avoir pas soulevé d'office[676].

Le juge pénal est encore très exigeant sur les exceptions et le pouvoir de les relever d'office. L'illustration est donnée notamment par l'article 385 du code de procédure pénale qui reconnaît au tribunal correctionnel la qualité pour constater sur les nullités des procédures qui lui sont soumises[677].

Les dispositions de l'article 579 du même code reconnaissent au juge le pouvoir de relever d'office les exceptions déclinatoires sous le contrôle de la haute cour [678].Cette dernière jugea par exemple que « doit être relevé d'office, à raison de son caractère d'ordre public, le moyen pris de l'irrecevabilité de l'appel et fondé sur la tardiveté du recours[679].

---

[673] Article 125, idem, p. 175.

[674] FAYE Ernest, *La cour de cassation, 1903*, édition Mémoire de droit, Paris, 1999, p. 84.

[675] Article 607 du code de procédure civile, 102ème édition, Dalloz, Paris, 2011, p. 500.

[676] FAYE Ernest, *op.cit.*, p. 145.

[677] AZIBERT Gilbert, *Code de procédure pénale*, Litec, Paris, 2005, p. 331.

[678] Idem, p. 438.

[679] Civ. 2ème, 21 juillet 1986. Bull. Civ-II n° 133, 20 juillet 1988, Ibid. II n° 184. Com. 12 juillet 2004.

Le pouvoir de relever d'office les moyens de droit par le tribunal s'appuie sur la mission séculaire de la justice, son monopole du reste, celle de trancher le litige conformément aux règles de droit qui lui sont applicables. De ce fait, le tribunal a le pouvoir de donner ou de restituer leur exacte qualification aux faits et actes litigieux sans s'arrêter à la dénomination que les parties en auraient proposé. Il peut de ce fait relever d'office les moyens de pur droit quel que soit le fondement juridique invoqué par les parties[680].

Le juge de cassation, sur pied des dispositions de l'article 619 du code de procédure civile, peut relever d'office, pour la première fois, sauf disposition contraire, les moyens de pur droit et les moyens nés de la décision attaquée[681].

Le droit judiciaire belge ne s'écarte pas du pouvoir de relever d'office du juge[682].

Il est interdit, et c'est l'évidence même de la cour de cassation, de statuer sur les faits nouveaux ou moyens nouveaux tant au civil qu'au pénal[683]. Ce grand interdit pour la haute cour s'explique, selon une certaine opinion, par l'absence d'effet dévolutif du pourvoi car, soutient-elle, l'interdiction de moyens nouveaux, à la différence de l'appel, le pourvoi en cassation ne fait pas monter à la cour suprême le procès tel qu'il s'est présenté devant les premiers juges avec toutes ses questions de fait et de droit[684].

Toutefois, une autre doctrine tempère ce principe de la non dévolution en cassation quand ils affirment qu'« à la différence de l'appel qui est devenu particulièrement une voie d'achèvement, le pourvoi en cassation demeure une pure voie de recours ; les parties ne peuvent pas soumettre les demandes nouvelles à la cour de cassation (...) en l'absence de dévolution en fait »[685].

Suivant la définition même du dévolutif ; du latin « devolus », du verbe « *devolvere* », faire rouler de haut en bat, dérouler, faire passer[686], les moyens d'ordre public et les moyens de pur droit ne peuvent être considérés comme nouveaux car ils sont toujours dans la cause[687]. C'est à bon droit que la Cour de cassation belge puisse relever d'office une fin de non-recevoir[688]. Ainsi jugea la haute cour lorsqu'elle entend examiner d'office une fin de

---

680 Article 12 du code de procédure civile, 102ème édition, Dalloz, Paris, 2011, p. 28.

681 Idem, p. 511.

682 Les conditions de recevabilité de l'action en justice, articles 774 et 1096 du code judiciaire, tome 1, Larcier, 2010, pp.189-361.

683 Article 567-2 code de procédure pénale français ; article 1095 du code judiciaire belge ; article 16 de l'ordonnance-loi n° 82-017 du 31 mars 1982 relative à la procédure devant la cour suprême de justice.

684 GUINCHARD Serge et alii, *op.cit*, p. 908.

685 HERON Jacques et LE BARS Thierry, *Droit judiciaire privé*, 4ème édition, Montchrestien, Paris, 2010, p. 665.

686 CORNU Gérard, *op.cit*, p. 30.

687 FAYE Ernest, *op.cit.*, pp. 143-145.

688 Article 1097 al. 3, code judiciaire belge.

non-recevoir opposée au pourvoi et déduite de ce que celui-ci est dirigé contre des arrêts rendus dans des causes distinctes, elle ordonne la remise de la cause et la notification de cette décision est faite par pli judicaire aux avocats des parties[689].

Le droit processuel congolais adhère à la philosophie du principe de relever d'office des exceptions de nullité et de fin de non-recevoir[690]. C'est ainsi que la haute Cour congolaise a compétence de relever d'office, pour la première fois, le moyen de pur droit ou le moyen d'ordre public , notamment l'irrégularité du siège[691], l'incompétence[692], la prescription[693].

A la lecture des dispositions légales ci-haut citées, le pouvoir du juge de relever d'office les moyens d'ordre public constitue une évidence. Dès lors, l'on peut vérifier si son exécution respecte-t-elle le respect du contradictoire.

§ 2. Le respect du contradictoire des moyens relevés d'office par le juge

La question principale que soulève ce pointest de savoir si le sacro-saint principe du contradictoire peut s'imposer sur les moyens relevés d'office par le juge.

Le tribunal, tiers au litige, doit observer le contradictoire sur les moyens relevés d'office, étant entendu qu'il est le principe directeur du procès[694]. Le droit processuel comparé éclaire la soumission des moyens relevés d'office au principe du contradictoire, vertu démocratique de transparence.

Le droit français soumet l'office du tribunal au respect du principe contradictoire par le fait de prescrire que le juge doit, en toute circonstance, faire observer et observer lui-même le principe du contradictoire. De ce fait, il est interdit au tribunal de fonder sa décision sur les moyens de droit qu'il a relevés d'office sans avoir au préalable invité les parties à présenter leurs observations[695].

En conséquence, l'interdiction est faite à l'office du juge de retenir dans sa décision les moyens, les explications et les documents invoqués ou produits par les parties si celles-ci n'ont pas été à même d'en débattre contractoirement.

C'est dans ce sens que la Cour de cassation française décida que le juge doit, en toutes circonstances, faire observer et observer lui-même le principe

[689] Cass. 28 février 1997, Pas. p. 299.
[690] RUBBENS Antoine,*Le droit judiciaire zaïrois*, Tome 2, PUZ, Kinshasa, 1978, p. 86 : Articles 16 et 17 de la loi sur la procédure devant la cour suprême de justice du Congo.
[691] CSJ, RP 49, 26 juillet 1972, Bull, 1978, P. 90 ; RP 36, 2 février 1972, Bull, 1-973, p. 7 ; RP 73 6 décembre 1972, Bull 1973, p. 159.
[692] CSJ, RC 145, 21 juillet 1976, Bull 1977, p. 162 ; RC 122, 28 juillet 1976, Bull, 1977, p. 168.
[693] CSJ, RP 194, 17 mai 1978, Bull 1979, p. 72.
[694] Procédure civile et pénale suisse ; procédure civile et pénale française.
[695] Article 16 du code de procédure civile, 102ème édition, Dalloz, Paris, 2010, p. 43.

du contradictoire. Il ne peut limiter les droits d'une partie au motif que des pièces ne figurent pas à son dossier, sans inviter les parties à s'expliquer sur l'absence au dossier de ces pièces qui figurent sur le bordereau et dont la communication n'a pas été contestée[696]. La cour de cassation jugea dans le même sens pour les pièces qui figuraient dans le dossier en première instance[697].

En matière pénale, les dispositions de l'article préliminaire du code de procédure pénale énoncent que celle-ci doit être équitable et contradictoire et préserver l'équilibre des droits des parties[698].

La Cour de cassation belge reconnaît la soumission des moyens relevés d'office par le Ministère Public et le juge au contradictoire suivant l'article 1097 du code judiciaire. Toutefois, la haute cour apporte une nuance constitutive d'exception de la non soumission des moyens relevés d'office par le juge à la contradiction, car elle jugea en ce sens par exemple que « ne doit pas être précédée d'une notification la fin de non-recevoir opposée d'office à un pourvoi formé en matière civile et introduit par une requête signée par la partie elle-même et non par un avocat à la cour de cassation. L'article 1097 du code judiciaire ne s'applique pas en pareil cas »[699].

Il s'agit d'un cas de matérialité et nous estimons là que la cour voulait gagner du temps. En l'espèce, il s'agissait d'une question de matérialité, la requête signée par la partie elle-même en lieu et place de l'avocat près la cour de cassation. Toutefois l'évidence d'issue du procès ne peut méconnaître la vertu de transparence que diffuse le contradictoire et prépare la partie à l'acceptation de la décision judiciaire.

Le droit commun de procédure est violateur du contradictoire. Dans la pratique, la juridiction de fond qui soulève d'office les exceptions de nullité ou de fin de non-recevoir se prononce sans préalablement inviter les parties à conclure quant à ce.

Suivant les dispositions des articles 16 et 17 de la loi organique n° 13/010 du 19 février 2013 relative à la procédure devant la cour de cassation, la haute cour est fondée à révéler d'office les moyens d'ordre public en invitant les parties à conclure quant à ce. De ce fait, le principe du contradictoire est respecté.

Du droit naturel, le principe du contradictoire, une vertu démocratique, de transparence, doit être observé même en l'absence de texte.

Si nous nous approchons de deux décisions de la Cour de cassation belge, l'on peut constater qu'en droit commercial, le tribunal pouvait déclarer d'office en faillite le commerçant sans informer le concerné. L'arrêt de la

---

[696] Civ, 2, 11 janvier 2006, Bull Civ II, n° 10 ; RP 418 ; D 2006, 18252 obs, Avena-Robrder, JCP 2006. IV 252.

[697] Civ, 1er, 27 mars 2007, Bull. Civ n° 131, JCP 2007, IV. 1913.

[698] Gilbert AZIBERT, *op.cit*, p. 1.

[699] Cass. 20 novembre 2000, Larcier, Cass n° 1838.

cour de cassation du 7 mars 1986 soutint la disposition légale en motivant la convocation du failli n'étant pas légalement requise et que les droits de la défense sont garantis par la procédure d'opposition[700].

La haute cour, en date du 6 février 1987, décida contrairement à son arrêt de 1986, qu'un débiteur ne peut être déclaré en faillite à la requête d'un créancier sans avoir eu au préalable la possibilité de se défendre contre la requête en déclaration de faillite[701].

Le conseil d'Etat français s'inscrit dans la logique du juge qui doit observer le principe du contradictoire même si les moyens qu'il envisage de soulever seraient d'ordre public[702].

Dans l'affaire Docteur MOINEAU contre l'Ordre des Médecins qui refusa d'inscrire le requérant au motif lié à la moralité professionnelle, Rec. 27, il considère le contradictoire comme étant une garantie des droits de la défense. Les moyens d'ordre public soulevés d'office par le juge sont dans l'intérêt de la justice, mais au détriment d'une partie à l'instance qui doit perdre le procès[703].Dans l'affaire Dame veuve TROMPIER-GRAVIER, le message du juge administratif peut encore parler. Réagissant à l'attaque en justice, la décision du Préfet de la Seine qui retira à la requérante l'autorisation lui accordée de vendre des journaux dans un kiosque, sis boulevard Saint-Denis à Paris au motif d'une faute dont la requérante se serait rendue coupable, le conseil d'Etat décida que Madame Veuve Trompier-Gravier devait être mise préalablement à même de discuter ces moyens relevés d'office par le juge[704].

Le professeur Frédéric SUDRE revient sur l'idée de la garantie des règles processuelles quand il confie que

> Les droits de procédure constituent la seule catégorie de droits dont le contenu ne renvoie pas à une liberté matérielle mais aux garanties dont un individu dispose dans un Etat de droit afin de faire valoir ses droits et libertés. Le droit à un procès équitable et le droit à un recours sont insusceptibles de limitation en période normale[705].

Les moyens relevés d'office par le juge rentrent dans l'obligation de l'information à porter à la connaissance des parties.

---

[700] *Revue critique de jurisprudence belge*, année 1991, Etablissements Emile Bruylant, pp. 432 ; Cass. 7 mars 1986, RDC 1981, p. 508 et note Verougstraete.

[701] Idem, P. 431, Cass. 6 février 1987, Pas. 1987. I, 62.

[702] V. Ch. Mixte 10 juillet 1981. D. 1981. 637 note. Cabannes. RTD Civ. 1981. 67 ; Lire Gérard COUCHEZ et Xavier LAGARDE, *procédure civile*, 161, édition Dalloz, 2011, p. 281

[703] C.E. Section, 2 février 1945, Moineau, Rec. 27 ; M. Long, P. Weil, G. Braibant, P. Delvolvé et B. Genevois, *op.cit*, p. 363.

[704] CE. Section 5 mai 1944. Dame Veuve Trompier-Gravier ? Rec ; 133. M. Long, P. Weil, G.BRAIBANT, P. DEVOLVE et B. GENEVOIS, *op.cit.*, p. 357.

[705] Frédéric SUDRE, Droit européen et international des droits de l'homme, 10me édition, PUF, Paris, 1987, p. 375.

Le contradictoire étant un droit fondamental appelle son effectivité. Cette effectivité exige une protection juridictionnelle[706]. Les hauts magistrats de la cour de cassation sont des hommes avec leur faiblesse et qualité[707] dont l'érosion de confiance s'accroît[708] de manière irrémédiable dans le chef du justiciable. Les moyens relevés d'office doivent respecter le formalisme procédural de contradiction qui s'impose à toute instance afin de les soustraire de l'arbitraire du tribunal.

Quelle peut être dès lors la situation des moyens de substitution ?

§ 3. Substitution d'un moyen de pur droit à un motiferroné

Le juge de cassation a compétence de substitution d'un moyen de pur droit à un motif erroné, de même qu'il peut casser la décision attaquée en relevant d'office un moyen de pur droit[709]. La Cour de cassation reconnaît ce pouvoir de substitution d'un moyen de pur droit qui n'est pas un moyen nouveau car étant dans le débat[710].Cette cour peut substituer un motif de pur droit à un motif erroné[711].

Ainsi, après avoir déclaré irrecevable un moyen proposé par le demandeur en cassation, la Cour suprême de justice décida qu' « Elle peut soulever d'office un moyen tiré de la violation des mêmes dispositions légales en comblant la lacune contenue dans le moyen du demandeur »[712].

Il arrive aussi que la cour de cassation puisse suppléer des motifs dans le cas d'une décision attaquée pour défaut de réponse à conclusion[713].Cette substitution de moyens de pur droit comme le pouvoir de suppléer les motifs viennent en appui à la défense des parties qui doivent se défendre en totalité.

Le tribunal n'a pas les mains libres pour suppléer totalement à la défaillance de la défense des parties. Tel est le cas de l'interdiction de demandes nouvelles en appel. Le droit processuel français prévoit des exceptions à l'interdit en appel des demandes nouvelles, si ce n'est pour opposer compensation, faire écarter les prétentions adverses ou faire juger les questions nées de l'intervention d'un tiers ou de la souvenance ou de la révélation d'un fait[714]. En cassation, entre les moyens d'ordre privé, les

[706] Olivier DE SCHUTTER, *op.cit*, p. 176.
[707] Ils sont récusables ces hommes commis. De Treilhard, Georges WIEDERKEHR, *op.cit.* p. 90.
[708] Stephen BREYER, *La cour suprême d'Amérique et son histoire*. Odile Jacob, Paris, 2010
[709] Article 620 CPC, 102ème édition, Dalloz, Paris, 2011, p. 513.
[710] Ernest FAYE, *op.cit*, p. 143.
[711] Civ. 3ème, 10 décembre 1975. Bull. Civ. III, n° 370.
[712] CSJ, RC. 305, 6 août 1900, inédit, BIBUNDA KABUNJI MPUMBWAMBUYI, *op.cit*, 151.
[713] Civ. 1ère, 25.mai 1982. D. 1984. 273. Note Prieur, 9 mars 1983. Edo. Loc. 13 avril 1983. Eod Loc.
[714] Article 564 du code de procédure civile, 102ème édition, Dalloz, Paris, 2010, p. 46.

moyens de fait, les moyens nouveaux ou ceux mélangés de fait et de droit, il n'y a pas de supplément de l'office du juge ou du Ministère Public.

En conséquence, l'obligation incombe aux parties d'alléguer la totalité des faits et des droits sur lesquels ils se fondent, fondement de la concentration des moyens que doit ainsi observer chaque partie. Quelle est alors le régime de l'avis du ministère public par rapport au contradictoire ?

Section 4 : Insoumission de l'avis du Ministère Public au contradictoire

Le Ministère Public, sur pied des dispositions de l'article 9 du code d'organisation et de compétence judiciaires assiste à toutes les audiences de la cour suprême de justice, des cours d'appel, de la cour de sûreté de l'Etat et des tribunaux de grande instance[715].Désormais, il assiste dans le cadre de la nouvelle loi aux audiences du tribunal de paix[716]. Au regard de la composition du tribunal, le ministère public constitue un privilège cardinal de procédure. Il est partie au procès, par ses avis et réquisitions.

Il est de ce fait intéressant que la loi détermine les causes obligatoirement communicables au Ministère Public. Toutefois, elle apporte une exception à cette liste des causes communicables pour d'autres affaires, soit sur demande du Ministère Public lui-même, soit décidé d'office par la juridiction[717].

Au procès civil, le Ministère Public peut être partie principale ou partie jointe.

La Cour suprême de justice décida qu' « Encourt d'office cassation totale la décision, en matière de contrat de louage de service,qui a été rendue sans que la cause n'ait été communiquée au ministère public pour avis écrit (...) alors que l'article 9, 8° de l'ordonnance-loi n° 68/248 du 12 juillet 1968 rend obligatoire cette communication en ce domaine »[718].

La Cour suprême de justice, en application des dispositions de l'article 9 du code d'organisation et compétence judiciaires, recherche l'effectivité de l'avis du ministère public, c'est pourquoi, elle jugea que la déclaration du ministère public de se référer à la sagesse du tribunal n'équivalait pas à l'avis du ministère public exigé par la loi (...) alors que cet avis est obligatoire et qu'en déclarant se référer à la sagesse de la cour, ce dernier n'a pas donné son avis[719].

Le droit de procédure belge reconnait le rôle séculier du Ministère Public en matière pénale. En matière civile, le Ministère Public intervient par voie

---

715 Article 9 code d'organisation et de compétence judiciaires, ordonnance-loi n° 82-020 du 31 mars 1982.

716 Loi organique n° 13/011-B du 11 avril 2013 portant organisation, fonctionnement et compétences des juridictions de l'ordre judicaire.

717 Loi d'organisation et de compétence judiciaires, RDC.

718 C.S.J., RC 80, 10 octobre 1979, Bull, 1984, p. 300

719 CSJ, RC 166, 29 août 1979, Bull, 1984, P. 262; RJZ, 1983, P. 21; RC 308, 13 février 1980, inédit, Lire Bikunda le M; *op.cit*, p. 24.

d'action, de réquisition ou d'avis. Il agit d'office dans les cas spécifiés par la loi et en outre chaque fois que l'ordre public exige son intervention[720].

Cette obligation n'est pas limitée à quelques négligeables. Le droit processuel français,par exemple, détermine aussi les affaires obligatoirement communicables d'office au Ministère Public et celles qu'il peut demander en communication[721]. Pour les affaires obligatoirement communicables, le défaut d'avis écrit vaut motif de cassation[722].

Une doctrine très rependue note même qu'en ce qui concerne les affaires communicables, le Ministère Public n'a pas la liberté de faire ce qui lui plait et il doit prendre communication du dossier et déposer des conclusions[723]. Pourtant, nombreux sont les auteurs qui déplorent une situation similaire et hautement dangereuse au Congo où comme avis, le ministère public s'en remet à la sagesse du tribunal.

Ce pur formalisme, de l'avis du Ministère Public, apparaît également lorsque la composition fait circuler entre le Ministère Public et elle des bouts de papier par lesquels le tribunal incite le Ministère Public à rendre l'avis sur le banc. Cette pratique éhontée dénote la partialité du tribunal qui invite le Parquet à donner son avis sur le banc. De deux, les bouts de papier circulant uniquement entre la composition et le Ministère Public violent le principe du contradictoire.

Le désintéressement du Ministère Public de faire les audiences civiles s'observe soit par les arrivées tardives aux audiences, soit par les va et vient entre le parquet et le tribunal des membres de la composition pour rappeler aux officiers du Ministère Public leurs obligations, ce qui donne parfois l'impression que le tribunal est fortement intéressé. Les greffiers sont mis à contribution pour exiger le retour des dossiers.

Souvent, les dossiers sont transmis à l'office du Parquet par le greffier avec un retard allant jusqu'à plus de deux semaines.

La loi accorde un délai de trente jours[724] au Ministère Public pour rendre son avis. Malheureusement, ce délai n'est pas en principe respecté au regard des formalités administratives du personnel judiciaire moins nombreux et surtout sous payés d'une part et, d'autre, le chef d'office prend énormément de temps pour attribuer le dossier au magistrat.

Le temps imparti au Ministère Public pour donner son avis est irréaliste par rapport au nombre des magistrats, au volume d'affaires et à la technicité des dossiers à traiter.

---

[720] Article 138 bis, code judiciaire belge.

[721] Articles 425 et 431 du code de procédure civile, 102ème édition, Dalloz, Paris, 2011, p. 323 – 327.

[722] Serge GUINCHARD, Cécile CHAINAIS et Frédérique FERRAND, *op.cit*, p. 602.

[723] Idem.

[724] Article 9 Code d'organisation et de compétence judiciaires.

Les avis du Ministère Public sont malheureusement donnés aux audiences publiques, à l'insu des parties. Dès réception de l'avis du parquet, le tribunal clot le débat et prend la cause en délibéré.

Si la cause ne requiert pas d'avis écrit, le ministère public donne son avis sur le banc sans possibilité aux parties de réagir. Ce procédé de l'insoumission de l'avis du Ministère Public au contradictoire renforce le caractère de pur formalisme de communication. Il s'avère à cet effet utile de nuancer qu'il y a des magistrats du parquet qui rendent des avis de haute facture juridique.

Le juge doit rencontrer les moyens soulevés par l'avis du Ministère Public[725]. C'est pourquoi dans son dispositif du jugement, il dira l'avis conforme ou non conforme.

Le prescrit de l'article 9 de l'organisation et de la compétence judiciaires correspondant de l'article 425 du code de procédure civile français étant d'ordre public et surtout de nature à influencer l'office du juge, l'avis du Ministère doit être soumis au contradictoire ainsi que l'exige l'article 431 du code de procédure civile français aux termes duquel : « (...) dans tous les autres cas, il peut faire connaître son avis à la juridiction soit en lui adressant des conclusions écrites qui sont mises à la disposition des parties, soit oralement à l'audience »[726].

La Cour de cassation française décida entre autres que

> « Viole les articles 6 & 1er de la convention européenne des droits de l'homme, 16 et 431 N.CPC, la cour d'appel qui rend un arrêt visant des conclusions écrites du Ministère Public, intervenant en qualité de partie jointe, sans constater que l'une des parties avait eu communication de ces conclusions et des pièces jointes, ou qu'elle ait eu la possibilité d'y répondre[727] ».

Le droit processuel belge, à l'instar du droit franco-congolais, détermine les causes d'office communicables au ministère public pour son avis écrit[728]. En respect du principe du contradictoire, le tribunal de fond fixe le délai dans lequel l'avis du Parquet sera donné et dont les parties disposeront pour déposer au greffe des conclusions portant sur le contenu de cet avis[729]. Dans le cas d'avis oral à la barre, les parties ont le droit de réagir à cet avis sur pied des dispositions de l'article 767 du code judiciaire. Une partie peut obtenir du tribunal un délai pour déposer ses conclusions en rapport avec l'avis du ministère public. Au degré de cassation, l'avis écrit du ministère public obéit au principe du contradictoire sur pied des dispositions des

---

725 Article 9 COCJ du Congo, article 425 procédure civile française, p. 1427.

726 Article 421, code de procédure civile français, p. 327

727 Civ. 3ème, 8 octobre 2003. Bull. Civ. III, n° 174, D. 2003. IR 2547; RTD Civ. 2004. 136, Obs. Perrot; Lire aussi Gérard COUCHEZ et Xavier LAGARDE, *procédure civile*, 16ème édition, Dalloz, Paris, 2011, p. 282.

728 Article 764 du code judiciaire.

729 Article 766 du code judiciaire.

articles 1097 et 1107. Les parties ont la faculté verbalement ou par écrit de rencontrer les moyens du Parquet.

Le droit commun de procédure en RD Congo soustrait l'avis du Parquet au principe général de droit de la contradiction. D'ailleurs, la jurisprudence de juridiction de fond atteste la méconnaissance des exigences du procès équitable du fait de décider par exemple qu'« En l'absence de la notification de la date à laquelle devait être lu l'avis du ministère public ne constitue pas une violation du droit de la défense, car celui-ci n'est généralement pas suivi des débats qui auraient eu comme conséquence de mettre en cause les plaidoiries[730].

Dans une décision fort regrettable, la cour suprême de justice semble consacrer le pur formalisme de l'avis du Ministère Public, de ce fait méconnaître l'impact processuel du Parquet à l'audience lorsqu'elle soutient qu' « Aucune disposition légale ne fait obligation au juge de répondre à l'avis du Ministère Public en matière civile. Le moyen qui reproche au juge de n'avoir pas répondu à pareil avis manque en fait »[731].

Le Ministère Public, dans son avis, peut soulever les exceptions de nullité et des fins de non-recevoir et des règles de fond. Le juge étant appelé à les rencontrer, nous proposons que son avis réponde au droit fondamental du contradictoire et se soumette à ce principe, ce qui est aussi une façon d'améliorer la qualité du travail des magistrats débout appelés souvent à procéder au mandat d'arrêt provisoire pour oublier le reste du droit.

Les décisions judiciaires congolaises risquent de connaître des difficultés sérieuses d'exequatur pour autant que le droit processuel porte gravement et gratuitement atteinte aux exigences du procès équitable.

Le contradictoire étant un droit fondamental de procédure, la cour de justice des communautés européennes décida qu'en appel, le respect des droits fondamentaux fait partie intégrante des principes généraux du droit dont elle assure le respect[732]. La même cour décida de même que

> L'imposition faite aux Etats membres d'introduire l'article 6 de la directive (...), dans leur ordre interne, les mesures nécessaires pour permettre à toute personne qui s'estime être lésée par une discrimination de faire valoir ses droits par voie juridictionnelle (...) les Etats sont tenus de prendre des mesures qui soient suffisamment efficaces pour atteindre l'objet de la directive et de faire en sorte que les droits ainsi conférés puissent être effectivement invoqués devant les tribunaux nationaux par ces personnes concernées. Le contrôle juridictionnel de la cour, imposé par cet article, est l'expression d'un

---

[730] Kinshasa, 1er janvier 1989, RCA 8840, inédit ; Lire KATUAL A. KABA KASHAL, code judiciaire annoté, Asyt SPRL, Kinshasa, 1995, p. 17.

[731] CSJ, RC 515, 29 juin 1983, inédit, Lire DIBUNDA KABUINJI MPUMBUAMBUJI, *op.cit*, p. 25.

[732] CJCE ,17 décembre 1970, Internationale Handels gesells chaft mbH contre Ein fuhr – Und Vorrastrstelle für Getreide und Futtermittel. Aff. 11 :70 Rec. p. 1125.

principe général de droit qui se trouve à la base des traditions constitutionnelles communes aux Etats membres. Ce principe a également été consacré par les articles 6 et 13 de la convention européenne de sauvegarde des droits de l'homme et des libertés fondamentales du 4 novembre 1950 comme il a été reconnu par la déclaration commune de l'Assemblée du conseil et de la commission[733].

La Cour de justice des communautés européennes considère donc comme principe général de droit le droit à un recours juridictionnel effectif[734]. En somme, l'avis écrit du Ministère doit être soumis au principe du contradictoire comme droit fondamental de justice. Le juge, arbitre de litige, a la mission de faire observer et d'observer lui-même le contradictoire. Quel peut donc être le régime juridique de la note de plaidoirie.

Section 5 : Régime processuel de note de plaidoirie

Devant le juge civil de fond, outre les conclusions soumises au contradictoire, les parties prennent les notes de plaidoirie qui échappent à la contradiction. En matière pénale, le droit processuel se soucie du peu de l'écrit par la primauté de l'oralité tel qu'il ressort de l'article 74 du code de procédure pénale congolais déterminant la manière dont l'institution doit être menée. L'important c'est l'instruction contradictoire, puis vient l'ordre de plaidoyer : les parties civiles, le réquisitoire du ministère public, le prévenu et le civilement responsable. Bien que les dispositions impératives de l'article 74 sus évoquées engagent uniquement les parties civiles de prendre des conclusions ; dans la pratique, les parties civiles, le prévenu et le civilement responsable prennent les notes de plaidoirie à déposer dans les 48 heures à compter de la date de plaidoirie.

L'important pour le droit processuel congolais c'est que le prévenu ait le dernier la parole[735].

Le droit processuel pénal français s'apparente aux dispositions du droit processuel congolais. Les dispositions de l'article 346 du code de procédure pénale français prescrivent que

> Une fois l'instruction à l'audience terminée, la partie civile ou son avocat est entendue, le ministère public prend ses réquisitoires. L'accusé et son avocat présentent leur défense. La réplique est permise à la partie civile et au ministère public, mais l'accusé ou son avocat auront toujours la parole lesderniers.

---

[733] CJCE, 15 mai 1986. Marguerite JOHNSTON contre chief Constable of the Royal Ulster Constabulary. Aff. 222/84. Rec. p. 1651.

[734] L. DUBOUIS et C. GUEYDAN, *Les grands textes du droit de l'union européenne*, Tome 1, traités – institutions – ordre juridique, 7ème édition, Dalloz, Paris, 2005, p. 517.

[735] CSJ, RP 80 du 10 janvier 1973, Bull 1974, p. 10.

Certes, accorder au prévenu le dernier la parole parait préserver le contradictoire, il est impératif de soumettre au contradictoire les conclusions prises en matières pénales. La Cour de cassation française jugea en ce sens que

> Le dépôt des conclusions après la clôture des débats entraine la réouverture de ceux-ci. Dès lors, après le prononcé de l'arrêt incident, le président doit de nouveau se conformer aux prescriptions de l'article 346 du code de procédure pénale et redonner la parole aux parties[736].

Dans l'aspect de l'équilibre des droits des parties, tout acte tendant à influencer l'office du juge doit être communiqué à l'adversaire. Au regard de cette pertinence, la procédure de cassation tout tant en matière pénale que civile exclut le régime de note de plaidoirie fâcheusement admise devant le juge de fond.

Sur le plan pratique, il s'observe une constance violatrice du contradictoire avec la recevabilité des notes de plaidoirie. Les parties y développent des faits et des moyens non régulièrement débattus. Celles-ci contiennent parfois les aveux que l'adversaire ne connait pas.

Souvent, les notes de plaidoirie au civil comme au pénal contiennent de fausses jurisprudences non soumises au jeu de la contradiction. Pour toutes ces raisons restrictives du droit naturel du contradictoire, le droit processuel congolais de fond doit être revisité. La contradiction, principe naturel et général de droit, s'impose à l'office du juge à toute instance.

Section 6 : L'office du juge et le contradictoire

Le juge saisi a la mission fondamentale de trancher le litige en droit en tant que tiers. Ce pouvoir de trancher le différend demeure quel que soit le type de procédure accusatoire ou inquisitoire. Le Professeur Jean Louis Bergel note pour ce fait la distinction entre les procédures en affirmant que cette opposition classique est quelque peu simpliste et caricaturale, car aucun système processuel n'est purement accusatoire ou inquisitoire. La comparaison des systèmes processuels, selon les époques, les pays et même des matières, révèle plus souvent des différences que des antinomies totales[737].

Les parties animées d'esprit de vengeance ne peuvent être les seules actrices des règles processuelles. Le champ de leur liberté semble se rétrécir notamment par les moyens relevés d'office par le tribunal. Le conseil d'Etat décida que la juridiction est tenue de soulever d'office les moyens d'ordre public dont le bien-fondé ressort des pièces qui lui sont soumises. La seule

[736] Cass. Crim ? 27 janvier 1979. Bull. 234. Cass. Crim, 27 Nov. 1985 Bull. 381. Cass. Crim, 19 nov. 1997, Bull. 395.

[737] *Justice et cassation*, Dossier l'Office du juge, Dalloz, Paris, 2010, p. 129.

marge de liberté tient à la faculté d'ordonner une mesure d'instruction afin de vérifier le bien-fondé d'un moyen d'ordre public[738].

§ 1. Fondement du contradictoire imposable au tribunal

Le contradictoire s'impose à tout juge comme une règle fondamentale de procédure consacrée par les conventions internationales intégrées dans l'arsenal juridique interne.

Nous avons eu à le noter ci-haut, le quatrième principe général de droit prévu par l'ordonnance du 14 mai 1886, approuvée par le décret du 12 novembre 1886, interdit au juge d'accepter des conclusions déposées après la clôture des débats et de fonder sa décision sur des conclusions non communiquées à la partie adverse[739].

Ce principe pèche par le fait de consacrer l'irrecevabilité uniquement pour les conclusions faisant l'objet de dépôt qui n'ont pas été préalablement communiquées à la partie adverse sans réserver le même sort aux pièces énervant le contradictoire ainsi qu'aux notes de plaidoirie.

Il y a lieu de relier les prescrits du quatrième principe général dudroit à ceux du principe du contradictoire dont le contenu dénote qu'« Il est un principe naturel de l'instance que chaque partie soit en mesure de discuter les prétentions, les arguments et les preuves de son adversaire »[740].

Ce dernier principe trahit également le principe du contradictoire lorsqu'il ne soumet pas à son régime les moyens soulevés d'office par le juge.

Comme on l'a fait remarquer plus haut, le droit processuel français indique clairement la soumission du tribunal au contradictoire lorsqu'il précise que

> Les parties doivent se faire connaître mutuellement en temps utile les moyens de fait sur lesquels elles fondent leurs prétentions, les éléments de preuve qu'elles produisent et les moyens de droit qu'elles invoquent, afin que chacune soit à même d'organiser sa défense[741].

Les pièces tendent à administrer la preuve des prétentions, elles constituent de ce fait, avec les conclusions, le socle du contradictoire[742].

En application des dispositions des articles 15 et 16 du même code, l'office du juge a l'obligation de faire observer aux parties et observer soi-même les principes du contradictoire ; donc le tribunal a reçu mission de sentinelle du contradictoire[743].

---

738 CE, 13 février 1987, Morel, Rec. Le bon, P. 883, RFDA, 1988, p. 53, note L. Debouy

739 RUFFIN MUSHIGA-A-GAZANGA GINGOMBE, *op.cit*, p. 36.

740 Idem, p. 36.

741 Article 15 CPC, 102ème édition, Daloz, Paris 2011, p. 40.

742 Article 736 à 748, code judiciaire, Tome 1, *Droit civil et judiciaire*, Larcier, 2010, pp. 326 – 328.

743 Code de procédure civile français.

§ 2. L'ineffectivité du principe de communication des pièces et moyens devant le juge de fond

Bien que le droit processuel congolaisadmet la règle des communications entre parties, il n'en indique pas non plus le formalisme, exception faite de la Cour de cassation. Pour les parties représentées ou assistées au civil, la communication se fait entre conseils par voie de lettre avec accusé de réception. Mais pour les parties non représentées ou non assistées, la communication se fait au greffe de la juridiction saisie.

Au pénal, si le régime retenu est celui de complissoire (dossier avec possibilité de lever copie), les notes de plaidoirie des parties échappent au contradictoire. Ce procédé semble contenir des défaillances énormes.

En cas de contestation de communication, le conseil de la partie qui prétend avoir mis la cause en état ne peut produire la preuve de communication sans l'autorisation préalable du Bâtonnier.[744]

Le conseil qui la conteste, même dans le dilatoire pour obtenir une remise de la cause, sait que le contradicteur ne saurait produire ladite preuve sans enfreindre les règles professionnelles susceptibles d'engager sa responsabilité disciplinaire.

La communication des pièces et moyens est faite à la partie représentée et non à l'avocat mandataire. Celle-ci, se faisant sous contrôle du juge, la lettre du conseil qui ne se limite qu'à communiquer lesdits moyens et pièces n'a rien de confidentiel que la connaissance par l'autorité judiciaire nuirait au corps.

La communication des moyens et pièces, étant prévue par les règles processuelles impératives, elle s'impose aux règles professionnelles des mandataires, auxiliaires de la justice institués essentiellement en vue de faciliter le travail de la justice. Le jeu des plaideurs est connu dans toutes les juridictions. Ce dilatoire, appelé en France « le jeu de yo-yo », est cultivé par des plaideurs au point de revenir devant le juge pour retarder l'issue finale de l'affaire[745]. Dans l'hypothèse de représentation ou d'assistance en justice, la finalité des règles professionnelles du conseil est de servir le droit processuel, étant auxiliaire de justice.

Didier CHOLET note que le temps n'est pas une modalité du droit, il en est une composante. La procédure et la justice doivent le choisir comme cœur[746]. Quand le juge ne le maitrise pas, il devient une stratégie de la défense.

Sur le plan pratique, il arrive souvent que la partie qui tient à la remise en dépit de la promesse actée de plaider peut avoir une idée derrière la tête, par exemple saisir le juge pénal en faux des pièces et conclusions adverses afin

---

[744] Le régime de correspondance entre Avocats.

[745] *Justice et cassation*, Dossier « l'office du juge », Dalloz, Paris, 2010.

[746] Didier CHOLET, *La célérité de la procédure en droit processuel*. LGDJ, Paris, 2006, p. 1.

d'évoquer le principe *« Le criminel qui tient le civil en état »*, ou alors d'initier la suspicion légitime, le tout dans le but de gagner du temps.

En vertu du quatrième principe général du droit, il est interdit au juge de fonder sa décision sur le moyen non communiqué à la partie adverse. Le tribunal est en droit d'exiger la preuve de communication entre parties. Il doit en outre avoir la preuve formelle de communication au risque d'engager sa responsabilité civile et disciplinaire.

En d'autres termes, en communiquant les moyens et pièces entre parties, les conseils,mandataires du reste,remplissent les obligations processuellesdu respect du contradictoire afin d'éviter l'irrecevabilité. Ceci découle de l'évidence même que les conseils ne sont pas des parties.

Le pouvoir de police du juge en dépend. Tel est le fondement même des dispositions de l'article 16 du code de procédure civile français aux termes duquel le juge doit, en toutes circonstances, faire observer et observer lui-même le principe de la contradiction [747].

C'est dans cette optique qu'il a été, par exemple, jugé qu'aucune violation du principe du contradictoire ne peut être reprochée au tribunal ayant condamné une société, laquelle, par sa faute, n'a pas comparu devant le juge rapporteur qui avait été désigné au cours d'une audience à laquelle elle était représentée[748].

Le professeur Georges BOLARD le note excellemment lorsqu'il affirme que les parties ne sont ni sujets du juge ni objets de droit car, si confiance il y a, elle repose sur l'exécution correcte de l'office du juge, dans le respect du droit des parties de défendre leurs prérogatives vraies ou supposées[749].En réalité, la lettre de communication des moyens et pièces entre conseil n'a rien de confidentiel, car elle ne contient pas les aveux ou le début de négociation des parties.

A notre humble avis, et conformément au principe qui veut qu'en cas de contestation l'on doit prouver, la saisine du Bâtonnier, par le contradicteur ou le juge pour l'action disciplinaire, ne serait qu'à charge du conseil qui a menti de n'avoir pas eu communication.

Malheureusement, à l'état actuel, les correspondances entre conseils, sont sous le sceau de confidentialité pendant qu'elles existent du fait de la communication. Elles rentrent dans l'économie de procédure, instrument de communication.

Ce mode de communication renferme encore d'autres causes dangereuses à la bonne administration de la justice. En ce sens, il a été jugé par la cour de cassation belge que la bonne administration de la justice est un principe général de droit qui implique notamment que le citoyen doit faire confiance

---

[747] Article 16 CPCF, 102ème édition Dalloz, Paris, 2011, p. 43.

[748] Paris, 1er mars 2002, BICC. 2002 n° 980.

[749] Georges BOLARD, Principe des droits de la défense, in *Droit et pratique de la procédure civile. Droit interne-droit communautaire*, 6ème édition, Dalloz, Paris, 2009, p. 599.

aux services publics[750](principe de légitime confiance) et compte que ceux-ci observent les règles et suivent une bonne politique bien établie[751] et impliquent donc droit à la sécurité juridique[752].

La cour suprême de justice adhère à ce principe, raison pour laquelle en matière de connexité du pénal qui tient le civil en état par exemple, elle pouvait ordonner la jonction ou la surséance au nom suprême de la bonne administration de la justice[753].

La communication directe entre conseils dans le dos du tribunal peut porter atteinte à la bonne administration de la justice. Nous rappelons une cause où le contradicteur soutenait avoir reçu communication des moyens et pièces à 22heures la veille de l'audience.

Certains cabinets ferment tôt leurs bureaux, surtout le dernier jour utile de communication, après avoir lancé la sommation à conclure par exemple.

Ce procédé de communication comporte également d'autres inconvénients. Les parties sont tentées de modifier les conclusions et pièces soumises au contradictoire après que le contradicteur ait relevé les aveux contenus dans les actes de procédure, notamment les conclusions préparées par le conseil, non préalablement communiquées au client.

A l'heure du modernisme, avec les ordinateurs, il peut arriver que les conclusions soient modifiées pour pouvoir élaguer les aveux, les fautes mises en exergue, voire le dispositif.

Il nous revient, d'un confrère du Barreau de Bruxelles, un exemple d'un autre désavantage de laisser l'échange d'écritures entre les mains des parties et dans le dos du tribunal, d'un Avocat qui communiquait à ses contradicteurs par fax, l'étalon en faisait foi. La contestation était émise par le contradicteur sur l'irrégularité de la communication des pièces et moyens. Le tribunal soutenait qu'il ne pouvait remettre en cause l'avancée technologique, donc la cause était mise en état. A force de contestation des différents conseils à l'égard du même cabinet, l'on constatera malheureusement et bien tard au préjudice des parties, des confrères et de l'ensemble du corps et surtout de la justice que le contradicteur malicieux faxait la première page de conclusions et dans la suite mettait les feuilles blanches au nombre des feuilles des conclusions pour se conformer à l'étalon.

La contradiction, comme le dit le dictionnaire juridique, associée au débat judiciaire, soutenue par l'égalité des armes et articulée avec les droits de la défense, est l'expression de l'état de droit puisqu'elle oblige le juge à prendre en considération les arguments de tous. Cela justifie que la

---

[750] Cass, 14 mars 1994, Pas. P. 252 avec concl. Min. Pub.

[751] Cass, 13 fév. 1997, Bull. n° 84 avec concl. Min. Pub.

[752] Cass, 27 mars 1992, Pas, p. 680 avec noe.

[753] CSJ, RP. 160/163, 26 fév. 1977, Bull. 1978, p. 10; CSJ, RP. 64 et 68, 15 mai 1974, Bull. 1975, p. 159 ; CSJ, RC 150, 9 déc. 1982, inédit. DIBUNDA KABUINJI MPUMBWAMBUJI, *op.cit*, p. 182.

contradiction prenne place partout et au plus haut dans la hiérarchie des normes juridiques[754].

Le professeur Georges BOLARD n'adhère pas à cette classification. En posant la question de savoir si le principe de contradiction est le plus important des droits de la défense, il affirme que pour autant qu'un classement soit possible, il faut sans doute préférer l'impartialité du juge. Mais l'impartialité du juge sans la libre contradiction serait boiteuse et inversement[755].

En cas de contestation de communication d'une pièce, dont l'échange des moyens se faisant entre conseils et dans le dos du tribunal,la question sera difficile à être tranchée comme le cas du juge Salomon avec les deux femmes[756].

Pour tenter de résoudre ce casus, Serge GUINCHARD et ses pairs partent de la procédure écrite pour rechercher une trace écrite attestant indirectement de la communication. Mais cette preuve n'est pas suffisante[757]. Toutefois, la cour de cassation pose une présomption de communication régulière à partir de la seule constatation, par l'arrêt, que la pièce a été produite ou versée aux débats et que cette production n'a donné lieu à aucun incident. A défaut d'énonciations contraires dans la décision, les documents sur lesquels les juges se sont appuyés et qui n'ont donné lieu à aucune contestation, sont donc présumés, sauf preuve contraire, avoir été régulièrement produits et soumis à la libre discussion des parties[758]. Par contre, l'arrêt se fonde sur certaines pièces sans être versé dans les conclusions des parties, sans incident de communication et sans que le juge relève sa communication ou sa production[759].

La passion caractérise les parties, celles-ci prétendent à tort ou à raison qu'elles n'ont pas pu déposer leur dossier des pièces à la juridiction du fait d'être retenues par l'adversaire personnellement ou par son mandataire professionnel. Certains conseils prétendent même qu'ils ont été empêchés de travailler par leurs contradicteurs qui n'ont pas su leur retourner les dossiers des pièces du reste en photocopies libres et, partant, sans valeur juridique.

Bien que sur plainte, les autorités ordinales sont saisies du problème de rétention de pièces. Ce fait intéresse également le législateur processuel et la jurisprudence qui l'ont reconnu comme une cause de requête civile. La cour de cassation belge décida qu'il est question de dol au sens de l'article 1133,

---

[754] *Dictionnaire de la justice*, PUF, Paris, 2004, p. 236.
[755] BOLARD Georges, *op.cit.* p. 596.
[756] Les deux justiciables se disputaient le seul enfant vivant : 1 Roi 3 :16 à 27.
[757] GUINCHARD Serge et alii, *op.cit*, p. 565.
[758] Idem, p. 565, jurisprudence constante.
[759] Ibidem, p. 565, Civ. 3ème, 10 juin 1976, Gaz. Pal 1977, note Viatte RTD. Civ. 1977. 369. Obs. PERROT ; Civ. 2ème, 25 novembre 1987. D. 1982, 37, note Bénarbent. RTD. Civ. 1982, 653. Obs. PERROT.

1° du code judiciaire lorsque en suite de manœuvres procédurales malhonnêtes, la partie adverse ne peut faire valoir sa contradiction[760].

En vue d'éviter la rétention des pièces par une partie déloyale, la communication doit se faire par voie juridictionnelle.

Avec la théorie rétrograde d'exposé sommaire des faits et moyens dans l'assignation, théorie consolidée par l'échange des moyens qui se déroule dans le dos du juge, ce dernier ne saurait pas diriger les débats avec compétence face aux conseils qui ont choisi une ligne de défense. Comment peut-il encore contrôler le contradictoire dans le chef des parties ?

N'est-il pas fondé, au regard de toutes ces imperfections de communication devant les juridictions de fond, que le régime de notification de la cour de cassation soit généralisé ?

Pour toutes ces raisons, l'institution du juge de mise en état fait fortune en droit franco-belge et suisse. D'ailleurs, le droit processuel de cassation congolais, en instituant la fonction de rapporteur, connaît l'aspect du juge de mise en état qu'il faudrait généraliser.

§ 3. La généralisation de la communication par voie du tribunal

Devant les cours et tribunaux siégeant comme juge de fond, et en l'état actuel de règles processuelles, le dossier judiciaire en matière civile, commerciale et du travail ne contient généralement que l'assignation ou la requête outre la preuve de consignation. Il peut arriver que d'autres exploits y soient versés (notification de date d'audience et de sommation à conclure et plaider) outre les procès-verbaux d'audience de remise.

En cas de procédure d'opposition, l'acte d'opposition est versé au dossier. Il en est de même de l'appel.

En l'état du dossier judiciaire, les juges, moins encore le Ministère Public, ne connaissent pas les moyens de fait et de droit des parties, même de leurs pièces. C'est en cet état que le tribunal reçoit les plaidoiries des parties.

Le juge, retranché dans son rôle très passif, apparaît être désintéressé de la recherche de la vérité. Souvent, certains membres de la composition, exceptionnellement pour le Président de chambre, préfèrent dormir en pleine audience. Quand le conseil se tait parce qu'il n'est plus suivi, le tribunal rappelle qu'il est écouté et doit continuer. Peut être que le président de chambre prétend convaincre le conseil que les juges dorment autrement que le commun des mortels.

Ce déséquilibre informationnel sur les moyens de fait et de droit ainsi que sur les pièces des parties entre les justiciables et le tribunal affecte négativement le contradictoire et l'impartialité du juge, en son aspect

[760] Cass, 11 mai 2001, Larcier Cass n° 916 avec obs.

compétence, à diriger les débats. C'est ce que déplore le professeur Georges BOLARD qui soutient que l'impartialité du juge sans la libre contradiction serait boiteuse et inversement[761].

L'office du juge doit maîtriser, avant les plaidoiries, l'objet du litige, un principe directeur du procès, déterminé par les prétentions respectives des parties qui sont fixées par l'acte introductif d'instance et par les conclusions[762].

Dans l'état actuel des règles processuelles devant le juge de fond, celui-ci ne reçoit les conclusions et pièces des parties qu'après la prise de la cause en délibéré,soit après un délai de 48 heures. Peut-on soutenir que lors de la plaidoirie et en l'absence de conclusions et pièces dans le dossier judiciaire, le tribunal ne comprendrait pas encore l'objet du litige, pas plus qu'il ne maîtriserait les moyens de fait et de droit de la cause ? C'est pourquoi, et dans la pratique, insuffisamment informé par l'acte introductif d'instance et la plaidoirie téléguidée, le tribunal ordonne d'office les mesures d'instruction par voie d'avant dire droit (quelle perte de temps)[763].

Le droit processuel congolais institue le rôle passif qu'il confie au juge civil. Cette situation ne peut qu'être déplorée par Serge Dauchy qui observe clairement que le rôle du juge dans la procédure civile est une question centrale parce que les grands principes directeurs du procès civil en dépendent[764].

La communication passant par le tribunal, surtout par le juge de la mise en état, lui permet de comprendre aisément les actions téméraires et vexatoires bien avant la plaidoirie.Ce procédé actuel tue le contradictoire et le renvoie dans l'enfer de l'injustice lorsqu'il n'y a pas un délai imposé au demandeur de communiquer ses moyens de fait et de droit ainsi que les pièces.

La procédure civile congolaise est malheureusement conservatrice de la thèse d'exposé sommaire des faits et moyens dans l'assignation, laquelle ne vaut pas amplement conclusion comme le prescrit l'article 56 du code de procédure civile français. Comble de malheur, certaines parties, bien que représentées, considèrent l'assignation comme conclusion. Elles communiquent les pièces. Quant aux moyens, elles soutiennent se référer à l'acte introductif d'instance qui contient le résumé sommaire des faits et des moyens, le tout avec la clause de réserve permettant de modifications et d'ajouts.

Il n'est pas admis que le demandeur puisse se jouer de la partie adverse en la faisant promener devant le tribunal par les remises réitérées à la suite

---

[761] Georges BOLARD, *op.cit.* p. 596.

[762] Article 4, code de procédure civile, 102ème édition, Dalloz, Paris, 2011, p. 9.

[763] Articles 29, 30, 39 et 46 du code de procédure civile.

[764] Serge DAUCHY, La conception du procès civil dans le code de procédure civile de 1806 in *De la commémoration d'un code à l'autre : 200 ans de procédure civile en France*, Litec, Paris, 2006, p. 83.

desquelles l'affaire est versée au rôle général pour être dans la suite ramenée au rôle utile sans qu'elle ne soit toujours pas mise en état.

La même attitude d'irrespect des cours et tribunaux s'observe devant les voies de recours ordinaires (appel et opposition). Aucun délai n'est imposé à l'opposant ou à l'appelant de diligenter la procédure sous peine de radiation.

La liberté processuelle doit être usée à bon droit. C'est ce souci qui amène le professeur Yves STRICKLER à observer le poids moral de la liberté constituée par l'exigence du respect du juge et de l'adversaire[765]. Par une justice processuelle à deux vitesses, le législateur spécial de procédure de cassation a prévu le mécanisme de radiation des causes lorsque certaines formalités n'ont pas été accomplies dans un délai légal, par exemple la requête confirmative de pourvoi[766].

Les justiciables sont les mêmes lorsqu'ils sont devant le juge de fond ou devant la Cour de cassation. Il faut donc pour ce des règles impératives dont les parties ne doivent pas user abusivement. Toutefois, Loïc Cadiet conseille qu'il ne faut pas imposer des exigences de forme au-delà de ce qu'exige la bonne compréhension d'un acte par son destinataire[767].

Le législateur processuel français prévoit les règles qui sont de nature à tenter de contenir la mauvaise foi des parties. L'assignation, valant conclusion, contient à peine de nullité, outre les mentions prescrites pour l'huissier de justice (...), l'indication des pièces sur lesquelles la demande est fondée. Ces pièces sont énumérées sur un bordereau qui lui est annexé[768].

Il a été jugé que même à défaut d'être prescrite clairement à peine de nullité, l'obligation pour le demandeur d'emmener les pièces sur lesquelles il fonde son action constitue une formalité substantielle pour la régularité de la procédure puisque cette règle nouvelle tend à mieux informer le destinataire de l'assignation des motifs du procès qui lui est intenté et, par conséquent, contribue à garantir les droits du défendeur en lui permettant d'apprécier précocement la pertinence de l'action engagée à son encontre et de faire valoir ses droits[769].

La communication des pièces doit être faite au même moment que l'assignation par voie d'huissier de justice.

Le droit processuel belge impartit le délai de communication des pièces ; l'article 36 stipule que « Les parties se communiqueront les pièces avant leur emploi, à peine de surséance d'office à la procédure. Sauf le cas prévu à l'article 735, le demandeur doit faire cette communication dans les huit jours de l'introduction de la cause, le défendeur avec la communication de ses conclusions »[770].

---

[765] Yves STRICKLER, Liberté, j'écris ton nom, in *Justices et droit du procès*, *op.cit*, p. 385.

[766] Article 2 de la loi organique de procédure de cassation.

[767] Loïc CADIET, *op.cit*, p. 623.

[768] Article 56, CPCF, p. 112.

[769] TGI Le Mans, JME. 22 mars 2007, juris Date n° 2007 - 331020

[770]*Code judiciaire*, Tome 1, Larcier, 2010, p. 326.

Au degré d'appel, le droit judiciaire belge repartit le timing : l'intimé a un mois pour conclure à partir de l'introduction de la cause ; l'appelant a un mois pour lui répondre. L'intimé dispose de quinze jours pour sa réplique[771].

Le droit processuel congolais charge l'intimé de conclure au degré d'appel le premier. Il met la charrue avant les bœufs. L'appel en tant que voie de recours ordinaire ne défère à la cour que la connaissance des chefs de jugement qu'il critique expressément ou implicitement et de ceux qui en dépendent. La dévolution s'opère pour le tout lorsque l'appel n'est pas limité à certains chefs, lorsqu'il tend à l'annulation du jugement ou si l'objet du litige est indivisible[772] ; tel est le sens des articles 1051 à 1053 du code judiciaire belge.

Il revient à l'appelant qui conteste la décision du premier juge de déterminer les griefs mis à charge de l'œuvre du magistrat. En l'état actuel de procédure, à la différence de l'opposition qui requiert l'exposé sommaire des moyens de la partie[773], l'acte d'appel se résume généralement comme motif d'appel « Mal jugé »[774].

Le droit suisse détermine le régime de l'appel si proche du régime d'opposition en droit congolais. Il prescrit que l'appel, écrit et motivé, est introduit auprès de l'instance d'appel dans les 30 jours à compter de la notification de la décision motivée ou de la notification postérieure de motivation. La décision qui fait l'objet de l'appel est jointe au dossier[775].

En vue de soustraire la chicane, le droit processuel suisse détermine à l'article 308 les décisions attaquables par voie d'appel, à savoir :

- les décisions finales et les décisions incidentes de première instance ;
- les décisions de première instance sur les mesures provisionnelles ;
- dans les affaires patrimoniales, l'appel est recevable si la valeur litigieuse au dernier état des conclusions est de 10.000 francs au moins[776].

Il revient à l'appelant de préciser à l'intention de la juridiction d'appel et à l'intimé sur les motifs d'appel. Et l'article 312 du code de procédure civile suisse de prescrire que « L'instance d'appel notifie l'appel à la partie adverse pour qu'elle se détermine par écrit, sauf si l'appel est manifestement irrecevable ou infondé (…) ».

Le droit processuel belge formalise l'appel en respect du contradictoire en son aspect informationnel. En son article 1056, l'appel peut être formé

---

[771] Article 1064 code judiciaire belge.
[772] Article 562 code de procédure civile, 102ème édition, Dalloz, Paris, 2010, p. 454.
[773] Article 63 code de procédure civile congolais.
[774] Article 68 code de procédure civile congolais.
[775] Article 311 code de procédure civile suisse.
[776] Article 308 code de procédure civile suisse.

par acte d'huissier de justice signifié à la partie, par requête déposée au greffe de la juridiction d'appel en autant d'exemplaires qu'il y a des parties en cause et notifiée par le greffier, par lettre recommandée à la poste envoyée au greffe et par conclusions à l'égard de toute partie présente ou représentée à la cause.

Les dispositions de l'article 1057 prescrivent, à peine de nullité, que l'acte d'appel contient (...) l'énonciation des griefs[777]. Cette manière de faire nous semble être d'un emprunt utile pour le législateur processuel congolais parce que le rôle de l'office du juge dans l'administration de la preuve doit être actif.

Le législateur processuel suisse l'a compris. En matière des preuves, les parties n'ont pas la liberté de produire n'importe quoi devant l'autorité judiciaire qui prend des ordonnances des preuves. L'article 154 stipule que les ordonnances des preuves sont rendues avant l'administration des preuves. Elles désignent en particulier les moyens de preuve admis et déterminent pour chaque fait à quelle partie incombe la preuve ou la contre-preuve. Elles peuvent être modifiées ou complétées en tout temps[778].

Le juge ne peut rencontrer et vider la saisine que sur les prétentions des parties qui ont été régulièrement soumises au contradictoire. Il doit alors détenir la preuve de cet échange des moyens et pièces pour pouvoir en écarter ceux qui ont été faits au mépris des règles des droits de la défense.

Or, dans le cas d'échange des moyens et pièces directement entre avocats, avec ses énormes imperfections[779], la partie représentée ou assistée par un avocat se trouve empêchée de produire la preuve de l'échange pour une raison liée à son conseil et non à elle-même non soumise aux règles professionnelles[780]

Le conseil qui ne voudrait pas que la preuve d'échange soit produite oppose même au tribunal le prescrit de l'article 63 du règlement intérieur cadre sur les barreaux.

En sus, le pouvoir de trancher les différends appelle la responsabilité (civile, pénale et disciplinaire) du tribunal. Il est impérieux que le tribunal cesse de se remettre à la foi des justiciables représentés ou assistés qui sont du reste copropriétaires des intérêts judiciaires[781] étant donné, comme l'indique le Bâtonnier National MBUY MBIYE TANAYI, que la détermination des honoraires des avocats dépend également du résultat obtenu[782]. De ce résultat obtenu, il est juste de rappeler dès lors que

---

[777] Code judiciaire belge.

[778] Article 154, code de procédure civile suisse. Stephen V. BERTI, *op.cit*, p. 217.

[779] Modification des conclusions non recommuniquées à la partie adverse, le dossier des pièces modifié, les pièces soustraites par rapport à la première cotation.

[780] Article 63 du règlement intérieur cadre.

[781] MBUY MBIYE TANAYI, *op.cit*, p. 184.

[782]Lire avec intérêt SHEBELLE Michel, *régime disciplinaire et pratique de l'honoraire de l'avocat congolais*, éditions NGSH Law, Kinshasa, 2011, p. 136.

l'obligation des moyens du Médecin est très différente de celle de l'Avocat car ses honoraires ne dépendent pas nécessairement du résultat.

Il s'agit d'apporter la preuve effective d'échange des moyens et pièces afin que le tribunal y fonde sa décision. Hiérarchisons même la question. Le contradictoire est un principe général du droit ayant pour fondement le droit naturel, les conventions internationales ratifiées par les Etats et intégrées dans l'arsenal juridique. Un de plus beaux principes processuels qui a donné le nom aux auxiliaires de la justice, c'est « L'organe de la défense ». Il ne peut être opposé efficacement et à raison à l'article 63 du règlement intérieur cadre.

La procédure de la cour de cassation congolaise a écarté l'échange d'écritures directement entre les justiciables représentés sur pied des articles 4 et 5 de la procédure devant la cour de cassation.

Les dispositions des articles 4 et 5, prescrites à peine d'irrecevabilité, imposent aux justiciables de déposer au greffe de la cour de cassation toute requête ou tout mémoire, bien entendu avec les pièces. Et l'article 8 alinéa 2 de la même loi exige la signification de toute requête, réquisition ou mémoire à la partie contre laquelle la demande est dirigée[783].

Les conseils près la Cour de cassation sont censés intérioriser les règles professionnelles plus que ceux des Barreaux près les cours d'appel. Que dire des défenseurs judiciaires dont la flexibilité de l'éthique permet à la majorité de se comporter en électron libre ?

La similarité avec la procédure de cassation française saute aux yeux suivant les articles 977 et 980 du code de procédure civile et l'article 578 du code de procédure pénale[784]. Le droit judiciaire belge y adhère par les dispositions de l'article 1081[785].

Les procédures franco-belge et suisse ont généralisé la communication des moyens et pièces par voie de notification[786]. Toutefois, sur pied de l'article 737 du code judiciaire belge, le législateur a prévu deux modes de communication. Celle-ci peut être faite par le dépôt au greffe ou à l'amiable sans formalité.

Mais la cour internationale de justice indique que toute procédure écrite comprend la communication au juge, et ce à partir des mémoires, des contre-mémoires et, éventuellement, des répliques ainsi que de toute pièce et document à l'appui[787].

---

[783] Loi organique n° 13/010 du 19 février 2013, Journal officiel, 54ème année, 1ère partie, numéro spécial, Kinshasa, 20 février 2013.

[784] Disposition à relier aux dispositions du titre 17, délais, Acte d'huissier de justice et notification. CPC, p. 523.

[785] *Code judiciaire*, Tome 1, Larcier, 2010, p. 360.

[786] Article 131 à 139, code de procédure civile suisse. Articles 56 et 815 du code de procédure civile français ; article 3 code judiciaire belge.

[787] Article 43 des statuts.

Le règlement de procédure de la cour commune de justice et d'arbitrage prescrit l'échange des moyens par voie de signification ou de notification du fait que le requérant a l'obligation de déposer au greffe la requête avec sept copies pour la cour et autant de copies qu'il y a de parties en cause[788]. Le greffe de la cour se charge de la signification.

Au regard des problèmes que pose la justice congolaise, il y a lieu de généraliser à toute instance le principe de notification des moyens et pièces des parties. Avant de procéder à la notification, les pièces inventoriées et les conclusions sont préalablement visées par le tribunal.

Sur le plan pratique, et assez régulièrement, les juridictions arrivent à retenir les causes pour être plaidées sans qu'elles puissent être en état de recevoir plaidoirie. Les identités des parties et l'exposé sommaire, exigences processuelles contenues dans l'assignation, attirent l'attention de certains juges qui veulent coûte que coûte retenir la cause, car à la date de remise, et suivant le roulement, ils ne pourraient pas siéger.

Généralement la première chambre, celle du président de juridiction, contient des affaires importantes non du point de vue de droit mais des intérêts financiers en jeu. Certains magistrats usent abusivement de l'identité, la profession et l'adresse des parties en détournant leur finalité processuelle, quand ils peuvent aller seuls ou, à défaut, quand ils y envoient les greffiers ou les huissiers.

Actuellement, à la phase pré juridictionnelle, les officiers de police judiciaire et les magistrats debout exigent des inculpés et plaignants leurs numéros des téléphones portables et chacun s'en servira à tout instant pour les emmerder. Combien n'entend-on pas des justiciables se plaindre d'une sorte de harcèlement au téléphone de la part des magistrats pour des raisons autres que celles de l'instruction du dossier ?

Comme remède, l'on peut recourir au modèle du tribunal de commerce de Kinshasa/Gombe qui règle la question par l'attribution à chaque chambre des dossiers dès leur introduction. Cette organisation interne facilite les remises.

Conclusion

En somme, le principe du contradictoire en droit processuel congolais constitue un principe général du droit que doit faire observer l'office du juge. Malheureusement, devant la juridiction de fond, le juge ne se trouve pas soumis au principe lorsqu'il soulève les moyens d'office d'ordre public sur lesquels il fonde sa décision sans les soumettre préalablement à la libre discussion.

---

[788] Articles 24, 27 et 29 à 31 du règlement de la cour commune.

La cour de cassation soumet aux débats les moyens relevés d'office par elle, par exemple les moyens d'ordre public et les moyens sur un incident[789].

Les dispositions des articles 16 et 17 de la nouvelle loi organique n° 13/010 du 19 février 2013 relative à la procédure devant la cour de cassation sont respectueuses du contradictoire à la différence de l'ancienne loi n° 82-017 du 31 mars 1982 où sur pied de l'article 16 alinéa 2, la haute cour avait la faculté de soumettre ou non aux débats les moyens d'ordre public relevés d'office par elle[790].

Le droit processuel congolais épouse le fondement du contradictoire, malheureusement sans le rendre plus effectif par le contrôle actif du juge de mise en état comme en droit franco-belge et suisse. Le respect apparent du contradictoire, dans son aspect de communication entre parties par voie de notification, est reconnu au niveau de la cassation. Ce procédé peut être généralisé jusqu'au juge de fond.

A cet égard, il sied de noter qu'aussi imparfait soit-il, le principe du contradictoire a une place dans les règles processuelles congolaises bien que le régime d'exposé sommaire des assignations porte encore gravement atteinte à la contradiction des débats dans son aspect informationnel.

Pour rendre effective l'information complète au défendeur ou au cité appelé pour être entendu, le droit processuel congolais peut modifier le régime d'assignation qui vaudra conclusions, à notifier avec les pièces devant le juge de fond.

Les auxiliaires de la justice tels que les greffiers et les huissiers ne facilitent pas la tâche à ce que le principe du contradictoire soit effectif à toute instance, notamment par les fausses significations et les faux procès-verbaux d'audience. L'administration du territoire a un impact certain sur la qualité de la justice. Le défaut de l'urbanisation effective et la non tenue régulière des actes de l'état civil par les communes portent atteinte au droit processuel du contradictoire.

Il demeure souhaitable que la constitution du conseil, comme à la cour de cassation, puisse valoir, devant le juge de fond, élection de domicile. Les cabinets d'avocats sont connus des greffiers et huissiers.

Parfois et souvent le principe du contradictoire se heurte à la liberté processuelle mal maîtrisée par les parties et certains conseils qui préfèrent se défendre uniquement sur la forme ou simplement sur les quelques règles de fond.

Le principe général du contradictoire remplit correctement sa mission dans une cause où les parties y font recours pour se défendre en justice, ce qui n'est pas le cas pour celles qui le détournent à d'autres fins.

---

[789] Articles 16 et 17, Ordonnance-loi n° 82-017 du 31 mars 1982 relative à la procédure devant la cour suprême de justice.

[790] Ordonnance-loi n° 82-017 du 31 mars 1982 relative à la procédure devant la Cour suprême de justice. *Journal officiel* n° 7 du premier avril 1982, pp. 11-27.

L'effectivité du contradictoire s'observe utilement dans le respect du principe de la concentration des moyens dès la première instance en ce sens que le chemin processuel se rétrécit au fur et à mesure que l'on avance avec l'interdit de nouvelles prétentions au degré d'appel, et celui des moyens nouveaux en cassation, sans oublier les faits nouveaux ou les moyens mélangés de faits et de droit.

Le défaut de concentration des moyens par les parties oblige le supplément à la défense des moyens relevés d'office par le tribunal et le Ministère Public. Le mépris de la concentration des moyens par les parties constitue une des causes des voies de recours extraordinaires et les inscriptions en faux imaginaires contre les actes de procédure afin de revenir à l'affaire originaire.

L'avis du Ministère Public en matière civile échappe injustement au contradictoire de même que les notes de plaidoirie. Le contradictoire, face visible des droits de la défense, se combine avec d'autres principes processuels dont ceux de loyauté et d'égalité des parties.

Chapitre Deuxieme :
LA LOYAUTE DES DEBATS ET L'EGALITE DES PARTIES

Au plan pratique, le différend divise les justiciables qui tombent dans la haine les uns envers lcs autres. Parce que l'on ne peut déjà pas dire du bon de son adversaire, est-ce quelles règles processuelles peuvent-elles contenir cet état d'adversité des parties ? Au mieux, les règles de forme ne prescrivent-elles pas certains actes qui portent atteinte à la bonne foi ? (Section 1).

En effet, le droit processuel n'est pas le seul à éduquer les justiciables car l'éducation civique s'inscrit aussi dans la formation à la loyauté. Les écoles et les religions ne restent pas à l'écart, moins encore la famille. Malheureusement et en dépit de ce concours multi-scientifique, l'homme est resté le même avec ses sentiments, ses particularités ou son individualité[791]. Le droit processuel garantit l'espace des libertés dans une logique égalitaire (Section 2).

Section 1. La loyauté des débats judiciaires

Comme on peut le constater, la loyauté, vertu sociale, déborde le contexte judiciaire pour prendre l'essence de la morale. Quel sens et quel contenu lui donne le droit processuel ?

§ 1. Définitions de la loyauté

Gérard CORNU définit la loyauté comme *« la droiture »*,celle-ci désigne plus spécialement soit la sincérité contractuelle (dans la formation du contrat), soit la bonne foi contractuelle (dans l'exécution du contrat), soit dans le débat judiciaire, le bon comportement qui consiste, pour chaque adversaire, à mettre l'autre à même d'organiser sa défense, en lui communiquant en temps utile ses moyens de défense et de preuve[792].

La définition du dictionnaire encyclopédique du mot loyauté recoupe en quelque sorte celle de Gérard CORNU ; elle est le caractère de ce qui est loyal, honnête. Aujourd'hui, la loyauté est devenue un principe directeur ou un droit fondamental du procès. Serge GUINCHARD et ses pairs notent la

---

[791] Les études criminologiques sont assez éloquentes quand à ce.

[792] Gérard CORNU, *Vocabulaire juridique*, PUF, Paris, 198, p. 563.

métamorphose de la procédure : loyauté, dialogue et célérité pour faire un constat universel du procès équitable et de nouveaux principes directeurs, tels que la loyauté[793].

Les professeurs Jacques HERON et Thierry Le Bars rapprochent le contradictoire et la loyauté lorsqu'ils font remarquer que

> La contradiction comprend aujourd'hui deux visages bien différents, celui qui vient à l'esprit en premier régit les rapports entre les parties. En ce sens, le principe de la contradiction serait l'expression d'un principe plus large de « loyauté des débats » non énoncé dans le code civil (...). Le second visage du principe contradictoire (...) est lié au développement des pouvoirs du juge [794].

La loyauté est devenue un principe fondamental ou principe directeur du procès en droit processuel français[795] et même pour le droit suisse[796]. Le dictionnaire de la justice la définit comme un des principes essentiels, comme tout système, qui inspire ses dispositions et en assure la cohérence et lui donne la tonalité qui lui est propre[797].Didier DEL PRETE et Eva FISHER expriment le fondement même de la loyauté en estimant, à bon droit, que tous les moyens ne sont pas bons pour gagner un procès, le devoir de vérité s'impose et le droit processuel devient le filtre de la vérité[798].

La loyauté a ses inclinaisons reconnues comme principes généraux de droit fondés sur la notion de bon citoyen, notamment :

- l'abus de droit[799] ;
- la demande reconventionnelle[800] ;
- l'enrichissement sans cause[801] ;
- la règle de fraus omnia corrumpit[802] qui suppose l'existence d'une fraude, laquelle implique la volonté malicieuse, la tromperie intentionnelle, la déloyauté dans le but de nuire ou de réaliser un gain[803] ;
- la sanction d'estoppel[804].

---

[793] Serge GUINCHARD, Cécile CHAINAIS et Frédérique FERRAND, *op.cit*, p. 315.

[794] Jacques HERON et Thierry LE BARS, *Droit judiciaire privé*, 4me édition, Montchrestien, Paris, 2010, pp. 233 – 234.

[795] Article 9, CPCI.

[796] Procédure civile, article 52 respect des règles de bonne foi, et pénale suisse, article 3, a.

[797] *Dictionnaire de la justice*, *op.cit*, p. 1038.

[798] Didier DEL PRETE et Eva FISCHER, *Institutions juridictionnelles*, Hachette, 2006, Point 83.

[799] Cass. 11 juin 1992, Pas. p. 898.

[800] CSJ, RP 26 du 30 décembre 1997, TSP, inédit (Ruffin Mushigo-A-Gazanga Gigombe, op.cit, p. 87.

[801] Cass, 18 avril 1991, p. 740 ; CSJ, RC 2023, 4 décembre 1997, inédit, Annexe; CSJ, RC 137, 19 août 1981, RJZ 1982, p. 55.

[802] Cass, 16 juin 1987, p. 1278 ; CSJ, RC 213, 11 avril 1979, Bull. 1984, p. 55

[803] Cass, 3 octobre 1997, Pas, p. 962.

[804] Plo Lumumba, judicial review in Kenya, 2nd edition Law Africa, Kenya, 1999, p. 80.

La loyauté est érigée en principe directeur du procès comme caractéristique universelle du procès équitable. Pour bien en cerner les contours, l'on peut commencer par le droit comparé pour enfin finir par le droit processuel congolais, afin d'en cerner la portée.

A. En droit comparé

Les autorités helvétiques lient le respect de la dignité humaine et le procès équitable à la notion de loyauté. Ainsi, la procédure pénale commande que les autorités pénales puissent respecter la dignité des personnes impliquées dans la procédure, à tous les stades de celle-ci. Elles doivent se conformer notamment au principe de la bonne foi et à l'interdiction de l'abus de droit[805].

La procédure suisse institue la loyauté en principe directeur du procès, ainsi, lit-on : « Le procès doit respecter les règles de la bonne foi. Quiconque participe à la procédure doit se conformer aux règles de la bonne foi »[806]. La loyauté étant une des composantes des droits de la défense comme le disait Henri Motulsky[807], elle doit être très évidente dans l'administration des preuves. C'est pourquoi, les parties, sous certaines réserves, sont tenues de collaborer à l'administration des preuves. Elles ont en particulier l'obligation, ainsi que le prescrit le droit procédural suisse:

a) de faire une déposition conforme à la vérité en qualité de partie ou de témoin ;
b) de produire les documents requis, à l'exception de la correspondance d'avocat, dans la mesure où elle concerne la représentation à titre professionnel d'une partie ou d'un tiers ;
c) tolérer un examen de leur personne ou une inspection de leurs biens par un expert.

Le tribunal statue librement sur le devoir de collaborer des mineurs[808].

Et le législateur français a fait sienne la volonté du législateur suisse contenue dans l'article 160 du code de procédure civile. C'est pourquoi, l'article 11 du code de procédure civile stipule que

> « Les parties sont tenues d'apporter leur concours aux mesures d'instruction, sauf au juge, à tirer toute conséquence d'une abstention ou d'un refus. Si une partie détient un élément de preuve, le juge peut, à la requête de l'autre partie, lui enjoindre de la produire, au besoin sous peine d'astreinte. Il peut, à la requête de l'une des parties, demander ou ordonner, au besoin sous la même peine, la production

---

805 Article 3 code de procédure pénale suisse du 5 octobre 2007 (Etat le premier janvier 2011).
806 Code de procédure civile suisse, 19 décembre 2008.
807 GUINCHARD Serge et alii, *procédure civile,* Dalloz, Paris, 2009, p. 329.
808 Article 160, code de procédure civile suisse.

de tous documents détenus par des tiers s'il n'existe pas d'empêchement légitime »[809].

Le droit processuel français reconnaît à la loyauté le rang du principe directeur du procès[810]. La notion de justice contractuelle renvoie aux règles civiles du procès, notamment de vices de consentement et de bonne foi ; donc la justice par le contrat [(811)]. Ainsi, les parties sont tenues d'apporter leur concours aux mesures d'instruction, au juge d'en tirer toute conséquence d'une abstention ou d'un refus.

Dans sa constance, la Haute Cour jugea par exemple que le pouvoir reconnu au tribunal sur pied de l'article 11 CPCF est un pouvoir discrétionnaire laissé à sa simple faculté[812]. C'est de même qu'il a également été jugé que le pouvoir d'enjoindre aux parties, de demander ou ordonner aux tiers de produire des éléments de preuve qu'ils détiennent est conféré à toute juridiction de l'ordre judiciaire, et notamment au juge des référés [813] et au juge de requête [814] ainsi qu'à la cour de cassation [815].

Du fait de prescrire le procès équitable et de réprimer la torture, le droit pénal et la procédure pénale reconnaissent à la loyauté le caractère de principe directeur [816].Le droit judiciaire belge considère le procès équitable comme un principe général de droit (cas 1er février 1984, Pass. P. 617). Il érige aussi en principe général de droit la règle de Fraus ominia corrumpit (Cass, 16 juin 1987, Pass, P. 1278), tout autant l'admissibilité de la recherche et de la loyauté dans la recherche des preuves[817].

B. En droit congolais

Le droit processuel congolais exige la loyauté des débats judiciaires. Celle-ci est fondée sur la conception de la contractualisation du procès. Il est malheureusement curieux de noter qu'en dépit des origines lointaines de la règle processuelle de loyauté, les justiciables ne se détournent pas des actes déloyaux.

Le procès pris dans le sens du contrat judiciaire fait que les règles civilistes s'appliquent, à savoir les conditions de validité du contrat [818]. Le

---

809 Article 11 code de procédure civile, 102ème édition, Dalloza, Paris, 2011, p. 21.

810 Articles 6, 16 code de procédure civile.

811 CADIET Loïc et alii, *Théorie générale du procès*, PUF, Paris, 2010, p. 196.

812 Civ. 1er, 14 décembre 1973, Bull. Civ. I n° 336 ; Civ. 2ème, 10 février 1977, Ibid. II n° 32. D 1977 IR. 264. Obs. Dulien.

813 Aix-en Provence, 18 oct. 1976 Gaz, Pal 1977- 1 somm. 134. TGI Toulouse, Réf 10 fév. 1976. JCP 1976 IV. 6632 P. 288, TGI Paris, Réf. 28 juin 1977 Gaz, Pal 1978. 1 Somm 122.

814 TGI Novers, ord. 23 sept 1976. JCP 1977, II 18603. Note Alinairac.

815 Civ. 1er, 4 fév 1986, Gaz Pal 1986 I Somm, 416. Obs. Guinchard et Moussa.

816 Gilbert AZIBERT, *code de procédure pénale*, Litec, Paris, 2005, p. 1 ; Code de procédure pénale ; code de justice militaire, Dalloz, Paris, 2001, p. 1.

817 Cass, 3 avril 2001, Larcier ; Cass. N° 854 avec dos.

818 La répression du dol en matière contractuelle, l'exécution de bonne foi, etc..

juge au destin aveugle est souvent dérouté par les parties, ou il en devient complice. Généralement, ce sont les fautes du juge qui sont plus mises en exergue que celles des parties et de leur conseil.

La loyauté doit s'observer dans les actes de procédure, les notifications, les conclusions et pièces et l'exécution du jugement.

Natalie FRICERO met en évidence la loyauté requise dans les débats judiciaires. Pour elle, « la loyauté définie comme le comportement fait de droiture et de probité attendu du plaideur envers le juge et envers son adversaire est implicitement contenue dans de nombreuses dispositions du CPC. Le juge de la mise en état a reçu, à cet égard, la mission de veiller au déroulement loyal de la procédure » [819].

La loyauté apparaît tantôt comme incluse dans le contradictoire, tantôt comme principe autonome ainsi qu'il en sera fait démonstration dans la suite.

§ 2. Loyauté dans les assignations et citations directes

L'acte d'assignation ou de citation donné au défendeur ou au cité tend à respecter le principe général du droit de la contradiction, du reste relevant du droit naturel de défense que le demandeur ou le citant doit observer.

Le premier rôle du droit processuel du contradictoire est la correcte invitation régulière faite au défendeur que doit observer le demandeur et faire observer l'office du juge. Celle-ci constitue le commencement des droits de la défense. Ainsi, les règles processuelles imposent au demandeur ou à la partie citante de fournir à la justice son identité complète et celle de la partie adverse, d'en indiquer également le domicile ou la résidence [820].

L'identification du demandeur en droit congolais n'est pas suffisante comme en droit français qui exige qu'outre les noms, profession, domicile, le requérant doit indiquer dans l'exploit la date et le lieu de naissance. Il revient également au demandeur ou citant de donner l'adresse du défendeur ou du cité pour permettre à la justice de porter à sa connaissance le déclenchement de la procédure par la signification[821].

Au regard de ces dispositions d'ordre public, le requérant a l'obligation de fournir l'identité correcte de la partie adverse ainsi que son adresse réelle qui permettra au tribunal d'examiner d'abord sa compétence territoriale.

Dans la pratique, la partie demanderesse peut s'abstenir de fournir l'identité réelle de la personne visée par l'exploit, elle assigne plutôt une autre personne pour venir faire exécuter la décision sur la vraie partie.

---

[819] Natalie FRICERO, *procédure civile*, 6ème édition, Gualiano, Paris, 2010, pp. 82 – 83.

[820] Article du code de procédure civile ; article de procédure pénale.

[821] Article 55, 648 CPC français, 1022ème édition, Dalloz, Paris, 2011, articles 32 à 47 code judiciaire belge, Larcier 2010 ; Order 1 – 3 civil procedure act. Cap 21, Steve OUMA, *op.cit*, p. 101.

A. Présentation du faux défendeur

A titre d'exemple, une partie assigna la République Démocratique du Congo et le conservateur des titres immobiliers du Mont Amba, sans prétention sur la parcelle X du plan cadastral de la commune de Limete pour obtenir leur déguerpissement. La partie demanderesse savait pertinemment bien que les défendeurs assignés n'avaient pas de prétentions sur cette parcelle, partant l'on peut parler du défaut d'intérêt légitime à défendre. Au lieu d'assigner directement la société qui occupe les lieux et qui a des intérêts dignes de protection, le demandeur préféra la contourner en assignant la République Démocratique du Congo et le conservateur des titres immobiliers en espérant venir exécuter la décision sur les occupants des lieux[822].

Les justiciables savent qu'il est facile d'obtenir une condamnation judiciaire de la République Démocratique du Congo et de ses institutions soit par défaut d'intérêt dans le chef des mandataires publics, soit parce que ceux-ci peuvent jouer au complice, soit encore que le tribunal peut préférer autre chose que le droit.

La technique est simple, dès l'exécution de la décision, au soir du samedi, l'exécutant aura déjà vendu la parcelle à quelqu'un de fort financièrement ou politiquement. Certainement, la tierce opposition sera initiée, mais le dilatoire ne manquera pas. Pour gagner du temps, l'exécutant initiera une autre procédure, cette fois-ci au pénal contre le vrai propriétaire pour enfin obtenir la surséance de la procédure au civil en évoquant le principe « le criminel tient le civil en état ». La surséance ordonnée permettra de garder en dehors de la parcelle la victime de l'erreur judiciaire toute faite. Les deux affaires tomberont dans la lenteur habituelle de la justice. C'est à juste titre que Didier Cholet constate que « la lenteur est un problème qui concerne tous les procès quelle que soit l'instance devant laquelle ils se déroulent » (823).

Cette lenteur se déroule dans un cadre de procès qui est considéré par Antoine Garapon comme un univers de fiction, de pression et de manipulation légitimes. Le juge doit à la fois y résister et savoir y succomber. C'est toute la difficulté de sa tâche[824].

La justice se trouve au cœur de la gestion des rapports sociaux comme le dit Martine Kaluszynski, par la juridiciation des problèmes clés de la société

---

[822] RC 24698, Ttribunal de Grande Instance de Kinshasa Matete.

[823] Didier CHOLET, *La célérité de la procédure et droit processuel*, LGDJ, Paris, 2006, P 29

[824] Antoine GARAPON, *Bien juger, essai sur le rituel judiciaire*, édition Odile Jacob, Paris, 1997, p. 310.

et le déplacement de plus en plus fréquent du traitement d'affaires de l'arène politique vers l'arène judiciaire[825].

Un des problèmes de la justice c'est le temps du procès. Non maîtrisé par le juge, observe l'ancien Bâtonnier de Lyon, Jean Bonnard, le temps devient un élément de la stratégie du justiciable. Son écoulement devient en soi un paramètre du procès. Il peut aboutir à rendre la décision de justice quasi impossible à exécuter[826].

Le professeur Henri OBERDOFF, en abordant cette question, rappelle que lorsqu'on aborde le temps de juger, on se heurte d'abord à une délicate question d'appréciation du temps. A chacun son temps en quelque sorte[827].

Pour Didier CHOLET, la lenteur judiciaire tient au fait que

> « Le procès est aussi un affrontement entre deux parties et que cette lenteur, causée par l'une d'elles peut affecter l'autre. L'avènement d'une conception libérale du procès, essentiellement civil, a ensuite entraîné la prise en considération de cette dimension »[828].

Mais elle peut être imputée, en partie, aux conseils dans le sens que lui donne Maître Paul Lombard quand il dit que « L'avocat n'est pas un décideur mais un provocateur au sens plein du mot »[829]. Des règles ordinales consacrent au profit du Bâtonnier le régime processuel qu'il ne peut être sommé pour plaider. L'abus s'enkyste, il plaide quand il veut, et surtout pour les dossiers dont le droit se trouve dans le camp de ses clients.

L'intérêt, mesure des actions, amène le demandeur à fournir la fausse identité du défendeur au mépris total des droits de la défense.

Retraçant ainsi le chemin de leur évolution, Serge Guinchard et ses pairs notent que « Le principe des droits de la défense a connu une véritable consécration qui lui est venue de la jurisprudence civile : la défense étant de droit naturel, personne ne doit être condamné sans avoir été interpellé et mis en demeure de se défendre[830].

Cependant, le requérant se soustrait inconstitutionnellement et illégalement à un procès contradictoire, fondement du droit naturel. L'article

---

[825] Martine KALUSZYNSKI, *La fonction politique de la justice*, la découverte, Paris, 2007, p. 9.

[826] Jean BONNARD, La vision des avocats, in *Le juge administratif à l'aube du 21ème siècle*, Actes du colloque du 40ème anniversaire des tribunaux administratifs, Presses Universitaires de Grenoble, 1995, p. 306.

[827] Henri OBERDOFF, Le justiciable, le juge administratif et le temps, in *le juge administratif à l'aube du 21ème siècle*. Actes du colloque du 40ème anniversaire des tribunaux administratifs, Presses universitaires de Grenoble, 1995, p. 281.

[828] Didier CHOLET, *op.cit*, p. 45.

[829] Simone ROZES et Paul LOMBARD, *le juge et l'avocat : dialogue sur la justice*, Robert Laffont, Paris, 1992, p. 56.

[830] Serge GUINCHARD, Frédérique FERRAND et Cécile CHAINAIS, Dalloz, Paris, 2009, P. 329 ; Serge GUINCHARD, Cécile CHAINAIS et Frédérique FERRAND, *Procédure civile, Droit interne et droit de l'union européenne*, 30ème édition, Dalloz, Paris, p. 526.

14 CPC français prescrit que « Nulle partie ne peut être jugée sans avoir été entendue ou appelée »[831].

L'obligation processuelle incombe au demandeur de désigner le vrai défendeur dans l'acte introductif d'instance, avec une exécution de bonne foi[832].

Dans un système de l'acte Torrens, « Système d'enregistrement des biens immobiliers », une partie, surtout assistée d'un conseil, ne peut prétendre ne pas connaître l'identité du vrai défendeur occupant les lieux[833].

Il est utile d'indiquer qu'en matière immobilière, toute autorité judiciaire saisie soit par une plainte, soit par acte introductif d'instance, doit requérir des renseignements de la conservation des titres immobiliers. Ce rapport doit être requis avant toute décision au fond et soumis préalablement au contradictoire.

Au regard du volume du contentieux judiciaire en matière immobilière [834] et l'attrait à l'enrichissement sans cause par cette voie[835], certains justiciables semblent considérer la justice comme un jeu de loterie. Par l'achat du billet, appelons-le ainsi, les frais de consignation en justice, on arrive à gagner par voie judiciaire un immeuble valant des millions de dollars américains. C'est un abus de droit, un détournement de la justice.

C'est pourquoi, le Professeur Henri Oberdoff estime pour sa part que la justice doit présenter un certain nombre de qualités pour remplir convenablement sa mission et rendre les services qu'en attendent les justiciables[836].

En l'espèce, le juge, par les mesures d'instruction, peut convoquer les habitants de la parcelle pour connaître en vertu de quel titre ils occupent les lieux. Par la descente à la conservation des titres immobiliers, il convoquera les personnes dont les noms sont indiqués dans les registres de la conservation comme ayant des titres en cours ou déjà annulés afin d'éclairer la religion du tribunal.

En tout état de cause, l'adversité processuelle fait jaillir la vérité. Steve Ouma en dit mieux lorsque chez lui:

> « The purpose of the adversarial system is to elicit the truth by peans of presenting opposing views in respect of the same case. However the system is based on certain assumptions that do not always reflect the reality on the ground»[837].

---

[831] *Code Procédure civile*, 102ème édition, Dalloz, Paris, 2011, p. 37.

[832] Article 2 CPC congolais, article 55 CPC français.

[833] Article 227 de la loi dite foncière en RDC.

[834] Les contentieux immobiliers occupent une place de choix dans les cours et tribunaux de Kinshasa, Lubumbashi.

[835] Principe général du droit.

[836] Henri OBERDOFF, *op.cit*, p. 281.

[837] Steve OUMA, *A commenteray on the civil procedure act cap 21*. Law Africa, 2010, P. 7

L'office du juge a l'obligation de trancher, de bien trancher. Dans cet exercice de solutionner le litige par le juge, Didier Chauvaux en dégage une règle déontologique qui s'impose progressivement. Pour lui,

> « Lorsque le juge rend sa décision, il s'estime de plus en plus tenu non seulement d'apporter à la question qui lui est soumise une réponse juridiquement irréprochable, mais de contribuer à un règlement durable de la situation litigieuse (...). L'idéal, en ce sens, serait d'éviter que le litige renaisse de ses cendres »[838].

Ce constat du Haut magistrat ne semble pas être intériorisé par ses pairs contemporains, surtout ceux du sud. C'est dans ce sens que plusieurs fois, après avoir rendu la décision, les juges disent à la partie qui a perdu soit directement soit par son conseil, d'user des voies de recours tout en affirmant que la décision sera reformée en cas d'appel ou cassée en cas de cassation.

A notre avis, les juges s'inscriraient dans la logique de prendre des décisions irréprochables, et ce pour ne pas rendre une injustice insécurisante. Notons, par ailleurs que le demandeur a également l'obligation de donner les adresses correctes de son adversaire et de lui-même.

B. Adresse incorrecte des parties

Le but de fournir les adresses exactes en droit processuel consiste à préserver le respect de la contradiction d'une part et, d'autre, de faciliter l'exécution des décisions de justice. Si elle se dérobe de cette exigence légale, faisant partie de l'ordre public processuel, la procédure viole les règles du procès équitable.

1. Adresse du demandeur

A titre illustratif, dans une cause ouverte au tribunal de grande instance de Kinshasa Gombe, la partie demanderesse indiqua son adresse tout en précisant avoir élu domicile au cabinet de son conseil. Après vérification de l'adresse du domicile du demandeur, l'huissier près la cour suprême de justice Sasa Nianga Théo Blaise constata que Monsieur X n'avait jamais habité à l'adresse indiquée dans l'acte d'élection de domicile remis à son conseil. Il fut condamné pour faux et usage de faux par le tribunal de paix de Kinshasa/Gombe[839].

En procédant de la sorte, le demandeur avait violé le principe de loyauté des débats et les suites de l'exécution des décisions judiciaires notamment l'exécution des dommages-intérêts pour action téméraire et vexatoire. Par

---

[838] Didier CHAUVAUX, L'office du juge administratif : constances et imitations, in *dossier l'office de justice, justice et cassation*, Dalloz, Paris, pp. 65 - 66

[839] Décision rendue par le tribunal de paix de Kinshasa Gombe sous RP 21849/N, RDC

défaut de tenue régulière des actes de l'état civil, certains justiciables initient des actions sous de fausses identités.

D'autres parties cependant préfèrent donner de fausses adresses des défendeurs en vue d'obtenir des décisions par défaut.

2. Adresse inexacte du défendeur

Dans une cause enrôlée par devant le tribunal de grande instance de Kinshasa Gombe, Monsieur X assigna la société Y par voie d'affichage au motif que la société n'avait plus d'adresse connue en RD Congo tout comme à l'extérieur du pays. Il s'était avéré qu'à l'appui de cette affirmation déloyale, le requérant n'avait produit aucun papier. Malheureusement, le tribunal se déclara saisi et accorda le bénéfice intégral de l'exploit introductif d'instance[840].

Cette défaillance de la justice est due en partie à la non affirmation dans les règles processuelles de la primauté du contradictoire comme un des principes directeurs du procès. Le droit processuel français a le mérite d'en faire l'article préliminaire du code de procédure pénale[841]. Le code de procédure civile en a fait un principe directeur du procès [842] comme c'est le cas en Suisse [843].

La défenderesse, sous la cause susdite, une société commerciale immatriculée à Kinshasa et à l'époque des faits déposait ses actes au greffe de commerce du même tribunal de grande instance de Kinshasa/Gombe. En principe, pour une société immatriculée au nouveau registre de commerce de la juridiction saisie, ayant un numéro d'identification nationale et surtout un numéro fiscal avec comme conséquence le paiement des impôts, le tribunal par de simples mesures d'instruction, aurait du connaître la vérité si elle constituait son souci.

Dans les conditions actuelles des règles processuelles, il est difficile d'atteindre le minimum du standard international de la justice.

Il nous a été rapporté par un confrère qu'il a été signifié à son client la décision par voie d'affichage et de publication au journal officiel pendant que l'acte introductif d'instance indiquait correctement l'adresse du défendeur.

Curieusement, le demandeur obtiendra l'acte de non appel qui reprend l'adresse correcte du défendeur.

---

[840] RC 94488 Tribunal de grande instance de Kinshasa/Gombe.

[841] AZIBERT Gilbert, *Code de procédure pénale*, Litec, Paris, 2004, P. 1 ; *Code de procédure pénale, code de justice militaire*, Dalloz, 2001, p. 1.

[842]*Code de procédure civile*, 102ème édition, Dalloz, 2011, P. 37, Loïc Cadiet, code de procédure civile, Litec, Paris, 2011.

[843] Code de procédure pénale suisse, code de procédure civile suisse.

La déloyauté du demandeur se cristallise également dans le fait d'aller exécuter la décision au domicile du défendeur qu'on a prétendu ignorer lors de la signification. Le souci illégal du demandeur déloyal était d'empêcher le défendeur d'user des voies de recours, suite normale et légale du contradictoire.

L'exécution des décisions rendues par les cours et tribunaux congolais poseraient des problèmes notamment comme l'exige la cour de cassation française en décidant que « La reconnaissance en France d'un jugement étranger suppose que le défendeur ait été réellement et loyalement assigné »[844].

La Cour de cassation française décida que la contrariété à l'ordre public international de procédure d'une décision étrangère ne peut être admise que s'il est démontré que les intérêts d'une partie ont été objectivement compromis par la violation des principes fondamentaux de la procédure[845].

En réaffirmant le principe suivant lequel les droits fondamentaux processuels constituent l'ordre public international, la cour de cassation française jugea que l'office du juge doit rechercher si le jugement étranger remplit toutes les conditions de régularité internationale tant au regard de la compétence du juge saisi que de l'application au litige de la loi appropriée[846].

C'est pourquoi, la cour décida conformément au respect du principe de l'ordre public international fondé sur les droits de la défense que doit être cassé l'arrêt ayant rejeté l'exception de la chose jugée tirée du jugement étranger de divorce sans rechercher si le jugement prononcé au Texas remplissait les conditions de régularité internationale pour être reconnu en France [847].

Les exigences du procès équitable constituent l'ordre public international fortement européanisé par la cour européenne de sauvegarde des droits de l'homme[848]. Il arrive souvent et dans un contexte de défaillance du service de l'état civil de la commune, d'absence de carte d'identité, que le défendeur soit assigné à une adresse par voie de la commune qui n'est pas la sienne.

Utilement, l'on peut se modeler sur le procédé français lorsque la signification n'est pas faite à personne[849]. Il faut d'abord qu'un huissier puisse confirmer l'adresse du défendeur donnée par le requérant et qu'un autre puisse procéder à la signification. La loyauté des débats se cristallise

---

[844] Cas. Req. 11 novembre 1908 D.P. 1914 P. 118. rappr. Denis, S. 1909, I. 572 ; Cass. Civ. 22 janvier 1951. JCP. 1957, II 6161. note Sarrante et Tager ; Lire Loïc CADIET, *Code de procédure civile*, Litec, Paris, 2011, p. 28.

[845] Civ, 1er, 19 sept. 2007, Bull. Civ I, n° 279.

[846] Civ, 1ère, 4 juillet 2006, Bull, Civ I, n° 340, Rev. Crit. DIP, 2007, 413, note Muir Watt, Ibid, 422, note ANCEL et Muir WATT.

[847] Civ, 1ère, 10 mai 2007, JCP 2007, IV 2183.

[848] Jacques FOYER, « L'ordre public international est-il toujours français? », in *Justices et droit du procès*, *op.cit*, p. 267.

[849] RUFFIN MUSHIGO-A-GAZANGA GINGOMBE, *op.cit.*, p. 53.

dans la sincérité contenue dans les conclusions et pièces à communiquer à l'adversaire.

§ 3. Loyauté dans les conclusions et les pièces communiquées à l'adversaire

Communiquer les moyens et pièces à la partie adverse tend à obéir à deux principes directeurs du procès, à savoir les principes du contradictoire et de loyauté. Ces deux principes ont des similarités avant de dégager leur autonomie.

Maître Ruffin MUSHIGO-A-GAZANGA GINGOMBE soutient que le principe du contradictoire est un élément fondamental de la loyauté de l'instance qui s'impose non seulement aux parties, mais aussi au juge et en toute matière. Ce point de vue est même repris à la lettre par le Professeur Matadi Nenga Gamanda[850].

C'est le principe de la contradiction qui contient celui de loyauté. Serge GUINCHARD et ses pairs sont de cet avis de même que Mr Henri Motulsky. Ce dernier affirmait déjà que la loyauté est une qualité d'honnêteté dans le contradictoire[851].

La Cour de cassation venait aussi consolider cet argumentaire dans sa décision du 7 juin 2005 qui a proclamé le principe de loyauté comme un principe directeur des débats[852]. Or, le principe du contradictoire a fait dès 1828 l'objet de reconnaissance comme relevant du droit naturel par la Cour de cassation[853].

S'il n'est pas de doute aujourd'hui que les droits de la défense sont constitutionnalisés[854],il n'y ena point non plus quand il faut noter que dans leur hiérarchisation, le contradictoire occupe une place de choix[855]. L'antériorité de la reconnaissance du principe du contradictoire, par rapport à celui de loyauté, est admise par les professeurs Loïc CADIET, Jacques NORMAND et Soraya AMRANI MEKKI quand ils confient que

> « ...L'engouement pour un « fonds commun processuel » a conduit certains auteurs à déceler l'existence d'un principe de loyauté en droit processuel qui aurait l'avantage de prendre le relais du principe du contradictoire là où ce dernier ne suffit pas. Il est permis de penser que cet éventuel ajout n'est pas de nature à clarifier le jeu combien des différentes garanties et si on ne peut qu'affirmer l'importance de la

---

850 MATADI NENGA GAMANDA, *Le droit à un procès équitable*, Academia, Bruylant – Droit et idées nouvelles, Louvain-la-Neuve – Kinshasa, 2002, p. 69.

851 GUINCHARD Serge et alii, *Procédure civile. Droit international et droit de l'union européenne*, 30ème édition, Dalloz, Paris, 2010, p. 544

852 Idem, p. 544.

853 Civ. 7 mai 1828. S. 1828.1. 93, procédure civile, 102ème édition, Dalloz, Paris, 2011, p. 14.

854 Cass Ass. Plein. 30 juin 1995. D. 1995. 513.

855 *Dictionnaire de la justice*, PUF, 2004, p. 242 ; Jacques HERON et Thierry LE BARS, Droit *judiciaire privé*, 4ème édition, Montchrestien, Paris, 2010, p. 23.

loyauté processuelle, il demeure que cette exigence n'est pas consacrée comme un principe directeur du procès dans les codes de procédure»[856].

Si même on ne peut qu'affirmer l'importance de la loyauté processuelle, il demeure que cette exigence n'est pas consacrée comme un principe directeur du procès dans les codes de procédure.

Bien que le contradictoire soit associé à d'autres notions processuelles telles que les droits de la défense, le droit d'être entendu, le droit au procès équitable, il est, comme lesoutient Lionel MINIATO, le principe révélateur du procès et, par là même, s'identifie avec ce dernier, puisqu'il permet aux parties de voir leur litige tranché par un tiers impartial après que celles-ci ont pu exposer leur point de vue antagoniste dans le cadre d'une contradiction[857].

Le Premier Président de la cour de Paris, Mr Jean Claude MAGENDIE admet la loyauté comme principe directeur de demain avec les principes du dialogue et de célérité, trois principes à inscrire en lettres d'or aux frontons des palais de justice[858].

Le professeur Jacques VAN COMPERNOLLE abonde dans le même sens que le Premier Président Jean Claude MAGENDIE par l'intitulé même de sa réflexion quand il émet des réflexions sur un principe émergent, celui de la loyauté procédurale. En reprenant la pensée de Serge GUINCHARD, Jacques VAN COMPERNOLLE écrit :

> « Les principes actuellement retenus, principes qui correspondent à des besoins nouveaux tels que les ressentent les justiciables et les citoyens, un besoin de loyauté, notamment dans la recherche de la preuve, un besoin de dialogue entre les parties et entre celles-ci et le juge, un besoin de célérité. Ce sont les principes directeurs de demain »[859].

Jacques Van Compernolle épingle la divergence sur la loyauté et la cour de cassation belge qui ne consacre pas formellement le principe de loyauté comme principe général, et le conseil de l'Europe dans sa recommandation n° 95/5 du 7 février 1995 soutient le contraire en arguant que « le principe de loyauté et celui de coopération entre les différents acteurs du procès occupent une place au sein du processus judiciaire[860].

---

[856] CADIET Loïc et alii, *Théorie générale du procès*, PUF, Paris, 2010, p. 634.

[857] Lionel MINIATO, *Le principe du contradictoire en droit processuel*, LGDJ, Paris, 2008, pp. 5, 35.

[858] MAGENDIE Jean-Claude, Loyauté, dialogue, célérité : trois principes à inscrire en lettres d'or aux frontons des palais de justice, in *justice et droit du procès. Du légalisme procédural à l'humanisme processuel.* Mélanges en l'honneur de Serge Guinchard, Dalloz, Paris, 2010, p. 329.

[859] Jacques VAN COMPERNOLLE, *op.cit*, p. 413.

[860] Idem, p. 414.

Certes, quand bien même le contradictoire comme principe processuel serait vieux, la défense et la vérité sont consécutives à son instauration [(861)].

De nos jours, le contradictoire ne pouvant plus contenir toujours la loyauté, celle-ci, et de temps à autre, devient un principe autonome du contradictoire. La loyauté ne contient-elle pas la bonne foi (Bona fides), notion morale et psychologique étroitement liée à la notion d'honnêteté, de bon citoyen[862]?

Loïc CADIET, Jacques NORMAND et Soraya AMRANI MEKKI contestent le caractère de principe de la loyauté qu'ils considèrent comme une déclinaison ou une mise en application des principes formellement reconnus. Les auteurs souhaitent que la loyauté ne soit pas reconnue comme principe[863].

Même si la recherche de vérité absolue serait dangereuse et simplement illusoire[864], elle demeure la préoccupation du tribunal, c'est elle qui conditionnera la sentence. En dépit de cette querelle doctrinale, la loyauté s'affirme en principe autonome et se détache quelquefois du contenant contradictoire pour devenir un principe autonome.

Le principe de loyauté se manifeste dans les preuves et les écrits des parties. La loyauté, comportement entendu des parties et du juge, peut être méconnue dans les écritures et pièces des parties. A titre d'exemple, dans une cause ouverte au tribunal de grande instance de Kinshasa/Matete, une partie avait produit un arrêté ministériel déclarant une parcelle comme bien abandonné sur base duquel l'attribution a été faite au demandeur. En saisissant le juge, le demandeur fondait son action principalement sur cet arrêté ministériel de 2006, sans pourtant signaler aux autres parties que ledit arrêté a été annulé par un autre arrêté de 2007, publié au journal officiel. En dépit de la communication et de l'arrêté ministériel abrogeant celui de 2006, et sa publication au journal officiel, le demandeur avait maintenu les pièces et plaidé la cause.

Par le fait de sa communication régulière aux parties adverses pour libre discussion , le principe du contradictoire a été observé par le demandeur, mais malheureusement pas celui de loyauté car l'adversaire a fait usage d'une pièce qui n'existait plus en droit, au mieux d'une fausse pièce [865].

Il en est de même des conclusions prises sur base de fausses pièces ou qui contenaient de fausses affirmations. Tel est le cas d'un ex-travailleur qui saisit l'inspection du travail par écrit en affirmant qu'il a été licencié abusivement après une longue carrière de 10 ans avec un casier disciplinaire vierge. Ces affirmations sont reprises dans les procès-verbaux de non

---

[861] MINIATO Lionel, *op.cit*, p. 51.

[862] DUNAND Jean-Philippe et PICHOUNAQ Pascal, *lexique du droit romain*, Bruylant, Bruxelles, 2006, p. 19.

[863] CADIET Loïc et alii, *op.cit*, p. 63.

[864] MINIATO Lionel, *op.cit*, p. 33.

[865] RC 24698 Tribunal de grande instance Kinshasa/Matete.

conciliation et dans la requête qui saisit le tribunal, appuyée par les conclusions.

En affirmant que le casier disciplinaire est vierge pendant 10 ans, le demandeur veut que le juge puisse en tirer les conséquences de droit. Dès lors que le défendeur apporte la preuve contraire que le demandeur est un vieux cheval de retour, il a été sanctionné disciplinairement plusieurs fois. Par ailleurs, le demandeur avait réceptionné personnellement des lettres de sanctions disciplinaires incontestables et incontestées.

Quand bien même le demandeur aurait communiqué ses écrits et pièces pour parfaire l'obligation du contradictoire, il reste établi que l'affirmation du casier disciplinaire vierge est déloyale.

Le contradictoire et la loyauté peuvent être observés comme deux principes autonomes. L'on peut ici prendre en illustration le cas par exemple d'un employé licencié sans préavis dont le dernier salaire du mois était de 200 USD, mais qui postula curieusement aux dommages-intérêts de l'ordre de 500.000 USD dans la requête et dans les conclusions prises par ses conseils. La communication faite, le requérant aura respecté le principe du contradictoire mais pas celui de loyauté, car il sait que le juge ne peut accorder que tout au plus 36 mois du dernier salaire à titre de dommages-intérêts.

L'on peut aisément constater l'identité de ces deux principes autonomes, à savoir le contradictoire et la loyauté dans le cas d'estoppel[866]. L'estoppel conduit à l'incohérence procédurale et le juge doit le sanctionner[867].

En respect du principe de loyauté, la cour de cassation de Belgique, par son arrêt rendu en audience plénière en date du 31 janvier 2008, décréta l'irrecevabilité du moyen renégat parce que « le moyen est rejeté comme manquant d'intérêt pour les mêmes motifs, car c'est le demandeur en cassation lui-même qui, en accord avec ses adversaires, avait sollicité le renvoi de la cause au tribunal de commerce »[868].

De cet arrêt de la haute cour, le professeur Jean François Van Drooghenbroeck constate la scission de nature et de régime entre l'ordre public substantiel et un ordre public procédural[869].La loyauté cadre le principe de liberté processuelle des parties qui commande que son usage respecte l'office du juge et l'adversaire.

C'est dans ce cadre que le conseil d'Etat décida que « (…) sur amende prononcée pour procédure abusive (…) du requérant qui se distrait à encombrer le conseil d'Etat de requêtes manifestement infondées ou irrecevables et l'a, à cet effet, saisi, en vain, d'au moins 298 requêtes depuis

---

866 Estoppel est un cas type d'autonomie de loyauté.

867 L'abus de droit processuel.

868 Jean François VAN DROOGHENBROECK, *La loyauté procédurale au-dessus de l'ordre public : l'irrecevabilité du moyen renégat devant la cour de cassation de Belgique in Justices et droit du procès*, *op.cit*, p. 429.

869 Idem, p. 433.

le mois d'août 1988, sans d'ailleurs que les multiples amendes dont ont été assorties les décisions rendues sur ces requêtes abusives aient freiné cette quérulence ; que dans ces conclusions, la présente requête doit être regardée comme tendant uniquement à tester les limites de la patience des magistrats, qu'un tel objet n'étant pas de nature à justifier la saisine d'une juridiction, cette requête doit être rejetée [870].

Le droit processuel cadre les débats certes, mais il faut que les parties soient dans les débats par la volonté sincère de soumettre au tribunal le litige pour la solution et accepter la sentence. Entre la loyauté des débats et l'immunité de la défense, le professeur George BOLARD voit que l'obligation processuelle à charge des parties de conserver aux débats un minimum de loyauté n'est guère douteuse[871].

L'usage des garanties processuelles dans les débats judiciaires n'a de sens qu'à l'égard des parties qui ont confiance à la juridiction comme arbitre, mais il peut arriver que la justice soit considérée comme une partie du problème du justiciable.

§ 4. La loyauté judiciaire et les contestataires

Le Principe de loyauté n'est pas le monopole du judiciaire, cette vertu se trouve admise dans plusieurs domaines de la vie, tel que le football et les différents jeux de concours qui ont développé le principe de faire-play. D'ailleurs, même le jeu électoral en politique implique la limitation des fonds et surtout l'acceptation de la défaite.

La loyauté judiciaire est renforcée par les règles professionnelles des avocats et de défenseurs judiciaires. En dépit des règles gouvernant la loyauté judiciaire, que l'on ne perde pas de vue que l'homme reste un être animé des sentiments.

Au total, la loyauté judiciaire n'a de sens que lorsque les parties à l'instance ont confiance en la justice, appelée tiers, à trancher le litige. Toutefois, il arrive que la justice soit utilisée par des parties pour atteindre un autre but que celui de solutionner le litige,par exemple : les révolutionnaires, les terroristes et ceux qui se livrent au blanchiment des capitaux.

A. Les révolutionnaires

En effet, le justiciable est appelé à exercer la liberté qui est sienne devant les cours et tribunaux pour assurer sa défense. Parmi ces justiciables, on peut

---

[870] CE. 24 avril 2006 n° 2927.42 inédit. Lebon Yves STRICKLER, *op.cit*, p. 386.

[871] George BOLARD, La matière du procès et le principe dispositif, in *Droit et pratique de la procédure civile ; Droit international et droit communautaire*, 6ème édition, Dalloz, Paris, 2009, p. 602.

citer certains révolutionnaires [872] tels que le fils de Dieu, Jésus Christ. Les prophéties sur la naissance, la vie et la mort du fils de l'homme devaient s'accomplir amplement. Citons à ce titre celle d'Esaïe, « publier une année de grâce de l'Eternel. Et un jour de vengeance de notre Dieu »[873]. Jésus dira que cette écriture d'Esaïe, 61 était accomplie par lui[874].

La situation révolutionnaire de Jésus-Christ se situe au niveau du commencement de toute chose[875], à savoirl'œuvre du salut, puis vient la fin du monde[876]. Le fils de l'Homme avait accepté la mort avant même que le tribunal soit saisi. Au mieux, la juridiction était perçue par le fils de Dieu, les prophètes et les fidèles comme un moyen pas pour trancher le litige, mais pour atteindre le but : « Etre tué » car se suicider est un péché.

Le choix de l'image d'agneau [877] typifiant Christ est plus que révélateur. En effet, l'agneau ne se défend pas, mais accepte toujours d'être amené à l'abattoir de la justice.

La loyauté et le contradictoire, deux principes distincts et faisant partie du droit de la défense, ont pour finalité de faire jaillir la vérité judiciaire, comme en décida la cour de cassation française que « Toute personne a droit à ce que sa cause soit entendue contradictoirement et cette exigence implique que chaque partie ait la faculté de prendre connaissance et de discuter de toute pièce ou observation présentée au juge en vue d'influencer sa décision[878].

Le droit processuel du Kenya, comme l'affirme Patrick O KIAGE, est proche de la position de la cour de cassation française par le fait qu'il prescrit au 6ème principe de procédure pénale que : « Right to adequate time and facilites for the preparation of his defense » [879].Ils demeurent virtuels, non effectifs lorsqu'une partie refuse d'en user à des fins processuelles.

Le but du révolutionnaire n'est pas de voir le tribunal solutionner le différend, mais il veut le changement du système injuste dont fait partie la justice, donc « *L'illégitimité du tribunal* ». En tout état de cause, la

---

[872]Révolution, latin *revolutio*, de *revolvere*, rouler en arrière. 1. changement complet de l'ordre constitutionnel opéré en général de façon constitutionnelle, opéré en général de façon brusque et violente mais toujours par rupture avec l'ordonnancement juridique antérieur. 2. Parfois pris dans le sens de tout changement important dans les structures sociales (règne économique, etc.). CORNU Gérard, *Vocabulaire juridique*, PUF, Paris, 1987, p. 833 ; changement complet de l'ordre constitutionnel opéré généralement de façon brusque et violente, mais toujours par rupture avec l'ordonnancement juridique antérieur. CORNU Gérard, *op.cit*, p. 833.

[873] Esaïe, 61 : 2.

[874] Luc, 4 : 17 à 21.

[875] Jean 1 : 1.

[876] Apocalypse, 21 : 1.

[877] Apocalypse, 5: 6.

[878] Civ, 1er, 1 avril 2004, Bull, Civ I, n° 205, Procédures 2005, Comm, 281 note Arbellot ; Gaz, Pal, 1er, 2 avril 2005, p. 23, obs. Massip.

[879] O KIAGE Patrick, *op.cit*, p. 165.

condamnation du fils de Dieu constitue une sentence inique[880]. Dominique Inchauspé note bien quant à ce le désastre de l'erreur judiciaire[881].

Jeanne d'Arc est une autre révolutionnaire à l'instar du fils de l'Homme. A quelque différence près, c'est que Jésus-Christ avait volontiers accepté la mort, ce qui ne fut pourtant pas le cas avec Jeanne d'Arc. Toutefois, le décor des parties semble similaire. Maître Jacques Vergès constate que « Dans l'esprit de ses instigateurs, le procès de Jeanne d'Arc devait s'apparenter à un chef-d'œuvre écrit d'avance, puisqu'il conciliait l'intérêt anglais, l'intérêt de l'Eglise et, tout compte fait, le sien »[882].

L'illégitimité du tribunal découle de la déclaration révolutionnaire de Jeanne d'Arc, note que reprend Joseph Fabre quand il dit : « Je m'en attends à mon juge, c'est le roi du ciel et de la terre ! Oui je m'en attends à mon créateur de tout ! Je l'aime de tout mon cœur »[883].

En considérant et en plaçant sa foi dans le juge créateur, Jeanne d'Arc nia le sens des droits de la défense terrestre institués et usés devant le juge illégitime, un instrument de l'oppression. Les révolutionnaires ne sont pas les seuls à considérer la juridiction comme un moyen d'atteindre un objectif autre que celui de trancher le litige. A ce tableau, il y a lieu d'ajouter ceux qui font le blanchiment des capitaux.

B. Blanchiment de capitaux par voie judiciaire

Les criminels ne manquent pas d'imagination, et surtout ils n'ont pas de limites. Le combat devient déloyal entre les contraintes judiciaires de poursuite et la criminalité[884].

En vue de blanchir les fonds, les criminels recourent parfois à de faux procès. Les parties à l'instance sont toutes membres de la mafia, elles saisissent la juridiction pour légitimer les fonds qui résulteront de l'exécution de la décision de justice.

De cette hypothèse, il est clairement établi qu'il y a absence de litige moins encore un intérêt digne de protection, justification de la totalité des droits de la défense, ce compris la loyauté.

Il peut arriver que les conseils sachent de l'illégalité de prétentions des parties. Parfois ils sont ignorants des intentions réelles. L'environnement actuel d'affaire, aggravé par la prédominance de l'économie informelle et le

---

880 Eliane VALICOURT, *L'erreur judiciaire*, L'Harmattan, Paris, 2005, p. 5.

881 INCHAUSPE Dominique, *L'erreur judiciaire*, PUF, Paris, 2010, p. 3.

882 Jacques VERGÈS, *Justice et littérature*, PUF, Paris, 2011, p. 17.

883 Joseph FABRE cité par Jacques VERGÈS, *op.cit*, p. 18.

884 David G. HOTTE et Virginie HEEN, *La lutte contre le blanchiment des capitaux*, LGDJ, Paris, 2004, p. 156 ; Olivier JEREZ, Le blanchiment de l'argent, in *Revue Banque*, édition Paris, 2003, p. 171.

paiement cash, ne peut faciliter à l'avocat de détecter et informer les autorités de lutte contre le blanchiment[885].

Les criminels détournent la justice de sa mission séculaire en l'utilisant en même temps comme moyen de blanchiment[886]. D'ailleurs, même les terroristes font recours à la même pratique.

Cette réalité malheureuse est confirmée par Marc Trévidic quand il argue que

> « Si l'argent est le nerf de la guerre, il doit être également celui de la guerre sainte. Ce raisonnement somme toute logique eut son heure de gloire à partir de 1999 (...). Le blanchiment des fonds devant servir à des activités terroristes fit un déplacement de la lutte antiterroriste sur le terrain non judiciaire » [887].

C. La justice, tribune de propagande des discours terroristes

Les thèses des terroristes se diffusent de diverses manières, notamment par l'excellence des tribunes de la justice, surtout lorsque les audiences sont largement couvertes par les médias. Cette couverture médiatique assure la propagande des idées terroristes en même temps qu'elle aux intérêts et de la nation et de la sécurité.

Le juge d'instruction au pôle anti-terroriste du tribunal de grande instance de Paris, Marc TREVIDIC, note par exemple la caractéristique de la mystique terroriste quand il signe : « L'attrait pour la mort, le goût pour le martyre sont incontestablement des caractéristiques de nos clients »[888].

Le Président George W. Bush considère pleinement le terrorisme comme une guerre après le 11 septembre 2001, justification en référence à Abraham Lincoln, de faire les écoutes télégraphes [889] et d'usage des méthodes d'interrogatoire renforcées, notamment le waterboarding[890]. Après avoir consultéles avocats de la Maison Blanche et le département de la justice sur la surveillance des communications d'Al Qaïda depuis et vers les Etats-Unis sans mandat conforme à la FISA, le conseil reçu, selon le Président George W. Bush était que le fait de surveiller nos ennemis pendant la guerre tombait dans le domaine des compétences approuvées par la résolution parlementaire sur la guerre et était couvert par l'autorité constitutionnelle du commandant

---

[885]Boniface KABANDA MATANDA, *Impact de la police congolaise dans la lutte contre le blanchiment des capitaux et le financement du terrorisme, cas RDC*, Master 2, sécurité intérieure, Université de Nice-Sophia Antipolis, 2006.

[886]Magali BESSONE, *La justice*, GF Flammarion, Paris, 2000 ; Claude Bernard, La justice, Le Monde, Editions, 1996.

[887] Marc TREVIDIC, *Au cœur de l'antiterrorisme*, Jean Claude Lattes, 2011, p. 341.

[888] Idem, p. 192.

[889] Georges W. Bush, *Instants décisifs*, Plon, New-York, 2010, p. 172.

[890]Idem, p. 179.

en chef[891]. Les révélations de Edward Snowden entrent dans la droite ligne de la psychose de la lutte préventive contre le terrorisme et les concurrents économiques[892].

Les instances judiciaires servent aux terroristes affirmés et convaincus d'un auditoire pour diffuser leurs thèses. La tentation reste forte pour ceux qui ne le sont pas d'en user pour aller au paradis. La justice devient, pour ainsi dire, un moyen de quitter l'enveloppe matérielle (la mort). Dès lors, les droits de la défense perdent leur sens avec la recherche de la vérité judiciaire et la ruine du rôle du tribunal.

Les membres d'une organisation criminelle se fraternisent plus que ceux de la famille biologique. Partant, leurs aveux peuvent être dictés soit par le fait de l'héroïsme inexistant, soit aussi pour protéger la hiérarchie criminelle afin de ne pas permettre à la justice d'atteindre le sommet de l'organisation pour sa décapitation.

Offrir aux terroristes la tribune judiciaire, ils s'en serviront non pas pour user des droits de défense dans le cadre des charges portées contre eux, mais à justifier la guerre sainte. Telle est la raison probable de l'élimination physique de Ben Laden sans procès préalable et l'explication serait la même pour le Président Mouammar Kadhafi qui allait se présenter comme une victime.

A ce stade, les forces militaires qui luttent contre les terroristes opèrent différemment de la police judiciaire qui a la tâche principale de maîtriser le suspect, l'identifier, réunir les preuves et le présenter devant le ministère public qui doit obtenir la justice du tribunal. Par contre, les forces militaires ont un autre but, celui de supprimer la cible et donc l'ennemi. C'est même ça la logique de toute guerre.

Quelles que soient les humeurs des parties, le contradictoire reste un droit fondamental de l'humanisme processuel et, face aux parties, il se transforme en règle de loyauté.

§ 5. La loyauté judiciaire et la ligne de défense

Dès l'invitation faite au défendeur pour être entendu, le cité doit opérer le choix entre l'acceptation ou le refus partiel ou total des faits et des prétentions adverses. Le choix de chacun constitue la ligne de défense qui va permettre l'utilisation sectorielle des règles processuelles.

Les parties, souvent malhonnêtes, viennent au procès pour se venger[893]. La haine provient de toute partie au procès, elle emballe le public et, cruellement, le tribunal.

---

891 Ibidem, p. 172.

892 La fuite des Etats d'Amérique d'Edward Snowden, ancien agent de NSA

La Rochefoucauld n'avait-il pas raison quand il disait que « Les querelles ne dureraient pas longtemps, si le tort n'était que d'un côté » [894] et la découverte d'une vérité absolue par le juge devient illusoire. Quant à ce, S. Cotta évoque trois raisons empêchant le juge de parvenir à une vérité absolue : 1) extranéité de sa conscience, 2) sa solitude dans l'établissement définitif de la vérité, 3) sa finale impuissance à rétablir la continuité des personnes. Ainsi les vérités contradictoires des parties suspendent cette continuité[895].

L'administration de la preuve souffre ardemment des effets de la déloyauté. Comment alors doit-on se conformer à l'adage de l'ancien droit pris du code de justinien suivant lequel les preuves de la culpabilité doivent être plus claires que le jour à midi ? [896].

Le comportement déloyal des parties estl'une des causes majeures des erreurs judiciaires dont les flèches empoisonnées sont tirées uniquement sur les magistrats[897]. Ceci l'est peut-être parce que ces derniers se considèrent comme cosmos, une sorte de divinité, les derniers gardiens de la promesse [898], *« Quis custodes custodiet »*[899].

Même si le magistrat doit se purifier par le port de la robe, J. BRUN estime que celui qui porte la robe peut changer de peau et se donner à lui-même, voire aux autres, l'illusion d'être passé dans la peau de quelqu'un d'autre ; cet autre étant d'ailleurs souvent un « type » dont la généralité autorise de nombreuses variations autour d'un même archétype [900].

J. HUIZINGA soutient aussi que le juge sort de la vie ordinaire avant de dire le droit en se revêtant de la robe[901]. Pourtant, en toute évidence, le magistrat reste un homme [902] et, partant, il fait l'objet de récusation [903] même s'il se cache derrière la robe comme le ministère public, le greffier et l'avocat.

---

893 Les propos de TREILHARD sur les parties en justice, cités par Georges WIEDER KER, Les exposés des motifs du code de procédure civile de 1806, in *De la commémoration d'un code à l'autre : 200 ans de procédure civile en France*, Litec, Paris, 2006, p. 94.

894 Lionel MINIATO, *Le principe du contradictoire en droit processuel*, LGDJ, Paris, 2008

895 S. COTTA cité par Lionel MINIATO, *op.cit*, p. 33.

896 Dominique INCHAUSPÉ, *L'erreur judiciaire*, PUF, Paris, 2010.

897 Jean Michel LAMBERT, *Le petit juge*, Albion Michel, Paris, 1987 ; Jacques MÉDECIN, *la République des juges*, Hachette, Carrere, 1996 ; Laurent GRELSAMER et Daniel SCHNEIDERMANN, *Où vont les juges*, Fayard, 2002.

898 Antoine GARAPON, *Le gardien des promesses, justice et démocratie*, éditions Odile Jacob, Paris, 1996, p. 23.

899 Mauro CAPPELLETTI, *le Pouvoir des juges*, Economica – Presses Universitaires d'Aix Marseille, 1990, p. 113.

900 J. Brun cité par Antoine GARAPON, *Bien juger, Essai sur le rituel judiciaire*, éditions Odile Jacob, Paris, 11997, p. 84

901 J. HUIZINGA cité par Antoine GARAPON, *op.cit*, p. 84.

902 Jean Michel LAMBERT, *Le petit juge*, Albin Michel, Paris, 1987, p. 161.

903 Procédure de récusation

Le juge étant un homme, les parties devraient bien se comporter pour lui permettre de dire le droit. C'est ici qu'il faut malheureusement constater avec regret que les parties de tout bord ne disent pas la vérité ainsi que peut bien l'illustrer le cas des docteurs pharisiens et les dignitaires scribes au procès de Jésus-Christ[904].

Les guerres raciales, interethniques et interreligieuses sont les occasions propices de la fermentation de la haine destructrice de la vérité judiciaire [905] qui affecte les parties, les témoignages, les magistrats et le personnel judiciaire et endurcit le cœur de la société à accepter la décision contraire à son attente.

Le criminel est un humain, comme les parties civiles et l'organe qui poursuit. Le sentiment demeure notre lit commun comme les deux dames qui se disputaient l'enfant devant le Roi Salomon[906]. L'office du juge doit ardemment en souffrir.

La déloyauté processuelle est quasi permanente. Elle est d'usage dans toutes les couches des sociétés et des justiciables. L'on ne rappellera jamais que c'est en plein exercice du mandat électif que le Président Bill Clinton a commis le parjure[907].

Dans le contexte de rivalité d'intérêts et de vengeance, la confiance entre parties se ruine. Ecrivant sur le pouvoir de la confiance, Stephen M.R. Covey la relie au principe de la crédibilité qui se repose sur quatre fondamentaux, à savoir l'intégrité, l'intention, les capacités et les résultats[908]. L'intégrité signifie essentiellement honnêteté, mais si elle inclut cette dernière, son sens est beaucoup plus large, c'est la cohérence intérieure, l'accord entre les paroles et les actes[909].

Les conseils sont des acteurs judiciaires, et les règles professionnelles leur commandent la loyauté. Comme la vérité totale n'est demandée aux parties, la loyauté totale n'est pas non plus exigée des conseils. A titre indicatif, le conseil de l'Ordre du Barreau de Bruxelles décida en date du 10 février 1981 que l'avocat n'a aucune obligation d'attirer l'attention de son adversaire sur ses oublis éventuels, la loyauté prescrit cependant à l'avocat d'informer son adversaire si celui-ci sollicite des éclaircissements quant à la raison de cette signification (LG. Février 81, 151)[910].

---

[904] Matthieu, 27 ; 1-61, Luc, 22 : 66, 23 :13-43

[905] Roger AUBENAS et Lucien GUENOUN, Notes sur la condition des juifs d'Hyeres au XIVème siècle, in *Recueil de mémoires et travaux publiés par la société d'histoire de droit et des institutions des anciens pays de droit écrit*, Toulouse, 1948, pp. 2 - 3

[906] 1 Rois 3 : 16 à 27.

[907] Le parjure de Bill Clinton : Affaire Monica.

[908] Stephen M.R. COVEY, *Le pouvoir de la confiance*, Covey, LLC, 2007, p. 67.

[909] Idem, p. 79.

[910] *Recueil des règles professionnelles*, Barreau de Bruxelles, Ordre français des avocats, 2007, p. 228.

Sans douter de la noblesse du secret professionnel de l'avocat, il ne faut pas non plus nier qu'il ne puisse pas nuire aux intérêts de la justice.

Le conseil est tenu au secret professionnel même à l'égard de son confrère. Le Barreau de Bruxelles se posa la question de savoir si l'avocat qui a recueilli des confidences de son client est tenu au secret professionnel à l'égard du confrère désigné par le tribunal en qualité de mandataire de justice et appelé à reprendre les droits et obligations de ce client, mais ce, sans que ce dernier en ait manifesté la volonté. Le secret professionnel est-il opposable à celui qui assure la continuation de la personne physique ou morale ? Le conseil de l'ordre du Barreau de Bruxelles estime que l'avocat est tenu par le secret professionnel à l'égard de son client et ne peut donc pas révéler cette confidence (LB novembre – décembre 94, 70)[911].

Les règles professionnelles du Barreau de Bruxelles offrent un excellent cas où un avocat comparaissant conjointement avec son confrère est tenu par le secret professionnel et ne peut le partager avec ce dernier. On peut ainsi lire à propos :

> « Le justiciable est en droit de faire à son conseil toute confidence requise pour la défense de ses intérêts et l'avocat les entend sous le sceau du secret professionnel. Il est, à ce titre, le seul à qui le justiciable puisse se confier impunément. Il est donc son confident obligé. La confidence ne causerait donc au justiciable aucun tord, tel celui de provoquer le désistement de l'avocat. Il est par ailleurs permis que le justiciable consulte un autre avocat intervenant aux côtés du premier, auquel cette confidence ne serait pas faite. Elle reste couverte par le secret (LB. Septembre 90.15) »[912].

L'intérêt est la mesure des actions et le demeure aussi pour les avocats. Ainsi, les intérêts qui sont en jeu dans les règles processuelles appartiennent à la partie. Son conseil en est virtuellement copropriétaire étant entendu que les honoraires sont fixés en partie en fonction du résultat du dossier[913]. A titre indicatif, les honoraires de 20 % à 30 % doivent correspondre à la valeur de l'immeuble, objet du litige[914].

L'aspect financier ou matériel ne peut expliquer toute l'intensité du combat judiciaire entre les contradicteurs. Ceux-ci, comme en toute profession libérale, veulent bâtir, construire un nom, un renom. C'est cet attrait qui justifierait certains actes déloyaux. Le tribunal appelé à trancher le litige se trouve en face des parties assistées ou représentées par leurs conseils susceptibles même de l'induire en erreur. A ce stade où les juges incarnent le

---

911 Idem, p. 267.

912 Ibidem, p. 268 ; Lire Gislain E-W KANINDA TSHIKUNGA, *Droits et devoirs de l'avocat congolais*, éditions Dimanya, Kinshasa, 2009, p. 39.

913 Bâtonnier MBUY MBIYE TANAYI, *op.cit*, p. 184 ; SHEBELE Michel, *op.cit*, p. 136.

914 NTETIKA MBAKATA JA, *Les règles de la profession d'avocat en République Démocratique du Congo*, éditions Kapango, Kinshasa, 2012, p. 329.

destin aveugle, comme le soutient Maître Jacques Vergès[915], face à ce danger et à chaque procès, le tribunal doit impérativement s'appuyer sur deux principes, à savoir la présomption d'innocence et le doute raisonnable.

A. Présomption d'innocence et doute raisonnable

Gérard Cornu définit la présomption d'innocence comme étant le préjugé en faveur de la non-culpabilité, règle fondamentale gouvernant la charge de la preuve en vertu de laquelle toute personne poursuivie pour une infraction est, à priori, supposée ne pas l'avoir commise, et ce aussi longtemps que sa culpabilité n'est pas reconnue par un jugement irrévocable, principe qui implique qu'elle doit être acquittée au bénéfice du doute[916].

Le dictionnaire juridique essaie de retracer l'historique du principe de la présomption d'innocence pour soutenir enfin que ledit principe a été d'abord considéré comme un instrument de réaction contre le traitement carcéral identique des condamnés et des prévenus. Il devient progressivement un droit procédural destiné à donner à chaque justiciable accusé les garanties et les moyens de se défendre comme s'il était innocent afin de le demeurer »[917].

Le Professeur Michèle-Laure RASSAT rappelle la méconnaissance par le droit ancien et les régimes totalitaires de la présomption d'innocence qui est pourtant légiférée [918] et reconnue comme principe constitutionnel[919].

L'observation de la règle fondamentale processuelle de l'innocence a pour corollaire le bénéfice du doute ou le doute raisonnable tant pour tout magistrat que l'avocat consulté par le justiciable.

Le vocabulaire juridique définit le doute comme l'état d'esprit d'une personne qui hésite entre l'affirmation et la négation, entre plusieurs opinions (doute spéculatif) ou qui balance entre plusieurs partis à prendre (indécision, irrésolution) ; incertitude qui peut porter sur l'existence d'un fait, la valeur d'une preuve, le sens d'un mot ou d'un texte, la justesse d'un raisonnement[920].

Mais le dictionnaire de l'Académie Française définit à son tour le doute comme un état d'incertitude de l'esprit[921] qui contient deux formes en philosophie. Pour l'école de Python et ses disciples fondée sur le doute sceptique, l'homme ne pouvant rien affirmer ni rien nier avec certitude, il devrait plutôt demeurer dans le doute, de manière radicale et définitive.

---

[915]Jacques VERGÈS, *Justice et littérature*, PUF, Paris, 2011, p. 1.
[916]Gérard CORNU, *Vocabulaire juridique*, PUF, Paris, 1987, PP. 493 – 494.
[917]DICTIONNAIRE JURIDIQUE, PUF, Paris, 2004, p. 1023.
[918] Michèle-Laure RASSAT, *Procédure pénale*, Ellipses, Paris, 2010, pp. 233 – 234.
[919] Louis FAVOREN et Loïc PHILIP, *Les grandes décisions du conseil constitutionnel*, 5ème édition, Sirey, Paris, 1989.
[920]Gérard CORNU, *op.cit*, p. 332.
[921]*Dictionnaire de l'Académie française*, cité par *le dictionnaire de la justice*, PUF, Paris, 2004, p. 352.

Quant à Descartes, dans son« *Doute méthodique* », le doute est alors une opération volontaire de l'esprit par laquelle celui-ci suspend son jugement afin de ne recevoir comme vrai que ce qu'il reconnaîtrait évidemment être tel[922].

Le doute que commande la prudence ne peut amener à la cécité des évidences des faits et des droits.Le terme raisonnable veut dire doué de discernement, doté d'une capacité normale (moyenne) de compréhension, ou conforme à la raison ; qui répond plus encore qu'aux exigences de la rationalité[923].

Ainsi, partant du doute raisonnable, Dominique Inchauspé note que les Anglo-Saxons ne connaissent pas le concept de présomption d'innocence, il ne figure dans aucun des textes fondateurs britanniques et même pas dans les amendements à la constitution des Etats-Unis. Pour eux, il s'agit de démontrer la culpabilité « *beyond a reasonable doubt* » (au-delà du doute raisonnable)[924].

Le doute raisonnable ne peut être considéré comme une contestation radicale allant jusqu'à nier les évidences[925].Le magistrat autant que l'avocat doivent se fonder sur la recherche de la vérité.

En écrivant sur les principes qui guident l'avocat à analyser le dossier, François Martineau souhaite que l'organe de la défense puisse manifester un doute systématique. Un bon avocat, soutient l'auteur, doit savoir qu'au début de l'analyse de son dossier, il conviendrait d'appliquer à la totalité des éléments qui le composent une sorte de doute méthodique[926].

Le procès sera apaisé si et seulement si toutes les parties avec le tribunal font preuve du doute raisonnable. Dès lors que la rupture s'installe entre parties, le tribunal et surtout le conseil sur la méconnaissance de la présomption d'innocence, les justiciables apparaîtront dans leur passion, dressés parfois par leur conseil afin de refuser à tort la décision du juge. Les récusations dilatoires autant que les appels infondés contre les mesures d'instruction peuvent trouver de fondement dans l'érosion de confiance.

Les justiciables, même pour les personnes morales, sont représentés à l'instance par la personne physique. L'être humain, pour autant qu'il le reste, est doté des sentiments et les lois processuelles doivent encadrer la loyauté et réprimer les actes déloyaux commis dans la défense des intérêts en justice.

---

[922]Idem, p. 352.

[923] Gérard CORNU, *op.cit*, p. 787.

[924]Dominique INCHAUSPÉ, *L'erreur judiciaire*, PUF, Paris, 2010, p. 8.

[925]En latin *evidentia*, ce qui ressort comme manifestement vrai, ce qui se fait reconnaître comme tel par tout esprit raisonnable ; vérité indice d'elle-même (veritas index sui) ; Gérard CORNU, *op.cit*, p. 379.

[926]François MARTINEAU, *Petit traité d'argumentation judiciaire*, 4ème édition, Dalloz, Paris, 2010, p. 151.

Le droit de procédure pénale, en exigeant le caractère contradictoire, en son article préliminaire, exige l'information[927]. Tel est également le fondement de l'article 6 de la convention européenne de sauvegarde de droits de l'homme qui pose le principe du « droit d'être informé, dans le plus court délai, dans une langue qu'il comprend et d'une manière détaillée, de la nature et de la cause de l'accusation portée contre lui »[928].

Le droit belgo-suisse prescrit l'information à donner au défendeur [929].

Etant informé des prétentions, éléments de fait et de droit, outre les pièces, la partie doit opérer le choix décisif de sa ligne de défense et en alignant de manière cordonnée les arguments.

Maîtres Jean DENIS, BREDIN et Thierry LEVY offrent différents types de défense, dont la défense de provocation. Ils se sont inspirés notamment de celui adopté par Louis Napoléon Bonaparte quand il avançait : « Je représente devant vous un principe, une cause, une défaite (...). Vos formes n'abusent personne. Dans la lutte qui s'ouvre, il n'y a qu'un vainqueur et un vaincu. Si vous êtes des hommes du vainqueur, je n'ai pas de justice à attendre de vous, et je ne veux pas de votre générosité »[930].

L'histoire étant la répétition des faits, l'on peut constater que depuis les tribunaux de vainqueurs de Nuremberg, des régimes de Saddam Hussein, de Ben Ali en Tunisie, de Kadhafi, pourquoi pas de Laurent Gbagbo ou de Mosni, la ligne de défense reste toujours d'actualité.

La ligne de défense c'est aussi celle d'avouer ou de tout nier, voire d'évoluer en contradiction, pourquoi pas de se taire-ce qui correspond à la notion devenue familière du« Droit au silence »[931]. Certaines parties n'hésitent pas de faire usage des arguments d'émotion. Elles jouissent de toute leur liberté de la défense. Au nom de l'abus de cette liberté processuelle, souvent les justiciables refusent de comparaitre et/oude poser des actes de procédure requis par la loi.

B. Le principe de loyauté et le refus de comparaître, de conclure et de plaider

Le droit processuel est un droit fondé sur la liberté. L'accès au service public de la justice constitue une liberté fondamentale pour tout être humain,

---

[927] *Code de procédure pénale.*

[928] *Convention de sauvegarde des droits de l'homme et des libertés fondamentales* signée à Rome le 4 novembre 1950.

[929] Procédure civile suisse, articles 136 à 141 ; procédure pénale suisse, articles 84 à 88 ; procédure fédérale suisse (tribunal fédéral administratif, civil) ; code judiciaire belge, Tome 1

[930] Jean Denis BREDIN et Thierry LEVY, *convaincre : dialogue sur l'éloquence*, éditions Odile Jacob, Paris, 1997, p. 210.

[931] Jean Pierre BORLOO et Damien VANDERMEIRSCH, *Le tour de la justice pénale aux 80 questions*, Luc Pire, Bruxelles, 2005, p. 40.

au nom du principe d'égalité des sujets de droit [932] reconnu comme principe à valeur constitutionnelle [933].

La défense n'échappe pas à la liberté. Les parties peuvent se défendre seules sauf le cas où la représentation est obligatoire. L'article 29 du code de procédure civile français par exemple exprime clairement la liberté qu'ont les parties à se choisir leur conseil en ces termes : « Les parties choisissent librement leur défendeur, soit pour se faire représenter, soit pour se faire assister suivant ce que la loi permet ou ordonne »[934].

Même dans le cas où la représentation est obligatoire notamment en cassation, les parties conservent la liberté de se choisir un conseil admis à postuler devant cette haute cour.

La liberté processuelle porte assez souvent des écueils à l'avancement des affaires judiciaires et les parties s'en servent pour le dilatoire (l'abus de voies de recours contre une décision qui n'existe pas, contre une mesure d'instruction, etc.).

1. Le refus de comparaître, acte déloyal

Le défaut de comparaître constitue une négation évidente du contradictoire [935]pour diverses raisons[936]. Si celui-ci résulte d'une décision libre de la partie, il porte gravement atteinte à la contradiction, pousseur de vérité. Le tribunal doit être exigeant aux formalités de saisine régulière surtout à la première audience. Il doit également se faire une idée suivant les pièces de procédure et les intérêts en jeu pour conclure pourquoi l'absent a choisi cette voie.

Au regard de la malice des parties, il est souhaitable que le tribunal ait la confirmation de l'adresse fournie par le demandeur, adresse constatée sur procès-verbal établi par un huissier autre que celui qui instrumente l'assignation ou la citation.

En outre, le tribunal se réservera de retenir le défaut à la première audience en attendant la modification de la loi lorsque la signification a été faite aux voisins, par message ordinaire, à la commune, et ce malgré l'état actuel de la désorganisation du service communal de l'état civil. L'office du

---

[932] FAVOREU Louis et PHILIP Loïc, *les grandes décisions du constitutionnel* ; 5ème édition Sirey, Paris, 1989, M. Long PWEIL, G. BRABANT, P. DELVOLVÉ et B.GENEVOIS, *les grands arrêts de la jurisprudence administrative*, 16è édition, Dalloz, Paris, 2007.

[933] Article 18 Code de procédure civile français et code de procédure civile congolais « régime de défaut de comparaître, de conclure et/ou de plaider.

[934] Article 19 CPCF, 102ème édition Dalloz, Paris, 2011, GUINCHARD Serge et alii, *procédure civile, droit interne et droit de l'union européenne*, 30ème édition, Dalloz, Paris, 2010, p. 531.

[935] GUINCHARD Serge et alii, *op.cit*, p. 346.

[936] HERON Jacques et LE BARS Thierry, *Droit judiciaire privé*, 4ème édition, Montchrestien, Paris, 2010, p. 939.

juge peut également considérer le caractère du pur formalisme de publication au journal officiel, irrégulier dans sa parution et évidemment limité quant à son accessibilité.

Certes, en cas de défaut de comparution, le tribunal suppléera au contradictoire par la vérification de la demande si elle est recevable et fondée [937].

La Cour de cassation jugea qu'il appartient au juge d'appel de vérifier si la condamnation prononcée en première instance à l'encontre d'une partie non comparante est régulière, recevable et bien fondée [938].

Cette exigence n'est pas suffisante, elle ne peut pas non plus remplacer la vertu du contradictoire que les tribunaux doivent observer comme un principe directeur de toute instance.

La juridiction doit rechercher à savoir si le cité a été atteint et a eu connaissance de la procédure. C'est pourquoi la cour de cassation dit qu'« aux termes de l'article 412 du code de procédure pénale, la décision est rendue par défaut à l'égard du prévenu non comparant lorsque la citation n'a pas été délivrée à sa personne et qu'il n'est pas établi qu'il en ait eu connaissance » [939].

Le droit processuel congolais peut être influencé par les dispositions de l'article 366 du code de procédure pénale suisse qui dispose que « si le prévenu, dûment cité, ne comparaît pas aux débats de première instance, le tribunal fixe de nouveaux débats et cite à nouveau le prévenu ou le fait amener (…). Toutefois, le tribunal peut aussi suspendre la procédure » [940].

Les cours et tribunaux congolais doivent rechercher le contradictoire, filtre de vérité judiciaire, et ce parce que les intérêts de la justice ne sont pas souvent les mêmes pour les parties, surtout celles déloyales.

Tout en érigeant le contradictoire comme principe directeur du procès équitable, la partie défaillante et déloyale doit être sanctionnée comme en droit processuel français qui consacre la théorie du jugement réputé contradictoire « pour la partie qui a été citée ou signifiée personnellement qui refuse de comparaître » [941].

Ainsi donc, parce qu'il ne faut sanctionner que le vrai défaut, il y a lieu de supprimer la signification par les voisins.La partie peut comparaître mais refuser d'accomplir les actes processuels, elle commet là le défaut de conclure et/ou de plaider, etc.

---

[937] Article 472 CPCF, principe général du droit congolais, article 14, code de procédure civile de la RDC.

[938] Civ. 2°, 18 octobre 2011, D 2001, IR 32 47 JCP, 2001 IV 2905.

[939] Cass. Crim 25 février 1988, Bull. 98.

[940] Code de procédure pénale suisse du 5 octobre 2007 (Etat le premier janvier 2011)

[941] Article 473 alinéa 2 code de procédure civile, Dalloz, Paris, 2011, p. 361 ; article 413 du code de procédure pénale ; AZIBERT Gilbert, *op.cit.* p. 352.

2. *Le défaut de conclure et de plaider*

Le Droit processuel étant un instrument de communication structuré entre les parties et le tribunal[942], chaque partie est appelée à parler par ses écrits, de même l'office du juge par les mesures d'instruction et le jugement, la finalité de procédure.

Faire connaître ses prétentions par voie des conclusions est un devoir fondamental de procédure. Il en est de même pour le défendeur[943].Conclure et communiquer constituent une obligation[944], un devoir[945].

La procédure civile de droit commun a tort de considérer que les parties ont une faculté de prendre les conclusions écrites quand elle argue que « Si les parties sont entendues contradictoirement,elles peuvent prendre des conclusions écrites »[946].Prendre les conclusions ne saurait être assimilé à une faculté car il s'agit d'une obligation dont la défaillance est sanctionnée.

Le Premier Président de la Cour d'appel de Paris, Monsieur Jean Claude MAGENDIE, en rappel du recteur Serge GUINCHARD, considéré comme un seigneur de procédure, note que[947] la loyauté, le dialogue et la célérité sont trois principes qui doivent trouver la place dans le procès[948].

La communication entre parties et le tribunal participe utilement au procès équitable[949]. En d'autres mots, le droit processuel ne veut pas de sourds muets ou des malentendants processuels.

La loyauté, contenu du contradictoire qui en constitue la face visible entre parties demeure une obligation à leur charge et à celle du tribunal. C'est pourquoi le droit processuel franco-suisse exige que l'assignation doit contenir l'indication qui attire l'attention du défendeur sur les conséquences du défaut[950]. D'ailleurs, le tribunal a pour mission de rendre les parties attentives aux conséquences du défaut[951].

---

942 CANIVET Guy, Accueil, *in De la commémoration d'un code à l'autre : 200 ans de procédure civile en France*, Litec, Paris, 2006, p. 1.

943 Le droit de procédure civile congolaise prescrit que la preuve contraire est de droit (article 31).

944 Gérard COUCHEZ et Xavier LAGARDE, *procédure civile*, 16ème édition, Sirey, Paris, 2011, p. 279.

945 Serge GUINCHARD, Cécile CHAINAIS et Frédérique FERRAND, *op.cit*, p. 562.

946 Code de procédure civile congolais.

947 Bertrand LISSARRAGUE, Hommage à un seigneur de la procédure, in *justice et droit du procès. Du légalisme procédural à l'humanisme processuel*. Mélanges en l'honneur de Serge Guinchard, Dalloz, Paris, 2010, p. 5.

948 Jean Claude MAGENDIE, Loyauté, dialogue, célérité, trois principes à inscrire en lettres d'or aux frontons du palais de justice, in *justice et droit au procès*, *op.cit*, p. 329.

949 Bernard MENUT, Les technologies de l'information et de la communication au service du procès équitable. Défis processuels et technologiques, in *justice et droit au procès*, *op.cit*, p. 341.

950 Article 56 code de procédure civile, 102, Dalloz, Paris, 2011, p. 112 ; article 133 code de procédure civile suisse.

951 Article 147 alinéa 3 code de procédure civile suisse.

C'est dans ce sens que le législateur processuel français attire l'attention du défendeur des conséquences du défaut dans les libellés de l'article 56 qui stipule : « (...) 3° l'indication que, faute pour le défendeur de comparaître, il s'expose à ce qu'un jugement soit rendu contre lui sur les seuls éléments fournis par son adversaire »[952].

Le tribunal ayant, en toutes circonstances, le pouvoir de faire observer et observer lui-même le principe de la contradiction, le défaut de conclure doit être établi d'abord par un acte officiel sur procès-verbal d'audience, ensuite dans le jugement.

Les dispositions de l'article 15 du code de procédure civile congolais créent un problème processuel majeur. Après que le tribunal ait constaté que les parties, souvent représentées, n'ont pas pris de conclusions écrites, les plaideurs professionnels du reste soutiennent haut et fort par leur voix, certainement en bas du droit, qu'ils prendront des conclusions verbales.

Parfois, ils prétendent soulever les exceptions d'ordre public. Ce procédé constitue un cas type d'artisanat procédural que qualifiait le Bâtonnier Mbuyi Tshimbadi[953].

En analysant l'oralité et l'écriture, le « dictionnaire de la justice » observe que la procédure est écrite, orale ou mixte. L'élément écrit et l'élément oral sont la plupart du temps conjugués[954].

Comme la plaidoirie est un exposé oral à la barre d'un tribunal, les faits de la cause et les prétentions doivent être préalablement et démocratiquement communiquées à l'adversaire. Le tribunal est fondé de rejeter lesdits moyens développés oralement sans être communiqués régulièrement.

En somme, les parties doivent communiquer les moyens de fait et de droit ainsi que les pièces qui les soutiennent. Comme on peut le constater, l'écrit domine le procès actuel[955].

3. *La loyale communication des conclusions et pièces*

Les règles processuelles, instrument de mise en œuvre des libertés fondamentales, commandent la communication des conclusions et pièces et sanctionnent son défaut.

Le droit processuel interdit au juge de recevoir les moyens et pièces et y fonder sa décision lorsque la partie a méconnu le principe du contradictoire[956]. La sanction de l'irrecevabilité des moyens et pièces non communiqués à l'adversaire est proportionnée étant donné que le

---

[952] Article 56 al 3 du code de procédure, 102ème édition, Dalloz, Paris, 2011, p. 112.
[953] Ancien Bâtonnier du Barreau de Lubumbashi, RDC.
[954] *Dictionnaire de la justice*, *op.cit*, p. 942.
[955] GILLET Jean Louis, *op.cit*, p. 709.
[956] Jurisprudence belge, français et congolais.

contradictoire ne doit pas être superficiel, mais un droit effectif[957], une garantie de droit à un procès équitable[958].

Etant un principe directeur du procès, le contradictoire est un droit fondamental qui s'insère dans la notion d'effectivité des droits de l'homme [959]. Au diable l'avarice[960], l'irrecevabilité comme sanction réservée aux conclusions et pièces non régulièrement communiquées semble réunir le consensus des législateurs, des jurisprudences[961] et desdoctrines[962].

Toutefois, la loi prévoit des exceptions au principe du contradictoire, ce que qualifient le professeur Loïc Cadiet et ses pairs de contradictoire différé et de contradictoire exclu[963]. Les dispositions de l'article 17 du code de procédure civile français en constituent l'exception[964].

Le professeur Philippe HOONAKKER indique une autre disposition légale, à savoir l'article 493 du code de procédure civile, dérogatoire au principe du contradictoire, à savoir « le régime des ordonnances sur requête »[965].Ce régime dérogatoire est aussi consacré par le droit processuel congolais[966].

Les exceptions au principe du contradictoire peuvent être une justification au droit processuel belge qui ne le considère pas comme un principe général du droit suivant l'arrêt de la cour de cassation du 4 décembre 1995 [967].

Bien que l'article 15 du code de procédure civile congolais reste vague sur la simple affirmation que les parties sont entendues contradictoirement, pour comprendre la base de ce contradictoire, il faut relier les dispositions de l'article 15 à celles des articles premier et 2 du même code.

---

[957] Loïc CADIET et alii, *Théorie générale du procès*, PUF, Paris, 2011, p. 648.

[958] Frédéric SUCRE, *Droit européen et international des droits de l'homme*, PUF, Paris, 1989, p. 375.

[959] DE SCHUTTER Olivier, *Fonction de juger et droits fondamentaux. Transformation du contrôle juridictionnel dans les ordres juridiques américains et européens*, Bruylant, Bruxelles, 1999, p. 277.

[960] CADIET Loïc, Les jeux du contrat et du procès : esquisse, in *Philosophie du droit et droit économique*. Quel dialogue ? Mélanges en l'honneur de Gérard FAYAT, éditions Fuson-Roche, Paris, 1999, p. 41.

[961] CSJ, RC/04, 5 Méc. 1979 Bull 1984, p3, 46 ; CSJ, RP 521, 12 Nov. 1980, inédit, Cass, 25 Nov.1977, Pas 1978, p.330 ; Cass, 26 Nov.1999, JIM, B.2000, p.98, J.T., 2000, p.229, Civ.2°, 11 jan 2006, Bull. Civ II. n°10. R. p. 418.

[962] Procédure civile, 102ème édition, Dalloz, Paris, 2010, pp. 43-55, Ruffin MUSHIGO A-GAZANGA GINGOMBE, *op.cit*, pp. 27-39 ; Articles 736-737, code judiciaire belge.

[963]Loïc CADIET, Jacques NORMAND et Soraya AMRAM MEKKI, *op.cit*, pp. 649-651.

[964]Article 17 : Lorsque la loi permet ou la nécessité commande qu'une mesure soit ordonnée à l'insu d'une partie, celle-ci dispose d'un recours approprié contre la décision qui lui fait grief.

[965]Philippe HOONAKKER, Ordonnances sur requête, in *Droit et pratique de la procédure civile. Droit interne-droit communautaire*, 6ème édition, Dalloz, Paris, 2009, p. 667.

[966]Articles 10, 137 code de procédure civile. La fonction administrative du tribunal

[967]Code judiciaire belge, Tome 1, Droit civil et judiciaire, 2010, P. 188

Il est de ce fait clair que le droit processuel congolais, à l'instar des autres législations étrangères, impose au juge le rejet des moyens et pièces non communiqués.

Malheureusement, le tribunal ordinaire ne contrôle pas suffisamment la mise en état de la cause qui se fait entre conseils et reçoit les dossiers des parties après plaidoirie. En pratique, en matière civile, les parties déposent leurs pièces et conclusions 48 heures après la plaidoirie.

En sus, le code de procédure civile de droit commun n'impose pas formellement comme dans le système franco-suisse [968] l'énumération des pièces sur le bordereau.

Dans la procédure telle qu'elle se déroule devant les juridictions de fond, la preuve de la non communication d'une pièce ou des pièces, de la substitution ou des conclusions modifiées risque d'être difficile à apporter. Il est difficile pour l'office du juge de fonder son jugement sur les pièces et moyens régulièrement communiqués pendant qu'il est mis hors circuit du contrôle de ladite communication.

Il se développe une pratique des plaideurs de déposer les pièces et conclusions dans les 48heures sans qu'aucune plaidoirie ne soit faite. Les avocats recourent à cette pratique surtout pour les affaires obligatoirement communicables au Ministère Public ou celles où le contradicteur tend à éviter le ridicule à la barre.

Ce procédé, bien qu'il fasse gagner du temps aux parties et au tribunal, il ne permet pas de contester les pièces et moyens qui n'ont pas été communiqués à l'adversaire.

Pourtant, dans les cours et tribunaux, la disparition des actes d'opposition, d'appel, des procurations spéciales, des pièces et conclusions est monnaie courante en RD Congo.

La Cour de cassation française, statuant sur les pièces absentes du dossier, décida que « Le juge doit, en toutes circonstances, faire observer et observer lui-même le principe de la contradiction. Il ne peut limiter les droits d'une partie au motif que des pièces ne figurent pas à son dossier, sans inviter les parties à s'expliquer sur l'absence au dossier de ces pièces qui figurent sur le bordereau de pièces annexées aux dernières conclusions et dont la communication n'a pas été contestée »[969].

Il y a lieu de soutenir l'institution du juge de mise en état. A défaut, comme la procédure de la cour de cassation, la communication doit se faire par voie de notification, après visa des pièces et conclusions par la chambre à laquelle le dossier a été attribué.

---

[968] Article 56 CPCF, article 23 loi fédérale de procédure civile fédérale suisse du 4 décembre 1947 (Etat, 1er janvier 2010)

[969] Civ. 2me 11 janvier 2006. Bull. Civ. II n° 10.R. P. 418 ; & 2006, IR. 252, Obs. Avera Robarder.

Ainsi, le tribunal, à la lumière des pièces et conclusions visées par lui, peut enjoindre à la partie de produire un acte ou de conclure sur tel ou tel autre point.

La supervision d'échange d'écritures permet au tribunal de connaître l'affaire avant la plaidoirie pour éviter les ouvertures d'office des débats afin de présider les débats avec toute compétence et ordonner les mesures utiles d'instruction[970].

En se fondant également sur les dispositions de l'article 222 du code de procédure civile[971], le tribunal peut décider de limiter la réponse à des questions ou à des conclusions déterminées. La juridiction peut également ordonner les débats d'instruction[972].

La qualité de la justice dépend du rôle du juge dans la procédure[973]. Cette exigence remplie par le droit processuel suisse impose aux parties de reconnaître au tribunal le droit d'administrer les moyens de preuve adéquats proposés régulièrement et en temps utile. Le tribunal ne prend en considération les moyens de preuve obtenus de manière illicite que si l'intérêt à la manifestation de la vérité est prépondérant[974].

Le droit processuel français a été séduit par la vertu de l'institution du juge de mise en état des affaires. Il revient au tribunal, au regard de l'échange des conclusions et pièces, de savoir quelles sont les affaires qui lui paraissent prêtes à être jugées sur le fond pour déclarer l'instruction close et fixer la date de l'audience[975].

Si certains penseurs estiment que la corruption du juge est une grenade envoyée à l'endroit du tribunal, remarquons qu'il est des conclusions et pièces échangées qui sont pires que la corruption. La surveillance du contradictoire constitue un masque à gaz d'une part et, d'autre, le tribunal, faisant le travail de médecin, peut faire accepter la fatalité à un justiciable avant même le délibéré.

Les avocats disent souvent qu'ils ne sèchent pas à la barre. Ainsi, ils envoient le brouillard au tribunal après l'épuisement des moyens de droit.

Il est courant de recevoir des pièces et conclusions d'une partie qui n'ont rien à avoir avec l'affaire. Les parties peuvent communiquer au nom de l'abus de la liberté processuelle, par exemple, les factures d'achat d'habits et des vélos pour enfants pendant que le litige porte sur la propriété immobilière ou de la voiture.

Par l'instruction de la cause, au regard du rôle processuel de déminage confié au juge de mise en état, celui-ci doit avoir une certaine ancienneté et

---

970 Article 143 à 174 du *Code de procédure civile*, 102ème édition, Dalloz, Paris, 2011.

971 Article 222 idem.

972 Article 226 ibidem.

973 Serge DAUCHY, *op.cit*, p. 83.

974 Article 152 code de procédure civile suisse.

975 Article 760 à 781 code de procédure civile, 102ème édition, Dalloz, Paris, 2010.

compétence [976], pour prendre les ordonnances des preuves, apprécier les réponses requises en fait comme en droit, les évidences. La surveillance effective du contradictoire permet au tribunal de connaître avant la plaidoirie les faiblesses du dossier, déjà connues par les parties et leurs conseils. Ils seront tous préparés à recevoir la décision de justice et à faire le deuil.

Comme en droit de procédure pénale où le magistrat demande toujours au prévenu ou inculpé le casier judicaire, le juge de mise en état ou la chambre qui en assure le rôle doit impérativement demander aux parties s'il y a cas de litispendance ou une décision coulée en force de chose jugée[977].

Dans son célèbre ouvrage sur l'erreur judiciaire, Dominique INCHAUSPEexprime un désastre lorsqu'il écrit :

> « L'erreur judiciaire déshonore tout le personnel qui y concourt, les juges ont commis l'irréparable ; les avocats ont été incapables de la prévenir ; les enquêteurs ont désigné un innocent à l'opprobre de la justice. Tous se sont salis. L'erreur atteint encore les autres qui, pendant le même temps, pratiquaient le même métier ; le professionnalisme de tout le monde est remis en cause. Au vrai, tous sont éclaboussés »[978].

Les parties sont préoccupées par leurs intérêts, intérêts auxquels les conseils ne sont pas fortement désintéressés. Il faut filtrer la vérité par le droit processuel. C'est pourquoi, les parties doivent informer le tribunal si elles ont été à l'instance sous d'autres causes connexes, par exemple, les mêmes prétentions sur l'immeuble querellé ou elles connaissent l'existence d'autres procédures se rapportant au même immeuble.

En pratique, certaines parties soutenues par leurs conseils construisent les faits et les procédures afin d'aboutir à la requête civile, notamment la contrariété des décisions.

Bref, la mise en état de la cause sous surveillance du tribunal tend à l'effectivité du contradictoire et de la loyauté des débats judiciaires. La surveillance du contradictoire par le tribunal peut réduire les effets de la procédure de défaut.

4. Le défaut de comparaître après échange d'écritures

Le défaut peut être retenu à charge d'une partie et le tribunal statue sur les seuls moyens de la partie comparante. La loi processuelle permet également que la partie comparante, l'intimé, au degré d'appel, peut

---

[976] Article 818 CPCF ; Serge GUINCHARD, Cécile CHAINAIS et Frédérique FERRAND, *op.cit*, p. 1218.

[977] Conditions de recevabilité d'une demande en justice, exemple article 59 code de procédure civile suisse.

[978] Dominique INCHAUSPE, *L'erreur judiciaire*, PUF, Paris, 2010, p. 3.

solliciter et obtenir le défaut congé sur pied des articles 17 et 78 du code de procédure civile[979].

En pratique, avec les échanges d'écritures entre parties, à l'insu du contrôle du tribunal, certains justiciables convaincus de perdre le procès au regard des moyens et pièces adverses, profitent du léger retard de l'adversaire pour solliciter le défaut congé [980] ou ils recherchent le jugement par défaut.

Certains paraissent malheureux dans ce sens que les défauts-congés ont été ordonnés sur le banc sans pour autant établir la preuve de refus dans le chef de l'appelant pendant que leurs conseils étaient dans la même salle d'audience ou dans une salle voisine du tribunal.

La volonté de soutenir la défense se révèle dans les échanges d'écritures et pièces sous la surveillance du tribunal. Pourquoi retenir le défaut ou le défaut congé après la mise en état de la cause [981] ?

Le défaut ou le défaut-congé ne peut être retenu contre une partie qui a toujours comparu et surtout mis la cause en état[982].

La vérification de la recevabilité et le fondement de la demande sont exigées dans la procédure par défaut, de même que la motivation de la décision[983]. Ces exigences ne peuvent remplacer à suffisance la beauté du contradictoire que tout tribunal doit activement rechercher afin que sa décision devienne belle.

Le défaut est à retenir à des extrêmes possibilités, car c'est un parent à laideur avérée et dont les enfants sont de vrais crachats. Le jugement par défaut, au regard de sa laideur est résumé par le législateur français. Les dispositions de l'article 478 sont éloquentes quant à ce : « Le jugement rendu par défaut ou le jugement réputé contradictoire au seul motif qu'il est susceptible d'appel est non avenu s'il n'a pas été notifié dans les six mois de sa date »[984]. Le régime juridique de l'article 478 du droit processuel français est inconnu du droit de procédure civile congolais.

En matière pénale, le législateur assouplit le régime civil de l'article 478 du code de procédure civile pour retenir que le jugement par défaut est non avenu dans toutes ses dispositions, si le prévenu forme opposition à son

---

[979] NSAMBAYI MUTENDA LUKUSA, *Droit judiciaire congolais*, 2ème éditions universitaires africaines, Kinshasa, 2010, p. 46.

[980] Lire le régime juridique du défaut-congé : NSAMBAYI. MUTENDA LUKUSA, *Droit judiciaire congolais*, 2ème édition Universitaires Africaines, Kinshasa, 2010.

[981] Défaut-congé nom naguère donné dans la pratique au défaut du demandeur qui après avoir formé une demande ne comparaissait pas, s'exposant à ce que le tribunal prononce son congé. Gérard CORNU, *op.cit.*, p. 274.

[982] Il y a lieu de reformuler les dispositions de l'article 17 du code de procédure civile congolais.

[983] Article 17 code de procédure civile congolais, principe de droit général du droit congolais ; article 72 du code de procédure civile, 102me édition, Dalloz, 2011, p. 360 ; Cas 27me, 24 mai 1982, Bull. Civ II n° 80.

[984] Article 478 code de procédure civile, 102ème édition, Dalloz, Paris, 2011, p. 363.

exécution [985], dispositions similaires prévues par celles de l'article 95 du code de procédure pénale congolais, à la seule différence de l'alinéa deux de l'article 489 qui prescrit une exception, celle où l'opposition se limiterait aux seules dispositions civiles du jugement par défaut.

En effet, le dilatoire est dans le procès et le rend humain à la différence de l'angélisme. L'idée de le réprimer devient légitime et légal, mais celle d'impunité de la justice plane encore.

Quel peut être alors le juste milieu ?

Le droit processuel suisse offre une intéressante idée contenue à l'article 234 du code de procédure civile qui stipule qu' « en cas de défaut d'une partie, le tribunal statue sur la base des actes qui ont, le cas échéant, été accomplis conformément aux dispositions de la présente loi. Il se base au surplus, sous réserve de l'article 153, sur les actes de la partie comparante et sur le dossier (…) »[986].

Cette préoccupation de la recherche passionnée du contradictoire est requise par la loi fédérale de procédure civile suisse à son article 12 qui ordonne qu'

> « À moins que la loi n'y attache d'autres effets que l'omission d'un acte de procédure a pour seule conséquence que l'instance suit son cours sans l'acte omis. Lorsqu'une partie fait défaut à une audience, celle-ci a néanmoins lieu. Les conclusions et moyens présentés jusqu'alors par la partie défaillante restent acquis (…) »[987].

Ces dispositions s'appuient sur celles qui attribuent au tribunal le rôle de conduire le procès en vertu duquel les décisions d'instructions sont prises [988]. En tant que centre d'échanges d'écritures entre parties, l'article 130 prescrit que les actes de procédure des parties sont adressés au tribunal sous forme de documents papier ou électronique. Ils doivent être signés[989].

Quant au nombre d'exemplaires, l'article 131 précise qu'un exemplaire des actes et des pièces qui existent sur support papier est déposé pour le juge et un exemplaire pour chaque partie adverse ; à défaut, le tribunal peut accorder à la partie un délai supplémentaire ou faire les copies utiles aux frais de cette dernière.

Ce mode de notification d'actes de procédure est connu en droit processuel de cassation en RD Congo. Bien qu'il ne soit pas suffisant, il peut être généralisé et renforcé devant les juridictions de fond, afin de pallier notamment en cas de défaut d'une partie.

---

[985] Article 489 code de procédure pénale, Gilbert AZIBERT, *op.cit.* p. 370.

[986] Stephen V. BERTI, *Code de procédure civile suisse*, Helbing Lichtenhahn Verlag, 2009, p. 236.

[987] Loi fédérale de procédure civile fédérale du 4 décembre 1947 (Etat le premier janvier 2010).

[988] Article 124, procédure civile suisse, Stephen V. BERTI, *op.cit*, p. 211.

[989] Article 130 de procédure civile suisse.

Statuant sur pièces, le juge aura devant lui les moyens et pièces de toutes les parties. Pour essayer de les parfaire, il y a lieu qu'au nombre d'exemplaires requis, on supplée celui du Ministère public dès la remise aux parties.

Le vœu de l'adoption du renforcement de la surveillance du contradictoire du tribunal par le juge de la mise en état se fonde également sur le réajustement de la balance informationnelle entre les parties et le tribunal, d'une part, et le rôle figuratif du parquet en matière civile, d'autre.

La loyauté des débats judiciaires, une éthique justiciaire, est insuffisante mais utile pour apaiser et tenter de soustraire le procès de la haine et de l'agressivité des parties. Les règles processuelles reconnaissent leur impuissance, c'est pourquoi elles ne demandent pas aux parties d'être du même côté de la barre. Elles même savent choisir la place dans la salle et chacune garde sa demeure.

Le minimum de bonne foi requis doit se manifester dans les conclusions et les pièces, malheureusement qui se communiquent directement entre parties.

A ce stade processuel où les parties conservent une très bonne dose de l'idée de vengeance et des intérêts divergents, le tribunal doit s'appuyer sur la présomption d'innocence et le doute raisonnable.

Comme disait un philosophe espagnol, « Si la passion n'existait pas à côté du doute, ce serait la mort »[990]. A côté de la présomption d'innocence et du doute raisonnable, le tribunal doit avoir la passion de la recherche de la vérité.

Le tribunal est limité par le principe dispositif et les éléments de fait et de droit qui ont été développés contradictoirement par les parties. Pour bien juger, le tribunal ne peut que se limiter à ce qu'il a entendu, rien que ce qu'il a entendu à l'audience.

Malheureusement, constate Antoine Garapon, le juge n'est jamais vierge de tout préjugé. Il est ainsi paradoxalement moins difficile pour lui de prendre une décision que d'en changer »[991].

Le tribunal, un tiers au litige, doit avoir sous contrôle les éléments du contradictoire et de la loyauté. Ces deux principes directeurs du procès doivent s'inscrire dans l'égalité des parties qui mérite elle aussi d'être analysée.

---

[990] Professeur Jacques VANDERLINDEN, colloque organisé à la faculté de droit de l'université de Nice Sophia Antipolis, France, le 25 novembre 2010.

[991] Antoine GARAPON, *Bien juger, essai sur le rituel judiciaire*, édition Odile Jacob, Paris, 1997, p. 311.

Section 2 : L'égalité des parties devant le service public de la justice

Les parties à l'instance doivent être traitées devant les cours et tribunaux, services publics, avec une égalité qui ne peut être considérée comme totale (§1). Les règles processuelles d'ordre public garantissent l'égalité des parties ; quel peut en être le contenu (§2) à l'heure des concepts d'égalité des armes (§3) et d'équilibre des droits des parties (§4) dont la séparation des autorités de poursuite et de celles de jugement constitue une modalité que meconnait la justice disciplinaire (§5).

§ 1. Définition et fondement

A. Définition

L'égalité, du latin *aequalitas,* est un principe d'après lequel tous les individus ont, sans distinction de personne, de race ou de naissance, de religion, de classe ou de fortune, ni aujourd'hui de sexe, la même vocation juridique au régime, aux charges et droits que la loi établit [992].

Pour Gérard CORNU l'égalité constitue :

1. un principe (fixé dès 1789, voir déclaration des droits de l'homme) d'après lequel tous les individus ont, sans distinction de personne, de race ou de naissance, de religion, de classe ou de fortune, ni aujourd'hui de sexe, la même vocation juridique au régime, charges et droits que la loi établit ;
2. un idéal d'égalité effective (par exemple économique, d'instruction, etc.) que les règles et institutions tendraient progressivement à réaliser, en atténuant les inégalités de fait[993].

Tel est le fondement de l'article premier de la déclaration des droits de l'homme et du citoyen.

En analysant le principe du caractère objectif des droits de l'homme, le professeur Frédéric Sudre y voit la notion d'identité universelle de la personne humaine et de ce fait l'exclusion de la règle de la réciprocité entre Etats[994].

Le service judiciaire constitue un service public et par conséquent, le principe d'égalité des citoyens trouve amplement son application dans un contexte où les justiciables doivent être soumis aux mêmes règles processuelles, ou mieux, aux mêmes règles de justice.

---

[992] Gérard CORNU, *op.cit*, p. 347.

[993] Idem.

[994] Fédéric SUDRE, *Droit européen et international des droits de l'homme*, 10ème édition, PUF, Paris, 1989, pp. 858-59.

Dans un cadre plus spécifique de service judiciaire, l'égalité des justiciables se trouve dans un combat judiciaire qui a donné lieu au principe d'égalité des armes considéré comme élément essentiel de la notion plus large du procès équitable. Il est là question d'une équité qui implique l'obligation d'offrir à chaque partie une possibilité raisonnable de présenter sa cause dans des conditions qui ne la placent pas dans une situation de net désavantage par rapport à son adversaire[995]. C'est à ce niveau là même que s'invite le besoin d'en connaitre le fondement juridique.

B. Fondement juridique

En effet, l'égalité devant le service public de la justice constitue un principe constitutionnel [996] contenu dans la déclaration universelle des droits de l'homme des Nations Unies et la déclaration universelle de droits de l'homme et du citoyen.

Aujourd'hui, cette égalité est devenue également un principe à caractère juridictionnel à toute instance[997].

Ce principe a pour finalité la non discrimination de l'être humain que sanctionne le conseil constitutionnel en ses nombreux arrêts[998].

Examinant les décisions d'annulation du conseil constitutionnel, Louis FAVOREU et Loic PHILIP estiment pour leur part que les décisions d'annulation se rattachent soit au principe de l'égal accès devant la justice ou plus largement à une procédure légale, soit à l'égalité du suffrage, soit à l'égalité d'admission aux emplois publics, soit à l'égalité devant l'impôt ou devant les charges publiques [999].

Dans l'affaire Compagnie générale d'énergie radioélectrique, le conseil d'Etat reconnaît l'égalité devant les charges publiques en décidant que « la responsabilité de l'Etat est susceptible d'être engagée sur le fondement de l'égalité des citoyens devant les charges publiques, pour assurer la réparation de préjudices nés des conventions conclues par la France avec d'autres Etats et incorporées régulièrement dans l'ordre juridique interne »[1000].

En fait, il s'agissait des locaux et des installations de radiodiffusion, propriété de la Compagnie générale d'énergie radioélectrique, qui ont été utilisés par les Allemands pendant l'occupation.

---

[995] *Dictionnaire de la justice*, PUF, Paris, 2004, p. 405.

[996] Articles 11 à 20, constitution de 2006, RDC.

[997] C.S.J, RPA, 67, 28 août 1981, inédit. DIBUNDA KABUINJI MPUMBUAMBUYI, *op.cit*, p. 51.

[998] Louis FAVOREU et Loïc PHILIP, *les grandes décisions du conseil constitutionnel*, 5ème édition, Sirey, Paris, 1989, n°s décisions 7 – 12, 21 – 8, 12, 31 – 6, 32 – 4 8 ; 12 ; 18 , 19, 27, 37 – 19.

[999] Idem, p. 271.

[1000] M. LONG G, P. Well, G. BRAIBANT, P. Delvolvé et B. GENEVOIS, *Les grands arrêts de la jurisprudence administrative*, 16ème édition, Dalloz, Paris, 2007, pp. 582 – 583.

Parmi de grandes préoccupations de la cour de cassation figure notamment celle de l'égalité. La haute cour, notent Jacques Bora et Louis Boré, gardienne de l'égalité[1001],est appelée à constater la légalité des décisions rendues par les juges de fond[1002].

L'accessibilité au service de la justice, au nom de l'égalité, est garantie pour pouvoir obtenir la protection. Ainsi, pour rendre cette garantie effective, la justice accessible ne doit être ni coûteuse, ni trop lente et doit être humaine[1003].

Cette question, quoique datant d'il y a longtemps, reste toujours d'actualité. La décision malheureuse de la cour suprême de justice américaine dans l'affaire Dred Scott de 1857, joua un rôle dans la genèse de la guerre de sécession[1004]. Toutefois, elle fit autrement avancer les prétentions d'égalité.

Au nom de ce principe, les parties ont une garantie qu'elles aient un droit égal à la justice et qu'elles aient le droit à une même justice [(1005)] afin de répondre au postulat d'égalité de tous les hommes, une idéologie commune de l'humanité toute entière dont le premier principe est celui de l'égalité de tous les hommes[1006].

Bien que la préoccupation d'égalité et ses corollaires se posent encore, la présenteétude se limite à la question d'égalité des parties dans une instance judiciaire. Ceci dit, il nous semble inévitable d'étudier le contenu du principe d'égalité des armes entre parties.

§ 2. Contenu de l'égalité des armes entre parties

En retraçant l'origine du principe d'égalité des armes, le Premier Président de la cour de cassation française, Mr Guy Canivet, situe celle-ci dans le droit anglo-saxon, clé de voûte de la notion du procès équitable[1007].

L'égalité des armes entre parties est essentiellement envisagée sous l'angle du droit à une procédure contradictoire[1008]. Le droit processuel entend refuser d'accorder un statut privilégié à une partie.

[1001] Jacques BORA et Louis BORE, *La cassation en matière civile*, Dalloz, Paris, 2008, p. 1

[1002] Guy CANIVET, *Légalité d'accès à la cour de cassation*, rapport 2003, p. 43.

[1003] Ph. TERNEYRE, cité par Jacques Robert et Jean Dufar, Droits de l'homme et libertés fondamentales, 7ème édition, Montcrhestien, Paris, 1999, p. 274.

[1004] Stephen BREYER, La *Cour suprême de l'Amérique et son histoire*, Odile Jacob, Paris, 2011, p. 71.

[1005] Loïc CADIET, Jacques NORMAND et Soraya AMRANI MEKKI, *Théorie générale du procès*, PUF, Paris, 2010, p. 144.

[1006] Frédéric SUDRE, *Droit européen et international des droits de l'homme*, 10ème édition, PUF, Paris, 1989, pp. 38-39.

[1007] Guy CANIVET, L*'égalité d'accès à la cour de cassation*, rapport 2003, p. 45.

[1008] Dictionnaire des droits de l'homme, PUF, Paris, 2008, p. 691.

Pour définir la notion d'égalité d'armes,Serge GUINCHARD et ses pairs s'inspirent de la commission européenne des droits de l'homme de 1959 qui la définissait comme le fait pour toute partie à une action civile d'avoir une possibilité raisonnable d'exposer sa cause au tribunal dans des conditions qui ne la désavantagent pas d'une manière appréciable par rapport à la partie adverse[1009].

La convention européenne de sauvegarde des droits de l'homme pose le principe d'égalité des armes entre parties en arguant que celles-ci doivent « disposer de temps et des facilités nécessaires à la préparation de leur défense » [1010], idée reprise par le pacte international relatif aux droits civils et politiques conclu à New York le 16 décembre 1966.

Pour la cour européenne des droits de l'homme, l'égalité des armes est la possibilité raisonnable pour une partie d'exposer sa cause au tribunal dans des conditions qui ne la désavantagent pas d'une manière appréciable par rapport à la partie adverse[1011].

Dans l'affaire Delcouet du 17 janvier 1970, la cour européenne des droits de l'homme énonça que le principe de l'égalité des armes est un principe fondamental du procès équitable qui caractérise l'ensemble du droit à la justice.

Elle lie au principe d'égalité des armes, le respect des droits de la défense, la nécessité d'un débat contradictoire, bref un procès équitable[1012].

En procédure pénale française, l'égalité des armes est consacrée par l'article préliminaire qui stipule que « la procédure pénale doit être équitable et contradictoire et préserver les droits des parties »[1013]. Il en est de même en ce qui concerne la procédure civile[1014].

Le contenu de l'égalité des armes entre parties repose essentiellement sur le temps et les facilités accordées à chaque partie pour préparer sa défense, et ce en toute procédure.

L'égalité des armes entre parties exige aux mêmes juges d'appliquer pleinement les mêmes règles de forme et de fond. C'est pourquoi, pour que l'égalité soit pleinement assurée, il faut encore que des juges identiques pour tous les justiciables appliquent à la solution des litiges les mêmes règles, ce

---

[1009] Serge GUINCHARD, Cécile CHAINAIS et Frédérique FERRAND, *Droit interne et droit de l'Union européenne*, 30ème édition, Dalloz, Paris, 2010, p. 542.

[1010] Gilbert AZIBERT, *Code de procédure pénale*, Litec, Paris, 2004, p. 919.

[1011] CEDH, 16 juillet 1968, n° 2804/66 Struppat c/RFA. DR. Annuaire de la conv. Vol. XI, p. 400 ; Lire Natalie FRICERO, Droit à un tribunal indépendant et impartial, in D*roit et pratique de la procédure civile*, Dalloz, Paris, 2009, p. 543.

[1012] Jean François RENUCCI, *Droit européen des droits de l'homme*, 30ème édition, LGDJ, Paris, 2002, pp. 299-300.

[1013] Glbert AZIBERT, *op.cit.* p. 1 ; Code de procédure pénale, Code militaire, Dalloz, Paris, 2001, p. 1.

[1014] Loïc CADIET, *Code de procédure civile*, Litec, Paris, 2010.

qui doit s'entendre des mêmes règles de procédure, certes, mais aussi des mêmes règles de fond[1015].

La loi des 16 – 24 août 1790 précise que « les justiciables plaideront à la même forme » [1016].Le professeur Dominique Rousseau quant à lui note que le principe d'égalité devant la justice se décompose en égalité de conditions de jugement imposant :

1) que les citoyens soient dans des conditions semblables et, poursuivis pour les mêmes infractions, doivent être jugés par des juridictions composées selon les mêmes règles, à savoir
   - l'égalité des garanties assurées aux prévenus ;
   - l'égalité des parties devant les moyens de preuve ;
   - l'égalité d'accès à la justice et aux voies de recours ;
   - l'égalité devant la loi pénale imposant que tous les condamnés à une même peine puissent accéder aux mêmes régimes carcéraux ;
2) le principe de contrôle et de l'intervention du juge ;
3) les droits de la défense[1017].

Monsieur Didier CHAUVAUX, conseiller d'Etat, note que l'office du juge doit :

- intervenir en temps utile ;
- dans la conception et la formulation de sa décision, viser un règlement durable de la situation litigieuse [1018].

Expliquant le facteur temps, le même conseiller fait observer que la dimension temporelle de l'activité juridictionnelle est décisive du point de vue de l'effectivité des voies de recours[1019].

Olivier DE SCHUTTER déduit de la règle de respect du précédent comme l'exigence d'égalité qui veut que deux situations suffisamment comparables ne soient traitées différemment en raison de leur ordre de succession dans le temps. De ce fait, la règle de l'égalité constitue un droit inter temporel[1020].

La méconnaissance de la règle fondamentale d'égalité, la mère de révolution, conduit à la discrimination[1021].

1015 Loïc CADIET, Jacques NORMAND et Soraya AMRANI MEKKI, *op.cit*, p. 150.

1016 Loïc CADIET, Jacques NORMAND et Soraya AMRANI MEKKI, *op.cit*, p. 150.

1017 Dominique ROUSSEAU, *Les arguments constitutionnels dans les affaires pénales – Dossier de l'office du juge*, *op.cit*, p. 276.

1018 Didier CHAUVAUX, L'Office du juge administratif, in *Dossier de l'office du juge*, *op.cit*, p. 62.

1019 Idem, p. 62.

1020 Frédéric SUDRE, *op.cit*, p. 133 ; Jean François Renucci, *op.cit*, p. 108.

1021 Frédéric SUDRE, *op.cit*, p. 133 ; Jean François Renucci, *op.cit*, p. 108.

En respect du principe d'égalité des justiciables, le droit processuel français enjoint l'office du juge de trancher le litige conformément aux règles de droit qui lui sont applicables[1022].

§ 3. Egalité des armes en procédure civile

La portée du principe, souligne le juge européen, implique,ainsi que nous l'avons souligné ci-haut, l'obligation d'offrir à chaque partie une possibilité raisonnable de présenter sa cause dans des conditions qui ne la placent pas dans une situation de net désavantage par rapport à son adversaire (Affaire Dombo Beheer c/Pays-Bas, 27 octobre 1993)[1023].

Le juge vise à sanctionner les conditions qui désavantagent d'une manière appréciable la partie adverse [1024]. Ainsi, au nom de l'égalité des armes, la cour sanctionne toutes les inégalités dans la communication des pièces aux parties (par exemple la transmission au seul procureur et non à la défense d'un rapport de police)[1025].

L'égalité des armes se manifeste comme étant une variable du contradictoire [1026] dans l'exigence temporelle et les facilités reconnues à l'adversaire.

La Cour européenne jugea par exemple, dans l'affaire Bora Idster c/Autriche, 28 août 1001 A. 2111 § 66, que le principe de l'égalité des armes englobe aussi le droit fondamental du contradictoire de la procédure pénale, une garantie d'égalité des parties devant le juge et de protéger l'effectivité du débat contradictoire aussi bien au civil qu'au pénal. Ainsi, le principe du contradictoire n'a pas de portée absolue (affaire Stepinska c/France, 15 juin 2004), il implique que les parties à un procès se communiquent et discutent toute pièce produite ayant une incidence sur l'issue du litige[1027].

La Cour de cassation française, en respect de l'égalité des armes des parties, décida qu'

> « (...) une chambre d'instruction ne saurait fonder une décision de non-lieu sur des pièces de procédures pénales et civiles distinctes que s'est fait communiquer le Procureur Général sans que les pièces ne soient versées au dossier dans le délai prévu par l'article 197 du code de procédure pénale pour être connues des parties et soumises au débat contradictoire »[1028].

[1022] Article 12 code de procédure civile.

[1023] Fréderic SUDRE, *op.cit*, p. 422.

[1024] Jean François RENUCCI, *op.cit*, p. 299.

[1025] Kuopila C. Finlande, 27 avril 2000 ; Fréderic SUDRE, *op.cit*, p. 423 ; lire aussi Vincent BERGES, *Jurisprudence de la cour européenne des droits de l'homme*, 4ème édition, Sirey, 1994.

[1026] Lionel MINIATO, *op.cit*, p. 228 et suivantes.

[1027] Frédéric SUDRE, *op.cit*, p. 425-426.

[1028] Cass, Crim, 16 janvier 2004, Dr Prén. 204, note A. Maron. p. 27.

Le droit processuel belge considère l'égalité des armes comme étant un principe général de droit[1029] ainsi qu'il en a aussi été jugé par la Cour européenne des droits de l'homme[1030].

Serge GUINCHARD, Cécile CHAINAIS et Frédérique FERRAND soutiennent que le principe d'égalité dans l'accès à la justice constitue un droit fondamental mais relatif suivant la réglementation étatique qui peut varier dans le temps et dans l'espace d'une part et, aux atteintes permises par le droit constitutionnel, d'autre part[1031].

A. Temps utile de communication

Il est de principe que le demandeur doit faire une communication complète (conclusions + pièces) en temps utile. Cette hypothèse se rapporte non pas à l'absence de communication mais à l'imperfection de celle-ci.

Dans la recherche du temps utile de communication, Lionel Miniato estime pour sa part qu'il y a absence de délais strictement définis de temps utile qu'apprécie le juge. Ce raisonnement de l'auteur se fonde sur les dispositions des articles 16 et 135 du code de procédure civile[1032].

La question demeure même en droit processuel suisse où les dispositions de l'article 144 catégorisent les délais, à savoir ceux légaux qui ne peuvent être prolongés et ceux fixés judiciairement pouvant se prolonger pour des motifs suffisants. Le délai de notification des actes de procédure est observé, prescrit l'article 143, lorsque l'acte est remis au plus tard le dernier jour de celui-ci[1033].

Qu'entendre dès lors de l'expression temps utile ?

La Cour de cassation estima que lorsque des pièces sont versées aux débats après les conclusions de l'une des parties, les juges de fond doivent mentionner que ces pièces ont été régulièrement communiquées à ces dernières[1034].

Par contre, la communication tardive en a été décrétée lorsque les pièces ont été communiquées la veille du jour où est intervenue l'ordonnance de clôture sans rechercher si la communication de ces pièces était de nature à mettre en échec le principe de la contradiction[1035].

Dans le système d'institution du juge de mise en état, ce dernier apprécie au mieux le temps utile pour les parties.

[1029] Article 2 code judiciaire belge, p. 187.

[1030]Dll. 30 oct. 1991 en C. Borgers et la cour de cassation, 22 mars 1993, Pas, p. 308 avec concl. Min. publ.

[1031] GUINCHARD Serge et alii, *op.cit*, pp. 143-144.

[1032] MINIATO Lionel, *op.cit*, p. 215.

[1033] Code de procédure civile suisse.

[1034] Cass. 3me Civ. 16 mars 1976, Bull. Civ. III n° 120.

[1035] Cass, 2me Civ. 21 février 2001, Bull. Civ I n° 21, procédures 2001, n° 81. Obs Perrot ; Lire Loïc CADIET, *Code de procédure civile*, Litec, Paris, 2010, p. 153.

En droit processuel congolais, et devant les juridictions de fond, la communication est régulière lorsqu'elle a été faite au moins trois jours avant l'audience de plaidoirie[1036]. Ce délai de 3 jours ne répond pas au principe d'égalité des armes. Ce temps ne peut permettre à l'adversaire de préparer sa défense. L'environnement processuel de négation du procès équitable se cristallise par la théorie de l'exposé sommaire des faits et des moyens dans l'assignation ne pouvant permettre une suffisante information à l'adversaire[1037].

En sus, la loi n'exige pas que l'exploit introductif d'instance soit accompagné des pièces comme l'exigent l'article 56 du code de procédure civile français et le droit suisse[1038].

C'est dans ces conditions d'absence d'équité temporelle et processuelle que les remises sont opérées. C'est parfois, et dans l'absence totale de respect du temps utile reconnu à l'adversaire, que le demandeur prétend communiquer seulement les pièces pour pouvoir se référer aux moyens sommaires exposés dans l'assignation faite sous toute réserve avec promesse de modification, de suppléer et d'ajouter les faits ou prétentions en cours d'instance.

Dans ce cas de figure, la communication n'est pas parfaite et, partant, la cause n'est pas en état d'être plaidée.

Dans l'artisanat procédural, le demandeur déloyal soit renonce aux moyens du contradictoire pour contraindre le défendeur à plaider après juste 3 jours de communication imparfaite, soit sollicite la remise à 3 semaines pour sommer sur pied de l'article 19 du code de procédure civile. Ces dispositions de l'article 19 du code de procédure civile sont souvent abusivement utilisées.

Le droit processuel belge est soucieux de l'équilibre temporel entre les justiciables

Les dispositions de l'article 736 du code judiciaire belge prescrivent que

> « Les parties se communiquent les pièces avant leur emploi, à peine de surséance d'office à la procédure, sauf le cas prévu à l'article 735, le demandeur doit faire cette communication dans les huit jours de l'introduction de la cause, le défendeur avec la communication de ses conclusions ».

Il est impératif que le demandeur ait communiqué complètement à l'adversaire tous les moyens de fait et de droit plus les pièces afin de compter le temps à accorder au défendeur.

Au degré d'appel, le droit judiciaire belge repartit le temps entre parties : l'intimé a un mois pour conclure à partir de l'introduction de la cause et

---

1036 Arrêté ministériel d'organisation.

1037 Article 2 Code de procédure civile congolais à la différence du droit processuel français et suisse.

1038 Article 221 Code de procédure civile.

l'appelant a un mois pour lui répondre. Toutefois, l'intimé dispose de quinze jours pour sa réplique[1039].

Comparant le régime processuel belge à celui du droit congolais, l'on observe le déséquilibre temporel entre parties où le demandeur, à la différence du défendeur, a le temps de préparer le procès, réunir les preuves, se constituer conseil.

Il y a lieu de noter que le droit processuel de la cour commune de justice et d'arbitrage fait une sérieuse préoccupation de la quête de l'égalité des armes dans son aspect temporel :

- les défendeurs ont trois mois pour prendre les mémoires et réponse, à compter de la signification du recours ;
- le mémoire en duplique ou tout autre mémoire 15 jours[1040].

Toutefois, la non intégration des réseaux de communication des Etats parties au traité créant la cour commune, les délais pour prendre les mémoires en réplique ou en duplique ou tout autre mémoire ne peut satisfaire ni la justice ni les parties avec un conseil résidant par exemple au Bénin ou à Pointe-Noire en République du Congo ou encore à Lubumbashi en République Démocratique du Congo.

Le temps doit être examiné s'il est suffisant par l'office du juge par rapport à la finalité processuelle, celle de se défendre efficacement. Pour le faire, le défendeur doit avoir le temps raisonnable de faire des recherches et obtenir les pièces devant les administrations publiques par exemple.

Le justiciable doit avoir les facilités de lever copie des procès-verbaux sans frais par rapport au principe de gratuité de la justice ou à moindre coût. Il doit être accordé aux parties du temps suffisant pour faire réaliser les expertises, les échanges avec l'étude du conseil, celui-ci doit rendre compte, faire approuver le projet des conclusions par la partie avant la communication[1041].

Il est certes vrai que de telles facilités peuvent se heurter aux données économiques et financières des parties par exemple le coût des expertises avant de les demander par voie judiciaire, les consultations des cabinets compétents. Les classes sociales ne peuvent disparaître par le bienfait des règles processuelles, elles surgissent toujours de l'une ou de l'autre manière. En respect de l'obligation de temps utile et des facilités à accorder à toutes les parties, l'office du juge appréciera cet élément temporel en fonction par exemple du nombre des parties, de la complexité de l'affaire, des répercutions de la décision sur la vie sociale, économique et financière.

L'égalité d'armes se concrétise aussi et surtout dans le temps de parole.

[1039] Article 1064 Code judiciaire belge.

[1040] Articles 30 à 31 du règlement de la Cour commune de Justice et d'Arbitrage.

[1041] RENUCCI Jean François, *op.cit*, p. 289.

B. Temps de parole

Le défendeur est appelé pour être entendu contradictoirement avec le demandeur. Ainsi, les règles processuelles créent le dialogue entre parties sous l'encadrement des juges[1042].

Dans la plaidoirie ou la prise de la parole lors de l'instruction de la cause, le juge doit faire observer l'équilibre temporel.

La recherche de l'équilibre en temps de parole entre parties n'est pas facile pour les juges face à la quête de publicité stricte pour les conseils qui peuvent en abuser, notamment par les redites, les propos étrangers à la cause, les insultes, la déroute juridique et judiciaire, l'absence de maîtrise des règles processuelles, etc.

Par l'usage de la police d'audience, l'office du juge, comme un pilote, traverse la vallée des zones de turbulence créées et entretenues par les passagers justiciables qui veulent parfois y demeurer pour ne pas voir l'affaire être tranchée.

La qualité et la compétence des conseils favorisent parfois le déséquilibre temporel entre eux. L'office du juge à la quête de la vérité judiciaire accorde l'attention soutenue à un conseil compétent et d'une honnêteté scientifique qui reste dans le débat pour l'éclairer.

Cependant, l'art de plaider c'est une arme pour certains : il hypnotise la salle et redonne vie aux textes des lois, le juste milieu est difficile à établir.Il est pourtant recommandé que, quelle que soit la difficulté, le droit processuel préserve l'égalité de temps de parole.

En droit belge, le temps de parole peut être contrôlé par le juge qui le fixe d'avance. L'article 747 du code judiciaire stipule :

> « (...) en fonction de la date de l'audience de plaidoirie qui, au cas où le délai pour conclure est fixé par le jugement au plus tard dans les trois mois de la communication des dernières conclusions, le juge détermine le nombre de conclusions et la date ultime à laquelle les conclusions doivent être déposées au greffe et adressées à l'autre partie ainsi que la date et l'heure de l'audience de plaidoirie et la durée de celle-ci. L'ordonnance de mise en état et de fixation n'est susceptible d'aucun recours »[1043].

Le procès pénal n'échappe pas aux préoccupations du procès équitable.

[1042] MAGENDIE Jean Claude, Loyauté, dialogue, célérité : trois principes à inscrire en lettres d'or aux frontons des palais de justice, in *Justices et droit du procès*, *op.cit*, p. 329.

[1043] Article 747, code judiciaire belge.

§ 4. Equilibre des droits des parties en procédure pénale [1044]

La question d'égalité des armes et la contradiction dans le procès pénal n'est pas aisée comme l'écrit Delmas Marty dans la relation entre le droit pénal et les droits de l'homme, c'est une relation ambiguë exprimant une tension entre deux pôles, parfois antinomiques et parfois confondus. L'antinomie avec les droits de l'homme est en effet au cœur de la justice pénale, « fondée sur le droit de punir, c'est-à-dire de porter atteinte à certains droits fondamentaux de la personne, à commencer par celui d'aller et venir librement, et pourtant, le système pénal remplit aussi une fonction de protection des droits fondamentaux[1045].

La spécificité du Ministère Public par rapport aux autres parties au procès en tant qu'organe de poursuite et d'exécution des peines a été reconnue par la cour d'arbitrage ainsi qu'il ressort du texte ci-dessous :« Il existe entre le Ministère Public et l'inculpé une différence fondamentale qui repose sur un critère objectif : le premier accomplit, dans l'intérêt de la société, les missions du service public relatives à la recherche et à la poursuite des infractions et il exerce l'action publique ; le second défend son intérêt personnel. Cette différence justifie raisonnablement que, tout au long de l'instruction (jusqu'à la saisine de la chambre du conseil), le Ministère Public jouisse de prérogatives dont la constitutionnalité ne peut être appréciée en procédant à une comparaison de sa situation avec celle de l'inculpé »[1046].

Le procès équitable commande l'équilibre des droits des parties. Dans un procès pénal, le cas du parquet est exceptionnel parce qu'il est une institution régalienne qui ne peut être comparée à tout justiciable.Les prérogatives de la puissance publique dont il bénéficie et le budget alloué par l'Etat à cette fin créent un déséquilibre net entre les parties au procès pénal.

Loïc CADIET, Jacques NORMAND et Soraya AMRANI MEKKI constatent ainsi le déséquilibre du contentieux à la cour pénale internationale opposant une puissance publique (Etat ou organisation internationale) à une personne privée qui fait l'objet des poursuites. Cette inégalité justifie un surcroit de garanties dans l'ordre des exigences du procès équitable[1047].

La Cour pénale internationale peut paraître comme une juridiction des vaincus pour le Président Laurent BAGBO, ayant pour vraie partie civile le régime en place à Abidjan avec ses soutiens extérieurs et intérieurs. La partie

---

[1044] Article préliminaire du code de procédure pénale, Gilbert AZIBERT, *op.cit*, p. 1.

[1045] Delmas Marty cité par Annick Sadzot, L'égalité des armes et la contradiction dans un procès pénal in Droits de la défense. Actes du colloque « Jacques Henry » organisé par la Conférence Libre des Jeunes Barreaux de Liège, éditions du Jeune Barreau de Liège, 1997, P. 131

[1046] CA, arrêt n° 82/94 du premier décembre 1994, RDP 1995, lire Annick Sadzot, op.cit, P. 141

[1047] CADIET Loïc et alii, *op.cit*, pp. 215-216.

civile d'un genre particulier a toutes les informations tant des autorités judiciaires que de la police administrative de nature à mettre à mal l'office du juge. La coopération internationale lui vient au secours.

En ce qui concerne les infractions qui touchent à la sécurité de l'Etat et des citoyens telles que les actes de terrorisme, l'exécutif semble avoir la primauté sur le judiciaire. Comme l'avoue Stephen Breyer que « la constitution a délégué au Président de vastes pouvoirs dans les domaines des affaires étrangères, de la guerre et de la sécurité nationale. Mais il arrive qu'un Président outrepasse ses pouvoirs »[1048].

La conception du terrorisme comme l'islam radical ou le conflit des civilisations appelle le sentiment nationaliste de l'ensemble de la société victime des actes infractionnels de l'ouvrier au chef de l'Etat, en passant certainement par les magistrats et les auxiliaires de la justice. C'est l'exact cas de la Fontaine : Le loup et l'agneau qui ramènent à jour la responsabilité pénale collective ; l'étranger terroriste et l'Etat victime.

En sus, les services de renseignement habilités à enquêter dans ce genre d'affaires ont une tradition de mélanger la légalité et l'illégalité dans la constitution des preuves.L'égalité des moyens de preuve semble s'éloigner dans ce genre d'infraction comme la recherche d'un tribunal indépendant et impartial.

Ainsi, les dossiers fournis par les renseignements sont loin de préserver l'égalité des parties. Marc Trévidic, juge d'instruction au pôle antiterroriste du tribunal de grande instance de Paris, note le péril des droits de la défense en disant :

> « Pour être exact, le colonel Moutarde vous est présenté comme étant le coupable, et que vous en soyez convaincus ou non ne change rien, car vous allez devoir prouver la culpabilité (…). Les services de renseignements ne peuvent en effet pas dévoiler leurs sources pour préserver leur sécurité et conserver leur confiance (…). La justice ne connait que le contenu, la question de sa fiabilité se pose irrémédiablement au juge d'instruction[1049].

L'histoire du ministère public est riche en enseignements : « les gens du Roi ». Le prévenu étranger par exemple peut avoir de doute légitime même à l'égard de son conseil désigné d'office lorsqu'il est poursuivi des infractions qui touchent à la sécurité nationale. Il doute de l'impartialité des autorités de poursuite.

Certainement que le peu d'espoir réside dans l'office du juge qui doit être très attentif à ses préoccupations, notamment faire citer les témoins, avoir le temps de lire le dossier judiciaire, requérir l'expertise comme recourir au service des détectives privés.

[1048] BREYER Stephen, *La cour suprême de Justice, l'Amérique et son histoire*, Odile Jacob, Paris, 2010, p. 245.

[1049] TREVIDIC Marc, *op.cit*, pp. 247 – 248.

Il est impératif pour l'office du juge d'observer l'impartialité du tribunal face au caporalisme ministériel du parquet, surtout militaire qui accepte volontiers de faire cohabiter en lui le caporal militaire relevant de la défense qui prime et le statut de magistrat géré textuellement par le ministère de la justice.

Pendant le procès, le prévenu est incompris de tout le monde, à commencer par les médias, les autorités politico-administratives qui mettent en vedette la nationalité d'origine. L'église le voit comme l'évidence d'un agent propre à l'enfer du diable. La famille biologique se dissocie de ses actes présumés. L'épouse rentre en famille. Les enfants sont en procédure de changement des noms, les amis se retirent de lui. Le prévenu se trouve dans un autre monde qui lui est étrange. Toutefois, il lui reste deux oreilles apparemment attentives et de compréhension : celles du conseil et de l'impartialité du juge.

C'est pourquoi, le tribunal doit comprendre l'environnement actuel du prévenu. Que perdra-t-il (le tribunal) en accordant au cité une remise ou en acceptant d'entendre un témoin à décharge même dans l'hypothèse où les évidences attestent la culpabilité du cité ? C'est juste un report légitime pour faire retarder la sentence et l'exécution. Il est conscient de quitter cette belle terre pour toujours, l'office du juge doit lui reconnaître quelque belles minutes de vie pour le report que la fuite n'est pas à craindre.

Un dicton africain confie pertinemment :*« Dibuki dia malu kaditu dibola »*[1050].Les exigences du procès équitable s'invitent dans les juridictions disciplinaires, ce qui appelle la question de savoir comment ces dernières fonctionnent.

§ 5. Séparation des autorités de poursuite decelles de jugement : principe d'égalité des parties

L'impératif de séparation des fonctions tend à répondre aux fondamentaux de la justice. A titre indicatif nous pouvons prendre l'interdiction d'être juge et partie, socle du principe général de droit de l'indépendance et de l'impartialité de l'office du juge.

Au regard de l'intérêt que porte la société sur le procès pénal et surtout ses enjeux vis-à-vis du présumé coupable, la séparation des autorités de poursuite et celles de jugement est une nécessité séculaire et constitue l'essence même de la justice, même celle dite disciplinaire.

A. Matière pénale

Le statut du ministère public, partie poursuivante, est nettement différent de celui de l'office du juge appelé à trancher le litige. Au départ de ces différents rôles, le statut constitutionnel de l'office du juge prescrit son

[1050] Un paquet de problèmes ne pourrit pas du fait de la remise indépendance et son inamovibilité[1051]. Par contre, de part son histoire, les gens du Roi, le ministère public hiérarchisé ne bénéficie pas de l'indépendance reconnue à l'office du tribunal. Il ne revient qu'au tribunal le rôle de gardien des promesses, des libertés publiques étant donné que le magistrat débout relève de l'exécutif.

A titre indicatif, le code judiciaire belge prescrit que le procureur fédéral exerce, sous l'autorité du ministère de la justice, la surveillance sur tous les officiers de police judiciaire et officiers publics et ministériels de son ressort[1052].

L'histoire peu glorieuse du ministère public, gens du Roi, montre qu'il avait pour rôle la défense des droits et intérêts patrimoniaux de la couronne[1053].

Mal aimé de la défense, Maître Jacques Verges peint ainsi le ministère public :

> « Requérant au nom de l'ordre public et des puissants du moment, représentants institués du conformisme social, les procureurs sont rarement éloquents, condamnés par profession à la médiocrité, comme le substitut Pinard au procès de Flaubert et de Baudelaire (...). Un seul procureur laisse dans la littérature de la justice une trace fulgurante, météorique : Saint Just parce que précisément, il était en rupture avec la loi »[1054].

Toutefois, l'évolution temporelle de la société a renforcé le rôle noble du Parquet consistant à rechercher les criminels, les identifier, réunir les preuves contre eux et les mettre en accusation devant le tribunal compétent pour enfin obtenir leur condamnation.

De part cette fonction cardinale du Parquet, le procès équitable exige la séparation des autorités de poursuite et de celles de jugement pour qu'une partie ne fasse le rôle de juge et de partie au même moment. L'interdiction de se faire justice à soi-même est un principe général de droit[1055]. Il en est de même de l'interdiction d'être à la fois juge et partie dans la même cause[1056]. C'est pourquoi, l'article préliminaire du code de procédure pénale français prescrit le principe de séparation des autorités de poursuite et celles de jugement comme suit : « la procédure pénale doit être équitable et contradictoire et préserver l'équilibre des droits des parties. Elle doit garantir

---

[1051] Article 64 de la constitution française, article 100 de la constitution congolaise, Conseil constitutionnel, DC. Décision 67-31 DC. Rec. 19 et 7040 DC, Rc. 25, Louis FAVOREU et Loïc PHILIP, *op.cit*, p. 182

[1052] Article 148, code judiciaire belge, p. 211

[1053] PINGEL Isabelle, Histoire du ministère public, droit français et droit comparé, in *Les exigences du procès équitable*, colloque, Bruylant, Bruxelles, 2003, p. 23

[1054] VERGES Jacques, *Justice et littérature*, PUF, Paris, 2011, pp. 114-115

[1055] Cass, 24 mai 1976, Pas. p. 1014.

[1056] Cass, 6 mai 1987, Pas, p. 1019.

la séparation des autorités chargées de l'action publique et des autorités chargées de jugement »[1057].

Le droit processuel suisse connait aussi la règle de séparation des autorités de poursuite pénale et /ou celles destribunaux[1058].La Cour européenne des droits de l'homme note également le principe de finalité et la question de l'information privilégiée au bénéfice du ministère public[1059].Le droit processuel congolais longtemps en reste a fini par régler, à travers la nouvelle loiorganique la question d'unicité du ministère public et de l'office du juge dans le chef du magistrat du tribunal de Paix[1060].

Toutefois, l'entrée du tribunal au même moment que le ministère public et sa place fait demeurer des inquiétudes de l'égalité des parties.

La séparation des autorités de poursuite et celles de jugement répond à la nécessité de l'indépendance et l'impartialité du tribunal et à l'égalité des parties par la préservation de l'équilibre des droits et de chance, bref la finalité du procès équitable.

Le professeur SUDRE précise que la Cour européenne des droits de l'homme, dans son arrêt Borgers c/Belgique du 30 octobre 1991, rompant avec la jurisprudence antérieure notamment celle de l'affaire Delcourt, a remis en cause le rôle du ministère public de cassation et du commissaire du gouvernement près le conseil d'Etat, posant la question de sa compatibilité avec les exigences du procès équitable[1061].

Dans la cause Kress c/France en rapport avec le rapport et la présence au délibéré du commissaire du gouvernement devant le tribunal administratif, la cour européenne des droits de l'homme décida qu'elle est d'avis que l'avantage pour la formation du jugement de cette assistance purement technique est à mettre en balance avec l'intérêt supérieur du justiciable qui doit avoir la garantie que le commissaire du gouvernement ne puisse pas, par sa présence, exercer une certaine influence sur l'issue du délibéré. Tel n'est pas le cas dans le système français actuel. En conclusion, la cour considère qu'il y a eu violation de l'article 6 §1 de la convention du fait de la participation du commissaire du gouvernement au délibéré de la formation du jugement[1062].

[1057] AZIBERT Gilbert, *op.cit*, p. 1.

[1058] Articles 12 à 21 du code de procédure pénale suisse du 5 octobre 2007 (Etat le 1er janvier 2011).

[1059] SUDRE Frédéric, *op.cit*, p. 51.

[1060] Articles 13 et 65 de la loi organique n° 13/011-B du 11 avril 2013 portant organisation, fonctionnement et compétences des juridictions de l'ordre judiciaire.

[1061] SUDRE Frédéric, Les exigences de la convention européenne des droits de l'homme, in *Les exigences du procès équitable*, Bruylant, Bruxelles, 2003, p. 39, Lire aussi M. LONG, P. WEILL, G. BRAIBANT, P. DELVOLVE et B. GENEVOIS, *op.cit*, p. 849.

[1062] M. Long, P. WEILL, G. BRAIBANT, P. DELVOLVE et B. GENEVOIS, *op.cit*, pp. 847 à 853.

Les juridictions disciplinaires sont soumises à l'impératif d'indépendance et d'impartialité de l'office du juge. Qu'en est-il en effectivité ?

B. Juridiction disciplinaire : inséparation des autorités depoursuite de celles de jugement

Les ordres des Médecins, des Avocats, des Pharmaciens et les Audiovisuels sont des autorités administratives indépendantes. C'est ainsi que le conseil constitutionnel considéra comme autorité administrative indépendante le conseil de la concurrence dans sa décision du 23 janvier 1987, tout autant pour le conseil supérieur de l'audiovisuel, le 17 janvier 1989[1063].

Le conseil d'Etat, dans sa décision du 3 décembre 1999, Didier Rc. 399 considéra que le principe d'impartialité prescrite par la convention européenne était applicable à l'autorité administrative indépendante au conseil des marchés financiers en soutenant que

> « Cons.Qu'il résulte de tout ce qui précède que M. Didier n'est pas fondé à demander l'annulation de la décision du 27 janvier 1999 par laquelle le conseil des marchés financiers lui a retiré sa carte professionnelle pour une période de six mois et lui a infligé une sanction pécuniaire de 5 millions de Francs (…) »[1064].

Les autorités administratives indépendantes sont soumises à l'autorité juridictionnelle administrative qui a compétence de censurer leurs décisions. C'est pourquoi, le professeur Frédéric Sudre constate que dans le cadre de procédure pénale, civile ou disciplinaire, la cour européenne a jugé contraire au principe de l'égalité des armes et/ou au principe du contradictoire l'intervention du ministère public au cours de la phase d'instruction comme au cours du délibéré[1065].

Monsieur Ader, ancien Bâtonnier du Barreau de Paris, rappelle le souci des avocats français de veiller à ce que les autorités publiques, qu'elles soient exécutives, législatives ou judiciaires, respectent ce que le barreau considère à juste titre comme essentiel, à savoir la maîtrise par chaque ordre d'avocats de son tableau.L'ancien Bâtonnier, en citant les travaux de Maître Pierre LAMBERT, note l'intervention de la cour européenne des droits de l'homme dans l'administration de la justice disciplinaire, estimant que les droits mis en cause par les décisions de retrait et qui font l'objet des contestations devant les tribunaux administratifs sont des droits privés et la cour conclut à l'applicabilité de l'article 6 §1[1066].

[1063] Louis FAVOREU et Loïc PHILIP, *op.cit*, pp. 708 à 744.

[1064] M. LONG, P. WEIL, G. BRAIBANT, P. DELVOLVE et B. GENEVOIS, *op.cit*, p. 793.

[1065] SUDRE Frédéric, *op.cit*, p. 40.

[1066] ADER, L'intervention de la cour européenne en matière disciplinaire, in *Mélanges en hommage à Louis EDMOND PETTITI*, E. Bruylant, Bruxelles, 1998, p. 95.

Dans une constance assez légendaire, la cour européenne des droits de l'homme a dégagé les règles suivantes :

1. l'arrêt Konig : délai raisonnable ;
2. l'arrêt Medecin Belge du 23 juin 1981 et 10 février 1983 : absence de publicité des débats, absence de publicité lors du prononcé de la décision ;
3. la nécessité d'un tribunal indépendant et impartial établi par la loi ;
4. le caractère contradictoire des débats[1067].

Le droit processuel congolais approuve l'assujettissement des décisions de l'ordre au contrôle du juge administratif. En analysant la fonction du Bâtonnier en matière disciplinaire, Maître MBUY MBIYE TANAYI, alors Bâtonnier National,pouvait souligner que le bâtonnier joue un rôle essentiel en matière disciplinaire, sous réserve de recours du plaignant ou du Procureur Général contre sa décision, il est une véritable juridiction souveraine quant à l'appréciation des faits en litige[1068].

A l'étape actuelle de la procédure disciplinaire au Barreau, il n'y a pas de séparation des autorités chargées de poursuite de celles de jugement.

Maître SHEBELE Michel, Avocat à la Cour de cassation le relève en se fondant sur l'article 124 de la loi organique, que les décisions rendues en matière disciplinaire ne sont susceptibles d'aucun recours[1069].

Au nom de la maîtrise du tableau par le barreau, laquelle se trouve associée à l'impartialité et à l'indépendance des pairs, Maître SHEBELE Michel apporte le soutien à cette exception.

Cette position était celle défendue par les avocats français et rappelée par le Bâtonnier Ader du Barreau de Paris, mais les exigences du procès équitable, supérieures, l'ont emporté[1070].

En droit processuel congolais, la préoccupation de la maîtrise du tableau a été soumise directement à la Cour suprême de justice, section administrative, au sujet des anciens magistrats dispensés du stage conformément à l'ordonnance-loi organique du barreau.

La haute Cour administrative pouvait ainsi déclarer

> « Fondé et entraînant annulation de la décision, pour excès ou détournement de pouvoir et pour atteinte aux droits garantis aux particuliers, le moyen pris de la violation des articles 8, 21.2, 22.1 et 29 alinéa 3 de l'ordonnance-loi organique du Barreau, en ce que le Conseil National de l'Ordre, en astreignant les anciens magistrats démissionnaires ayant exercé pendant plus de trois ans au moins au cours de déontologie, enseignement dispensé aux avocats stagiaires en

---

[1067] ADER, *op.cit*, pp. 96-98.

[1068] MBUY MBIYE TANAYI, *op.cit*, p. 120.

[1069] SHEBELE Michel, *op.cit*, p. 50.

[1070] Idem, p. 51

soumettant de façon discriminatoire ces anciens magistrats admis au Barreau à un délai d'attente de douze mois avant de prêter serment, condition non prévue à l'article premier de son règlement intérieur, a modifié la portée des articles 8 et 22 sus indiqués et les a violés ».

La Cour administrative considéra aussi que la décision étant entachée d'excès ou de détournement de pouvoir et pour violation intentionnelle de la loi, le moyen déduit de la violation (...) de la loi organique et 78 de l'ordonnance-loi n° 88-056 du 29 septembre 1988 portant statut des magistrats en ce que le Conseil National de l'Ordre, en ajoutant à l'article 1er de son règlement intérieur-cadre un point sexto déclarant inadmissibles au Barreau du fait de conserver un statut avec honorariat et éméritat, les anciens magistrats retraités, a violé les dispositions légales précitées [1071].

Les droits processuels forment ainsi l'ordre public interne dans un monde mondialisé.

En dissertant sur l'ordre public international français, le professeur Jacques FOYER met en exergue le fondement de celui-cid'autant plus qui connaît l'influence de la Cour européenne des droits de l'homme. Le Professeur fournit un élément qui milite en faveur du renforcement ou du respect d'un monde apaisé, celui du sexus claudicaus d'une personne qui est un homme en Argentine et femme en France[1072].

Le Bâtonnier tout d'abord, autorité de poursuite, préside le tribunal disciplinaire conformément aux articles 45 de la loi organique et 33, 83 du règlement intérieur cadre des barreaux de la RDC.La juridiction disciplinaire en l'état actuel des choses méconnait les exigences du tribunal indépendant et impartial et surtout l'égalité des parties.

Tout d'abord, le Bâtonnier, autorité morale et de poursuite, connait les membres du tribunal disciplinaire. Certains juges disciplinaires peuvent avoir des actions en cours d'instruction. De ce fait, le statut d'indépendance et leur impartialité ne permettraient pas de résister à l'organe de poursuite disciplinaire.

Ensuite, le fait de saisir le tribunal disciplinaire, le Bâtonnier est convaincu de l'établissement de la faute disciplinaire. Il va de soi qu'il puisse aussi orienter les débats d'instruction juridictionnelle.

La séparation des autorités de poursuite de celles de jugement tend au respect d'indépendance et d'impartialité du tribunal, d'une part et, d'autre, à l'observation du principe général de droit qui interdit d'être à la fois juge et

---

[1071] CSJ, RA 740, 14 juin 2004, Procureur Général de la République contre le Conseil National de l'Ordre, Bulletin des arrêts de la CSJ, Années 2004-2009, Tome 1, édition de service de documentation et d'études du Ministère de la Justice et Droits Humaines, Kinshasa, 2010, pp. 26-27

[1072] FOYER Jacques, L'ordre public international est-il toujours français ? in*Justices et droit du procès*, *op.cit*, p. 278.

partie dans la même cause [1073], qui s'appuie sur un autre principe général de droit qui interdit à toute personne de se faire justice à soi-même [1074].

Relativement aux exigences du procès équitable, la séparation des organes de poursuite disciplinaire de ceux de jugement doit être effective.

La soumission du droit disciplinaire aux exigences du procès équitable est fortement appuyée par les Professeurs Didier LINOTTE et Achille MESTRElorsqu'ils font remarquer que :

> « Les jugements disciplinaires relèvent en dernier ressort du conseil d'Etat par la voie de la cassation (CE. 5 janvier 1951, Dame Faure (...), recours ouvert même sans texte contre tout jugement administratif (CE. 7 février 1947, d'Ailières (...) »[1075].

Les auteurs précisent qu'à la différence de la cour, le conseil d'Etat, assez méfiant à l'égard de certaines juridictions ordinales, vérifie l'exactitude matérielle des faits par elles relevés (CE. 2 février 1945, Moineau ; Gaja n° 67), juge de la qualification juridique des faits[1076].

Conclusion

Le principe de loyauté, comme une déclinaison du contradictoire, s'affirme en principe directeur du procès équitable qui invite de manière irrévocable les parties et l'office du tribunal à l'honnêteté processuelle dans leurs actes.

Mais la loyauté processuelle tend à contenir la vengeance des parties et du juge à toute instance.

De ce fait, le principe de loyauté désapprouve l'avarice, la ruse, les fausses affirmations dans les actes de procédure, les fausses preuves, la malice dans l'échange des moyens et pièces, etc.

Ce principe met en exergue la transparence processuelle et l'évitement de faits de surprise.Il s'observe que souvent la haine des parties est difficile à être contenue par les règles processuelles, justifications des causes de requête civile, de procédure de faux et usage de faux, etc.

De tous les temps, l'intérêt demeure la mesure des actions tant pour les parties que pour leurs conseils qui sont copropriétaires des droits financiers en cause.

Face aux parties litigantes, le service public de la justice doit leur appliquer les mêmes règles processuelles et de fond, d'où la pertinence du principe directeur du procès équitable, celui de l'égalité qui se cristallise par l'égalité des armes.

[1073] Cass, 6 mai 1982, Pas. p .1019

[1074] Cass, 24 mai 1976, Pas. p. 1014

[1075] LINOTTE Didier et MESTRE Achille, *op.cit*, p. 290.

[1076] Idem, p. 290.

Toutes les parties doivent être jugées par les mêmes juridictions appliquant les mêmes règles de forme et de fond.

L'égalité processuelle des parties s'observe aussi par le respect strict de séparation des autorités de poursuite de celles de jugement. Tel n'est pas le cas des juridictions disciplinaires des barreaux congolais.L'exigence du procès équitable fixe l'ordre public processuel qui s'impose sur les lois organiques des autorités administratives indépendantes.

Certes, le principe d'égalité ainsi institué ne peut faire disparaître les fortunes des parties ; ceux qui ont des moyens s'offrent de bons conseils, ils ont la capacité de faire réaliser les expertises, les descentes sur les lieux, requérir les détectives privés, etc.

Le principe de loyauté et celui d'égalité processuelle font partie des droits éternels et immuables de la défense. Quoique beaux, ces principes sont insuffisants par défaut de l'indépendance et de l'impartialité du tribunal, socle du procès équitable.

Chapitre troisième : L'INDEPENDANCE ET L'IMPARTIALITE DE L'OFFICE DU JUGE

Les notions d'indépendance et d'impartialité du juge sont complexes (Section 1) et essentielles à la fonction de juger face aux pressions internes et externes.De ce fait, le statut d'indépendance et la vertu d'impartialité du juge doivent s'observer à l'égard des parties (section 2) du corps de la justice (section 3) d'une part et, d'autre de l'autonomie de la magistrature assise à l'endroit de l'exécutif (section 4) et des médias (section 5).

Section 1 : Notions et complexité

Pour la nécessité de la justice depuis la Grèce antique, l'idée de divinité de la fonction de juge appelle un statut d'indépendance et d'impartialité dans un environnement judiciaire apaisé. Ce statut du juge s'enkyste dans la finalité et l'essence de la justice. De ce fait, le rituel judicaire délimite la fonction de juger.

§ 1. Notions

La fonction de trancher le litige exige le statut qui permet au tribunal de résister aux pressions des parties et à toute influence extérieure. Ceci s'accommode parfaitement bien avec l'idée inaliénable d'indépendance du tribunal.

A. Indépendance du tribunal

Partant de l'expression combien si belle de Malraux sur la fonction des magistrats qui consiste à transformer le droit en justice[1077], l'indépendance de l'office du juge se cristallise par sa liberté de rendre une décision non liée par une hiérarchie[1078]. Le but est d'éviter au juge des interférences de quelque pouvoir que ce soit dans l'exercice de sa mission[1079]. Celles-ci

[1077] *Dictionnaire de la justice*, PUF, Paris, 2004, p. 623.
[1078] Idem, p. 623.
[1079] *Dictionnaire des droits de l'homme*, PUF, Paris, 2008, p. 639.

peuvent émaner tant du pouvoir politique, des medias mais certainement aussi des autres magistrats[1080].

La finalité de l'impartialité de l'office du juge se résume excellemment dans l'idée retenue par un rapport fait pour l'Allemagne Fédérale. On peut y lire : « Il est de l'essence de l'activité juridictionnelle que cette activité soit exercée par un tiers non intéressé au litige et neutre »[1081].

L'indépendance du juge est sa créance vis-à-vis de l'exécutif mais sa dette vis-à-vis de l'Etat de droit[1082].

Le prescrit processuel d'impartialité de l'office du juge à l'interne de la juridiction a également pour finalité la sauvegarde du droit effectif d'accès au tribunal indépendant.

A ce niveau, il y a la rencontre entre l'acte du juge et sa conscience comme le résument au mieux le professeur Loïc Cadiet et ses paires qui disent qu'ils sont « le lieu où l'éthique et la justice mêlent le plus intimement leurs eaux, le pari de toute organisation judiciaire (...) sans lequel il n'est point de justice possible »[1083].

Cette indépendance de la magistrature est presque unanimement proclamée par les constitutions de tous les pays bien que son respect n'est pas observé de la même manière.

A titre illustratif, la constitution japonaise, adoptée le 3 novembre 1946, à son article 76 paragraphe 2,et entrée en vigueur le 3 mai 1947, consacre l'indépendance de la justice en disant que « tous les juges se prononcent librement en leur âme et conscience et sont tenus d'observer exclusivement la constitution et les lois »[1084].

L'indépendance constitutionnelle de l'office du juge japonais n'explique pas seulement les seules relations avec l'exécutif ou le législatif, elle protège le juge dans son fonctionnement et sa structure interne[1085].

Le conseil constitutionnel français affirme que l'indépendance du juge constitue un principe constitutionnel dans ses décisions du 26 janvier 1967 et du 9 juillet 1970. En commentant la décision du conseil constitutionnel du 22 juillet 1980 qui réaffirme le droit constitutionnel de l'indépendance des juridictions judiciaires et administratives, Louis FAVOREU et Loïc PHILIP expliquent que la garantie constitutionnelle de l'indépendance de l'autorité judiciaire ne soulevait guère de doutes, car l'article 64 alinéa 1er de la

---

[1080] RASSAT Michele-Laure et alii, *Institutions administratives et juridictionnelles*, Ellipses, France, 2005, p. 155.

[1081] CAPPELLETTI Mauro, *Le pouvoir des juges*, économica, Université d'Aix Marseille, 1990, p. 130.

[1082] CADIET Loïc et alii, *op.cit*, p. 70.

[1083] CADIET Loïc, NORMAND Jacques et SORAYA AMRANI MEKKI, *Théorie générale du procès*, PUF, Paris, 2010, p. 69.

[1084] RENOUX Thierry S., De l'indépendance de la justice au Japon, in *Justices et droit du procès*, *op.cit*, pp. 102-103.

[1085] Idem, p. 104.

constitution en contient l'affirmation : « Le Président est garant de l'indépendance de l'autorité judiciaire »[1086]. Toutefois, on remarquera la forme impersonnelle de l'affirmation du juge constitutionnel (l'indépendance des juridictions est garantie) qui lui donne d'autant plus de force en ne confiant pas cette garantie au seul Chef de l'Etat, puisque, par définition, il convient de sauvegarder cette indépendance en prescrivant le caractère spécifique des fonctions juridictionnelles contre les empiètements du législatif et de l'exécutif[1087].

En date du 23 janvier 1987, le conseil d'Etat affirma l'indépendance du juge comme principe constitutionnel que :

« Cons. les dispositions des articles 10 et 13 de la loi des 16 et 24 août 1790 et du décret du 16 fructidor An III qui ont posé dans la généralité le principe de séparation des autorités administratives et judiciaires n'ont pas en elles-mêmes valeur constitutionnelle, que néanmoins conformément à la conception française de la séparation des pouvoirs figure au nombre des principes fondamentaux reconnus par les lois de la République selon lesquelles à l'exception des matières réservées par nature à l'autorité judiciaire, relève en dernier ressort de la compétence de la juridiction administrative l'annulation ou la reformation des décisions prises, dans l'exercice des prérogatives de puissance publique (…) »[1088].

En droit belge, l'indépendance de l'office du juge constitue un principe constitutionnel et un principe général du droit ainsi qu'il en a été décidé par la cour de cassation[1089].

Cependant, le statut d'indépendance du juge qui n'est soumis qu'à l'autorité de la loi paraît être une règle démocratique qu'observent nombreux pays tels que l'Allemagne, l'Autriche, l'Espagne[1090], etc.

L'indépendance du juge constitue une protection de sa fonction des pressions des parties, tout comme celles qui émanent des autres magistrats tout autant des autorités de l'exécutif. Le rôle principal et séculaire du tribunal est de dire le droit, de trancher les conflits dont il est saisi conformément aux règles qui lui sont applicables.

De même, l'office du juge a pour but de prendre les actes juridictionnels [1091]quand bien même la polémique enrichissante de l'acte juridictionnel

---

[1086] FAVOREU Louis et PHILIP Loïc, *op.cit*, p. 182.

[1087] Idem, pp. 424-425.

[1088] M. LONG, P. WEIL, G. BRAIBANT, P. DELVOLVE et B. GENEVOIS, *Les grands arrêts de la jurisprudence administrative*, 16ème édition, Dalloz, Paris, 2007, pp. 664-665.

[1089] Cass, 21 fév. 1979, Pas. P. 750, Cass. 14 oct. 1995, J.T.P. 670, J.I.M. B1997, p. 175 avec Noe M. Uyttendacle et R. Witmeur. DRPP. 1997, p. 470 avec Note A. Jacobs Pas. p. 981.

[1090] *Les juridictions des Etats membres de l'union européenne*, *op.cit*, pp. 17 à 238.

[1091] Définition de l'acte juridictionnel (critères formels et matériels). Serge Guinchard Cécile Chainais et Frédérique Ferrand ; Procédure civile. Droit interne et Droit de l'Union Européenne, 30ème édition, Dalloz, Paris, 2010, p. 693.

demeure. Les Professeurs Héron et Thierry Le Bars notent cette problématique par la difficulté de dégager que cette notion précise que l'acte juridictionnel est liée pour une bonne partie, ou qu'il convient de la réserver aux jugements gracieux [1092].

La complexité de la question persiste dans les débats, mais dans le but de faciliter la portée d'acte juridictionnel, le Professeur Roger PERROT souligne « qu'est acte juridictionnel, toute décision qui dit le droit »[1093].L'acte juridictionnel est ainsi synonyme de jugement, d'arrêt[1094], notions liées intimement à celle de juge[1095].

Depuis les nuits de temps, le rôle du juge, dans la pluralité des sociétés, demeure celui de trancher les litiges dans un environnement sacré[1096].

Trancher les litiges pour tout juge est ainsi un principe directeur du procès contentieux. Le code de procédure civile français, à son article 12 alinéa premier, stipule que « Le juge tranche le litige conformément aux règles de droit qui lui sont applicables »[1097].

La consécration du droit se cristallise également dans les dispositions de l'article 56 du code de procédure civile qui prescrivent que l'assignation contient, à peine de nullité, outre les mentions prescrites pour les actes d'huissier de justice (…), l'objet de la demande avec un exposé des moyens en fait et en droit (…) [1098].

Mais la procédure civile suisse prescrit à son article 57 que le tribunal n'est pas lié par les conclusions des parties, il applique le droit d'office [(1099)].Le droit processuel belge n'est pas loin du droit suisse en cette matière.

Le juge belge tranche le litige en droit conformément aux articles 5, 6 et 7 du code judiciaire[1100]. L'article 5 pour ne citer que celui-ci, dispose qu'il y a déni de justice lorsque le juge refuse de juger sous quelque prétexte que ce soit, même du silence, de l'obscurité ou de l'insuffisance de la loi.

Les juges sont également tenus de se conformer aux lois interprétatives dans toutes les affaires où le point de droit n'est pas définitivement jugé au moment que ces lois deviennent obligatoires[1101].

[1092]HÉRON Jacques et LE BARS Thierry, *Droit judiciaire privé*, 4ème édition, Montchrestien, Paris, 2010, p. 253.

[1093] Roger PERROT, *Institutions judiciaires*, 11ème édition, Montchrestien, Paris, 2004, P. 482

[1094] Gerard CORNU, *op.cit*, p. 525.

[1095]Idem, p. 522.

[1096] Antoine GARAPON, *Bien juger*, Odile Jacob, Paris, 2001, p. 23.

[1097]Code de procédure civile, 102ème édition, Dalloz, Paris, 2010, p. 28.

[1098]Loïc CADIET, *Code de procédure civile*, Litec, Paris, 2010, p. 86.

[1099]STEPHEN V. Berti, *Code de procédure civile suisse*, Helbing Lichtennahn Verlag, Basel, 2009, p. 197.

[1100]Code judiciaire belge, p. 217.

[1101]Articles 5 et 7, Code judiciaire, les codes Larcier, T 1, Droit civil et judiciaire, Larcier, Bruxelles, 2010, pp. 188-189.

Mais le droit processuel congolais n'indique pas clairement que le juge a pour mission de trancher le litige suivant les règles de droit[1102], le principe général impose au juge de vider sa saisine[1103].

La constitution, source du droit processuel, opère un choix fondamental et combien noble tel que la justice est la propriété de la loi[1104]. C'est une constance du système romano-germanique qui a toujours prescrit que les juges ne sont soumis dans l'exercice de leur fonction qu'à l'autorité de la loi[1105]. La procédure de cassation en est même la meilleure illustration.

Dès la création de la cour de cassation française, la haute Cour reçut le rôle de sentinelle établie pour le maintien des lois [1106] afin de donner le repos à la société[1107].

C'est pourquoi l'article 604 du code de procédure civile reprend ce célèbre rôle de sentinelle dans le chef de la cour de cassation en soulignant que « le pourvoi en cassation tend à faire censurer par la cour de cassation la non-conformité de jugement qu'il attaque aux règles de droit »[1108].

Le principe créateur de la cour de cassation française est repris par les dispositions de l'article 567 du code de procédure pénale qui attestent que

> « Les arrêts de la chambre de l'instruction et les arrêts et jugements rendus en dernier ressort en matière criminelle et de police peuvent être annulés en cas de violation de la loi sur pourvoi en cassation formé par le ministère public ou par la partie à laquelle il est fait grief, suivant les instructions qui vont être établies. Le recours est porté devant la chambre criminelle de la cour de cassation »[1109].

Certainement, les idées fondamentales de la Cour de cassation française n'ont pas été remises en cause au Congrès en Belgique lors des débats de l'élaboration de la loi du 4 août 1832. La richesse des débats, sur le chemin processuel français était une évidence. Matthieu LE CLERC soutint l'idée pertinente que la Cour de cassation n'est pas le troisième degré de juridiction.

En conséquence,

> « Elle n'est point instituée dans l'intérêt des plaideurs, elle est créée uniquement et exclusivement pour maintenir l'unité de la législation

---

[1102]Article 20 du code de procédure civile, articles 80 à 87 du code de procédure pénale, articles 265 à 275 du code judiciaire militaire.

[1103] Ruffin MUSHIGO-A-GAZANGA GINGOMBE, *Les principes généraux du droit et leurs applications par la cour suprême de justice du Congo*, académia, Bruylant, Louvain_La_Neuve, 2002, p. 35.

[1104]Jean Luc A. CHARTIER, *op.cit*, p. 106.

[1105]Article 150, constitution de la République Démocratique du Congo, Journal officiel, numéro spécial, 20 juin 2006, p. 33.

[1106]Robert BADINTER, *Une autre justice 1789-1799*, Fayard, Paris, 1989, p. 63.

[1107] Guy CANIVET, Discours prononcé à l'audience solennelle du début de l'année judiciaire en janvier 2000, *op.cit*, p. 50.

[1108]Code de procédure civile, 102, édition Dalloz, Paris, 2010, p. 492.

[1109]Gilbert AZIBERT, *Code de procédure pénale*, Litec, Paris, 2005, p. 423.

par l'unité de la jurisprudence pour parvenir progressivement à l'amélioration de la législation en faisant ressortir tous les vices dans ses arrêts ».

Quand bien même M. JONET s'écarterait un peu de l'argumentaire de LECLERC, il entre tout de même dans le vif de la réalité séculaire de la cassation. C'est ainsi qu'il pouvait écrire entre autres que

« Les recours en cassation, dit-on encore, sont moins établis dans l'intérêt privé des parties, que dans l'intérêt de toute la société. Je ne puis admettre cette proposition ; le recours en cassation est établi dans l'intérêt public, (…). Le recours en cassation, ajoute-t-on, n'est pas un troisième degré de juridiction. A cette assertion, je réponds non et oui, non, il s'agit du fait de la cause ; oui, s'il s'agit du droit puisqu'il y a un troisième juge chargé d'expliquer la loi que j'invoque, comment elle doit être entendue »[1110].

Ainsi, ce rôle de gardien des lois confié à la haute cour fait constater que « la requête, signée tant sur la copie que sur l'original par un avocat à la cour de cassation, contient l'exposé des moyens de la partie demanderesse, ses conclusions et l'indication des dispositions légales dont la violation est invoquée, le tout, à peine de nullité »[1111]. Tel est le régime de la cour de cassation congolaise[1112].

En analysant le rôle séculier de la cour de cassation, Jacques Boré et Louis Boré établissent une comparaison avec le système italien où ils trouvent l'institution, « la nomofilachia », d'inspiration grecque, « les nomophylaques » ; ceux-ci sont des magistrats chargés d'assister aux assemblées populaires afin d'interdire toutes propositions contraires aux lois. Cette conception influença les constituants français[1113].

La spécificité de la cassation a permis à Jacques Héron et Thierry Le Bars d'affirmer que le pourvoi en cassation fait obstacle à un renvoi total, c'est là la très large révolution opérée par l'appel[1114].

Serge Guinchard note avec ses pairs que le rôle dévolu à la cour de cassation est celui de sentinelle des lois, permettant de favoriser l'unification dans l'interprétation des règles de droit[1115].

Ainsi, la doctrine essaie de déterminer les cas types d'ouverture en cassation[1116].

[1110] LECLERC et JONET, cités par VAN DROOGHENBROCK Jean François, *Cassation et juridiction iura dicit curia*, L.G.D.J et Bruylant, Paris, Bruxelles, 2004, pp. 145-146.

[1111] Article 1080, *Code judiciaire Larcier*, 2010, p. 360.

[1112] Articles 95 à 96 de la loi organique n° 13/011-B du 11 avril 2013 portant organisation, fonctionnement et compétence des juridictions de l'ordre judiciaire.

[1113]BORÉ Jacques et BORÉ Louis, *La cassation en matière civile*, 4ème édition, Dalloz, Paris, 2008, point 01.92.

[1114]HÉRON Jacques et LE BARS Thierry, *op.cit*, p. 659.

[1115]GUINCHARD Serge et alii, *op.cit*, p. 1337

Le conseiller à la cour de cassation française, Ernest Faye, revient sur les propos du constituant Clermont Tonnerre en disant que le but à atteindre était, avant tout, la constance dans la doctrine, la profonde connaissance de la loi, l'éloignement parfait des intérêts des justiciables. Cette uniformité est si difficile à trouver dans les hommes[1117].

La procédure de cassation congolaise n'indique pas clairement, à l'instar des procédures française et belge, que le pourvoi en cassation n'est formé contre les décisions de dernier ressort que pour violation des règles de droit. Les articles 1 à 12 se bornent à indiquer la forme de la saisine de ladite cour et les parties qui peuvent se pourvoir en cassation[1118], sauf quelques précisions contenues dans les articles 35 et 36 de la même loi.

Sur le plan jurisprudentiel, les cours de cassation s'assument du rôle de gardien des lois que leur confèrent les lois.

L'article 7 de la loi du 20 avril 1810 détermina la compétence de la cour de cassation par l'affirmation que

> « La justice est rendue souverainement par les cours d'appel, leurs arrêts quand ils sont revêtus des formes prescrites à peine de nullité, ne peuvent être cassés que pour une contravention expresse à la loi, les arrêts qui ne sont pas rendus par le nombre de juges prescrit ou qui ont été rendus par des juges qui n'ont pas assisté à toutes les audiences de la cause, ou qui n'ont pas été rendus publiquement, ou qui ne contiennent pas les motifs, sont déclarés nuls. La connaissance du fond est toujours renvoyée à une autre cour d'appel »[1119].

Il a été jugé par la cour de cassation française qu' « Il se déduit des termes de l'article 567 du code de procédure pénale qu'un pourvoi n'est recevable que contre une décision de nature à constituer une violation de la loi »[1120].

Elle jugea également que cette règle d'ordre général est applicable aussi bien au pourvoi formé par le Ministère Public qu'à celui formé par la partie à laquelle il est fait grief[1121].

Le juge civil de cassation décida aussi que le pourvoi est irrecevable si sa déclaration ne contient l'énoncé d'aucun moyen[1122], s'il ne contient pas non

---

1116- les ouvertures sanctionnant une erreur de droit, la violation de la loi, l'incompétence et l'excès de pouvoir, l'inobservation des formes de procédure, la contrariété de jugements et la perte de fondement juridique.

- les ouvertures sanctionnant un vice de motivation, le défaut de motifs, le défaut de base légale et la dénaturation (Jacques BORÉ et Louis BORÉ, *op.cit*, p. 358).

1117 FAYE Ernest, *La cour de cassation 1903, édition la mémoire du droit*, Paris, 1999, p. 3

1118 Loi organique n° 13/010 du 19 février 2013 relative à la procédure devant la cour de cassation.

1119 FAYE Ernest, *op.cit*, p. 84.

1120 Cass, Crim, 29 novembre 1982, Bull. 269.

1121 Idem.

1122 Civ. 2°, 16 juillet 1993, Bull. Civ II n° 259.

plus l'énoncé d'un moyen de cassation fondé sur la non-conformité de la décision attaquée aux règles de droit[1123].

La cour de cassation belge décida que le juge est tenu de trancher le litige conformément à la règle de droit qui lui est applicable. Il a l'obligation, en respect de tous les droits de la défense, de relever d'office les moyens de droit, dont l'application est commandée par les faits spécialement invoqués par les parties au soutien de leurs prétentions[1124].

En précisant la portée de l'article 1080 du code judiciaire belge, relativement à l'indication des dispositions légales violées par une décision entreprise en cassation, la cour décida que les termes « *dispositions légales* » doivent s'entendre dans leur acception la plus large et s'entendent entre autres prescriptions de caractère général édictées par les organes du pouvoir exécutif »[1125].

La Cour de cassation congolaise est une juridiction de censure des décisions rendues en dernier ressort. Elle est juge de droit et non des faits[1126] et, de ce fait, n'est pas le 3ème degré de juridiction[1127].

L'indépendance du juge est intimement associée à son impartialité.

B. Impartialité de l'office du juge

En droit processuel, soulignent Fréderic Desportes et Laurence Lazerges-Cousquer, l'impartialité du juge est plus qu'une garantie accordée au justiciable, elle est consubstantielle à la justice. Ainsi, il n'est pas ou ne paraît pas être engagé en faveur de l'une des parties ou du représentant de l'accusation ou, plus généralement, s'il n'est pas, et ne paraît pas être, habité de préjugés[1128].

La nécessité de la recherche du juge, arbitre neutre, est dictée par l'esprit de vengeance qui anime les parties au procès. La présomption d'innocence commande à ce que la vérité judiciaire soit recherchée par l'office du juge impartial.

Le Conseiller d'Etat Didier CHAUVAUX retrace l'histoire de l'expression *« office du juge »* apparue pour la première fois dans un arrêt du Conseil d'Etat du 29 novembre 2002[1129].

[1123]Civ. 2°, 17 juin 1992, Bull. Civ II n° 166.

[1124]Cass, 14 avril 2005, C.03.0148, F.J. I MB. P. 856 avec obs. C. de Leval

[1125]Cass, 18 juin 1970, Pas. p. 923.

[1126] PERROT Roger, *op.cit*, p. 176.

[1127] C.S.J; RC 81, 19/12/1973, Bull. 1984, p. 156.

[1128]Fréderic Desportes et Laurence Lazerges-Cousquer, op.cit, P. 207

[1129] CHAUVAUX Didier, *L'office du juge administratif : constantes et mutations in Justice et cassation, Dossier office du juge*, Dalloz, Paris, p. 58.

1. *Définition*

Le dictionnaire juridique définit l'impartialité comme étant l'absence de parti pris, de préjugé, de préférence, d'idée préconçue, exigence consubstantielle à la fonction juridictionnelle dont le propre est de départager les adversaires en toute justice et équité.

a) Dans le débat, de la part du juge, il est exigé une attention scrupuleuse à respecter et à faire respecter le principe de la contradiction, en veillant à ce que chacune des parties puisse avoir des mêmes chances de faire valoir ses prétentions, en tenant entre elles la balance égale dans la recherche des preuves.
b) Dans la sentence, abstention faite de tout favoritisme, il lui est fait obligation rigoureuse de n'avantager aucun des plaideurs, de ne jamais statuer au profit de l'un d'eux pour d'autres raisons que celles qui tiennent au bienfondé de ses prétentions, devoir de stricte justice par opposition à iniquité, arbitraire, discrimination, objectivité, conscience[1130], etc.

La justice demeure par son essence une vertu. Le formulaire de Proudhon est révélateur quand il faisait constater pertinemment que « La justice est l'anonymat de Dieu »[1131]. La pensée de Pascal en dit davantage sur l'esprit de la justice, pour lui le devoir de la justice qui s'infère de la définition du *jus suum unicuique*, c'est-à-dire reconnaître à chacun son droit, ne peut se concevoir ni à partir de l'identification de la question de la justice à celle de la justification et du salut, ni dans le cadre d'une doctrine déductive des lois civiles faisant dépendre la légalité même de ces lois en ce qu'elles participent à la justice universelle et éternelle des lois naturelles [1132].

Déduisant des écrits de Platon à Levinas, Jean Luc A Chartier tire, dans la définition des philosophes, juristes et sociologues, la constance de placer la justice dans une théorie morale et sociale[1133].

L'impartialité de l'office du juge constitue un principe général du droit international, communautaire et interne.

[1130] CORNU Gérard, *vocabulaire juridique*, PUF, Paris, 1987, p. 468.

[1131] Professeur Réné-Jean DUPUY, préface du livre de Robert CHARTIER, *Justice et politique, évolution de leurs rapports*, 2ème édition, L'Hermes, 2003, p. VII.

[1132] Maître Jean Luc A. CHARTIER, L'esprit de la justice, in *Mélanges en l'honneur de Jean François Burgelin, principes de justice*, Dalloz, Paris, 2008, p. 104.

[1133] Idem, p. 106.

2. *Fondement*

2.1. Instruments internationaux

La déclaration universelle des droits de l'homme des Nations Unies, en son article 10, prescrit la garantie d'un tribunal impartial. Il en est de même de l'article 14 § 1 du pacte international relatif aux droits civils et politiques de 1966 et de l'article 47 de la charte des droits fondamentaux de l'Union Européenne des droits de l'homme[1134].

L'article 6 de la convention de sauvegarde des droits de l'homme et des libertés fondamentales du 4 novembre 1950 stipule que toutes les parties ont « droit à un procès équitable. Toute personne a droit à ce que sa cause soit entendue équitablement, publiquement et dans un délai raisonnable par un tribunal indépendant et impartial, établi par la loi, qui décidera (...) »[1135]. Et il n'est secret pour personne, les instruments internationaux sont ratifiés et intégrés dans l'arsenal juridique interne de la plupart des Etats[1136].

2.2. Droit interne

L'impartialité de l'office du tribunal constitue une garantie pour les justiciables. En dépit du rituel judiciaire[1137], le juge reste un homme avec ses qualités et défauts. C'est un animal social.

Jean Michel LAMBERT en dit mieux lorsqu'il argue qu' « Un juge, un homme : quand je posai les pieds pour la première fois en terre Vosgienne, je ne connaissais personne, mais je n'allais pas tarder à créer l'embryon d'un réseau de solides amitiés »[1138].

Approchons nous de Jacques Médecin pour comprendre par le petit échantillonnage des anciens de son école communale qui nous permette d'avoir une idée de la société. Il écrit:

> « Nous avions organisé une fête pour l'un de nos instituteurs adorés, Alexandre VAGLIO (...) repérer des quantités d'anciens. Parmi ceux-ci figuraient d'ailleurs des personnages assez étonnants, un évêque, un amiral à la retraite. Nous avions constaté ce soir là que nous avions eu, à différentes époques, cinq gangsters comme copains. Et sur les cinq, il n'y avait qu'un survivant. Ils s'étaient éliminés entre eux »[1139].

1134 Serge GUINCHARD, Cécile CHAINAIS et Frédérique FERRAND, *Procédure civile, droit interne et droit de l'union européenne*, 30ème édition, Dalloz, Paris, 2010, p. 713.
1135 AZIBERT Gilbert, *Code de procédure pénale*, Litec, Paris, 2005, p. 919.
1136 Ratification de la déclaration universelle des droits de l'homme des Nations-Unies et de la déclaration européenne de sauvegarde des droits de l'homme.
1137 GARAPON Antoine, *Bien juger, Essai sur le rituel français*, Odile Jacob, Paris, 1997, p. 149.
1138 LAMBERT Jean Michel, *Le petit juge*, Albion Michel, Paris, 1987, p. 163.
1139 MEDECIN Jacques, *La République des juges, carrère*, 1996, p. 155.

L'intérêt étant la mesure des actions, le juge doit demeurer neutre.

Section 2. Le tribunal impartial à l'égard des parties

L'impartialité de l'office du juge, conçu comme un service public, tend au respect de l'égalité des citoyens qui ont droit aux mêmes juges, aux mêmes règles de fond et de forme. A ces jeux d'influence interne et externe sur la conscience humaine du juge, le droit processuel tente de garantir un procès équitable.

Les droit processuels français et belge consacrent le régime d'abstention, de récusation, de renvoi et de prise à partie en vue de rendre effectif le droit d'accès au juge impartial.

L'article 13 de la convention européenne des droits de l'homme fait de l'effectivité du droit au recours juridictionnel un droit fondamental quand il fait savoir que « Toute personne dont les droits et libertés reconnus dans la présente convention ont été violés, a droit à l'octroi d'un recours effectif devant une instance nationale, alors même que la violation aurait été commise par des personnes agissant dans l'exercice de leurs fonctions officielles »[1140].

La Cour européenne des droits de l'homme décida qu' « Il convient d'apprécier le caractère effectif du droit d'accès au juge cas par cas, en fonction des faits de l'espèce[1141]. Elle décida également que « L'effectivité du droit d'accès demande qu'un individu jouisse d'une possibilité claire et concrète de contester un acte ».

A travers une analysedes dispositions de l'article 13 de la convention européenne des droits de l'homme, le professeur Jean François RENUCCI découvre le but de cette protection. Il note par ailleurs que cette disposition répond au souci d'une protection effective des garanties fondamentales, protection qui ne peut se concevoir sans que la personne en cause puisse se plaindre de la violation de ses droits et obtenir réparation[1142].

La constitution du Royaume d'Espagne défend comme valeurs supérieures de son ordre juridique la liberté, la justice, l'égalité et le pluralisme politique. Elle est heureuse également d'instituer le principe de la légitimité démocratique qui prescrit que toute personne a le droit

[1140] AZIBERT Gilbert, *op.cit*, p. 951 ; articles 49 à 59 de la loi organique n° 13/011 – B du 11 avril 2013 portant organisation, fonctionnement et compétence des juridictions de l'ordre judiciaire et impartial in Droit et pratique de la procédure civile, Dalloz, Paris, 2009, p. 518.

[1141] CEDH, 20 Nov. 1995 n° 95/89/92 British American Tobacco co. Ltd c/Pays-Bas. Serie A n° 331. RUDH 1996, Frédérique Sudre, *op.cit*, p. 13 ; CEDH, 22 nov. 1995, 19/78/91, Bryan c/R.V. Serie A. n° 335, RUDH. 1996 ; Droit à un tribunal indépendant.

[1142] RENUCCI Jean François, *op.cit*, pp. 225-226.

fondamental d'obtenir la protection effective des juges et des tribunaux dans l'exercice de ses droits et intérêts légitimes [1143].

Le droit processuel congolais prescrit l'impartialité des membres des cours et tribunaux et règle de ce fait les questions de récusation et de déportation. Comparativement aux droits processuels franco, suisse et belge, le droit helvétique prévoit des récusations évidentes notamment pour les ex conjoints, les ex partenaires, ceux qui mènent avec eux la vie de couple, le représentant d'une partie.

Les droits français et congolais, respectivement en leurs articles 342 du code de procédure civile et 72 du code d'organisation et compétence judiciaires, instituent l'un des mécanismes malheureux pour le procès effectif et équitable.

L'article 342 du code de procédure civile français prescrit que « La partie qui veut récuser un juge doit, à peine d'irrecevabilité, le faire dès qu'elle a connaissance de la cause de récusation. En aucun cas, la demande de récusation ne peut être formée après la clôture des débats »[1144].

Quant au droit processuel congolais, l'article 50 de la loi organique n° 13011 du 11 avril 2013 recoupe l'article 342 du code de procédure civile français.

Les deux dispositions impératives sont violatrices de l'esprit d'effectivité du droit d'accès à un juge impartial. Il est un principe séculaire selon lequel « Nul n'est censé ignorer la loi », les dispositions processuelles critiquées créent un principe *contra legen* : « Nul n'est censé ignorer les faits, notamment la connaissance de parenté entre les juges et les parties adverses, la connaissance de la poursuite d'intérêt personnel par le juge ».

Les deux dispositions violent également le principe de la foi due aux autorités publiques. Les justiciables sont appelés à faire confiance, à se remettre aux institutions publiques, aux gardiens des promesses[1145]. Ils doivent, au palais de justice, se sentir devant leurs protecteurs parce qu'ils sont comparables aux patients qui font confiance au personnel soignant trouvé à l'hôpital. Certains amenés en ambulance, dans l'incapacité de décider, se remettent parfois à ceux qui sont habillés comme médecin pour divers cas, notamment les opérations chirurgicales de grande délicatesse au cerveau, au cœur, etc. Il n'est donc pas aisé de demander aux patients d'enquêter préalablement sur les médecins pour connaître ceux d'entre eux qui ont une facilité peu recommandable de les faire partir dans l'au delà contre leur gré.

Il en est de même pour les moines et les prêtres qui, dans leurs paroisses, reçoivent la confession des religieux et laïcs, et ce justement sur base de la

---

[1143] Les juridictions des Etats membres de l'union européenne, *op.cit*, pp. 160 à 161.

[1144] Code de procédure civile, 102ème édition, Dalloz, Paris, 2011, p. 276.

[1145] GARAPON Antoine, *Le gardien des promesses, justice et démocratie*, édition Odile Jacob, Paris, 1996.

confiance qu'on leur fait. La foi due aux institutions ne peut permettre aux justiciables d'enquêter préalablement sur les juges avant toute clôture des débats.

Mais les causes de récusation ou de report s'adressent aux juges qui sont censés être impartiaux [1146] dans l'exercice des fonctions juridictionnelles.

On notera que le juge qui ne se déporte pas pour un motif qui rentre dans le cas de récusation rompt le principe constitutionnel de l'équilibre des droits des parties à un procès et un procès équitable.

Pour le Recteur Serge GUINCHARD, l'idée de l'équité dans le procès équitable est une garantie formelle de la régularité d'une procédure et participe à l'effectivité des droits fondamentaux[1147].

Le premier congrès de l'association des cours constitutionnelles ayant en partage l'usage du français, congrès tenu à Paris en avril 1997, a considéré le principe d' égalité comme principe carrefour, un droit tuteur qui vient renforcer la mise en œuvre d'autres droits et libertés comme le droit de propriété et les droits de défense[1148].

Il a été jugé par la cour de cassation que le juge ne peut se contenter de se référer à son arbitraire même en invoquant son souci d'apaisement et son impuissance à démêler l'affaire, pour condamner le débiteur à ne régler que la moitié de la somme déclarée, il ne peut pas non plus se fonder sur l'équilibre [1149].

Le juge qui refuse de se déporter consacre malheureusement l'inégalité de chance entre parties.

En traversant la ligne rouge d'impartialité, l'office du juge institue l'injustice : il va arriver à transformer le débiteur en créancier, l'homme en femme, le fils en père ; voilà un avion sans pilote.

A ce titre, la société anglaise considère le juge comme l'homme du royaume le plus consciencieux. Maître Théo KLEIN du barreau de Paris épouse cette opinion en affirmant que la fonction du juge est certainement la mission humaine la plus éminente et qui, à l'intérieur des limites fixées par la loi, confère un pouvoir absolu dès lors que le jugement acquiert l'autorité de la chose jugée. C'est entre ses mains que se balancent souvent l'honneur, la fortune et l'avenir de ceux qui sont soumis à son jugement[1150].

[1146] GUINCHARD Serge, Procès équitable : garantie formelle ou droit substantiel ?, in *Philosophie du droit et droit économique*. Quel dialogue, Frison-Roche, 1999, p. 142.

[1147] BERT Stephen V. I, *op.cit*, p. 196.

[1148] CANIVET Guy, *L'égalité d'accès à la cour de cassation*, rapport de la cour de cassation, 2003, p. 46.

[1149] Civ. 2°, 19 janvier 1983, Gaz, Pol. 1983, Pari 177. Obs. Guinchard, Réf 8 soc. 21 février 1980. JCP 1980 IV 176. 11 mai 1994. D. 1995, 626 Note C. Puigelier ; Civ. 3°, 22 mrs 1995, Gal Pol 16 mai 1996, Lire GUINCHARD Serge, *Procès équitable*, *op.cit*, p. 146.

[1150] KLEIN Théo, « La fonction de juge », *Mélanges en hommage à Louis Edmond Pettiti*, E. Bruylant, Bruxelles, 1998, p. 507.

Le conseiller à la cour de cassation, Jean Pierre GRIDEL, relève que l'impartialité est une exigence aussi évidente que traditionnelle relevant en quelque sorte du droit naturel de l'activité du juge ; le devoir de traiter spontanément avec autant d'attention les parties et les prétentions qu'elles développent, de se défendre à l'égard de toutes pressions, comme de toute sympathie ou antipathie envers les personnes ou la matière [1151].

Même le juge qui se trouve dans le cas de déport doit le faire.

Le droit processuel suisse est très soucieux de l'effectivité de l'impartialité prescrivant l'obligation de déclarer dans le chef du Magistrat ou du fonctionnaire judiciaire concerné de faire état en temps utile d'un motif de récusation possible. Il doit se récuser lorsqu'il considère que le motif est réalisé[1152].

La procédure fédérale suisse reconnait l'obligation de déclarer faite au Magistrat récusable[1153].

L'article 51 du code de procédure civile suisse sanctionne les actes du juge récusable et les conséquences de l'inobservation des règles de récusation :

1) les actes de procédure auxquels a participé une personne tenue de se récuser doivent être annulés et renouvelés si une partie le demande dans les dix jours après qu'elle a eu connaissance du motif de récusation ;
2) les mesures probatoires non renouvelables peuvent être prises en considération au tribunal.

Si un motif de récusation n'est découvert qu'après la clôture de la procédure, les dispositions sur la révision sont applicables.

Au regard de la répartition démocratique des tâches reconnues à chaque organe de la justice dans la finalité du procès équitable, le droit de procédure suisse reconnait aux parties de récuser, outre les magistrats, les fonctionnaires judiciaires[1154].

La procédure fédérale suisse prescrit également la récusation des juges et des greffiers dans les mêmes conditions et pour les mêmes faits[1155].

Mais le droit processuel français, en son article 595, ne prévoit pas comme motif de révision le jugement rendu par un juge partial. Tel est le cas même en procédure civile congolaise en ce qui concerne la requête civile[1156], l'équivalent de la révision en droit français.

[1151] GRIDEL Jean Pierre, *L'impartialité du juge dans la jurisprudence de la cour de cassation in Mélanges en l'honneur de Jean Buffet, la procédure en tous ses états*, petites affiches, Paris, 2004, p. 243.

[1152] BERTI Stephen V., *op.cit*, p. 196.

[1153] Article 35 de la loi sur le tribunal fédéral du 17 juin 2005 (Etat le premier janvier 2011).

[1154] Article 47 du code de procédure civile suisse.

[1155] Article 34 Loi sur le tribunal fédéral du 17 juin 2005 (Etat le premier janvier 2011)

[1156] Article 85 du code de procédure civile de la RD Congo.

Les causes de révision ou de requête civile sont limitativement prévues. Jacques Junillon note que le plaideur malheureux a une tendance naturelle à souhaiter que son procès soit révisé, et trouve dans les arguments développés par l'adversaire ou dans les pièces la justification quant à ce[1157]. La cour de cassation, sur pied de l'article 595 du code de procédure civile, connait quatre cas de requête en révision dans lesquels le juge a commis une erreur imputable aux parties[1158]. Telle est aussi la position de la cour suprême de justice.

Il est judicieux que le droit franco congolais se laisse influencer par le droit suisse en ce qui concerne la partialité du juge comme cause de révision ou de requête civile.

Dans le souci d'avoir un tribunal impartial, la procédure fédérale suisse prévoit à l'article 37 alinéa 3 une disposition si heureuse pour le triomphe de la justice lorsqu'il stipule que « (...) si, en raison de récusation, les juges ne se trouvent plus en nombre suffisant pour statuer, le Président du Tribunal Fédéral tire au sort, parmi les présidents des tribunaux supérieurs des Cantons non intéressés, le nombre nécessaire de juges suppléants extraordinaires pour que la cour puisse statuer sur la demande de récusation et, au besoin, sur l'affaire elle-même »[1159].

Le droit processuel congolais peut s'inspirer du droit suisse qui renforce la matérialité des droits fondamentaux.

La violation par le juge d'appel des règles de récusation et déportation peut justifier le pourvoi fondé sur les moyens nés de la décision attaquée pour violation des statuts du tribunal impartial.

L'impartialité de l'office du juge s'impose à toute instance.

Le conseil d'Etat a toujours considéré le principe d'impartialité comme une exigence du procès équitable.

Il a été décidé en ce sens « Que, quand il est saisi d'agissements pouvant donner lieu aux sanctions prévues par l'article 69 de la loi susvisée du 2 juillet 1996, le conseil des marchés financiers doit être regardé comme décidant du bien-fondé d'accusation en matière pénale au sens des stipulations précitées de la convention européenne de sauvegarder des droits de l'homme et des libertés fondamentales qui note que, compte tenu du fait que sa décision peut faire l'objet d'un recours de plein contentieux devant le conseil d'Etat, la circonstance que la procédure suivie devant le conseil des marchés financiers ne serait pas en tous points conforme aux prescriptions de l'article 6-1 »[1160].

[1157] JUNILLON Jacques, Recours en révision, in *Droit et pratique de la procédure civile*, 6ème édition, Dalloz, Paris, 2009, p. 1307.

[1158] BORE Jacques et BORE Louis, *op.cit*, p.

[1159] Article 37 Loi sur le tribunal fédéral du 17 juin 2005 (Etat le 1er janvier 2011) ; lire aussi l'article 38 de la même loi.

[1160] CE. Ass. 3 décembre 1999, Didier, RC 399.

Dans cet arrêt, selon Monsieur Long et ses pairs, le conseil d'Etat a examiné si le conseil des marchés financiers avait respecté le principe d'impartialité en matière administrative ; ledit principe apparaît comme un principe général, affirmé indépendamment et au-delà de l'article 6-1 qui ne fait que le rappeler [1161]

La recherche d'un tribunal impartial est le souci de la cour de cassation. Pour la haute cour, les dispositions de l'article 1027 du code de procédure civile sont très claires : « La demande en récusation d'un magistrat de la cour de cassation est examinée par une chambre autre que celle à laquelle l'affaire est débitrice et qui est désignée par le premier président ».

Comme on le voit, la récusation est opérationnelle à toute instance.

La Cour jugea par exemple qu'

« Est sans objet, la requête en récusation visant des magistrats de la chambre criminelle mis en cause dans une plainte avec constitution de partie civile dès lors que conformément aux principes généraux du droit et à l'article 6 de la convention européenne des droits de l'homme, les magistrats visés par la requête s'abstiennent de siéger pour examiner le pourvoi formé par la partie civile contre l'arrêt de refus d'informer[1162].

Tout motif de récusation du juge est inopérant.

§ 1. Le caractère limitatif des causes de récusation et les exigences du procès équitable

La Cour de cassation a souvent jugé le caractère limitatif de l'énumération de l'article 341 du code de procédure civile[1163].En effet, ce caractère s'applique également en ce qui concerne la récusation des techniciens[1164].

C'est même là la position de la cour de cassation congolaise qui décida que l'énumération des causes est restrictive[1165].

La vision restrictive du droit franco-congolais de récusation ne favorise pas l'effectivité du tribunal impartial[1166]. Dans la recherche de l'effectivité

[1161] M. Long, P. WEIL, G. Braibant, P. DEVOLVE et B. GENEVOIS, *Les grands arrêts de la jurisprudence administrative*, 16ème édition, Dalloz, Paris, 2007, pp. 802-803.

[1162] Cass, Crim. 12 janvier 1994, Bull. 20.

[1163] Civ. 2°, 14 décembre 1992, JCP, 1993, IV, 551.

[1164] Article 234 code de procédure civile, 102ème édition, Dalloz, Paris, 2010, P. 274

[1165] C.S.J, 4 juin 1971, L.J. c/ L.TR, RJZ. 1971, p. 125 ; Lire DIBUNDA KABWUINJI MPUMBUAMBUYI, *op.cit*, p. 198.

[1166] Thèse des causes de récusation limitée et dépassée par l'exigence du procès équitable ; des articles 341 du code de procédure civile, 668 de la procédure pénale, droit processuel français et article 49 de la loi organique n° 13/011-B du 11 avril 2013 portant organisation, fonctionnement et compétence des juridictions de l'ordre judiciaire.

du procès équitable, la cour de cassation française est revenue sur sa position de conditions limitatives de récusation pour affirmer, et c'est de bonne cause, que « L'article 341 qui prévoit limitativement huit cas de récusation n'épuise pas l'exigence d'impartialité requise de toute juridiction »[1167].

Dans la constance, la cour de cassation renonce à la conception de caractère limitatif des causes de récusation pour affirmer que les huit cas n'épuisent pas l'exigence d'impartialité requise de toute juridiction[1168] pour conclure afin que le domaine de la récusation est illimitée[1169].

Le conseil d'Etat belge épouse le point de vue de la cour de cassation française en décidant que « l'énumération est limitative mais il ne ressort pas de là qu'une fois déterminée cette énumération et son contenu soient d'interprétation restrictive. Les causes de récusation doivent être interprétées en fonction du principe supérieur d'impartialité, de manière à en garantir au mieux le respect[1170].

Le même arrêt du conseil d'Etat décida que

> « Si l'article 82 D, 8ème du code de procédure judiciaire énonce les causes de récusation et des exceptions à celles-ci (...), les exceptions étant d'interprétation restrictive, la règle qui elle-même, est dérogatoire, devrait recevoir une interprétation large»[1171].

Le professeur Frédéric Sudre note le but des garanties du procès équitable énoncé par l'article 6, 1° (équité, publicité, célérité, impartialité). Celles-ci tendent à une bonne administration de la justice et sont autant d'obligations qui pèsent sur le juge de les satisfaire[1172].Dans le même sens, le général LIKULIA BOLONGO offre l'exemple type de l'exigence du procès équitable qui va au-delà de la théorie des causes limitativement énumérées en affirmant qu'à ces causes communes de récusation prévues par le code de droit commun s'ajoutent celles résultant du code de justice militaire[1173].

La loi ne peut, souligne l'auditeur général émérite au conseil d'Etat, Michel Dumont, assigner qu'un juge impartial qui est appelé à trancher le

---

[1167] Civ. 2°, 27 mai 2004, Bull. Civ II n° 245. D 2004, IR 1863, JCP 2004, IV. 2490, Gaz. Pal. 25-26 mai 2005. P. 7. Obs du Rusquec, Civ. 1ère, 28 avril 1998, Bull. Civ. 1er n° 155. D. 1998. IR 131 ; Gaz Pal 1998, 2. Somm. 586. JCP. 1999. II. 10102, note. Prallus. Dupuyhèse des causes de récusation limitativement limitée, dépassée par l'exigence du procès équitable

[1168] Civ, 1ère, 28 avril 1998, Bull. Civ I n° 155, Gaz Pal, 15 décembre 1988, note G. Flicheux, RTD. Civ. 1998, 744, obs. R. PERROT.

[1169] Civ, 2. 27 mai 2004. D. 2005, 332, obs. Natalie Fricero et P. Julien in procédure civile, Dalloz, Paris, 2009, p. 447.

[1170] DUMONT Michel, Le conseil d'Etat, tribunal indépendant et impartial, *in Les droits de l'homme au seuil du 3ème millénaire*, Mélanges en hommage à Pierre Lambert, Bruylant, Bruxelles, 2000, p. 331.

[1171] Idem, p. 330.

[1172] SUDRE Frédéric, *L'office du juge national au regard de la convention européenne des droits de l'homme in mélanges en hommage à Pierre Lambert*, Bruylant, Bruxelles, 2000, p. 831.

[1173] Général LIKULIA BOLONGO, *Droit pénal militaire zaïrois*, L.G.D.J., Paris, 1977, p. 48.

différend comme un arbitre neutre. En cas d'application d'une convention, le principe d'impartialité l'emporte d'ailleurs sur les règles d'organisation judiciaire des Etats qui ont adhéré à celle-ci[1174].

En effet, même si le juge n'est jamais vierge de tout préjugé[1175], il est inadmissible qu'une partie puisse dérégler l'équilibre processuelparce qu'il n'y a pas de privilège processuel pour l'une d'elles[1176].

La Cour européenne des droits de l'homme employa pour la première fois la notion de l'égalité des armes dans l'affaire SzWabowicz c/Suède le 30 juin 1959 en soulignant que :

> « Le droit à un procès équitable implique que toute partie à l'action civile et à fortiori à une action pénale, doit avoir une possibilité raisonnable d'exposer sa cause au tribunal dans des conditions qui ne la désavantagent pas d'une manière appréciable par rapport à la partie adverse »[1177].

A titre de rappel, Bruno OPPETIT soutient que l'égalité des armes est un véritable principe de droit naturel en droit procédural en raison du lien indissociable entre égalité, justice et Etat de droit[1178].

C'est pourquoi, la cour de cassation, en assemblée plénière du 24 novembre 2000, décida que « Lorsque la composition de la juridiction est connue à l'avance, l'éventuelle récusation pour cause d'atteinte à l'impartialité objective doit être demandée dès qu'elle est connue et, de toute façon, avant la clôture des débats »[1179].

Sur le plan international, la question d'impartialité est au cœur du dispositif de la cour internationale de justice. Aux termes de l'article 2 des statuts du 26 juin 1945, la charte institutionnelle met l'accent sur la moralité du procès en posant que « La cour est un corps de magistrats indépendants, élus, sans égard à leur nationalité, parmi les personnes jouissant de la plus haute considération morale et qui réunissent les conditions requises pour l'exercice, dans leurs pays respectifs, des plus hautes fonctions judiciaires, ou qui sont des jurisconsultes possédant une compétence notoire en matière de droit international »[1180].

Le statut de la cour pénale internationale prescrit le principe de non limitation des causes de récusation de l'office du juge.

[1174] DUNONT Michel, *op.cit*, p. 331.

[1175] GARAPON Antoine, *Bien juger, essai sur le rituel judiciaire*, Odile Jacob, Paris, 1997, p. 311.

[1176] Abolition de l'article 16 de la loi des 16 – 24 août 1790 des privilèges en matière des juridictions en France.

[1177] DINTILHAC Jean Pierre, *L'égalité des armes dans les enceintes judiciaires*, cour de cassation, rapport, 2003, p. 151.

[1178] OPPETIT Bruno, *Philosophie du droit*, Dalloz, 1999, p.117.

[1179] GRIDEL Jean Pierre, *op.cit*, p. 249.

[1180] *Code judiciaire belge*, Larcier, Bruxelles, 2010, p. 532.

L'article 41 de la cour pénale internationale postule à la décharge et la récusation des juges en avançant que :

1) « Le président peut décharger un juge, à sa demande, des fonctions qui lui sont attribuées en vertu du présent statut, conformément au règlement de procédure et de preuve ;
2)
   a) Un juge ne peut participer au règlement d'aucune affaire dans laquelle son impartialité pourrait raisonnablement être mise en doute pour un motif quelconque. Un juge est récusé pour une affaire conformément au présent paragraphe notamment s'il est intervenu auparavant, à quelque titre que ce soit, dans cette affaire devant la cour ou dans une affaire pénale connexe au niveau national dans laquelle la personne faisant l'objet de l'enquête ou de poursuite était impliquée. Un juge peut aussi être récusé pour les autres motifs prévus par le règlement de procédure et de preuve.
   b) Le Procureur ou la personne faisant l'objet de l'enquête ou des poursuites peut demander la récusation d'un juge en vertu du présent paragraphe.
   c) Toute question relative à la récusation d'un juge est tranchée à la majorité absolue des juges. Le juge dont la récusation est demandée peut présenter ses observations sur la question mais ne participe pas à la décision »[1181].

Le principe d'impartialité, principe général de droit à toute instance, est aussi au cœur de l'acte de création du tribunal international de l'ex-Yougoslavie.

Bien qu'étant une justice des vainqueurs pour les accusés, le principe d'impartialité y a été posé avec netteté par les articles 13, 20, 21 et suivants de l'acte créant le tribunal international de l'ex-Yougoslavie. Le serment du juge devant y siéger est plus que révélateur à ce titre :

« Je déclare solennellement que je remplirai mes devoirs et exercerai mes attributions de juge du tribunal international chargé de poursuivre les personnes présumées responsables des violations graves du droit international humanitaire commises sur le territoire de l'ex-Yougoslavie depuis 1991 en tout honneur et dévouement, en pleine et parfaite impartialité et en toute conscience » [1182].

L'exigence de la pleine et parfaite impartialité de l'office du juge constitue l'objectif de toute instance judiciaire.

[1181] Convention portant statut de la cour pénale internationale adoptée à Rome le 17 juillet 1998 ; AZIBERT Gilbert, *op.cit*, p. 1006.

[1182] Article 14 du règlement de la procédure et de preuve du tribunal international sur lex-Yougoslavie, AZIBERT Gilbert, *op.cit*, p. 1040.

Les dispositions de l'article 15 du règlement sur le tribunal international de l'ex-Yougoslavie ne sauraient être considérées comme réductrices de la pleine et parfaite impartialité du juge.

Le tribunal international pour le Ruanda a prescrit comme le tribunal international de l'ex-Yougoslavie, la pleine et parfaite impartialité du juge[1183].

En s'appuyant sur les articles 6 et 13 de la convention européenne de sauvegarde des droits de l'homme, la cour européenne considère comme non limitatives les causes de récusation au regard du caractère effectif du recours juridictionnel d'une part et, d'autre du principe de finalité.

Justifiant la position de la Cour européenne, le professeur Frédéric SUDRE explique la question de la finalité processuelle « la fin justifie les moyens en ces termes : « La fin, c'est l'équité du procès, comme le rappelle la cour, la procédure considérée dans sa globalité doit revêtir un caractère équitable au sens de l'article »661[1184].

Considérons l'effectivité selon la définition de H. L. A. HEART qui note qu'

> « Une société qui a le concept de droit, les règles secondaires (secondary rules) parmi lesquelles figurent les règles relatives à la compétence de trancher les contestations (rules of adjudication), constituent le supplément des règles primaires ; tandis que celles-ci définissent les droits et les obligations des destinataires du droit, celles là définissent les modalités de l'identification, de la transformation et de la sanction des règles primaires »[1185].

La Cour européenne des droits de l'homme considère qu'une interprétation restrictive de l'exigence de l'impartialité ne serait pas conforme ni à l'objet ni au but de cette disposition si l'on songe à la place primordiale que le droit à un procès équitable occupe dans une société démocratique[1186].

En observant les arrêts de la cour européenne des droits de l'homme, le professeur Nathalie FRICERO note la constance suivante :

> « La cour européenne n'a pas énoncé de liste limitative des critères de la partialité des juges. Elle opère un contrôle pragmatique en se référant, eu égard aux circonstances de l'espèce, à la composition du tribunal qui peut révéler que certains juges ne présentent pas toutes les

---

1183 Articles 11 à 12 du statut du tribunal pénal international pour le Rwanda, Gilbert AZIBERT, *op.cit*, p. 1080.

1184 SUDRE Frédéric, *Les exigences de la convention européenne des droits de l'homme*, *op.cit*, p. 51.

1185 DE SCHUTTER Olivier, *Fonction de juger et droits fondamentaux, transformation du contrôle juridictionnel dans les ordres juridiques américains et européens*, Bruylant, Bruxelles, 1999, p. 37.

1186 CEDH, premier mars 1990, IDI 1991, 773, note P.T.

garanties d'impartialité au fonctionnement de l'organe juridictionnel »[1187].

De la position initiale de l'appréciation abstraite de l'atteinte à l'impartialité fonctionnelle du juge européen, la doctrine a constaté son évolution de son appréciation in concreto en soutenant qu'une conception abstraite de l'impartialité fonctionnelle peut conduire à la tyrannie de l'apparence et gripper la machine judiciaire[1188].

§ 2. Analyse jurisprudentielle sur la récusation

L'impartialité comme principe général de droit de toute instance a acquis droit de cité en même temps que la recherche des juges impartiaux, intègres, indépendants [1189]qui s'avère absolument indispensable.

La quête de cette impartialité demeure un problème au cœur des débats et le professionnalisme judiciaire est encore loin de régler la question. Au regard de la pluralité des causes qui portent atteinte à l'impartialité de l'office du juge, quelques cas de figure feront l'objet d'analyse.

A. Critères tirés de la personne du juge

Le droit processuel prescrit limitativement les causes de récusation. Dans le cadre de la présente étude, nous examinons la problématique de l'appartenance philosophique du juge d'abord (1), pour ensuite examiner celle de l'immoralité et du train de vie qui peut s'avérer anormalement inadéquat (2).

1. Appartenance philosophique

La laïcité, surtout pour l'Europe occidentale, constitue un principe constitutionnel d'organisation et de fonctionnement des services de l'Etat, donc de service public de la justice[1190]. Notons en passant que la RDC reste et demeure un Etat laïc et les considérations religieuses dans la société n'ont pas perdu d'importance, elles ont même reçu un statut constitutionnel[1191].

Le déroulement de l'instance peut être affecté par les considérations religieuses et philosophiques. Le procès judiciaire contre Jésus Christ en est

---

[1187] Nathalie FRICERO, *op.cit*, p. 528.

[1188]Fréderic Desportes et Laurence Lazerges-Cousquer, op.cit, P. 212 à 213

[1189] Guy CANIVET, *op.cit*, p. 50.

[1190] Gérard CORNU, *op.cit*, p. 640

[1191] Louis FAVOREU et Loïc PHILIP, *op.cit*, p. 355.

un exemple vivant. Les sentences pontificales ne demeurent non plus pas irréprochables[1192].

En ce sens, les questions religieuses sont plus passionnantes depuis des siècles [1193] et deviennent encore plus complexes avec l'inquisition et le djihadisme ou l'intégrisme religieux[1194]. A ce sujet, une question peut s'inviter de savoir si une partie peut récuser le juge du fait de sa religion ou de la question philosophique.

La Cour européenne des droits de l'homme dans la cause Salomon c/Royaume-Uni était saisie d'une question pouvant faire douter de l'impartialité du juge de l'obédience maçonnique. La cour décida que « l'appartenance à la franc-maçonnerie d'un juge et d'une partie n'est pas en soi, et en l'absence d'éléments particuliers internes à l'objet du procès, de nature à faire douter de l'impartialité du tribunal, car il n'y a pas de raison de douter qu'un juge ne fasse prévaloir son serment de remplir ses fonctions en toute indépendance sous toute autre contrainte ou obligation sociale[1195].

Le Président de l'Union syndicale des magistrats, Monsieur Valery TURCEY, émet un avis sur la question de la Franc-Maçonnerie. Pour lui, l'appartenance à la Franc-Maçonnerie ne pose pas plus de problème que l'appartenance à l'Eglise catholique, protestante ou une autre religion quelle qu'elle soit. Ce qui pose problème, c'est l'exigence d'impartialité et le secret dont sont entourées la plupart du temps les relations maçonniques[1196].

La partialité juridictionnelle doit s'apprécier au regard des parties et de leurs prétentions face à l'attitude du juge. Les différends portant sur les questions religieuses ou philosophiques appellent la décharge du tribunal, la composition appartenant à une franche litigante.

Sans en donner une liste limitative, il demeure probant qu'un juge, chef religieux, Maître d'une loge, d'une association… tendrait à créer ou à sauvegarder l'esprit de corps notamment lorsqu'une partie est revêtue du même rang ou du rang supérieur à l'office du juge, et surtout si le différend se pose entre les membres en cas de dissidence.

Dans ces cas, le juge est partie à l'instance parce qu'il tentera, au mieux, défendra ses convictions religieuses ou philosophiques, avant de défendre la corporation. Il y a l'impartialité subjective qui se traduit par le fait que le

---

[1192] La société d'histoire du droit et des institutions des anciens pays de droit écrit, recueil de mémoire et travaux imprimerie F. Boisseau, Toulouse, 1948, p. 29.

[1193] Roger AUBENAS et Lucien GUENOUR, Notes sur la condition des juifs d'Hyères au 14ème siècle, in *Société d'histoire du droit*, *op.cit*, p. 2.

[1194] L'islam radical et le terrorisme

[1195] CORNU Gérard, *op.cit*, p. 640.

[1196] GREILSAMER Laurent et SCHPEIDERMANN Daniel, *Où vont les juges*, Fayard, Paris, 2002, p. 438.

juge, dans son for intérieur, n'a aucune raison de favoriser ou de défavoriser tel ou tel plaideur. Il vaut tout autant pour un jury[1197].

La récusation fondée sur les raisons philosophiques doit s'apprécier suivant le contexte local et le nombre d'adhérents. Lorsque le groupe est minoritaire, l'esprit de protectionnisme des membres semble être une règle d'or.

Le juge aux allures racistes, non membre de l'extrême droite mais abonné aux journaux des thèses racistes, exprimant de réserve à la société multiculturelle, dans ses précédentes décisions, il exprime la sévérité hors norme face aux yeux de couleur, mais plus doux dans sa sentence face aux prévenus de la même race par la recherche effrénée de causes improbables de justification ou des circonstances plus atténuantes non applicables au cas d'espèce, ce juge là peut être récusé. Il peut arriver qu'un justiciable à mœurs très légères ou auteur des faits infractionnels devant la loi pénale et réprimés aussi par une religion à laquelle appartient l'office du juge, celui-ci peut se récuser, au nom de la confiance due aux cours et tribunaux.

La vie privée ou publique d'un magistrat peut influencer son indépendance et son impartialité de manière à permettre aux justiciables d'y fonder leur recours en récusation.

2. *Récusation pour immoralité*

La confession de foi de Confucius reste un idéal : l'homme noble avise selon la justice, l'homme de peu selon le profit[1198]. Mais, tel n'est pas le cas pour le magistrat immoral.

Cicéron en dit encore mieux lorsqu'il signifie que « La loi est la distinction des choses justes et injustes, exprimée conformément à la nature ancienne et primordiale du monde et sur laquelle se règlent les lois des hommes qui frappent de supplice les méchants et procurent la défense et la protection des gens de bien »[1199].

La justice, anonymat de Dieu, disait Proudhon[1200], exprime l'éthique sociale du moment[1201].Le juge censé être l'homme le plus consciencieux de

---

[1197] CEDH, 23 avril 1996, Remli c/ France. Rec. 1996. P. 529 & 48 Rev. Sc. Crim. 1997. 1998, R. Koering Joulin ; 25 février 1997, Gregory c/ Royaume Unie, Rev. Sc. Crim. 1998, p. 392, obs. R. Koering-Joulin (Propos rciste alors que l'accusé est noir), 16 septembre 1999. Discerni c/ Italie, RC 2000 – I – 203 n° 15 obs. F. Sudre. D, 2000, Som. Com. p. 184, Obs. N. Fricero, Rev. Trim. Dr. Homme 2000. p. 54, obs. G. Flandaca ; Lire Jean François RENUCCI, *op.cit*, p. 261.

[1198] LAFAY Fabien, *La modelation du droit par le juge, étude de droit privé et sciences criminelles*, Tome I, Presses Universitaires d'Aix Marseille, OUAM, 2006.

[1199] Idem.

[1200] DUPUY René-Jean, Préface à Robert CHARVIN, *Justice et politique : évolution de leurs rapports*, 2ème édition, l'Hermes, 2003, p. VII.

[1201] Idem, p. VIII.

la société reste l'homme avec ses sentiments (d'amour, de haine, de jalousie, de cupidité, d'ambition, etc.…). C'est dans la société contemporaine perverse que les gens de la justice sont tirés.

Le professeur Bernard ASSO ne disait-il pas qu'en dépit de l'évolution du monde, l'homme a su conserver et préserver les sentiments. Le juge inique ne date pas d'aujourd'hui alors que la vie *« privée comme publique »* du magistrat devrait être irréprochable.

Didier VEILLON rappelle un cas déshonorant d'un Président du tribunal de Marennes en 1825 qui avait contracté une alliance déshonorante en épousant sciemment une fille de mauvaise vie. Le 18 mars 1825, le Magistrat fut battu par son épouse, l'ancien amant avait disparu vers 1804 et 1805[1202].

Plusieurs cas malheureux sont observés dans le chef des magistrats. A cet effet, on peut rappeler le cas d'un magistrat chargé du dossier d'un divorce qui, contre toute attente, épousa la dame après que le divorce fut prononcé. Pire encore, un autre avait régulièrement entretenu des relations extraconjugales avec sa collègue du même bureau jusqu'à avoir un enfant avec elle.

Un autre cas est celui d'une dame qui avait donné citation directe à une femme pour coups et blessures volontaires. A l'audience d'instruction, le tribunal présidé par une dame et une autre y assurait les fonctions de greffier. Ayant accordé la parole à l'accusée, celle-ci s'estima heureuse d'être jugée par une dame qui selon elle la comprendrait bien. Comme moyen de défense, au mieux des circonstances atténuantes liées à la jalousie, l'accusée demanda à la juge de savoir comment elle se sentirait si elle apprenait qu'une dame sortait avec son mari ?

La Présidente de chambre, énervée, estima qu'on ne pouvait pas la mêler de cette histoire étant donné que quand les parties se battaient, elle n'était pas là. Il était connu du milieu judiciaire que la juge vivait avec des hommes mariés, il allait de soi que celle-ci soit prise au dépourvu.

Eu égard à cette petite illustration, il saute bien aux yeux que s'agissant des affaires des mœurs, tout juge sans probité morale peut sans conteste être récusé.

Dans le même ordre d'idées, serait récusable le magistrat qui aurait pour sonnerie du téléphone la chanson d'un musicien, alors que ce dernier est partie à une procédure, et ce parce que le réflexe normal ferait à coup sûr penser au fanatisme du magistrat pour la vedette.

Quand bien même les conditions de recrutement seraient sélectives et rigoureuses, le risque zéro est impossible. Les magistrats sont les fonctionnaires de l'Etat, la satisfaction de leur besoin doit s'apprécier par rapport à leur traitement.

[1202] VEILLON Didier, *Magistrats au 19ème siècle en Charente-Maritime Deux-Sèvres*, Vienne et Venrée, Geste édition, 2001, pp. 244 – 245.

3. Le train de vie anormalement inadéquat

Les juges étant des hommes, ils éprouvent de ce fait des difficultés à satisfaire leurs besoins, ce qui pourrait les laisser aller contre la réalité des textes[1203], pourtant la fonction requiert des exigences, des limites appropriées.

Maître Théo KLEIN, Avocat au Barreau de Paris, soutient que certains systèmes ont confié aux hommes de grande expérience dont la sagesse était largement reconnue qui, ayant atteint l'âge de la sécurité, pouvaient exercer le droit souverain de la justice sans y laisser s'insinuer d'autres considérations que celles du droit.

La sélection des magistrats a pour finalité de donner la confiance au justiciable. Stephen M. R. COVEY détermine quant à ce cinq vagues de la confiance : la confiance en soi, la confiance relationnelle, la confiance organisationnelle, la confiance du marché et la confiance sociétale.

Expliquant la première vague, la confiance en soi, l'auteur y voit le principe de crédibilité qui repose sur quatre fondements qui sont l'intégrité, l'intention, les capacités et les résultats[1204].

Malheureusement, les citoyens n'ont plus confiance dans les institutions. Maître Paul LOMBARD rapporte l'inquiétude de la population queles métiers qui se ressentent plus que d'autres, du nouveau mal français, ils font de nous des spectateurs privilégiés de ce scepticisme de la longueur qui caractérise cette fin de siècle. Personne ne caractérise cette fin de siècle. Personne n'a plus confiance en personne, le mot même de valeur, galvaudé, a perdu son sens et l'on se méfie des institutions, quand on ne les défie pas.

Madame Simone ROZES, Premier Président de la Cour de cassation française, ne dit pas autre chose lorsqu'elle souligne que les sondages sont consternants, nos compatriotes ne croient plus à l'indépendance des magistrats, ni, plus grave encore, à la justice elle-même[1205].Quoiqu'on veuille en dire, parce que le traitement du juge ne se prête pas à la conjoncture du moment, il est naturel qu'il ne sedémarque pas de la partialité.

Le tribunal devrait avoir un train de vie relatif à son revenu. Lorsque le juge mène une vie au-delà de ses revenus mensuels ou annuels, sa moralité s'en trouve immanquablement affectée. Il est dès lors d'un indice probant de récusation un magistrat qui a un revenu annuel de 10.000 dollars américains mais qui se livrerait à la construction d'un immeuble de plusieurs niveaux, d'une valeur estimée à environ 500.000 dollars américains sans apporter la

---

1203 Eric DE MONT GOLFRER, *Le devoir de déplaire*, Michel Lafon, Paris, 2006, p. 39.

1204 Stephen M.R. COVEY, *Le pouvoir de la confiance*, Edition First, 2008, p. 54.

1205 Paul LOMBARD et Simone ROZES, *Le juge et l'avocat. Dialogue sur la justice*, Robert Laffont, Paris, 1992, p. 12.

preuve d'un quelconque financement par une banque. Même dans l'hypothèse d'un prêt bancaire, celui-ci ne peut être que proportionnel à ses revenus,parce que le commerce est interdit au magistrat et même au conjoint. Est aussi récusable le magistrat amateur des casinos en même temps que celui qui est tout le temps en avion ou se pavanant dans des voitures somptueuses et dont les lieux de prédilection pour les vacances sont les pays d'outre-mer.

Certains magistrats possèdent un patrimoine immobilier important. Ils construisent des hôtels, flats, en dépit de l'absence des biens successoraux. Pour réaliser leurs projets, les gens de la justice sont en relation assidue avec les vendeurs locaux des matériaux de construction et même quand ils importeraient, les douaniers seraient courtisés.

D'autres encore se livraient ouvertement et quotidiennement aux activités lucratives sans être inquiétés, moins encore interpellés. Etant donné que ce sont eux les arbitres entre parties, le droit processuel leur fait obligation d'impartialité et d'intégrité.

Le doute pèse sur l'impartialité, l'indépendance et l'intégrité du magistrat parce que l'autorité judiciaire vit quotidiennement sous l'emprise des dettes. C'est dans ce sens qu'en analysant l'intégrité à l'heure de l'éthique, Stephen M.R. Covey note qu'une personne a de l'intégrité quand il n'existe pas de fossé entre son comportement et son intention profonde. Quand il ou elle est entièrement, sans décalage, le même à l'intérieur et à l'extérieur. Cette qualité s'appelle la cohérence qui crée finalement la crédibilité et la confiance[1206].

Vivre quotidiennement aussi presque par la mendicité justifie la récusation. Tel est l'office du juge qui en fait large commentaire à tout passage de la maternité de sa conjointe comme motif de compassion. D'autres peuvent faire aux justiciables, aux conseils même pour des événements qui rentrent dans la stricte vie privée.

La connaissance antérieure constitue une cause de récusation ou de déportation.

B. La connaissance antérieure

Les législateurs modernes l'ont prévue comme cause de déport ou de récusation. Il est nécessaire de partir du droit comparé pour revenir enfin au droit national. Le droit processuel français prescrit comme cause limitative de récusation la connaissance précédente de l'affaire comme juge ou comme arbitre ou s'il a conseillé l'une des parties[1207].

Mais la procédure pénale française, à la différence de la procédure civile, apporte un peu plus de lumière sur les faits de récusation en rendant

[1206] Stephen M.R. COVEY, *Le pouvoir de la confiance*, éditions First, 2008, p. 89.
[1207] Article 341, Code de procédure civile, 102 éditions Dalloz, Paris, 2011, p. 273.

récusable tout juge qui a connu l'affaire comme magistrat, arbitre ou conseil ; ou s'il a déposé comme témoin des faits [1208]. Le droit processuel belge semble élargir les causes de récusation.

En effet, l'article 292 du code judiciaire belge prescrit que « le cumul des fonctions judiciaires est interdit, sauf les cas prévus par la loi. Dès lors, est nulle la décision rendue par un juge qui a précédemment connu la cause dans l'exercice d'une fonction judiciaire »[1209].

Les dispositions impératives de l'article 292 du code judiciaire belge visent toute fonction judiciaire, en vertu de laquelle le juge a connu précédemment l'affaire.

Lesdites dispositions visent les greffiers, les huissiers, les secrétaires, les magistrats, les avocats, les arbitres. Ceci constitue un plus par rapport au droit processuel français.

Pour la Cour de cassation belge,

> « Dès lors qu'elle est fondée sur des exigences objectives d'organisation judiciaire et est essentielle à une bonne administration de la justice, la nullité d'une décision judiciaire résultant de la circonstance qu'elle a été rendue par un juge qui a précédemment connu la cause dans l'exercice d'une autre fonction judiciaire est d'ordre public et peut être invoquée pour la première fois devant la cour de cassation » [1210].

Le droit processuel suisse va au-delà du droit belge. L'article 47 du code de procédure civile stipule à propos des motifs de récusation que les magistrats et les fonctionnaires judiciaires se récusent dans les cas où « (...) Ils ont agi dans la même cause à un autre titre, notamment comme membre d'une autorité, comme conseil juridique d'une partie, comme expert, comme témoin ou comme médiateur (...) [1211] ».

Les dispositions pertinentes de l'article 47 du code de procédure civile sont reprises par l'article 34 de procédure fédérale suisse[1212].Celles-ci s'apparentent à celles régissant la cour internationale de justice. L'article 17 de la convention du 26 juin1945 de la charte institutionnelle stipule que

> « Les membres de la cour ne peuvent exercer les fonctions d'agent, de conseil ou d'avocat dans aucune affaire. Ils ne peuvent participer au règlement d'aucune affaire dans laquelle ils sont antérieurement intervenus comme agents, conseils ou avocats de l'une des parties, membres d'un tribunal national ou international, d'une commission d'enquête ou à tout autre titre »[1213].

[1208] Article 668, AZIBERT Gilbert, *Code de procédure pénale*, Litec, Paris, 2005, p. 487.

[1209] Code judiciaire belge.

[1210] Cass, 10 mars 1997, Pas. p. 339.

[1211] Stephen V. BERTI, *Code de procédure civile suisse*, Helbing Lichtenhahn erlag, 2009, p. 195.

[1212] Loi sur le tribunal fédéral du 17 juin 2005 (Etat le premier janvier 2011).

[1213] *Les codes Larcier*, T1, Droit civil et judiciaire, 2010, p. 532.

Dans la constance de la recherche de l'effectivité du droit processuel du tribunal impartial, la convention portant statut de la cour pénale internationale nous offre un meilleur cas où l'article 41 de ladite convention stipule qu'

> « (...) Un juge ne peut participer au règlement d'aucune affaire dans laquelle son impartialité pourrait raisonnablement être mise en doute pour un motif quelconque. Un juge est récusé pour une affaire conformément au présent paragraphe notamment s'il est intervenu auparavant à quelque titre que ce soit dans cette affaire devant la Cour ou dans une affaire pénale connexe au niveau national dans laquelle la personne faisant l'objet de l'enquête ou des poursuites était impliquée (...)[1214].

Le droit processuel congolais prescrit un minimum de critères (conditions) pour la récusation du juge ayant déjà opiné dans une même affaire. En droit congolais, au regard des dispositions de l'article 71 du code d'organisation et compétence judiciaires, il est prescrit 3 hypothèses d'un juge qui a déjà opiné, à savoir :

1ère hypothèse : le juge qui a connu l'affaire ou l'affaire connexe en tant que juge ;

2ème hypothèse : le juge qui a connu l'affaire dans le passé en tant que Ministère Public ;

3ème hypothèse : le juge qui a connu l'affaire dans le passé comme officier de police judiciaire.

Eu égard à ces insuffisances, le droit congolais de procédure, inspiré du droit franco-belge, se laisserait influencer par le droit suisse pour renforcer la recherche du tribunal impartial. Le droit suisse donne à titre indicatif les différents rôles que pourrait jouer un juge dans le passé pouvant affecter négativement la confiance des justiciables. Il apparaît fondé que le conseiller, l'expert, le témoin et le médiateur ne sauraient être juges dans la même affaire.

C'est dans cet ordre d'idées que la convention portant statut de la cour pénale internationale soutient qu'une cause qui pourrait raisonnablement porter atteinte à l'impartialité du tribunal peut justifier la récusation.Bien qu'ayant prescrit comme cause de récusation le fait pour un juge d'être intervenu en qualité d'officier de police judiciaire ou d'officier du Ministère Public, le législateur congolais apporte une exception en ce qui concerne les juges des tribunaux de paix.

En effet, le magistrat du tribunal de paix est juge et officier du Ministère Public conformément aux dispositions de l'article 17 al. 2 « (...). Les juges des tribunaux de paix siégeant en matière répressive remplissent eux-mêmes, auprès de leurs juridictions, les fonctions du Ministère Public sous la

---

[1214] AZIBERT Gilbert, *Code de procédure pénale*, Litec, Paris, 2005, p. 1006.

surveillance et la direction de l'officier du Ministère Public[1215]. Lorsqu'il ne statue pas en application de la coutume, le tribunal de paix siège au nombre d'un juge[1216].

Les dispositions des articles 17, 24 et 71 du code d'organisation et de compétence judiciaires portent atteinte injustement au principe général de droit fondé sur la séparation des autorités judiciaires de poursuite et de jugement[1217].

Le statut des magistrats (de siège et de parquet) est bien différent pour le bien de la justice.

L'indépendance et l'inamovibilité des magistrats de siège sont consacrées par la constitution[1218]. Cette dernière prescrit cette indépendance en soulignant que « les juges ne sont soumis dans l'exercice de leur fonction qu'à l'autorité de la loi (...), le magistrat du siège est inamovible »[1219].

Les magistrats du Parquet, une réalité séculaire et dominante dans plusieurs pays, sont placés sous la direction et le contrôle de leurs chefs hiérarchiques et sous l'autorité du garde des sceaux, le Ministre de la Justice. A l'audience, leur parole est libre[1220]. Ils ont, de ce fait, un caractère hybride qui les rattache à la fois au pouvoir exécutif et à l'autorité judiciaire[1221], déterminée par la loi, sous l'autorité du Ministre de la Justice[1222].

Les dispositions de l'article 143 quater du code judiciaire belge tâchent encore plus le statut du Ministère Public. Elles disposent que

> « Le Ministère de la justice arrête les directives de politique criminelle, y compris en matière de politique de recherche et de poursuite après avoir pris l'avis du collège des procureurs généraux. Ces directives sont contraignantes pour tous les membres du Ministère Public. Les Procureurs généraux près les cours d'appel veillent à l'exécution de ces directives au sein de leur ressort »[1223].

L'histoire du Ministère Public lui colle à la peau. En Belgique, il est appelé le Procureur du Roi. Sous l'ancien régime français, les Magistrats du Parquet étaient appelés les gens du Roi ayant pour rôle essentiel la défense des droits et intérêts patrimoniaux de la couronne. C'est à ce titre que l'on note aussi les critiques de Marie de Saint-Simon qui dit de l'Aguesseau,

---

[1215] Code d'organisation et de compétence judiciaires.

[1216] Article 24 Code d'organisation et compétence judiciaires.

[1217] FAVOREN Louis et PHILIP Loïc, *Les grandes décisions du conseil constitutionnel*, 5ème édition, Sirey, Paris, 1989, p. 364.

[1218] Article 64, Constitution française, constitution belge.

[1219] Article 150, de la constitution, journal officiel, 47ème année, Numéro spécial, 20 juin 2006, p. 33.

[1220] Article 5 de l'ordonnance n 58-1270 du 22 décembre 1958.

[1221] *Dictionnaire de la justice*, PUF, Paris, 2004, p. 853.

[1222] Article 143.

[1223] Article 143, quater, code judiciaire belge.

Avocat Général à 32 ans, que « le long usage du Parquet lui avait gâté l'esprit »[1224].

C'est dans ce contexte que le professeur Jacques Israël rappelle les flèches de Voltaire sur Jean Omer JOLY quand il dit : « un petit singe à face de Thersite, au sourcil noir, au teint gris. Bel esprit faux, qui hait les bons esprits »[1225].

A titre de rappel, dans l'ancienne loi d'organisation et de compétence judiciaires, le juge du tribunal de paix faisait fonction aussi du Ministère Public C'est ainsi que l'article 9 de la loi précitée disposait que le Ministère Public assiste à toutes les audiences de la cour de sûreté de l'Etat et des tribunaux de grande instance[1226].

Les dispositions de l'article 17 de l'ordonnance-loi n° 82-020 du 31 mars 1982 étaient en négation des exigences du procès équitable du fait de prescrire la non séparation des autorités de poursuite de celles de jugement[1227.]

Mais la loi organique n° 13/011-B du 11 avril 2013 portant organisation, fonctionnement et compétence des juridictions de l'ordre judiciaire a abrogé les dispositions de l'ordonnance-loi n° 82-020 du 31 mars 1982 qui méconnaissaient le principe de séparation des autorités de poursuite de celles de jugement.

La nouvelle loi institue un parquet près chaque juridiction à son article 65 ; dispositions renforcées par celles de l'article 13 de la même loi qui stipule que « le tribunal de paix siège avec l'assistance d'un greffier et le concours du Ministère Public »[1228].

Le principe général du respect des droits de la défense étant d'ordre public, il a été décidé par le conseil d'Etat que le vice résultant de sa méconnaissance ne pourrait être couvert par l'habitude éventuellement conciliante prise pour des raisons d'opportunité par celui qui pourrait s'en prévaloir[1229].

Le professeur Frédéric SUDRE résume mieux la question du toilettage processuel qu'

« En moins de dix ans de son arrêt Borgers c/ Belgique du 30 octobre 1991 rompant avec la jurisprudence antérieure Delcort au fameux arrêt

---

1224 Professeur Jacques Israël : le Ministère Public et les exigences du procès équitable, mieux le droit à un procès équitable in Ministère Public et les exigences du procès équitable, Bruylant, Bruxelles, 2003, p. 23.

1225 ISRAËL Jacques, *op.cit*, p. 32.

1226 Ordonnance-loi n° 82-020 du 31 mars 1982 portant code de l'organisation et de la compétence judiciaires, Journal officiel du premier avril 1982, p. 82.

1227 Article 17, code d'organisation et de compétence judiciaires.

1228 Loi organique n° 13/011-B du 11 avril 2013, Journal officiel, 54ème année, première partie, Numéro spécial, Kinshasa, 4 mai 2013, p. 6.

1229 CE-27-3.87, J.I.M.B. 1057, Lire Frédéric Close, Avocat Général près la cour d'appel de Liège, Le Ministère Public, les droits de la défense in Droits des jeunes et droits de la défense, p. 74.

Kress c/ France du 7 juin 2001, la cour européenne des droits de l'homme a fondamentalement remis en cause le rôle du Ministère Public du Parquet de cassation et commissaire du gouvernement près le conseil d'Etat posant la question de sa compatibilité avec les exigences du procès équitable »[1230].

Le simple fait pour le juge d'avoir eu connaissance d'un dossier n'implique pas nécessairement les faits avérés de récusation.A titre d'exemple, la Cour suprême de justice considéra dans la cause sous RP 785 que

« Ne peut être considéré comme avis susceptible d'être évoqué comme cause de récusation ou de déport, au sens des articles 71 à 78 du code de l'organisation et de la compétence judiciaire, le fait pour un juge d'avertir les parties des moyens qui paraissent, lors d'une instruction à l'audience, pouvoir être soulevés d'office et de les inviter à présenter leurs observations soit immédiatement soit dans le délais qu'il fixe »[1231].

L'appréciation des faits de récusation doit être faite en fonction principalement de la confiance des justiciables, de l'opinion générale sur le service public de la justice et de l'état de moralité des magistrats.

Le contexte contemporain se caractérise par la corruption à forte dose où les cours et tribunaux transforment le débiteur en créancier, les non héritiers en héritiers, et sont à la recherche des successions à liquider. Certains magistrats deviennent carrément conseils des parties. Pourtant, la recherche de l'impartialité dans le chef du tribunal serait pour lui une obligation dont il ne pourrait se passer. Et le régime en place, par-delà sa nature, devrait y veiller sans relâche.

Au regard des réalités contemporaines, la cour de cassation belge décida que la nullité ne peut être invoquée à l'encontre d'une décision d'acquittement [1232] ni à l'encontre d'un arrêt de la cour d'appel statuant sur une requête de mise en liberté provisoire avec la circonstance qu'un magistrat avait statué sur la détention préventive comme membre de la juridiction d'instruction[1233].

Comme le juge belge, la cour de cassation française décida qu' « un même magistrat pouvait se prononcer sur les diverses demandes de mise en liberté présentées par un même accusé dans une même affaire, rien ne s'oppose à ce que deux magistrats conjoints puissent siéger séparément à la cour d'assises puis à la chambre d'accusation à l'occasion de demandes de

---

1230 SUDRE Frédéric, Les exigences de la convention européenne des droits de l'homme, in *Ministère Public et les exigences du procès équitable*, Bruylant, Bruxelles, 2003, p. 39.

1231 CSJ, RP 785, du 23 juillet 1985, inédit, cité par DIBUNDA KABUINDJI MPUMBWA MBUJI, *op.cit.*, p. 198.

1232 Cass, 29 mai 1985, Jur. Liège, p. 541 et RDP, p. 794.

1233 Cass, 13 sept. 1989, JMB. P. 630 et la note signée O. Klees, Pas. 1990, p. 47.

mise en liberté déposées successivement par un accusé devant ces deux juridictions [1234].

Manuel Antonio Lopes Rocha, juge à la Cour européenne des droits de l'homme et de surcroit juge à la cour suprême de justice du Portugal, livre l'observation jurisprudentielle du régime d'impartialité de l'office du juge. Pour lui, le juge qui avait, en tant que magistrat du parquet, ordonné uniquement la perquisition à la phase d'enquête, ne peut être récusé, tel qu'en avait décidé la cour constitutionnelle le 22 avril 1995. Par contre, le juge qui avait ordonné et maintenu la détention du prévenu viole la constitution[1235].

Plaçons-nous dans un contexte congolais, qu'un magistrat qui s'est prononcé sur diverses demandes de mise en liberté provisoire présentées par un même accusé dans une même affaire, puisse se déporter. Il est impartial pour l'office du juge de connaitre l'affaire lorsque la loi confère à une même juridiction plusieurs phases d'une procédure ; les magistrats de cette juridiction ont compétence pour statuer sur ces différentes phases sans que les parties puissent demander leur récusation au prétendu motif qu'ils ont déjà connu du litige dans une phase précédente[1236].

Tel est le cas d'un juge qui a statué sur les mérites de défense à exécution au degré d'appel.

L'impartialité du magistrat se présume jusqu'à preuve du contraire. C'est eu égard à cette acception que dans l'affaire Piersack contre la Belgique, le juge européen alléguait que

> « Les apparences pouvaient revêtir une certaine importance, aussi, estimait-il, qu'il devait se récuser tout juge dont on peut légitimement craindre un manque d'impartialité (...). Serait aussi récusable un magistrat dont on reconnaît une intervention antérieure dans l'exercice ou à l'occasion de l'exercice de ses fonctions au ministère public.
>
> Pareil cas ne répond pas aux exigences de l'article 6 & 1, encore faut-il prendre en compte les considérations du caractère organique si un juge, après avoir occupé au Parquet une charge de nature à l'amener à traiter un certain dossier, se trouve saisi lui-même de l'affaire comme magistrat de siège, les justiciables sont en droit de craindre qu'il n'offre pas assez de garantie d'impartialité.
>
> Il en a été ainsi en l'occurrence d'un premier substitut qui dirigeait la section B du Parquet de Bruxelles, chargée des poursuites intentées contre Christian Piersack, chef hiérarchique des substituts responsables du dossier ; il avait eu compétence pour contrôler leurs

---

[1234] Cass, Crim. 29 mars 2011, Bull. 86.

[1235] Manuel Antonio LOPES ROCHA, L'impartialité du juge dans la législation et la jurisprudence portugaise (affaires pénales) in *Mélanges en hommage à Louis Edmond Pettiti*, Emille Bruylant, Bruxelles, 1998, p. 535.

[1236] Bordeau, 10 mai 1990, Gaz, Pal 1991, 1, 188, note Renard ; Civ. 2è, 20 octobre 1999, Bull II n° 159.

réquisitions écrites éventuelles, discuter avec eux l'orientation à imprimer à l'affaire et à leur donner les consultations juridiques »[1237].

Le juge européen reconnait comme motif de récusation ou de déport la connaissance antérieure, l'exercice successif par les mêmes magistrats et à l'égard d'un même inculpé, de fonctions de juge de la détention et de juge de fond[1238] de fonctions d'enquête et de jugement[1239], de fonctions d'instruction et de juge de la détention puis de juge de fond[1240]. C'est pourquoi est récusable le magistrat qui a instruit le dossier et fait fixer par requête l'affaire devant le tribunal, de même celui qui a donné un avis écrit ou verbal doit s'abstenir des suitesde l'affaire.

La Cour suprême de justice décida « Qu'un magistrat de siège ayant instruit et jugé la cause avant la poursuite judiciaire sur le plan disciplinaire, devait se récuser, vu qu'il avait déjà connu cette affaire devant une autre juridiction, et partant, sa décision est à annuler »[1241].

La violation grave et systématique des droits de défense est révélatrice d'impartialité du magistrat dans le chef de celui-ci. On peut énumérer quelques cas de figure:

1) un juge qui demande à son chef de juridiction d'avoir tel dossier dans sa chambre ;
2) un juge qui reçoit un dossier de la partie demanderesse et procède aux formalités administratives d'enrôlement et de signification au défendeur ;
3) un magistrat qui renvoie toujours la cause aux dates de ses audiences en contradiction avec la volonté des parties, des délais légaux de remise et de roulement fixé par le chef de juridiction ;
4) le tribunal qui se déclare saisi en l'absence d'un exploit régulier d'instance ;
5) il en est de même pour l'office du juge qui contraint les parties à plaider avant la mise en état de la cause par les parties et sans acte régulier de sommation ;
6) Il est de constance que certains juges entreprennent de démarches au degré d'appel pour que leurs décisions soient confirmées. A une certaine époque, à Lubumbashi, une telle entente dans le chef de certains juges de premier et second degré était observable. Ils avaient aussi préférence sur les conseils.

[1237] BERGER Vincent, *Jurisprudence de la Cour européenne des droits de l'homme*, 4ème édition, Sirey, Paris, 1994, p. 146.
[1238] Affaire Henschildt contre Danemark.
[1239] Affaire Padovani contre Italie.
[1240] Affaire Nortier contre Pays-Bas.
[1241] CSJ, RPA, 38, 23 décembre 1976, Bull. 1977, P. 108, RJZ, 1978, p. 94 avec note.

Le droit processuel français semble assouplir le régime. Le conseiller qui a émis un avis ou rendu une décision ne peut être récusé. La Cour de cassation française décida comme tel à l'égard de trois conseillers qui avaient émis leur avis sur cette demande dans la commission consultative en affirmant que

> « S'il résulte de ce dernier texte que ces conseillers ne peuvent concourir aux décisions de la chambre criminelle, quand celle-ci est appelée à statuer seule, il n'en est pas de même dans le cas où l'affaire est protée aux chambres réunies, aucune loi ne leur interdit de siéger à l'assemblée générale avec les chambres civiles où ils exercent leurs fonctions » [1242].

La quête d'un juge impartial est une exigence du procès équitable à toute instance mais l'on ne saurait récuser toute la haute cour, car au-dessus d'elle il n'existe pas d'autre justice.

Comme fondamentale, la récusation de l'office du juge fondée sur la connaissance antérieure, Georges RAVARANI trouve la raison dans la notion d'impartialité objective sur base de laquelle le justiciable doit pouvoir s'adresser en toute confiance à son juge, assuré qu'avant son procès, celui-ci ne s'est pas d'ores et déjà forgé une opinion sur le litige[1243].

L'impartialité et l'indépendance de l'office du juge, principes fondamentaux de la justice, n'ont d'essence comme le ruisseau et l'eau que dans un magistrat bien formé.

§ 3. Le juge impartial et la compétence intellectuelle

L'environnement processuel est empoisonné par l'idée de vengeance. Antoine GARAPON, décrivant celui-ci, affirme que « le procès est un univers de fiction et de pression, de manipulations légitimes : le juge doit à la fois y résister et savoir y succomber ; c'est toute la difficulté de sa tache »[1244].

Il faut noter que les missions dévolues à la magistrature[1245] n'ont de sens réel que lorsque les magistrats sont bien formés, compétents. Comment serait-on gardien des promesses de justice et de démocratie quand on ne les connaîtrait pas ?[1246]

[1242] FAYE Ernest, *op.cit*, p. 285.

[1243] RAVARANI Georges, Interrogations autour d'un droit fondamental : l'appel, in *ustice et droit du procès*, *op.cit.*, p. 366.

[1244] GARAPON Antoine, *Bien juger : essai sur le rituel judiciaire*, Odile Jacob, Paris, 1997, p. 310.

[1245] Gardien des libertés publiques.

[1246] GARAPON Antoine, *Le gardien des promesses, justice et démocratie*, Editions Odile Jacob, Paris, 1996.

Pourtant, le contexte actuel de l'enseignement, avec sa séquelle de misères, n'est pas de nature à nous fournir sur le marché des juridictions les juges et les magistrats du Parquet dont la société a besoin.

Faute de professeurs, les étudiants sont parfois à la merci des assistants et chefs des travaux parfois sans hauteur et sans idéal, jouant pour ainsi dire le rôle d'empoisonneurs.

Cette situation alarmante est davantage renforcée par la libéralisation de l'Enseignement Supérieur et Universitaire qui a fait qu'aujourd'hui presque chaque commune ait une université ou un institut supérieur, surtout à Kinshasa ne se suffisant de ses petites recettes d'arrangement.

Avec une moyenne d'âge de 65 ans pour les professeurs d'université et d'enseignement supérieur pour un total national de moins de 1700, le nombre insuffisant des professeurs ne peut être à même d'assurer la direction des travaux de fin de cycle, mémoires et thèses afin d'assurer la relève.

Actuellement et en dépit de la prolifération des universités et instituts supérieurs, il y a des promotions qui vont de 2000 à 4000 étudiants ; là les conditions de travail ne se prêtent plus à un enseignement de qualité.

Cette situation est à la base des tensions au sein de différents barreaux, en l'occurrence ceux de la Gombe et de Lubumbashi, qui ne veulent pas admettre les candidats finalistes des universités privées. Les barreaux de Mbandaka, Kinshasa/Matete, Bas-Congo et Bandundu, etc acceptent quant à eux les diplômés des universités privées, alléguant que c'est des universités agréées par l'Etat.

En dépit de la décision controversée du Conseil National de l'Ordre de reconnaitre les diplômés des universités privées, tous les barreaux ne semblent pas unanimes pour son application. La querelle entre les jeunes et les vieux sur la qualité de l'enseignement s'observe même dans les pays occidentaux notamment en Belgique et en France.

Benoit DEJEMEPPE rappelle la consternation du Commissaire Royal Van MECPINGHEN qui constatait que la Belgique était le seul pays du monde où le législateur néglige d'imposer une formation professionnelle à ceux qui désirent être chargés de rendre justice[1247].Pourtant, les réformes de l'enseignement proposées et avortées révèlent les défaillances de l'enseignement dans son système actuel. C'est à ce titre que certains observateurs vont jusqu'à qualifier les enseignants d'empoisonneurs. On notera ensuite que l'absence de l'école de la magistrature est un fait à déplorer et l'Etat inscrirait cela au chef de ses grandes préoccupations.

Pourtant, lorsqu'on fait un feed back, dans les années soixante-dix jusqu'aux environs de 2.000, la plupart des décisions judiciaires reflétaient

---

[1247] Benoit DEJEMEPPE, Christian PANIER et Claude PARMENTIER, Les magistrats : indépendance, carrière et pouvoir politique, in *Annales de droit de Louvain, Revue trimestrielle de droit Belge*, Tome XLII, 1982, p. 34.

une certaine scientificité attestable. En effet, l'arsenal juridique connaît un autre problème, celui de la négation du tribunal impartial.

§ 4. L'impartialité du tribunal disciplinaire du Barreau

En effet, le tribunal disciplinaire est soumis au droit fondamental du procès équitable dont l'impartialité de l'office du juge est le socle. Avant d'aborder la question d'unicité des autorités de poursuite et de jugement du Barreau, il est important de préciser le régime de ce corps.

Le conseil constitutionnel, en ce qui concerne le conseil de concurrence, motiva sa décision comme suit : « Considérant que si le conseil de concurrence, organisme administratif, est appelé à jouer un rôle important dans l'explication de certaines règles relatives à la concurrence. Il n'en demeure pas moins que le juge pénal participe également à la répression des pratiques anticoncurrentielles sans préjudice de celle d'autres infractions intéressant le droit de concurrence»[1248].

Dans les observations faites sur cet arrêt, le conseil de concurrence est soumis au régime applicable aux autorités administratives indépendantes[1249]. Il en est de même du conseil supérieur de l'audiovisuel.

Le conseil d'Etat justifia sa compétence sur l'ordre des médecins en soulignant que, considérant qu'il résulte de l'ensemble des dispositions de la loi du 7 octobre 1940, en vigueur à la date de la décision attaquée, et notamment de celles qui prévoient que les réclamations contre les décisions du conseil supérieur de l'ordre des médecins prises en matière d'inscription au tableau seront portées devant le conseil d'Etat par la voie du recours pour excès du pouvoir, que le législateur a entendu faire de l'organisation et du contrôle de l'exercice de la profession médicale un service public ; que le conseil supérieur de l'ordre des médecins ne constitue pas un établissement public, il concourt au fonctionnement dudit service[1250].

Dans le même ordre d'idées, les observations faites à l'arrêt du conseil d'Etat du 29 juillet 1950 sur la profession des experts comptables, indiquent clairement que « La jurisprudence considère que constituent des actes administratifs non seulement les codes de déontologie prenant la forme d'un décret tel le code de déontologie médicale, mais aussi ceux qu'ont élaboré les organismes professionnels eux-mêmes, lorsque la loi leur confère ce pouvoir »[1251].

[1248] FAVOREU Louis et PHILIPS Loïc, *op.cit*, p. 710.
[1249] Idem, *op.cit*, p. 722.
[1250] CE. Ass. 2 avril 1943. Bouguen, Rec 86, Long, P. Well, G. Braibant, P. Delvolve et B. Enervais, les grands arrêts de la jurisprudence administrative, 16ème édition, Dalloz, Paris, 2007, p. 351.
[1251] Idem, p. 432.

C'est ainsi que le conseil d'Etat fut saisi par Monsieur MOINEAU contre le refus de son inscription à l'ordre des médecins en 1945[1252].

En ce sens, le conseil de l'ordre des Avocats est aussi une autorité administrative indépendante dont les décisions peuvent être entreprises au conseil d'Etat.

Pierre LAMBERT, avocat au Barreau de Bruxelles en 1995, portait déjà l'intervention de la cour de Strasbourg dans le domaine disciplinaire sur pied de l'article 6 de la convention européenne[1253].

Dans d'autres arrêts tels que celui du Médecin Belge du 23 juin 1981, l'arrêt Bric Mont du 7 juillet 1989, l'affaire Casado Coca du 24 février 1994, l'arrêt Debled, l'arrêt Diennet du 26 septembre 1995 etc., la Cour rappelle l'exigence fondamentale de l'indépendance et de l'impartialité des juridictions disciplinaires de l'Ordre. Elle renchérit en effet que(...)même lorsque l'article 6 § 1 de la convention trouve à s'appliquer, l'attribution de soin de statuer sur les infractions disciplinaires à des juridictions ordinales n'enfreint pas en soi la convention. Toutefois, celle-ci commande alors au moins l'un de deux systèmes suivants : ou bien lesdites juridictions remplissent elles-mêmes les exigences de l'article 6 § 1 ou bien elles n'y répondent pas mais subissent le contrôle ultérieur d'un organe judiciaire de pleine juridiction présentant une des garanties de cet article[1254].

Alors Bâtonnier de Paris, ADER, retrace le chemin de l'intervention de la cour européenne en 1976 dans la cause ENGEL, puis dans celle de KONIG pour affirmer qu'il ne suffit pas à un Etat de qualifier une infraction disciplinaire pour se soustraire à l'obligation fondamentale d'accorder un procès équitable[1255].

La Cour de justice des communautés européennes décida que le respect des droits fondamentaux de protection fait partie intégrante des principes généraux [1256] tels que le tribunal impartial comme il a été affirmé par la même cour que « ce principe général de droit a également été consacré par les articles 6 et 13 de la convention européenne (...) en vertu de l'article 6 de la directive interprété à la lumière du principe général qui indique que toute personne a droit à un recours effectif »[1257].

[1252] Ibidem, p. 362.

[1253] LAMBERT Pierre, cité par ADER, L'intervention de la cour européenne en matière disciplinaire, in *Mélanges à l'hommage de Louis E. Pettite*, *op.cit*, p. 96.

[1254] LAMBERT Pierre cité par Ader, *op.cit*, pp. 98 à 101.

[1255] Ader, *op.cit*, p. 96.

[1256] CJ.CE. 17 décembre 1970, Internationale Hendelsgeselschanft mbH contre Ein+fuhr+und Vorrtsstelle für Getreide Und Futtermittel. Aft 11/70 Ree. p. 1125.

[1257] CJ.CE, 15 mai 1986, Mauguetti Johnston contre Chief Constable of the Royal Ulster constabulary. Aff. 222/84 Rec. P. 1651, Lire aussi l'effectivité du droit au juge jean François Rennucci, *op.cit*, p. 225.

Le Bâtonnier, organe de poursuite[1258], préside également le tribunal disciplinaire de l'ordre[1259]. Cette situation d'unicité des autorités de poursuite et de jugement de l'ordre est une négation du procès équitable, du tribunal impartial, bref une négation des droits de la défense. L'égalité des armes entre parties se trouve dangereusement atteinte malgré qu'elle constitue un principe général de droit à toute instance, qu'il s'agisse de la procédure pénale, civile ou disciplinaire[1260].

Le Bâtonnier qui fixe le dossier devant le conseil de l'ordre qu'il préside a déjà opiné. Il est convaincu de la culpabilité de l'avocat qui risque la mort civile,*« la radiation »*. Dans ces conditions, il est dans la position de soutenir l'accusation.

Ainsi, le bâtonnier se trouve bien au-delà du contexte de l'information privilégiée de l'avocat général près la Cour de cassation que la cour européenne a sanctionnée[1261] étant un organe simultané de poursuite et juge président du tribunal disciplinaire.

Ayant instruit le dossier, le Bâtonnier a plus d'informations que les autres membres du tribunal disciplinaire. Les décisions disciplinaires prises au mépris des droits fondamentaux peuvent être entreprises devant le conseil d'Etat.

Ainsi, il y a lieu de revoir les dispositions légales et réglementaires en respect des droits fondamentaux processuels qui forment l'ordre public interne.La sanction de la décision rendue par un juge récusable doit demeurer forte pour dissuader par les sanctions.

§ 5. La durée et la sanction de la décision rendue par le juge récusable

Le droit processuel suisse offre un délai raisonnable pour ce qui est du juge récusable. La loi prescrit des conséquences de l'inobservation des règles de récusation en des termes tels que les actes de procédure auxquels a participé une personne tenue de se récuser doivent être annulés et renouvelés si une partie le demande dans les dix jours après qu'elle a eu connaissance du motif de récusation (...). Si un motif de récusation n'est découvert qu'après la clôture de la procédure, les dispositions sur la révision sont applicables »[1262].

Le droit processuel franco-congolais n'érige pas en motif de révision, appelée autrement requête civile, les causes de récusation[1263].

[1258] SUDRE Frédérique, *op.cit*, p. 40.

[1259] MBUY MBIYE TANAY, *La profession d'avocat au Congo*, 2ème édition Ntobo, pp. 294 à 297.

[1260] SUDRE Frédéric, *op.cit*, p. 40.

[1261] La cour européenne de sauvegarde des droits de l'homme, égalité des armes des parties

[1262] Article 51, Code de procédure civile, article 38, Procédure fédérale.

[1263] Article 595, Code de procédure civile français ; article 622 du code de procédure pénale français ; Article 85, procédure civile congolaise.

Au regard de la méfiance des justiciables à l'égard de la justice congolaise, le droit congolais aurait mieux fait de s'inspirer du droit suisse. On constatera que la cour de cassation belge a rendu un arrêt fort intéressant dans le sens de soulever pour la première fois en cassation les moyens liés à l'impartialité du juge quand elle soutient que dès lors qu'elle est fondée sur des exigences objectives d'organisation judiciaire et est essentielle à une bonne administration de la justice, la nullité d'une décision judiciaire résultant de la circonstance qu'elle a été rendue par un juge qui, précédemment a connu de la cause dans l'exercice d'une autre fonction judiciaire est d'ordre public et peut être invoquée pour la première fois devant la cour de cassation[1264].

Ernest FAYE, conseiller à la cour de cassation française, estime pour sa part et à juste titre que le moyen tiré de la violation d'une règle d'ordre public ne peut jamais être considéré comme nouveau, il est toujours dans la cause, lorsqu'il doit exercer une influence sur la décision dans un sens ou dans un autre, soit au fond, soit au point de vue de la recevabilité de l'action, et le juge, dès qu'il a pu le connaître, est en faute de ne l'avoir pas soulevé d'office[1265].

Jacques BORE et Louis BORE notent une règle traditionnelle des moyens d'ordre public suivant une jurisprudence traditionnelle que les moyens d'ordre public peuvent être invoqués pour la première fois devant la cour de cassation soit par les parties, soit d'office par le juge, sauf disposition contraire[1266].

Il est de constance de la jurisprudence de la cour suprême de justice, siégeant comme juridiction de cassation, que l'irrégularité de la composition du siège étant d'ordre public, elle est motif de cassation de l'arrêt entrepris[1267]. Le statut d'indépendance et d'impartialité du juge a pour vocation de le protéger des pressions parfois injustes de sa hiérarchie.

Section 3 : Indépendance du juge à l'égard de sa hiérarchie

Le principe de l'indépendance de l'office du juge se manifeste aussi à l'interne. En effet, le juge a le pouvoir de dire le droit sans interférence de la hiérarchie. Il découle de ce postulat que les juridictions sont indépendantes les unes à l'égard des autres et chaque juge statue souverainement en vertu

---

[1264] Cass. 10 mars 1997, Pas. p. 339.

[1265] Ernest FAYE, *La cour de cassation*, 1903, Editions la mémoire du droit, Paris, 1999, p. 145.

[1266] Jacques BORE et Louis BORE, *La cassation en matière civile*, Dalloz, Paris, 2008, p. 504.

[1267] CSJ, RP. 36, 2 fév. 1972, Bull. 1973, P. 7; CSJ, RP. 73, 6 décembre 1972, Bull. 1973, P. 159 ; CSJ, RP. 92,10 août 1974, Bull ? 1975, P. 251, RJZ. 1975, P. 111 ; CJ, RPA 5, 22 juin 1972, Bull. 1973, p. 101.

d'une délégation directe qu'il tient de la nation[1268]. Les réalités locales développent certains comportements de nature à porter atteinte et à méconnaître cette indépendance, telles que l'institution du visa (§1), les règles d'attribution des causes et celles de formation du siège (§2).

§ 1. Visa du projet de décision du juge, Acte contra legen

Les chefs des juridictions, à toute instance en République Démocratique du Congo, ont institué la pratique de visa du projet de décision avant son prononcé. Comme appui à l'institution du visa, les tenants de cette pratique évoquent le souci de préserver la sécurité juridique, la continuité des principes judiciaires affirmés et ayant fait autorité, donc la légitimisation du pouvoir du juge.

Le recrutement des magistrats ne facilite pas l'homogénéité du corps à travers ses décisions.

Les jeux de pierre sur l'enseignement actuel renforcent la crainte des chefs des juridictions et la nécessité de jeter un coup d'œil sur les actes juridictionnels avant qu'il ne soit tard par le prononcé pour éviter le ridicule à l'ensemble du corps. Les chefs des juridictions sont au quotidien avec des juges compétents et incompétents, immoraux comme respectueux de l'éthique. C'est ainsi qu'à leurs yeux, il faille instituer et maintenir le filtre qu'est le visa.

Certes, la sécurité juridique a de l'essence, elle légitime la justice dans son ensemble. Jean CARBONNIER en avait fait un souci, tout naturel, dans sa pensée que « La loi doit accompagner le changement de la société sans la précipiter ni tenter de l'arrêter. Il est de l'inflation juridique comme de la monnaie : elle fait perdre toute crédibilité aux valeurs »[1269].

Les justiciables ont besoin de connaitre avant la saisine des cours et tribunaux les précédents judiciaires afin d'apprécier l'issue de leurs actions. A partir des précédents judiciaires comme droit acquis, les justiciables sont fondés à prédire l'issue de leurs prétentions. Cette préoccupation toute légitime n'a de répondant que dans la stabilité de la jurisprudence.

De l'analyse de la fonction de juger et les droits fondamentaux, Olivier DE SCHUTTER considère à juste titre tout en nuançant que « Le précédent comme une garantie de sécurité juridique (stare*decisis*) est la reconnaissance au précédentd'une force normative qui consiste à affirmer que cette reconnaissance contribuerait au maintien de la sécurité juridique »[1270].

[1268] W.J. GANSHOF VAN DER MEERSCH cité par A. VAN OEVELEN, *op.cit*, p. 267.

[1269] Discours prononcé par Mr Jean François BURGELIN, Procureur Général in Rapport 2003 de la cour de cassation, française, L'égalité.

[1270] Olivier DE SCHUTTER, *Fonction de juger et droits fondamentaux. Transformation du contrôle juridictionnel dans les ordres juridiques américains et européens*, Bruylant, Bruxelles, 1999, p. 417.

La consécration de la cour de cassation au sommet de l'organisation juridictionnelle tend à affirmer le souci de la sécurité juridique.

Dans ce souci de sécurité juridique, Maitres Jacques BORE et Louis Boré, Avocats au conseil d'Etat et à la cour de cassation, se fondent sur la théorie de l'autorité des arrêts de la cour de cassation, afin de noter expressément que la haute cour, mise au sommet de la hiérarchie judiciaire, fait peser la menace d'une annulation sur les jugements qui ne se conformeraient pas, pour statuer en droit, à la jurisprudence, qui se dégagent de ses avis et de ses arrêts, à la stabilité de cette jurisprudence comme des plaideurs. De ce fait, elle a un rôle régulateur de la jurisprudence qui l'oblige à éviter de modifier, sans de sérieuses raisons, les solutions qu'elle a antérieurement adoptées[1271].

De ce qui vient d'être dit, il saute bien aux yeux que la cour de cassation, toute nuance utile, est la fin de l'instance[1272].

Les dispositions du code de procédure permettent d'affirmer aussi que les juges de fond ne sont pas soumis à l'autorité de l'arrêt de cassation, cas de décision de renvoi, dans un système de justice, propriété de la loi.

L'article 1119 du code judiciaire belge prévoit cette hypothèse en stipulant que « Lorsque, après une cassation, la deuxième décision est attaquée par les mêmes moyens que ceux du premier pourvoi, la cause est portée devant les chambres réunies de la cour de cassation ainsi qu'il est dit à l'article 131 »[1273].

Dans le même contexte, le code de procédure civile français prévoit une disposition similaire au droit judiciaire belge que le renvoi devant l'assemblée plénière peut être ordonné lorsque l'affaire pose une question de principe, notamment s'il existe des solutions divergentes soit entre les juges de fond, soit entre les juges de fond et la cour de cassation, il doit l'être lorsqu'après cassation d'un premier arrêt ou jugement, la décision rendue par la juridiction de renvoi est attaquée par les mêmes moyens[1274].

La procédure pénale française dispose aussi que

> lorsqu'après cassation d'un premier arrêt ou jugement rendu en dernier ressort, le deuxième arrêt ou jugement rendu dans la même affaire entre les mêmes parties, procédant en la même qualité, est attaqué par les mêmes moyens, l'affaire est portée devant l'assemblée plénière dans les formes prévues par les articles L131-2 et L131-3 du code de l'organisation judiciaire[1275].

De l'examen des conditions du renvoi en assemblée plénière, sur pied de l'article L431-6 du code de l'organisation judiciaire, Maitres Jacques Boré et

---

1271 Jacques BORE et Louis BORE, *La cassation*, Dalloz, Paris, 2008, p. 703.

1272 Jacques HERON, *Droit judiciaire privé*, 2ème édition, MontChrétien, Paris, 2002, p. 604.

1273 *Les codes Larcier*, Tome 1, *Droit civil et judiciaire*, Moniteur belge, 2010, p. 363.

1274 Article L431-6, Code de procédure civile, 102ème édition, Dalloz, Paris, 2010, p. 1079.

1275 Gilbert AZIBERT, *Code de procédure pénale*, Litec, Paris, 2004, p. 458.

Louis Boré constatent l'évolution jurisprudentielle de la haute cour qui abandonna depuis 1967 les conditions qui n'ont plus qu'une valeur indicative[1276].

La non soumission automatique des magistrats aux arrêts de la cour de cassation se justifie par la soumission du juge à l'autorité de la loi[1277].

L'institution du visa comme acte d'approbation du chef de juridiction de la décision du juge viole le principe processuel constitutionnalisé d'indépendance de l'office du juge, prenant source dans les actes supranationaux régulièrement ratifiés et qui, de ce fait, priment sur l'ordre juridique interne.

L'approbation du jugement par le chef de juridiction viole également le principe général de droit institué par l'ordonnance du 14 mai 1886, approuvé par le décret du 12 novembre 1886, suivant lequel une décision judiciaire ne peut être rendue que par les juges qui ont assisté à toute l'instruction de la cause tant dans l'intérêt des parties que celui d'une bonne justice[1278].

Dans sa constance, la Cour suprême de justice jugea que viole l'article 1 de l'ordonnance du 14 mai 1886 en tant qu'elle prescrit l'application des principes généraux du droit, le tribunal qui modifie son siège sans que les débats antérieurs soient repris ou qu'un résumé en soit fait et acté au plumitif d'audience, et qui, ainsi, contrevient au principe général du droit d'après lequel pour une bonne administration de la justice et dans l'intérêt des parties, une affaire ne peut être jugée que par des juges qui auront assisté à toute l'instruction de la cause[1279].

Le contrôle autorisé sur le jugement est l'exercice de jeu des voies de recours. Le professeur A. Van OEVELER note quant à l'indépendance du juge face à sa hiérarchie que « si les juridictions d'appel peuvent annuler ou réformer, en tout ou en partie, les jugements des juridictions de première instance, elles n'ont aucun pouvoir d'injonction. Les juridictions supérieures ne peuvent donc donner des instructions ou des directives aux juridictions inférieures. Dans quel sens elles doivent décider les contestations qui leur sont soumises ? L'unique exception à ce principe c'est qu'en cas d'une deuxième cassation pour les mêmes motifs que ceux de la première, le juge de fond à qui l'affaire est renvoyée doit se conformer à la décision de la cour

---

1276 Jacques BORE et Louis BORE, *op.cit*, p. 746.

1277 La justice, comme propriété de la loi et non de la jurisprudence. La question des hiérarchisations des sources de droit se pose également; Article 150 de la constitution de 2006, RDC

1278 Ruffin MUSHIGO-A-GAZANGA GINGOMBE, *Les principes généraux du droit et leurs applications par la cour suprême de justice du Congo*. Académia-Bruylant, Louvain-La-Neuve, 2002, p. 36.

1279 CSJ, RP 107, 3 avril 1974, Bull, 1975, p. 62, RJZ, 1977, P. 66, RP. 128, 8 août 1974, Bull 1975, P. 213, RJZ, 1976, P. 78, Inédit, Lire DIBUNDA K, *op.cit*, pp. 40 à 45.

de cassation sur le point de droit jugé par cette cour (ar. 1120, code judiciaire)[1280].

L'indépendance de l'office du juge s'observe aussi à l'interne de la magistrature. Dans la fonction de transformer le droit en justice, belle expression de Malraux, statut qui le différencie des autres fonctionnaires, il se manifeste par la liberté du juge de rendre une décision non liée par une hiérarchie[1281]. Dans l'exercice de sa fonction de juge, l'office du juge n'a pas à proprement parler de hiérarchie[1282].

Tirant la conséquence de l'indépendance et de l'impartialité du juge, Didier DEL PRETE et Eva FISCHER arguent que le statut de l'office du juge est incompatible avec la notion de subordination et le chef de juridiction exerce des pouvoirs de nature administrative[1283].

Le pouvoir de trancher les litiges dans le chef du juge individuellement répond à l'impératif de la régularité de la composition.Les chefs des juridictions ne peuvent aider la justice, propriété de la loi, en la violant. Le juge, incompétent qui puisse exister, le moins expérimenté, soit d'un jour suivant la prise de fonction, bénéficie amplement de son indépendance dans l'œuvre de transformer le droit en acte de justice. Ayant analysé la question, la Cour de cassation belge, de manière constante, et à bon droit décida que la règle suivant laquelle le tribunal doit être une juridiction indépendante et impartiale, constitue un principe général du droit applicable à toutes les juridictions[1284].

La réglementation de l'indépendance de l'office du juge est une vertu moderne de toute société. Elle a acquis droit de cité tant pour les sociétés démocratiques que dictatoriales.

L'indépendance externe de l'office du juge est très cardinale que celle en interne comme en droit anglais. Antoine GARAPON note le particularisme anglais comme suit : « Dans les magistratures de Common Law comme l'anglaise, l'indépendance externe est bien assurée, mais celle interne est très faible. L'indépendance de la magistrature est très grande (…) au détriment de celle du juge ! La cohésion du droit est assurée de deux manières : par l'homogénéité du corps et par une centralisation judiciaire très forte »[1285].

En dépit de la centralisation des juridictions supérieures situées à Londres, les magistrats des cours supérieures exercent l'autorité certaine sur

---

[1280] A. Van Oeveler, L'indépendance du pouvoir judiciaire et des juges individuels in Rôle et organisation de magistrats et avocats dans les sociétés contemporaines, IX° congrès mondial du droit judiciaire, éditions juridiques, Belgique, 1992, p. 261.

[1281] *Dictionnaire juridique*, *op.cit*, p. 623.

[1282] Isabelle BOUCOBZA, Cécile CHAINAIS et Frédérique FERRAND, *op.cit*, p. 714.

[1283] DEL PRETE Didier et FISCHER Eva, *Institutions juridictionnelles*, Hachette, 2006, p. 18.

[1284] Cass.15 juin 1979, pas I, p.1193 J.T, 1980, cass 17 décembre 1982 pas, I.p.481, cass, 10 mai 1988, Pas, I, 835.

[1285] GARAPON Antoine, *Le gardien des promesses*, édition Odile Jacob, Paris, 1996, p. 56.

les juges inférieurs. Curieusement, la Grande Bretagne, avec un système généralement à juge unique, est l'exemple de la règle du précédent.

Par contre, la pratique contra legen de visa du chef de juridiction au Congo constitue une occasion pour changer l'œuvre de délibéré de l'office du juge. Certains juges se plaignent du fait que les justiciables contactent directement le chef de juridiction, celui-ci n'attendant que le moment où le projet du jugement ou de l'arrêt lui sera soumis pour agir. Si le projet de décision va dans le sens favorable à celui qui l'avait contacté, même si ledit projet viole la loi, le chef de juridiction vise rapidement le projet. Au cas où le projet serait contraire au justiciable intéressé, il peut refuser d'apposer son visa, il demandera à la composition de relire le dossier, ou propose la réouverture des débats pour complément de tel ou tel élément. Dès que la réouverture est prononcée, le chef de juridiction sans justification légale et légitime change la composition.

Il arrive très rarement que certains offices du juge passent outre le visa et prononcent la décision. De ce fait, ils signent l'acte d'opposition face au puissant chef de juridiction. Il est courant d'apprendre de certains juges révoqués que c'est parce qu'ils avaient refusé de suivre la ligne du chef de juridiction.

La justice se déroule dans un environnement donné, une dénonciation du pouvoir fort de l'exécutif au travers du chef de juridiction. Les chefs des juridictions, à un certain niveau, sont comme des centres du pouvoir exécutif. Ils ont accès à la centrale des décisions politiques de laquelle ils reçoivent des directives. Ils participent au conseil de sécurité au niveau provincial par exemple.

Ce pouvoir immense du chef de juridiction a tendance à inhiber l'indépendance de l'office du juge. L'indépendance, c'est en fait un état d'esprit et il est courant d'entendre des juges appeler le président de chambre chef ; les présidents de chambre à leur tour appellent le chef de juridiction chef.

Cette prédisposition à la domination prépare le lit à la violation du statut de magistrats. Certes, l'institution contra legen du visa a pu sauver la justice dans certains cas. Mais, s'il était demandé d'étaler sur la place publique le dessous des délibérations et la gestion des magistrats, il n'y aurait pas de place.

Le pouvoir du chef de juridiction s'accroit également du fait de la discrimination dans la distribution des causes entre les différents offices des juges.

§ 2. Attribution des causes, indépendance et collégialité de l'office du juge

Les règles processuelles ne devraient servir que la justice, mais malheureusement elles facilitent aussi la cupidité des magistrats. Les actes de procédure, notamment l'assignation et la citation directe indiquent les identités des parties, profession, domicile, la juridiction saisie, les faits et les moyens[1286].

A partir des informations sommaires, à peine de nullité dans la finalité informationnelle au profit du défendeur ou de l'accusé et de la justice, les chefs des juridictions appelés à distribuer les causes connaissent non seulement l'importance financière des celles-ci, mais surtout les identités des parties aptes à assurer le suivi. Le domicile des parties facilite aux magistrats d'avoir une idée sur la classe sociale des justiciables qui habitent les ghettos ou les quartiers huppés. Il est courant que la chambre 1, celle du chef de juridiction, sans le moindre indice de satisfaction, s'attribue les dossiers des personnes physiques et morales au pouvoir financier reconnu. Le reste (souvent quantité négligeable) est distribué suivant le degré parfois d'allégeance des offices du juge. Cette attitude se manifeste également aux offices du ministère public.

La gestion partiale des juges par le chef de juridiction est évidente, notamment par sa propre chambre. Absorbé par les tâches administratives, le chef de juridiction n'a pas le temps de présider sa chambre ; en conséquence il se choisit ses hommes de mains, disposés à souhait, et en retour ils seront graissés par l'attribution sans équité des dossiers. Du pur formalisme, les remplaçants prennent les causes en délibéré, mais la décision revient au titulaire de la chambre ; à chacun son territoire, dit-on.

Ce favoritisme conduit notamment à ce que certains offices du juge ont plus de dossiers pendant que d'autres tournent les pouces. Il arrive qu'un juge passe trois à cinq mois sans qu'aucun dossier ne lui soit attribué. Ce geste n'est pas sans conséquence, il constitue un message fort aux brebis galeuses que la fidélisation reste un des moyens de survie.

La collégialité de l'office du juge est un droit processuel vital non seulement pour les justiciables, mais aussi pour la justice. Son effectivité se heurte souvent à l'acte administratif très libéral ou liberticide du chef de juridiction appelé à distribuer les causes.

On en veut pour preuve le cas du Substitut du Procureur de la République au Parquet de Lubumbashi qui était tout disposé à exécuter personnellement le mandat d'amener de son chef. Il lui arrivait d'escalader les murs des maisons du suspecté sans moindre remords. Son caporalisme magistral était même au-dessus du militantisme des membres du parti unique (MPR). Comme dans la cour royale, le chef de juridiction ou d'office a besoin des

[1286]Article 2 code de procédure civile congolais, article 56 du code de procédure civile français, article 702 du code judiciaire belge ; article 136 du code de procédure suisse fous de la cour qui sont presque robotisés et il suffit d'appuyer sur un bouton pour une exécution fidèle ; mais quand ils désobéissent, ils deviennent impossibles à gérer pour la justice.

Dans un contexte d'injustice évidente et d'érosion du pouvoir d'achat des magistrats, le chef de juridiction se trouve parfois fortement intéressé par la corruption parce que peu soucieux de l'équilibre des parties. Pour atteindre cette fin des avantages illicites, en cas de collégialité, il doit composer sa chambre avec soit les juges les plus jeunes en grade, soit les plus incompétents ou les fous de la cour ou encore ceux qui viennent d'être affectés.

A une certaine époque, à la cour d'appel de Lubumbashi, le Premier Président formait toujours sa composition avec deux conseillers les moins céans. Le déséquilibre en ancienneté n'étant pas le seul problème, un autre se manifestait également en taille : le Premier Président était visible à l'audience et les deux conseillers difficiles à voir. Cette composition atypique répondait au seul souci de la politique de conformisme sans effectivité processuelle[1287]. Mais certains cabinets préféraient cette chambre atypique.

Il est inadmissible de constater que les causes de certains cabinets sont toujours dans les mêmes offices des juges. Les décisions sont rendues dans les délais les plus courts possibles et avant les autres affaires prises en délibéré il ya six mois ou une année.

La chambre du Premier Président ou de tout chef de juridiction doit éclairer les autres chambres. De ce fait, elle doit être composée de Présidents les plus anciens en grade. L'évitement de la part du chef de juridiction se fonde sur les contestations internes dues à la politique de promotion d'une part et, d'autre à la fuite en avant du chef de juridiction de cacher son incompétence.

Les pouvoirs administratifs du chef de juridiction doivent s'inscrire dans la ligne droite du respect des principes directeurs de tout procès et à toute instance. Le chef de juridiction détient un pouvoir administratif tiré des dispositions légales, malheureusement dont il détourne souvent la finalité.

Le défaut de chambres spécialisées constitue un des problèmes pour la justice congolaise. A l'instar des juridictions inférieures, les juges de la cour suprême de justice siègent dans toutes les matières. La spécialisation de chambre constitue une limite au pouvoir discriminatoire actuel du chef de juridiction dans la distribution des affaires.

Il s'avère aussi utile de fixer la limite d'attribution des affaires par office du juge. Par exemple, les juges doivent recevoir les affaires par rotation. Celles nouvellement introduites sont reparties entre les juges n'ayant pas encore atteint les quotas. Il en est de même pour les rapporteurs à la cour de cassation.

[1287] Effectivité et intérêt à agir en justice, DE SCHUTTER Olivier, *op.cit*, p. 503.

Les principes constitutionnels d'indépendance et d'impartialité du juge ont pour finalité la résistance au Seigneur, au Roi.

Section 4 : Indépendance de l'office du juge face à l'exécutif

Les débats anciens préconisaient plus qu'on trouve les arguments de l'indépendance de la magistrature. Après sa reconnaissance et son opposabilité textuelles à l'exécutif, la question de l'indépendance du juge n'a pas perdu de saveur (§1). La vie quotidienne de la justice démontre clairement que l'indépendance du juge reste au cœur des débats modernes dans toutes les sociétés[1288]. (§2).

Comment les législations règlent-elle cette question?

§ 1. Etat de la question

La Déclaration Universelle des Droits de l'Homme pose le principe du tribunal indépendant[1289]. Ce statut d'indépendance de l'office du juge est repris par la convention portant statut de la Cour pénale internationale, adoptée à Rome le 17 juillet 1998, aux termes de laquelle : « 1. ... ceux-ci exercent leurs fonctions en toute indépendance ; 2. Qu'ils n'exercent aucune activité qui pourrait être incompatible avec leurs fonctions judiciaires ou faire douter de leur indépendance ; 3. Qu'ils sont tenus d'exercer leurs fonctions à plein temps au siège de la cour et ne doivent se livrer à aucune autre activité de caractère professionnel »[1290].

De même, les statuts de la cour internationale de justice reconnaissent l'interaction entre l'indépendance de l'office du juge, exigence de la haute moralité et la compétence[1291].

La Cour de justice de l'Union Européenne ne se dissocie pas des éléments fournis par les statuts de la Cour internationale de justice. Faisant un tout dans le chef du juge indépendant, et ce tout en érigeant en conditionnalités les garanties d'indépendance:

> « Les juges et les avocats généraux de la cour choisis parmi des personnalités offrant toutes garanties d'indépendance et qui réunissent les conditions requises pour l'exercice, dans leurs pays respectifs, des plus hautes fonctions juridictionnelles, ou qui sont des jurisconsultes possédant des compétences notoires, sont nommés

---

[1288] Procès de Dominique DE VILLEPIN, prévenu et Président Nicolas Sarkozy, partie civile.
[1289] Artcle 10.
[1290] AZIBERT Gilbert, *op.cit*, p. 1005.
[1291] *Codes Larcier*, Tome I, Droit civil et judiciaire, p. 532.

d'un commun accord pour 6 ans par les gouvernements des Etats membres, après consultation du comité prévu par l'article 255 »[1292].

L'indépendance et l'impartialité de l'office du juge sont intimement liées notamment aux qualifications académiques, à la moralité et à l'ancienneté. Elles sont renforcées par la gestion de la carrière surtout dans le processus de nomination des magistrats.

En droit processuel belge, pour être désigné Premier Président de la cour d'appel ou de la cour du travail, le candidat doit exercer des fonctions juridiques depuis au moins quinze années, dont les sept dernières en tant que magistrat du siège ou du Ministère Public. Pour pouvoir être désigné Président à la cour d'appel ou à la Cour du travail, le candidat doit être docteur ou licencié en droit et,

1. soit, exercer les fonctions juridiques depuis au moins quinze années, dont les cinq dernières en tant que magistrat du siège ou du Ministère Public ;
2. soit, avoir réussi l'examen d'aptitude professionnelle (...), et exercer la profession d'avocat depuis au moins quinze années sans interruption, ou compter au moins quinze années d'expérience cumulée en qualité d'avocat et de membre de la magistrature assise ou du ministère public[1293].

Toujours selon le code judiciaire belge, pour être membre de la cour de cassation en qualité de :

1. Premier Président, le candidat doit avoir exercé des fonctions juridiques depuis au moins quinze années, dont les cinq dernières en qualité de conseiller à la cour de cassation ;
2. Président, le candidat doit avoir exercé depuis au moins quinze années des fonctions juridiques, dont les cinq dernières en qualité de conseiller à la cour de cassation ;
3. Conseiller, le candidat doit avoir exercé les fonctions juridiques, dont les cinq dernières en tant que magistrat du siège ou du Ministère Public[1294].

Le droit français de procédure est soucieux aussi de la compétence des magistrats et surtout de hauts magistrats. L'expérience est fortement requise pour y parvenir. L'article 39 de l'ordonnance n° 58-1270 du 22 décembre 1958 prescrit que

(...) Nul magistrat ne peut être nommé à un emploi hors hiérarchie à la Cour de cassation s'il n'est ou il a été magistrat hors hiérarchie ou, si, après avoir exercé les fonctions de conseiller référendaire ou avocat général référendaire à la cour de cassation, il n'occupe un autre emploi de premier grade. Les emplois vacants de conseiller ou d'avocat

[1292] Article 253.
[1293] Article 207 du code judiciaire belge.
[1294] Article 254

général à la cour de cassation sont pourvus, à raison d'un sur quatre, par la nomination d'un magistrat de premier grade ayant exercé les fonctions de conseiller référendaire ou d'avocat référendaire pendant au moins huit ans. Les postes qui ne pourraient être pourvus faute de candidat, par ces magistrats, peuvent être pourvus par les magistrats mentionnés au troisième alinéa au présent[1295].

Les dispositions de l'article 150 de la constitution de 2006 en RD Congo reconnaissent textuellement l'indépendance du juge.

L'indépendance de l'office du juge, quand bien même elle serait principe constitutionnel et principe général de droit[1296], il lui faut cependant des critères pour la mesurer. La Cour européenne des droits de l'homme décida à propos, dans l'affaire Campbell et Felle, que pour déterminer si un organe peut passer pour indépendant, notamment à l'égard de l'exécutif et des parties, la cour a égard au mode de désignation[1297].

Frédéric SUDRE revient sur les critères du tribunal indépendant selon la cour européenne des droits de l'homme pour affirmer la mise en exergue des critères objectifs tenant le statut du juge, à savoir le mode de désignation et la durée du mandat, l'inamovibilité ou la quasi inamovibilité de celui-ci, l'impossibilité juridique de lui donner des instructions dans l'exercice de ses fonctions, existence d'une protection contre les pressions extérieures (Sramek c/Autriche, 22 octobre 1984 A 84) mais aussi, d'un critère subjectif tenant à l'apparence d'indépendance aux yeux du justiciable[1298].

Le processus rigoureux de sélection et de nomination des magistrats anglais justifie la confiance populaire du régime de la règle du précédent d'une part et permet d'autre d'assurer leur indépendance externe vis-à-vis des autres pouvoirs. Les juges allemands sont nommés à vie comme les 9 juges de la cour suprême des Etats-Unis et cela les protège des répressions injustes de l'exécutif.

Le statut d'indépendance des juges de la Finlande rassure la justice du fait qu'ils sont nommés par le Président de la République et leur mandat court jusqu'à l'âge de la retraite[1299].

Les révocations des juges de la Cour suprême de justice sont révélatrices du régime textuel d'indépendance du tribunal. Ces révocations opérées en marge de la procédure par l'exécutif sèment le doute quant à l'indépendance

---

[1295] Code de procédure civile 102ème édition, Paris, Dalloz, 2011, p. 2288.

[1296] Cass, 21 février 1979, Pas, p. 750 c/Cass, 14 octobre 1996, J.J, p. 670, JIM.B. 1997, p. 175 avec note M. Liyttendaele et R. A. Witmeur RDP 1997, p. 170 avec note A. Jacob, Pas, p. 981.

[1297] CEDH, 28 février 1984, n° 78 19/77 n° 7878/77, Campbell et Fell c/Royaume-Uni, Série A n0 80, Berger, n° 71, p. 208 ; voir Serge Guinchard, Droit et pratique de la procédure civile, Dalloz, Paris, 2009, p. 525.

[1298] Frédéric SUDRE, *Droit européen et international des droits de l'homme*, 10ème édition, PUF, Paris, 1989, p. 436.

[1299] *Les juridictions des Etats membres de l'union européenne*, *op.cit*, p. 238

judicaire face aux autres pouvoirs. Dans l'observation des choses, à partir des apparences des organes judicaires dans les régimes forts, il est improbable d'affirmer leur indépendance à l'égard de l'exécutif. Le professeur Jean François RENUCCI épingle aussi l'importance de l'apparence de la fonction du juge suivant l'adage anglais: *« justice must not only be done, it must also be seen to done »*[1300].

L'indépendance de l'office du juge est intimement liée à son impartialité, un élément substantiel à toute notion de justice et l'un des attributs du procès équitable[1301].

Cependant, il convient de souligner que le devoir d'impartialité implique deux conceptions, à savoir l'impartialité subjective et l'impartialité objective[1302].

Suivant la Cour de cassation, l'impartialité s'apprécie objectivement, c'est-à-dire selon les fonctions exercées et les actes accomplis antérieurement par les magistrats composant la juridiction. C'est une conception subjective fondée sur les pensées du juge en son for intérieur qui ne peut être à priori exclue[1303].

S'agissant de l'intérêt de l'indépendance interne et externe de l'office du juge, appuyé par son impartialité, Loïc CADIET et ses collègues observent leur finalité toute heureuse qui est de

> Participer au jugement collégial d'un litige lorsqu'un autre membre de la juridiction manque à la dignité ou à l'impartialité nécessaire ; de vivre dans la cité, sans céder à la tentation du héros purificateur ou du vedettariat auquel prédispose peut-être la théâtralité de la justice[1304].

La République Démocratique du Congo a prescrit les conditions de promotion en garde des magistrats dont l'exigence légale d'indépendance à l'égard de tout pouvoir est requise textuellement. L'école de magistrature qui façonnerait l'esprit du corps fait malheureusement défaut.

La présomption de compétence des magistrats reste très réfragable par l'absence de réelles évaluations pendant la carrière.

Le droit processuel belge, soucieux de la compétence des magistrats, soumet ces derniers aux évaluations écrites. Des telles évaluations peuvent concerner des périodes lorsqu'il s'agit d'une nomination, elles peuvent aussi concerner des mandats lorsqu'il s'agit des chefs de corps. Notons par ailleurs que le mandat peut être adjoint ou spécifique.

[1300] Jean François RENUCCI, *Droit européen des droits de l'homme*, 3ème édition, LGDJ, Paris, 2°°2, pp. 257-258.

[1301] *Vocabulaire juridique*, *op.cit*, p. 607.

[1302] Roger PERROT, *op.cit*, p. 324; Nathalie Fricero, *op.cit*, p. 527.

[1303] GUINCHARD Serges et alii, *op.cit*, p. 715.

[1304] CADIET Loïc, NORMAND Jacques et AMRANI MEKKI Soraya, *Théorie générale du procès*, PUF, Paris, 2010, p. 70.

Lorsque des faits particuliers se sont produits ou des constatations particulières ont été faites depuis la dernière évaluation, il peut être procédé anticipativement à une nouvelle évaluation.

Le législateur détermine les matières sur lesquelles portent les évaluations. Elles sont déterminées par les fonctions exercées à l'exception du contenu de toute décision judiciaire sur la personnalité et les capacités intellectuelles, professionnelles et organisationnelles.

En ce qui concerne les chefs de corps, l'évaluation porte également sur la capacité de management, notamment sur la gestion du personnel et les initiatives prises en vue de lutter contre l'arriéré judiciaire[1305].

Le décret n° 93-21 du 7 janvier 1992 organise en France le système d'évaluation des magistrats sur un terme de deux ans[1306]. Il est même intéressant à cet égard de noter l'institution du tableau d'avancement[1307].

Le droit belge a institué aussi le concours des candidats référendaires à la cour de cassation[1308].

Monsieur DINDRIAS O CACIMH, juge à la cour de justice de l'Union Européenne et ancien juge à la high court de l'Irlande, insiste sur les qualifications requises pour la nomination au poste de juge à la cour. C'est pourquoi, certains Etats ont adopté, au niveau interne, en vue du recrutement des juges, les mesures ci-après :

- La décision de nomination doit toutefois être précédée d'un appel à candidatures (cas de Royaume-Uni, Pays-Bas, Slovénie) ;
- Le choix de candidat est effectué par un comité ou est soumis à l'avis d'une telle entité (cas de Royaume-Uni, Pays-Bas, Lituanie) ;
- Les candidats sont entendus par des commissions parlementaires ou interministérielles (Pologne, République Tchèque, Hongrie et Portugal) ;
- Le candidat est choisi à bulletin secret par l'assemblée nationale (Slovénie)[1309].

L'absence d'évaluation écrite et orale en RD Congo, à l'instar de la Belgique et la France, rend précaire la présomption de compétence de l'office du juge tout comme pour le Ministère Public. A ce défaut processuel, l'avancement en grade des juges semble ne pas crédibiliser leur office.

1305 Article 259 Noires, codes laric, Tome 1, 2010, p. 237.

1306 Articles 18, 19 à 28 du décret n° 93-21 du 7 janvier 1993.

1307 Idem.
Article 35-1 Ibidem

1308 Article 259 Code judiciaire belge

1309 Dindiras O CACIMH, L'office du juge de la cour de justice de l'Union Européenne, in *Justice et cassation. Dossier l'Office du juge*, Dalloz, Paris, 2010, p. 142.

Comment apprécier l'indépendance des juges ? En effet, la Cour de justice de l'Union Européenne a été consultée à propos et souligna que le juge pourra répondre de manière adéquate aux questions qui lui seraient posées sans sortir de la réserve qui s'impose à une personnalité devant offrir, aux termes des traités, toutes garanties d'indépendance et sans préjuger des positions qu'il trouve être amené à adopter à l'égard des questions contentieuses qu'il aura à connaitre dans l'exercice de sa fonction juridictionnelle[1310]. Il est courant que la promotion prématurée de certains juges amène à fausser le but de la collégialité de l'office du juge et son essence même.

Les juges nommés prématurément jouent à la politique du formalisme processuel et non à l'effectivité processuelle comme à la finalité de collégialité. Le professeur Yvon DESDEVISES rappelle l'attention particulière de la jurisprudence et de la doctrine sur la collégialité, l'impartialité et la contradiction [(1311)]. Certains membres de la composition se confient aux anciens pour se voir guider par eux au risque même d'être déroutés parce que cela est le plus aisé du monde lorsqu'il s'agit d'un juge incompétent.

Selon Manuel Antonio Lopes Rocha, juge à la cour européenne des droits de l'homme et juge à la cour suprême de justice du Portugal, la doctrine portugaise la plus renommée soutient que le principe de l'indépendance judiciaire englobe l'exigence d'une impartialité absolue et implique au niveau de la procédure pénale, le principe d'accusation et bien aussi un système le plus libéral possible, d'empêchement et de suspicion du juge [1312].

Au niveau international, la justice nationale constitue un service public interne auquel l'exécutif peut recourir pour apaiser ou régler les comptes aux Etats ennemis ou amis et à leurs ressortissants.

§ 2. Exécutif – justice : Conflit d'interactions des principes constitutionnels ?

Du point de vue du droit international, l'exécutif et la justice sont des services publics du droit interne. En interne, la théorie de séparations des pouvoirs a fait du chemin[1313], et à force de la répéter, elle apparaît vraie.

Le professeur A VAN WELKENHUYZEN observe attentivement la séparation des pouvoirs par les articles 25 & 31 de la constitution belge, mais il met une nuance pour soutenir, à bon droit, par ailleurs qu'

[1310] Dindrias O CACIMH, *op.cit*, pp. 142-143.

[1311] DESDEVISES Yvon, Collégialité, impartialité et contradiction, in *Justices et droit du procès*, *op.cit*, p. 233.

[1312] MANUEL ANTONIO LOPES ROCHA, L'impartialité du juge dans la législation et la jurisprudence portugaise (affaires pénales), in *Mélanges en hommage à Louis Edmond Pettiti*, Bruylant, Bruxelles, 1998, p. 538.

[1313] Considérations sur l'Etat de droit, la séparation des pouvoirs et le pouvoir judiciaire, Journal des tribunaux, 108ème année, n° 5517, 30 septembre 1989.

Il faut bien concevoir que la constitution belge n'a pas entériné une séparation stricte ou absolue des pouvoirs, parce que chacun des trois pouvoirs constitutionnels exerce une part des fonctions qui sont attribuées à un autre pouvoir. Il n'y a donc pas une réelle séparation des pouvoirs mais plutôt une indépendance réciproque des pouvoirs[1314].

Les interactions entre les différents pouvoirs sont séculaires dans tous les Etats.

La constitution dégage aussi des principes à valeur constitutionnelle au profit de l'exécutif, une occasion toute trouvée de malentendu avec la justice. Nous pouvons citer entre autres la prévention et le maintien de l'ordre par la police administrative relevant de l'exécutif (A), la satisfaction de l'intérêt général national par les renseignements (B), rechercher la vérité vraie (C),l'essence du secret de la défense (D) faisant ainsi de la justice une seconde opportunité pour l'exécutif (E).

A. Prévention et maintien de l'ordre public par la police administrative relevant de l'exécutif

Gérard CORNU définit la police (du latin *« politia »*) comme une organisation politique, administrative au sens génétique, d'ordre, d'assainissement, de contrôle pour la sauvegarde de l'intérêt général (...). Plus spécifiquement, elle est l'ensemble des règles imposées par l'autorité publique aux citoyens en vue de faire régner l'ordre, la tranquillité et la sécurité dans l'Etat[1315].

Etymologiquement, la police est connectée à l'histoire. Sous l'antiquité, la police était la cité. Ainsi, l'Etat policé est un Etat où la sécurité est garantie par un corps de police[1316].

Si la notion a acquis droit de cité de part sa mission, son organisation semble marquer les différences telles que le Doyen Christian VALLAR le note dans l'analyse des polices européennes[1317.]

La police administrative a entre autres fonctions le maintien de l'ordre public et la protection des biens et des personnes, la prévention des crimes et des délits[1318]. La police administrative relève de l'exécutif qui a la charge de

[1314] A VAN WELKENHUYZEN cité par A Van OEVELER, Indépendance du pouvoir judiciaire et des juges individuels, in *Rôle et organisation de magistrats et avocats dans les sociétés contemporaines*, IXème congrès mondial de droit judiciaire, Belgique, 1992, p. 261.

[1315] Gérard CORNU, *Vocabulaire juridique*, PUF, Paris, 2007, p. 690.

[1316] F. Cass, *La police administrative*, Master 2, sécurité intérieure, université de Nice Sophia Antipolis, 2006, p. 1.

[1317] VALLAR Christian, *Les polices européennes*, Master 2, sécurité intérieure, université de Nice Sophia Antipolis, 2006.

[1318] VALLAR Christian, *Cour de polices européennes*, Master 2, sécurité intérieure, Université de Nice Sophia Antipolis, 2006.

la sécurité publique, de la sécurité des personnes et de leurs biens, du maintien et du rétablissement de l'ordre public ainsi que de la protection rapprochée de hautes autorités[1319]. L'armée en temps de paix exerce la fonction de protection dévolue à la police[1320].

Les dispositions de l'article L.2212-5 du code général des collectivités territoriales déterminent l'ordre public relativement à la matière de prévention et de surveillance de bon ordre, de la tranquillité, de la sécurité et de la salubrité publique[1321].

Par décision en assemblée plénière, le conseil d'Etat décida que le respect de la dignité de la personne humaine est une composante de l'ordre public, que l'autorité investie du pouvoir de police municipale peut, même en l'absence de circonstances locales particulières, interdire une attraction qui porte atteinte au respect de la dignité de la personne humaine[1322].

Le conseil constitutionnel, dans sa décision du 22 juillet 1980, érige en principe à valeur constitutionnelle un principe de droit, celui de la protection des personnes et des biens. Dans ses nombreux arrêts, le conseil constitutionnel reconnaît à la police administrative le rôle de la prévention des infractions pénales. Dans la décision du 12 janvier 1977 relative à la fouille des véhicules, le conseil constitutionnel reconnait une atteinte à l'ordre public, comme une justification à la restriction de liberté publique limitée dans le temps[1323].

En date du 28 janvier 1985, relativement à l'état d'urgence dans la nouvelle Calédonie, le conseil constitutionnel décida que la loi relative à l'état d'urgence était conforme à la constitution. Dans le commentaire de cette décision, la préoccupation est la conciliation entre le respect des libertés et la sauvegarde de l'ordre public[1324].

Le souci de conciliation entre l'usage de la liberté publique et de l'ordre public revient dans la cause du conseil supérieur de l'audiovisuel en ces termes :

> Considérant qu'il appartient au législateur compétent en vertu de l'article 34 de la constitution pour fixer les règles concernant les garanties fondamentales accordées aux citoyens pour l'exercice des libertés publiques, de concilier, en l'état actuel des techniques et de leur maîtrise, l'exercice de la liberté de communication audiovisuelle,

---

[1319] Article 182 de la constitution de 2006.

[1320] Article 187 de la constitution de 2006, La fonction de la gendarmerie en France, de la garde civile en Espagne.

[1321] Code général des collectivités territoriales, 9ème édition, Dalloz, Paris, 2009, p. 604.

[1322] CE, Ass. 27 oct. 1995, Commune de Morsang-sur-Orge Rec. 372 Concl. Frydman. M. Long, P. WEILL, G. BRABANT, P. DELVOLVE et B. GENEVOIS, *op.cit*, p. 731.

[1323] FAVOREU Louis et PHILIP Loïc, *Les grandes décisions du conseil constitutionnel*, 5ème édition, Sirey, Paris, 1989, pp. 341-353.

[1324] FAVOREU Louis et PHILIP Loïc, *Les grandes décisions du conseil constitutionnel*, 5ème édition, Sirey, Paris, 1989, pp. 619-627.

et d'autre part les objectifs de valeur constitutionnelle que sont la sauvegarde de l'ordre public, le respect de la liberté d'autrui et la préservation du caractère pluraliste des courants d'expression socioculturelle auxquels ces modes d'expression, par leur influence considérable, sont susceptibles de porter atteinte[1325].

Dans cette même perspective, le conseil d'Etat, en date du 8 août 1919 dans l'affaire Labonne, affirma la reconnaissance de l'ordre public en ces termes :

Cons. que si les autorités départementales et municipales sont chargées par les lois, notamment par celle du 22 décembre 1789 – 8 janvier 1790, et celle du 5 avril 1884, de veiller à la conservation des voies publiques et à la sécurité de la circulation, il appartient au Chef de l'Etat, en dehors de toute délégation législative et en vertu de ses pouvoirs propres, de déterminer celles des mesures de police qui doivent en tout état de cause être appliquées dans l'ensemble du territoire[1326].

Le conseil d'Etat décida de même comme le conseil constitutionnel dans l'affaire du conseil supérieur de l'audiovisuel, l'impératif de la conciliation que « Cons. S'il incombe au Maire, en vertu de l'article 97 de la loi du 5 avril 1884, de prendre les mesures qu'exige le maintien de l'ordre, il doit concilier l'exercice de ses pouvoirs avec le respect de la liberté de réunion garantie par les lois (...) »[1327].

Le Maire concourt par son pouvoir de police à l'exercice des missions de sécurité publique[1328] . Il en est de même pour les autorités administratives étatiques[1329].

Le rôle constitutionnel reconnu à l'exécutif de prévenir et de maintenir l'ordre public légitime les actions des services des renseignements[1330], donc la permission modérée de porter atteinte aux libertés publiques. L'exercice des fonctions régaliennes expose les dirigeants à des actes illégaux du point de vue du droit judiciaire mais justifiés par l'intérêt supérieur de la nation, notamment de la concurrence entre Etats.

L'antagonisme entre la justice et l'exécutif peut se justifier sur le domaine de la recherche de la vérité concurrentielle. A priori, la satisfaction de l'intérêt général national peut aussi se réaliser par voie des renseignements.

1325 FAVOREU Louis et PHILIP Loïc, *op.cit*, pp. 723 à 732.

1326 M. LONG, P. Weil, G. BRAIBANT, P. DELVOLVE et B. GENEVOIS, *Les grands arrêts de la jurisprudence administrative*, 16ème édition, Dalloz, Paris, 2007, p. 226.

1327 M. LONG, P. WEIL, G. BRAIBANT, P. DELVOLVE et B. GENEVOIS, *Les grands arrêts de la jurisprudence administrative*, 16ème édition, Dalloz, Paris, 2007, p. 226.

1328 Article L. 2211, Code général des collectivités territoriales, Dalloz, Paris, 2006, p. 519.

1329 Idem, p. 637.

1330 Articles 91, al. 3, 182 et 187 al. 2 de la constitution de 2006.

B. La satisfaction de l'intérêt général national par les renseignements

La mission originale de renseignements est la connaissance des faits surtout à l'heure de la guerre économique. C'est une armée des combattants au profit de la nation *« capitalisme libéral »*. Le commerce doux ou les théories de loyauté dans les affaires sont à regarder dans le rétroviseur.

Après la guerre froide, la victime est connue de tout le monde, mais pas le vainqueur. Ce n'est pas forcément les Etats-Unis comme d'aucuns pourraient se l'imaginer. Ce sont les valeurs du capitalisme rebelle aux thèses nationales qui s'internationalisent. Tout le monde est victime de la mondialisation à des degrés différents.

La guerre qui revient sur la table est celle de savoir qui sera à la tête de l'économie mondiale. Les rêves refont surface, certains voient déjà la Chine détrôner les Etats-Unis d'Amérique et le rôle des pays émergents prend l'ascenseur[1331].

La compétition n'a plus de règles de jeu parce que tous les moyens sont bons, dit-on[1332]. On n'a plus d'amis, il faut espionner tout le monde[1333]. La guerre militaire est un business, le coup d'Etat passe pour une valeur afin d'accéder aux matières premières, et le Soudan en a payé le prix[1334].

Dans son livre *« Dans le secret des présidents »*, Vincent Nouzille explique le consensus entre la CIA et la DGSE sur la liquidation du Colonel Kadhafi qui devait d'abord passer par la grande campagne d'intoxication[1335]. Au nom de la continuité de services publics, l'objectif de la fin du règne de Kadhafi a été atteint.

La continuité des services publics sert d'intérêt général, même si certains nobles fonctionnaires seront jetés dans l'oubli de l'histoire populaire nationale après la découverte populiste des machinations. Tel est le passage obligé du mensonge d'Etat et de tromperie des alliés sur les armes chimiques de Saddam Hussein[1336]. L'opposition mondiale n'a pas pu ramener le caillou déjà tiré, et ce parce que le but poursuivi est d'accéder au pétrole irakien par voie d'achat militariste.

Au nom de la satisfaction de l'intérêt général national au travers des renseignements, la CIA ne pouvait que remplacer une démocratie par un militaire au Chili[1337].La mondialisation, en dépit du soutènement de

---

[1331] ADLER Alexandre, *Le rapport de la CIA : Comment sera le monde en 2020 ?*, Robert Laffont, Paris, 2005, p. 115.

[1332] THOMAS Gordon, *Le livre noir de la CIA*, Nouveau monde, Paris, 2007.

[1333] CHARPIER Fréderic, *op.cit*, p. 30.

[1334] La partition du Soudan.

[1335] NOUZILLE Vincent, *Dans le secret des Présidents : CIA, Maison-Blanche, Elysée, les dossiers confidentiels, 1981-2010*, Fayard, France, 2010, pp. 89 – 111.

[1336] Idem, *op.cit.*

[1337] GORDON Thomas, *op.cit*, p. 183.

Montesquieu, n'est pas toujours un facteur de paix face à la constance de paix et guerre entre les nations et les personnes[1338].

Le contrôle de la concurrence imparfaite entre les économies nationales[1339] favorise la dérégulation mondiale des moyens d'attractivité des capitaux étrangers[1340].

Les renseignements qui s'offrent en garantie de l'intérêt général nationalont reçu un mandat qui domine l'aspect militaire, celui de l'espionnage économique[1341]. La politique économique des Etats est fondée sur les intérêts nationaux.

Dans la guerre économique comme dans toute autre guerre, la justice du palais est virtuelle. Elle aime le beurre sans savoir comment il se fabrique et à quel prix. Elle a raison pour autant qu'il ne faille pas se préoccuper des choses qu'on achete au marché. Le sentiment populiste de démocratie est pareil à la justice ; la population remplit son véhicule et roule, elle est enfant de la maison et, entant que tel, n'a de compte à rendre à personne, y comprisson père qui, naturellement, se gênerait pour lui demander la source des biens.Les producteurs des biens et services et le gouvernement connaissent les enjeux de la guerre économique avec les dommages collatéraux.

C. La machine des renseignements à la recherche de la vérité vraie

A des différences près, les Etats perçoivent le monde actuel beaucoup plus dangereux qu'il n'était guère avec les extrémistes promettant un nouvel ordre international face à la complexité des effets des mondialisations économico-financières. Le sentiment d'insécurité nationale et mondiale s'est accru avec les attentats du 11 septembre 2001 aux Etats-Unis, à Madrid et à Londres[1342].

Matthieu RIGOUSTE voit un autre aspect d'insécurité, celui de la militarisation de lutte contre les violences militaires[1343]. Nous sommes aux instants de 24 heures Chrono du film de Jack Bower.

Ces postulats conduisent à plus de légitimation des renseignements, ce qui motive Thierry COSEMANS à parler, en toute légitimité à notre avis

---

[1338] MARTIN Philippe, MAYER Thierry et THOENIG Mathias, « La mondialisation est-elle un facteur de paix ? », in *27 questions d'économie contemporaine*, Albin Michel, France, 2008, p. 89.

[1339] KRUGMAN Paul et OBSTFELD Maurice, *Economie internationale*, 7ème édition Pearson, Paris, 2006, p. 123.

[1340] Par exemple la constitution de paradis fiscaux, le purgatoire fiscal et l'enfer fiscal

[1341] AUFAN, *Espionnage économique*, Master 2, sécurité intérieure, université de Nice Sophia Antipolis, 2006.

[1342] F. OCQUETEAU, Avant-propos, in *Polices politiques de sécurité : concilier efficacité et respect des libertés, La documentation française*, n° 972, mai 2010, p. 4.

[1343] RIGOUSTE Matthieu, Une militarisation de lutte contre les violences urbaines, in *polices et politiques de sécurité…*, *op.cit.*, p. 23.

d'une Europe vers le renseignement dans sa réflexion intitulée *L'union européenne et le renseignement. Perspectives de coopération entre Etats membres*[1344].

Le juge exerce un pouvoir limité par des règles processuelles autour des principes directeurs du procès. Dans la recherche de la vérité, l'office du juge semble avoir des instruments très limités par rapport aux renseignements.Le terrorisme et le blanchiment des capitaux légitiment parfois l'esprit de la guerre permanente.

Les services de renseignements sont vieux parce qu'ils sont importants pour la survie d'un Etat et, partant, d'un régime. Franck Daninos ne se trompe pas lorsqu'il affirme que l'espionnage est peut-être le deuxième plus vieux métier du monde[1345] parce qu'il sert la politique[1346].

La finalité des services de renseignements se résume dans les écrits sur la plaque en marbre que le Directeur de la CIA, Allen Dulles montra au Président Kennedy : « Vous connaitrez la vérité et la vérité vous affranchira »[1347]. Pour ce faire, il faut être aigle pour voir loin, et avoir de grandes oreilles[1348].

En homme éclairé, le Professeur Bernard Asso déplore les gouvernants français qui n'ont pas pu comprendre la lucidité de l'empereur Napoléon sur les services de renseignements. Il notait que « Ni la bravoure de l'infanterie ni celle de la cavalerie ou de l'artillerie n'ont décidé d'un aussi grand nombre de batailles que cette arme maudite et invisible, les espions »[1349].

La force des espions relève même du verbe *espionner* qui veut dire, selon Monsieur Aufan, gagner du temps c'est de l'argent[1350]. Le souci de coordination des services constitue l'élément probant de la création de la CIA sous le Président Truman[1351].

Les services de renseignements collectent les informations et les actes opérationnels sur le grand banditisme, la drogue, le terrorisme, les menaces contre l'Etat et ses institutions, la population, etc. Et ceci n'empêche pas de relever les abus majeurs dont ils sont parfois auteurs. C'est ainsi qu'en RDC, le décret-loi n° 003/2003 du 11 janvier 2003 détermine les attributions de l'Agence Nationale de Renseignements Congolais, et ce pour éviter les abus.

1344 COOSMANS Thierry, Vers une Europe de renseignement, in *Polices et politiques…*, *op.cit.*, p. 55.

1345 DANINOS Franck, *CIA une histoire politique, 1947 – 2007*, Tallandier, Paris, 2007, p. 12

1346 DANINOS Franck, *op.cit*, p. 187.

1347 GORDON Thomas, Le livre noir de la CIA, Nouveau Monde, Editions 2007, p. 6.

1348 Les symboles de la CIA.

1349 Bernard ASSO, *Réflexions sur l'évolution des services de renseignement français*, Master 2, sécurité intérieure, université de Nice Sophia Antipolis, 2009, p. 1

1350 Aufan, Sécurité économique, idem.

1351 Franck DANINOS, *CIA : Une histoire politique (1947 – 2007)*, Tallandier, Paris, 2007, p. 54.

La recherche de la vérité doit obéir à une profonde règle de renseignements, le serment de secret[1352]. Les méthodes sont presque identiques au Nord comme au Sud : les tortures, les manipulations, les armes chimiques[1353], les chantages, les emprisonnements illégaux, les assassinats, les coups d'Etat, les faux et l'usage de faux, etc. L'on peut citer différents moyens de renseignement : les sources ouvertes (OSINT ou open sources intelligence), et les différentes formes de renseignement technique : SIGINT (ou signal intelligence) ; IMINT (ou imagery intelligent)[1354].

Les renseignements opèrent sans limite de l'imagination, ils créent des millionnaires. Ils transfèrent l'argent de l'espionnage technologique et scientifique de l'Est pour servir à créer des emplois à l'Ouest[1355].

Ils n'ont pas de tabou. Ils sont au paradis tout en étant avec les habitants de l'enfer. Ils recrutent dans les églises, dans la mafia, dans la prostitution, dans les élites comme dans les bras utiles à poser les bombes. Cette pratique séculaire des renseignements, notamment de la CIA. Fréderic CHARPIERl'indique en ces termes : (...) ses opérations secrètes (...) assassinats et tentatives d'assassinat, collusion avec la mafia, coups d'Etat au Chili, au Guatemala, en Iran, au Brésil, à Saint-Dominique ; fabrication de fausse monnaie, corruption des élites occidentales et du tiers-monde, formation d'escadron de la mort ; manipulation de groupes extrémistes de droite ; chantage, recrutement des chefs d'Etats (...), le défunt souverain hachémite Hussein contre un salaire mensuel de 100.000 dollars livré à domicile dans un attaché-case[1356].

Franck Daninos met en exergue la collaboration entre la CIA et les criminels nazis[1357]. L'inimaginaire n'est pas le renseignement. La CIA a aidé la mafia corse, elle a vendu des armes à l'Iran pour aider le Nicaragua, elle facilite la vente de la drogue en Californie[1358].

La manipulation mentale est une obsession dans le service de renseignements[1359].

Fréderic HARPIER note avec doigté les financements des services de renseignements au profit des organisations syndicales, des intellectuels, de la presse, des partis politiques, etc.[1360]

1352 Franck DANINOS, *op.cit*, p. 76.

1353 Gordon THOMAS, *Les armes secrètes de la CIA*, Nouveau Monde, Paris, 2006

1354 COOSEMANS Thierry, *op.cit*. pp. 55-56.

1355 OUGARTCHINSTEA Roumiana, *KGB et CIA. A l'assaut de l'Europe*, éditions Anne Carrière, Paris, 2005, pp.83-103.

1356 Fréderic CHARPIER, *La CIA en France, 60 ans d'ingérence dans les affaires française*, Seuil, France, 2008, p. 7.

1357 DANINOS Franck, *op.cit*, p. 120.

1358 THOMAS Gordon, *Le livre noir de la CIA*, Nouveau monde, Paris, 2007, pp. 29, 219, 239.

1359 THOMAS Gordon, *Histoire secrète du Mossad de 1951 à nos jours*, France, 2008, pp. 36-37.

La nécessité de renseignements (espionnage et contre espionnage) semble par moment justifier les coups fourrés. Gordon THOMAS note excellemment bien l'ambivalence des services de renseignements lorsqu'il affirme que toute nation démocratique a besoin des services secrets pour protéger ses intérêts. Par nature, aucun service secret ne peut fonctionner efficacement sans enfreindre, à un moment ou un autre, la loi des pays étrangers, voire de son propre pays, la décision de transgression étant l'affaire de contrôle et de responsabilité politique[1361].

Monsieur CASEY offre l'ultime réflexion sur l'importance du service de renseignements en affirmant que chaque pays produit les services secrets dont il a besoin. Si l'Amérique s'appuie surtout sur la technologie, c'est parce que nous cherchons plus à démasquer qu'à tirer les ficelles. Les Israéliens pensent autrement. Le Mossad, en particulier, considère que ses activités sont indispensables à la survie de son pays[1362].

La puissance de nuisance des services de renseignements ne constitue pas le monopole des régimes réactionnaires parfois inconscients du Sud, même le Nord s'inquiète de ce virus dont il ne peut se passer.

Dans un scénario romantique, la France est consciente du rôle de renseignements. Elu en dépit de préférence ouverte de la CIA à Giscard, François Mitterrand recevait et devait rassurer les américains de l'entrée au gouvernement des membres du Parti communiste. Il prononça le discours devant Ronald Reagan : « Je suis heureux que vous ayez vu dans cette élection démocratique le fruit de la persévérance (...), les droits de l'homme et de l'indépendance des nations »[1363].

La légitimité démocratique des services de renseignements apporte le bémol aux violations des droits de l'homme, au nom aussi de la guerre, comme celle de la guerre des civilisations, « *le terrorisme* », disait le Président George BUSH.

Pour comprendre le sens de la guerre entre les nations, entre les Etats, les religions, jour dit de flammés, le Président George BUSH prit l'option de vengeance quand il pouvait souligner : j'éprouvai d'abord un sentiment d'outrage. Quelqu'un avait osé attaquer l'Amérique. Ils allaient le payer. Puis je vis les visages des enfants devant moi. Je pensai au contraste entre la brutalité des agresseurs et l'innocence de ces enfants[1364].

[1360] CHARPIER Frédéric, *La CIA en France, 60 ans d'ingérence dans les affaires françaises*, Seuil, Paris, 2008, PP. 40 à 180.

[1361] THOMAS Gordon, *Le livre noir de la CIA, Nouveau Monde*, Paris, 2007, p. 23.

[1362] Gordon THOMAS, *Histoire secrète du Mossad de 1951 à nos jours*, Brussière, France, 2007, p. 42.

[1363] NOUZILLE Vincent, *Dans le secret des présidents, CIA, Maison-Blanche, Elysée : Les dossiers confidentiels*, 1981-2010, Fayard, Paris, 2010, pp. 22 – 23.

[1364] George W. BUSH, *Instants décisifs*, Plon, 2010, p. 137.

Les décisions prises devaient avoir le caractère de vengeance prophétisée telle que les méthodes dures d'interrogatoires renforcées « water-boarding », le TSP, les juridictions militaires[1365].

Lotti RAÏSSI ne pouvait que confirmer l'existence de ces méthodes dures des services de renseignements[1366].

Le monde ordinaire fête la fin de la guerre froide sans prendre en considération l'aggravation d'une autre guerre, la guerre économique qui oblige les services de renseignements à y consacrer plus de 60 % de leur budget. L'espionnage économique n'a pas d'allié[1367].

Le monde se réveille avec les révélations de l'ancien agent de la CIA, Edward Snowden, oubliant le fondement de « Patriot act » de renseignements américains.

Dans son temps plus vulnérable, Edward Snowden se livre aux ennemis de l'Amérique qui l'accueillent, pas par amour, mais par concurrence. La Chine l'accueille pour lui tirer les vers du nez, après c'est la Russie[1368]. L'Equateur peut-être aura le malheur de gérer le citron déjà pressé, il apprendra à gérer son cadavre dans le placard, s'il recevait l'ex-agent.

Les hommes qui servent dans les renseignements, au mieux les dirigeants, sont des nationalistes qui comprennent les enjeux de l'Etat-Nation, les enjeux de la guerre permanente entre les Etats. D'ailleurs, la droite a toujours critiqué la gauche de ne pas être capable dans le domaine de sécurité. Le Président George Bush n'en dit pas moins en soutenant que la réaction de la gauche fut hystérique au sujet de *« Patriot act »*[1369].

Les chefs de services de renseignements viennent souvent de la droite même si l'on peut affirmer que les postes sont apolitiques. George Bush père fut apolitique comme directeur de la CIA, il devient Président avec la couleur de la droite pure. Le Président George Bush junior peint son idéologue de façon certaine « Karl Rove était comme un savant fou de la scène politique, drôle, intelligent, débordant d'énergie et d'idées »[1370].

L'appartenance politique des dirigeants et des agents aggravent parfois et inutilement les horreurs des services de renseignements. Le chef de l'Etat est l'homme le plus informé de la nation, et le Président Nicolas Sarkozy de conclure, celui qui décide.

[1365] Idem, pp. 179-187.

[1366] RAÏSSI Lotti, *Le 20è Kamikaze n'a jamais existé. Histoire d'une manipulation des services secrets américains et anglais*, éditions Jacob-Duverner, 2011.

[1367] KABANDA MATANDA Boniface, *Echec de politique sectorielle fondée sur les exonérations fiscales et parafiscales en matière des investissements, Appel à la globalisation des politiques, cas de la RD Congo*, Thèse de doctorat soutenue le 25 mars 2011, Université de Nice Sophia Antipolis.

[1368] Dans sa fuite des Etats-Unis à la quête d'asile politique.

[1369] George W. BUSH, *op.cit*, p. 185.

[1370] George W. BUSH, *op.cit*, pp. 330-331.

Les renseignements du Sud se focalisent bien plus sur la pérennisation de l'homme au pouvoir. Ils se spécialisent avec presque les mêmes méthodes.

Un consensus se dégage comme le disait un professeur de droit que tout pouvoir tue. Certainement, les services de renseignements ne sont pas des enfants de cœur. La boite de pandore est un océan de secrets, il ne faut pas l'ouvrir. Il faut faire comme le singe de Mons en préservant le caractère secret des services de renseignements.

En vue d'atteindre cet objectif sans lequel le renseignement ne serait efficace, le chef suprême bénéficie de l'immunité. La nation décrète et lui accorde l'irresponsabilité pénale[1371]. Il détient le pouvoir de grâce et d'amnistie, de commuer ou réduire les peines pour principalement les coauteurs de renseignements.

Ces mesures de protection des dirigeants politiques et administratifs n'apparaissent pas suffisantes face à certains magistrats qui aimeraient fouiner le nez partout.

Pour protéger le corps, le régime du secret de défense s'en occupe[1372]et cela ne date pas d'aujourd'hui[1373].

D. Le secret de défense, justification démocratique face à l'indépendance de l'office du juge

Le secret de défense et l'indépendance de l'office du juge constituent la nécessité démocratique qui s'ignorent et provoquent parfois des conflits institutionnels graves.

Le juge d'instruction, Marc Trévidic, fournit l'exemple français de la compétence de la direction générale de la sécurité extérieure, placée sous l'autorité hiérarchique du Ministère de la Défense à classer l'information sous le sceau de secret de défense. Elle n'a pas d'activité de police judiciaire ni ne peut se voir confier une enquête judiciaire[1374].

En effet, le juge est le gardien des promesses[1375], il est ainsi le garant des libertés individuelles et des droits fondamentaux[1376]. James Madison ne se trompa pas en affirmant que la déclaration des droits protégerait les individus des abus d'une majorité et les tribunaux de justice indépendants se considéreront tout particulièrement comme les gardiens de ces droits ; ils

---

[1371] Le statut pénal du chef de l'Etat.

[1372] Article 413-9 à 413-12, code pénal, PELLETIER Hervé et PERFETTI Jean, *code pénal*, Litec, Paris, 2004, p. 287.

[1373] France depuis la convention du 16 juin 1793 et le code pénal de 1810 punissant de mort l'espionnage puis l'intelligence avec une puissance étrangère

[1374] TREVIDIC Marc, *op.cit*, p. 244.

[1375] GARAPON Antoine, *Le gardien des promesses, justice et démocratie*, Odile Jacob, Paris, 1996.

[1376] Article 150 de la Constitution congolaise de 2006, Journal officiel, 47è année, Numéro spécial, 20 juin 2006, p. 33.

seront un rempart impénétrable contre toute appropriation du pouvoir par le corps législatif ou exécutif ; ils seront naturellement conduits à résister contre tout empiétement sur les droits expressément stipulés dans la constitution par la déclaration des droits »[1377].

Beaucoup d'Etats démocratiques reconnaissent ce rôle au juge qui parfois en abuse ou en détourne la finalité.

Certains magistrats sont devenus populistes[1378] et aiment les affaires médiatiques. Airy Routier épingle le magistrat comme Philippe Courroye, un de ces juges populistes et médiatiques, par la célèbre phrase lui prêtée au pôle financier : *« Y'a-t-il un ministre au bout ? »*.

Mr Jean Claude MARIN, Avocat Général près la cour de cassation ne nie pas que le pôle financier permette aux magistrats de cibler des affaires importantes[1379].

Les procédures engagées aux Etats-Unis et en France contre Monsieur Dominique Strauss Khan ne manquent pas non plus de populisme magistral[1380] qui est par ailleurs un abus des magistrats que Jacques MEDECINn'a pas hésité de faire observer[1381].

C'est au nom de l'abus d'indépendance que certaines décisions de justice sont négativement critiquées.

Le respect des droits de la défense est essentiellement l'état d'esprit du magistrat ou de l'auxiliaire de justice qui résout un conflit ou en propose la solution, non sur la base d'un préjugé partial et partisan mais de manière aussi impartiale que possible et totalement indépendante[1382].

L'indépendance du juge, disent Loïc CADIET et ses collègues, est sans doute la clef de son éthique professionnelle, car c'est la condition de la justice, distance nécessaire à la légitimité et à l'efficacité de l'acte de juger. Encore faut-il que cette indépendance ne soit pas seulement une créance du juge à l'égard du pouvoir politique, mais qu'elle crée aussi, en contrepartie, une dette du juge à l'égard de l'Etat de droit. Gravitent alors, autour de ce noyau dur, le respect du justiciable, quel qu'il soit, le respect de la contradiction, la prudence de jugement, l'acceptation de sa propre responsabilité[1383].

Le Président Nicolas Sarkozy ne trouva-t-il pas que la justice est trop clémente avec les criminels que les victimes, d'où la fameuse politiques de

---

[1377] MADISON James cité par BREYER Stephen, *op.cit*, p. 37.
[1378] GARAPON Antoine, *op.cit*, p. 61.
[1379] GRULSAMER Laurent et SCHNEIDERMANN Daniel, *op.cit*, p. 277.
[1380] Surtout de la part du Procureur de New-York.
[1381] Jacques MEDECIN, *op.cit*, p. 23.
[1382] Les droits de la défense, p. 104.
[1383] CADIET Loïc, NORMAND Jacques et AMRANI MEKKI Saraya, *Théorie générale du procès*, PUF, Paris, 2010, p. 70.

tolérance zéro [1384] pour avouer enfin que l'indépendance, ce n'est pas l'hostilité, ce n'est pas la haine[1385].

L'Etat de droit prescrit les limites pour tout pouvoir auxquelles chaque autorité doit obéir. Si la justice rappelle à l'exécutif le respect de son indépendance, elle doit aussi respecter les principes constitutionnels établis en faveur de l'exécutif pour l'intérêt général.

En dépit de ces incompréhensions entre la justice et l'exécutif, de tout le temps, les règles démocratiques et universellement admises établissent les limites du secret de défense.

Le code pénal français détermine les atteintes au secret de la défense nationale en son article 413-9 en stipulant qu'ils

> Présentent un caractère de secret national au sens de la présente section les renseignements, procédés, objets, documents, données informatisées ou fichiers intéressant la défense nationale qui ont fait l'objet de mesures de protection destinées à restreindre la diffusion (…)[1386].

De nombreuses procédures judiciaires se heurtent à la problématique de secret de défense suivant le bon vouloir des autorités exécutives, juges et parties, la justice devenant ainsi une sorte de seconde opportunité pour l'exécutif dans l'intérêt supposé du secret de l'Etat comme toute personne qui a une vie privée à respecter. L'être humain a besoin du parfum mais l'on ne parfume pas tout son corps. L'Etat a aussi une partie qui pue que l'on devrait garder secrete.

E. La justice, seconde opportunité de l'exécutif

Lorsqu'un cas grave survient sur le territoire d'un état et parfois aussi à l'étranger, la justice enquête sur les faits. Il arrive que cette enquête se réalise concomitamment avec celle des services de renseignements.

La collaboration n'est toujours pas à l'ordre du jour. Les intérêts de l'Etat ne sont pas les mêmes que ceux des parties civiles. L'opportunité administrative pour l'exécutif diffère parfois de l'obsession judiciaire à juger. L'obsession magistrale est l'identification des suspects, réunir vite les charges et les présenter devant le juge pour obtenir leur condamnation.

Cette vision aisée et simpliste de la justice n'est toujours pas celle des renseignements. Ceux-ci évaluent les implications sécuritaires, politiques, juridiques, économiques et sociales, sans oublier la coopération comme l'affaire Ben Barka[1387], l'assassinat du Président Kennedy et du Premier

[1384] MOISAN Dorothée, *Le justicier : enquête sur un président au-dessus des lois*, les éditions du moment, Paris, 2010, p. 27.

[1385] Airy ROUTIER, *op.cit*, p. 24.

[1386] PELLETIER Hervé et PERFETTI Jean, *Code pénal*, Litec, Paris, 2005, p. 287.

[1387] BROUSSARD Philippe et PONTAUT Jean Marie, *Les grandes affaires de la Vème République*, l'Express, Paris, 2011, p. 54.

Ministre Patrice Emery Lumumba. Bref, c'est l'évaluation des intérêts majeurs de l'Etat. Cette vision des choses ne rencontre pas celle des victimes qui veulent connaitre la vérité, toute la vérité même si elle peut les prendre en otage car toute vérité ne libère pas.

Lorsque la vérité que cherchent les victimes peut mettre gravement en danger l'Etat, la nation, le centre du pouvoir, la justice devient un danger pour l'exécutif surtout lorsque les coups ont été planifiés et autorisés par le sommet de l'Etat[1388].

Même lorsque les coups ne seraient pas l'œuvre des barbouzes, ceux-ci font leur propre enquête indépendante de la justice.

Il y a lieu de noter généralement que les gens de renseignements sont plus passionnés que ceux de la justice. Le professionnalisme en haut lieu a toujours été leur caractéristique. Souvent et par erreur on qualifie les hommes de renseignements comme n'ayant pas de foi. Ils ont la foi dans les renseignements, leur passion, leur maison. Ils se mettent et mettent à la disposition du service pas de la même manière que les magistrats, leur charme, leur vie. Ils exposent leur famille. Ils savent manier la douceur et la méchanceté. Ils savent prendre des risques[1389], et ce parfois jusqu'au martyrs.

En plus de ce moyen, en personnel de grande qualité, les moyens matériels font la différence. Les services des renseignements détiennent généralement la technologie de pointe plus que la justice. Dès qu'ils passent au niveau supérieur, l'ancienne technologie est remise au commun des mortels, notamment à la justice.

Sur le chemin de la recherche de la vérité, la justice a des moyens très limités mais les renseignements ont la légalité et l'illégalité à leur service. Cette avance considérable fait que la justice ne peut que poursuivre la vérité judiciaire et non la vérité vraie, objectif des renseignements.

Le renseignement a un autre atout qui dépasse le judiciaire, celui des réseaux. Comme la toile d'araignée, Gordon Thomas la déroule pour le Mossad en soutenant qu'

> Il n'y a pas une ville au monde où ils n'aient leurs contacts, souvent tissés par Ben MUSARTRE du temps où lui-même était un acteur de poids sur la scène de l'espionnage israélien. Ses collaborateurs et lui se tiennent constamment informés de l'évolution des alliances politiques, aussi mouvantes soient-elles et ils sont souvent en mesure de prévoir quel gouvernement du tiers-monde va tomber et quel autre va le remplacer[1390].

[1388] Assassinat de Martin Luther King, de Patrice Emery Lumumba.

[1389] Josué 2: 1 – 24.

[1390] THOMAS Gordon, *op.cit*, p. 13.

Les services de renseignements ont des traits communs, comme une certaine façon de faire, de penser et des moyens d'agir qui reflètent l'histoire et la culture de leurs pays[1391].

C'est ce différentiel des méthodes et de but ou de finalité qui est source de tensions entre ces deux pouvoirs (le juge et l'exécutif).

Ayant les voies et moyens différents dans la recherche des vérités différentes, les polémiques entre l'exécutif et la justice sont monnaie courante. Le Président Nicolas Sarkozy trouva les mots qui résument cette querelle : *« Notre justice, trop clémente avec les délinquants, trop dure avec les innocents, trop distante avec les victimes »*[1392]. L'exécutif s'inscrit dans la logique de l'intérêt général comme la justice. Toutefois, l'intérêt général de la justice paraît restrictif par rapport à la notion du contrat judiciaire, *« Les parties au procès »*.

Les incompréhensions entre l'exécutif et le judiciaire justifient la quête du pouvoir politique d'organiser ses juridictions en vue d'atteindre ses buts légaux ou détournés. C'est le cas de juridictions policées.

1. Les juridictions policées

Au regard du double statut des juges militaires, les réserves sont souvent émises quant à leur indépendance. Il en est de même pour les juridictions des vainqueurs instituées uniquement pour les vaincus comme le tribunal de Nuremberg en Allemagne.

Après avoir qualifié la cour suprême de justice des Etats-Unis de militantisme judiciaire, en rapport avec les méthodes interrogatoires de la CIA, le Président George Bush donna sa préférence et la sauvegarde des mesures décriées en ces termes :

> Tout comme les fuites concernant le TSP, la décision de la cour suprême nous montra clairement qu'il était temps de graver le système des tribunaux militaires et le programme d'interrogatoire de la CIA dans le marbre de la loi[1393].

Comme disait François Mitterrand, l'homme politique avec le soutien populaire, peut tout faire. Le Président George Bush en avait et obtint du congrès l'adoption du Military commission act de 2006. En toute honnêteté il présente les inquiétudes du camp opposé à cette loi: « cette loi transforme le Président en véritable dictateur, s'exclama un parlementaire. D'autres

---

[1391] DANINOS Franck, *CIA : une histoire politique, 1947 – 2007*, Tallandier, Paris, 2007, p. 423.

[1392] MOISAN Dorothée, *Le justicier : enquête sur un président au-dessus des lois*, édition du moment, Paris, 2010, p. 25.

[1393] George W. Bush, *Instants décisifs*, Plon, New-York, 2010, p. 187.

comparent l'attitude de nos soldats et des professionnels de la CIA à celle des talibans et de Saddam Hussein »[1394].

Les juridictions policées, « *militaires* », sont composées des soldats. Leur formation, à la différence de celle de la police, commande l'élimination de la cible. En d'autres mots, les juridictions militaires appuient les forces combattantes à anéantir l'ennemi devenu justiciable, *« le combattant »*.

Liées au contexte de guerre, les noms même de juridictions militaires sont révélateurs : conseil de guerre de police ; conseil de guerre de région ; conseil de guerre opérationnelle ; conseil de guerre général[1395].

Les juridictions militaires sont intimement liées au contexte de l'armée que l'exécutif a la charge souveraine de déterminer l'ennemi et d'engager la guerre[1396].

C'est aussi à ce titre que le Général LIKULIA BOLONGO développe l'obligation de siège dans le chef du juge militaire, celle d'assurer une bonne administration de la justice et sauvegarder les impératifs de la défense nationale tout en garantissant les libertés individuelles. Le législateur a érigé en infraction le fait de refuser de siéger comme membre du conseil de guerre[1397].

Dans un contexte de guerre, c'est la responsabilité collective et non individuelle que recherche le tribunal militaire. La responsabilité collective découle même de la philosophie de la conception de la guerre dite de terrorisme, *« La guerre des civilisations »*, le choc des civilisations, c'est le loup et l'agneau de la Fontaine.

L'association islam radical et terrorisme est révélatrice[1398] quant à ce.

Les juridictions militaires sont très expéditives en apparence, elles donnent l'impression de respecter le principe directeur du procès équitable : « Le temps raisonnable »[1399].

Le Professeur Bernard ASSO rappelle le souhait de l'ancien directeur DE MARENCHES qui préférait le recrutement des militaires que des civils en soutenant que les militaires sont des gens taillables et corvéables à merci (...), ils sont d'un dévouement absolu (...). Dans le cas où l'on veut se défaire de quelqu'un, un militaire ne pose aucun problème (...). On le remet à la disposition de son chef. Remercier un fonctionnaire civil est plus

---

[1394] Idem, p. 187.

[1395] Général LIKULIA BOLONGO, *Droit pénal militaire zaïrois*, Tome 1, L.G.D.J., Paris, 1977, pp. 27 à 53.

[1396] Le régime de déclaration de guerre

[1397] Général LIKULIA BOLONGO, *Droit pénal militaire*, *op.cit.*p. 5.

[1398] VALLAR Christian, *Terrorisme*, Master 2, sécurité intérieure, université de Nice Sophia Antipolis, 2006.

[1399] Article préliminaire du code de procédure pénale français; article 6 de la convention européenne de sauvegarde des droits de l'homme.

compliqué (…). Les gens de mon cabinet négocient avec des ministres ou des services pour qu'ils veuillent bien prendre l'indésirable[1400].

En temps de guerre, le droit se tait, dit-on. Que reste-t-il des juridictions militaires si ce n'est que le rôle de la continuité de la guerre.

Mr Stephen Breyer, juge à la cour suprême des Etats-Unis, ne se trompe pas de la justice militaire quand il pouvait signer entre autres que

> si nous accordons le plus grand respect et la plus grande considération aux jugements des autorités militaires dans les affaires relatives à la conduite de la guerre, et si nous reconnaissons que ce pouvoir discrétionnaire doit être nécessairement entendu, les cours, en exerçant le rôle qui est le leur, et que leur confèrent la tradition et la constitution, à savoir d'examiner et de résoudre les litiges qui leur sont soumis ici, ne portent pas atteinte au rôle essentiel des armées[1401].

Le tribunal indépendant et impartial doit faire bénéficier du doute raisonnable à l'accusé. Alors l'office du juge est appelé à éviter le doute sceptique, dit pyrrhonien, car il conduit à la négation de la justice[1402].

La célérité excessive est contraire à l'esprit même du délai raisonnable car les juridictions militaires consentent très rarement à la défense le temps nécessaire à l'étude des dossiers au greffe en vue d'assurer le contradictoire. Surtout, il n'y a pas d'égalité entre parties à l'instance. Les juges et le Ministère Public sont des militaires, ils ont les bureaux au palais et entrent ensemble à l'audience. Le Ministère Public a souvent plus de temps de parole que la défense en dépit qu'il a eu tout le temps de réunir les preuves à sa guise, et ce pour déterminer librement le temps de fixer l'affaire devant la juridiction compétente. Sauf pour le Président de chambre, le Ministère Public est plus gradé que les autres membres de la composition, d'où la tentative de l'esprit caporaliste de l'arbitre.

La défense doit accéder au dossier et, pour ce faire, il faut avoir le temps nécessaire pour préparer la défense. Les tribunaux militaires entretiennent souvent le décor théâtral même pour une simple remise aux fins d'accéder au dossier judiciaire.

Combien de fois les avocats souvent commis d'office retirent leur comparution afin de laisser la messe être dite ?

Les anglo-saxons ont institué le régime de délai butoir pour chaque phase de procédure suivant le principe de la *Common Law*: *« Justice delayed is justice denied »* (justice retardée est justice déniée)[1403].

Les juridictions militaires souhaitées ou préférées par l'exécutif sont animées d'esprit caporaliste, leur indépendance et leur impartialité sont

---

[1400] ASSO Bernard, *Réflexions sur l'évolution des services de renseignement français*, Master 2, sécurité intérieure, université Nice Sophia Antipolis, 2006, p. 31.

[1401] BREYER Stephen, *op.cit*, p. 282.

[1402] Le doute est défini comme un état d'incertitude de l'esprit, Loïc CADIET, *Dictionnaire de la justice*, PUF, Paris, 2004, p. 352.

[1403] INCHAUSPE Dominique, *L'erreur judiciaire*, PUF, Paris, 2010, p. 10.

douteuses d'autant plus que les magistrats occupant une juridiction policée ne peuvent qu'être de la même nature.

2. *Les magistrats policés*

Les magistrats sont apolitiques, mais ils ne manquent pas d'idées politiques. Airy Routier pouvait ainsi indiquer la couleur politique de Philippe COURROYE en disant qu' *« A fortiori, il vit l'élection de François Mitterrand, en 1981, comme un traumatisme. Son ancrage à droite lui vient de son éducation, de ses convictions »*[1404].

Didier VEILLON rappelle dans le même ordre d'idées l'engagement dans le parti patriote dès 1789 du Procureur Général Bera et du Magistrat Morisson[1405]. Le recrutement des magistrats par les services des renseignements est incontestable.

Le Président George W. Bush abonde dans le même sens lorsqu'il écrit que « les juristes de la CIA, inquiets, ont commencé à se demander si leurs agents chargés de mener les interrogatoires ne risquaient pas tout à coup d'être poursuivis en justice »[1406]. Jean Louis DEBRE, président du conseil constitutionnel français, pouvait rappeler l'histoire conflictuelle de rapport entre la politique et la justice. Il y trouvait la constance : à droite comme à gauche de ne pas discuter les faits qui leur sont reprochés.

A titre d'exemple, il rappelle les écrits de Balzac et de Beaumarchais, le premier affirmait que l'on n'a pas de droit de détruire la justice. L'on détruit la justice, c'est le début de l'anarchie. Et le second de souligner qu'on a 48 heures pour maudire ses juges et après on s'arrête[1407].

Tocqueville trouve dans la justice un des deux moyens à la disposition du gouvernement pour vaincre les résistances des gouvernés : la force maternelle qui se trouve en eux-mêmes, la force morale que leur prêtent les arrêts des tribunaux que la guerre pour faire obéir à ses lois serait bien près de la ruine[1408].

L'intérêt d'infiltrer la justice par le renseignement est dicté par les actes infractionnels que commettent ses agents en exercice légal de leurs activités. Le Président Ford n'avait-t-il pas eu peur, justifiée du reste, que les parlementaires puissent découvrir les assassinats de la CIA[1409].

[1404] ROUTIER Airy, *op.cit*, p. 36.

[1405] VEILLON Didier, *Magistrat au 19ème siècle, en Charente-Maritime-Deux-Sevres, Vennie et Venrée*, Geste éditions, 2001, p. 70.

[1406] George W. BUSH, *op.cit*, p. 187.

[1407] http://www.le Monde. Fr/politique /article/2014/07/04/jean-louis_debre-a-sarkozy-on-ne. Consulté le 04 juillet 2014.

[1408] René-Jean DUPUY, préface à Robert CHARVIN, *Justice et politique, évolution de leurs rapports*, 2ème édition, L'hermes, 2003, p VIII.

[1409] DANINOS Franck, La CIA, *une histoire politique, 1947-2007*, Taillandier, Paris, 2007, p. 239.

Le contexte infractionnel est bien donné par le Directeur James Woolsey en affirmant que « nous avons combattu un gros dragon pendant quarante cinq ans. Nous l'avons tué, puis nous nous sommes retrouvés dans une jungle pleine de serpents venimeux »[1410].

Et le Président Clinton comme Woolsey de constater la mauvaise image de la CIA quand il affirme qu' « Elle traine derrière elle un fort parfum de scandale »[1411]. Ce parfum de scandale n'est pas le monopole de la CIA, il est le trait commun de tous les services de renseignements[1412].

Par conséquent, comme l'indique le Professeur Bernard ASSO,les magistrats sont aujourd'hui une cible d'accompagnement d'une stratégie de désinformation. Pénétrer ce milieu permet d'avoir des alliés dans la bataille. C'est une place importante du monde des référents[1413].

Le secret de défense des activités de renseignements ne saurait assurer l'impunité à ses agents, face au cortège de commission systématique des faits infractionnels en tout temps, d'où la nécessité d'infiltrer la justice.

Le souci d'assurer l'impunité aux agents de renseignements ne constitue pas le seul motif d'infiltration de la justice, il y a aussi l'intérêt de gestion quotidienne de la sécurité des citoyens. Dès qu'il y a un crime épouvantable, horrible, le gouvernement doit se montrer apte à gérer les événements et l'émotion populaire. D'ailleurs, dès la commission des faits, les gouvernants font des déclarations suivant lesquelles les criminels seront arrêtés et subiront toute la rigueur de la loi. Où est l'indépendance de la magistrature ? Où est la présomption d'innocence ?

Par la politique de carotte et de bâton, le gouvernement a, par la police de renseignements, un stock d'informations sur les crimes anciens et les identités des suspects. Il doit faire sortir un suspect qui correspond au profil du crime actuel pour apaiser la foule. La machine de fabrication des preuves sera mise en marche et il faut associer la magistrature et le média à ce jeu théâtral.

L'objectif principal et immédiat de l'exécutif est de présenter vite un coupable même s'il sera libéré plus tard, au moins on aura géré l'opinion publique. L'exemple de Jack l'éventreur au Royaume-Uni[1414] est plus que parlant.

Maître Devedjian situe l'origine des erreurs judiciaires en signalant que « L'enquête préliminaire est généralement la source de toutes les erreurs

---

[1410] Idem, p. 325, THOMAS Gordon, *Les armes secrètes de la CIA*, édition Nouveau Monde, 2006 ; THOMAS Gordon, *Histoire secrète du Mossad de 1951 à nos jours*, Bussière, France, 2008.

[1411] Ibidem, p. 331.

[1412] C'est une règle de tout service de renseignement de trainer un passé criminel

[1413] ASSO Bernard, *Information et désinformation*, Master 2, sécurité intérieure, université de Nice Sophia Antipolis, 2006, p. 38.

[1414] VERGES Jacques, *Justice et littérature*, PUF, Paris, 2011, p. 37.

judiciaires parce que c'est le moment où l'émotion est à son comble et les préjugés les plus forts »[1415].

Comparant l'erreur judiciaire à la française et à l'anglo-saxonne, Dominique Inchauspé affirme qu'en France l'erreur judiciaire réside dans l'abus de la détention provisoire et, au Royaume-Uni, c'est la condamnation définitive[1416].

Par contre, en République Démocratique du Congo, le régime est mixte.

L'opinion publique doit être gérée par le pouvoir qui veut une réponse de fermeté à la commission de crimes.

Mr. Stephen BREYER indique qu'au cours des années qui suivirent les attentats du 11 septembre 2001, les forces américaines et alliées ont capturé et passé au crible plus de 10.000 membres présumés d'Al-Qaïda ou du régime des Talibans. Elles ont envoyé 750 de ces individus sur la base navale américaine de Guantanamo[1417].

Les services de renseignements ont collecté beaucoup de données après le 11 septembre. L'histoire fera le reste[1418].

Depuis que le crime infecte toutes les couches sociales et surtout qu'il devient un moyen d'enrichissement[1419], le juge majestueux commence à s'effacer face au poids des parties, de l'opinion publique, et ce pour les richesses qui sont en jeu dans le procès[1420].

Au regard du professionnalisme du crime et de son affectation de toutes les couches sociales des citoyens, les instruments légaux de la justice deviennent très inefficaces à réunir les preuves et identifier les suspects pour le jugement.

Le professionnalisme du crime conduit au détournement des principes judiciaires en vue d'assurer l'impunité. Avant de passer à l'acte criminel, l'association criminelle multidisciplinaire passe à l'évaluation des moyens à utiliser pour atteindre la finalité criminelle, mais aussi éviter la condamnation par la justice. C'est comme la conclusion d'un marché entre les sociétés qui mettent dans l'acte conventionnel les solutions possibles des différends éventuels d'une part et, d'autre, le choix des juridictions qui n'auront que la compétence de respecter la volonté des parties. Face à la professionnalisation et de la dangerosité du crime, la police judiciaire aux moyens très limités, semble être guidée par le renseignement. Fréderic Le

---

1415 DEVEDJIAN cité par VERGES Jacques, *op.cit*, p. 71.

1416 INCHAUSPE Dominique, *L'erreur judiciaire*, PUF, 2010, p. 459.

1417 BREYER Stephen, *La cour suprême, l'Amérique et son histoire*, Odile Jacob, Paris, 2010, p. 272.

1418 RAÏSSI Lotti, *op.cit*, p. 33.

1419 Le blanchiment des capitaux, la contrefaçon industrielle et commerciale, la corruption etc.

1420 L'attribut du juge de tout trancher dans la société.

mieux souligne que le renseignement criminel possède des finalités stratégiques et tactiques qui sont à la fois distinctes et complémentaires[1421].

La séparation des pouvoirs demeure un principe de fonctionnement d'une République, elle peut être souple ou rigide[1422] et, partant, un simple trompe-œil.

La République étant une grande société dont le but est la sûreté commune[1423], les renseignements viennent en appui de la justice qui est le purgatoire de sanctification des moyens utilisés.

La Cour pénale internationale constitue un modèle de mélange entre le renseignement et la justice[1424]. Le mariage renseignement et judiciaire ne peut être remis en cause dans la lutte contre le terrorisme[1425].

La collaboration entre le renseignement et la justice se révèle dans l'arrestation d'Adolf Eichmann en Argentine, à Buenos-Aires, le 11 mai 1960 par les services de Mossad. Il fut jugé, condamné et exécuté le 31 mai 1962[1426]. Adolf Eichmann avait un passé scandaleux pour avoir été responsable des affaires juives pour la Gestapo et avoir travaillé après pour la CIA[1427].

L'arrestation de Nelson MANDELA a été rendue possible par la CIA,de même la localisation du Président Kadhafi, l'information transmise aussitôt à la France.

Ces deux enfants qui s'aiment longtemps mais dans l'apparence querelleuse font parfois le consensus, pratique séculaire du renseignement, la justice légalise progressivement la pratique sans couverture ni infiltration au sein des groupes criminels.

René Lévy analyse la question de l'infiltration policière quin'est pas anodine.Longtemps associées à la haute police et à la raison d'Etat, les pratiques policières occultes, telles que l'infiltration et la provocation font désormais partie de l'arsenal légal de la police judicaire[1428].

Une des manières efficaces de lutter contre la criminalité professionnelle, intelligente, riche et ayant des ramifications à tous les niveaux est la collaboration entre les services nationaux dans la mondialisation.

1421 Fréderic Lemieux, Les polices guidées par le renseignement : intérêt et limites d'un nouveau modèle in Polices et politiques de sécurité concilier efficacité et respect des libertés n° 972, Mai 2010, La documentation française, P. 52

1422 KATAMBWA MUTOMBO Willy, *Qu'est-ce qu'une république ?*, Cetrom TS, Kishasa, 2010, p. 34.

1423 Idem, p. 11.

1424 Articles 56 et 72 de la convention adoptée à Rome

1425 TREVIDEC Marc, *Au cœur de l'antiterrorisme*, JC Lattès, France, 2011, p. 194.

1426 THOMAS Gordon, *Histoire secrète du Mossad de 1951 à nos jours*, Bussière, France, 2008, pp. 107 à 114.

1427 DANINOS Franck, *op.cit*, p. 119.

1428 LEVY René, « Légalisation progressive de la pratique, sous couverture de l'infiltration des groupes criminels », in *Police et politique de sécurité*, *loc.cit.*, p. 66.

Parce que la justice est propriété de la loi, le renseignement s'en sert également pour détourner l'office du juge, par exemple, des actes authentiques faisant foi sur lesquels le juge fondera sa décision.

Il est toujours sceptique de croire qu'il y a une République des juges comme Jacques MEDECIN l'écrit[1429]. Dans une salle de 6 m sur 6 m, avec quelques bancs poussiéreux, parfois mal éclairée, tout petit royaume du souverain juge, plus petit que celui du Vatican, le maitre de lieu exerce toute sa souveraineté sur deux petits hommes, mal nourris, mal habillés et coiffés, non parfumés, voilà son peuple habituel.

Après le service sacré, le dieu juge redevient homme vulnérable lorsqu'il quitte son royaume. Il est sujet d'autres souverains, notamment les renseignements, le pouvoir financier, le grand banditisme, le pouvoir tyran, etc.

Pour influencer la justice, les services de renseignements recourent parfois aux juristes. A titre indicatif, on peut citer le père spirituel de la CIA, Wild Bill Donovan à qui Franck Daninos consacre cet extrait : « Né en 1883 à Buffalo, dans l'Etat de New-York, Donovan est issu de la seconde génération d'immigrés catholiques Irlandais, il fait ses études à l'Université de Columbia, où il obtient son diplôme d'avocat »[1430]

Tout pouvoir veut contrôler la justice, notamment par le régime de nomination et d'affectation.

Le vedettariat constitue un appât pour les magistrats en quête de la publicité, ils sont récrutables par le renseignement pour l'accompagner dans sa stratégie de la désinformation[1431].

Face à des pressions externes sur l'office du juge, celui-ci doit s'appuyer sur l'esprit du corps et des syndicats.

Le magistrat peut connaître le chantage des services de renseignements à partir de sa vie tumultueuse ou celle de sa famille. C'est le cas du Président du tribunal Marennes qui avait contracté une alliance déshonorante en 1825 en épousant secrètement une fille de mauvaise vie. Le Procureur Général Mangin rapporta la preuve le 18 mars 1825 comme il ressort du texte ci-dessous :

> « Le magistrat fut battu par son épouse. Après renseignements, la dame avait vécu avec Monsieur Lanzanna d'origine étrangère qui a disparu subitement vers l'année 1804 ou 1805. Après, elle noua la liaison avec un administrateur des messageries (...). A en croire le préfet de police, Goubeau de la Bilennerie,le magistrat était parfaitement au courant des frasques de sa femme quand il l'épousa »[1432].

[1429] MEDECIN Jacques, *La République des juges*, Hachette Carrère, 1996.

[1430] DANINOS Franck, *op.cit*, p. 26.

[1431] ASSO Bernard, *op.cit*, p. 38.

[1432] VEILLON Didier, *op.cit*, p. 245.

Comme filet de pèche, le sens même des renseignements généraux, presque une police politique, l'exécutif est informé sur tout mouvement de nature à porter atteinte à l'Etat. De ce fait, les gens de la justice sont la cible.

En somme, Christophe BARBIER, directeur de rédaction de l'Express, note le principe séculaire suivant : le pouvoir aime le secret de droite ou de gauche, à l'ère technologique comme au temps des lettres de cachet. Les puissants essayent de cacher ces desseins que le peuple ne saurait voir. Et les plus ardents partisans, dans l'opposition, dans la transparence, deviennent les zélateurs de l'édredon dès qu'ils entrent dans le palais de la République[1433].

Pour autant que le monde a des dirigeants humains dotés d'éternels sentiments, loin de la robotisation, avec une justice qui veut tout trancher, les interactions seront toujours à la une.

§ 3. Richesse et pouvoir consolidés par l'injustice du Palais

Dans la typologie juridique moderne des régimes politiques, le Professeur Maurice DUVERGER constate malheureusement une idée qui a traversé près de 25 siècles et ne s'efface pas facilement. Désormais, écrit-t-il, le nombre des gouvernants - un seul, quelques-uns, ou tous – est considéré comme un phénomène illusoire. Même dans la monarchie ou le despotisme, il n'y a pas qu'un seul homme au pouvoir ; une équipe et une administration sont à ses côtés, avec lesquelles ses rapports sont plus ou moins complexes[1434].

Le Président Nicolas Sarkozy y souscrit lorsqu'il affirme que dans l'exercice du pouvoir, il n'y a au fond que deux choses difficiles à faire, mais pour le coup, elles le sont vraiment. La première consiste précisément à ne pas se tromper dans le choix de ses collaborateurs (…). Voilà sans doute la tâche la plus ardue (…), savoir dénicher l'oiseau rare[1435].

Les collaborateurs demeureront hommes, justiciables potentiels au pénal tout comme au civil. La justice enrichit, elle appauvrit aussi mais à l'ère où elle se comporte comme un jeu de loterie, simple frais de consignation, l'on devient millionnaire. Les intérêts immobiliers sont reconnus à un justiciable politique par abus du pouvoir de la justice. Il faut assurer aux collaborateurs l'impunité, toute démocratique par un système de maquillage ou de conformisme de procédure judiciaire.

[1433] BARBIER Christophe, cité par BROUSSARD Philippe et POUTANT Jean-Marie, *Les grandes affaires de la Vème République*, Express, Paris, 2010, p. 9.

[1434] DUVERGER Maurice, Introduction à une sociologie des régimes politiques, in *Traité de sociologie*, PUF, Paris, 2007, p. 783.

[1435] MOISAN Dorothée, *Le justicier : enquête sur un président au-dessus des lois, Editions du moment*, Paris, 2010, p. 37.

Pour atteindre le but, l'exécutif doit avoir ses passerelles. Le choix des collaborateurs du Président Nicolas Sarkozy peut-il être révélateur à propos ?

1) Yves Bot :
   - ancien Vice-président de l'association professionnelle des magistrats ;
   - nommé procureur de Nanterre compte du conseil supérieur de la magistrature.
2) Philippe Courroye
3) Patrick Anart poursuivi jadis à Bruxelles pour espionnage informatique, considéré comme un homme de réseau et a la réputation d'être une tombe fut nommé conseiller de justice[1436].

La nomination par l'exécutif des magistrats même à vie à l'instar de 9 juges de la cour suprême de justice américaine répond à la préoccupation de garder les ficelles. Le Président s'intéresse aux opinions du nommé.

S'intéressant au cursus de hauts magistrats, on peut remarquer que certains d'entre eux sont passés par les cabinets politiques de gauche ou de droite.

Le formalisme du conseil supérieur de la magistrature est un arbre qui cache la forêt surtout au Sud. La nomination de hauts magistrats de la République relève du politique comme leur révocation. Elles sont rendues publiques par le même politique[1437]. Mais l'indépendance de l'office du juge sert son impartialité, garantie de sa neutralité en tant qu'arbitre qui doit préserver l'égalité des parties. La vie en société a aussi des valeurs qui peuvent être menacées par l'indépendance de la magistrature sans limite.

La recherche de la vérité est un terrain commun de la justice et des renseignements aux régimes juridiques différents. Les lignes tracées en vue de la séparation de ces pouvoirs ne résistent souvent pas aux impératifs sociopolitiques ou économico-financiers.

Dans ce marécage aux eaux troublées par les caïmans blessés, la justice et les renseignements sont assimilables aux caïmans qui se mangeraient dès que les poissons se raréfient. Les médias apportent un troisième caïman. Quels enjeux ?

[1436] MOISON Dorothée, *op.cit*, pp. 37 à 55.

[1437] MATADI NENGA GAMANDA, *La question du pouvoir judiciaire en République Démocratique du Congo : contribution à une théorie de réforme*, éditions Droit et idées nouvelles, Kinshasa, 2001, pp. 199 – 201.

Section 5 : Les médias et l'indépendance de l'office du juge

L'indépendance de l'office du juge s'opère aussi à l'égard de médias. Il est de notoriété sociétale que la fonction royale du tribunal s'affaiblit au profit d'autres métiers tels que de grands économistes, ingénieurs spéciaux, de grands journalistes formés dans de grandes écoles, les médecins, les pharmaciens, les professeurs et chercheurs, etc.

Les juristes n'ont plus de regard orgueilleux par rapport à leur formation, moins encore à leur train de vie. Les magistrats sont rangés dans la classe moyenne. Ils se sont versés dans l'injustice. Comme l'exécutif[1438], la population se tourne vers le roi média. La pression sur l'office du juge s'accroit davantage avec la précarité de sa fonction.

Les deux premiers pouvoirs (exécutif et judiciaire) sont menacés par le troisième sur le terrain de la recherche de la vérité et de crédit. Les médias ont conquis leur indépendance professionnelle et comme le sport, il ne s'agit plus d'un simple plaisir, c'est de l'enrichissement. Aujourd'hui les médias sont devenus un pouvoir financier très redoutable. Par cet enrichissement des médias, la société leur a cousu l'habit de noble qu'ils portent[1439]. Ils font tomber les gouvernements et les juges[1440].

Le professeur Bernard Asso note la devise de la médiatisation totale qui dit : « Rien contre, tout pour, rien en dehors », c'est-à-dire « Rien contre la société médiatique, tout pour la société médiatique, rien en dehors de la société médiatique ». Cette devise fonctionne selon trois principes :

1) les cibles sont les rétines ;
2) est vrai ce qui est cru ;
3) la société médiatique ne peut fonctionner que si l'on est convaincu que l'ambition primordiale est d'être heureuse, d'être dans une sorte d'hédonisme transcendantal[1441].

Les journalistes d'investigations sont autant un poison mais aussi une aide à la justice. A titre indicatif, les affaires Bernard Tapie, Cahuzac sont les bêtes noires de l'exécutif[1442]. Le poids en démocratie des médias est incontestable, absolument il faut composer avec[1443].

Le Président George W. Bush connait bien la puissance du New-York Times, parce que même quand les journalistes étaient invités à la Maison

---

[1438] Crise de légitimité.

[1439] L'heure de couronnement du pouvoir de la presse.

[1440] Les scandales politiques et judiciaires à travers le Monde.

[1441] ASSO Bernard, *Information et désinformation*, Master 2 Sécurité intérieure, Université de Nice Sophia Antipolis, 2006, pp. 4-5.

[1442] Démission de Ford ; Média part et CAHUZAC. Exemple : Mikikaks, les scandales de l'ancien informaticien de la CIA.

[1443] Les poids des medias dans la campagne présidentielle United States.

Blanche pour leur demander de ne pas publier les informations sur la TSP, dix jours plus tard, la nouvelle était sur Internet[1444].

Le Président François Mitterrand, en vue de cacher sa double vie au sujet « *de sa fille Mazarine* », mit sur écoute téléphonique *« de façon illégale »* certains journalistes[1445]. Le Président François Hollande ne saurait contester le pouvoir des médias surtout par rapport à sa vie privée.

Ces pouvoirs ne se battent pas toujours, ils trouvent parfois un consensus. L'exécutif en use pour faire comprendre ses décisions à la population et la communication en devient un moyen. Les manipulations constituent le pain béni des renseignements[1446]. Le professeur Bernard Asso souligne humblement que la guerre de la désinformation est une guerre par l'information contre l'information pour l'information en vue de déshumaniser l'adversaire, le dépolariser, le simplifier bien/mal et invoquer une sanction divine[1447].

Le vedettariat et les scoops exposent les journalistes à servir les renseignements consciemment ou inconsciemment parce que ce sont « les sources généralement bien informées ».

Les services des renseignements, à travers les médias, peuvent désorienter l'office du juge et le magistrat instructeur. Parfois, le magistrat peut retrouver le fil perdu de la vérité à partir des médias libres ou contrôlés par le politique.

Dans le pouvoir des médias, il y a des fragiles. Le Professeur Bernard ASSO disait souvent que « pour autant que le journal sera à vendre, il sera la cible des services des renseignements» d'une part et, d'autre, la capacité qu'a l'Etat à fabriquer, à diffuser et à faire accepter les images

La finalité est la guerre des images, justification de l'intérêt de déverser sur terre son opinion pour l'imposer, se faire ainsi une légitimité et se faire apprécier de tous pour protéger, le plus souvent, des aspects financiers[1448].

Les journalistes d'investigation n'échappent pas au recrutement des services secrets de qui ils reçoivent les financements et les informations à mettre à la une[1449].

Les services secrets sont spécialistes des guerres psychologiques. Pour y parvenir, ils ont besoin des maisons d'éditions, des journalistes, d'Internet, des chaines de télévision, etc.

Certains magistrats cherchent des affaires sensibles pour catapulter au sommet du corps ou de la scène politique en préparation[1450]. Les magistrats populistes sont prenables par les renseignements.

[1444] George W. Bush, *op.cit*, p. 185.
[1445] BROUSSARD Philippe et PORTANT Jean-Marie, *op. cit.* pp. 25-26.
[1446] THOMAS Gordon, *Les armes secrètes de la CIA, tortures, manipulations et armes chimiques*, Nouvelles éditions, 2006 ; *Histoire secrète du Mossad de 1951 à nos jours.*
[1447] ASSO Bernard, *op.cit*, p. 34.
[1448] ASSO Bernard, *op.cit*, p. 5.
[1449] CHARPIER Frédéric, *op. cit*, p. 138.

Les médias servent aussi aux magistrats comme refuge pour résister à la pression hiérarchique et/ou politique en organisant des fuites dans les journaux. Le caractère secret de l'instruction pré juridictionnelle est de plus en plus violé de nos jours. Tout ou presque est dans les médias. Trois instances instruisent les mêmes faits, à savoir « l'instance de renseignement, l'instance de média et l'instance judiciaire » dont chacune bénéficie des règles fondamentales d'indépendance et le secret professionnel dans la recherche de la vérité. Et Pope de dire qu'il n'y a que l'homme qui est bien seul juge du vrai et lorsqu'il est lancé dans une erreur sans issue, ne peut-on pas affirmer que la vérité n'appartient qu'à elle-même ?[1451]

Entre la vérité objective et la vérité subjective, la vérité légale et la vérité judiciaire, la vérité sociologique et la vérité historique et la vérité scientifique, c'est la *veritas Rei*, pour Aristote qui est recherchée par la justice institution[1452].

Conclusion

En somme, l'office du juge dans l'exercice de sa fonction bénéfice de la garantie processuelle d'indépendance et d'impartialité vis-à-vis de l'exécutif, des médias et de tout pouvoir extérieur d'une part, et d'autre, à l'intérieur du corps.

Le tribunal doit observer sa neutralité à l'égard des justiciables et le respect du principe processuel de l'égalité devant le service public de la justice en leur appliquant les mêmes règles de forme et de fond.

La société des hommes a des zones d'influence avec des frontières non intangibles. Les interactions volontaires ou involontaires, forcées ou sollicitées, irrésistibles ou résistibles, exceptionnelles ou quotidiennes, se manifestent.

Les procédures de récusation et de déport ont pour finalité l'effectivité du recours au tribunal impartial ; malheureusement ces procédés ne peuvent éradiquer la réalité de classes sociales, la quête d'intérêt personnel, etc.

La limitation des causes de récusation n'épuise pas l'exigence du procès équitable, et ce d'autant plus que ces causes ont un contenu large. La justice dépend d'une période à une autre. Elle est contemporaine. La justice se déroule dans un contexte donné, de dénonciation du pouvoir fort de l'exécutif[1453].

[1450] Juge COURROYE Philippe n'est-il pas devenu politique ?

[1451] De VALICOURT Eliane, *L'erreur judiciaire*, L'harmattan, Paris, 2005, p. 18.

[1452] Idem, p. 19.

[1453] MATADI NENGA GAMANDA, *La question de pouvoir judiciaire en République Démocratique du Congo. Contribution à une théorie de reforme, Droit et idées nouvelles*, Kinshasa, 2001, p. 193.

Aussi, avons-nous constaté, les chefs des juridictions, à un certain niveau, sont comme le centre du pouvoir. Ils ont accès à la centrale des décisions politico-administratives. Ils sont reçus ou appellent les mandataires de l'exécutif sans protocole. Ce pouvoir immense du chef de juridiction a tendance à inhiber l'indépendance de l'office du juge.

Le pouvoir du chef de juridiction s'accroit également du fait de la discrimination dans la distribution des causes entre les offices des juges. Les règles processuelles servent la justice, en même temps qu'elles facilitent aussi la cupidité des magistrats par l'abus du droit.

Les actes de procédure, notamment l'assignation et la citation directe doivent indiquer les identités des parties, la juridiction saisie en donnant les faits et les moyens[1454]. L'office du juge, en tant que corps, a une autre entrave naturelle à affranchir, à savoir la séparation des pouvoirs.

Les débats jadis préconisaient plus à trouver les arguments de l'indépendance de la magistrature. Après sa reconnaissance et son opposabilité à l'exécutif, la question de l'indépendance du juge n'a pas perdu de saveur. La vie quotidienne de la justice démontre clairement que l'indépendance du juge reste au cœur des débats modernes dans toutes les sociétés.

Dans le procès entre le Président Nicolas Sarkozy et Mr Dominique De Villepin, celui-ci contestait l'indépendance de la justice sous le contrôle de l'Elysée. En tant qu'ancien Secrétaire Général à l'Elysée et Premier Ministre, il connaissait bien les interactions entre la justice et la politique.

La séparation des pouvoirs, un principe démocratique, constitue une règle du fonctionnement des institutions internes qui s'emboîtent dans la recherche de la satisfaction de l'intérêt général, notamment la sécurité de ses membres.

La recherche de la vérité constitue un terrain commun avec des moyens différents et des régimes opposés entre l'instrument de l'exécutif, les renseignements, la justice et les médias.

Les interactions quasi permanentes leur permettent de marcher en se repoussant tout en se rapprochant avec comme constance la domination, pas toujours certes, mais visible de l'exécutif. Celui-ci influe sur la carrière et le traitement de la magistrature et surtout sur le processus de vote des lois, bref, il est l'organisateur des services de la justice, un des services publics au cœur de la cité. Etant au cœur de la société, le service public de la justice, propriété de la loi, le droit permet par sa relative permanence la sécurité des rapports et la science politique décrypte les phénomènes de pouvoir[1455]. Ces deux disciplines ne peuvent épuiser la quête de justice.

La société contemporaine détermine la qualité du service public de la justice.

[1454] Les mentions obligatoires des actes d'huissier.

[1455] Mot du doyen Christian Vallar, rentrée 2013-2014, Université de Nice Sophia Antipolis

Titre deuxième :
ANNUS HORRIBILIS [1456]

Autrefois, les valeurs sociales étaient fondées sur la morale religieuse sur laquelle l'éthique processuelle se greffait, le tout offrant à la justice ses fondamentaux. Malheureusement, de nos jours, les institutions sociopolitiques ont fait le lit à l'injustice (Chapitre 1). Cette société produit ses justiciables, ses témoins et ses auxiliaires de justice.

Les magistrats contemporains semblent reproduire les antivaleurs sociales par leurs décisions de justice et, par conséquent, violent l'idéal même de justice (Chapitre 2).

[1456] Nous sommes franchement dans un sale pétrin : Franck DANINOS, *op.cit*, p. 237.

Chapitre premier : SOCIETE DOMINEE PAR L'INJUSTICE

La justice est contemporaine et le judiciaire reflète, semble-t-il, les sensibilités qui animent la nation dont émane sa légitimité, sans pour autant se laisser emporter par les humeurs politiques nuancées de ceux qui le composent[1457].

En effet, la justice est séculaire, pouvons-nous dire, mais elle est fortement déterminée par son aire. Décrivant le Congo contemporain, le professeur Sylvain SHOMBA KINYAMBA pouvait par exemple constater dans la préface du livre de son collègue Basile OSOKONDA OKENGE, la domination des idéologies sectaires, notamment la loi du moindre effort, le cantonnement des voies légales, les courtes vues, le recul de la culture scolaire, les nouvelles expressions de la violence, l'obscurantisme dû à l'hyper-religiosité, le manque d'oubli de soi, l'impunité, etc.[1458.]

En observant la société contemporaine, celle-ci se caractérise par l'intérêt personnel (Section 1), malheureusement les autorités publiques sont aussi à la quête de l'engraissement personnel. Il est dès lors fondé de se demander qui nous protégera contre ceux qui nous protègent « *Quis custudescustodret* » (Section deuxième).

Section 1 : Intérêt

La justice, selon Cicéron, est un sentiment intime de tout un chacun[1459]. Dans le contexte d'origine de l'humanité, la religion chrétienne parle de la création de « l'homme fait à l'image de Dieu »[1460]. L'islam aborde l'essence de la création : « ô hommes ! Adorez votre Seigneur, qui vous a créés vous et ceux qui vous ont précédés. Ainsi atteindriez-vous la piété »[1461].

Les dix commandements et la prière de Notre Père de Jésus Christ forment la ligne de conduite sociale de la chrétienté[1462].

[1457] DEJEMEPPE Benoit, PANIER Christian et PERMENTIER Claude, *op.cit*, p. 33.

[1458] SHOMBA KINYAMBA Sylvain, préface du livre du professeur Basile OSOKONDA OKENGE, *Changement de mentalité, instrument de développement, plaidoyer pour les valeurs et les vertus dans la gouvernance*, éditions MES, Bruxelles, 214, p. 5.

[1459] J. BALEYTE, A. KURGANSKY, Ch. LAROCHE et J. SPINDLER, *op.cit*, p. 95.

[1460] Genèse, 2 : 7.

[1461] 21ème Partie Sourate A. Al – Baqarah (la vache), le Noble Coran et la traduction en langue française de ses sens, complexe Roi Fahd pour l'impression du Noble Coran.

[1462] Exode 20 :1 – 17, Luc 11 : 2 – 4.

La société contemporaine se trouve fortement influencée et dominée par les courants religieux. Le traité de l'union européenne ne manque pas de l'indiquer clairement parce que « s'inspirant des héritages culturels, religieux et humanistes de l'Europe, à partir desquels se sont développées les valeurs universelles que constituent les droits inviolables et inaliénables de la personne humaine, ainsi que la liberté, la démocratie, l'égalité et l'Etat de droit »[1463].

Le modèle américain est révélateur quant au mariage de la bible et du dollar et la forme de prestation de serment du Président des Etats-Unis.

L'adoption par certains pays des religions d'Etat, et d'autres de religion officielle comme le Royaume-Uni avec la confession anglicane, avec 40 % de la population et confession de la couronne[1464] est révélatrice de leur impact sur la législation nationale.

Les pays arabes qui ont choisi la charia justifient l'intégrisme par rapport à la source coranique, ce que les modérés contestent.

L'évolution des droits fondamentaux de l'homme actuels s'est largement appuyée sur les idées religieuses. C'est ainsi que le préambule de la déclaration européenne de sauvegarde des droits de l'homme parle du commun respect desdits droits[1465].

Le traité de Nice rappelle les traditions des Etats membres, fondement de l'union qui se construit autour des principes de la liberté, de la démocratie, du respect des droits de l'homme et des libertés fondamentales[1466].

Le préambule de la constitution congolaise professe la foi dans les droits humains et libertés fondamentales tels que proclamés par les instruments juridiques internationaux[1467].

Les idées religieuses continuent d'influencer les sociétés[1468].

Au bilan de la société humaine dominée par les croyants qui professent la justice, le monde est devenu très dangereux qu'hier par l'augmentation de la criminalité de toutes sortes[1469].

Les guerres dites saintes ont été faites au nom et pour le compte de la religion [1470] ; le terrorisme semble être la continuité des croyances, fondement des civilisations chrétiennes et musulmanes.

[1463] Un traité pour l'Europe présenté par Nicolas Sarkozy, Dalloz, Paris, 2008, p. 32.

[1464] VALLAR Christian, *Des polices européennes*, Master 2 sécurité intérieure, Université de Nice Sophia Antipolis, 2006, p. 1.

[1465] AZIBERT Gilbert, *op.cit*, p. 903.

[1466] L. DUBONIS et C. GUEYDAN, *Les grands textes du droit de l'union européenne*, Tome 1, traités-institutions-ordre juridique, 7ème édition, Dalloz, Paris, 2005, pp. 4 – 6.

[1467] Constitution de 2006.

[1468] Exemple la prestation de serment du président américain ; L'église officielle de la Grande Bretagne ; les querelles autour du mariage.

[1469] *Réveillez-vous*, août 2012 ; *Réveillez-vous*, Mai 2013 ; *Réveillez-vous*, Juillet 2013

[1470] .

Dans beaucoup d'endroits, rapporte le Réveillez-vous, la criminalité est un danger constant. Par exemple, un juge a déclaré que « la question n'est pas de savoir si un jour on sera pris pour cible, mais quand. C'est la triste réalité, bien sûr mais ce n'est pas le cas partout[1471]. Le journal l'Express livre le palmarès d'insécurité des villes de France[1472].

La société devient de plus en plus injuste. A dominance chrétienne, le Rwanda n'a pas manqué à connaitre le génocide. L'ex-Yougoslavie, à côté de grandes démocraties, a connu son cortège des malheurs. Les actes antisémites sont légions dans toutes les sociétés, et curieusement dans toutes les classes sociales.

Le ciblage électoral des hommes politiques accentue l'extrémisme et le tribalisme[1473].

Même les pays à vieille démocratie ne savent plus produire de grands hommes politiques de haute facture morale, à l'instar de Georges Washington, Francklin Roosevelt, Général De Gaulle. Les espèces rares du monde politique cruel sont à compter au bout des doigts, tel que Mohandâs Gandhi, Nelson Mandela. Jacques Attali ne se trompe pas lorsqu'il publie un livre intitulé « Les géants du XXème siècle » où il souligne « Jamais la violence n'a été plus menaçante et multiforme qu'aujourd'hui ; jamais l'action et les idées de Mohandâs Gandhi qu'il a combattues, sourire aux lèvres, jusqu'à en mourir, n'ont été plus actuelles »[1474].

La politique a entouré la dépouille mortelle de Nelson Mandela sans avoir son cœur de grandeur. Cet oubli a été rompu avec l'oraison funèbre du Président Américain Baraka Obama quand il disait qu' « il a fallu un homme comme Madiba pour libérer non seulement le prisonnier, mais aussi le geôlier ; pour montrer que vous devez faire confiance aux autres[1475].

La classe politique de l'Europe occidentale et surtout celle de l'Afrique s'enracine dans la crise de confiance populaire comparativement au modèle des hommes politiques scandinaves. Les politiques de l'Europe occidentale semblent avoir beaucoup à apprendre de l'honnêteté publique et privée. Le costume présidentiel post apartheid cousu par rapport à la grandeur morale de Nelson Mandela pose des problèmes à ses successeurs même si Thabo Mbeki essaya de le porter. Il pose davantage de difficultés à Jacob Zuma. Béchir Ben Yehmed relève qu' « avant même d'être porté à la présidence, Jacob Zuma a vu son intégrité et sa vigueur contestées et, dans l'exercice de la fonction présidentielle, il a fait montre d'un laxisme à la limite de l'acceptable. Il y a deux ans, les plus vigilants de ses concitoyens lui ont reproché d'avoir dépensé 23 millions de dollars (16 millions d'euros) pour

---

[1471] *Réveillez-vous*, mai 2013, p. 6.
[1472] *L'Express*, Fr, 20 novembre 2013 à 10.45'
[1473] La carte électorale des partis politiques.
[1474] ATTALI Jacques, *Les géants du XXème siècle*, Observateur_Fayard, Paris, 2012, p. 19
[1475] www.lefigaro.fr/international/2013.

réaménager luxueusement à Nkardla (...) sa propriété personnelle[1476]. L'axe anglo-saxon prend également le dessus de l'Europe occidentale dont l'image se trouve fortement salie par le modèle politique italien. Toutes les sociétés connaissent les frasques des hommes politiques[1477].

Malheureusement, c'est à cette classe politique dolosive que revient la charge d'organiser le service public de la justice. Celui-ci, organisé injustement, constitue ainsi une arme pour soi et pour ses amis à user contre le reste de la population[1478].

En dépit de l'affirmation de l'égalité des citoyens, les inégalités sont énormes et les injustices sociales ont atteint le paroxysme. Parce qu'elles ont épousé les idées d'égalité et de liberté, fondement religieux, les sociétés contemporaines sont-elles prêtes à accepter d'autres affirmations des religions, notamment la destruction de ce monde corrompu [1479] ou les idées paradisiaques du monde nouveau ?

Le coran professe aussi la fin du monde dans l'une des sourates qui dit : « (...) ensuite, ils bruleront certes, dans la fournaise, (...) les bons seront dans un jardin de délice »[1480].

Tout en professant la vision paradisiaque, les écritures bibliques expriment quant à elles que le comportement juste n'est pas facile, c'est pourquoi, les chrétiens sont sauvés par la grâce[1481].

De ces évidences sociales, la société produit des membres dépourvus de vertu dans leur majorité à rechercher la justice. Cette vertu, selon Socrate relèverait du champ d'étude de l'éthique spécifiquement politique[1482].

Face à la rareté d'esprit de justice dans la société, Confucius pouvait conseiller à ses contemporains d'être « l'homme noble avisé selon la justice, l'homme de peu selon le profit ». Et Cicéron de renforcer que la loi est la distinction des choses justes et injustes exprimée conformément à la nature ancienne et primordiale du monde[1483]. Malheureusement, constate-t-on, la justice des hommes ne frappe plus de supplice les méchants pour faire la défense et la protection des gens de bien. Elle est comme la vérité, dit Baltasar Gracian qui arrive toujours la dernière et fort tard, parce qu'elle a pour guide un boiteux qui est le temps[1484].

[1476] *Jeune Afrique*, 54ème année n° 2278 du 23 au 29 mars 2014.

[1477] Notamment la condamnation d'Ehoud OLMERT.

[1478] Le régime d'impunité comme système de gouvernance étatique.

[1479] *Apocalypse* 19, 1 – 12.

[1480] 16 – 22, Sourate 82, Al – Muta ffifûne (les fraudeurs).

[1481] Genèse 16 :1, Samuel 12 : 1-25, Matthieu 26 :30-35 ; La prière de Jésus « Notre père qui est au ciel ».

[1482] *Dictionnaire des grandes œuvres juridiques*, Dalloz, Paris, 2008, p. 2.

[1483] Confucius cité par Fabien LAFOY, *La mondialisation du droit par le juge, étude du droit privé et sciences criminelles*, Tome I, Presses universitaires de Marseille, 2006.

[1484] DEVEDJIAN Patrick, *Le temps des juges*, Flammarion, France 1996, p. 81.

Montaigne abonde dans le même ordre d'idées quand il dit que la plupart de nos vacations sont farcesques ; et Anatole France de souligner que la justice n'est que le rêve imbécile de quelques hommes[1485].

La société de plus en plus injuste, produit les justiciables, le personnel de la justice, les témoins et l'environnement fortement influencé par la morale contemporaine. La domination de l'injustice construit les règles d'impunité et dès lors l'ordre public n'est plus troublé par la commission d'infractions, mais bien au contraire par les poursuites judiciaires.

Ainsi note la *Tour de Garde*, le monde actuel est caractérisé par l'avidité et l'égoïsme. Poussées par des ambitions égoïstes, nombreuses sont de personnes qui deviennent avides de pouvoir. Elles développent aussi un désir irrésistible d'avoir davantage d'argent et de biens matériels, plus que nécessaire [(1486)].

Pourtant, avons-nous horreur de le constater, il ressort de plusieurs rapports, notamment ceux de l'ONU, que la RD Congo est compté au nombre des pays les plus corrompus du monde[1487].

Et, ce n'est un secret pour personne, une société qui vit dans un contexte profond d'irrespect de morale et de l'éthique méconnaît la justice et, partant, les règles processuelles ne sauraient filtrer la vérité judiciaire. A ce niveau, intervient la question de comprendre la notion de Loyauté face aux réalités sociales.

§ 1. Loyauté et réalités sociales

Les principes directeurs du procès équitable sont des actes matériels qui nécessitent pour être vérifiés une dose suffisante d'esprit de loyauté[1488].

Celle-ci constitue par ailleurs une exigence morale de toute société avant d'être celle de procédure ; la morale chrétienne commande à être juste, intègre, honnête, etc. en interdisant le mensonge qui a pour père le diable[1489].

Aussi, est-il besoin de le dire, même les prescrits coraniques font de la loyauté une règle fondamentale, ce qui traduit dans le chef des musulmans une certaine honnêteté dans leurs affaires, notamment dans le commerce[1490].

Bref, qu'il s'agisse des prescrits bibliques ou de ceux coraniques, l'objectif est de ramener l'homme à la justice à l'image de Dieu, son créateur, qui est un Etre très saint.

[1485] Montaigne et Anatole France cités par Jean Michel, le Petit juge, Albin Michel, Paris, 1987, p. 8.

[1486]*La Tour de Garde*, 1er octobre 2012, p. 5.

[1487] Transparency international.

[1488] La loyauté est le sentiment de sincérité, la bonne foi d'un homme honnête, loyal. Loyal qui veut dire fidèle par exemple, qui respecte les devoirs de son pays : CORNU Gérard, *Vocabulaire juridique*, PUF, Paris, 1987, p. 563.

[1489]*Jean* 8 : 44.

[1490] Sourate 23, 1 à 11.

Toutefois, de nombreuses analyses, il s'est dégagé que la plupart de grands personnages bibliques n'ont pas réussi à être loyaux en tout temps. L'on peut à ce titre citer le Père de la foi, Abraham qui usa de la demi-vérité devant Pharaon et Abimelek lorsqu'il présenta Sara seulement comme étant sa sœur, alors qu'elle était aussi madame son épouse. Il trompa les Rois[1491].

Un autre exemple c'est que Jacob usurpa le droit d'Esaü, son frère aîné [(1492)]. L'exemple de David au sujet de la femme de Ur révèle également que la nature humaine est toujours encline au mal[1493].

Qu'on ne s'étonne pas de constater que même les écritures saintes commandent également la loyauté processuelle. Celle-ci a fait d'ailleurs la préoccupation de l'Apôtre Paul. Après avoir prescrit la manière convenable à observer en cas d'adversité au deuxième chapitre, l'Apôtre Paul en donne une ligne de conduite : « bats-toi le bon combat, j'ai combattu le bon combat, j'ai achevé la course, j'ai gardé la foi. Désormais, la couronne de la justice m'est réservée ; le Seigneur, le juste juge, me la donnera dans ce jour-là »[1494].

La loyauté processuelle fut violée par l'une des parties au tribunal de Salomon où deux femmes réclamaient chacune le même enfant. Si le procès de Jésus-Christ est considéré comme affecté par une erreur judiciaire grave, elle est due en partie au comportement déloyal de l'accusation qui choisit des mots de nature à rendre l'office du juge partial : « Ils se mirent à l'accuser, disant : nous avons trouvé cet homme excitant notre nation à la révolte, empêchant de payer le tribut à César et se disant lui-même Christ, Roi »[1495].

L'idée d'adversité processuelle prime souvent sur la loyauté des débats. C'est elle qui fixe la ligne de défense, un moyen raisonnable d'atteindre l'objectif.

Cependant, la loyauté processuelle n'enlève pas au procès son caractère de vengeance des parties[1496]. Au procès injuste de Jésus-Christ, la vengeance de l'accusation s'était cristallisée dans les propos ci-dessous après que Pilate avait constaté l'innocence de l'accusé : « Ils crièrent tous ensemble : fais mourir celui-ci et relâche-nous Barabbas (…). Pilate, leur parlant de nouveau dans l'intention de relâcher Jésus ; ceux-ci crièrent : crucifie-le, crucifie-le »[1497].

[1491] *Genèse* 20 : 1 – 18.
[1492] *Genèse* 2 : 20 – 46.
[1493] 2 *Samuel* 11 : 1 – 27.
[1494] 2 *Timothée*, 4 : 7 à 8.
[1495] *Luc* 23 : 2.
[1496] *Luc* 23 : 13 à 25.
[1497] *Luc* 23 : 23 – 25.

Au temps où la cité était gérée par l'Eglise, avec la justice de l'archevêque, le professeur Noël Didier nota la persistance des scandales, des guerres, des meurtres, des dangers[1498], etc.

La justice de l'Eglise sur la cité fut dramatique, surtout à cause de l'implication des fidèles et des adeptes. Les parties au procès, les experts, les témoins sont les produits de la société, soumis aux règles morales de probité, d'intégrité et de loyauté[1499], principes que s'approprie le droit processuel[1500].

A cette double réglementation de loyauté des parties, il y a deux hypothèses, soit le respect de deux sources d'obligation de loyauté soit la violation de toutes les deux sources.

L'ordre, par exemple, des avocats organise l'éthique, la petite morale, dit-on, qui se déverse dans la grande morale. Les organes de la défense se trouvent soumis à la loyauté de combat judiciaire, à la probité et à l'intégrité ; cette vertu s'impose non seulement à toute partie mais à tout membre de la société[1501].

En dépit de cette double recommandation de la loyauté, les actes déloyaux semblent être le lot commun de l'humanité. L'erreur judiciaire prend source dans la société, source des contentieux, et affecte l'office du juge par les actes de saisine de juridiction[1502].

Les actes déloyaux des parties sont présentés à l'office du tribunal, lequel fait la justice des hommes. Certes, l'homme est le seul juge du vrai, mais il doit par conséquent composer et « *cohabiter* » avec l'erreur considérée par Etienne Trecartes comme un vice de l'intelligence et de la volonté humaine[1503].

Depuis la nuit des temps, le sentiment, esprit qui donne vie au principe du contradictoire et de bonne foi, cède souvent la place à la mauvaise foi dans un procès. Au XIVème siècle par exemple, les chrétiens accusèrent certains juifs d'Hyères d'avoir troublé les fêtes de la passion, d'avoir jeté des pierres sur la procession, d'avoir proféré des cris injurieux et enfin d'avoir exécuté des danses sur les terrasses des maisons. Heureusement, face à la tolérance des pouvoirs, on évita l'erreur judiciaire et le juge Bertrand de Rellania absout les accusés[1504].

1498 DIDIER Noël, Un procès en annulation d'une sentence pontificale (1276-1277), in *Recueil de mémoires et travaux, la société d'histoire des droits et des institutions des anciens pays de droit écrit*, Toulouse, 1948, p. 29.

1499 La morale sociétale.

1500 Principes directeurs du procès.

1501 MICHEL Shebele, *Petit guide pratique de l'avocat congolais en matière de droits, de devoirs et d'interdits professionnels*, édition Ngshlaw.

1502 Requête, assignation, citation directe, conclusions, etc.

1503 TRECARTES Etienne cité par DE WALCOURT Eliane, *L'erreur judiciaire*, L'harmattan, Paris, 2005, p. 23.

1504 AUBENAS Roger et GUENOUN Lucien, Notes sur la condition des juifs d'Hyères au XIVème siècle, in *La société d'histoire du droit et des institutions des anciens pays de droit écrit*, Imprimerie F. BOISSEAU, Toulouse, 1943, p. 2.

La litigante domine le procès et cristallise l'adversité. La déloyauté des parties entoure et domine presque toute l'instance. Telle est l'erreur judiciaire commise sur Jean Calas condamné et exécuté sur les accusations de haine des protestants [1505] ou encore de l'injustice à l'égard de Jeanne d'Arc, Jean Baptiste, Simon Kimbangu, Isidore Bakandja, etc.

La haine des parties que tentent de minimiser les règles processuelles a la capacité d'induire la justice en erreur. C'est le cas d'une mère qui instigue sa fille mineure d'âge d'accuser le père de viol surtout lorsque l'on sait que l'accusé s'adonne à la boisson et est connu de la justice pour les mêmes faits. Ce tableau de l'accusé risque de peser lourd sur la conscience du juge saisi des faits pour ainsi commettre une erreur judiciaire.

Généralement, les fausses accusations portées contre une personne par les membres de sa famille sont tellement fructueuses de l'injustice que cela engendre probablement l'erreur judiciaire. C'est le cas des accusations portées dans l'affaire dite Outreau se fondant sur les faits portés aux adultes par les mineurs d'âge de 4 à 10 ans, présumés victimes d'agression sexuelle de la part de leurs parents[1506].

La loyauté absolue de l'homme relève de la divinité et semble être un leurre. De Abraham à Pierre, en passant par Isaac, Jacob, David, Salomon et autres, la leçon retenue est que « Tout homme est faillible »[1507]. Et les saintes écritures de conclure que « Nous sommes sauvés par la grâce »[1508]. En d'autres mots, la loyauté chrétienne, à toute épreuve dans l'adversité entre le mal et le bien, la sainteté et le péché, le paradis et l'enfer, reste un idéal sur le chemin d'idéal de la perfection humaine.

Par ailleurs, il faut cependant reconnaître que la loyauté, vertu sociétale, ne constitue pas l'intégrisme religieux. Les règles processuelles emboitent le pas du fait de prescrire d'autres principes judiciaires de nature à instituer l'exigence de la loyauté relative.

A. L'institution du droit au silence et la charge de la preuve, négation justifiée à la loyauté des parties

La recherche de la vérité judiciaire par l'office du juge constitue le caractère fondamental de la fonction juridictionnelle. Mais le champ de recherche se trouve limité par les règles impératives qui gouvernent l'instance.

Les parties ont l'obligation de concourir loyalement à la manifestation de la vérité judiciaire. C'est à cette condition que le principe du contradictoire ou la contradiction est réellement un instrument ou un filtre de vérité.

[1505] DE VALICOURT Eliane, *op.cit*, p. 15.
[1506] INCHAUSPE Dominique, *L'erreur judiciaire*, PUF, Paris, 2010, p. 369.
[1507] *Jacques* 3 : 2.
[1508] Actes 15 : 11.

L'usage du droit au silence entraîne l'absence de l'efficience du contradictoire. Le droit processuel est un droit fondé sur les valeurs démocratiques, dont la liberté est le socle.

Parce que le droit processuel est constitutionnalisé, la présomption d'innocence revêt une importance capitale dans le procès moderne [(1509)]. Parmi les droits processuels constitutionnalisés, il y a le principe de la bonne foi à charge des parties et le droit au silence. Ces deux principes fondamentaux de la justice sont égaux de part leur source.

En effet, le droit au silence ne saurait amoindrir le principe d'innocence de l'accusé.

A cet égard, le droit processuel suisse institutionnalise le principe de collaboration des parties à l'administration de la preuve et de dire la vérité et de produire des documents requis, exception faite de la correspondance d'avocat, dans la mesure où elle concerne la représentation à titre professionnel d'une partie ou d'un tiers. Les parties doivent permettre les examens sur leur personne ou une inspection de leurs biens par un expert[1510]. Toutefois, la loi prescrit le droit du refus des parties de collaborer, notamment lorsque l'administration des preuves pourrait exposer un de ses proches à une poursuite pénale ou engager sa responsabilité civile, dès lors que la révélation d'un secret pourrait être punissable en vertu de l'article 321 du code pénal[1511].

Le droit au silence apparait de nos jours comme étant une exception légitime et légale à la prescription faite aux parties de contribuer à la manifestation de la vérité[1512].

Ce droit se greffe aussi sur le régime d'administration de la preuve, et ce parce qu'il revient à l'accusateur d'apporter la preuve. Certes, l'office du juge ne peut tirer du silence du prévenu aucune conséquence de sa culpabilité. Tel n'est pas le cas à la phase pré juridictionnelle où le silence du suspect est souvent brisé par la torture. Par exemple, les accusés poursuivis pour des infractions de terrorisme et d'espionnage sont des professionnels qui font usage abusif de ce droit de silence. Ils sont par conséquent formés pour faire échec à toute enquête.

Le droit au silence constitue un frein à la manifestation de la vérité. Les enquêteurs en ce qui concerne le terrorisme par exemple sont souvent surexcités car ils redoutent qu'un autre attentat se produise et ils devraient sauver les vies humaines en brisant le silence. C'est dans ce sens que Lotti RAÏSSI pouvait raviver:

1509 FAVOREU Louis et PHILIP Loïc, *Les grandes décisions du conseil constitutionnel*, 5ème édition Sirey, Paris, 1989, p. 364.

1510 Article 160 du code de procédure civile.

1511 Article 163 du code de procédure civile.

1512 Articles 160 à 167 du code de procédure civile suisse.

Tu ne peux pas continuer à nous narguer sans jamais répondre à nos questions. Tu dois parler. Tu entends ? (...) De toute évidence, les policiers du Yard me croient coupable et ils estiment ne pas avoir à prendre des gants avec un terroriste comme moi[1513].

Le droit au silence constitue un principe naturel qui veut que le suspect ou le prévenu ne puisse s'auto-accuser. De ce fait, l'accusé ne peut être contraint de produire des preuves ou de faire des déclarations qui lui sont défavorables. L'absence de collaboration fait souvent que l'enquête soit plus difficile, plus longue[1514] et couteuse. Elle peut également conduire à des erreurs judiciaires qu'on aurait dû éviter, par exemple la condamnation des personnes étrangères à la commission des faits infractionnels.

L'obsession d'insécurité des citoyens dans une démocratie et la cruauté des actes criminels poussent les enquêteurs de renseignements de tout bord à user de la torture, de la manipulation pour connaître non pas la vérité judiciaire mais la vérité vraie afin d'éviter d'autres attentats de nature à troubler l'ordre public[1515].

La violation de la dignité de l'accusé par les renseignements ne constitue pas un secret ainsi que pouvait l'avouer le président George W. Bush lorsqu'il annonçait que « Tout le problème était de trouver comment présenter la TSP et le programme d'interrogatoire de la CIA au congrès sans dévoiler trop de détails à l'ennemi »[1516].

Soulagé du vote par le congrès au texte de Patriot act, le Président américain pouvait même avouer qu' « avec toutes les pressions en Irak et en Afghanistan, les tribunaux n'avaient jamais figuré parmi nos priorités »[1517].

Le conseil de l'Europe s'inscrit dans la ligne dure contre le terrorisme lorsqu'il adopte des mesures efficaces pour que les auteurs des actes n'échappent pas à la poursuite et au châtiment[1518].

Les législations modernes prennent à cœur l'érosion du témoignage, le mensonge des parties, et surtout l'entrainement des justiciables à échapper à la sanction judiciaire avant même la commission des infractions.

Aujourd'hui, le droit moderne commence à approuver indirectement les preuves obtenues illicitement. C'est pourquoi, la procédure civile suisse prescrit que le tribunal ne prend en considération les moyens de preuve

---

1513 RAISSI Lotti, le 20è

1514 BORLOO Jean Pierre et VANDERMEERSCH Damien, *Le tour de la justice pénale en 80 questions*, éditions Luc Pirc, Bruxelles, 2005, p. 40.

1515 DANINOS Franck, *CIA, une histoire politique 1947-2007*, Tallandier, Paris, 2007 ; Gordon THOMAS, *Les armes secrètes de la CIA, tortures, manipulations et armes chimiques*, Nouveau Monde éditions, 2006 ; Gordon THOMAS, *Histoire secrète de Mossad de 1951 à nos jours*

1516 GEORGE W. BUSH, *Instants décisifs*, Plon, 2010, p. 184.

1517 Idem, p. 186.

1518 Conseil de l'Europe, *La lutte contre le terrorisme, éditions du conseil de l'Europe*, Strasbourg, Février 2004, p. 5.

obtenus de manière illicite que si l'intérêt à la manifestation de la vérité est prépondérant[1519].

Le juge européen interprète la preuve de mauvais traitements au regard de la difficulté de la tâche en appliquant le critère traditionnel de la preuve au-delà de tout doute raisonnable et à consacrer une obligation procédurale. Par contre, la position des juges français est nuancée sur les procédés déloyaux en distinguant le moyen prohibé et le procédé simplement irrégulier[1520].

Le législateur moderne quant à lui tente de diminuer le champ d'application du droit au silence du suspect, notamment en matière de blanchiment des capitaux.

Les poursuites en cette matière ont connu beaucoup de revers face à l'usage du droit au silence et à l'application de la règle de la charge de la preuve qui incombe à l'accusation qui était souvent incapable d'apporter la preuve des origines illicites des fonds à blanchir[1521].

Face aux procédés et techniques de blanchiment des capitaux, il n'est pas aisé de déterminer sur base de la charge de la preuve traditionnelle l'origine illicite des fonds[1522]. C'est pourquoi, les législations modernes ont institué l'obligation de parler et non de silence à charge de l'accusé en matière de blanchiment.

Les dispositions de l'article 222-39-1 du code pénal français s'inscrivent dans la rupture avec le droit du silence de l'accusé qui a l'obligation de parler lorsqu'elles instituent que

> Le fait de ne pas pouvoir justifier de ressources correspondant à son train de vie, tout en étant en relations habituelles avec une ou plusieurs personnes se livrant à l'une des activités réprimées par la présente section, ou avec plusieurs personnes se livrant à l'usage des stupéfiants, est puni de cinq ans d'emprisonnement et de 75.000 Euro d'amende[1523].

La législation congolaise sur la lutte contre le blanchiment des capitaux prescrit également l'obligation de parler à l'accusé[1524].

En somme, le droit processuel est un instrument de communication entre les parties et l'office du juge, entre les parties et les autres auxiliaires de la justice[1525].

[1519] Article 152 al. 2 code de procédure civile.

[1520] RENUCCI Jean François, *op.cit*, pp. 103 – 307.

[1521] KABANDA MATANDA Boniface, *Impact de la police congolaise dans la lutte contre le blanchiment des capitaux et financement de terrorisme*, Master 2, Université de Nice Sophia Antipolis, 2006.

[1522] David G. HOTTE et Virginie HEEM, *La lutte contre le blanchiment des capitaux*, L.G.D.J, Paris, 2004, p. 157 ; JEREZ Olivier, *Le blanchiment de l'argent*, 2ème édition, Revue Banque édition, Paris, 2003, p. 71.

[1523] PELLELLTIER Hervé et PERFETTI Jean, *Le code pénal*, Litec, Paris, 2004, p. 151.

[1524] Articles 20-27, Loi n° 04/016 du 19 juillet 2004.

[1525] CANIVET Guy.

Et le droit au silence, reconnu à l'accusé justifié par les valeurs démocratiques et en dépit de son usage parfois abusif et son contournement par des voies attentatoires à la dignité humaine, se révèle comme un facteur de négation du pouvoir communicatif dans le contradictoire, filtre de vérité.

La beauté processuelle reste excellente lorsque ses principes demeurent souverainement intangibles, et ce parce que le contraire constituerait la cause des erreurs judiciaires.

Toutefois, le silence de l'accusé ne constitue pas la seule porte possible d'erreur judiciaire, même le choix de la ligne de défense peut se révéler néfaste à la vérité judiciaire.

B. La ligne de défense : érosion morale des parties et des conseils

L'état psychologique des parties est révélateur du refus de la justice en ce sens que chaque justiciable s'estime aussi titulaire d'un nouveau droit, celui de ne pas avoir tort ! Le plaideur souhaite une justice à sa discrétion, celui qui perd le procès n'en est pas satisfait et celui qui le gagne guère davantage[1526].

Les Avocats sont des auxiliaires de la justice et entant que membres de la société qui a sa morale, ils devraient être élevés dans les règles de probité, d'intégrité, de loyauté, thèmes repris par la déontologie. Celle-ci en fait des règles cardinales pour le métier d'avocat[1527].

L'organe de la défense n'est pas toujours l'auxiliaire effréné de la justice qui ne change pas de mission. Comme d'aucuns pourraient se l'imaginer, les fidèles qui sont faillibles à l'exigence totale de loyauté et d'intégrité[1528], les avocats, de par leur serment, sont juges de leur propre conscience qui varie selon que varient les pointures de pieds.

Le minimum de probité qu'exige la profession s'observe même dans la décision du conseil de l'ordre qui considéra au sujet du devoir de loyauté que l'avocat n'a aucune obligation d'attirer l'attention de son adversaire sur ses oublis éventuels[1529].

L'évolution de l'organe jadis de la défense de la justice et de la vérité s'oriente vers la rentabilité financière, la concurrence et l'acquisition du pouvoir dans la cité[1530].

[1526] ROZES Simone et LOMBARD Paul, *Le juge et l'avocat : Dialogue sur la justice*, Robert Laffont, Paris, 1992, p. 22.

[1527] MBUY MBIYE TANAYI, *op.cit*, pp. 148 à 153; SHEBELE Michel, *Régime disciplinaire et pratique de l'honoraire de l'avocat congolais*, édition Ngshlaw, Kinshasa, 2011, p. 28.

[1528] Nous sommes sauvés par la grâce.

[1529] Recueil des règles professionnelles, Barreau de Bruxelles, ordre français des avocats, 2007, p. 228.

[1530] CANIVET Guy, « Accueil », in *De la commémoration d'un code à l'autre : 200 ans de procédure civile en France*, Litec, Paris 2006, p. 1.

L'Avocat procédurier, Paul LOMBARD, le voit comme non pas un décideur mais un provocateur au sens plein du mot. Il doit, par la persuasion de son verbe et la solidité de son argumentation, amener le juge à adopter sa thèse, tâche difficile rendue plus complexe encore par la variété et la densité des disciplines du droit moderne[1531].

A l'observation pertinente de Maître Paul Lombard, Maître Jacques Vergès adhère en ajoutant excellemment qu'

Un dossier de justice est toujours le résumé d'un roman (...), bref un couronnement, fût-il d'épines, pour que le drame soit complet. Seuls les avocats ont le privilège d'être à la fois les spectateurs d'un tel drame, confidents du héros, et les coauteurs, parce qu'ils accompagnent l'accusé tout au long du procès et l'aident à affronter le cinquième acte de sa stratégie, l'épilogue de son roman, le dénouement de son film, à charge pour les juges d'incarner le destin aveugle[1532].

Comme la maison du moine, l'avocat accueille les victimes comme les truands, les saints comme les diables, les gouvernés comme les gouvernants, les partis politiques au pouvoir comme ceux de l'opposition[1533].

Les affaires judiciaires sont un marché que chaque avocat est supposé gagner. A chacun son style tel que Maître Paul Lombard, un homme fort en réseaux avec la création du club des cents regroupant grands patrons et hauts magistrats ; Maître Olivier Metzner, un animal à sang froid et Maître Pierre Haïk, un boxeur à la barre[1534].

En vue d'exercer son ministère, l'organe de la défense a acquis l'indépendance et est constitué par les lois républicaines dépositaire du secret professionnel. Cet océan de secrets contient des aveux de culpabilité qui ne peuvent pas être portés à la connaissance de l'office du juge.

Le secret professionnel de l'avocat est le prolongement du droit de silence de l'accusé. Il a une incidence sur la recherche de la vérité judiciaire et la sécurité nationale. C'est pourquoi les législateurs actuels tentent de le réduire notamment en matière de blanchiment des capitaux et de financements du terrorisme, étant entendu que le secret professionnel ne peut être invoqué pour refuser d'une part de fournir les informations prévues à l'article 12 ou requises dans le cadre d'une enquête portant sur des faits de blanchiment ou de financement du terrorisme ordonnée par ou effectuée sous le contrôle de l'autorité judiciaire et, d'autre part, de procéder aux déclarations prévues par la présente loi[1535].

[1531] ROZES Simone et LOMBARD Paul, *op.cit*, p. 56.

[1532] VERGES Jacques, *Justice et littérature*, PUF, Paris, 2011, p. 2.

[1533] L'Avocat au service de toute la société.

[1534] *Journal Challenges*, n° 215. 3 juin 2010, pp. 50-65.

[1535] Article 27 de la loi n° 04/016 du 19 juillet 2004 portant lutte contre le blanchiment des capitaux et le financement du terrorisme, Journal officiel, 45ème année, numéro spécial, 5 août 2004, p. 21.

Combinant les dispositions de l'article 27 à celles de l'article 4 de la loi n° 04/016 du 19 juillet 2004, il n'y a point de secret professionnel lorsque la profession juridique indépendante est soumise à la déclaration de soupçon[1536].

La lutte contre le blanchiment des capitaux et le financement du terrorisme, dans le contexte de guerre moderne, semble justifier l'atteinte au secret professionnel du ministère d'avocats en dépit des craintes ou des dérives possibles[1537].

L'atteinte au secret professionnel constitue une violation d'une règle fondamentale. Maître Pierre LAMBERT, spécialiste du secret professionnel note par exemple que

> La règle de secret puise ses racines à la fois dans les domaines judiciaires, déontologiques et moraux ; et ces trois domaines ne concourent pas toujours parfaitement, et delà proviennent les controverses en doctrine et jurisprudence, parfois contradictoires ou difficilement conciliables. Cette situation a ouvert la porte à une grande variété d'interprétation et, par conséquent, à un manque de cohésion.

Le professeur J. Garnier trouve aussi que le secret puise dans la dignité de l'homme sa raison d'être, son implication et ses limites[1538].

Il a été jugé par la Cour suprême des Etats-Unis que la protection des informations confidentielles communiquées à des avocats professionnels est dictée par une politique sage et libérale. Il s'en faudrait de peu que la loi soit despotique si l'on ne pouvait consulter son conseil sans risque que le contenu de l'entretien ne soit divulgué dès le lendemain dans le cadre d'une procédure judiciaire. Cela reviendrait à interdire le recours aux avis et à l'assistance juridique[1539].

Le droit processuel français connait globalement des exceptions au secret professionnel. Les dispositions 132-22 du code pénal formulent l'exception au secret professionnel en instituant que « le Procureur de la République, le juge d'instruction ou le tribunal saisi peut obtenir des parties, de toute administration, de tout établissement financier ou de toute personne détenant des fonds du prévenu la communication des renseignements utiles de nature financière ou fiscale, sans que puisse être opposée l'obligation de secret[1540].

[1536] Idem

[1537] BONIFACE KABANDA MATANDA, *Impact de la police congolaise dans la lutte contre le blanchiment des capitaux et le financement du terrorisme* ; Mémoire, Master 2, Université de Nice Sophia Antipolis, 2006, p. 156.

[1538] Pierre LAMBERT et Prof. J. Garnier cités par Maître Anczy C. Mariam, Le problème de blanchiment d'argent et de secret professionnel de cette profession, le problème émanant du crime organisé et de l'éthique à cette profession, in *l'Ethique des avocats*, Prague, 3 – 5 novembre 1999, Acacs, p. 87.

[1539] John FISH cité par Boniface KABANDA MATANDA, *op.cit*, p. 158.

[1540] PELLETTIER Hervé et PERFETTI Jean, *Code pénal*, Litec, Paris, 2005, p. 83.

Le conseil est le prolongement de la partie, aussi le respect du secret professionnel de l'avocat constitue une composante du droit au procès équitable. C'est pourquoi, la cour européenne des droits de l'homme décida que dans une société fondée sur la prééminence du droit et le respect des droits de la défense, il est naturel qu'un justiciable désireux d'obtenir des conseils (...) puisse le faire dans des conditions propices à une pleine et libre discussion, lui permettant de tout révéler sans craindre de compromettre ses intérêts, d'où le régime privilégié dont bénéficie en principe la relation avocat-client[1541].

L'atteinte au secret professionnel fait perdre au conseil sa justification. C'est ainsi que la Cour d'appel jugea qu'

> Attendu que l'obligation au secret professionnel de l'avocat trouve sa raison d'être dans la nécessité de donner à ceux qui exercent cette profession les garanties nécessaires de crédibilité, ceci dans l'intérêt général, pour que tous ceux qui s'adressent à eux en confiance puissent avoir la certitude que les secrets qu'ils confient à leur conseil ne courent pas le risque d'être dévoilés à des tiers. Attendu que l'obligation au secret professionnel touche à l'ordre public ; que cette obligation est générale et s'étend à toute l'activité de l'avocat (...), attendu qu'il en résulte que l'avocat est également tenu au secret professionnel lorsque dans l'exercice de sa profession, il lui est demandé de devenir le complice d'un délit ; qu'en décider autrement reviendrait à mettre en péril le caractère absolu de l'obligation du secret professionnel[1542].

L'avocat est juge de sa propre conscience, ainsi il associe à son indépendance le régime du secret professionnel comme garantie de sa profession.

Ce régime du ministère de l'avocat se prête mieux à celui du client qui n'est soumis à la loyauté toute relative, étant entendu que le droit romano-germanique, à la différence du droit anglo-saxon, exclut le serment dans le chef des parties.

La relativité de la loyauté tant des parties que celle des défenseurs laisse-t-elle entrevoir un droit de mentir ?[1543]

Le rapprochement moral des parties et de leurs conseils facilite la conception, la naissance et la croissance de la ligne consensuelle de défense dont les géniteurs sont connus. Ce pacte qu'est la ligne de défense, oblige le conseil à la respecter sous peine des sanctions disciplinaire et/ou civile et

---

[1541] LAMBERT Pierre, *Le respect du secret professionnel de l'Avocat, composante du droit à un procès équitable in Justices et droit du procès*, *op.cit*, p. 293.

[1542] Arrêt rendu le 18 juin 1974, cité par le recueil des règles professionnelles, Barreau de Bruxelles, ordre français des avocats, 2007, p. 285.

[1543] BORLOO Jean Pierre et VANDERMEERSCH Damien, *op.cit*, p. 41.

pénale[1544]. La ligne de défense demeure une convention synallagmatique entre parties dès lors qu'elle a été approuvée par le justiciable et son conseil.

Le conseil n'a reçu de son client, de manière conventionnelle, que la ligne de la défense. En tant que procédurier, il n'a que le mandat de la faire passer au feu des exigences du procès équitable, notamment les principes du contradictoire, de l'apparence de la bonne foi, le temps, de l'indépendance et de l'impartialité du tribunal.

Le temps est nécessaire pour tout procès ; il faut qu'il soit raisonnable pour purifier la ligne de défense en la débarrassant des impuretés. C'est à lui que se confie le bal des chauves. La ligne de défense dans la justice des hommes, en dépit du rôle de purification du temps, a la capacité de faire accoucher au palais de justice la fille la plus laide nommée *« Erreur judiciaire »*.

C. Le destin aveugle du juge face à la ligne de défense des parties

Les parties soumettent à l'office du juge des prétentions, elles apportent des faits taillés à la ligne de défense consensuellement retenue avec le conseil auxquels elles greffent les dispositions légales. Comme un couturier, le costume est proposé à l'office du juge pour être porté.

Le cadre même de l'instance crée déjà un déséquilibre entre les parties et l'office du juge sur la portée exacte des faits et des droits. Les règles processuelles sont là pour garantir l'égalité des citoyens, malheureusement aux horizons différents.

L'office du juge n'a d'autres choix que de demeurer dans le cadre processuel qui l'oblige à garder la neutralité et l'empêche de se substituer aux parties passionnées par l'idée d'intérêt.

Le cadre processuel ne permet pas toujours au juge d'accéder à la vérité. En dépit du déséquilibre entre l'office du juge et les parties sur la connaissance des faits, le temps et l'intérêt jouent également en défaveur du tribunal.

Le conseil peut avoir la même formation ou peut être moins ou plus que celle des juges. Mais, associée à l'expérience professionnelle, elle crée un déséquilibre. En RDC, par exemple, si les avocats de cassation plaident à toute instance, les avocats à la Cour d'appel ne manquent pas autant l'expérience. Il est souvent gênant et paradoxal de rencontrer deux avocats ayant plus de vingt ans de carrière face à un juge qui n'a que quatre ans d'expérience dont trois ans et six mois au parquet et le reste au siège (sale temps pour le juge comme pour le flic).

Il est une vérité intemporelle que la valeur n'attend point le nombre d'années, mais la police d'audience en souffre non seulement par la

[1544] Régime du secret professionnel de l'avocat.

résistance des conseils à la barre mais aussi par l'inexpérience du juge qui se manifeste par l'absence de maîtrise des règles processuelles. Souvent, c'est désolant de constater que l'office du juge ordonne la surséance injustifiée de l'audience pour aller auprès des collègues obtenir la vérification de connaissances et, parfois, il recourt même à son portable pour appeler en pleine audience.

En dépit des considérations factuelles, avons-nous dit ci-haut, le juge doit trancher les litiges selon les règles de droit qui lui sont applicables. Pour pouvoir trancher, l'office du juge doit tenir compte notamment de l'idée de vengeance de tout procès, la passion des parties, l'intérêt poursuivi, le droit au silence, la théorie des équipollentes, la construction de la ligne de défense.

Le juge doit ainsi avoir à l'esprit que le conseil est processuellement copropriétaire avec son client des intérêts qui sont dans le procès.[1545].

Il est le prolongement de la partie. Ainsi, le juge doit observer la neutralité, l'impartialité à tout égard de peur d'être induit en erreur. L'office du juge doit faire appel à l'application stricte du doute raisonnable en même temps qu'il doit faire l'effort de la virginité factuelle.

Nul ne peut transmettre à autrui plus de droit qu'il n'en a. L'office du juge transmet la justice aux parties s'il est artisan de justice dans son for intérieur, s'il a la culture de la justice, dans son jardin familial, amical, associatif ou professionnel.

Les règles processuelles d'impartialité et d'indépendance, comme le grain, ne peuvent germer que dans le cœur d'un juge assimilable à la bonne terre-ce qui n'est souvent pas facile dans la société d'aujourd'hui.

L'image de déloyauté de l'office du juge ruine davantage la légitimité de la justice par le fait de demander l'argent à quelqu'un qui est sans emploi et poursuivi pour escroquerie par surcroit.

Le différentiel, dans l'application des règles processuelles par l'office du juge, s'observe par la nature humaine de chaque juge. Il est de ceux là qui sont très disposés à la dépendance, à servir les autres, d'autres par contre sont plus rebelles, parfois sans cause.

Les règles processuelles sont incapables d'unifier à coup de baguette les sentiments des hommes pour qu'ils agissent de la même manière et à tout instant. Elles demeurent utiles même à l'office du juge le plus a-juridique pour le contrôler par le jeu des recours.

Le patrimoine processuel rend les juges des copropriétaires de la justice. De ce fait, ils doivent avoir le même sang, le même esprit, l'esprit de corps, pour l'homogénéité des décisions. C'est ce que Benoit Dejemeppe, Christian Panier et Claude Parmentier appellent la sensibilité judiciaire lorsqu'ils font remarquer que « Cet ''air du Palais'' qui, sous la robe, vitalise le sang de

---

[1545] Régime d'honoraires des avocats : SHEBELE Michel, *op.cit*, p. 136, MBUY MBIYE TANAYI, *op.cit*, p. 184.

tous les magistrats, irriguant leurs cerveaux d'une logique dont l'homogénéité l'emporte de beaucoup sur les sentiments divers des individualités idéologiques et politiques »[1546].

En dépit de son destin aveugle, pour sortir grand, au mieux pour faire sortir grande la justice de l'ombre de l'injustice, l'office du juge ne peut inventer la roue, il doit observer les principes processuels.

Un Président de la cour de cassation française avait raison de dire qu'à chaque fois que l'office du juge se trouve devant un cas, même le plus compliqué, il doit rentrer aux principes, à la boussole processuelle par exemple, et au droit de fond.

Dans le nuage processuel, le juge ne peut perdre les fondamentaux, à savoir la présomption d'innocence, la preuve, surtout en cas de doute, tirer les éléments incontestables de rapprochement des parties de ceux qui les repoussent.

Dans l'administration de la preuve, l'office du juge doit impérativement prendre à cœur l'adage de l'ancien droit puis du code justinien qui dit que les preuves de la culpabilité doivent être plus claires que le jour à midi[1547].

Le juge doit sortir des ténèbres par le(s) principe(s) de droit. S'il n'a pas encore trouvé, qu'il demeure dans cette ombre en attendant le jour meilleur étant donné que la finalité de la fonction juridictionnelle est de trancher le litige de manière définitive conformément aux règles de droit qui lui sont amplement applicables. Donc, le juge ne peut se débarrasser d'un dossier par la fuite en avant au risque d'engager sa responsabilité.

Pour pouvoir induire en erreur le juge, les parties utilisent les armes tordues du droit sachant que le tribunal en a l'obsession. Le système judiciaire est une vraie machine démocratique quant à la répartition des compétences entre ses différents organes. L'efficacité de la protection de la justice dépend fondamentalement du fonctionnement légal de tous les organes.

Malheureusement, les organes habitant le palais et devant aider les magistrats sont loin des vertus requises par leur ministère auquel ils sont commis.

En l'état actuel de l'injustice régnante dans le palais de justice, certains auteurs[1548]proposent les reformes du système judiciaire, notamment en ce qui concerne les greffiers[1549].

Mais en attendant les reformes souhaitées, la machine judiciaire est grippée.

[1546] DEJEMEPPE Benoit, PANIER Christian et PARMENTIER Claude, *op.cit*, p. 33.

[1547] Adage de l'ancien droit puis du code justinien. Dominique INCHAUSPE, *op.cit*

[1548] MUKADI BONY, N. KABASELE KABASELE, N. MANATSHITU BILE MPUTU, MUKADI BONY Jr et S. NTUBA KABEYA ; *Cinquante ans de législation post-coloniale au Congo-Zaïre. Quel bilan ?* , CRDS, Bruxelles, 2010, p. 583.

[1549] Matadi Nenga Gamanda, *op.cit.* p.191.

Les greffiers et les huissiers viennent souvent en appui aux parties déloyales, et il est courant que ceux-ci accomplissent les exploits dans leur bureau en prétextant par des formules juridiques qu'ils se sont rendus au domicile du défendeur et ont signifié l'exploit en parlant à X qui se réserve de signer mais qui en reçoit copie.

Cette pratique est récurrente surtout pour les parties qui ont duré longtemps en justice. Les huissiers et les greffiers, connaissant bien les noms des membres de famille ou des organes, n'hésitent pas à procéder à la fausse signification.

Dans certains cas, en l'absence du concours intéressé d'une partie, l'huissier préfère commettre la fausse signification en vue de garder les frais de déplacement lui remis par le justiciable intéressé[1550].

Le régime de requête civile ou de révision[1551] semble inquiéter certaines parties qui recourent aux fausses pièces, notamment en matière d'actes authentiques en vue d'emporter la foi due à ce type d'actes.

La justice congolaise traverse une période d'illégitimité rare de son histoire due notamment à l'usage par les parties de faux titres de propriété en matière immobilière. Et, curieusement, les pierres sont souvent jetées sur le palais de justice et non sur les parties déloyales.

En observant le déroulement de la justice, l'erreur judiciaire n'est facilement réalisable qu'avec la contribution toute significative d'une des parties. La déloyauté des parties n'est pas seul apanage des cours et tribunaux, toutefois, est-il besoin de le dire, la généralité de ce vice ne constitue pas une cause de justification.

Le règlement du football, par exemple, prescrit comme principe cardinal le fairplay. Les expériences démontrent que les équipes et les joueurs foulent au pied cette règle cardinale avec les matchs truqués, le recours au dopage et à la corruption des arbitres[1552].

La ligne de défense choisie par la partie au procès domine sur les règles processuelles à charge des justiciables que tentent d'encadrer les principes de la loyauté et du contradictoire. En vue de renforcer la bonne foi processuelle, le droit anglo-saxon institue le serment et pour les parties et pour les témoins.

La poursuite de l'intérêt domine le droit anglo-saxon où les parties se comportent comme dans d'autres systèmes juridiques contemporains. On l'a vu, la déloyauté des parties n'épargne pas les témoins[1553] qui se laissent eux aussi emporter par le même vent. Pourtant, et c'est le lieu de le relever, la

[1550] En RDC la précarité du personnel judiciaire expose les greffiers et les huissiers à de telles pratiques.
[1551] La requête civile, appelée la révision en droit français se fonde sur :
[1552] Les sanctions de la FIFA.
[1553] L'importance du témoignage face aux preuves scientifiques.

société post coloniale reste porteuse d'un criant dualisme juridique, un autre problème à la justice.

D. Le dualisme juridique, le dialogue des sourds ?

En effet, les justiciables recourent au service public de la justice sans avoir au préalable la même unité de mesure des valeurs sociales et de la règle de droit applicable au litige.

Les sociétés africaines sont tributaires de la civilisation coloniale qui est elle-même empreinte d'une autre philosophie du droit alors que la manière d'être d'un peuple est unique en son genre et se définit souvent dans ses us et coutumes. La coexistence légale des autorités politico-administratives et coutumières constitue l'évidence du dualisme juridique[1554].

La reconnaissance constitutionnelle de l'autorité coutumière renvoie à la question de la tribu et de l'ethnie. D'ailleurs, l'exigence constitutionnelle d'un congolais d'origine est le fait pour une personne d'appartenir aux groupes ethniques dont les personnes et le territoire constituaient ce qui est devenu le Congo (...) à l'indépendance[1555].

Le juge soumis à l'autorité de la loi n'a pas pour rôle de rendre les justiciables croyants au droit écrit, fait de l'importation et/ou athée à la coutume. Les contestations des décisions de justice se justifient parfois par rapport à ce dualisme juridique vivant.

A titre indicatif, le système coutumier et le droit écrit ne déterminent pas de la même manière les héritiers et leur rang[1556]. C'est le cas du conjoint survivant issu du système patriarcal, alors que le de cujus était élevé dans le système matriarcal, couple vivant de surcroit en ville. Dans un tel différend de succession, l'office du juge a la loi écrite comme celle applicable, pendant que le demandeur ou le défendeur appuyé par la famille se fonde sur une coutume parfois contra legen comme seule source de droit applicable.

Cependant, dans leur charge de dire le droit, comment les juges contemporains des parties dominées par l'intérêt et l'évidence du dualisme juridique se comportent-ils ?

Section 2 : QUIS CUSTODES CUSTODIET ?[1557]

La justice, selon Pascal, « *Jus Suum iunicuique* », c'est reconnaître à chacun son droit[1558]. Maître Jean-François A. Charter trouve un fil de la

---

[1554] Article 207 de la constitution de 2006.
[1555] Article 10 de la constitution de 2006.
[1556] Article 758 du code de la famille.
[1557] Qui vous protégera contre ceux qui nous protègent
[1558] A.CHARTER Jean Luc, *L'esprit de la justice in Hommages en l'honneur de Jean-François Burgelin*, Dalloz, Paris, 2008, p. 104.

justice de Platon à Levinas, celui de la placer dans une théorie morale ou sociale[1559].

L'histoire de la magistrature démontre de nos jours la chute de son importance dans la cour royale ou républicaine et surtout dans les transitions constitutionnelles[1560].

A la compétition sociétale, certains métiers périphériques jadis ont commencé ou commencent à conquérir le centre du pouvoir et s'imposent dans la société au-delà de la fonction de magistrat dont la déliquescence fait de plus en plus perdre sa légitimité royale.

Les astronautes, les journalistes de grandes chaînes de télévision, surtout leurs vedettes, les ingénieurs constructeurs des bateaux, d'avions, d'ordinateurs, etc. sont au cœur du pouvoir par rapport à un juge de premier échelon de la magistrature, affecté à une juridiction difficilement identifiable sur la carte nationale.

Les revenus mensuels ou annuels des magistrats semblent faire douter de leur divinisation d'autrefois. Ainsi, ces dieux d'hier sont devenus des hommes de la classe moyenne au point d'être assimilés à des infirmiers et aux simples cadres subalternes de société.

Même si Antoine Garapon considère que le magistrat est un gardien des promesses, il est d'avis que la magistrature judiciaire a perdu toute influence politique depuis la révolution et son modèle professionnel est à rechercher du côté de la cour de cassation, « l'élite universitaire pour les arrêtistes »[1561].

La justice comme pouvoir ou autorité semble être représentée par les hauts magistrats des cours de cassation ou de cours suprêmes revêtus du régime d'irresponsabilité civile. Par contre, les magistrats inférieurs sont jetés quant à eux à la pâture de l'exécutif[1562].

La chute du rang de la magistrature ne résiste pas à l'observation du Président Nicolas Sarkozy qui disait: « (…) Je n'ai pas envie d'avoir dans la même moule, les mêmes personnes, tout le monde qui se ressemble, alignés comme des petits pois, même couleur, même gabarit, même absence de saveur »[1563].

En vue de cerner le rôle du magistrat, le professeur Bernard Asso rappelle que la République n'est pas une démocratie même si elle a des modes démocratiques de désignation de ceux qui exercent le pouvoir politique. Les magistrats sont là pour appliquer le droit et le rendre juste dans son application[1564].

1559 Idem, p.104.

1560 Le processus de transition dans les Etats africains par un droit transitoire non effectif.

1561 GARAPON Antoine, *Le gardien des promesses*, éditions Odile Jacob, Paris, 196, pp.58-59.

1562 L'irresponsabilité civile des hauts magistrats anglosaxons : CANIVET Guy et JOLY – HURARD Julie, p. 1060.

1563 MOISAN Dorothée, *Le justifier*, édition du moment, Paris, 2010, p.66.

1564 Bernard ASSO, *op.cit*, p. 38.

Le magistrat Denis Salas revient avec l'exemple de Zadig de Voltaire qui livra la bataille contre la brutalité de mœurs, consacrée par la loi antique indoue qui consistait à envoyer au bucher les veuves. Zadig combattit également sur l'île de Serendib la loi qui défendait aux Rois d'épouser les femmes à la prunelle claire. De ces expériences éclairantes, Jean Carbonnier tire des évidences contemporaines à savoir la passion folle et rusée d'un mort qui continue de dicter sa loi aux vivants[1565].

Voltaire considère que la loi, bien qu'inspirée par l'intérêt d'une population, est l'expression d'une caste au pouvoir, fruit d'une volonté arbitraire. Derrière le droit, il y a la législation, il y a les groupes qui font des lois comme des machines montées par la ruse de quelques uns. Et Jean CARBONNIER d'enfoncer le clou en disant que « Le droit nait bel et bien du dol »[1566].

Quelles que soient les thèses soutenues de la fonction juridictionnelle [(1567)], les règles processuelles offrent un costume standardisé pour tous les magistrats, malheureusement qui n'ont pas la même taille pour le porter correctement, leurs décisions insécurisant plus que les actes des truands.

§ 1. Le palais d'injustice : réalité au-delà de la fiction

L'effectivité de la justice n'a de sens que dans un Etat de droit où la volonté politique accepte que l'Etat soit limité par celui-ci (le droit).

Le Premier Président de la cour de cassation française disait que le combat et l'engagement politique sont du ressort des citoyens[1568].

Les dictatures et les transitions constitutionnelles constituent des zones de turbulence du droit judiciaire, au mieux de toute règle de droit. A ce titre, le préambule de la constitution congolaise de 2006 est très sincère par rapport à l'état de la règle du droit : « (...) la contestation de la légitimité des institutions et de leurs animateurs. Cette contestation a pris un relief particulier avec les guerres qui ont déchiré le pays de 1996 à 2003 en vue de mettre fin à cette crise chronique de légitimité et de donner au pays toutes les chances de se reconstruire »[1569].

Le préambule de cette constitution peut ainsi être rapproché à celui du traité pour l'Europe déjà cité.

[1565] ZADIG cité par Denis SALAS, La justice saisie par la littérature dans l'œuvre de Jean Carbonnier, in *Justices et droit du procès*, *op.cit*, p. 58.

[1566] Voltaire et Jean CARBONNIER cités par Denis SALAS, *op.cit*, p. 58.

[1567] Thèses organique et fonctionnelle : BOUCOBZA Isabelle, *La fonction juridictionnelle. Contribution à une analyse des débats doctrinaux en France et en Italie*, Dalloz, Paris, 2005, pp.27 à 209.

[1568] CANIVET Guy, Discours du 3 février 2007.

[1569] Constitution de la République Démocratique du Congo, Journal officiel, 47ème année, numéro spécial, 20 juin 2006, p. 7.

Parce que la justice est un service public, il revient au politique de l'organiser, et il va de soi qu'elle se laisse influencer positivement ou négativement par le système politique en place.

Si elle n'est pas au cœur du système étatique, la justice peut se trouver à la périphérie de la société où la règle serait telle qu'à chacun sa justice.

Une dame, cherchant le palais de justice pour répondre à un rendez-vous d'un magistrat, demanda à un passant sans savoir qui était l'interlocuteur[1570] « où était le Palais de justice » ? Ce dernier lui répondit qu'il était difficile de trouver un palais de justice en République Démocratique du Congo. Au moins, il lui indiqua la maison où les magistrats travaillent.

Les juridictions inférieures sont occupées par des juges généralement de classes moyennes et issus de différents milieux. Ils tiennent à sortir de la précarité parfois par la profession ou par l'abus de la profession. A ce titre, ils auront tendance à privilégier leur carrière au détriment de la justice. Ils ne peuvent mener aisément un procès qui est un univers de fiction et de pression, de manipulations légitimes auxquelles le juge doit résister ou y succomber[1571].

La cartographie de la criminalité semble avoir chassé la justice de la cour royale pour se retrancher dans les zones périphériques. Le criminel, aux temps anciens, était considéré comme un exclu social. Les actes infractionnels étaient posés par l'instinct de survie et non de richesse. L'on pouvait escroquer, voler, abuser pour avoir de quoi se nourrir au quotidien et là on alléguait en contrepartie que c'était des actes posés pour des raisons d'extrême nécessité.

Autrefois, le cercle des richesses était très petit. C'était la famille royale, les notables, les hauts gradés de l'armée, les propriétaires terriens, les hauts fonctionnaires, les hauts religieux etc ; des classes très limitées qui pouvaient influencer négativement ou positivement le pouvoir judiciaire.

Mais aujourd'hui, l'augmentation effrénée des domaines stratégiques et d'enrichissement a eu pour conséquence l'accumulation des richesses.

Il y a peu, personne ne pouvait s'imaginer qu'un homme travaillant en culotte soit bénéficiaire d'une rémunération annuelle de plus de trente millions d'Euro, auxquels le magistrat est même interdit[1572]. Ceux qui font rire, ceux qui chantent et même les personnes qui se livrent à la bagarre professionnelle[1573] s'enrichissent et accèdent au cercle des nobles de la société, alors que jadis c'était des roturiers.

[1570] L'interlocuteur était un avocat général près la cour d'appel de Gombe connaissant que le droit était chassé du palais par ses habitants.

[1571] GARAPON Antoine, *Bien juger, essai sur le rituel judiciaire*, édition Odile Jacob, Paris, 1997, p.310.

[1572] Le joueur de foot comme Lionel Messi de FC Barcelone, Espagne.

[1573] Les arts martiaux.

La suppression des privilèges a ouvert la porte à la quasi généralité des citoyens d'accéder aux hautes fonctions publiques. Les deux pouvoirs traditionnels gardent encore le cœur du royaume et non le troisième.

Actuellement, la justice est utilisée à des fins d'enrichissement des hommes forts politiquement ou financièrement[1574].Elle a toujours été utilisée par l'exécutif pour régler les comptes aux brebis galeuses.

Dans le jeu d'influence sur le plan financier, il est utile de comparer les revenus annuels entre différentes professions pour démontrer le recul du prestige de la fonction de magistrat.

PDG	Directeur de banque	Ingénieur aéronautique	Joueur de football	Musicien
Catcheur	Ministre	Substitut du procureur de la République	Médecin	Général

Dans ce jeu d'influence, la justice prétend régler la majorité des différends dans la société, ce qui la pousse dans le tourbillon des pressions. Les juges des juridictions inférieures sont les plus vulnérables pour pouvoir appliquer les principes processuels au procès équitable.

Lesdits principes constituent des droits fondamentaux faisant partie des principes généraux de droit comme il a été décidé par la cour de justice des communautés européennes dans ces nombreux arrêts[1575].

Le principe des droits de la défense a pris plus de relief sur les autres en s'imposant à toute juridiction et à toute instance[1576].

Les juridictions inférieures sont constamment dans une situation où l'application des principes d'impartialité et d'égalité se révèle difficile notamment en ce qui concerne les affaires politiques, les infractions pouvant amener l'affrontement des communautés au sein d'un même Etat, bonne cause de Kevin aux Etats-Unis[1577] ou également les infractions de terrorisme, selon la logique du Président George W. Bush[1578]. Sous cette logique de guerre des civilisations chrétienne et musulmane, les principes d'égalité des parties et de loyauté dans la constitution des preuves où les renseignements se mêlent à l'impartialité en souffrent rudement[1579]. A ce titre, l'exemple de la fable *Le Loup et l'agneau* de Jean de La Fontaine

[1574] Le politique a la charge d'organiser le service public de la justice.

[1575] CJ.CE.17/12.1970, Internationale Hand elgeselles-chaft mott. C/ Einfuhr und. Varratsstelle fur Getreide und fritter mitell. Affaire 11/70. Rec 1970, p. 1125 point 4.

[1576] CJ.CE ; 3ème chambre, 29 septembre 183 cour des comptes c/Calvin. E. William. Affaire 9/81 Rec 1983, p. 2839 point 7, CJCE, 9 novembre 183, NU Nederlands che Bander industrie Michelin c/Commission. Affaire 322/81 Rec. 1983 P. 3461 point 7.

[1577] Les questions raciales

[1578] L'association islam intégrisme.

[1579] RAÏSSI Lotti, *op.cit*, p. 71.

constitue un meilleur cas de figure : « (...) si ce n'est toi, c'est donc ton frère, ou alorsquelqu'un des tiens », ce d'autant plus que le loup était résolument décidé d'en découdre avec l'agneau même si ce dernier avait raison, celle du plus fort étant la meilleure.

L'insécurité que génèrent les gens de la justice est hors norme. Maître Rémy Kashama Tshikondo, au haut de son expérience, propose les conseils selon lesquels saisir un magistrat congolais, c'est la dernière chose à laquelle il faut penser, du fait de la fébrilité, l'imprévisibilité, la versatilité voire la méchanceté de nos magistrats, le demandeur perd totalement la maîtrise[1580].

Le professeur Loïc CADIET et ses pairs notent clairement qu'à la cour pénale internationale, à la différence de la cour internationale de justice, la juridiction est saisie d'un contentieux déséquilibré, opposant une puissance publique (Etat ou organisation internationale) à une personne privée qui fait l'objet des poursuites. Cette inégalité justifie un surcroit de garanties dans l'ordre des exigences du procès équitable. Pour cette fin, la cour, disent-ils, se compose de dix-huit juges des nationalités différentes[1581].

En droit interne, pour de nombreuses législations, la fonction des magistrats est réservée aux nationaux. Il est ainsi difficile de rétablir l'équilibre comme à la Cour pénale internationale.

Les juridictions ont une tâche difficile à réaliser dans une petite salle d'audience, celle de convaincre et de rendre effectives les règles processuelles. Les parties, aux classes sociales diamétralement opposées doivent être traitées équitablement mais leur esprit demeure dissocié à l'effort de l'égalité du tribunal. Comment convaincre Voltaire, employé de Marcel DASSAULT, qu'il jouit des mêmes règles que son patron[1582], surtout lorsque le riche a des droits dignes de protection ?

A l'heure de la guerre économique où la puissance publique appuie les opérateurs économiques à la conquête des territoires lointains, c'est le temps de l'espionnage économique.

L'exécutif en guerre ne veut pas que ses soldats soient emprisonnés, comme le veut obsessionnellement la magistrature. Ces soldats d'un genre particulier sont des opérateurs économiques face aux enjeux mondiaux. L'unicité de la politique et le système économico-financier devient un rouleau compresseur sur la justice[1583].

Si dans les pays du Nord, les juridictions inférieures se réfugient dans la règle de droit qui les protège, avec l'esprit du corps qu'animent le conseil

---

[1580] KASHAMA TSHIKONDO Remy, *Dans l'arène judiciaire congolaise, chronique d'une justice en déliquescence*, Agora, Capetown, 20013, p. 127.

[1581] CADIET Loïc, NORMAND Jacques et AMRANDI MEKKI Soraya, *Théorie générale du procès*, PUF, Paris, 2010, pp. 235-236.

[1582] BROUSSARD Philippe et PONTAUT Jean Marie, L'express, 2010, p. 152.

[1583] NOUZILLE Vincent, *Dans le secret des Présidents*, Fayard, Paris, 2010 ; BROUSSARD Philippe et PONTANT Jean Marie, *Les grandes affaires de la Vème république*, L'express, Paris, 2010.

supérieur des magistrats, les syndicats, l'opinion publique et les médias ; tel n'est pas le cas dans les pays du Sud où l'impunité est consacrée. L'esprit du corps fait défaut, les syndicats sont inféodés et les juges n'ont pas de protection suffisante et effective[1584].

Le jeu étant déréglé, les juges rendent des décisions qui ne reflètent pas souvent l'unicité du corps et, partant, ne construisent pas la sécurité juridique. Dans un contexte d'impunité, les juridictions ont des difficultés de juger car juger, c'est à la fois volonté et refus, désir des tiers et méfiance, se montrer apte à s'abstraire de soi, du monde, de l'impression d'audience[1585].

Joseph DE FERRIERE,décrivant au mieux la qualité du juge parfait, respectueux des principes processuels, dit qu'elle

> N'est due qu'à l'assemblage de plusieurs vertus réunies dans une même personne. Ce n'est point assez, pour être juge, d'avoir un esprit et de la science, il faut que la prudence, la vérité et la candeur brillent dans tous ses jugements de manière qu'un sage discernement conduise toujours la rectitude de ses suffrages et que son équité ne soit pas moins l'asile des infortunés (...), il faut donc qu'un juge (...) n'ait bien tant à cœur que de suivre les Rois et la justice, qu'il y ait assez de prudence pour ajuster les lois et les ordonnances aux circonstances de fait[1586].

Dans un environnement d'impunité et de précarité, force est de constater malheureusement que la préservation de la carrière et la survie du juge l'emportent souvent sur les principes processuels.

Le fonctionnement de la magistrature, comme corps, est jugé par la qualité et l'uniformité de ses décisions ; bref, la constance dans la jurisprudence. C'est dans cette dernière que l'on observe le respect d'application de mêmes règles tant de fond que de procédure pour tous les justiciables.

La variation des décisions judiciaires des cours et tribunaux est due notamment à la violation du droit fondamental processuel d'égalité des parties. Il s'oppose à ce que des situations différentes soient traitées de manière identique ou que des situations comparables soient traitées de manière différente[1587].

L'absence de la constance des décisions de justice sur un point de droit est une source sérieuse d'insécurité juridique. Elle est même l'évidence, en tant que corps, que les magistrats ne jugent pas selon les mêmes règles processuelles, pourtant impératives.

[1584] L'Etat de droit fait défaut, socle du respect de statut de magistrat.

[1585] GARAPON Antoine, *op.cit*, p. 314.

[1586] FERRIERE Joseph cité par BURGELIER Catherene, Juge sans préjugé, in *Mélanges en l'honneur de Jean François Burgelier*, Dalloz, Paris, 2008, p. 317.

[1587] CJ.CE. 28 juin 1990. Affaire e174.181, Rec 1990, P.I. 2681.

La Cour européenne des droits de l'homme considère la sécurité juridique comme étant un principe général du droit communautaire déduit des Etats membres. Ce principe repose sur l'idée de certitude du droit à laquelle peuvent prétendre tant les particuliers, les Etats membres que les institutions communautaires[1588].

La Cour européenne de droit de l'homme arrêta aussi que :

1. Toute situation de fait soit normalement, et sauf indication contraire, appréciée à la lumière des règles de droit qui en sont contemporaines[1589].
2. Si en règle générale, le principe de la sécurité des situations juridiques s'oppose à ce que la portée dans le temps d'un acte communautaire voie son point de départ fixé à une date antérieure à sa publication, il peut en être autrement, à titre exceptionnel lorsque le but à atteindre l'exige et lorsque la confiance légitime des intéressés est dûment respectée[1590].

La fonction interprétative des lois reconnues aux cours et tribunaux et leurs décisions font corps avec les lois interprétées. Il faut alors que la règle du précédent puisse jouer utilement. C'est en ce sens que la cour européenne des droits de l'homme décida que l'on doit tenir compte de sa jurisprudence, de son interprétation des droits fondamentaux[1591].

C'est au nom également de la sécurité juridique que les principes de la non rétroactivité des lois, de la légalité des peines et des infractions ont été édictés.

La constance des décisions de justice amène la confiance populaire qui légitime ses institutions. Le droit international, à juste titre, érige en principe général de droit la confiance légitime car il est protecteur des administrés qui comptent sur le maintien d'une situation contre le changement de réglementation susceptible de l'affecter[1592]. Le principe de confiance légitime s'enkyste sur le principe général de droit de respect des droits acquis.

L'exigence suivant laquelle les cours et tribunaux soient constants dans leurs décisions permet aux justiciables et à leurs conseils d'évaluer leurs chances d'aboutissement des intérêts avant même la saisine de la juridiction.

[1588] *Dictionnaire juridique des communautés européennes*, PUF, Paris, 1993, P. 940

[1589] Arrêt du 12 octobre 1978. Affaire 10/78 Belbonab/Bundes Knappschaft, Rec. p. 1985, 1924.

[1590] Arrêt du 25 janvier 1979 Affqaire 98/78 Rache/Harptzolleurt Mainz. Rec P. 69, 86. Affaire, 99/78 Decker/Harptzolleurt. Landau Rec. pp. 101- 111 : Répertoire de jurisprudence de droit communautaire. CEE, CECA) CEEA : cour de justice et tribunal de première instance 1977)190, vol 1, Luxembourg, 195.

[1591] CJCE, 15 octobre 2002, Limburgse VinyL Maatschappij NU. (LUM) et DSM, C ; 238/99. P... pts 170 et 275 cité par Frédéric SUDRE, *Droit européen et international des droits de l'homme*, 10ème édition, PUF, Paris, 1989, pp. 150-151.

[1592] *Dictionnaire des communautés européennes*, PUF, 1993, p. 861.

La constance des décisions judiciaires engendre l'idée de certitude et de clarté des justiciables et surtout dans le chef des conseils. C'est pourquoi, la cour décida en ce sens que :

1. le principe de sécurité juridique exige qu'une réglementation imposant des charges au contribuable soit claire et précise, afin qu'il puisse connaître sans ambigüité ses droits et obligations et prendre ses dispositions en conséquence[1593].
2. Une sanction, même de caractère non pénal, ne peut-être infligée que si elle repose sur une base légale claire et non ambigüe[1594].

La justice étant conçue comme la propriété de la loi, l'office du juge fixe la population, de part sa mission de dire le droit, la portée exacte de la norme légale.

Le droit anglais définit la Common Law comme étant le bon sens manifeste donné par les juges. Le juriste américain soutient, parfois avec raison que « plus que la loi, c'est ce qu'en fait le juge qui est important ».

Par voie de décision judiciaire, l'office du juge devient un miroir dans lequel la société, les institutions publiques comme privées, les justiciables et surtout les conseils regardent les contenus des lois. C'est pour répondre aux exigences de la confiance légitime et des droits acquis contenus dans un autre principe, celui de la sécurité juridique, que l'office du juge ne peut changer le précédent sans justification.

Le droit processuel allemand est très soucieux de la préservation de jurisprudence. Il prescrit en effet que pour éviter des divergences de jurisprudence entre les cinq cours suprêmes, qu'une chambre commune des cours fédérales suprêmes (Gemeinsamer senat derobersten Gerichtshole des Burdes) soit créée-ce qui fut fait. Elle se constitue lorsqu'une juridiction suprême veut s'éloigner de la jurisprudence d'une autre cour de révision ou de la jurisprudence de la chambre commune elle-même[1595].

Le droit suisse, à l'instar du droit allemand, tient à la préservation de la jurisprudence pour observer le principe de sécurité juridique. L'article 23 de la loi sur le tribunal fédéral stipule que :

- une cour ne peut s'écarter de la jurisprudence arrêtée par une ou plusieurs autres cours qu'avec l'accord des cours intéressées réunies ;

[1593] Arrêt du 9 juillet 1981. Affaire 169/80, Administration des douanes, Gondrand Frères, Rec. 1931, 1942 ; Arrêt du 22 février 1989, Affaire 92 et 93/97 Commission/France et Royaume-Uni, Rec. p. 405, 443.

[1594] Arrêt du 25 septembre 1984, Affaire 117/83 Könecke / Balm, Rec. P. 3291, 3302 ; Arrêt du 18 novembre 1987, Affaire 137/85 Maizena/Balm, Rec. P. 4587, 4607 ; Arrêt du 12 décembre 1990 ; Affaire C 172/89 Vandermoortele/Commission, Rec. P. 14677, 4693.

[1595] Les juridictions des Etats membres de l'union européenne. Structure et organisation, cour de justice des communautés européennes, Luxembourg, 2009.

- lorsqu'une cour entend trancher une question juridique qui concerne plusieurs cours, elle demande l'accord des cours intéressées réunies si elles sont d'avis qu'une décision commune soit souhaitable pour le développement du droit ou l'uniformité de la jurisprudence (...)[1596].

En effet, la fonction de juger a beaucoup d'aléas, notamment dans les cas des infractions intentionnelles avec les processus criminels. Si aucun homme ne peut prétendre appartenir à l'empyrée, écrivait Voltaire ; il est aisé de commettre une erreur judiciaire au pénal qu'au civil[1597].

Les justiciables européens, surtout italiens ressentent l'injustice de la part des gens de la justice plus en matière répressive et moins en matière civile et commerciale.

La justice actuelle en RD Congo révèle une capacité extrême de nuisance. Le Doyen de l'Ordre National des Avocats rapporta à un confrère pour le prévenir de ne pas avoir la crise cardiaque avec la justice qu'il fallait qu'il « mette en tête que tout peut arriver dans chaque procédure ». Comme beaucoup ont écrit sur la capacité du parlement anglais, il ne lui reste que de transformer l'homme en femme. Il y est parvenu avec le mariage homosexuel.

La justice congolaise détient une telle capacité de transformation qu'elle en est arrivée au niveau de convertir le créancier en débiteur, le locataire en propriétaire immobilier. Comment, en matière civile, un contrat de vente, de location etc. peut-il amener à l'erreur judiciaire même lorsqu'il y a des aveux du défendeur ?

Dans l'un de ses écrits, Maître Kalala Muena Mpala, avocat au Barreau de Kinshasa/Gombe, essaie de mettre à jour l'injustice des gens de la justice. Le professeur LUKOMBE NGHENDA le recoupe lorsqu'il révèle que les juridictions sont érigées en champs d'affaires où le dol et l'iniquité sont utilisés pour couvrir de légalité apparente des escroqueries[1598].

Maître Rémy KASHAMA TSHIKONDO, avocat au Barreau de Lubumbashi, soutenant l'idée émise par le professeur LUKOMBE NGHENDA, affirme notamment que

> (...) Nous avons atteint le fond de l'abîme en cette matière. La justice (congolaise) est devenue un repère d'individus sans foi ni loi qui se livrent allégrement à la rapine, au trafic d'influence et dont la seule loi se résume à cette invention millénaire des Phéniciens : la monnaie[1599].

[1596] Article 23 Loi sur le tribunal fédéral du 17 juin 2005 (Etat le 1er janvier 2011. Confédération suisse, chancellerie fédérale, 2011, p. 7

[1597] VOLTAIRE cité par DE VALICOURT Eliane, *op.cit*, p. 39.

[1598] LUKOMBE NGHENDA cité par KALALA MUENA MPALA, *Juridictions de droit commun siégeant en matière du travail*, édition Nata, Kinshasa, 2008, p. 323.

[1599] KASHAMA TSHIKONDO Remy, *Dans l'arène judiciaire congolaise : chronique d'une justice en déliquescence,* Agora, Capetown, 2013

D'ailleurs, la RD Congo reste non attractive aux investissements étrangers notamment par absence de sécurité juridique et judiciaire, la justice n'y a pas encore atteint le standard international.

L'institution des cours suprêmes de justice et des cours de cassation tend à la volonté de toute société à uniformiser à l'échelle nationale l'application de la loi. C'est à ce titre que la cour de cassation s'est vue attribuer la fonction, dès ses origines, de gardienne de l'unité de la jurisprudence, en même temps que celle de la loi[1600].

Est-ce qu'après cette institution de cour de cassation, juge de droit et non de fait, a-t-elle apporté la sécurité juridique ainsi le repos des justiciables et celui de la société ?

§ 2. Institution de la cour de cassation : espoir éventré

Le régime processuel actuel de la Cour de cassation ne peut permettre le repos de la société et celui des justiciables parce que n'étant la juridiction de fond ni celle de troisième degré. La haute Cour n'a pas de moyens efficaces pour censurer toutes les décisions des juridictions de fond (A). Son formalisme processuel ne permet pas aussi l'effectivité du recours (B). Au regard même des décisions insécurisantes des juridictions de fond, les justiciables encombrent la haute Cour.

A. Juridictions de fond insécurisantes

La Cour de cassation a été créée sur le modèle français pour sanctionner la violation grossière de la loi équipollente au dol commise par le juge de fond[1601].

La gardienne de la loi est saisie par voie de pourvoi. Rappelant l'étymologie de l'expression *« se pourvoir »* en vieux français, écrivent Serge GUINCHARD et ses pairs, « *purveoir* »,« *pour* » et *« voir »*, signifiait examiner attentivement.[1602].

La création de la cour de cassation doit répondre à un besoin fondamental de la justice comme par exemple aujourd'hui en RD Congo, celui

> D'établir un corps de magistrats (…) à la sagesse desquels on confierait l'examen (…) de tous les jugements qui seraient attaqués, et qui revêtus d'une spécialité exclusive seraient, dans chacune de leurs décisions, absolus, impartiaux, intègres, indépendants et offriraient

[1600] Les juridictions des Etats membres de l'union européenne, structure et organisation, *op.cit*,

[1601] GUINCHARD Serge, CHAINAIS Cécile et FERRAND Frédérique, *Procédure civile ; droit interne et droit de l'union européenne*, Dalloz, Paris, 2010, p. 887.

[1602] Idem.

ainsi à l'ordre public plus de sécurité, plus de garantie et plus de repos[1603].

A ce titre, les juges d'absolus impartiaux, intègres et indépendants de la cour de cassation devraient amener notamment la sécurité juridique.

Le Procureur Général, Jean François Burgelin souligne l'importance de la sécurité juridique aux yeux de Jean Carbonnier en disant que « La loi doit accompagner le changement de la société, sans la précipiter ni tenter de l'arrêter. Il est de l'inflation juridique comme de la monnaie : elle fait perdre toute crédibilité aux valeurs »[1604].

Déduisant de ce vœu de Jean Carbonnier, le Procureur Général Jean François Burgelin épingle les aléas de la vie auxquels s'ajoutent les résultats de l'instabilité de la loi et de la jurisprudence[1605].

Le dictionnaire juridique note que le principe de sécurité juridique, déduit du droit des Etats membres de l'Union Européenne, repose sur l'idée de certitude du droit à laquelle peuvent prétendre tant les particuliers, les Etats membres que les institutions communautaires. L'impératif de clarté ressorti à cette exigence une réglementation imposant des charges au contribuable doit être claire et précise afin de lui permettre de connaître ses droits et ses obligations (CJ.CE, 9 juillet 1981, administration des douanes c/société anonyme Gondraud Frères et société anonyme Garancini, Aff. 169/80 Rec. 1981, P. 1931, point 7)[1606].

La cour jugea relativement au principe de sécurité juridique qu' « il exige que toute situation de fait soit normalement et sauf indication contraire appréciée à la lumière des règles de droit qui en sont contemporaines (arrêt du 12 octobre 1978, Aff. 10/78. Belbonab/Bundesknappschaf/Rec. P. 1915, 1924)[1607].

La règle du précédent, par exemple de la cour européenne des droits de l'homme, faite autour de la perspective constitutionnelle, participe à la construction d'un ordre public européen[1608].

Le précédent judiciaire, lorsqu'il participe à la sécurité juridique, devient l'instrument de la préservation des droits acquis que l'on peut invoquer soit lorsqu'on passe d'un régime juridique à un autre, et il s'impose de

---

[1603] Discours prononcé par Mr CANIVET Guy, Premier Président de la Cour de cassation à l'audience solennelle de début d'année judiciaire, le jeudi 6 janvier 2000, Rapport de la cour de cassation, 1999, Documentation Française, Paris, 2000, p. 50.

[1604] Discours prononcé par Mr BURGELIN Jean François, Procureur Général, Rapport de la cour de cassation, 2003, p. 25.

[1605] Idem, p. 25.

[1606] *Dictionnaire juridique des communautés européennes*, PUF, Paris, 1993, p. 859.

[1607] Répertoire de jurisprudence de droit communautaires (CEE-CECA-CEEA) cour de justice et tribunal de première instance 1977-1990, vol 1, Luxembourg, 1995, p. 36.

[1608] SUDRE Frédéric, *op.cit*, p. 821.

déterminer les effets de premier régime, soit lorsqu'une nouvelle interprétation judiciaire se substitue à l'ancienne[1609].

Le besoin de sécurité judiciaire par la stabilité de la jurisprudence demeure d'actualité comme au jour de la création de la cour de cassation à laquelle on confia le rôle de la sentinelle de la loi établie pour le maintien des lois[1610].

Comment y parvenir avec des juges de cassation qui ne rentrent pas dans la vision des créateurs de celle-ci qui lui veulent des « juges absolus impartiaux, intègres, indépendants ». Ce sont ces juges là qui peuvent offrir à l'ordre public plus de garantie et plus de repos.

Le portrait robot des juges de cassation a été levé au niveau de l'univers qui ne signifie nullement cosmopolite, mais comme disait Mauro CAPPELLETTI, *« Plus un homme est de son époque et de son pays, plus il appartient d'autre part à toutes ces époques et à tous les pays »*

En préfaçant le livre de Robert CHARVIN, « *Justice et politique* », le professeur René-Jean DUPUY exprime une évidence que la justice est contemporaine et exprime l'éthique sociale du moment ». En dépit de l'immense rôle de celle-ci, elle n'a pas cessé d'être le rêve des imbéciles.[1611]

Les palais contemporains de justice de Jean Omer Joly sont là, faut-il attendre d'eux la justice ? Voltaire peint mieux. Saint Simon dit de l'Aguesseau, avocat général à 22 ans et demi et procureur général à 32 ans affirme, avons-nous dit plus haut que « Le long visage du Parquet lui avait gâté l'esprit. Un petit singe à face de Thersite, au sourcil noir, au teint gris. Bel esprit faux, qui hait les bons esprits »[1612].

La Fontaine décrit encore mieux les magistrats contemporains :

« Un baudet chargé de reliques
s'imagina qu'on l'adorait :
Dans ce penser il se carrait,
Recevant comme siens l'encens et les cantiques.
Quelqu'un vit l'erreur et lui dit :
« Maître Baudet, ôtez-vous de l'esprit une vanité si folle. Ce n'est pas vous, c'est l'idole
A qui cet honneur se rend,
Et qui la gloire en est due
D'un magistrat ignorant
C'est la robe qu'on salue » [1613].

[1609] DE SCHUTTER Olivier, *op.cit*, pp. 504-505.

[1610] BADINTER Robert, *Une autre justice*, 1789-1799, Fayard, Paris, 1989, p. 63.

[1611] CARVIN Robert, *Justice et politique, évolution de leurs rapports*, 2ème édition l'Hermes, 2003, p. VIII.

[1612] PINGEL Isabelle, *Histoire du ministère public : droit français et droit comparé in Ministère public et les exigences du procès équitable*, colloque, Bruylant, Bruxelles, 2003, p. 23

[1613]DE VALICOURT Eliane, *L'erreur judiciaire*, L'Harmattan, Paris, 2005, pp. 10-11.

Le choix des magistrats impartiaux de la cour de cassation n'est pas facile et il n'est pas fait sur le seul critère d'indépendance et d'impartialité dans une société aux interactions multiples. Pour preuve, ses arrêts se trouvent actuellement censurés par la cour européenne des droits de l'homme.

La Cour suprême des Etats-Unis n'est pas non plus à l'abri des critiques. Les juges de la cour de cassation congolaise sont sous les effets de contestation de leurs décisions. Cette contestation a atteint son comble avec les contentieux électoraux de 2006 et 2011 suivis des faits rarissimes à savoir la révocation de certains hauts magistrats de cette cour. Le repos de la société après l'institution de la cour de cassation reste un idéal pour elle, mais pas pour les justiciables.

Ceux-ci, pour obtenir une décision impartiale de la haute cour, doivent observer le formalisme processuel.

B. Formalisme processuel de la haute Cour

Gérard Cornu définit le formalisme comme étant l'exigence de forme poussée au plus haut degré (on parle de formalisme substantiel) qui consiste à subordonner la validité d'un acte (dit solennel) à l'accomplissement de formalités déterminées (requises à peine de nullité absolue)[1614].

Le droit s'intéresse par priorité au «*for externe* », cette conception peut amener aux effets pervers[1615] notamment le cas du formalisme excessif.

La rédaction d'un code ne constitue pas une œuvre facile par rapport aux choix à opérer entre le code des praticiens comme le code de procédure civile de 1806 en France[1616], un droit de professeurs[1617] ou encore un code entre la pratique judiciaire et le droit savant[1618].

Le formalisme processuel de cassation se révèle aux conditions du pourvoi, à savoir :

1. contre quels jugements et arrêts peut-on se pourvoir en cassation ?
2. les parties au pourvoi ;
3. les causes du pourvoi[1619].

[1614] CORNU Gérard, *op.cit*, p. 423.

[1615]*Dictionnaire juridique*, *op.cit*, p. 523.

[1616] LOUIS HALPERIEN Jean, Le code de procédure civile de 1806 un Code de praticiens ?, in *De la commémoration d'un code à l'autre. 200 ans de procédure civile*, Litec, Paris, 2006, p. 23.

[1617]BERGNEUR Bernard, Le nouveau code de procédure civile ? Un droit de professeurs ?, In *De la commémoration d'un code à l'autre : 200 ans de procédure civile en France*, *op.cit*, p. 35.

[1618] CHEDELAT Catherine, L'élaboration d'un code de procédure civile entre pratique judiciaire et droit savoir, in *De la commémoration d'n code à l'autre : 200 ans de procédure civile en France*, *op.cit*, p.47.

[1619] GUINCHARD Serge, Cécile CHAINAIS et Frédérique FERRAND, *op.cit*, 1893, p. 898

La cour de cassation est en principe juge de droit et non de fait. Telle est sa caractéristique principale. A titre indicatif, l'article 559 du code de procédure civile grec indique comme motifs limitativement prévus de cassation :

La violation de la loi, la mauvaise composition de la juridiction ayant adopté la décision déférée, l'excès de pouvoir, l'incompétence ratione materiae, la non comparution du défendeur en violation des règles relatives à la signification des documents de procédure, la violation des règles relatives à la publicité de la procédure, la prise en compte d'arguments ou de moyens non soumis par les parties ou l'absence de prise en compte d'arguments ou de moyens qui ont été soumis ; le jugement allant au-delà des conclusions des parties, le non jugement, la violation des règles relatives aux moyens de preuve et à leur force probante, la constatation illégale d'une nullité, d'une déchéance ou d'une irrecevabilité ainsi que l'absence de constatation d'une telle nullité, déchéance ou irrecevabilité, légalement encourues, la violation des règles concernant la force de chose jugée des jugements, la motivation ou le dispositif contradictoires, la non-conformité à un arrêt de cassation, l'absence de base légale, le défaut ou l'insuffisance de motivation ainsi que la motivation contradictoire sur une question essentielle pour l'issue du procès, la déformation par la juridiction du fond d'un document écrit par l'acceptation comme véridiques de faits manifestement différents de ceux relatés dans ce dernier [1620].

« Jusqu'à la modification de l'article 580, paragraphe 3, du CPCiv, par l'article 31, paragraphe 1 de la loi 2172/1993, l'Aerios Pagos pouvait, en certaines occasions, garder une affaire, après la cassation et la juger au fond. Dans de tels cas, sa juridiction s'étendait à des questions de fait. Depuis la réforme, cette possibilité a disparu. Désormais, en cas de cassation d'une décision, l'Areios Pagos doit renvoyer l'affaire soit devant une juridiction différente de celle qui a adopté la décision cassée, soit devant la même juridiction si celle-ci peut se réunir sous une composition différente »[1621]

La loi organique n° 13/011 B du 22 avril 2013 portant organisation, fonctionnement et compétences des juridictions de l'ordre judiciaire détermine en ses articles 95 et 96 les motifs de cassation, à savoir la violation des traités internationaux dûment ratifiés, de la loi ou de la coutume formées contre les arrêts et jugements rendus en dernier ressort par les cours et tribunaux civils et militaires de l'ordre judiciaire.

La violation de la loi ou de la coutume comprend notamment :

1. l'incompétence ;

[1620] Juridictions des Etats membres de l'union européenne, communauté européenne, 2009

[1621] Idem

2. l'excès de pouvoirs des cours et tribunaux ;
3. la fausse application ou la fausse interprétation ;
4. la non-conformité aux lois ou à l'ordre public de la coutume dont il a été fait application ;
5. la violation des formes substantielles ou prescrites à peine de nullité.

La concentration du pourvoi en cassation est requise[1622] et sur le plan pratique, la haute cour écarte différents moyens, notamment :

1. Les moyens nouveaux[1623] ;
2. Les moyens mélangés des faits et des droits.

La cour de cassation demeure une juridiction qui obéit aux règles de saisine. En d'autres mots, les décisions même iniques qui n'ont pas été soumises à la censure de la haute cour seront couvertes par l'autorité de la chose jugée. Ce qui revient à tirer une conséquence de taille que la cour de cassation demeure la sentinelle de la loi sur les décisions qui lui sont soumises régulièrement par le pourvoi, sauf cas de privilèges des poursuites et de juridiction. Toutefois, son œuvre joue le rôle pédagogique pour les juges inférieurs soumis à l'autorité de la loi[1624].

Le professeur Olivier SCHUTTER soulève deux questions à propos du précédent judiciaire comme source de droit. La première est celle de sa technique, c'est-à-dire de la possibilité de dégager de la décision de justice antérieure une règle qui puisse servir à fonder le dispositif d'une décision ultérieure. La seconde est celle de la force normative du précédent[1625].

La doctrine tire de la règle du précédent l'exigence d'égalité entre situations suffisamment comparables. De ce fait, il apparaît difficile de traiter différemment deux situations simplement en raison de leur ordre de succession dans le temps[1626].

Le formalisme processuel du juge de cassation amène ainsi à une perception du juge de cassation comme juridiction de droit et non de fait[1627].

C. Encombrement de la Cour de cassation

Bien que le pourvoi en cassation ait un caractère particulier de voie de recours fondée uniquement sur la violation de la loi par la décision de justice

---

[1622] HERON Jacques et LE BARS Thierry, *Droit judiciaire privé*, 4ème édition, Mont Chrestien, Paris, 2010, p. 662.
[1623] FAYE Ernest, *op.cit*, p. 140.
[1624] Article 150 de la constitution.
[1625] DE SCHUTTER Olivier, *Fonction de juger et droits fondamentaux : transformation du contrôle juridictionnel dans les ordres juridiques américain et européen*, Bruylant, Bruxelles, 1999, p. 430.
[1626] Olivier DE SCHUTTER, *op.cit*, pp. 415-416.
[1627] Articles 37, 50 et suivants de la loi organique n° 13/010 du 19 février 2013 relative à la procédure devant la cour de cassation.

entreprise, l'insécurité juridique que ressentent les justiciables de la part des juridictions de fond explique l'encombrement de la cour de cassation[1628]. C'est dans cette situation que se trouve la cour de cassation congolaise de nos jours.

En vue de la désencombrer, certaines législations renforcent la procédure. C'est à ce titre que la cour suprême danoise siège comme juridiction d'appel des arrêts rendus par les cours régionales ou le tribunal maritime et commercial. Si le recours porte sur la contestation de dépens, il faut une autorisation du conseil de procédure[1629].

Il en va de même pour le régime de pourvoi en cassation en droit allemand[1630].

L'encombrement de la cour de cassation a un impact sur la qualité de sa jurisprudence, et même sur le juge de fond. Tel est le souci du droit allemand pour certains litiges, les Länders ont la possibilité d'encourager les parties à se réconcilier en dehors de la procédure civile. Par exemple les litiges évalués à 750 Euros, les litiges entre voisins, les litiges portant sur l'atteinte à l'honneur, à l'interdiction à la discrimination dans le domaine privé.

La procédure de réconciliation extrajudiciaire constitue un préalable à la saisine de la justice[1631].

A propos de l'influence du droit scandinave sur le droit allemand, en l'occurrence le droit de la consommation, Jürgen BASEDOW note l'institution du cadre légal du médiateur de l'assurance soumis aux principes d'indépendance et d'impartialité dans le traitement des requêtes des consommateurs. Ce mécanisme tend à décongestionner les cours et tribunaux par l'institution des modes alternatifs de résolution des litiges[1632].Mais la cour de cassation reste une juridiction qui juge le droit[1633].

Comment pourrait-on juger le droit sans avoir égard aux faits alors que le droit habille les faits ? C'est en ce nom que la cour de cassation contrôle la qualification et la requalification des infractions intentionnelles composées des éléments matériels et moraux ou des infractions matérielles composées quant à elles uniquement des éléments matériels.

En examinant la violation de la règle du droit, la cour de cassation doit avoir égard aux faits que ce droit habille.

[1628] Idem.
[1629] Les juridictions des Etats membres de l'union européenne, 2009.
[1630] FERRAND Frédérique, *op.cit*, p. 249.
[1631] Les juridictions des Etats membres de l'union européenne op.cit
[1632] BASEDOW Jürgen, L'accès à la justice pour les créances modestes : le médiateur de l'assurance en Allemagne, in *Justices et droit du procès*, *op.cit*, p. 67.
[1633] Article 95 de la loi sur le tribunal fédéral de la confédération suisse.

C'est dans ce sens que la cour européenne des droits de l'homme sanctionna la cour de cassation française dans l'arrêt Fouquet pour une erreur de faits[1634].

Toutefois, il y a lieu de distinguer les moyens nouveaux des arguments nouveaux[1635].

Cependant, le droit processuel permet l'usage des arguments nouveaux tendant à faire valoir les mêmes moyens. C'est eu égard à cela que la cour européenne des droits de l'homme sanctionna la cour de cassation française pour erreur manifeste d'appréciation de la nouveauté des moyens[1636].

Conclusion

Le mal comme le bien sont immanents à l'individu. Les actes répréhensibles démontrent à quel point l'homme, aux antipodes opposés, est capable de bonté et de sadisme.

Le tableau criminogène affecte l'ensemble de la société et s'amplifie avec les acteurs politiques d'un genre particulier qui ont la charge d'organiser le service de la justice. Les règles de probité morale dans la société contemporaine se sont enkystées et s'évaporent au profit de l'intérêt individuel.

L'éthique du magistrat s'ébranle au détriment de la justice alors que l'indépendance et l'impartialité du tribunal n'ont de sens que dans un magistrat soucieux de la justice quasi privatisée. La Cour de cassation instituée comme sentinelle de la justice ne répond plus à l'impératif des voies de recours et le formalisme processuel ne facilite pas pour autant les choses.

Généralement, au nombre des affaires tranchées, peu seulement sont mises à la connaissance de la lecture de la haute Cour. De ce constat déplorable, la haute cour n'a pas atteint sa mission d'uniformisation de la règle de la loi.

Face à ce désastre judiciaire, la question de responsabilité civile des magistrats devient d'actualité. Les débats sont si vifs en droit comparé sur la responsabilité civile des magistrats à la différence des sanctions pénales et disciplinaires.

[1634] GUINCHARD Serge, CHAINAIS Cécile et FERRAND Frédérique, *Procédure civile, droit interne et droit de l'union européenne*, 30èe édition, Dalloz, Paris, 2010, p. 887.

[1635] L'argument de droit et le raisonnement à l'appui d'un moyen de droit et d'un motif de droit, élément de conviction tiré de considérations diverses (Gérard Cornu, dictionnaire juridique, PUF, Paris, 1987, p. 70.

[1636] GUINCHARD Serge, CHAINAIS Cécile et FERRAND Frédérique, *op.cit*, pp. 908-909.

Certains législateurs[1637] organisent la prise à partie comme procédure en responsabilité civile des magistrats. Ils n'ont peut-être pas tort parce que cette institution tend à répondre aux problèmes contemporains de la justice.

[1637] En l'occurrence la France, la Belgique et la République Démocratique du Congo.

Chapitre deuxième : DE LA PRISE A PARTIE

Le besoin de justice constitue un droit naturel et le droit séculier de justice se trouve intimement lié au corps des magistrats. Mais le sentiment grandissant d'insécurité et d'injustice légitime les préoccupations de recherche sur le fonctionnement et la responsabilité de la justice soumis au régime particulier. L'exercice de la fonction de la magistrature est de nature à créer des dommages, justification naturelle de réparation (Section 1) dont la loi organise la procédure.

En effet, les règles démocratiques affectent fondamentalement la justice qui en est pourtant la gardienne ; de ce fait, elle doit se soumettre elle-aussi au crédo démocratique, à savoir rendre compte à la société, fondement de la responsabilité du magistrat.

Le particularisme de la fonction de magistrat appelle l'institution d'un régime restreint de sa responsabilité (Section 2) qui prévoit une procédure spéciale (Section 3) dont les décisions ont des effets relatifs entre parties et aux parties originaires et aux juges inférieurs (Section 4). Le régime de prise à partie de non équité ne semble pas être adapté au dommage des gens de justice (Section 5).

Section 1 : La responsabilité civile des magistrats : une question séculaire

En effet, la réflexion sur la responsabilité des magistrats, dans l'exercice de leur profession, a toujours été une préoccupation de tout temps et de toute société.

Mauro Cappelletti, Professeur aux universités de Florence et de Stanford, expliquant le souci ancien mais toujours actuel de responsabilité des magistrats, affirme que « Posé ainsi en termes de grande généralité, le problème de la responsabilité des juges est aussi ancien et universel que la civilisation du droit ». Ici, l'auteur s'appuie sur le rapport de synthèse de Publiese sur les droits grec et romain de l'antiquité, le droit des communes italiennes au moyen âge et le droit de l'ancien régime en France[1638].

Le rapport général sur la responsabilité des autorités judiciaires fut l'objet du XIème congrès international de l'académie internationale du droit comparé qui s'était tenu à Caracas, au Venezuela, du 30 août au 4 septembre 1982[1639].

1638 CAPPELLETTI Mauro, *Le pouvoir des juges*, économica, université d'Aix-Marseille, 1990, p. 117.

1639 CAPPELLETTI Mauro, *op.cit*, p. 115.

Les débats internes et internationaux sur la question dégagent deux principales tendances : le régime d'irresponsabilité et celui de la responsabilité du magistrat.

§ 1. Obstacles à la responsabilité des juges[1640]

Trois idées principales émergent de l'école de l'immunité juridictionnelle des juges, à savoir le pouvoir du juge, la chose jugée et la capacité réparatrice du magistrat.

A. Le roi ne peut agir de façon illicite[1641]

La plume de Borlin explique au mieux cet argument :

> Qu'il n'y a loi divine ni humaine qui permette de venger ses injures de fait et de force contre les magistrats (...), car s'il est permis aux sujets de se revenger de fait et de force contre les magistrats, on usera de mêmes arguments pour résister au principe souverain et fouler les lois au pied[1642].

L'idée fondamentale rattachée à la fonction du juge est celle du principe selon lequel le Roi ne peut agir de façon illicite à la vie dure « *The King cannot do wrong* »[1643]. L'histoire ancienne rattache la fonction de juger à l'immense pouvoir politique.

En Egypte antique, comme l'a affirmé Loïc Cadiet, la justice (*maât)* était liée intimement à l'idéologie pharaonique, *« Souverain unique et absolu, héritier et mandataire des dieux, fils de Rê le démiurge solaire, garant de lapaix et de la prospérité* ». Ainsi, le pouvoir judiciaire appartenait au pharaon qui rendait la justice en dernier ressort, il en déléguait[1644].

Maître Willy KATAMBWA, avocat au barreau de Kinshasa/Gombe, s'est à cet égard inspiré de la Grèce antique où « Le droit exprime une double signification, à savoir une règle d'origine divine. C'est ainsi que Thémis, épouse de Zeus est la déesse de la justice et c'est elle qui maintient l'ordre du monde (...) »[1645].

La divinisation de la justice de la Grèce antique se trouve reprise par Emmanuel Putman, professeur à l'université Paul Césanie,lorsqu'il analyse le conflit de dieux,le conflit de droits dans « L*es Euménidés* », le conflit

---

[1640]*Revue critique de jurisprudence belge*, année 1991, Etablissements, Emile Bruylant, Bruxelles, p. 435.

[1641] CAPPELLETTI Mauro, *op.cit*, p. 124.

[1642] HOURQUEBIE Fabrice, *op.cit*, p. 539.

[1643] CAPPELLETTI Mauro, *op.cit*, p. 124.

[1644] CADIET Loïc, *op.cit*, p. 407.

[1645] Willy KATAMBWA, *Petit discours sur la fonction de juger : modes et méthodes de la justice*, édition Adesto, Kinshasa, 2013, p. 111.

entre les Erinyes, filles de la nuit, déesses chroniennes de la vengeance, et les nouveaux dieux olympiens de la juste raison, Apollon et Athénia, truchements de la volonté de Zeus »[1646].

A la fin du moyen âge, souligne Robert Jacob, la morale judiciaire puise dans la justice idéale nécessairement divine, et dans la morale commune nécessairement religieuse, en affirmant que l'acte de juger est réservé à Dieu selon Matthieu 7 :1-3 « Ne jugez pas... Qu'as-tu à regarder la paille qui est dans l'œil de ton frère ? Et la poutre qui est dans le tien, tu ne la remarques pas »[1647].

De cette divinisation de la fonction de juger, Robert Jacob tire la règle de la justification de l'irresponsabilité de l'office du juge quand il dit que « C'est pourquoi, juger le juge au nom des lois, ce serait inverser l'ordre des valeurs, ériger l'instrument en maître. On conçoit sans peine une justice dans l'application du droit, mais non un droit de l'application de la justice. Aussi, la discipline est-elle un lieu de l'indéterminé où s'accomplit le contrôle, par delà la rectitude du raisonnement juridique de ces autres indéterminés que sont l'équité, la conscience et l'impartialité à quoi s'identifie la justice »[1648].

Le rituel de la justice ne passe pas inaperçu aux yeux de Jean Carbonnier quand il affirme :*« Va ! C'est le rite que fera éclore la vérité »*[1649].

La sacralisation de l'espace judiciaire répond à la quête de la recherche d'un contact entre les hommes et le ciel. D'où la surélévation du bureau des juges comme le rappelle Deutéronome

> Si une affaire relative à un meurtre, une contestation, une blessure (...) te paraît trop difficile, tu te lèveras et tu monteras au lieu que Yahvé ton Dieu aura choisi. Tu iras trouver les prêtres (...) et le juge en fonction à ce moment, tu les consulteras et ils te feront connaître ce qui est conforme au droit[1650].

En effet, la fonction de juger contient un aspect politique, et ce d'autant plus que la procédure de nomination et de promotion de la magistrature met toujours en exergue l'élément politique. Comme le vieillissement de l'autre théorie de l'intime conviction du juge qui a fait jadis fortune, tel que le notent les professeurs Jacques VERHAEGEN et Christian HENNAN, la société accordait, disent-ils, au savoir-faire des juges une confiance sans limites compte tenu du risque négligeable de voir se tromper un juge intègre se livrant à une recherche consciencieuse de la vérité. Tout homme doté de

---

[1646] PUTMAN Emmanuel, Justice et tragédie dans les Euménides d'Eschyle, in *Justice et droit au procès*, *op.cit*, p. 46.

[1647] JACOB Robert, Les fondements symboliques de la responsabilité des juges, l'héritage de la culture judiciaire médiévale in *Juger les juges, collection de l'association française pour l'histoire de la justice*, documentation française, Paris, 2000, p. 7.

[1648] JACOB Robert, *op.cit*, p. 9.

[1649] Iver, Veri, Eut, Ritu : *Jean Carbonnier, préface du livre d'Antoine Garapon, Bien juger*, Odile Jacob, Paris, 2001, p. 13.

[1650] GARAPON Antoine, *op.cit*, p. 38.

saine raison, mûri par éducation et expérience, trouve en lui une puissance d'instinct qui le guide vers la vérité[1651].

Cette idée se trouve victime du temps comme nous le disait un professeur : « Nous sommes tous victimes de la règle temporelle ». Il en est de même de la théorie selon laquelle le roi ne peut agir de façon illicite. A titre d'exemple, le cas du magistrat que la chambre provinciale de discipline de Bukavu avait proposé à la révocationen date du 6 mars 2012 pour avoir commis un viol sur mineure. Ce dernier avait plutôt reconnu avoir eu des rapports sexuels avec une fille majeure d'âge, selon les informations qu'il avait reçues de l'oncle paternel de la victime sur sa demande avant la consommation desdits rapports.En décrivant les circonstances dans lesquelles il a connu la victime, il soutenait que celle-ci était venue se plaindre auprès de lui contre l'épouse d'un l'OPJ qui l'accompagnait dans sa mission foraine[1652].

Un autre magistrat a été poursuivi pour avoir eu sciemment des rapports sexuels adultérins avec Madame SMM, épouse du doléant J.P.Y dont le ménage a été brisé. Le même magistrat a été encore poursuivi pour les mêmes faits avec madame S.N, épouse de F.M.M, detenue préventivement par son collègue pour escroquerie[1653]. Les exemples pourraient se multiplier à l'infini.

Ainsi donc, jouissant d'un pouvoir sacré et revêtu d'habits royaux, le magistrat veut malheureusement, au travers de ces éléments, justifier souvent son irresponsabilité professionnelle en dépit de son indécence supposée.

B. L'impact de la responsabilité civile sur l'office du juge

La responsabilisation de l'office du juge risque de porter atteinte à un principe fondamental de la fonction de juge, à savoir son indépendance. En effet, la complexité de sa fonction parait plaider pour son irresponsabilité. Messieurs Foyer et Mazeaud notent cette crainte dans le rapport de la commission des lois

> « Qu'en raison de l'extrême difficulté que présente l'exercice de la fonction juridictionnelle et les risques d'erreurs qui lui sont inhérents (...) et pour éviter que la responsabilité de la puissance publique ne devienne un moyen de remettre en question la chose définitivement

[1651] VERHAEGEN Jacques et HENNAN Christian, *Droit pénal général*, Bruylant, Bruxelles, 2003, p. 119.

[1652] Conseil supérieur de la Magistrature, chambre de discipline, Cercueil de jurisprudence en matière disciplinaire de magistrat, Lejack Print, Kinshasa, sans date, p. 47.

[1653] Idem, p. 82.

jugée , la responsabilité de l'Etat engagée pour faute de service ne le sera que par une faute lourde »[1654] .

Dans un arrêt de la Cour d'appel de Bruxelles du 21 novembre 1989, celle-ci motiva sa décision tendant à justifier l'irresponsabilité du magistrat face à la victime de la faillite d'office en ces termes :

« Que l'exercice serein de la difficile fonction de juger est inconciliable avec l'application aux juges des règles du droit commun de la responsabilité ; que si ces derniers devaient craindre lorsqu'ils délibèrent, qu'ils puissent être impliqués personnellement, leur indépendance serait en effet, irrémédiablement compromise (...) ; que l'immunité accordée ne saurait elle-même être dissociée de la solution à donner au problème de la responsabilité de l'Etat »[1655].

L'indépendance et la responsabilité sont deux principes antinomiques et contradictoires comme le souligne Fabrice Hourquebie, car l'on peut demander à un juge de rendre des comptes, c'est-à-dire être responsable tout en défendant son indépendance[1656].

La responsabilité civile des magistrats a, certes, une incidence sur leur indépendance et c'est pour ces raisons et tant d'autres encore que beaucoup de législateurs ont consacré leur irresponsabilité.

Les défenseurs de l'irresponsabilité civile des gens de la justice trouvent un autre argument, à savoir l'autorité de la chose jugée.

C. Res Judicata Facit Jus

Le dictionnaire de la justice note que l'autorité de la chose jugée est l'autorité particulière, attachée aux seuls jugements, différents en cela de tout autre acte juridique. On prétendait jadis que cette autorité reposait sur une présomption de vérité du jugement. Mais un jugement même manifestement erroné n'en est pas privé. On a, par la suite, préféré parler de force de vérité légale[1657].

Les dispositions de l'article 1350 du code civil reconnaissent à l'autorité de la chose jugée une présomption de vérité légale : *« Res judicata proveritate habetur »*[1658] attachée à un jugement qui tranche, dans son dispositif, tout ou partie du principal, ou celui qui statue sur une exception de procédure, une fin de non-recevoir ou tout autre incident[1659].

[1654] Messieurs FOYER et MAZEAUD cités par DE VALICOURT Eliane, *L'erreur judiciaire*, L'Harmattan, Paris, 2005, p. 248.

[1655] *Revue critique de jurisprudence belge*, année 1991, Etablissements, Emile, Bruylant, p. 439.

[1656] HOURQUEBIE Fabrice, *op.cit*, p. 534.

[1657] *Dictionnaire de la justice*, *op.cit*, p. 85.

[1658] GUINCHARD Serge, Cécile CHAINAIS et FERRAND Frédérique, *op.cit*, p. 751.

[1659] BORE Jacques et BORE Louis, *op.cit*, p. 108.

La professeure Natalie FRICERO rappelle le principe des énonciations du jugement dotées de l'autorité de la chose jugée, à savoir les seuls points qui ont été effectivement tranchés dans le dispositif[1660].

La *Res judicata facit de albo negrum et de quadrato rotonduen*, le jugement définitif, même entaché d'erreur de fait et non de droit, génère sa propre vérité : « *Facit jus* »[1661].

Analysant la chose jugée, le professeur NAOKI KANAYAMA, enseignant à l'école de droit de l'université Kiro (Tokyo),conteste l'idée de présomption de vérité collée à la chose jugée en arguant que la vérité vraie, présumée ou fictive comme fondement de l'autorité de la chose jugée, doit être écartée. Sa nature n'est ni celle d'une présomption légale (en dépit des termes de l'article 1350), ni d'une novation de rapport juridique substantiel (théorie allemande) ; il s'agit en réalité d'un effet processuel du jugement (...), la conclusion de la chose jugée se fonde, au-delà du texte de la loi, sur une nécessité sociale. Nul besoin n'est d'aller en chercher ailleurs la justification et le fondement (...), il faut éviter le renouvellement des procès. La nécessité de tous les temps et de tous les lieux[1662].

Dans ses cours, le professeur MAZEAUD enseigne que « L'autorité de la chose jugée résulte du pouvoir conféré au juge par la loi elle-même en vue de mettre un terme définitif aux litiges. Et Henri Motulsky voit dans l'autorité de la chose jugée un effet processuel du jugement, le respect dû à la justice entraine la privation du droit d'action »[1663].

MM. Ioannis DELICOSTOetConstantin DELICOSTOPOULOS considèrent l'autorité de la chose jugée,« *Enfant terrible de la familleprocédurale* », comme la petite fille de Thémis à la mauvaise réputation. La chose jugée est au service des objectifs de l'ordonnancement juridique[1664] , son autorité ayant ainsi pour but social de finir le litige, parce quechaque chose doit avoir par ailleurs une fin.

Au fait, il faut que les procès aient une fin :« *Ne lites acternam* »[1665]. C'est le repos des familles et de la société selon Montesquieu après Sophocle ;c'est le temps pour les victimes de faire le deuil.

Ainsi, pour éviter l'atteinte à l'autorité de la chose jugée, le demandeur, dès la première instance, doit obéir à l'exigence véritable de la concentration des moyens posée par la cour de cassation dans l'arrêt Cesarco, solution prise par le droit anglais il y a plus d'un siècle dans l'arrêt célèbre

---

[1660] Natalie FRICERO, « Autorité du jugement », in *Droit et pratique de la procédure civile*, *op.cit*, p. 972.

[1661] DE VALICOURT Eliane, *op.cit*, p. 121.

[1662] NAOKI KANAYAMA, Vérités, droits substantiels et autorité de la chose jugée, in *Justices et droit du procès*, *op.cit*, p. 759.

[1663] Mazeaud et Henri Motulsky ctés par Naoki Kanayama, *op.cit*, p. 760.

[1664] DELICOSTOPOULOS Ioannis et DELICOSTOPOULOS Constantin, L'autorité de la chose jugée et les faits, in *Justices et droit du procès*, *op.cit*, p. 682.

[1665] Eliane DE VALICOURT, *op.cit*, p. 233.

Henderson qui impose aux parties de porter l'ensemble de leur affaire devant la juridiction afin que tous les aspects de celle-ci puissent être tranchés (sous réserve d'appel) une fois pour toutes[1666].

Les garanties processuelles fournissent aux docteurs du moyen-âge, à la gazette des tribunaux en 1851 et à ceux qui soutenaient que le juge ne peut agir de façon illicite, des arguments apparemment solides pour affirmer que l'erreur judiciaire qui aboutit à la condamnation d'un innocent est quasi impossible[1667]. Montesquieu ne dit-il pas que l'on puisse supprimer le mot jurisprudence du dictionnaire juridique ?

Ces arguments plaident en faveur de l'irresponsabilité civile du tribunal même quand ils ne seraient pas suffisants.

Le professeur Mauro Cappelletti soutient pour sa part que l'autorité de la chose jugée est le fondement théorique le plus sérieux du principe d'irresponsabilité de l'Etat et du juge en matière d'acte juridictionnel[1668].

La constance des erreurs judiciaires à chaque siècle ruine la légitimité de la justice par l'imprévisibilité et la non continuité de la jurisprudence, facteur d'insécurité. De ce fait, la valeur du précédent judiciaire se ruine également[1669].

Les instruments judiciaires nationaux[1670] et internationaux[1671] se légitiment pour corriger les erreurs judiciaires qui sont devenues légions. Buissand écrivit à propos :*« O justice, combien de crimes furent commis en ton nom ? Combien le seront encore ? »*[1672]

Toute légitime, la volonté sociale veut que le procès ait une fin, mais il faut lire correctement les pages de l'histoire du procès pour pouvoir les tourner. Une préoccupation sociale toute légitime est d'anéantir une œuvre judiciaire qui dégage l'odeur nauséabonde et qu'il faut corriger dans la compréhension des victimes. L'idée de réparation de l'erreur judiciaire se légitime au nom de la souffrance des victimes.

Alain SERIAUX n'a-t-il pas raison lorsqu'il affirme que l'erreur judiciaire est irréparable, car, comme de la calomnie, il reste toujours quelque chose pour expliquer profondément son idée. Nos modes de réparation sont tous imparfaits car, dit-il, nul, pas même la divinité (Les théologiens se plaisent à cet égard à souligner que le pouvoir

---

1666 DELICOSTOPOULOS Ioannis et DELICOSTOPOULOS Constantin, *op.cit*, pp. 682-686

1667 Mauro CAPPELLETTI, *op.cit*, 124, Italie

1668 Idem, p. 126.

1669 INCHANSPE Dominique, *L'erreur judiciaire*, PUF, Paris, 2010, DE VALICOURT Eliane, *L'erreur judiciaire*, L'Harmattan, Paris, 2005 ; HOURQUEBIE Fabrice, *Sur l'émergence du contre-pouvoir juridictionnel sous la 5ème République*, Bruylant, Bruxelles, 2004.

1670 Les voies de recours extraordinaires notamment la requête civile, la révision dans la quasi-totalité des systèmes juridiques nationaux

1671 La construction des juridictions supranationales, notamment la cour de Strasbourg tend à corriger les erreurs judiciaires

1672 Buissand cité par DE VALICOURT Eliane, *op.cit*, p. 31.

divin est limité : Dieu ne peut pas faire, si tant qu'il le veuille, que ce qui a été ne soit plus. Dieu peut réordonner les choses à perfection, mais le ré ordonnancement suppose un désordre antérieur réel et en ce sens définitif), ne peut pleinement effacer ce qui fut, une fois posé dans l'être ou plus exactement le non-être[1673].

L'autorité de la chose jugée couvrant une injustice, peut paraitre indigne pour les victimes et la société. Toute victime d'erreur judiciaire n'a pas la capacité de la résurrection de Jésus Christ. Sur base d'erreur judiciaire, Dominique Strauss Khan ne saurait prétendre au trône de la France. Les condamnés à mort sans raison, leurs conjoints, leurs enfants, leurs parents, leurs amis se disent être en droit légitime que la société revienne sur les procès.

Comment reviendrait-on dans la société après une condamnation inique pour viol sur les enfants mineurs ? De quelle manière récupérer ses chances perdues du fait d'une erreur judiciaire pour retrouver la confiance des électeurs? [1674] Comment reconquérir le cœur de la fiancée perdue après une mise en examen pour association de malfaiteurs, meurtres, vente de stupéfiants etc ?

Les victimes des erreurs judiciaires manqueront de mots certainement pour décrire le coût de l'injustice à l'exemple de Jacques MEDECIN[1675].

A la somme de regret, mot vide de sens pour un condamné injustement à fleur de l'âge comme Judith Ward, jeune femme âgée de 25 ans, interpellée le 14 janvier 1974 pour ne retrouver la liberté que dix-sept ans plus tard[1676]. La persécution dans l'affaire Outreau est évidente. Dominique Inchauspé se révolte de l'instruction destructrice des inculpés en arguant que « Le premier juge d'instruction de ce dossier, Fabrice BURGAUD, n'a pas de place dans la magistrature ; il ne voit que des coupables et des preuves de crime, il est sourd aux cris des innocents qu'il torture dans son cabinet à répétition avec ses questions stupides et ses croyances névrotiques »[1677].

Comme tous les principes de droit n'ont pas un caractère absolu, constate le Professeur Mauro CAPPELLETTI dans l'analyse du droit comparé, le principe d'autorité de la chose jugée n'en fait pas exception.

Le jugement ou arrêt est un acte authentique qui fait foi, sauf son inscription en faux ou l'exercice des voies de recours ordinaires et extraordinaires[1678].

Néanmoins, les voies de recours extraordinaires devant les juridictions nationales et communautaires ont pour finalité de reconnaitre le caractère relatif de l'autorité de la chose jugée[1679].

1673 SERIAUX Alain, cité par DE VALICOURT Eliane, *op.cit*, p. 23.
1674 Tel est le cas des accusations portées à Monsieur Dominique Strauss Khan aux Etats-Unis
1675 MEDECIN Jacques, *La république des juges*, Hachette carrere, 1996.
1676 INCHAUSPE Dominique, *L'erreur judiciaire*, PUF, Paris, 2010, p. 21.
1677 INCHAUSPE Dominique, *op.cit*, p. 467.
1678 Régime des actes juridictionnels

Le problème qui demeure est celui de la conciliation ou la limite entre l'autorité de la chose jugée et les droits des parties. Le Royaume d'Espagne dégage le principe de la légitimité démocratique en vertu duquel toute personne a le droit fondamental d'obtenir la protection effective des juges et des tribunaux dans l'exercice de ses droits et intérêts légitimes[1680].

Le législateur institue des exceptions qui portent atteinte utilement à l'autorité de la chose jugée, notamment la procédure de prise à partie tendant à prouver la responsabilité des magistrats.

§ 2. De la responsabilité des magistrats

L'environnement des règles démocratiques appelle la responsabilisation des préposés de l'Etat. La Grèce Antique prescrivait déjà ce principe lorsqu'elle stipulait : « Dans notre cité aucun de ceux qui, de quelque manière que ce soit, exercent une fonction publique, ne doit être dispensé de l'obligation d'avoir à répondre de son activité »[1681].

L'idée du deuxième jugement, décision divine, qui vient après celui des juges fait son chemin. Le divin devient le fondement symbolique de la responsabilité des juges au travers des écritures saintes de Matthieu 7 :1 « Ne jugez pas pour ne pas être jugé, car comme vous jugez, vous serez jugé et de la mesure dont vous aurez usé, on vous mesurera »[1682].

Le moyen âge connaissait déjà la forme de la responsabilité civile des juges tant au civil qu'au pénal. Robert Jacob éclaire la question en rapportant que nombreuses mises en cause prenaient des formes variées. Saisi par la voie d'appel d'un jugement, le Parlement pouvait mettre à l'amende le premier juge et le condamner à des dommages-intérêts envers l'appelant, tels que les arrêts du 31 mars 1332 et du 26 mai 1368. RC Van Caenegem. La pratique avait également créé une forme particulière d'appel dit *« Agravamine »* (d'un grief) dans lequel l'appelant citait le juge inférieur, non en raison d'un jugement proprement dit, mais d'un acte de procédure ou d'exécution entaché d'excès de pouvoir et qui lui avait fait tort[1683].

Le professeur Matadi Nenga Gamanda trouve également l'ancêtre de la procédure de prise à partie en droit romain, prévu par la législation dite prétorienne qui consistait en la condamnation d'un juge qui n'aurait pas correctement exécuté ses fonctions de dire le droit[1684].

[1679] Procédure de réhabilitation, de révision, la saisine par exemple de la cour européenne des droits de l'homme.

[1680] Article 24 de la constitution.

[1681] GUILLIANI et PICARDI cités par CAPPELLETTI Mauro, *op.cit*, p. 125.

[1682] JACOB Robert, *op.cit*, p. 8.

[1683] JACOB Robert, *op.cit*, p. 18.

[1684] MATADI NENGA GAMANDA, *op.cit*, p. 534.

A. L'idée de pouvoir et de responsabilité

Les idées classiques, telles que la séparation des pouvoirs, le pouvoir arrête le pouvoir[1685] justifient l'attachement de la justice à l'appareil étatique.

En dépit du combat acharné contre l'absolutisme monarchique, d'où venait l'idée de séparation des pouvoirs, Maurice Gernayel affirme que le pouvoir est un et indivisible, l'exercice du pouvoir s'articule et se divise et non le pouvoir lui-même[1686]. A l'heure de la modernité avec la primauté du souverain primaire, source de pouvoir, les mandataires publics sont obligés de lui rendre compte.

Dans l'explication de la légitimité de la responsabilisation du juge, Fabrice Hourquebie indique que la notion de responsabilité implique deux idées essentielles : la responsabilité comme sanction démocratique de confiance ou de défiance et la responsabilité comme sanction de dysfonctionnement[1687].

Les institutions politiques ont la tradition de rendre compte lors de nouvelles élections, du vote de censure ou de la motion de défiance du Parlement.

Quel que soit le qualificatif de la justice, du pouvoir ou de l'autorité judiciaire, elle n'en demeure pas moins rattachée à la question de responsabilité comme tous les autres pouvoirs ou à ceux qui détiennent la responsabilité publique.

L'acceptation apparente de la séparation des pouvoirs est quasi universelle, toutefois avec certains tempéraments[1688].

Quel que soit le mode de désignation des juges[1689], leur statut tournant autour de deux piliers principaux, à savoir le système d'autogouvernement et l'absence de hiérarchie entre les juges, aboutit à la conception du gouvernement des juges ou la république des juges[1690].

Plusieurs interrogations sont anciennes et toutes actuelles également sur la puissance de la justice qui renverse les hommes politiques, financiers, etc. sans pour autant être élue. Stephen Breyer, juge à la cour suprême des Etats-Unis, note cette inquiétude de la population envers sa cour en ces termes :

« Pourquoi une démocratie, c'est-à-dire un système politique fondé sur la représentation et la responsabilité, devrait-elle confier des décisions

[1685] Le rôle politique confié à la constitution.

[1686] GERNAYEL Maurice cité par Nasri Antoine DIAB, *Le droit fondamental à la justice,* LGDJ, Première édition Rems, 2005, p. 135.

[1687] HOURQUEBIE Fabrice, *Sur l'émergence du contre pouvoir juridictionnel sous la Vème République*, Bruylant, Bruxelles, 2004, p. 524.

[1688] DEL PRETE Didier et FISCHER Eva, *Institutions juridictionnelles*, Hachette supérieur, 2006, point 15.

[1689] Elections, désignation après l'exécutif et le législatif par les pairs.

[1690] MEDECIN Jacques, *La République des juges*, Hachette Carrere, 1996.

aussi lourdes de sens, sans appel ou presque, à des juges qui ne sont ni élus ni indépendants, et qui sont à l'abri de l'influence directe de l'opinion publique ? »[1691].

En cherchant à connaître où vont les juges, Laurent GREILLSMAR et Daniel SCHNERDERMANN constatent que les juges ont pulvérisé les frontières du petit territoire dans lequel la constitution de 1958 les confinait à une autorité judiciaire sans grands pouvoirs, sinon celui d'obéir et de se taire. Aujourd'hui, les juges forment un pouvoir à part entière, qui fait pour le moins jeu égal avec les pouvoirs exécutif et médiatique. Les juges d'instruction convoquent, mettent en examen, poussent à la démission, incarcèrent ministres et anciens[1692].

Comme gardiens des promesses, les juges assurent la garde de la vertu publique[1693] en toute indépendance. Et A. DE TOCQUEVILLE de dire « Mais qu'importe que nul ne puisse leur ravir leur indépendance, si eux-mêmes en font volontairement le sacrifice »[1694].

Dans le cri latin de la population *« Quis custodes custodiet »*, Monsieur B. François part de l'idée profonde suivant laquelle « le pouvoir et la responsabilité vont en effet de pair. Il est complété par CH. Bidegaray qui soutient que la démocratie oblige chaque pouvoir à justifier son action devant le peuple ou les autres pouvoirs ; il en va de même pour le juge, pour qu'il y ait plus de puissance sans contrepartie, « Qu'il n'y ait pas de pouvoir sans responsabilité, telle est la recette du constitutionnalisme démocratique »[1695].

Le statut du juge constitue une forteresse et un fondement de son gouvernement qui menace les autres pouvoirs, parfois injustement. Au travers de l'histoire de la justice en France, J. Foyer constate que l'autogouvernement apparait avec le contrôle de la constitutionnalité comme le plus sûr moyen d'aboutir à un gouvernement des juges. De cette évidence, J. Foyer tire la sonnette d'alarme en disant que « L'une des maladies de notre temps est de laisser les juges nationaux ou internationaux, étatiques ou communautaires, ligoter des gouvernants et des législateurs pourtant déjà bien débiles, comme les Lilliputiens avaient ligoté Gulliver »[1696].

Certes, la justice est une institution régalienne de l'Etat, partant un pouvoir, justification de la liaison entre pouvoir et responsabilité. Mais que faut-il retenir de cette responsabilité ?

[1691] BREYER Stephen, *La Cour suprême, l'Amérique et son histoire*, Odile Jacob, Paris, 2011, p. 14.

[1692] GREILSAMER Laurent et SCHENEIDERMANN Daniel, *Où vont les juges ?*, Fayard, Paris, 2002, p. 9.

[1693] GARAPON Antoine, *Le gardien des promesses*, Odile Jacob, Paris, 1996, p. 51.

[1694] DE TOCQUEVILLE A. cité par Antoine GARAPON, *op.cit*, p. 59.

[1695] B. François et Ch. Bidegaray cités par Fabrice Hourquebie, *op.cit*, pp. 528 – 529.

[1696] BOUCOBZA Isabelle, *La fonction juridictionnelle, contribution à une analyse des débats doctrinaux en France et en Italie*, Dalloz, Paris, 2005, p. 221.

En effet, le dictionnaire définit la responsabilité comme étant l'obligation de répondre d'un dommage devant la justice et d'en assumer les conséquences civiles, pénales, disciplinaires, etc.[1697].

Dans la recherche de l'objectivation de la responsabilité, Loïc Cadiet et ses pairs résument le consensus dans le monde scientifique jusqu'à la fin du 19ème siècle qui repose sur la triple fonction du droit de responsabilité, à savoir : préventive, normative et répressive. Les règles interdisent de ne pas causer de dommage injuste à autrui[1698]. Philippe Le Tourneau y voit l'obligation, selon la définition de la responsabilité dégagée par Gérard Cornu, de réparation du dommage causé à autrui, dont un intérêt légitime a été injustement lésé par un acte contraire à l'ordre juridique (donc par un acte illicite)[1699].

La compassion sociale et universelle envers la victime a contribué à la fluidité des frontières de la responsabilité et à la dénaturation des concepts[1700].

M. Garnier relève cette compassion sociale envers la victime en affirmant : « La collectivité souffre autant de la violation des principes éthiques qui la dirigent que du dommage causé à la victime. Elle ne sera satisfaite que si ce double préjudice est réparé.

La condamnation pénale ne l'apaisera que si, également, le trouble individuel est apaisé [1701].

Cet élan de solidarité avec la victime constitue le socle de l'universalité de la responsabilité civile étant donné, affirme Philippe Le Tourneau, que l'homme a autant de droits que de devoirs, car il ne vit pas isolément, chacun de ses actes a une dimension d'universalité humaine. C'est en assumant sa liberté et sa responsabilité, qu'il se construit, qu'il se forge une personnalité. Ainsi, l'ultimum subsidium est la responsabilité civile[1702].

L'appel à la responsabilité du magistrat est aussi ancien et universel [1703].

Le magistrat conçu comme autorité ou pouvoir judiciaire, au temps moderne, doit rendre compte. Le professeur Merryman note le lien qui existe entre le pouvoir et la responsabilité des juges[1704]. Fabrice Hourquebie abonde dans le même ordre d'idées par le constat tel qu'il n'y a pas de pouvoir sans

---

1697 CORNU Gérard, *Vocabulaire juridique*, PUF, Paris, 1987, p. 821.

1698 *Dictionnaire de la justice*, PUF, Paris, 2004, p. 1151.

1699 LE TOURNEAU Philippe, *Droit de la responsabilité et des contrats*, Dalloz, Paris, 2010, p. 2.

1700 Dictionnaire de la justice, *op.cit*, pp. 1150, 1153.

1701 Garnier cité par Annick Ladzot, *L'égalité des armes et la contradiction dans le procès pénal in Droits de la défense. Actes du colloque « Jacques Henry » organisé par la Conférence Libre des Jeunes Barreaux de Liège*, éditions du Jeune Barreau de Liège, 1997, P. 143

1702 LE TOURNEAU Philippe, *op.cit*, pp. 11, 21.

1703 CAPPELLETTI Mauro, *Le pouvoir des juges*, Presses universitaires d'Aix Marseille, 1990, p. 118.

1704 Idem, p. 119.

responsabilité en affirmant, à raison, que le pouvoir et la responsabilité vont en effet de pair, c'est une ligne de démarcation entre démocratie et dictature[1705]. L'auteur en déduit deux idées essentielles : la responsabilité comme sanction démocratique de confiance ou de défiance et la responsabilité comme sanction de dysfonctionnement[1706].

Le professeur Mauro CAPPELLETTI rappelle aussi la pensée de Merryman justifiant la responsabilité de l'autorité judiciaire quand il affirme que « Le pouvoir qui ne répond pas de ses actes est quelque chose de pathologique, une défiance dans une organisation rationnelle »[1707].

Et le professeur TROCHERde renchérir qu' « Un pouvoir qui n'encourt aucune responsabilité est chose incompatible avec un système démocratiquc »[1708].

La théorie de l'analyse économique du droit faite par Richard Posner, professeur à la faculté de droit de l'université de Chicago, justifie également la responsabilité des magistrats. Pour lui, les règles de droit constituent le prix de différentes activités des individus : tout comme le prix de biens incite les consommateurs et les producteurs à demander et à produire en quantité plus ou moins grande, les règles de droit ont une influence directe sur les comportements individuels en la matière[1709].

Donc, les personnes intéressées dans l'organisation et le fonctionnement de la justice, note le professeur Nasri Antoine Diab, doivent mesurer leurs décisions à l'aune de l'utilité et du coût économiques[1710].

La justice, pouvoir et contrepouvoir, se trouve à son heure des débats de renforcement des garanties de son indépendance. Albion Chalandon voit dans la protection des droits de la défense et la demande de durcissement de sa responsabilité les formes des contrepoids au pouvoir des magistrats[1711].

Les arguments en faveur de la responsabilité civile des magistrats ont été accueillis par divers législateurs en tant que fonctionnaires de l'Etat. La constitution de la République d'Italie, de 1948, à son article 28 prescrit la responsabilité des magistrats en instituant que

> Les fonctionnaires et employés de l'Etat et des organismes publics seront personnellement responsables, en conformité des droits criminel, civil et administratif, des actes par eux commis en violation des droits subjectifs ; la responsabilité, en de tels cas, est également encourue par l'Etat et les organismes publics[1712].

[1705] HOURQUEBIE Fabrice, *Sur l'émergence du contre pouvoir juridictionnel sous la Vème République*, Bruylant, Bruxelles, 2004, p. 529.
[1706] Idem, p. 524.
[1707] MERRYMAN, cité par CAPPELLETTI Mauro, *op.cit*, p. 119.
[1708] Idem, p. 119.
[1709] POSNER Richard cité par Nasri Antoine DIAB, *op.cit*, pp. 141-142.
[1710] Idem, p. 142.
[1711] BOUCOBZA Isabelle, *op.cit*, p. 229.
[1712] CAPPELLETTI Mauro, *op.cit.* p. 125.

Même la constitution du Royaume d'Espagne, à son article 121 prescrit la responsabilité des magistrats en signalant que :

« les dommages causés par une erreur judiciaire ainsi que ceux qui sont la conséquence d'un fonctionnement anormal de l'administration judiciaire ouvrent droit à une indemnisation à la charge de l'Etat conformément à la loi. L'article 117.1 de la même constitution, développé dans la loi organique prescrit 3 types de responsabilité de magistrat à savoir, pénale, disciplinaire et civile »[1713].

Le droit comparé sur la problématique de la responsabilité des magistrats démontre clairement l'universalité de la préoccupation. La responsabilité répressive et disciplinaire des magistrats semble ne pas déchainer la passion et les concernés eux-mêmes semblent en être d'accord. L'antagonisme entre les différentes responsabilités du magistrat n'a pas échappé au constat de Catherine Methy qui note que la responsabilité civile est traditionnellement éclipsée par l'étude de la responsabilité pénale : les peines encourues sont purement pécuniaires, donc moins importantes, moins spectaculaires que celles que peut engendrer un procès criminel[1714].

Guy CANIVETet Julie Joly HURARD admettent la réticence jugée compréhensible du fait qu'admettre le principe de responsabilité civile des juges, c'est toujours prendre le risque que des plaideurs, simplement insatisfaits à raison du contenu même des décisions de justice, multiplient les mises en cause des juges qui les ont rendues. Ce faisant, de telles actions perturberaient la sérénité des juges et, au-delà, porteraient atteinte à leur indépendance[1715]. C'est ainsi que plusieurs législations nationales ont érigé en faits infractionnels les actes susceptibles d'être accomplis par les magistrats dans l'exercice de leur profession[1716].

Par contre, la responsabilité civile, à la différence de deux premières citées ci-haut, pose des thèses antagonistes mais aussi virulentes.

Maître Néhémie MWILANYA WILONDJA analyse le régime de responsabilité prévu par le décret-loi n° 017/2002 du 3 octobre 2002 portant code de conduite de l'agent public de l'Etat et la loi organique n° 06/020 du 10 octobre 2006 portant statut des magistrats[1717]. Il ressort de ladite analyse que les débats en faveur de l'immunité ou de l'irresponsabilité civile du magistrat mettent en exergue la nature spécifique de la fonction du juge : « *Sa neutralité* ». En sus, les analystes tendent à dégager l'impact négatif de

---

[1713] *Les juridictions des Etats membres de l'union européenne, cour de justice des communautés européennes*, Luxembourg, 2009.

[1714] METHY Catherine, *op.cit*, p. 91.

[1715] CANIVET Guy et HURARD Joly, *La responsabilité des juges, ici et ailleurs, entretiens d'Agnesseau*, Limoges, 18 novembre 2005, p. 13.

[1716] La concussion, trafic d'influence, faux et usage de faux.

[1717] Néhémie MWILANYA WILONDJA, *La responsabilité professionnelle des magistrats en droit congolais, cas de la prise à partie*, éditions Cabinet Mwilanga et associés, Kinshasa, 2010, p. 13.

la responsabilité du magistrat sur le statut de l'indépendance et de l'impartialité de l'office du juge. Messieurs Foyer et Mazeaud recoupent cette idée en arguant qu'

> En raison de l'extrême difficulté que présente l'exercice de la fonction juridictionnelle et les risques d'erreurs qui lui sont inhérents (...), et pour éviter que la responsabilité de la puissance publique ne devienne un moyen de remettre en question la chose définitivement jugée, la responsabilité de l'Etat engagée pour faute de service ne le sera que par une faute lourde[1718].

La responsabilité et l'indépendance des magistrats sont des principes qui s'influencent comme l'indique Mr Scarpelli sur la réforme de la responsabilité des magistrats en Italie à la fin des années 80 : « La question qui occupe les intervenants au débat n'est pas le contrôle a posteriori, mais la possibilité d'influencer a priori le comportement du magistrat en plaçant devant ses yeux le spectre des conséquences négatives auxquelles il s'expose[1719].

Dans l'étude comparative entre la récusation et la prise à partie, toutes deux voies de juger les juges, Catherine Methy note que

> La jurisprudence accepte aisément la récusation mais encore en interprétant avec largesse les cas d'ouvertures prévues par l'ordonnance de 1667. Par exemple dans l'arrêt du 26 avril 1701, le lieutenant criminel de Fontenay-Le-Comte devait se déporter qu'il était débiteur de l'une des parties. En date du 22 juin 1701, l'arrêt du Parlement de Toulouse autorisa la récusation lorsque la partie a mangé chez le juge ou le juge chez la partie depuis que le procès est pendant au Parlement[1720].

Par contre, en matière de prise à partie, la jurisprudence ne se contentera pas d'interpréter strictement les cas d'ouverture posés par l'ordonnance, elle multipliera aussi les obstacles de procédure afin de rendre la prise à partie encore plus difficile d'accès[1721].

Cette réticence à la prise à partie s'appuie sur l'idée d'illégitimité avancée par le Président Lamoignon qui dit que :

> «L'accepter (...) exposerait les magistrats en toutes rencontres aux insultes des parties ; mettre partout des peines, des dommages-intérêts, ce serait tout ce que l'on pourrait faire si les juges en voulaient traverser l'exécution (...), il fallait mieux présumer de leurs bonnes intentions et ne pas armer les lois contre les juges pour ne pas les obliger à s'armer contre ces lois »[1722].

[1718] *Les juridictions des Etats membres de l'Union européenne*, *op.cit.* p. 164.
[1719] Isabelle BOUCOBZA, *op.cit*, p. 230.
[1720] Catherine METHY, *op.cit*, p. 101.
[1721] Idem, p. 102.
[1722] Catherine METHY, *op.cit.* p. 97.

L'irresponsabilité tenant au principe suivant lequel le roi ne peut agir de façon illicite ne peut emporter conviction face même aux évidences quotidiennes[1723], en dépit de l'autorité de la chose jugée qui semble apparaître comme le fondement théorique le plus sérieux du principe d'irresponsabilité de l'Etat et du juge en matière d'acte juridictionnel[1724].

Il est à noter que la responsabilité des magistrats constitue le carrefour des autres principes, notamment l'impartialité de l'office du juge, la loyauté et la transparence processuelles, l'indépendance de la magistrature, les droits de la défense constituant toutes des valeurs démocratiques.

Le professeur Mauro CAPPELLETTI observe le consensus du droit comparé pour affirmer que les principes du droit n'ont pas un caractère absolu, tel que l'abus de l'autorité de la chose jugée. Il déduit également de l'indépendance du magistrat qu'en elle-même n'est pas une valeur suprême, car toutes les valeurs humaines doivent être regardées dans un sens limité et relatif. Abondant dans le même sens que le Professeur PUGLIESE, il renchérit que l'indépendance des juges, loin de représenter une fin en soi, n'a de valeur que comme un moyen, sa fonction étant de garantir une autre valeur qui lui est liée, bien entendu, mais qui en est différente et est plus qu'elle suprême, à savoir l'impartialité du juge[1725].

La valeur suprême, l'essence ou la nature de la fonction judiciaire est d'obtenir une décision prise par une personne impartiale (tertius super partes), après que les parties aient eu une possibilité loyale de présenter et défendre leur point de vue – possibilité qui assure, inter alia, une certaine mesure de participation des intéressés à la création du droit par le juge[1726].

Actuellement, observe le dictionnaire juridique, la responsabilité du magistrat est une condition même de son indépendance. Le juge doit répondre même d'un éventuel manque d'indépendance[1727].

La responsabilité de l'office du juge peut paraître comme une sorte de contrôle de son indépendance et de son impartialité statutaires.

B. Conséquences du serment des magistrats

La prestation de serment selon le dictionnaire juridique est l'affirmation ou la promesse, en prenant Dieu ou ce que l'on regarde comme divin à témoin, soit de dire la vérité, soit d'accomplir scrupuleusement une tâche. Le serment a pour objet des faits. Il ne peut s'agir que des faits personnels à la partie à laquelle on le défère. C'est donc une déclaration faite par une

---

[1723] Les erreurs judiciaires apparentes au dol de magistrat.
[1724] CAPPELLETTI Mauro, *op.cit*, p. 126.
[1725] Idem.
[1726] Ibidem
[1727] *Dictionnaire de la justice*, PUF, Paris, 2004, p. 1157.

personne, dont la sincérité est déduite de ce qu'elle est effectuée solennellement sous le regard divin[1728].

Tout magistrat, lors de sa nomination à son premier poste et avant d'entrer en fonction, prête serment, en droit français comme suit : « Je jure de bien et fidèlement remplir mes fonctions, de garder religieusement le secret des délibérations et me conduire en un digne et loyal magistrat »[1729].

Le règlement de procédure du tribunal de première instance des communautés européennes, version codifiée publiée le 14 août 2003, prescrit le serment des juges en ces termes qu' « Avant leur entrée en fonctions, les juges prêtent devant la cour de justice des communautés le serment suivant : je jure d'exercer mes fonctions en pleine impartialité et en toute conscience, je jure de ne rien divulguer du secret des délibérations »[1730].

Les dispositions de l'article 4 § 2 prolongent le serment dans l'après fonction du juge et du magistrat avec des prescrits pertinents ci-après : immédiatement après avoir prêté serment, les juges signent une déclaration par laquelle ils prennent l'engagement solennel de respecter, pendant la durée de leurs fonctions et après la cessation de celles-ci, les obligations découlant de leur charge, notamment les devoirs d'honnêteté et de délicatesse quant à l'acceptation, après cette cessation, de certaines fonctions ou de certains avantages.

Robert JACOB analyse l'histoire du serment du juge en droit romain méconnu au moyen âge.En effet, le juge, régulateur de la procédure, ministre des rituels, d'ordalies, des serments des parties et des témoins, était resté lui-même à l'écart du sacré jusqu'à partir du XIIème siècle qu'il s'y trouva impliqué en personne.

Cette implication personnelle et solennelle du juge comporte deux éléments de son serment provisoire. D'une part, le juré promet l'impartialité, il répudie les passions, l'amour, la haine, l'intérêt et en même temps les fidélités de l'ordre social et politique. Comme juge, il est affranchi à l'égard de son seigneur ou de son roi et, d'autre, il s'engage à juger en conscience[1731].

Robert Jacob, de manière pertinente, affirme que le serment avec ses paroles compendieuses est le vrai fondement de la fonction de juger et, en même temps, de la responsabilité judiciaire[1732].

En analysant le thème « Le juge entre prise à partie et récusation, résistance et compromis » dans l'ordonnance civile de 1667, Catherine METHY soutient avec force d'arguments que juger les juges, en effet, ces deux

[1728] CADIET Loïc, *op.cit*, pp. 1222-1223

[1729] Ordonnance n° 58 – 1270 du 22 décembre 1958, Code de procédure civile, 102° édition, Dalloz, Paris, 2011, p. 2267

[1730] Cour de justice et tribunal de première instance, Code judiciaire belge, T 1, p. 903.

[1731] JACOB Robert, *op.cit*, p. 15.

[1732] Idem, p. 15.

procédures le permettent même si le mot « Juger » doit être entendu dans un sens différent[1733].

Les deux procédures ont pour finalité la vérification de l'atteinte, des principes de l'indépendance et de l'impartialité des juges, d'une part et, d'autre, l'égalité des justiciables devant le service public de la justice.

L'environnement universel d'aspiration des valeurs démocratiques, le statut du magistrat trouve dans cette société des libertés de l'homme et des citoyens qui sont nécessaires. La responsabilité effective du magistrat devient une nécessité démocratique car leur irresponsabilité ne peut qu'entraîner des effets pervers, au premier rang desquels la perte de crédibilité du contrepouvoir juridictionnel[1734].

Les causes de prise à partie démontrent que l'office du juge est descendu du siège de la justice comme Dieu descendrait de son trône. Le juge méconnait la sacralisation et la divinisation de sa fonction pour devenir homme justiciable.

L'ordonnance civile de 1667 hérita de l'ordonnance de François 1er de 1540 les causes de prise à partie, à savoir le dol, la fraude et la concussion. Elle avait prescrit la sanction de l'œuvre du juge indigne en ces termes :

> Déclarons tous arrêts et jugements qui seront donnés contre les dispositions de nos ordonnances, édits et déclarations, nuls effet et valeur ; et les juges qui les auront rendus, responsables des dommages et intérêts des parties ainsi qu'il sera par nous avisé[1735].

Les causes de prise à partie sont des faits qui perturbent l'ordre public, comme il en a été jugé par la cour de cassation belge, justification des délais stricts de sa procédure en vue de terminer vite l'affaire qui jette l'indignité et l'opprobre sur le corps entier[1736].

Mais suivant l'adage latin *« Dolus semper praestatur »*, le juge doit toujours répondre de son dol, ou de sa faute. La faute professionnelle du magistrat justifie la réparation spontanée de l'office du juge comme ce fut le cas des juges Chamillard et Pitois. En ce qui concerne le juge Chamillard, il avait oublié de lire une pièce décisive lors du procès et le plaideur en était condamné. Quant au juge Pitois du tribunal de paix de Saint Denis de la Réunion, il reconnut qu'il s'était trompé dans le jugement. Les deux magistrats ont dû renoncer à leur immunité professionnelle et accepter la responsabilité effective de leurs erreurs involontaires[1737].

Les thèses de la responsabilité et de l'immunité des magistrats ont apporté une richesse ou une fertilité évolutive, à savoir, comme le dit le juge

---

[1733] METHY Catherine, *Le juge entre la prise à partie et récusation, résistance et compromis dans l'ordonnance civile de 1667, un juger les juges*, *op.cit*, p. 91.

[1734] HOURQUEBIE Fabrice, *op.cit*, p. 556.

[1735] METHY Catherine, *op.cit*, p. 94.

[1736] Cass, 11 avril 2003, C. 020612 N, Pas. 818

[1737] DE VALICOURT Eliane, *op.cit*, p. 15.

Fabre : « De l'irresponsabilité du principe,on est finalement passé au principe de la responsabilité »[1738].

De l'affrontement des thèses sus énoncées, il est sorti l'évidence de la particularité de la responsabilité du magistrat qui ne peut être soumise au régime du droit commun. Il est le fondement de limitation des causes d'ouverture de sa responsabilité civile.

Le mécontentement croissant de justiciables et de la société justifie le nombre de prise à partie ci-dessous :

<table>
<tr><td colspan="2">Année [1739]</td><td colspan="3">Nombre</td></tr>
<tr><td colspan="2">1977</td><td colspan="3">3</td></tr>
<tr><td colspan="2">1977 à 2008</td><td colspan="3">470</td></tr>
<tr><td colspan="2">2008</td><td colspan="3">Plus de 1.000</td></tr>
<tr><td colspan="2">2010 à 2014</td><td colspan="3">449</td></tr>
<tr><td colspan="2">2014 (janvier à octobre)</td><td colspan="3">107</td></tr>
<tr><td colspan="5">Suite réservée par la cour suprême</td></tr>
<tr><td>Nombre des dossiers traités jusqu'à la fin de septembre</td><td>Dossiers déclarés fondés</td><td>Dossiers déclarés non fondés</td><td>Dossiers déclarés irrecevables</td><td>désistement</td></tr>
<tr><td>127</td><td>17</td><td>83</td><td>26</td><td>1</td></tr>
</table>

Section 2 : Notion et champ d'application de la prise à partie

La prise à partie, comme notion (§1) de droit, doit être précisée tant dans son champ d'application (§2) que ses causes d'ouverture (§3),ses finalités (§4) dont la procédure paraît être en totale négation aux principes directeurs du procès équitable (§5).

§ 1. Notion de prise à partie

La prise à partie est principalement et essentiellement une action en responsabilité civile au regard même des cas d'ouverture[1740] et de son histoire[1741].

1738 Mauro CAPPELLETTI, *op.cit*, p. 125.

1739 Source : Discours de Monsieur le Président de la cour suprême de justice à l'occasion de la rentrée judiciaire 2014-2015, Kinshasa, le 31 octobre 2014, P. 27

1740 Gérard GOUCHEZ et Xavier LAGARDE, *Procédure civile*, 16ème édition, Dalloz, Paris, p. 145

1741 Notamment ordonnance de François 1er de 1540, ordonnance civile de 1667

Le droit comparé de prise à partie enseigne que l'idée de faute domine[1742] étant entendu que la définition même de la responsabilité civile est claire. Gérard Cornu considère la responsabilité civile comme toute obligation de répondre civilement du dommage que l'on a causé à autrui[1743].

Le droit anglais considère la prise à partie comme une action en responsabilité civile contre le magistrat : *« Lodging claim for domages against a judge for puiscarriage of justice in civil or criminal matters »*[1744].

La notion de prise à partie a le même contenu qu'en droit espagnol : « Reclamacion for danos y perjurcios dirigida contra un juez civil o penal »[1745]. La responsabilité civile est un droit, un bien, souligne Philippe LE TOURNEAU, qui a pour objet une valeur, celle du préjudice, mais elle n'a pas que pour seul objet la réparation ou l'indemnisation, elle comprend un office d'apaisement[1746].

Même la responsabilité civile de l'Etat en matière judiciaire est également fondée sur l'idée de faute. Roger Errera note que la prison est un milieu aussi opaque et secret, source de responsabilité de l'Etat[1747].

La prise à partie, fondée principalement ou exclusivement sur l'idée de trilogie faute-dommage et lien de cause à effet, peut aboutir éventuellement à l'annulation de la décision rendue par les magistrats pris à partie[1748].

En droit processuel français, à partir de l'ordonnance de François 1er et l'ordonnance civile de 1667, la procédure de prise à partie vise la condamnation du juge aux dommages-intérêts, donc une action en responsabilité civile. C'est ainsi que, comparant les deux modes de juger les juges, la récusation et la prise à partie, Catherine Methy soutient, à bonne cause, que le premier consiste à obtenir le désistement et le second permet d'obtenir la condamnation à des dommages-intérêts[1749].

Le droit processuel belge range parmi les voies de recours extraordinaires la prise à partie, du fait que la décision rendue peut (cas des juges poursuivis) être annulée[1750].

[1742] Le régime universel de responsabilité civile en droit comparé

[1743] Gerard CORNU, *op.cit*, p. 821.

[1744] J. BALEYTE, A. KURGANSKY, Ch. LAROCHE ET J. SPIRDLER, *Dictionnaire économique et juridique, Français/Anglais, English-French*, 5ème edition LGDJ, Paris, 2000, p. 203.

[1745] Olivier MERLIN WALCH, *Dictionnaire juridique : français/espagnol*, 4ème édition, LGDJ, Paris, 1998, p. 400.

[1746] Philippe LE TOURNEAU, *op.cit*, p. 2.

[1747] Roger ERRERA, *Un nouveau domaine de la responsabilité de l'Etat du fait de service public de la justice : la prison en justice in Justices et droit du procès*, *op.cit*, pp. 113-120.

[1748] Article 61 de la loi organique n° 13/010 du 13 février 2013 relative à la procédure devant la cour de cassation, Journal officiel, 59ème année, Première partie, Numéro spécial du 20 février 2013.

[1749] Catherine METHY, *op.cit*, p. 92.

[1750] Article 1147, code judiciaire belge

En analysant la classification de la prise à partie comme voie de recours extraordinaire, le professeur A. Van Oevelen soutient que cette classification est inexacte du fait des causes d'ouverture de la prise à partie limitativement prévues par la loi, notamment le déni de justice, les mesures d'instruction du juge ou du ministère public. En outre, le professeur réfute la classification de la prise à partie parmi les voies de recours extraordinaires au motif que cette demande vise non pas la rétractation, ni l'annulation, ni la modification d'une décision judiciaire, mais bien la condamnation d'un magistrat au paiement des dommages et intérêts en raison d'un manquement professionnel qu'il a commis[1751].

Au soutènement fondé, l'analyste arrive à considérer que si la prise à partie est accueillie, elle peut entraîner indirectement l'annulation de la sentence judiciaire prononcée par le magistrat qui a été rendu responsable des manquements professionnels mentionnés dans l'article 1140, c'est un résultat indirect éventuel de la prise à partie, véritable raison de classement parmi les voies de recours[1752].

En dépit de ce résultat indirect de la prise à partie, elle demeure la procédure fondée sur les idées de faute, préjudice et lien de cause à effet devant aboutir au caractère d'indemnisation. C'est à ce point que MM Pand et Baas considèrent que la prise à partie est une action en indemnisation du dommage que les magistrats ont causé à autrui dont ils doivent répondre sur leur patrimoine, même après un décès. Non seulement, la procédure peut être poursuivie, après le décès du magistrat, contre ses héritiers, mais il est en outre généralement admis que la prise à partie peut être formée contre les héritiers, même si pendant la vie du magistrat concerné aucune action n'avait encore été intentée[1753].

En droit processuel congolais, inspiré d'A. Rubbens, Monsieur Lubaki Makanga, Conseiller à la cour suprême de justice, considère aussi comme le Professeur A. Van Oevelen que la prise à partie a pour objectif principal la condamnation du magistrat à payer aux justiciables lésés par son dol des dommages et intérêts, et que l'annulation qui pourrait en résulter n'en est plus qu'un effet accessoire[1754].

Le Premier Président de la cour suprême de justice, Benoit LWAMBA BINDU, adhère à la thèse du conseiller LUBAKI MAKANGA en affirmant que la prise à partie a pour effet de faire condamner le magistrat coupable à

[1751] A. Van OEVELEN, La responsabilité de l'Etat du fait des fautes professionnelles des juges, in *Rôle et organisation des magistrats et avocats dans les sociétés contemporaines, RCJB, 1993, 285*

[1752] Idem.

[1753] Pad. LXXX, Vè Prise à partie, P. 59, n° 77, Baas, a.c. P. 326, n° 627, RPDB X, Vè Prise à partie, p. 247 n° 72, R. Hayoite de Termicquet, ac. 1955, 512, cités par A. VAN OEVELER

[1754] Lubaki MAKANGA, L'interprétation de la notion du dol en matière de prise à partie, in *Justice, science et paix, revue juridique*, service de la documentation, d'études et de formation, Kinshasa, septembre 2004, p. 7.

des dommages intérêts et, éventuellement, de faire annuler les arrêts ou jugements, ordonnances, procès-verbaux ou autres actes attaqués[1755], une position également partagée par A. RUBBENS[1756].

Par ailleurs, Monsieur Benoit LWAMBA constate malheureusement que le nombre très élevé des procédures de prise à partie est inquiétant du fait que les plaideurs continuent à considérer la prise à partie comme une voie de recours extraordinaire[1757].

L'analyse succincte des requêtes démontre la considération de la prise à partie par les plaideurs comme étant une voie de recours extraordinaire qu'une action en responsabilité civile[1758].

La Cour suprême de justice semble, dans ses nombreux arrêts, considérer la prise à partie comme plus une voie de recours extraordinaire qu'une action en responsabilité civile au regard des aspects indemnisataires.

§ 2. Champ d'application ratione personae de la prise à partie

Les dispositions de l'article 55 de la loi organique n° 13/010 du 19 février 2013 relative à la procédure devant la cour de cassation déterminent le champ d'application de la prise à partie, à savoir tout magistrat de l'ordre judiciaire[1759].

Gérard Cornu définit l'ordre judiciaire comme l'ensemble des juridictions judiciaires formant une hiérarchie dont la cour de cassation constitue le sommet[1760].

Reprenant l'idée de l'ordre judiciaire de Gérard Cornu, le dictionnaire de la justice considère également l'ordre judiciaire par le rattachement des juridictions à l'autorité de censure de la cour de cassation, par rapport au jeu de recours successifs[1761] comme le prévoit l'article L 111-1 du code d'organisation judiciaire français qui dispose à son premier alinéa que « La cour de cassation statue sur les pourvois en cassation formés contre les jugements en dernier ressort rendus par les juridictions de l'ordre judiciaire ».

Roger PERROT note quant à la question de l'ordre judiciaire que c'est l'ensemble des juridictions qui se présentent à la manière d'une pyramide ayant à son sommet la cour de cassation, laquelle est la juridiction suprême

---

[1755] Benoit LWAMBA BINDU, *La problématique de la prise à partie, Discours à l'audience solennelle de rentrée de la cour suprême de justice*, 2005, Kinshasa, p. 8.

[1756] A. RUBBENS, *Le droit judiciaire Zaîrois*, T II, PUZ, Kinshasa, 1978, p. 248.

[1757] Idem, p. 7.

[1758] Absence d'évaluation ou préjudice, par exemple

[1759] *Journal Officiel.*

[1760] Gérard CORNU, *op.cit*, p. 643

[1761] Loïc CADIET, *Dictionnaire de la justice*, PUF, Paris, 2004, P. 946

dont la mission fondamentale est d'uniformiser l'interprétation des règles du droit[1762].

Dans cette pyramide, il y a lieu d'indiquer les juridictions répressives ou pénales d'une part et, d'autre, les juridictions civiles au sens large[1763]. L'article 1er de l'ordonnance n° 98-1270 du 22 décembre 1958 détermine les magistrats faisant partie de l'ordre judiciaire[1764].

En droit processuel belge, la question semble être facile pour répondre par l'affirmative étant donné que le code judiciaire qui prévoit la prise à partie prescrit en ses articles 1er et 2ème que ses dispositions régissent l'organisation des cours et tribunaux, la compétence et la procédure d'une part et, d'autre, elles s'appliquent à toutes les procédures, sauf lorsque celles-ci sont régies par des dispositions légales non expressément abrogées[1765].

En prescrivant à son article 1140 alinéa premier que les juges peuvent être pris à partie, le législateur autorise l'action en responsabilité à l'égard de tout arbitre judiciaire. Interprétant les dispositions susvisées, A. Van Oevelen soutient que la prise à partie ne peut être formée que contre les magistrats de l'ordre judiciaire[1766].

En droit processuel congolais, l'article 58 de l'ordonnance-loi n0 82-017 du 31 mars 1982 relative à la procédure devant la cour suprême de justice est l'identique de l'article 1140 du code judiciaire belge[1767].

La loi organique n° 13/010 du 19 février 2013 relative à la procédure devant la cour de cassation a abrogé les dispositions de l'article 58 de l'ordonnance-loi n° 82-017 du 31 mars 1982 en fixant que tout magistrat de l'ordre judiciaire peut être pris à partie.

L'exposé des motifs de la loi organique n° 13/011-B du 11 avril 2013 portant organisation, fonctionnement et compétence des juridictions de l'ordre judiciaire rappelle que la constitution du 18 février 2006 institutionnalise trois ordres de juridiction, à savoir

- la cour constitutionnelle ;
- les juridictions de l'ordre judiciaire placées sous le contrôle de cassation ;
- les juridictions de l'ordre administratif coiffées par le conseil d'Etat.

Et en son article 6, le législateur détermine les juridictions de l'ordre judiciaire : les tribunaux de paix, les tribunaux militaires de police, les tribunaux de grande instance, les tribunaux de commerce, les tribunaux de travail, les tribunaux militaires de garnison, les cours militaires, les cours

[1762] Roger PERROT, *Institutions judiciaires*, 11ème édition, Montchrestien, Paris, 2004, p. 89
[1763] Loïc CADIET, *op.cit*, p. 948; Roger PERROT, *op. cit*, p. 89
[1764] *Code de procédure civile*, 102ème édition, Dalloz, Paris, 2010, P. 2267
[1765] *Code judiciaire belge*, Tome 1, Larcier
[1766] A. VAN OEVELEN, *op. cit.*
[1767] *Journal Officiel*, 47ème année, numéro spécial, 20 juin 2006, p. 75

militaires opérationnelles, les cours d'appel, la haute cour militaire et la cour de cassation[1768].

Comme l'indique A. Van Oevelen, la prise à partie est dirigée contre les juges de l'ordre judiciaire professionnels et non professionnels tels que les juges suppléants et les avocats pris en remplacement des juges empêchés[1769]. Tel est le cas du juge assesseur, des jurés ainsi que les ministères publics, entendu que les greffiers, les huissiers et les secrétaires de parquets demeurent sous le régime de responsabilité civile du droit commun.

Quelle est la situation des juges de cassation par rapport à la prise à partie ?

En droit comparé, les juges français de la cour de cassation peuvent être pris à partie, sauf que l'on ne peut prendre à partie toutes les chambres de ladite cour étant donné qu'au dessus d'elle, il n'y a pas de juridiction qui pourrait en connaitre le litige[1770].

Même en droit processuel belge, sur pied des dispositions de l'article 1140 du code judiciaire, observe le Professeur A. Van Oevelen, le conseiller de la cour de cassation peut être pris à partie, mais non à l'égard de l'ensemble de la cour de cassation parce qu'il n'existe aucune juridiction plus élevée qui pourrait prendre connaissance de cette action[1771].

Dans ces réserves, en droit processuel franco-belge, le justiciable peut former la prise à partie contre une section de la cour, ainsi toutes chambres réunies peuvent en examiner.

En droit de la Common Law, note Mauro CAPPELLETTI, depuis 1863, dans une célèbre décision rendue dans l'affaire Cromption, J. in Fray V. Blackburn, à propos de l'irresponsabilité civile de hauts magistrats,on pouvait lire:

> C'est un principe de notre droit que nulle action ne peut être intentée contre le juge d'une de nos cours supérieures en raison d'un acte juridictionnel, même s'il est allégué que cet acte a été fait en vue de nuire (malciously) ou est dû de la corruption[1772].

Dans une autre décision de principe (leadiger case) citée par Smit, affaire Bradley V. Fisher, la cour suprême des Etats-Unis jugea que les juges des cours supérieures ou ayant une compétence générale ne peuvent être assignés en justice pour leurs actes qui ont un caractère juridictionnel (...) même si l'on allègue que ces actes sont dus à la malice ou à la corruption (...). Ces déclarations (...) continuent à être une description exacte du droit qui est en vigueur aux Etats-Unis[1773].

1768 *Journal officiel*, 54ème année, Première partie, Numéro spécial, Kinshasa, 4 mai 2013
1769 A. VAN OEVELEN, *op.cit*, p. 255, point 22
1770 FAYE Ernest, *op.cit*, p. 488
1771 Pand, LXXX, Vè Prise à partie, p. 56 n° 59-60 RPDB, X Vème Prise à partie, p. 245
1772 CAPPELLETTI Mauro, *op.cit*, p. 158.
1773 Smit cité par Mauro CAPPELLETTI, *op.cit*, p. 158.

Sur les traces de ces réserves de la Common Law notamment appliquées par le Royaume-Uni, le Chypre, les Etats-Unis, l'Irlande et le Canada face à la responsabilité civile des juges, Messieurs Guy CANIVET et Olie Joly HURARD reconnaissent la tradition du système d'immunité judiciaire en matière civile destiné à garantir l'autorité et l'indépendance des juges.Toutefois, le droit anglo-saxon n'a institué l'immunité judiciaire en matière civile qu'au profit des magistrats des cours supérieures « High court of justice », notamment la Crown court, la chambre des Lords et le Privy concil (droit anglais) et les juges fédéraux (Canada)[1774].

Par les mécanismes politiques d'impeachment ou de recall, la responsabilité personnelle du magistrat peut être engagée. Une telle procédure de mise en accusation des juges fédéraux n'a pas été actionnée depuis 1936 et dans l'histoire des Etats-Unis, neuf juges seulement en ont fait l'objet et quatre ont été reconnus coupables, notamment le cas de Samuel Chase, en 1804, qui fut condamné par le Sénat par la majorité des trois quarts pour avoir fait de la cour un objet de scandale et pour avoir nui à sa réputation[1775].

La République Fédérale d'Allemagne a institué l'immunité des juges en matière civile[1776]. Toutefois, Fabrice Hourquebie note une réserve liée au fait que le Bundestag est compétent pour engager la procédure de responsabilité à l'encontre d'un juge qui aurait violé, dans son activité ou en dehors, les principes de base de la constitution. L'accusation doit être déférée à la cour constitutionnelle mais celle-ci n'a jamais été saisie[1777].

En droit processuel congolais, les juges de cassation sont exclus du champ de la prise à partie du fait que leurs décisions sur pied de l'article 29 de la loi organique n° 13/010 du 19 février 2013 relative à la procédure devant la cour de cassation ne sont susceptibles d'aucun recours.

Conformément aux dispositions de la loi organique n° 13/011-B du 11 avril 2013 portant organisation, fonctionnement et compétence des juridictions de l'ordre judiciaire, spécialement à son article 98, la procédure de prise à partie relève de la cour de cassation. De ce fait, la procédure de la cour de cassation s'applique à celle de la prise à partie.

L'irresponsabilité accordée aux membres de la cour de cassation, comme en droit anglo-saxon en se fondant sur les dispositions des articles combinés 29 de la procédure de cassation et 24, 93 à 97 de la loi organique n° 13/011-B du 11 avril 2013 ne semble pas tenir par le fait de dénaturer la prise à partie comme une voie de recours extraordinaire plutôt qu'une action en responsabilité civile.

[1774] CANIVET Guy et JOLY HURARD Jolie, *op.cit*, pp. 13 – 15.
[1775] Fabrice HOURQUEBIE, *op.cit*, p. 532.
[1776] CANIVET Guy et JOLY HURARD Jolie, *op.cit*, p. 15.
[1777] HOURQUEBIE Fabrice, *op.cit*, p. 532.

L'institution de prise à partie s'inscrit sur le long chemin de la responsabilité civile effective et redoutée par les magistrats. Les restrictions processuelles peuvent conduire à un abri pour les juges.

Après avoir institué la prise à partie par les articles 366-4 à 366-9 du code de procédure civile française, l'ordonnance n° 58-1270 du 22 décembre 1958 peut être considérée comme un abri d'irresponsabilité civile des magistrats du corps judiciaire en ce sens que l'article 11-1 dispose que

> Les magistrats du corps judiciaire ne sont responsables que de leurs fautes personnelles. La responsabilité des magistrats qui ont commis une faute personnelle se rattachant au service public de la justice ne peut être engagée que sur l'action récursoire de l'Etat. Cette action récursoire est exercée devant la chambre civile de la cour de cassation[1778].

Dans ce jeu universel de se créer un abri d'irresponsabilité civile après la reconnaissance de la responsabilité, les magistrats de la cour suprême de justice en RDC ne peuvent être pris à partie du fait de leur propre jurisprudence étant donné que l'ouverture de prise à partie peut concerner les mesures d'instruction. En quoi la procédure contre une mesure d'instruction énerverait-elle l'économie de l'article 29 de la loi organique n° 13/010 du 19 février 2013 pour autant qu'aucune décision de prise à partie ne pourra annuler la décision de la haute cour qui n'existe pas encore.

En sus, le rapporteur peut utilement être pris à partie lorsqu'il est Auteur des actes constitutifs du dol ou de faute intentionnelle comptant par exemple la disparition des pièces du dossier, la dénaturation des faits de la cause, le fait de passer sous silence les moyens pertinents qui ont fait l'objet du contradictoire entre parties et s'activer illégalement à faire adhérer à son opinion comme consensus. En droit comparé, les causes de la prise à partie sont limitativement prévues.

§ 3. Les causes donnant ouverture à la prise à partie

Les causes donnant ouverture à la prise à partie sont limitativement déterminées par le législateur au regard du régime particulier de responsabilité civile des magistrats. En effet, selon la loi de 1982[1779] comme celle de 2013 [1780], les causes de prise à partie sont :

a) le dol ou concussion commis soit dans le cours de l'instruction, soit lors de la décision rendue ;

[1778] *Code de procédure civile*, 102ème édition, Dalloz, Paris, 2010, p. 2272.

[1779] Article 58 Ordonnance-loi n° 82-017 du 31 mars 1982 relative à la procédure devant la cour suprême de justice, *Journal Officiel*, n° 7 du 1er avril 1982, pp. 11-27.

[1780] Article 55 Loi organique n° 13/013 du 19 février 2013 relative à la procédure devant la cour de cassation, *Journal Officiel*, 54ème année, 1ère partie, numéro spécial , Kinshasa, 20 février 2013, p. 16.

b) le déni de justice ;

A la différence du droit processuel congolais, le droit belge prescrit comme causes d'ouverture de prise à partie :

a) le dol ou la fraude commis soit dans le cours d'instruction, soit lors des jugements ;
b) si la prise à partie est expressément prononcée par la loi ;
c) si la loi déclare les juges responsables à peine de dommages et intérêts ;
d) s'il y a déni de justice[1781].

En droit français, Ernest Faye, Conseiller à la cour de cassation, détermine l'évolution des causes de prise à partie, à savoir :

1) s'il y a dol, fraude ou concussion, qu'on prétendrait avoir été commis soit dans le cours de l'instruction, soit lors des jugements ;
2) si la prise à partie est expressément prononcée par la loi ;
3) si la loi déclare les juges responsables, à peine de dommages et intérêts ;
4) s'il y a déni de justice[1782].

Catherine METHY pour sa part note la constance séculaire depuis l'ordonnance de François 1er de 1540 et celle de 1667, des causes de prise à partie, à savoir le dol, la fraude et la concussion[1783].

A. Dol

A la différence du législateur spécial de 1982, le législateur de 2013 définit le dol comme une violation du droit par le magistrat pour aboutir à une conclusion erronée dans le but d'accorder un avantage indû à une partie. Il se caractérise par la mauvaise foi, par des artifices et des manœuvres qui donnent à la décision une valeur juridique apparente. L'erreur grossière du droit est équipollente au dol[1784].

Gérard CORNU définit quant à lui le dol, du latin *« dolus »*, comme un comportement malhonnête, le plus souvent d'un contractant envers l'autre, sous forme de manœuvres, mensonges, feintes, collusion, etc. destinés à surprendre le consentement.

Le lexique des termes juridiques considère comme dol toute manœuvre frauduleuse, parfois le mensonge ou la réticence blâmable ayant pour objet de tromper l'une des parties à un acte juridique en vue d'obtenir son consentement ; il est aussi caractérisé, en matière délictuelle, par la faute intentionnelle de causer un dommage à autrui. En droit pénal c'est l'attitude

---

1781 Article 1140, Code judiciaire.
1782 Ernest FAYE, *op.cit*, pp. 487-488.
1783 Catherine METHY, *op.cit*, p. 94.
1784 Article 56 de la loi organique n° 13/010.

psychologique du délinquant consistant pour sa part à vouloir commettre l'infraction. Il y a dol éventuel lorsque l'agent n'a pas voulu le résultat dommageable tout en ayant prévu la possibilité de sa réalisation[1785].

En rapport avec la théorie du dol comme vice de consentement, le droit romain ne connaissait pas cette théorie mais il réprimait le dol comme un délit et l'annulation de la convention apparaissait comme la sanction de ce délit[1786].

A la lecture de la loi, il ressort de celle-ci qu'il n'est pas requis comme motif de prise à partie la faute. L'a-t-il dès lors exclue du champ de la prise à partie ? Y'a-t-il une différence entre le dol et la faute ?

La faute est une notion large, au mieux, elle contient le dol. La faute contient également la fraude. Le rapprochement entre la faute, *« Contenant »* et le dol *« Contenu »* constitue une évidence. L'article L 113-1 du code des assurances en donne l'exemple quand il stipule que « (...) Toutefois, l'assureur ne répond pas à des pertes et dommages provenant d'une faute intentionnelle ou dolosive de l'assuré »[1787].

La fraude est définie comme mauvaise foi, intention frauduleuse, acte de mauvaise foi, tromperie, acte accompli dans le dessein de préjudicier à des droits que l'on doit respecter[1788].Le lexique de droit romain la définit comme tout acte de tromperie d'une partie à l'égard de l'autre qui constitue un mauvais dol (dolus malus)[1789].

Les catégories de faute demeurent le fossé entre les 3 notions, à savoir la faute dolosive, la faute inexcusable, la faute intentionnelle et la faute lourde, faute exceptionnellement grave[1790].

En application des dispositions de l'article 113-1 du code des assurances prescrivant la faute intentionnelle ou dolosive, la cour de cassation détermine la notion de la faute intentionnelle, c'est celle qui suppose la volonté de causer le dommage et pas seulement d'en créer le risque [1791].Il ne suffit pas que l'assuré ait voulu commettre une faute lourde ou qu'il ait eu conscience d'en commettre une s'il a ainsi augmenté la probabilité de réalisation du dommage sans le rendre certain par une volonté de la provoquer [1792]. La haute cour jugea ainsi que le fait intentionnel dont la loi prohibe l'assurance

---

[1785] *Lexique des termes juridiques*, 16ème édition, Dalloz, Paris, 2007, p. 245.

[1786] *Encyclopaedia universalis*, édition encyclopaedia universalis, Paris, 1990, p. 1038.

[1787] *Code des assurances*, 16ème édition, 2010, Dalloz, Paris, 2010, p. 28.

[1788] CORNU Gérard, *op.cit*, p. 430.

[1789] DUNAND Jean Philippe et PICHONNAZ Pascal, *Lexique de droit romain*, Bruylant, Bruxelles, 2006, p. 65.

[1790] M. PICARD et A. BESSON, T1, Contrat D'assurance, 5ème édition, LGDJ, Paris, 1982.

[1791] Civ. 1er, 10 avril 1996; Bull. Civ, I n° 172, RCA 1886? Cill? 236, RGDA 1996, 717, note KULLMAN.

[1792] Civ. 1ère, 12 juin 1974, Bull. Civ I n° 181.

implique la volonté chez l'assuré de provoquer le dommage avec conscience des conséquences de son acte[1793].

Par l'arrêt du 15 juillet 1941, toutes chambres réunies, la cour de cassation considéra la faute inexcusable comme une faute d'une gravité exceptionnelle dérivant d'un acte ou d'une mission volontaire, de la conscience du danger que devait encourir son auteur, de l'absence de toute cause de justification et se distinguant par le défaut d'intention de la faute intentionnelle[1794].

La Cour suprême de justice, dans son arrêt RPP044 du 19 septembre 1996, décida que le dol était établi eu égard aux erreurs inexcusables du fait de:

> « L'aggravation très prononcée des condamnations de ce dernier sur son recours en opposition, en passant de 3 à 24 mois de SPP et de 600 dollars américains à 50.000 NZ est une erreur commise sciemment et révélant l'intention de nuire qui animait ce magistrat. L'appréciation souveraine ou l'intime conviction du juge ne peuvent le disculper lorsque sa décision traduit comme en l'espèce des erreurs inexcusables, une légèreté coupable et l'intention de nuire[1795].

La faute lourde est celle que ne commet pas un bon professionnel avisé et la jurisprudence française la considère comme équipollente au dol[1796].

En critiquant la définition de la faute lourde, équipollente au dol, « Celle qui a été commise sous l'influence d'une erreur tellement grossière qu'un magistrat normalement soucieux de ses devoirs n'y ait pas été entrainé »[1797], Roger PERROT constate l'abandon de cette définition, car la haute cour y est revenue par son arrêt du 23 février 2001 rendu en assemblée plénière, pour décider qu'elle « Constitue une faute lourde toute déficience caractérisée par un fait ou une série des faits traduisant l'inaptitude du service public de la justice à remplir la mission dont il est investi »[1798].

La Cour suprême de justice considéra aussi la faute lourde comme équipollente au dol dans l'arrêt de cassation de 1969 où elle jugea qu'

> « Une citation directe peut être considérée comme téméraire et vexatoire (...) par des conclusions prises au premier degré lorsqu'elle constitue soit un acte de malice ou de mauvaise foi, soit une faute tellement grossière qu'elle est équipollente au dol et qu'il en aura lorsque la partie prétendument lésée, au lieu de recourir aux tribunaux

---

1793 Civ. 1er, 7 juin 1974, Bull. Civ 1, n° 168.

1794 SAIN RAPT Christian, *Dictionnaire général de l'assurance*, édition Arcative, 1996, p. 592.

1795 Collection juridoc, *Contentieux de prise à partie*, Tome III, Juricorps, Kinshasa, 2011, p. 18.

1796 SAIN RAPT Christian, *op.cit*, pp. 594-596.

1797 Cass, Civ, 16 octobre 1968, D. 1969, Somm. 44.

1798 Cass, Ass. Pln. 23 fév. 2001, Bull.Civ; Ass. Plén. N° 5, JCP. 2001.1.340 spéc. N° 26; obs G. V. Ney, JCP 2001, II. 10583, note L.J. Menuret. Voir Roger PERROT, *op.cit*, p. 83

civils alors qu'elle pouvait le faire, met inconsidérément ou méchamment en mouvement l'action publique, commettant alors non une erreur de droit mais une faute lourde qu'elle ne peut imputer à son avocat, auteur de la rédaction de la citation, surtout quand elle ne l'a point désavoué en lui donnant ultérieurement procuration pour introduire l'acte de désistement en son nom »[1799].

En droit du travail par exemple, la faute grave du salarié est appréciée par les tribunaux et contrôlée par la cassation. Elle est selon cette dernière un fait ou un ensemble de faits imputables au salarié qui constituent une violation des obligations découlant du contrat de travail ou des relations de travail d'une importance telle qu'elle rend impossible le maintien du salarié pendant la durée du préavis. Elle permet à l'employeur de rompre sans délai[1800].La faute civile reste à bon droit la base de responsabilité du droit commun[1801].

Le droit fiscal par contre considère comme fraude le comportement délictuel délibéré consistant notamment pour un contribuable à dissimuler une fraction des recettes et à majorer les charges[1802].

En droit processuel de prise à partie, les notions de dol et de fraude sont considérées en théorie par une large partie de la doctrine, ainsi que le note le professeur A. Van Oevelen, comme des synonymes. La caractéristique commune à ces deux termes est l'intention frauduleuse avec laquelle le magistrat à qui le dol ou la fraude est imputé doit avoir agi[1803.]

Le législateur congolais, en considérant l'erreur grossière de droit équipollente au dol, n'écarte pas l'idée de faute lourde équipollente au dol[1804].

Le rapprochement jurisprudentiel entre la fraude et le dol est constant. C'est ainsi que la cour de cassation belge,par exemple,jugea que le dol ou la fraude justifiant la prise à partie d'un juge suppose des manœuvres ou des artifices auxquels leur auteur recourt soit pour tromper la justice, soit pour favoriser une partie ou pour lui nuire, soit pour servir un intérêt personnel[1805].

Commentant l'arrêt susdit, le professeur Georges De Leval indique que tant pour le dol que pour la fraude, le requérant doit démonter un élément intentionnel défini dans le chef du magistrat pris à partie. Aucune action en prise à partie ne peut dès lors être intentée sur la base d'une erreur grossière

---

1799 C.S.J, RPA, 5, 22 juin 1972, Bull, 1973, p. 100.

1800 *Lexique des termes juridiques*, 16ème édition, Dalloz, Paris, 2007, p. 303.

1801 *Dictionnaire de droit privé et lexiques bilingues*, 2ème édition Yvon Blaisme Québec, commande, 1991, p. 251.

1802 *Dictionnaire de droit fiscal et douanier*, Ellipses, Paris, 2007, p. 260.

1803 A. VAN OEVELEN, *op.cit.*

1804 Article 56 alinéa 2 Loi organique n° 13/010 du 19 février 2013.

1805 Cass, 27 mars 1998, Pas. I. 410.

ou inexcusable, d'une faute lourde ou d'une négligence grave du juge qui ne présente aucun caractère intentionnel ou malhonnête[1806].

La faute est intrinsèquement lourde lorsqu'elle se présente avec un tel caractère d'évidence et de gravité que le service est inexcusable de l'avoir commise[1807].

Par contre, la faute lourde extrinsèquement, pour Cozinet, c'est celle qui se distingue essentiellement de la faute simple par son degré de gravité. Pour Latournerie, c'est celle qui doit se présenter avec un tel caractère d'évidence et de gravité que le service est inexcusable de l'avoir commise[1808].

La Cour suprême de justice revient sur sa décision de 1973 selon laquelle les erreurs de droit, fussent-elles graves, ne constituent pas le dol[1809].Le changement jurisprudentiel inquiète également les justiciables français. C'est ainsi que Fabrice HOURQUEBIE mentionne l'évolution jurisprudentielle de la notion de faute lourde de la cour de cassation, et ce parce que les recours sont devenus des recours utiles, effectifs et accessibles aux plaignants[1810].

La fraude comme le dol sont susceptibles de conduire à un procès non équitable de la part de toute partie au procès et surtout du juge sensé impartial[1811].

Le but du dol et de la fraude est presque identique tel qu'il ressort de la définition de ces deux notions du dictionnaire encyclopédique : (dol = manœuvre frauduleuse qui a pour but de tromper une personne pour conclure un acte juridique ; et la fraude : acte commis de mauvaise foi dans l'intention de tromper)[1812]. Même la ruse constitue le dol[1813]. La notion a la même finalité comme en droit anglais où : « *Deccit, fraud, false representation, mis representation* »[1814].

Il découle d'une certaine théorie que les fautes non intentionnelles les plus graves mériteraient d'être assimilées à de véritables intentions[1815].

Les règles processuelles, comme en prise à partie, doivent répondre à la règle d'effectivité comme il a été décidé par la cour européenne des droits de l'homme[1816].En vue de rendre plus effective la procédure de prise à partie, la cour suprême de la République Démocratique du Congo décida, à bon droit

---

1806 DE LEVAL Georges, « De la prise à partie », in *La jurisprudence du code judiciaire commentée*, Vol II, B. Les voies de recours, la charte, Burges, 2008, p. 445.

1807 DE VALICOURT Eliane, *L'erreur judiciaire*, l'Harmattan, Paris, 2005, p. 281.

1808 COZINET et LATOURNERIE, cités par Eliana DE VALICOURT, *op.cit*, p. 281.

1809 C.S.J, RPP 066, du 19 décembre 1997.

1810 DE VALICOURT Eliane, *op.cit*, p. 284.

1811 HOURQUEBIE Fabrice, *Sur l'émergence du contrepouvoir juridictionnel sous la Vème République*, Bruylant, Bruxelles, 2004, p. 560.

1812 *Dictionnaire encyclopédique*, édition Philippe Auzou, Paris, 2002, pp. 434-600

1813 GAFFIOT F., *Dictionnaire latin français*, Hachette, Paris, 934, p. 554

1814 Thomas A. QUEMNER, *Dictionnaire juridique I*, édition Navarre, Paris, 1953, p. 82

1815 *Lexique des termes juridiques*, *op.cit*, p. 245.

1816 DE SCHUTTER Olivier, *op.cit*, p. 165.

que la faute lourde et l'erreur grossière sont équipollentes au dol[1817] comme en avaient décidé les autres hautes cours[1818].

Cette situation inquiéta Monsieur LUBAKI MAKANZA qui constata que la cour suprême de justice avait tendance à étendre les causes d'ouvertures de la prise à partie par les cas fondés sur la faute lourde professionnelle, l'erreur grossière. Cette inquiétude, avec la nouvelle loi de 2013, n'a plus d'intérêt. Toutefois, la haute cour était dans l'économie de la prise à partie.

Ce sont les causes actuelles de prise à partie qui ont soustendu la création de la cour de cassation française. Du nombre des idées de sa création, comme le rapporte Mr Languinais, figurait le fait de « Sanctionner les fautes grossières des juges, des attitudes de prévarication, des erreurs tellement énormes qu'elles pourraient se comparer à un dol »[1819].

Guy CANIVET y revient en choisissant les mots plus justes quand il note qu' on pensa que, dans l'intérêt de la société, comme dans celui de la justice elle-même, il serait plus utile d'établir un corps des magistrat (...) à la sagesse desquels on confierait l'examen (...) de tous les jugements qui seraient attaqués, et qui, revêtus d'une spécialité exclusive de leurs décisions, seraient, dans chacune de leurs décisions, absolus, impartiaux, intègres, indépendants, et offriraient ainsi à l'ordre public plus de sécurité, plus de garantie et plus de repos[1820].

Dans la recherche du dol, de la faute lourde équipollente au dol, de l'erreur grossière de droit, la haute cour est appelée à constater la rupture des vertus de la justice dans le chef du magistrat, à savoir la défaillance de l'indépendance et de l'impartialité de l'office du juge et la rupture de l'égalité des justiciables d'avoir les mêmes règles de forme et de fond pour obtenir la même justice en respect aussi des précédents judiciaires.

La haute cour ayant également la mission d'unification de l'application de la règle de droit, la réalité de rapprochement des notions de faute lourde, de dol et de fraude sont largement exploitées dans d'autres règles de fond[1821].

En sus, au-delà de la fonction du juge, bouche de la loi, usant du rôle créateur de la loi par son office du fait de son interprétation, la haute cour est légitimée pour rendre effectif le régime de prise à partie en jugeant que le dol, la faute et la faute lourde conduisent à la négation de la mission de trancher le litige selon les règles de droit qui lui sont propres, en toute indépendance et en toute impartialité.

[1817] LUBAKI MAKANGA, *L'interprétation de la notion du dol en matière de prise à partie, in justice*, science et paix, Kinshasa, 2004, p. 14.

[1818] C.S.J., RPA, 5, 22 juin 1972, Bull, 1973, p. 100.

[1819] Robert BADINTER, *Une autre justice 1789-1799*, Fayard, Paris, 1989, p. 63.

[1820] Discours prononcé par Mr Guy CANIVET, 1er Président de la cour de cassation à l'audience solennelle de début d'année judiciaire, le jeudi 6 janvier 2000, Rapport de la cour de cassation, 1999, Documentation française, Paris, 2000, p. 50.

[1821] Droit des assurances, droit du travail, les contrats usuels, etc.

En application des termes de l'ordonnance civile de 1667, il a été reconnu par les cours et tribunaux que la faute volontaire ouvrait droit à la prise à partie. Par contre pour que la contravention à une ordonnance puisse être moyen de prise à partie, il faudra qu'elle soit affectée et inexcusable. L'incompétence visible du juge constitue également une cause de prise à partie lorsque l'on a lieu de juger, que le juge qui s'est rendu compétent l'a fait contre sa propre conscience[1822].

L'arrêt du 4 juillet 1704 décida que « (...) La seule considération de sa dignité avait porté les juges à ne pas déclarer bien pris à partie et (...) que pour étouffer une pareille indécence et tâcher de rétablir l'union dans ce siège, on voulait bien tout oublier »[1823].

Le professeur Philippe Pedrot considère même que la qualification de l'office du juge est sans doute l'opération intellectuelle centrale du raisonnement juridique[1824].

L'analyse de la faute lourde, de la faute exceptionnelle ou du dol doit s'inscrire dans la capacité de chaque notion si, prise isolément par le magistrat, est de nature à atteindre le but, celui de favoriser ou de nuire à une partie au procès, d'atteindre un profit personnel et de tromper la justice.

C'est à juste titre que la loi organique n°13/010 du 19 février 2013 relative à la procédure devant la cour de cessation, spécialement en son article 56 alinéa 2 prescrit que l'erreur grossière est équipollente au dol comme le soutient une partie de la jurisprudence française[1825].

Les causes d'ouverture de la prise à partie dans le chef de magistrat perturbent l'ordre public processuel national et international.

La cour de cassation belge est d'avis qu'il ressort du rapprochement des dispositions des articles 1144 et 1145 du code judiciaire que la volonté du législateur est d'imposer des délais stricts au cours de la procédure de prise à partie dans le souci de mettre fin le plus rapidement possible à la perturbation de l'ordre public, par ce motif, le délai dans lequel le juge pris à partie peut déposer un mémoire réponse est prévu à peine de déchéance[1826].

A cette préoccupation, le tribunal de Paris considéra que la responsabilité de l'Etat peut être engagée si une des causes de prise à partie est réalisée. La Cour Douai affirme la même chose que le tribunal de Paris en y ajoutant le cas de révision[1827].

[1822] François PERRIER cité par Catherine METHY, *op.cit*, p. 101.

[1823] NUPIED Nicolas cité par METHY Catherine, *op.cit*, p. 101.

[1824] PEDROT Philippe, Le processus juridictionnel et droit des personnes, argumentation et délibération, in *Les actes de l'office du juge*, colloque des 29 et 30 septembre 2006, Sent, Palais de Luxembourg, p. 283.

[1825] SAIN RAPT Christian, *Dictionnaire général de l'assurance*, édition areatine, 1996, p.594.

[1826] Cass, 11 avril 2003, CO20612.N., Pass. p. 818.

[1827] DE VALICOURT Eliane, *op.cit*, pp. 248-250.

La légitimation du rôle sociétal du juge s'affirme davantage sur la qualité de ses décisions. Fabrice Hourquebie note excellemment que le juge est au premier chef perçu à travers sa jurisprudence. Celle-ci est le reflet du juge, dans sa modération ou ses excès. C'est pourquoi, elle se doit d'être conforme à un certain nombre de principes qui n'ont d'autre but que de la rendre légitime, c'est-à-dire acceptable aux yeux des justiciables. L'impact de la jurisprudence est donc avant tout tributaire du respect par le juge d'un certain nombre d'obligations procédurales, en l'occurrence la sécurité procédurale[1828].

L'office du juge doit constamment avoir en mémoire et en acte la perception du conflit par les parties.

La fonction de l'office du juge, transformé en Dieu, ne peut lui permettre de redevenir homme avec ses besoins à satisfaire par les intérêts qui sont en procès. Face à la dure épreuve de la réalité, l'office du tribunal connait les limites de sa sacralisation, il est aussi justiciable notamment du fait de concussion.

B. Concussion

Comme on peut le constater, le législateur a retenu comme entre autres causes d'ouverture de prise à partie la concussion, même s'il ne définit pas cette dernière notion, tâche qu'heureusement le droit pénal s'est attelé à réaliser.

Rangée parmi les manquements au devoir de la probité, le code pénal français définit la concussion comme étant « Le fait pour une personne dépositaire de l'autorité publique ou chargée d'une mission de service public de recevoir, exiger ou ordonner de percevoir à titre de droits ou contributions, impôts ou taxes publics, une somme qu'elle sait ne pas être due, ou excéder ce qui est dû (…) »[1829].

Pour Gérard CORNU, la concussion est le fait pour le fonctionnaire ou agent public d'exiger, de recevoir ou ordonner de recevoir à titre des droits, taxes, contributions ou impôts, des sommes qu'il sait n'être pas dues[1830].

Mais le dictionnaire économique et juridique définit la concussion comme étant l'extorsion, la spéculation[1831]. En outre, la loi retient le déni de justice comme cas d'ouverture de prise à partie.

1828 HOURQUEBIE Fabrice, *op.cit*, p. 590.

1829 Hervé PELLETIER et Jean PERFETTI, op.cit, p. 298 ; Gérard CORNU, *op.cit*, p. 201.

1830 Gérard CORNU, *op.cit*, p. 201.

1831 J. BALEYTES, A KURGANSKY, Ch. LARCHE et J. SPIRNDLER, *Dictionnaire économique et juridique, Français/Anglais, English/French*, 5ème édition, LDGJ, Paris, 2000, p. 65.

C. Déni de justice

Au-delà du dol et de la concussion, le législateur a retenu aussi comme cause d'ouverture de prise à partie le déni de justice, malheureusement sans le définir.

Gérard Cornu définit le déni de justice au sens général comme un manquement au devoir de justice. Cette expression est utilisée notamment pour désigner la situation résultant de la contrariété des décisions définitives rendues au fond dans les litiges portant sur le même objet par des juridictions administrative et judiciaire respectivement saisies. 1) Pénalement, c'est l'abstention incriminée comme entrave à l'exercice de la justice qui consiste pour tout juge ou détenteur de la force publique, administrateur, autorité administrative (...) lorsqu'on en est requis conformément à l'article 434-7-1 du code pénal, à refuser, sous quelque prétexte que ce soit, de rendre la justice qu'il doit aux parties, c'est-à-dire, si c'est un juge à trancher un litige ou à répondre force publique à assurer l'exécution d'une décision de justice (...) 2) Refus de juger sous prétexte du silence, de l'obscurité ou de l'insuffisance de la loi, civilement considéré comme abstention illicite[1832].

Le dictionnaire de la justice précise que le déni de justice est un comportement fautif de la part du juge qui refuse de répondre aux requêtes ou néglige de juger les affaires en état sous prétexte d'obscurité ou insuffisance de la loi[1833].Le déni de justice est établi lorsque chaque fois qu'un juge, saisi d'un litige ou requis d'accepter un acte qui ressort sous son ministère, refuse de se prononcer sur ce litige ou d'accomplir cet acte[1834].

JOUSSE rappelle qu'à la lumière de la seule lecture du titre consacré à la prise à partie, la seule faute qui semble susceptible d'ouvrir la voie à un tel recours est le déni de justice car les juges étaient négligents ou ont refusé de juger la cause[1835].

A l'abord de la question du temps devant le juge administratif, le professeur Henri OBERDOFF estime à bon droit que chaque fois qu'on passe en revue cette question, on se heurte d'abord à une délicate question d'appréciation du temps. A chacun son temps en quelque sorte[1836].

A notre avis, Françoise DUCARONG a raison d'affirmer que le temps des uns n'est pas celui des autres, mais pour le juge, le temps ne se mesure pas seulement en minutes, heures, années, il se mesure surtout en termes de stocks et de flux au regard de la capacité à juger en fonction des moyens

---

[1832] Gérard CORNU, *op.cit*, pp. 290-291.

[1833] *Dictionnaire de la justice*, PUF, Paris, 2004, p. 324.

[1834] LE PAIGE et Mr SIORME cités par A. VAN OEVELER, *op.cit.*

[1835] Jousse cité par Catherine METHY, *op.cit*, p. 94

[1836] Henri OBERDOFF, « Le justiciable, le juge administratif et le temps »,in *Juge administratif à l'aube du 21ème siècle*, Actes de colloque du 40ème anniversaire des tribunaux administratifs, Presses universitaires de Grenoble, 195, p. 281.

disponibles et principalement des effectifs de magistrats et d'agents de greffe[1837].

De cette observation pertinente, la Présidente du tribunal administratif, Madame Françoise DUCARONG, tire un principe cardinal de l'office du juge quand elle nous confie que

> Non maîtrisé par le juge, le temps devient un élément de la stratégie du justiciable. Son écoulement devient en soi un paramètre du procès. Il peut aboutir à rendre la décision de justice quasi impossible à exécuter,comme en matière de révocation d'agents publics, il peut représenter un enjeu financier comme c'est souvent le cas du contentieux fiscal[1838].

La notion temporelle est vitale en procès, comme le fait observer également le dictionnaire juridique qui affirme que

> L'œuvre de justice s'insère inéluctablement dans le temps. Dans la perspective du justiciable, une justice crédible, efficace et effective se traduit nécessairement par l'obtention et l'exécution d'un jugement sur le fond dans un temps qui satisfait ses besoins économiques, sociaux et personnels[1839].

Le délai raisonnable répond au principe de célérité. Dans la computation du temps raisonnable du procès, la cour européenne des droits de l'homme apprécie le procès dans sa globalité pour calculer la durée. Cette dernière part du jour de la formation de la demande pour expirer en principe le jour où le tribunal a tranché la contestation ou s'est déclaré incompétent[1840].

Au sujet de la question de la durée du temps raisonnable, Didier DEL PRETE et Eva FISCHER expliquent que la jurisprudence interprète le standard de celle-ci au cas par cas, en fonction des circonstances particulières de chaque affaire, prenant en compte notamment la complexité de l'affaire (nombre de personnes impliquées dans le litige, difficultés de preuves, dimension internationale du litige, le comportement du requérant, changement répété d'avocats, communication tardive de pièces) et l'importance de l'enjeu du procès pour le requérant[1841].

La justice est la propriété de la loi, et l'office du juge, sa bouche. Le tribunal doit rendre justice en faisant taire ses convictions religieuses ou philosophiques. C'est ainsi que l'exemple d'un juge américain qui refusa de célébrer le mariage du couple multiculturel avec de différents enfants issus

---

[1837] Françoise DUCARONG, *La vision des juges in Juge administratif à l'aube du 21ème siècle*, Actes de colloque du 40ème anniversaire des tribunaux administratifs, *op.cit*, p. 305

[1838] Idem, p. 306

[1839] *Dictionnaire de la justice*, PUF, Paris, 2004, p. 312.

[1840] CEDH, 13 novembre 2001, n° 38945/97 Francisco/France, Natalie Fricero, Les garanties de nature procédurale, équité, publicité, célérité et laïcité in Droit et pratique de la procédure civile, *op.cit*, p. 501.

[1841] Didier DEL PRETE et EVA FISCHER, *op.cit*, p. 60.

de précédentes unions au motif que les futurs mariés n'avaient rien en commun.

A la longueur des journées, les organes de la défense prétendent apporter au juge les faits, et ce pour attendre de lui le droit. Le juge n'a pas le monopole du droit. Les parties apportent le droit et les faits afin que le juge seul transforme le droit de la partie en jugement exécutoire sous réserve des modes alternatifs de justice.

C'est pourquoi, avons-nous dit plus haut, le législateur français de la procédure civile prescrit en lettre d'or que

> Le juge tranche le litige conformément aux règles de droit qui lui sont applicables. Il doit donner ou restituer leur exacte qualification aux faits et actes litigieux sans s'arrêter à la dénomination que les parties y auraient proposé. Il peut relever d'office les moyens de pur droit quel que soit le fondement juridique invoqué par les parties. Toutefois, il ne peut changer la dénomination ou le fondement juridique lorsque les parties, en vertu d'un accord express et pour les droits dont elles ont la libre disposition, l'ont lié par les qualifications et points de droit auxquels elles entendent limiter le débat (...)[1842].

Conformément au principe général du droit, en vertu de l'ordonnance du 19 mars 1886 approuvée par le décret du 12 novembre 1886, le juge saisi d'un litige doit vider sa saisine à l'égard de toutes les parties au procès[1843].

Le premier président de la cour de cassation, Mr Guy CANIVET, rappelle que trancher est l'obligation fondamentale du juge. Il faut se situer dans une opposition entre d'une part la force et l'autorité de la décision et, d'autre part, l'intérêt des parties qui va être plus ou moins satisfait[1844]. Monsieur BRUNO Genevois, président de la section du contentieux du conseil d'Etat, estime que l'emploi du verbe trancher ne lui paraît pas idéal, il serait, selon lui, plus exact d'utiliser le verbe décider conformément au code de justice administrative qui parle de *« Décision du conseil d'Etat »*[1845].

Maître Théo KLEIN, avocat au barreau de Paris, expliquant l'immensité de la fonction du juge dit que celle-ci est certainement la mission humaine la plus imminente et qui, à l'intérieur des limites fixées par la loi, confère un pouvoir absolu dès lors que le jugement acquiert l'autorité de la chose jugée. C'est entre ses mains que se balancent souvent l'honneur, la fortune et l'avenir de ceux qui sont soumis à son jugement [1846].

[1842] *Code de procédure civile*, 102ème édition, Dalloz, Paris, 2010, p. 28.

[1843] Ruffin MUSHIGO-A-GAZANGA GIGOMBE, *op.cit.*, p. 35.

[1844] Guy CANIVET, Trancher, in *Les actes de l'office du juge*, Colloque des 29 et 30 septembre 2006, Senat, Palais de Luxembourg, p. 293.

[1845] Bruno GENEVOIS, Comment trancher au conseil d'Etat, in *Des actes de l'office du juge*, *op.cit*, p. 296.

[1846] Théo KLEIN, La fonction du juge, in *Mélanges en hommage à Louis EdmondPettiti*, E. Bruylant, Bruxelles, 1998, p. 507.

Chercher de répondre à la question de savoir si le juge doit dire le droit, c'est à en croire le professeur CROZE Hervé, remettre celui-ci au cœur de son activité juridictionnelle. En droit processuel, constate le même professeur, l'office du juge peut être appelé à contrôler par voie de jugement la légalité de la prétention d'une partie ou encore le tribunal est appelé à régler un conflit[1847].

Le temps du procès est une exigence du procès équitable. D'où la pertinence du délai raisonnable depuis l'arrêt HC/France du 24 octobre 1989 rendu par la cour européenne des droits de l'homme[1848].Le temps est un facteur de toute œuvre humaine. Il murit, il fait pourrir aussi. L'ambivalence du temps doit être mesurée en droit processuel.

Traditionnellement, pour ne citer que le cas de figure du juge inique et la veuve des saintes écritures, la fonction judiciaire est très lente (festina lente, hâte toi mais lentement). C'est un héritage malheureux de la fonction judiciaire en tout temps et à tout endroit.

Le temps très court pour l'office du juge à compter de la prise de la cause en délibéré et le prononcé, un mois pour le droit belge[1849], en droit congolais dans les dix jours en matière pénale et dans les trente jours dans les autres matières[1850].

Les dispositions de l'article 450 du code de procédure français accordent un peu plus de temps à l'office du juge que n'en accorde le législateur congolais étant donné que si le jugement ne peut être prononcé sur le champ, le prononcé en est renvoyé, pour plus ample délibéré, à une date que le président indique (...), s'il décide de renvoyer le prononcé du jugement à une date ultérieure, le président en avise les parties par tout moyen. Cet avis comporte les motifs de la prorogation ainsi que la nouvelle date à laquelle la décision sera remise[1851].

En vue d'éviter par exemple la procédure de prise à partie due au déni de justice, le droit judiciaire belge offre aux justiciables une possibilité prévue par les dispositions des articles 648, alinéa 4 et 652 à 653 de demander le dessaisissement du juge lorsqu'il néglige pendant plus de six mois de juger la cause qu'il a prise en délibéré.

Si la Cour de cassation est saisie d'une demande tendant à dessaisir un juge qui néglige pendant plus de six mois de juger la cause qu'il a prise en délibéré, elle désigne le juge de renvoi ; elle peut renvoyer la cause devant la

---

[1847] Hervé CROZE, Le juge doit-il dire le droit ?, in *Justices et droit du procès*, *op.cit*, pp. 227-231.

[1848] Bâtonnier JEAN BONNARD, La vision des avocats, in *Le juge administratif à l'aube du 21ème siècle*, *op.cit*, p. 298.

[1849] Article 770, Code judiciaire

[1850] Article 43 de la loi organique n° 13/011-B du 11 avril 2013

[1851] Article 450, Code de procédure civile, 102ème édition, Dalloz, Paris, 2010, p. 336.

même juridiction recomposée[1852]. Elle pourra ainsi tenir compte des circonstances de la cause et notamment d'un cas de force majeure. Néanmoins, pour sa décision, elle prendra en considération l'intérêt d'une bonne justice comme étant le facteur déterminant[1853].

Le droit de procédure congolais peut se laisser influencer par les dispositions pertinentes des articles 648, alinéa 4 et 652 à 653 du code judiciaire belge mais attribuer cette compétence à la cour d'appel pour les juridictions qui sont inférieures, et à la cour de cassation pour le retard pris par les juges des cours d'appel. Ce tempérament pourrait avoir un impact sur le désencombrement de la haute cour d'une part et, d'autre, de rapprocher la justice des justiciables.

Les parties fortement passionnées et intéressées ont plus de temps en droit processuel que l'arbitre neutre et surchargé par les justiciables égaux à son office, et sans préférence aucune sur les causes[1854]. L'irréalisme temporel accordé au juge relève du conformisme et les professionnels judiciaires y croient. La gestion des arriérés judiciaires le témoigne,mais l'accroissement de la criminalité ne conduit pas à l'accroissement du budget de la justice en moyens financiers et humains.

Certes, l'évidence est d'accorder à l'office du juge du temps entre la prise en délibéré de la cause et le prononcé. Toutefois, il s'observe un comportement injustifié de la part de l'office du jugequi en certaines circonstances, après avoir été intéressé par toutes les parties, recherche à aller du bon côté du droit moyennant marchandage. Le tribunal préfère soit ne pas se prononcer en attendant sa mutation, soit rouvrir les débats pour un motif imaginaire pour se déporter après.

Face au court délai d'intervalle entre le délibéré et le prononcé de huit jours, l'article 58 alinéa 2 prescrit que le déni de justice est constaté par deux sommations faites par l'huissier et adressées au magistrat à huit jours d'intervalle au moins[1855].Les deux sommations, causes d'irrecevabilité de la requête de prise à partie sont également prévues par le droit processuel français, à la différence du droit belge, qui ne prescrit pas de délai d'intervalle entre les deux sommations[1856].

En somme, il demeure établi que le déni de justice est le refus de trancher ou d'exécuter le devoir requis. Par conséquent, il n'y a point de déni de justice lorsque le juge tranche et même lorsqu'il peut se déclarer

---

[1852] Cass, 9 fév. 2006, C.06.0029, Larcier cass. N° 604, Pos. P. 341 ; Cass. 21 avril 2006, C0601321, Larcier Cass. N° 834.

[1853] Cass, 8 mai 1987, RG 57 49, Pas, p. 1042, Voir aussi Cass. 8 février 2007, C0700.101. J.I M.B. 1983.

[1854] Première remise au mois, deuxième à 3 semaines et troisième remise à 2 semaines, puis rôle général, retour au rôle utile, etc.

[1855] Article 58, Loi organique n° 13/010 du 19 février 2013 relative à la procédure devant la cour de cassation.

[1856] Article 366-9 du code de procédure civile.

incompétent, accepte une exception de non recevabilité, déclare la demande non fondée, rouvre les débats ou ajourne l'affaire à une date déterminée[1857].

Les causes d'ouverture de prise à partie sont déterminées par la loi mais malheureusement celles-ci ne déterminent pas leur finalité. Quelle serait alors la finalité des causes de prise à partie au regard de la doctrine et de la jurisprudence ?

§ 4. Finalité des causes d'ouverture

Le législateur, en instituant la prise à partie, n'a pas expressément retenu le but recherché par le magistrat fautif[1858]. Le mérite revient à la jurisprudence et à la doctrine d'avoir clairement donné le but poursuivi par le magistrat pris à partie.

Toutefois selon la définition légale du dol prévue à l'article 56 de la loi organique n° 13/010 du 19 février 2013 relative à la procédure devant la cour de cassation, le magistrat dolosif est poursuivi pour avoir accordé indument un avantage à une partie.

La jurisprudence a eu le mérite d'avoir proposé plusieurs buts recherchés par le magistrat dolosif dans son action. Ainsi qu'il en a été jugé par la cour de cassation belge que

> Le dol ou la fraude prévus par l'article 1140-1° du code judiciaire supposent des manœuvres ou des artifices auxquels leur auteur recourt, soit pour tromper la justice, soit pour favoriser une partie ou pour lui nuire, soit pour servir un intérêt personnel[1859].

Commentant l'arrêt de la cour de cassation belge, le Professeur A. VAN OEVELENestime, à bon droit,à notre avis,qu'il incombe à la partie lésée de fournir la preuve de cet élément intentionnel[1860]. Ce point de vue a été également partagé par le Professeur Georges DE LEVAL qui affirme que tant pour le dol que pour la fraude, le requérant doit démontrer un élément intentionnel défini dans le chef du magistrat pris à partie[1861].

Il y a lieu, toutefois, de s'écarter de la conclusion de deux analyses ci-dessus lorsqu'elles affirment qu'aucune action en prise à partie ne peut dès lors être intentée sur la base d'erreur grossière ou inexcusable, d'une faute

---

[1857] Pand, XXIX, Vè Déni de justice, P. 753, n° 12-13. RPDB, III, Vè Déni de justice, P. 628 n° 9, 11 et 12. M. RIGAUX et P.E. Trousse, Oc. 335-336, A. Marchl, OC. P. 211, n° 4684 et 4686, E. GUTT et A. Tstranait-Thilly. Examen de jurisprudence (1063 à 1970) ; Droit judiciaire privé, RCJB 1973, P. 91. Voir A. VAN OEVELEN, *op.cit.*

[1858] Article 55, Loi de 2013, article 1140, code judiciaire belge, Article 366-1, code de procédure civile français.

[1859] Cass, 27 mars 1998, J.T. P. 551, Cass, 27 mars 1998, Bull. n° 176.

[1860] A. VAN OEVELEN, *op.cit*, pp. 255 et suivantes.

[1861] Georges DE LEVAL, pp. 444 – 445.

lourde ou d'une négligence grave du juge qui ne présente aucun caractère intentionnel ou malhonnête[1862].

Nous partageons à ce niveau la position d'ElianeDE VALICOURT qui soutient que l'élément commun entre le dol, la fraude et la concussion est la faute intentionnelle[1863]. C'est même cette logique qui détermine SIMLER Tenc et LEQUELTE à considérer pour leur part que la faute intentionnelle en matière délictuelle doit être définie de la même manière que la faute dolosive en matière contractuelle[1864].

Par faute lourde,il faut ainsi entendre une faute particulièrement grave qu'un magistrat, normalement soucieux de ses fonctions, n'aurait pas commise. MAZEAUD et TENC soutiennent même qu'en cas de faute lourde, la négligence ou l'imprudence sont tellement grossières qu'il est à peine croyable que son auteur n'ait pas désiré, en agissant, causer le dommage qui s'est réalisé[1865].

Sous le silence de la loi de 1982, la cour suprême de justice de manière constante jugeait que la faute lourde et la faute inexcusable sont des causes de prise à partie[1866].La nouvelle loi de 2013 est venue renforcer la position de la haute cour en légiférant que l'erreur grossière du droit est équipollente au dol[1867].

La finalité des causes d'ouverture de prise à partie est la négation de l'essence même de la justice, « Celle-ci doit à chaque partie ce qui lui revient ». Elle est aussi la méconnaissance de l'égalité des armes garantie aux parties. En d'autres mots, l'office du tribunal et le ministère public doivent préserver l'égalité de chance des parties.

Le fait pour un juge de favoriser une partie revient à méconnaitre la notion même et le principe de droit suivant lequel on doit attribuer à chacun ce qui lui est dû ; la vertu correspondant à la volonté de chacun d'y parvenir[1868].

John RAWLS, Professeur de philosophie à l'université d'Harvard, exprime deux principes de la justice que violent les causes de prise à partie :« En premier lieu, chaque personne doit avoir un droit égal au système total le plus étendu de libertés de base légales pour tous, qui soit compatible avec un même système pour les autres. En second lieu, les inégalités sociales et économiques doivent être organisées de façon à ce que,

---

[1862] Idem, cass, 7 novembre 1949, Pas. 1950, I, 123 ; cass, 27 juin 1977, Pas, I, 1101 ; cass, 25 juin 1987, Pas I, 1325.

[1863] Eliane DE VALICOURT, *op.cit.*, p. 327.

[1864] Tenc SIMLER et LEQUELTE cités par Eliane DE VALICOURT, *op.cit*, p. 327.

[1865] MAZEAUD et TENC, cités par Eliane DE VALICOURT, *op.cit*, p. 330.

[1866] Collection juridoc, Contentieux de prise à partie, Tome III, Juricongo, Dictionnaire 2011

[1867] Article 56 alinéa 2, Loi organique n° 13/010 du 19 février 2013 relative à la procédure devant la cour de cassation.

[1868] André JEAN ARNAUD, *Dictionnaire encyclopédique de théorie et de sociologie du droit*, LGDJ, Paris, 1993, p. 327.

à la fois (a,) l'on puisse raisonnablement l'attendre à ce qu'elles soient à l'avantage de chacun (b) qu'elles soient attachées à des positions et à des fonctions ouvertes à tous. De ce principe,il tire une règle de priorité en soutenant que « Les principes de la justice doivent être classés en ordre lexical et, par conséquent, les atteintes aux libertés de base pour tous qui sont protégées par le premier principe ne peuvent être justifiées ou compensées par les avantages sociaux et économiques plus grands. Ces libertés ont un domaine central d'application à l'intérieur duquel elles ne peuvent être limitées et remises en question que si elles entrent en conflit avec d'autres libertés de base. C'est pourquoi d'ailleurs, aucune n'est absolue ; mais même si elles doivent être modifiées de manière à former un système, ce système doit être le même pour tous »[1869]

On peut énoncer deux cas de figure, à savoir une réduction de la liberté doit renforcer le système total de liberté que tous partagent et une inégalité des libertés doit être acceptable pour les citoyens ayant une moindre liberté »[1870].

En tout, les causes de prise à partie se trouvent être une méconnaissance du principe d'équité. Pourtant, selon le dictionnaire de la justice l'équité est une notion indissociable de la justice. Le justiciable attend généralement du juge qu'il rende un jugement équitable. Cette notion est au juge ce qu'est la boussole au navigateur[1871].

Les causes légales de prise à partie portent gravement atteintes aux signes de la justice d'une part et, d'autre, au droit à un tribunal indépendant et impartial[1872]. Les exigences du droit à la justice appellent comme garantie générale le droit à un tribunal indépendant établi par la loi, mais aussi les garanties spéciales, à savoir la présomption d'innocence et les droits de la défense[1873].

Le droit processuel ne vise que le juge indépendant et impartial comme garantie ou même comme l'essence de la justice. Loïc CADIET, Jacques Normand et Soraya AMRANI MEKKI le soutiennent avec pertinence lorsqu'ils écrivent en outre que « Le justiciable n'a pas seulement droit à un juge ; il a droit à un juge indépendant et impartial. Un juge qui n'est pas indépendant et impartial est-il encore un juge ? Ces qualités attendues du juge sont consubstantielles à la notion même de la justice. Il faut y voir des principes universels de procédure »[1874].

[1869] John RAWLS, *op.cit*, pp. 91-92.

[1870] John RAWLS, *Théorie de la justice*, Nouveaux horizons, 1987, p. 287.

[1871] *Dictionnaire de la justice*, PUF, Paris, 2004, p. 425.

[1872] Frédéric SUDRE, *Droit européen et international des droits de l'homme*, PUF, Paris, 1989, p. 434.

[1873] Jean François RENUCCI, *Droit européen des droits de l'homme*, 3ème édition, LGDJ, Paris, 2002, pp. 256 à 295.

[1874] Loïc CADIET, Jacques Normand et Soraya AMRANI MEKKI, *op.cit.*, p. 595.

A juste titre, la cour de cassation belge considère le tribunal impartial comme une règle fondamentale de l'organisation judiciaire, elle constitue, avec le principe de l'indépendance des juges à l'égard des autres pouvoirs, le fondement même des dispositions constitutionnelles qui règlent l'existence du pouvoir judiciaire de tout Etat démocratique ; les justiciables y trouvent la garantie que les juges appliqueront la loi de manière égale[1875].

Aussi, elle décida également que tout juge dont on peut légitimement redouter qu'il ne présente pas les garanties d'impartialité est tenu de s'abstenir de participer à la décision[1876].

Au sujet de l'impartialité, Jacques Robert et Jean DUFFAR la rappellent comme une garantie processuelle, telle que conçue par la jurisprudence de la Commission et de la Cour européenne des droits de l'homme comme l'égalité des armes qui est comprise dans la notion de procès équitable[1877].

En y revenant, Jean François RENUCCI voit dans l'exigence d'impartialité dans le chef du juge un droit à une bonne justice. Quant à son indépendance, les juges européens, s'il y a ou non apparence d'indépendance, en se fondant sur l'adage anglais,*« Justice must not only bedone ; it must also be seen to done »*. Cette notion d'apparence est tout aussi importante lors de l'appréciation de l'impartialité du tribunal[1878].

En sanctionnant le comportement dolosif ou fautif du magistrat, le législateur, la jurisprudence et la doctrine visent trois faits dans le chef de celui-ci : soit qu'il a voulu tromper la justice, soit qu'il a ainsi agit pour favoriser une partie ou pour nuire à celle-ci, soit alors, pour servir un intérêt personnel.

A. Agir pour tromper la justice

Le magistrat pris à partie peut avoir agi dans l'intérêt de tromper la justice par l'obligation qui lui incombe de motiver sa décision[1879]. Par le jeu de voies de recours ordinaires et extraordinaires, l'office du juge a ainsi l'obligation de justifier sa décision par la motivation.C'est dans ce sens qu il a été jugé par la Cour suprême de justice, en matière d'abus de confiance, qu' « Une d écision qui n'est pas suffisamment motivéepeut faire l'objet du contrôle juridique de celle-ci...»[1880].

[1875] Cass. 14 octobre 1996, J.T. 670

[1876] Cass. 21 février 1979, Pas. 750

[1877] Jacques ROBERT et Jean DUFFAR, *Droits de l'homme et libertés fondamentales*, 7ème édition, Montchrestien, Paris, 1999, p. 294.

[1878] Jean François RENUCCI, *op.cit.*, pp. 256-260.

[1879] Principe général du droit, Principe à valeur constitutionnelle

[1880] CSJ, RP 2, 7 et 9, 8 octobre 1969, RCD 1970, II. P. 18, 1970, p. 7

Si l'obligation de motiver les jugements n'est pas très ancienne parce que datant du 7 et 24 août 1790, selon GUINCHARD Serge et ses pairs, elle a déjà acquis valeur constitutionnelle[1881].

Le droit processuel suisse, à la différence des droits franco-belge et congolais, prescrit que le tribunal peut communiquer la décision aux parties sans motivation écrite :

a. à l'audience, par la remise du dispositif écrit accompagné d'une motivation orale sommaire ;
b. en notifiant le dispositif écrit, une motivation écrite est remise aux parties, si l'une d'elles la demande dans un délai de dix jours à compter de la communication de la décision. Si la motivation n'est pas demandée, les parties sont considérées avoir renoncé à l'appel ou au recours[1882].

La loi sur le tribunal fédéral suisse du 17 juin 2005, à son article 58, reconfirme les dispositions du code de procédure civile en ce qui concerne la délibération. On peut ainsi y lire :

1°) le tribunal fédéral délibère en audience :

a) si le Président de la cour l'ordonne ou si un juge le demande ;
b) s'il n'y a pas unanimité ;

2°) dans les autres cas, le tribunal fédéral statue par voie de circulation ».

La motivation est cadrée par le principe général de droit selon lequel le juge saisi d'un litige doit vider sa saisine à l'égard de toutes les parties au procès[1883].

Par contre, le code de procédure pénale suisse, en son article 351, renvoie à l'article 84 du même code qui prescrit que « Si la procédure est publique, le tribunal notifie oralement son jugement à l'issue de la délibération et le motive brièvement. Il remet le dispositif du jugement aux parties à l'issue des débats ou le leur notifie dans les cinq jours »[1884].

La finalité de la motivation de la décision requiert toute transparence par laquelle l'office du juge porte à la connaissance des parties et des juges supérieurs son raisonnement. La motivation de la décision apparaît ainsi comme un facteur de prévisibilité jurisprudentielle. De ce fait, la motivation revêt donc un intérêt capital parce qu'elle est un principe cardinal du procès[1885].

Comme principe constitutionnel[1886], le juge, en motivant suffisamment son œuvre, il doit rencontrer les prétentions des parties[1887].Dans l'obligation

---

[1881] Serge GUINCHARD, Cécile CHAINAIS et Frédérique FERRAND, *Procédure civile, Droit interne et droit de l'union européenne*, 30ème édition, Dalloz, Paris, 2010, p. 727.

[1882] Article 239 du code de procédure civile suisse, Stephen V. BARTI, *op.cit*, p. 237

[1883] Ruffin MUSHIBO. A, *op.cit*, p. 35.

[1884] Code de procédure pénale suisse du 5 octobre 2007 (RO. 2010, 1881)

[1885] Fabrice HOURQUEBIE, *op.cit*, pp. 485-486.

[1886] Obligation de vider sa saisine

de rendre compte aux parties et aux juridictions supérieures, le juge le fait par la motivation de son œuvre de manière suffisante, loyale et très transparente. Le contrôle hiérarchique s'exerce sur l'œuvre du juge au travers de sa motivation.

Messieurs Jacques BORE et Louis BORE constatent que la Cour de cassation déduit le caractère d'ordre public du contrôle de motivation par lequel le juge de fond doit ressortir de son œuvre une motivation suffisante et cohérente afin d'éviter toute dégradation de la fonction judiciaire[1888].

Dans cette logique, la Cour suprême de justice décida par exemple qu'en

> « L'absence totale de motivation, il faut assimiler l'ambiguïté dans la motivation, motivation sans rapport avec le dispositif ou en contradiction avec lui, la constatation insuffisante ou imprécise des éléments matériels de la qualification empêchant la cour suprême de justice d'exercer son contrôle »[1889].

L'office du tribunal a pour mission cardinale de trancher. Guy CANIVET et Yves GAUDEMET la situent dans une opposition entre d'une part la force et l'autorité de la décision et, d'autre, l'intérêt des parties qui va être plus ou moins satisfait. Autrement dit, on est entre les deux symboles de la justice qui sont le glaive et la balance[1890].

Par la motivation de son œuvre, le juge doit s'expliquer ou rendre compte de quelle manière est-il sorti de cette opposition entre la force et l'intérêt des parties. En vue d'induire ou de tromper les juridictions supérieures par le jeu de voies de recours, le juge dolosif ou fautif donnera de fausses motivations étrangères au droit applicable au litige en vue de se conformer à la règle impérative de motivation de la décision de justice. L'office du juge dolosif prépare intentionnellement son œuvre en lui donnant l'apparence d'une décision régulière de justice avec des *« Attendu que »*, des textes des lois, jurisprudences et doctrines malheureusement inappropriés au litige.

La Cour suprême de justice, sous RPP 045, décida, en date du 21 novembre 1996 que

> « L'existence du dol dans le chef des magistrats pris à partie était établie, étant donné qu'ils avaient, par leur motivation, comme l'a soutenu la requérante, usé des manœuvres frauduleuses, des machinations et artifices coupables pour donner au jugement et arrêt les apparences de bonnes décisions dans le seul but de favoriser une partie »[1891].

1887 Article 21 de la constitution de 2006, Dibunda Kabuinji Mpumbua Mbuyi, *op.cit*, pp. 125-134.

1888 Jacques BORE et Louis BORE, *La cassation en matière civile*, 4ème édition, Dalloz, 2008, p. 410.

1889 C.S.J, RP. 2, 7 et 9, 8 octobre 1969, Affaire KINI, RCD, 1970, II, p. 18, RJC. 1970, p. 7

1890 Guy CANIVET et Yves GAUDEMET « Trancher », in *Les actes de l'office du juge*, colloque des 29 et 30 septembre 2006, Sénat-Palais de Luxembourg, p. 293

1891 Collection juridoc, *op.cit*, p. 19.

Et dans le même sens, elle pouvait insister qu'

> «Est constitutif du dol et entraine annulation du jugement critiqué, le comportement d'un magistrat pris à partie qui, délibérément, a tronqué la motivation de sa décision en ce qu'il a volontairement esquivé les éléments objectifs disponibles présentés par le requérant devant permettre la fixation des sommes postulées par le défendeur même lorsqu'il est prouvé que lesdites sommes avaient été payées »[1892].

Au regard de tout ce qui vient d'être dit, il saute bien aux yeux que l'office du tribunal dolosif tend à favoriser une partie ou à lui nuire.

B. Soit pour favoriser une partie ou nuire à une partie

Suivant les principes dispositif et le contrat judicaire, le procès est la chose d'autrui pour laquelle l'arbitre neutre doit reconnaitre à chacun ses droits. Les causes d'ouverture de prise à partie démontrent clairement que le magistrat poursuivi aurait favorisé et/ou nui aux intérêts d'une des parties.

L'hypothèse retenue par le législateur de 2013 à son article 56 relatif à la définition du dol est le but d'accorder un avantage indu à une partie. Il demeure vrai que dans une cause où il y a au moins deux parties litigantes, avantager indûment une partie, c'est remettre à A ce qui appartient à B en dépossédant ce dernier, donc en lui nuisant.

Dans les procédures non contentieuses, le requérant sans adversaire peut être victime du dol de la part du magistrat dû à la négation de son droit substantiel ou processuel. Le régime de report, lorsqu'il n'a pas été respecté par l'office du juge constitue un fil indicateur de la recherche de la part de celui-ci à avantager une partie au détriment d'une autre.

Dans la cause sous RPP296, la cour suprême de justice notant la violation des droits de défense en vue de favoriser une des parties, affirmait qu'

> « Il ressort des notes de plaidoiries du 28 décembre 2004, que devant le magistrat mis en cause, les parties n'avaient abordé que la question de la compétence territoriale. Il s'ensuit qu'en vidant le fond du litige alors que les parties n'en avaient pas débattu ni échangé des pièces, le juge s'est porté à la partialité en violant les droits de la défense en vue de favoriser la partie Bakali au détriment de la demanderesse »[1893].

L'on peut ainsi noter que la jurisprudence de la Cour suprême de justice est constante quant à la définition même du dol[1894].

L'office du juge dolosif peut poursuivre aussi un intérêt personnel.

[1892] C.S.J, RPP 130, 14 mars 2003, Collection juridoc, *op.cit*, p. 42.

[1893] CSJ, Arrêt RPP296, 10 mars 2009, Bull. des arrêts de la C.S.J, Tome II, Années 2004-2009, Kinshasa, éditions du service de documentation et d'études du ministère de la justice et droits humaines, 2010, p. 138.

[1894] Définition du dol retenue par la C.S.J.

C. Soit pour servir un intérêt personnel

L'office du juge peut rechercher la promotion au travers des décisions de justice en vue de satisfaire soit les hommes politiques, soit les milieux financiers fortement introduits, soit la hiérarchie judiciaire en totale négation de son indépendance et de son impartialité d'une part et, d'autre, en rupture totale de l'égalité des justiciables devant le service public de la justice du fait d'appliquer au litige des règles différentes tant de fond que de forme.

Au regard des causes de récusation, le juge peut décider de se déporter dans une affaire où il ne peut statuer pour des motifs avérés d'intérêt personnel ; tel le fait d'être héritier des actions dans une société et partie au procès dont il se charge de nuire à la partie adverse afin que la société gagne avec lui comme héritier.

Les causes de récusation énoncent clairement un intérêt personnel ou familial de l'office du juge de nature à compromettre son indépendance et son impartialité.

A l'instance fédérale comme devant les juridictions de fond, le droit processuel suisse tant pénal[1895]que civil[1896]rend la déclaration obligatoire à toute personne qui exerce une fonction au sein d'une autorité judiciaire qui a un motif de se récuser, elle doit le déclarer en temps utile à la direction de la procédure.

Ainsi, le tribunal doit user du doute raisonnable pour faire triompher la présomption d'innocence. De ce fait, il doit accepter les parties telles qu'elles se présentent ; leurs physiques, leurs classes sociales etc, ne comptent pas.

Le tribunal n'est pas constitué pour élire les miss. Il doit accepter les récidivistes, les bagarreurs, les violents, les insolents, les doux, les polis et les impolis pour leur faire bénéficier tous et équitablement les mêmes règles de justice. Le principe égalitaire doit être préservé même à l'égard des criminels nés de Lombroso. Toutes les causes de prise à partie constituent une négation au procès équitable.

§ 5. Les causes de prise à partie : une négation aux principes directeurs du procès équitable

Les causes retenues pour l'ouverture de prise à partie dans le droit comparé indiquent clairement que le magistrat a méconnu les principes directeurs du procès équitable. Le magistrat frauduleux ou dolosif, sacrifie premièrement son indépendance, conçue comme une dette envers l'Etat de droit en favorisant indûment une partie ou en nuisant un justiciable, ou

[1895] Article 57 code de procédure pénale suisse.
[1896] Article 48 code de procédure civile.

encore en poursuivant un intérêt personnel au mépris également de son impartialité.

Lorsqu'il méconnaît son indépendance et son impartialité, l'office du juge devient partial et partie, objet de haine et de vengeance légitimes de la victime de sa faute. L'acte de partialité du magistrat porte atteinte aux droits de la défense.

S'il faut hiérarchiser les principes directeurs, l'indépendance de l'office du juge est le plus important ;mais sans le contradictoire, il devient boiteux[1897]. Le magistrat dolosif ou fautif porte gravement atteinte aux règles fondamentales du tribunal indépendant et impartial, à l'accès effectif au juge et à l'obtention d'une décision de justice[1898].

Par la méconnaissance des règles fondamentales, éternelles et immuables de l'indépendance et de l'impartialité magistrales, le magistrat dolosif ou fautif rend ineffectifs les droits fondamentaux d'une part et, d'autre, méconnait la protection juridictionnelle efficace des droits individuels reconnus aux justiciables[1899].

Le principe de finalité des règles processuelles n'est pas respecté par le magistrat fautif. Il tend à ce que la fin justifie les moyens. La fin c'est l'équité du procès, comme le rappelle la cour européenne que « La procédure considérée dans sa globalité doit revêtir un caractère équitable au sens de l'article 6 § 1, et ce étant entendu qu'*équité*, du latin *acquitas*, signifie tout à la fois égalité, esprit de justice ou équilibre »[1900].

Par ailleurs, par l'octroi d'avantage indu à une partie ou pour un profit personnel, aux travers des règles de forme et de fond de l'instance, le magistrat dolosif enfreint à la règle fondamentale de l'égalité des justiciables devant le service public de la justice dans son contenu d'égalité des armes. Celle-ci est essentiellement envisagée sous l'angle du droit à une procédure contradictoire, à toute instance, même devant les autorités administratives investies d'un pouvoir de sanction[1901].

C'est un principe à multiples expressions spécifiques en droit communautaire, qu'il s'agisse même de l'interdiction de discrimination en raison de la nationalité[1902].

La rupture de l'égalité processuelle conduit à l'instabilité jurisprudentielle car le juge tranche le litige au mépris des règles qui lui sont applicables en vue d'avantager indument une partie ou nuire à un justiciable ou pour un intérêt personnel. La violation du principe fondamental de

---

[1897] Georges BOARD, *op.cit*, p. 596.

[1898] Frédérique SUDRE, *op.cit.*, pp. 401-448 ; Jean François RENUCCI, *op.cit*, pp. 257 à 278.

[1899] Olivier DE SCHUTTER, *op.cit*, pp. 165 à 193.

[1900] Frédérique SUDRE, Les exigences de la convention européenne des droits de l'homme, in *Le Ministère public et les exigences du procès équitable*, colloque, Bruylant, Bruxelles, 2003, p. 40

[1901] *Dictionnaire des droits de l'homme*, PUF, Paris, oct. 2008, p. 641.

[1902] Dictionnaire juridique des communautés européennes, PUF, Paris, 1993, p. 866.

l'égalité des justiciables l'emporte sur ceux du contradictoire et de loyauté des débats.

L'égalité des justiciables, tirée de la nature humaine et source des droits de l'homme, constitue une garantie offerte à tous d'accéder à la justice pour faire constater par la cour de cassation la légalité des décisions rendues par les juges de fond[1903]. De ce fait, le premier congrès de l'association des cours constitutionnelles ayant en partage l'usage du français, tenu à Paris en avril 1997 sur le principe d'égalité, considère que « Ledit principe constitue en quelque sorte un principe carrefour, un droit tuteur qui vient renforcer la mise en œuvre d'autres droits et libertés comme le droit de propriété et les droits de défense »[1904].

Le magistrat pris à partie a troublé l'ordre public processuel notamment en méconnaissant le fondement de l'égalité qui constitue, à juste titre, pourle Professeur John Rawls, les caractéristiques des êtres humains qui font qu'ils doivent être traités selon les principes de justice[1905].

L'Auteur en arrive ainsi à dégager trois niveaux où s'applique le concept d'égalité :

1) le premier est celui de l'administration des institutions en tant que système public des règles : l'égalité consiste pour l'essentiel dans la justice comme régularité, c'est-à-dire l'application impartiale des règles et leur interprétation conséquente ;
2) le deuxième niveau : bien plus problématique, celui de la structure concrète des institutions : l'égalité est établie grâce aux principes de la justice qui exigent pour tous les êtres humains les mêmes droits fondamentaux ;
3) troisième niveau est celui de sortes d'êtres qui peuvent bénéficier des garanties de la justice. La question se rapporte plus sur les personnes morales[1906].

En somme, la méconnaissance du principe égalitaire peut conduire à la discrimination de tout genre. La procédure de prise à partie constitue un contrôle a posteriori, exercé par la haute cour sur l'effectivité des principes d'indépendance et d'impartialité de l'office du juge et de l'égalité des justiciables dans la totalité du droit processuel.

Ceux des magistrats qui ont violé l'ordre public processuel dans l'économie des causes d'ouverture de prise à partie, le droit processuel offre à leurs victimes le canal de vengeance.

[1903] Guy CARUVET, *L'égalité d'accès à la cour de cassation*, rapport de 2003, p. 43.
[1904] Idem, p. 46
[1905] John RAWLS, *op.cit*, pp. 543-544.
[1906] John RAWLS, *op.cit*, pp. 543-544.

Section 3 : Compétence et procédure

Pour prendre à partie un magistrat, la procédure de la cour de cassation organise les principes de compétence par lesquels nous commençons (§1) pour finir par ceux de procédure à suivre (§2).

§ 1. Compétence

Le titre 3 de la loi organique n° 13/010 du 19 février 2013 relative à la procédure de la cour de cassation attribue de manière exclusive la prise à partie à la haute cour. La loi organique n° 13/011-B du 11 avril 2013 portant organisation, fonctionnement et compétence des juridictions de l'ordre judiciaire, spécialement à son article 98, prescrit que la cour de cassation connait en outre des prises à parties[1907].

Le droit processuel belge, sur pied des dispositions de l'article 1143 du code judiciaire attribue la procédure de prise à partie à la cour de cassation. Cette attribution de la procédure de prise à partie à la haute cour par le droit processuel belgo-congolais, statuant en premier et dernier ressorts[1908], méconnait le principe général du droit de double degré de juridiction, principe d'ordre public[1909] constitutionnalisé faisant partie intégrante des droits de la défense[1910].

En examinant la question de l'appel comme droit fondamental, le Professeur Georges RAVARANI observe que l'appel constitue une garantie de bonne justice essentielle et un droit fondamental du procès équitable[1911]. Par ailleurs, tentant d'aborder le pourquoi de la supériorité de la décision d'appel sur celle du premier degré, le même Professeur conteste la supériorité de la décision d'appel rendue par des juges hiérarchiques et expérimentés ayant la qualification professionnelle radicalement inexistante dans le cas du jury populaire dans lequel l'autorité de la décision d'appel repose sur la supériorité en nombre des jurés en instance d'appel[1912].

Le droit processuel congolais reconnait comme principe général du droit la voie de recours ordinaire, « *l'appel* », par le fait de l'ordonnance du 14 mai 1886, approuvée par le décret du 12 novembre 1886, qui prescrit que « L'appel d'un jugement préparatoire ne peut être interjeté qu'après le jugement définitif »[1913]. La constitution, en son article 21 institue que *« Le*

[1907] *Journal officiel*, 54ème année, 1ère partie, Numéro spécial, Kinshasa, 4 mai 2013

[1908] Les arrêts de la haute cour ne sont susceptibles d'aucune voie de recours, article 28

[1909] *Vocabulaire juridique*, *op.cit*, p. 347.

[1910] Louis FAVOREU et Loïc PHILIP, *op.cit.*

[1911] Georges RAVARANI, Interrogations autour d'un droit fondamental : l'appel, in *Justices et droit du procès*, *op.cit*, p. 355.

[1912] Idem, pp. 362-363.

[1913] Ruffin MUSHIGO-A-GAZANGA GINGOMBE, *op.cit*, p. 38.

droit de former un recours contre un jugement est garanti à tous, il est exercé dans les conditions fixées par la loi »[1914].

Etant donné que le double degré de juridiction qui consacre l'appel est reconnu comme principe général du droit, la procédure de prise à partie ne peut le méconnaitre. Le droit processuel belge dégage la cohérence à la différence du droit congolais ; toutes les deux législations attribuant la compétence exclusive de prise à partie à la cour de cassation du fait que le droit judiciaire belge ne considère pas comme principe général du droit le double degré de juridiction[1915]ainsi qu'il en a été jugé par la cour de cassation[1916]. Le droit belgo-congolais pêche au regard des autres principes processuels. Le droit processuel est soucieux de l'effectivité du recours en justice. Il enest de même de la cohérence de raisons pour l'ensemble du système judiciaire[1917].

En matière pénale, le législateur confie le sort des magistrats inférieurs ou ceux de la cour d'appel aux cours d'appel sur pied de l'article 91 de la loi organique n° 13/11-B du 11 avril 2013 portant organisation, fonctionnement et compétence des juridictions de l'ordre judiciaire. Le juge pénal statue aussi sur les intérêts civils des justiciables qui se sont constitués partie civile à l'instance[1918].

Il a été jugé qu' « Est personnellement partie à un procès la partie civile dont l'identité a été précisée dans les pièces du dossier judiciaire soumis au contrôle de la cour »[1919].

Ainsi, la partie civile bénéficie des voies de recours tant ordinaire qu'extraordinaire[1920].Le magistrat poursuivi au pénal peut être condamné à la réparation du préjudice dont il serait auteur en prise à partie.

Dès lors, il n'y a pas de motifs très pertinents de réserver la procédure de prise à partie à la compétence exclusive de la haute Cour.

En l'état actuel des choses, l'attribution exclusive de la procédure de prise à partie à la haute cour risque d'être un acte de terrorisme pour les jeunes magistrats des tribunaux de Paix ou les substituts du Procureur de la République sans ancienneté et sans expérience dans le corps judiciaire qui doivent se retrouver devant les hauts magistrats de la cour de cassation.

Aussi, la loi contemporaine de prise à partie doit prendre en compte son contexte, notamment de destruction avancée des voies de communication, de

---

1914 Constitution de 2006.

1915 Article 2, 9 Code judiciaire belge, p. 188

1916 Cass, 13 mars 1989, Pas. 1990, p. 47, JIMB 1990, p. 779 ; Cass, 20 février 1990, Pas. 1991, p. 392, JIMB 1991, P1199 avec note Ergec

1917 Olivier DE SCHUTTER, *op.cit*, p. 593 ; Frédérique SUDRE, *op.cit*, p. 405 ; Jean François RENUCCI, *op.cit*, p. 124.

1918 Article 69 du code de procédure pénal, RD Congo ; Article 177-2 code de procédure pénale ; Gilbert AZIBERT, *op.cit*, p. 191.

1919 C.S.J, RP. 123, 3 avril 1976, Bull. 1977, p. 85.

1920 Articles 90, 96 code de procédure pénale ; procédure devant la cour suprême de justice pauvreté des justiciables et de la précarité des conditions sociales des magistrats congolais. Il s'observe, face à ces évidences, que la majorité des recours actuels de prise à partie sont formés par les justiciables avec des conseils habitant la ville de Kinshasa, siège de la haute Cour.

L'actuelle procédure de prise à partie tend à consacrer l'exclusion des justiciables et des conseils habitant les villages, les chefferies, les secteurs, les territoires, les districts et les provinces disséminés à travers le pays.

L'Administration du territoire ayant un impact certain sur la qualité de la justice, il est souhaitable de se démarquer de la position belge en adoptant le modèle français de prise à partie. Conformément aux dispositions de l'article 366-1, la requête aux fins d'autorisation de la prise à partie est portée devant le premier Président de la Cour d'appel dans le ressort de laquelle siège le juge intéressé.

Pour des motifs justifiés de voie de recours ordinaire et extraordinaire, la cour de cassation doit être une juridiction de prise à partie au second degré comme en matière répressive à l'égard des juges de la cour d'appel et le ministère public près cette juridiction.

La loi organique de 2013 prescrit à son article 90 alinéa 3 que

> « Lorsque le magistrat inculpé est un membre d'une cour d'appel ou d'un parquet général près cette cour, les infractions sont poursuivies devant la cour dont le siège est le plus proche de celui de la cour au sein de laquelle ou près de laquelle il exerce ses fonctions »[1921].

La cohérence législative sera renforcée par le fait que certaines causes de prise à partie sont constitutives des incriminations telles que les justiciables peuvent opter pour la voie pénale ou civile.

§ 2. Procédure de prise à partie

La saisine du juge de prise à partie obéit à la règle traditionnelle de recevabilité des actions, à savoir la qualité du saisissant (A), par voie de requête (B). Le requérant doit respecter les délais légaux (C) et déposer sa demande au greffe de la Cour de cassation (D).

Le régime juridique d'autorisation du président de la Cour de cassation a été supprimé par la nouvelle loi. Au regard de l'encombrement de la haute Cour, la légitimité du maintien d'un filtre revient dans les débats (E). Le droit processuel de prise à partie soulève un autre problème, celui du délai de mise en état qui consacre l'inégalité des armes entre parties (F). Toutefois, il est fondé l'organisation des mesures provisoires légitimes de surséance des causes dans le chef du magistrat pris à partie (G) avant l'arrêt statuant sur sa responsabilité civile (H).

[1921] *Journal Officiel*, 54ème année, 1ère partie, Numéro spécial, Kinshasa, 4 mai 2013, p. 23

A. Qualité de la partie requérante

Partant de la logique des choses en ce qui concerne le régime particulier de la responsabilité civile du magistrat, une responsabilité professionnelle, le requérant est en principe une partie identifiée par les actes de procédure et/ou la décision attestant la partialité du magistrat (1). L'on peut ainsi relever l'exception à ce principe, celle du tiers qui a intérêt du fait de la décision rendue (2).

1. Principe de la partie identifiée par le jugement et/ou les actes de procédure

La prise à partie constitue une procédure en responsabilité civile au profit de la victime, partie au procès du magistrat pris à partie, auteur supposé de la faute professionnelle. Est partie au procès toute partie litigante : personne physique ou morale engagée dans un procès, toute personne qui est dans l'instance soit comme demandeur (parfois unique), soit comme défendeur, soit comme intervenant, y compris le ministère public[1922].

Les parties sont les personnes engagées dans le lien d'instance (demandeurs, défendeurs, intervenants)[1923] et figurent dans les actes processuels à toute instance (assignation, requête, citation directe, requête aux fins de fixation, les actes de voies de recours).

La qualité d'une partie notamment pour se pourvoir en cassation découle du jugement ou de l'arrêt attaqué. Les actes de procédure, à peine de nullité, exigent la nomination des parties à l'instance. La procédure de cassation s'applique à la prise à partie. Ainsi, la qualité de partie est reconnue au demandeur à la triple condition :

a) qu'elle ait été suffisamment désignée par la décision attaquée et par les actes de procédure ;
b) qu'elle ait conclu devant le juge du fond contre le défendeur au pourvoi ;
c) qu'elle procède dans l'instance en cassation en la même qualité que devant le juge de fond[1924].

Comme on peut le constater, la qualité d'une partie ne se présume pas, elle se prouve plutôt par les actes de procédure.

[1922] Gérard CORNU, *op.cit*, pp. 663-664.
[1923] Serge GUINCHARD, Cécile CHAINAIS et Frédérique FERRAND, *op.cit*, p. 321.
[1924] Jacques BORE et Louis BORE, *op.cit*, p. 183.

2. *Exception : le tiers qui a intérêt*

Dans les conditions bien précises, un tiers peut former le recours en responsabilité civile du magistrat et ceci peut l'être soit du fait de la décision rendue, soit du faitde son intérêt.

2.1. Du fait de la décision rendue

Il peut arriver qu'un justiciable qui n'a pas été appelé pour être entendu par les actes de procédure soit concerné par les motifs et le dispositif d'une décision judiciaire qui le préjudicie. Par exemple, en vue d'avantager une partie au procès et la sécuriser à l'égard des personnes non appelées à la procédure, le magistrat pris à partie rend une décision de façon *ultra petita* par le fait de nommer des personnes étrangères à la cause pour conclure qu'elles ne sont pas propriétaires d'un bien querellé par les parties en cause.

En cassation, le pourvoi peut être fondé sur un moyen né de la décision entreprise. Ce principe constitue une exception justifiée de la recevabilité des moyens nouveaux en cassation. Les dispositions de l'article 619 du code de procédure civile prescrivent l'exception de recevabilité des moyens nouveaux à la haute cour, ceux qui sont nés de la décision attaquée[1925].

C'est pourquoi, la cour de cassation française décida qu' « Est recevable le moyen dirigé contre une disposition de l'arrêt qui ne pouvait être critiqué avant qu'il soit rendu [1926] comme celui qui se fonde sur un vice de forme à la décision attaquée [1927] ou de celui qui se fonde sur un vice interne à la décision attaquée »[1928].

S'agissant de la recevabilité des moyens nouveaux nés de la décision attaquée par la cour de cassation sur par exemple un moyen soulevé d'office par le juge sans être soumis au préalable au contradictoire, le Conseiller Ernest Faye explique qu'un tel moyen ne peut être considéré comme nouveau, puisque son admission ou sa réfutation ont servi de base au jugement attaqué qui peut s'en trouver vicié. Il a même été décidé que le demandeur en cassation pouvait, dans ce cas, produire en réponse un moyen nouveau, moyen qu'on ne peut lui reprocher de ne l'avoir pas présenté au juge de fait alors que les débats n'avaient pu lui en faire prévoir l'utilité[1929].

La recevabilité des moyens nouveaux nés de la décision attaquée répond à l'observation du droit naturel et principe général de droit du contradictoire, donc la haute cour contrôle le principe du fait que le demandeur en cassation

[1925] *Code de procédure civile*, 102ème édition, Dalloz, Paris, 2010, p. 511.
[1926] Civ, 2°, 27 mai 1994, JCP 1994, IV. 1380.
[1927] Civ, 2°, 29 mars 1961, Bull, Civ, II n° 138.
[1928] Civ, 2°, 19 octobre 1961, Bull, Civ. II, n° 672.
[1929] Ernest FAYE, *La cour de cassation*, 1903, Editions la Mémoire du droit, Paris, 1999, pp. 142-143 : arrêt du 14 juin 1895, D. 95.1.459.

a été mis dans l'impossibilité de les discuter. A la lecture des arrêts de la haute cour, celle-ci fait des reproches au juge de fond de n'avoir pas révélé l'utilité d'un tel moyen au demandeur en cassation pour se défendre[1930].

Jacques BORE et Louis BORE notent la conception stricte des moyens nés de la décision attaquée, qu'ils classent comme suit :

1. le vice de forme révélé par la lecture de l'arrêt ;
2. le vice de motivation révélé par la décision attaquée ;
3. les vices de fond révélés par la décision attaquée ;
4. le moyen réfutant un moyen relevé d'office par la décision attaquée[1931].

La Cour suprême de justice connaît la théorie des moyens nouveaux nés de la décision attaquée[1932].

2.2. Le tiers qui a intérêt

Au degré d'appel, par exemple, les dispositions de l'article 68 du code de procédure civile congolais se limitent à préciser que l'appel est formé par la partie ou par un fondé de pouvoir spécial, mais elles se servent de la situation du tiers qui serait préjudicié par l'œuvre du premier juge. Ceci, si ce n'est que la tierce opposition à formuler conformément aux articles 80 à 84 du même code.

Le droit processuel français pose clairement la faculté de relever appel au profit des tiers préjudiciés par l'œuvre du premier juge qui ont le droit d'appel. On peut ainsi lire : « Le droit d'appel appartient à toute partie qui y a intérêt, si elle n'y a pas renoncé. En matière gracieuse, la voie d'appel est également ouverte aux tiers auxquels le jugement a été notifié »[1933].

Il a été jugé que l'existence d'intérêt à faire appel doit s'apprécier au jour de l'appel dont la recevabilité ne peut dépendre des circonstances postérieures qui l'auraient rendu sans objet[1934].

Serge GUINCHARD, Cécile CHAINAIS et Frédérique FERRAND reconnaissent aux tiers la faculté de relever appel en matière gracieuse. Les auteurs se réservent quant à la procédure contentieuse dont le tiers à cette instance ne peut user que de la tierce opposition[1935].

Jacques HERON et Thierry LE BARS notent la différence fondamentale entre le premier degré et le second degré du point de vue qualité et intérêt. En effet, devant le premier juge, la qualité n'est que le reflet du droit

---

[1930] Com. 19 janv, 1948, Bull. Civ II, n° 15, Com 27 Nov. 1991 n° 89-20, 356, Bull. Civ, IV, n° 357 – Faye n° 125, Voulet. Jacques BORE et Louis BORE, *op.cit*, p. 495.

[1931] Jacques BORE et Louis BORE, *op.cit.* pp. 496-497.

[1932] C.S.J, RC 225, 23 août 1978, Bull/97 ; RC 83, 28 janvier 1976, Bull, 1977, p. 31, RJZ, 1978, p. 88.

[1933] Article 546 code de procédure civile, 102ème édition, Dalloz, Paris, 2010, p. 433.

[1934] Civ. 1ère, 4 mars 1981, Bull, Civ I, n° 44 D 1983, IR 341, obs. Julien.

[1935] Serge GUINCHARD, Cécile CHAINAIS et Frédérique FERRAND, *op.cit*, p. 842.

substantiel. Il n'en va pas de même en appel, parce que l'appel est une voie de recours contre ce qui a été décidé par le juge du premier degré. La qualité pour agir en appel ne s'apprécie pas directement par rapport au droit substantiel ; elle ne s'apprécie que par rapport au jugement attaqué ; comme la qualité, l'intérêt s'apprécie par rapport au jugement qui a été rendu en première instance[1936].

Loïc CADIET, Jacques NORMAND et Soraya AMRANI MEKKI constatent les exigences de la cour européenne sur la qualité et l'intérêt. Ils soulignent cependant la difficulté de distinction de la qualité du tiers et de la partie, notamment la spécificité d'un contentieux administratif qui justifie quelques dérogations. C'est l'intérêt qui est la mesure des actions[1937].

Au niveau de cassation, un justiciable tiers à une procédure peut former le pourvoi ou prendre à partie un magistrat en se fondant sur la notion d'intérêt, mesure des actions. Partant du droit comparé, le droit processuel français prévoit l'exception du tiers qui peut se pourvoir en cassation contre une décision judiciaire à laquelle il n'a pas été appelée pour être entendu, moins encore il n'a ni comparu ni conclu à cette instance.

Le tiers peut se fonder sur les dispositions de l'article 609 du code de procédure civile qui stipulent que « Toute partie qui y a intérêt est recevable à se pourvoir en cassation même si la disposition qui lui est défavorable ne profite pas à son adversaire »[1938].La cour de cassation jugea que « N'est pas recevable le pourvoi formé par une personne contre une décision à laquelle elle n'était pas partie et qui n'a prononcé aucune condamnation à son encontre »[1939].

Le tiers peut également fonder son pourvoi sur les dispositions de l'article 611 du code de procédure civile aux termes desquelles : « En matière contentieuse, le pourvoi est recevable même lorsqu'une condamnation a été prononcée au profit ou à l'encontre d'une personne qui n'était pas partie à l'instance »[1940].

Il a ainsi été jugé qu' « Est recevable le pourvoi d'un expert dont le rapport d'expertise a été annulé, les frais de l'expertise étant laissés à sa charge »[1941].

A la lecture des dispositions des articles 609 et 611 du code de procédure civile, Maître Carole FATTACCINI, avocat au conseil d'Etat et à la cour de cassation, admet que les dispositions autorisent le tiers à l'instance de fond,

---

[1936] Jacques HERON et Thierry LE BARS, *Droit judiciaire privé*, Monchrestien, 4ème édition, Paris, 2010, p. 593.

[1937] Loïc CADIET, Jacques NORMAND et Soroya AMRANI MEKKI, *Théorie générale du procès*, PUF, Paris, 2010, pp. 921-922.

[1938] *Procédure civile*, 102ème édition, Dalloz, Paris, 2010, p. 504

[1939] Civ. 2°, 14 déc. 1983, Bull, Civ II, n° 140, Soc. 27 mai 1987, Bull. Civ VI, n° 343, Com. 1er déc. 1992.

[1940] Code de procédure civile, 1. 2ème édition, Dalloz, Paris, 2010, p. 507.

[1941] Civ, 2°, 16 déc. 1985, Bull, Civ II, n° 197.

néanmoins condamné, à agir en cassation. Il n'est pas certain que symétriquement, le tiers profitant de la décision attaquée puisse être attrait devant la cour de cassation par la partie à l'instance au fond que cette même décision préjudicie, les chambres de la cour de cassation n'apportant pas en effet une réponse unique[1942].

Jacques BORE et Louis BORE ont eu le particulier mérite de préciser que cette exception du tiers qui se pourvoit en cassation fut admise par la chambre civile dès le 20 avril 1818 en accueillant le pourvoi d'un huissier contre un arrêt qui avait mis à charge les frais d'une saisie immobilière, annulée par son fait, sans qu'il ait été entendu ni appelé (Civ. 20 avril 1818 s 1818, 1, 356)[1943], situation relevée également par Serge GUINCHARD et ses pairs[1944].

Une autre exception est prévue en matière de sécurité sociale aux termes de l'article R.144-3 du code de la sécurité sociale qui prescrit que

> « Le directeur régional des affaires sanitaires et sociales peut former un pourvoi en cassation dans tous les litiges auxquels donne lieu l'application des législations de sécurité sociale, et le chef de service régional de l'inspection du travail, de l'emploi et de la politique sociale agricole peut faire de même en matière de mutualité sociale agricole, et cela, alors même qu'ils n'auraient pas été parties à la décision attaquée (Soc., 31 oct. 1991, n° 89-16 – 886, n° 89-16-893, Bull, Civ. V n° 468) »[1945].

Dans la théorie de l'action, Francis KERNALEGUEN, professeur à l'université de Rennes, voit le ménage à trois : *« Intérêt, qualité et pouvoir »*[1946]. Le justiciable non partie à l'instance de la décision attaquée est fondé de former le pourvoi contre une décision qui viole ses droits de défense pour l'avoir condamné par exemple sans avoir été appelé pour être entendu à cette instance. L'intérêt étant la mesure des actions, il a droit d'obtenir de la haute cour la censure de cette décision.

Les moyens nouveaux nés de la décision susceptible d'être attaquée en cassation peuvent révéler amplement l'une des causes d'ouverture de prise à partie au profit de la victime du dol ou de la faute du magistrat. De ce fait, tiers à cette instance, justifiant l'intérêt, la mesure des actions, il peut prendre à partie le magistrat auteur du dol, de la fraude ou de la concussion. Tel est

---

1942 Carole FATTACCINI, Pourvoi en cassation, in *Droit et pratique de la procédure civile, Droit interne, droit communautaire*, 6me édition, Dalloz, Paris, 2009, p. 1334.

1943 Jacques BORE et Louis BORE, *op.cit*, p. 186.

1944 Serge GUINCHARD, Cécile CHAINAIS et Frédérique FERRAND, *op.cit*, p. 893.

1945 Jacques BORE et Louis BORE, *op.cit.*, p.186.

1946 Francis KERNALEGUEN, Intérêt, qualité, pouvoir : Le ménage à trois de la théorie de l'action, in *Justices et droit du procès*, *op.cit*, p. 271.

le point de vue de Monsieur Jérôme KITOKO KIMPELA, Premier Président de la cour suprême de justice[1947].

L'action en responsabilité étant l'ultimate, elle s'opère même en l'absence de texte. La victime de la faute injuste du magistrat est fondée de former la prise à partie en vue d'obtenir réparation du préjudice subi. Le tiers ne peut prendre à partie le magistrat pour déni de justice par absence dans son chef de préjudice et d'intérêt. Cette action doit résulter de la partie à l'instance *ab initio*.

B. La requête

Le droit processuel de la Cour de cassation réglemente sa saisine en cas de prise à partie contre le magistrat. La requête comme mode de saisine doit obéir à la règle informationnelle instituée au profit du défendeur en respect des exigences du procès équitable, dans son aspect contradictoire.

1. Requête émanant de l'avocat

En matière de prise à partie, la cour de cassation est saisie par voie de requête introduite par le ministère de l'avocat.Le législateur congolais institue différentes catégories d'avocats de la cour d'appel (stagiaires ou inscrits au tableau) et de cassation[1948]. Tout avocat, exclu les défenseurs judiciaires, peut signer légalement la requête en prise à partie.

La reconnaissance légale de tout avocat de signer la requête risque d'encombrer la haute cour parfois avec des actions téméraires et vexatoires. Il serait souhaitable d'exiger de la part de l'auxiliaire de la justice une certaine ancienneté comme le filtre dans la procédure de requête civile[1949].

Certes, l'effectivité du droit de prise à partie doit aller de paire avec la qualité du travail de la Cour de cassation. Les dispositions de l'article 59 alinéa 1 n'exigent pas au conseil d'être muni d'une procuration spéciale.

Par contre, les dispositions de l'article 1143 du code judiciaire belge prescrivent que la requête en prise à partie peut être signée de la partie ou de son mandataire par procuration spéciale. Ces dispositions légales sont recadrées par la cour de cassation qui exclut la requête signée par la partie elle-même et par les avocats près la Cour d'appel : « La demande de prise à

[1947] Jérôme Kitoko Kimpela, Discours à l'occasion de la rentrée judiciaire de la cour suprême de Justice 2014-2015, Kinshasa le 31 octobre 2014

[1948] MBUY MBIYE TANAYI, *La profession d'avocat au Congo*, 2ème édition Ntobo, pp. 57, 85 et 122.

[1949] Exigence de consultation de trois avocats exerçant depuis cinq ans près un des tribunaux du ressort de la cour d'appel dans lequel le jugement a été rendu : article 88 code de procédure civile congolais.

partie n'est recevable que si elle est formée par requête signée par un avocat à la cour de cassation »[1950].

La jurisprudence de la cour de cassation précise que les dispositions de l'article 1143 du code judiciaire concernent uniquement l'avocat de cassation[1951].

En droit congolais actuel, tel qu'il ressort de l'économie de l'article 59 al. 1 de la loi relative de la procédure de cassation, la requête n'est recevable que lorsqu'elle est signée par un avocat régulièrement inscrit à un barreau sans exigence du port de procuration spéciale. Son contenu doit révéler au moins une cause d'ouverture de prise à partie.

2. Contenu de la requête

L'article 59 alinéa 3 précise simplement que la requête contient les prétentions du requérant aux dommages-intérêts et, éventuellement, à l'annulation des arrêts ou jugements, ordonnances, procès-verbaux ou autres actes attaqués[1952].Le simplisme de la requête est prescrit aussi par le droit belge en ce sens qu'il dispose que la requête contienne les moyens[1953].

Le droit processuel français est heureux mais pas parfait étant donné qu'il exige que la requête, œuvre d'avocat, à peine d'irrecevabilité, contienne l'énoncé des faits reprochés au juge et soit accompagnée des pièces justificatives [1954]. Le défaut de l'exigence des moyens saute aux yeux.

Les principes directeurs du procès équitable s'appliquent à toute instance, même à la prise à partie. L'énoncé simpliste de la requête par le droit belgo-congolais ne permet pas d'apporter la complète information au magistrat pris à partie.

Il demeure vrai que le droit processuel est d'application immédiate, et ce dans la totalité du procès équitable. Le principe général du droit applicable à toute instance prescrit que chaque partie au procès a le droit d'avancer les éléments de fait et les arguments de droit qu'elle croit de nature à soutenir sa prétention et sa défense[1955].

Le requérant a la charge de la preuve, ce que le conseil, signataire de la requête, doit observer. En conséquence, la requête doit contenir les faits et les moyens, outre les pièces.

Il importe de faire observer que la procédure de prise à partie est confiée à la haute cour parce que celle-ci est juge des faits et de droit ; elle juge la

---

1950 Cass, 11 octobre 1977, Pas 1978, p. 187 ; Cass, 24 septembre 1980, Pas. p. 1101

1951 Cass, 11 octobre 1977, Pas 1978, p. 182, Cass, 24 septembre 1980, Pas, 1981, p. 84, Cass, 23 mars 2000, Pas. 2000, p. 637.

1952 Loi organique n° 13/010.

1953 Article 1143, code judiciaire belge.

1954 Article 366-2, code de procédure civile, 102ème édition, Dalloz, Paris, 2010, p. 284

1955 Ruffin MUSHINGO-A-GIGOMBE, *op.cit*, p. 37.

responsabilité civile du magistrat conformément aux règles du procès équitable.

Philippe LE TOURNEAU rappelle les constances de la responsabilité civile que la requête en prise à partie doit prendre en compte[1956]. Pour lui, la requête doit clairement déterminer les conditions d'existence de la responsabilité civile (faute, dommage ou préjudice et lien de cause à effet). Elle doit par ailleurs observer le fondement spécial du régime de prise à partie, en déterminant une des causes prévues pour son ouverture, le lien de cause à effet et l'évaluation du dommage.

Il a été rappelé que la procédure de la prise à partie est principalement une action en responsabilité civile tendant à obtenir réparation du préjudice injuste imputable à la faute du magistrat commise dans l'exercice de sa fonction.

L'évidence légale, jurisprudentielle et doctrinale s'impose à la requête de prise à partie comme étant une procédure indemnisatrice de la victime du fait de la responsabilité civile du magistrat.

La première d'exigences que doit observer le requérant est celle de déterminer la cause ou les causes d'ouverture de prise à partie soit dans le cours de l'instruction, soit lors des jugements. L'on suppose que la preuve de la faute ou du dol est contenue dans la mesure d'instruction ou dans la décision rendue, pièce essentielle de prise à partie et preuve de lien de cause à effet.

Dans le cas de collégialité, les juges qui ont pris part sont solidaires comme le note Hubert LEGALlorsqu'il souligne que

> « Certaines formules favorisent ipso facto un fonctionnement collégiale d'instance, garanti par la solidarité des juges qui correspond à la tradition française, particulièrement au conseil d'Etat, alors que d'autres encouragent la libre expression d'opinions, séparées ou divergentes, qui confèrent à l'office du juge une toute autre coloration, directement inspirée de la tradition anglo-saxonne »[1957].

En sus, la requête doit relever les faits fautifs ainsi que l'élément moral du magistrat pris à partie afin de démontrer que la finalité des actes du magistrat était soit d'accorder indument l'avantage à la partie adverse originaire, et/ou nuire aux intérêts du requérant, soit pour son intérêt personnel, soit encore en vue de tromper la justice.

En conséquence, la partie requérante, dans sa requête, doit démontrer l'intention dolosive ou frauduleuse dans le chef du magistrat. Ainsi, la cour de cassation belge décida, à défaut d'intention dolosive ou frauduleuse, que le seul fait pour un magistrat de connaitre une des parties n'est pas constitutif

---

[1956] Philippe LE TOURNEAU, *Droit de la responsabilité et des contrats*, 8ème édition, Dalloz, Paris, 2010, p. 445.

[1957] Bruno GENEVOIS, Comment trancher-t-on au conseil d'Etat ?, in *Les actes de l'office du juge*, Colloque des 29 et 30 septembre 2006, Sénat-Palais Luxembourg, p. 304.

de fraude[1958]. Elle jugea aussi que les prétendues erreurs d'appréciation de fait ou de droit commises par le juge ne constituent pas un dol ou une fraude en l'absence de manœuvres frauduleuses ou des artifices auxquels leur auteur recourt[1959].

Au plan pratique, les requêtes en prise à partie donnent l'impression que les requérants considèrent plus cette procédure comme étant une voie de recours extraordinaire tendant à obtenir principalement l'anéantissement de la décision pour autant que le législateur se prête à la confusion avec l'usage de la terminologie des jugements, arrêts et procès-verbaux attaqués [1960] que le droit processuel belge n'use pas, c'est à bon droit [1961].

Toutefois, le législateur belge admet les mêmes dispositions que la prise à partie peut éventuellement aboutir à l'annulation de la décision.

Les causes d'ouverture de prise à partie étant limitativement déterminées par la loi, du reste non cumulatives, exigence du régime particulier de la responsabilité civile du magistrat, le requérant doit indiquer expressément au moins une des causes en respect des dispositions de l'article 56 de la loi organique n° 13/010 du 19 février 2013.

Le choix de la cause d'ouverture de prise à partie est le choix de la faute du magistrat contenue dans le jugement ou dans la mesure d'instruction sauf pour déni de justice.

A partir de la motivation et du dispositif du jugement face aux conclusions ainsi que les pièces des parties jouant à charge, le demandeur doit y puiser les éléments matériels et moraux des fautes mises à charge du magistrat.

Le requérant devra produire les preuves de dépôt des pièces et conclusions. Le mieux serait de lever copie du dossier judiciaire entier pour pouvoir charger le magistrat pris à partie.

La paternité de la décision du magistrat unique ne pose pas assez problème. La procédure de prise à partie étant essentiellement une procédure écrite, elle requiert des écrits de nature à établir la faute, le dommage et le lien de cause à effet.

Etant principalement une action indemnisatrice, la requête doit évaluer le préjudice pour lequel la réparation intégrale est postulée.

Le dommage résultant du fait du service de la justice peut être analysé au vu du droit comparé. La Cour européenne des droits de l'homme dégage l'option de l'existence d'une corrélation entre le constat de violation suffisante et l'objet de violation.

[1958] Cass, 20 décembre 2001, Pas. 2001, p. 2182.

[1959] Cass, 11 août 2003, Pas, 2003, p. 818.

[1960] Articles 59 et 61.

[1961] Articles 1140 à 1143, code judiciaire belge, Tome 1, Larcier.

Le constat de la juridiction peut porter sur la violation suffisante d'un droit procédural ou d'un droit substantiel[1962] que le requérant doit préciser.

Sur pied des dispositions de l'article 60 du règlement de la cour, tout requérant qui souhaite que la cour lui accorde une satisfaction équitable au titre 41 de la convention, en cas de constat d'une violation de ses droits découlant de celle-ci, doit formuler une demande spécifique à cet effet. Sauf décision contraire du Président de la chambre, le requérant doit soumettre ses prétentions chiffrées et ventilées par rubrique et accompagnées des justificatifs pertinents, dans le délai qui lui a été imparti pour la présentation de ses observations sur le fond[1963].

La plupart des requêtes en prise à partie pèchent par leur non évaluation et leur non détermination certaines du préjudice, oubliant que la prise à partie est une action en responsabilité civile.

Si les fautes du magistrat sont excellemment déterminées, on oublie cependant de déterminer objectivement les éléments probants du préjudice.

Dans l'analyse des principes généraux d'évaluation du préjudice, Philippe Le Tourneau indique que ses éléments sont établis à partir des données concrètes et vérifiables par le juge lui-même. Ces éléments de fait allégués par les parties au soutien de leurs prétentions sont administrés en justice conformément aux dispositions du code de procédure civile[1964].

Le requérant doit apporter au débat les faits sur lesquels au soutien de ses prétentions indemnisatrices le juge de la haute cour doit fonder sa décision, car il est interdit au juge de fonder sa décision sur les faits qui n'ont pas été pris dans les débats. Néanmoins, l'office du tribunal peut se prononcer sur base des faits qui n'ont pas été spécialement invoqués au soutien des prétentions des parties[1965].

Le droit civil prescrit le principe de réparation intégral qu'observe la cour de cassation[1966] en même temps qu'elle observe le principe de l'enrichissement sans cause.

En droit des assurances, l'évaluation des biens à assurer ou à restituer occupe une place de choix. C'est ainsi qu'aux termes de l'article 121-1 du code français des assurances nous pouvons lire que

> « (…) L'assurance relative aux biens est un contrat d'indemnité ; l'indemnité due par l'assureur à l'assuré ne peut pas dépasser le montant de la valeur de la chose assurée au moment du sinistre. Il peut être stipulé que l'assuré reste obligatoirement son propre assureur pour

---

[1962] Jean François FLAUSS et Elisabeth Lambert ABDELGAWAD, *L'indemnisation du dommage par la Cour européenne des droits de l'homme et ses effets en droit français*, septembre 2009, p. 59.

[1963] Idem

[1964] Philippe LE TOURNEAU, *op.cit*, p. 588.

[1965] Articles 6 et 7, code de procédure civile, 102ème, Dalloz, Paris, 2010, pp. 17-18

[1966] Ass. Plén. 26 mars 1999, n° 95-20.640, Bull. ass. Plén. N° 3, Ch. Mixte. 6 septembre 2002, n° 98-22-981. Bull. ch. Mixte n° 4 une somme, ou une quotité déterminée, ou qu'il apporte une déduction fixée d'avance sur l'indemnité du sinistre »[1967].

La Cour de cassation jugea que
« Ne donne pas de base légale à sa décision la cour d'appel qui estime un diamant volé chez un particulier à sa valeur de remplacement auprès d'un diamantaire grossiste et non auprès d'un détaillant, compte tenu d'une réduction de 20% du prix pour vétusté, sans préciser en quoi cette valeur permettrait d'assurer la réparation du préjudice de la victime »[1968].

La haute cour décida aussi que « Les juges de fond n'ont pas à rechercher l'utilisation que l'assuré a l'intention de faire ou de ne pas faire de la chose détruite par le sinistre et ils ne s'écartent pas du principe indemnitaire de l'article L. 121-1C assur. En accordant une indemnité conforme à la valeur de reconstruction de la chose, déduction faite de la vétusté »[1969] sans avoir à rechercher, comme le demandait l'assureur, si les immeubles détruits étaient destinés à la destruction[1970] ou destinés à être vendus et à quel prix[1971].

Examinant l'évaluation du dommage en droit des assurances, M. PICARD et A. BESSON estiment à bon droit que le dommage que le sinistre peut causer à l'assuré est de deux sortes : ce peut être une perte matérielle ou *damnum emergens* ; ce peut être aussi un gain manqué ou *lucrum cessans* ; l'assuré a la charge de la preuve, il doit adresser dans un délai déterminé un état estimatif, aussi détaillé que possible, avec toutes justifications nécessaires[1972].

Dans l'affaire Compagnie Générale des Eaux et Dame Veuve Dubry, le conseil d'Etat décida que
« Sur le montant de l'indemnité, cons. Que si le droit à la réparation du dommage personnel s'ouvre à la date de l'accident, il appartient à l'autorité qui fixe l'indemnité et notamment au juge saisi de conclusions pécuniaires de faire du dommage une évaluation telle qu'elle assure à la victime, à la date où intervient la décision, l'entière réparation du préjudice, en compensant la perte effective de revenu éprouvée par elle du fait de l'accident (...) »[1973].

La Cour européenne des droits de l'hommetrancha qu'en cas d'atteinte injustifiée du droit au respect des biens, l'Etat peut être tenu soit à restituer le

[1967] Code des assurances, 16ème édition, Dalloz, Paris, 2010, p. 79.
[1968] Code des assurances, 16ème édition, Dalloz, Paris, 2010, p. 81.
[1969] Civ. 1er, 11 mars 1986, Bull. Civ 1 n° 58. RGAT, 1986, 336, note Rigot
[1970]
[1971] Civ. 1er, 11 oct. 1999, Bull. Civ. I n° 279, RCA 1999, Comm 416
[1972] M. Picard et A. Besson, le contrat d'assurance, T1, 5ème édition, LGDJ, Paris, 1982, PP. 443-450
[1973] M. Long, P. Weil, G. Braibant, P. Delvolvé et B. Genevois, op.cit, P. 396

bien, objet de l'atteinte, soit à verser une somme compensatoire. La cour prend ainsi appui sur la valeur vénale du bien afin de quantifier le dommage[1974].

En République Démocratique du Congo, la Cour suprême de justice, à l'instar de la cour de cassation française, décida que « Ne motive pas la fixation des dommages-intérêts l'arrêt d'une cour d'appel qui n'indique pas les éléments qui ont servi de base à la détermination des dommages-intérêts mais qui se borne à énoncer les principes à suivre dans la détermination des dommages-intérêts et à déclarer minimes les dommages-intérêts accordés par le premier juge »[1975].

Au surplus, la haute cour décida que l'attribution d'office des dommages-intérêts viole l'article 114 du code d'organisation et de la compétence judiciaires s'il apparaît que la victime avait déposé des conclusions ainsi qu'un devis d'évaluation des dégâts vu qu'il avait manifestement assuré elle-même la défense de ses intérêts[1976].

La requête en prise à partie, œuvre du professionnel judiciaire expérimenté, doit tendre à la finalité de la procédure de réparation fondée sur l'effacement intégral du préjudice injuste et à charge de l'auteur de l'acte illicite.

La Cour de cassation française réaffirme ce principe en ces termes : « Le propre de la responsabilité civile est de rétablir aussi exactement que possible l'équilibre détruit par le dommage et de replacer la victime, aux dépens du responsable, dans la situation où elle serait trouvée si l'acte dommageable n'avait pas eu lieu[1977]. Autrement dit, il s'agit de remettre la victime dans la situation qui était la sienne avant le sinistre.

Ainsi, l'évaluation du préjudice, en vue de la rendre conforme aux principes du droit de non enrichissement sans cause et de la réparation intégrale, doit constater la réalité des biens détruits, déterminer leur valeur et leur coût. Cette évaluation repose sur la recherche d'éléments factuels (devis, commandes, factures, contrats…)[1978].

De ce fait, le juge n'a pas à apprécier le préjudice sans avoir égard aux éléments probants d'évaluation de préjudice qu'observe la cour de cassation. Le requérant en prise à partie doit fournir les bases vérifiables de calcul d'évaluation du préjudice.

Le recours à une expertise constitue un moyen par excellence de justifier la réalité du dommage actuel et futur [1979]. Les biens patrimoniaux peuvent être soumis à l'évaluation.

[1974] Jean François FLAUSS et Elisabeth Lambert ABDELGAWAD, *op.cit*, p. 40.
[1975] CSJ, RC. 235, 29 août 1979, Bull, 1984, p. 240.
[1976] CSJ, RP. /84/85, 2 fév. 1978, Bull. 1979, p. 22.
[1977] Civ. 2°, 28 octobre 1954, Bull. Civ II, N° 328, JP 1955, II, 8765, RTD. Cv 1955, 324, Dos. H. et Mr Mazeaud (voir Philippe Le Tourneau, *op.cit*, p. 452.
[1978] Philippe LE TOURNEAU, *op.cit*, p. 509.
[1979] Article 17 du code de procédure civile

La requête en prise à partie doit indiquer si les frais et dépens ordonnés par le juge pris à partie ont été déjà payés ; l'exécution du jugement ou de l'arrêt en a été faite en partie ou en totalité.

A titre indicatif, beaucoup de requêtes ne fournissent pas d'éléments d'évaluation du préjudice pour permettre au juge de le contrôler. Telle est la requête faite sous RPP 590 sur 7 feuilles sans fournir les bases de l'évaluation du préjudice dont le montant apparaît dans le dispositif : « Condamner *in solidum* chacun des juges concernés et leur civilement responsable, l'Etat congolais, au paiement de la somme équivalente en francs congolais de 100.000 USD ».

Sous RPP 467, la requête se borne à exiger la condamnation aux dommages-intérêts de 5.000.000 FC sans les justifier par rapport au préjudice.

L'idée fondatrice de l'indemnisation est le retour au précédent état du requérant que doit observer la juridiction de prise à partie. C'est dans ce sens qu'il a été jugé à la cour européenne des droits de l'homme que « La cour part du principe qu'il faut placer le requérant, le plus possible, dans une situation équivalente à celle où il se trouverait s'il n'y avait pas eu infraction à la convention. Elle décida que la Belgique doit s'abstenir de recouvrer 51.978. FB de frais de justice relatifs à des procédures pénales suivies dans ce pays et verser à Christian Pursack 275.000 FB, moins 3.500 FF perçus au titre de l'assistance judiciaire, pour frais d'avocat (unanimité)[1980].

Le remboursement des honoraires d'avocats fait partie de la réparation intégrale du dommage résultant de la faute de l'office du juge ou du ministère public. La cour européenne décida à l'unanimité que « Quant aux honoraires d'avocats, il y a lieu de les rembourser, moyennant déduction de certaines sommes perçues au titre de l'assistance judiciaire devant la commission et la cour. La France doit verser 138.350 FF »[1981]. C'est également à l'unanimité que l'Autriche a été condamnée à verser à Neumeister, au titre de ses frais d'avocats, 30.000 ATS[1982]sauf si l'assistance judiciaire a été gratuite[1983].

La requête, œuvre professionnelle de l'avocat, doit observer le principe de la détermination du préjudice ainsi que de son évaluation sur les bases que la cour doit vérifier.

Tel est l'exemple du requérant qui, après avoir été condamné, a exécuté la peine d'emprisonnement et les condamnations civiles. De cette exécution, il aurait perdu les salaires ou l'emploi, le divorce et le placement des enfants dans des maisons sociales s'en seraient également suivis. Ce requérant devra

---

[1980] Affaire Piersack c/Belgique, Vincent BEYER, *Jurisprudence de la cour européenne des droits de l'homme*, Dalloz, Paris, 1994, p. 147.

[1981] Affaire Bozano c/France, Voire Vincent BERGER, *op.cit*, p. 47.

[1982] Vncent BERGER, *op.cit*, p. 77.

[1983] Affaire Airey c/Irlande : Vincdent BERGES, *op.cit*, pp. 112 – 115.

présenter le bulletin du salaire mensuel pour réclamer le manque à gagner certain, la lettre de licenciement outre la réparation du dommage moral. Il devra également réclamer le remboursement de toutes les sommes payées à la suite de l'exécution de la décision du juge pris à partie en amenant les preuves.

Au nombre des cas similaires figure celui d'un requérant qui a perdu un procès avec déguerpissement en se relogeant à ses frais, occasionnant par conséquent des frais supplémentaires de transport pour sa famille (par exemple le trajet de l'école au domicile, du travail au domicile).

Le dommage deviendrait grand par exemple, si après le déguerpissement du requérant en prise à partie de son immeuble, la partie bénéficiaire de l'indu judiciaire a vendu ledit bien.

Le rétablissement des droits du requérant serait très compliqué avec des procédures à engager contre le nouvel acquéreur, parfois acheteur de bonne foi, ou l'acquéreur détiendrait déjà un certificat d'enregistrement devenu inattaquable.

Le juge de prise à partie, comme tout juge, ne peut statuer ultra petita. C'est pourquoi, la requête doit être précise et convaincante du bien fondé[1984], c'est-à-dire l'interdiction est faite, à toute instance, au juge de se prononcer sous une chose non demandée (principe dispositif)[1985].

La prise à partie demeure une action en responsabilité civile ; des droits privés auxquels les titulaires peuvent renoncer ou diminuer les frais mais pas en exagérer étant entendu que la haute cour examinera leur évaluation, en respect de la réparation intégrale et de l'application du principe général de droit de l'interdiction de l'enrichissement sans cause.

Dans l'exercice de la liberté des droits privés, si bien limitée, c'est-à-dire exclusion faite de son exagération au préjudice d'autrui, le requérant en prise à partie est fondé de demander la condamnation symbolique.

Jean François FLAUSS et Elisabeth Lambert ABDELGAWAD observent la détermination des options stratégiques des requérants qui renoncent délibérément à toute réparation des préjudices indemnisables. Il s'avéra possible de parler du « *Requérant de principe* ». Celui-ci poursuit deux objectifs susceptibles d'être cumulés : premièrement, l'important pour lui c'est d'obtenir une condamnation de l'Etat défendeur, il recherche une victoire judiciaire au plus haut niveau avec l'espoir qu'elle connaîtrait éventuellement un retentissement médiatique, ou, à défaut, susciterait l'attention de la doctrine. Deuxièmement, l'abandon de toute prétention indemnitaire peut être tactique : en compensation, le requérant entend obtenir, et il la sollicite, une indication de la cour sur la réouverture de l'instance nationale à l'origine de la violation constatée[1986].

[1984] Principe général de droit ; Cass.

[1985] Cass, 22 avril 1993, Pas. p. 384.

[1986] Jean François FLAUSS et Elisabeth LAMBERT, A. ABDELGAWAD, *op.cit*, p. 18.

Sous RPP 222, le requérant en prise à partie sollicita de la cour l'annulation de l'arrêt déféré comme réparation des dommages subis[1987].

Les droits substantiels se trouvant dans le procès sont des biens évaluables en argent. Ils rentrent dans le régime de droit de propriété des justiciables. De ce fait, suivant les attributs de propriété, le conseil du requérant n'a pas le pouvoir d'y renoncer totalement ou partiellement ou de sous-évaluer les intérêts financiers et économiques sans l'accord exprès de leur titulaire, à savoir le requérant.

Dans la postulation de la condamnation symbolique, la prudence commande que le conseil du requérant ait du titulaire du droit substantiel un écrit établi avant de lancer la requête et les conclusions, mais encore faut-il que cette requête observe le délai.

C. Délai

A peine de déchéance, la prise à partie doit être introduite dans un délai de douze mois, à compter du jour du prononcé de la décision ou de la signification de celle-ci selon qu'elle est contradictoire ou par défaut ou, dans le même délai, à dater du jour où le requérant aura pris connaissance de l'acte ou du comportement. En cas de déni de justice, la requête est introduite dans les douze mois à partir de la seconde sommation d'huissier[1988].

Le délai de douze mois pour ouvrir la prise à partie parait raisonnable par rapport au droit processuel belge de 30 jours[1989].

Au regard del'arrêt de la cour de cassation du 27 juin 1977 qui confirmait la recevabilité de la requête formée dans le délai de trente jours à partir du fait qui y a donné lieu, Georges DE LEVAL note qu'en vertu de l'article 1142 du code judiciaire, la prise à partie doit, à peine de déchéance, être formée dans un délai de trente jours ; le point de départ de ce délai varie en fonction du motif qui a donné lieu à la prise à partie. En cas de dol ou de fraude, le délai commence à courir à partir du jour où la partie en a connaissance. Dans les autres cas, il court à partir du fait qui a donné lieu à la prise à partie. Pour déni de justice, le délai est de trente jours à partir du refus de juger ou du moment où la partie en a eu connaissance. La preuve du délai de départ peut être rapportée par toutes voies de droit[1990].

Il a ainsi été jugé par la cour de cassation belge que « Lorsque la demande est fondée sur le dol ou la fraude dont le juge se serait rendu

---

[1987] Cour suprême de justice, RPP 222, inédit.

[1988] Article 59, al. 1 et 2.

[1989] Article 1142.

[1990] Georges DE LEVAL, *op.cit*, p. 247.

coupable lors d'un jugement, il n'est pas requis pour faire courir le délai que la décision soit passée en chose jugée »[1991].

Jugé également que la circonstance que la prudence ait engagé le requérant à procéder à des investigations complémentaires avant de prendre ses juges à partie n'est pas de nature à modifier le moment où il a pris connaissance du fait constitutif de dol ou de fraude[1992].Par respect de la procédure, la requête doit être déposée au greffe de la Cour de cassation.

D. Dépôt de la requête au greffe de la cour de cassation

Il demeure établi que la procédure actuelle de prise à partie relève de la cour de cassation. Malheureusement, l'alinéa premier de l'article 59 de la loi organique n° 13/010 ne précise pas clairement que c'est au greffe et uniquement au greffe de la cour de cassation que la requête doit être déposée.

Etant donné que la procédure de cassation s'applique à la prise à partie, le dépôt de la requête doit se faire au greffe de la haute cour[1993].

Les dispositions de l'article 1143 du code judiciaire belge sont claires quant à ce : « Elle est introduite par le dépôt au greffe de la cour de cassation d'une requête contenant les moyens, signée de la partie ou de son mandataire par procuration spéciale et préalablement signifiée au magistrat pris à partie ».

Dans la recherche de l'effectivité du recours contre les juges naturels, le législateur a ouvert grandement le robinet processuel.

E. Légitimité de maintien d'un filtre

L'ordonnance-loi n° 82-017 du 31 mars 1982 relative à la procédure devant la cour suprême de justice, spécialement à son article 60 prescrivait que nul ne peut prendre à partie un magistrat sans autorisation préalable d'un président de la cour[1994]. La situation est similaire en droit français du régime d'autorisation préalable[1995].La nouvelle loi ne prescrit pas l'autorisation préalable en ses articles 59 à 64[1996].

La suppression de l'autorisation préalable tend à rendre effective la procédure de prise à partie. Néanmoins, elle risque d'encombrer la haute cour d'une part et, d'autre, perturber le fonctionnement normal des

---

[1991] Cass, 25 juin 1987, Pas, p. 1325.

[1992] Cass, 14 décembre 2006, C. 0605971 I, T.I, 2007, p. 153.

[1993] Articles 51 & 52 de la loi organique n° 13/010 du 19 février 2013 relative à la procédure devant la cour de cassation, Journal Officiel, 54ème année, 1ère partie, Numéro spécial, Kishasa, 20 février 2013, p. 16.

[1994] *Journal Officiel*, 47ème année, Numéro spécial, 20 juin 2006.

[1995] Artiles 366-4 du code de procédure civile, 102ème édition, Dalloz, Paris, 2010, p. 284.

[1996] Loi organique n° 13/010 du 19 février 2013.

juridictions de fond par les requêtes téméraires et vexatoires. Il y a lieu de prescrire le principe de double degré de juridiction en matière de prise à partie. Celui-ci jouera le rôle de filtre des causes par lesquelles certains justiciables tentent à régler les comptes aux juges neutres qui n'ont fait que leur travail.

Dans l'esprit de cohérence des normes processuelles, le législateur spécial de prise à partie aurait dû être influencé par une des conditions prévues par les dispositions de l'article 88 du code de procédure civile qui prescrivent que la requête civile ne peut être formée qu'après consultation de trois avocats exerçant depuis cinq ans au moins près un des tribunaux du ressort de la cour d'appel dans lequel le jugement a été rendu[1997].

Du fait de prescrire sans requérir un seuil d'ancienneté que la requête de prise à partie doit être signée par l'avocat, compétence jadis exclusive des avocats de cassation, il est souhaitable qu'un filtre des causes puisse exister.

Les privilèges de poursuite pour les fonctionnaires sont une garantie, même s'il peut y avoir des abus, le principe de continuité du service public de la justice s'impose.A toute instance, le contradictoire demeure un droit processuel eternel et immuable.

F. Délai de mise en état : inégalité des armes

Les principes processuels de contradictoire et de loyauté contiennent celui du temps raisonnable dont bénéficie chaque partie pour se constituer conseil et préparer sa défense[1998].

La prise à partie fait du magistrat un justiciable qui doit bénéficier de la totale présomption d'innocence, du doute raisonnable. Le requérant en prise à partie a presque 12 mois pour préparer, rassembler les preuves, se constituer conseil, procéder à la vérification des pièces de procédure ainsi que les preuves tant pour la partie adverse originaire, cible implicite et bénéficiaire indu de la décision, que pour ses propres moyens[1999].

En une année, le requérant aura recours aux experts, à la vérification des témoignages et de tout autre fait.

Le magistrat pris à partie ne sait pas contacter la partie adverse originaire du requérant pour un complément de renseignement, ou obtenir des pièces au risque de renforcer l'idée de partialité qu'il aurait eu en temps de procès.

A ce déséquilibre temporel, la partie requérante a d'autres avantages : la passion, l'intérêt et la parfaite maitrise des enjeux et surtout l'artisan des faits dont elle sélectionne les plus favorables à sa cause afin de les présenter publiquement.

[1997] Procédure civile de la RD Congo.

[1998] Droit d'être appelé pour être entendu.

[1999] Article 59 de la loi organique n° 13/010 du 19 février 2013 relative à la procédure devant la cour de cassation.

Le requérant, parfois, recourt au conseil habituel, copropriétaire du reste des intérêts se trouvant dans la cause perdue du fait supposé du magistrat pris à partie[2000], ce qui donne généralement l'impression que le magistrat pris à partie a deux requérants : la partie véritable et le conseil originaire dont les honoraires dépendent naturellement du résultat obtenu dont le magistrat dolosif serait l'auteur de cette perte. A cette donne de déséquilibre s'ajoute l'interdit pour le magistrat visé de ne pas prendre comme conseil l'avocat du prétendu bénéficiaire indu pour ne pas être d'une part l'avocat d'une partie et celui de l'arbitre d'autre part, au risque que cette constitution de conseil soit un aveu implicite de collision d'intérêts.

Au regard de la délicatesse, le conseil du bénéficiaire indu dont l'organe de la défense est le copropriétaire des intérêts indus se trouvant en justice ne peut accepter. A ce déséquilibre processuel en faveur d'une partie, l'opinion politique et populaire vient s'ajouter amplifié par les médias.

Dans toute sa carrière, le magistrat rend justice. Il a besoin qu'on lui rende aussi justice par les règles processuelles justes. Tel n'est pas le cas des dispositions de l'article 60 de la loi organique n° 13/010, identique à la loi belge, à savoir l'article 1144 du code judiciaire où il est stipulé que « Le magistrat doit fournir ses moyens de défense dans les 15 jours de sa notification, les menaces y sont contenues et, à défaut, la cause est réputée en état ».

Les dispositions de l'article 60 constituent un cas type de pur formalisme processuel donnant l'impression du procès équitable respectueux du contradictoire.

Dans un contexte de destruction de voies de communication avec comme conséquence à titre indicatif des personnes adultes âgées de plus de 40 ans n'ont jamais eu de courriers par voie postale, la distance très longue séparant le domicile du magistrat et le siège de la cour, le délai de 15 jours serait irréaliste. La justice est contemporaine avec des hommes et contexte tous aussi contemporains.

En vue de justifier ce délai très court, la cour de cassation belge décida qu'il ressort du rapprochement des dispositions des articles 1144 et 1145 du code judiciaire que la volonté du législateur est d'imposer des délais stricts au cours de la procédure de prise à partie dans le souci de mettre fin le plus rapidement possible à la perturbation de l'ordre public. Par ce motif, le délai dans lequel le juge pris à partie peut déposer un mémoire en réponse est prévu à peine de déchéance[2001].

En République Démocratique du Congo, la Cour suprême de justice, jugea heureusement à propos qu'

> En matière de prise à partie, il n'existe aucun texte de loi sanctionnant l'irrecevabilité des moyens de défense du magistrat pris à partie

[2000] Les honoraires de l'avocat dépendent aussi du résultat obtenu.

[2001] Cass, 11 avril 2003, CO2.0612 N, Pas, p. 818.

fournis au-delà du délai de 15 jours. La prise à partie étant une matière de fond, le magistrat incriminé peut présenter ses moyens de défense même à l'audience[2002].

Le droit processuel congolais de prise à partie doit offrir au magistrat incriminé pour des faits professionnels graves le temps et les facilités nécessaires à la préparation de sa défense et à communiquer avec le conseil de son choix.

Toutefois, le droit belge restitue à la prise à partie les règles processuelles dues à la cassation[2003] en stipulant qu' « Après l'expiration du délai de quinze jours, le premier président nomme un rapporteur, et on se conforme pour le surplus aux règles énoncées pour les pourvois »[2004].

Au sujet de l'arrêt du 5 mars 1993, Georges DE LEVAL soutient, de manière juste à notre avis, que la décision de la cour qu'à l'expiration du délai de quinze jours accordé au magistrat pris à partie pour déposer, le premier président de la cour de cassation nomme un rapporteur, l'on se conforme pour le surplus aux règles énoncées pour les pourvois en cassation, dont l'article 1093 du code judiciaire[2005].

La procédure de cassation s'applique également à la prise à partie en RDC, ce qui restitue les règles processuelles du procès équitable. Ainsi, les règles relatives à la mise en état de la cause sont d'application[2006].

G. Mesures provisoires légitimes de surséance

Du fait de la prise à partie pour toutes les causes d'ouverture, le magistrat incriminé intègre correctement les raisons légitimes et légales de récusation. Le rôle traditionnel d'arbitre reconnu à l'office du juge cesse à l'égard de la partie requérante, conjoint ou parent, même pour le conseil du requérant pour les dossiers qui sont dans sa chambre. Dans ce contexte, il va de soi que le magistrat pris à partie dont le crédit est ébranlé ait intérêt à se déporter dans les causes susdites.

La vie judiciaire étant compliquée, le législateur spécial de prise à partie a voulu régler la question de relation conflictuelle du requérant et du magistrat en abandonnant ce dernier dans le régime commun processuel[2007].

Le législateur spécial prescrit qu'à partir de la signification de la requête jusqu'au prononcé de l'arrêt à intervenir, sous peine de la nullité de la procédure, le magistrat pris à partie s'abstiendra de la connaissance de toute cause concernant le requérant, son conjoint ou ses parents en ligne

---

2002 CSJ, RPP103, 15 octobre 2004, Collection juridoc, *op.cit*, p. 28.
2003 Cass, 5 mars 1993, Pas I, p. 254.
2004 Article 1145, Code judiciaire belge.
2005 Georges DE LEVAL, *op.cit*, p. 240.
2006 Articles 51 à 54 de la procédure de cassation
2007 Les règles de récusation

directe[2008]. Le droit franco-belge prévoit aussi l'exigence légitime de surséance à statuer dans la cause concernant le requérant qu'il a dans sa chambre[2009].

La liste très limitative des personnes au profit desquelles le magistrat pris à partie doit se déporter ne tient pas compte de l'évolution des mœurs et du droit international privé, à savoir « Les concubinages, les unions libres, les amitiés ».

A ces réalités sociétales, la loi devrait tenir compte des associés, des organes sociétaires pour les intégrer dans le régime du déport du magistrat pris à partie. Comme toute instance, le juge spécial de prise à partie doit se prononcer.

H. L'arrêt de prise à partie

La Cour de cassation, juge exclusif de prise à partie en droit belgo-congolais, doit trancher le litige indemnisateur du requérant contre le magistrat pris à partie.

Le législateur spécial congolais est lacunaire sur l'issue de la procédure de prise à partie relative aux deux derniers articles par rapport au litige originaire. L'article 63 se limite à énoncer que l'Etat est solidairement responsable des condamnations aux dommages-intérêts prononcées à charge du magistrat. Par contre, l'article 64 dispose que le magistrat pris à partie par une action téméraire et vexatoire peut postuler reconventionnellement la condamnation du demandeur à des dommages-intérêts.

Le droit processuel belge pose pertinemment les questions relatives à l'issue de la procédure spéciale de prise à partie aux articles 1146 et 1147 du code judiciaire.

Les dispositions de l'article 1146, comme le prévoit l'article 64 de la loi organique n° 13/010, prescrivent que « Si la prise à partie est déclarée non admissible ou mal fondée, le demandeur est condamné aux dommages-intérêt envers le magistrat et les parties s'il y a lieu ».

Et l'article 1147 prescrit l'hypothèse contraire de l'article 1146 du même code comme suit : « Si la prise à partie est accueillie, la cour, suivant les circonstances, condamne le défendeur à la réparation du préjudice subi ou annule le jugement et renvoie la cause devant d'autres juges ».

L'action en réparation du préjudice ou du dommage imputé au magistrat pris à partie par le requérant en prise à partie peut se solder soit par le fondement, soit par le non fondement, ouvrant droit à l'action reconventionnelle, soit encore à son irrecevabilité.

[2008] Article 62 de la loi organique

[2009] Article 366-6, code de procédure civile, 102ème édition, Dalloz, Paris, 2010, P. 284 ; article 1144, code judiciaire belge

Il reste ainsi à ce niveauimportant d'examiner l'hypothèse du recours en prise à partie déclaré fondé par la cour de cassation.

1. Action en responsabilité civile déclarée fondée

La haute Cour saisie en prise à partie doit répondre à la trilogie de faute, de dommage et d'imputabilité ; en d'autres mots, il s'agit là du lien des causes à effets.

En effet, la prise à partie étant une procédure spéciale, elle déroge au régime du droit commun de responsabilité civile prévue par les articles 258 et 259 du code civil livre 3, mais l'idée fondamentale de faute, de lien de cause à effet et de réparation intégrale est observée. Le droit processuel organise à cet effet la collégialité du tribunal, principe constitutionnel[2010] qui a une incidence sur l'imputabilité effective des causes d'ouverture de prise à partie.

Dans la chambre siégeant jadis à juge unique, l'imputabilité des fautes était plus aisée qu'en cas de collégialité. Celle-ci répond au régime du secret de délibéré qui a l'incidence sur l'examen de la requête en prise à partie.

[2010] Yvon DESDEVISES, Collégialité, impartialité et contradiction, in *Justices et droit du procès*, *op.cit*, p. 233.

1.1. Régime de délibéré en collégialité et imputabilité des causes de prise à partie

Le régime de délibéré en cas de collégialité pose problème d'imputabilité des fautes au regard du fondement moderne de l'individualisation de responsabilité. La collégialité des juridictions de jugement constitue un principe fondamental reconnu par le conseil constitutionnel[2011]. La composition du siège relève de l'ordre public que sanctionne la Cour de cassation, autour du nombre de juges, leur identité et leur vote[2012].

Les préoccupations de l'institution du juge unique ou un collège se traduisent dans la quête de la justice efficace face aux questionnements de l'éthique de la juridiction.

Le choix de la collégialité repose sur trois arguments principaux, à savoir :

1) une justice mieux éclairée ;
2) une justice plus impartiale ;
3) une justice plus indépendante[2013].

Cependant, la collégialité n'a pas réglé toute la question de la confiance populaire à l'égard du tribunal, le système du juge unique comme en droit anglo-saxon ne dément pas la vertu de la règle d'or du précédent comme socle du droit anglais.

Le professeur MATADI NENGA GAMANDA est d'avis que la collégialité en tant que garantie doit être prise avec une certaine circonspection, car il y a beaucoup de décisions collégiales qui sont mauvaises, résultat de la corruption et du tribalisme[2014].Le système du juge unique, pour Roger PERROT, est de nature à encourager l'amélioration matérielle de chaque juge, à favoriser le sens de responsabilité et la nécessité de faire face à l'augmentation des affaires contentieuses[2015].

Les délibérés de juges sont secrets[2016].

Les dispositions de l'article 6 de l'ordonnance n° 58-1270 du 22 novembre 1958 sont éminentes en ceci qu'elles posent le principe du secret de délibéré étant donné que tout magistrat, lors de sa nomination à son premier poste, et avant d'entrer en fonction prête serment en ces termes :

> « Je jure de bien et fidèlement remplir mes fonctions, de garder religieusement le secret des délibérations et de me conduire en tout en

---

[2011] Louis FAVOREU et Loïc PHILIP, *op.cit*, p. 799.

[2012] Nathalie FRICERO, *Conditions relatives au délibéré in Droit et pratique de la procédure civile*, *op.cit*, p. 932.

[2013] Roger PERROT, *op.cit*, p. 394.

[2014] MATADI NENGA GAMANDA, *Droit judiciaire privé*, Academia, Bruylant, Louvain-La-Neuve, 2006, p. 119.

[2015] Roger PERROT, *op.cit*, p. 395.

[2016] Article 448, code de procédure civile, 102ème édition, Dalloz, Paris, 2010, p. 336 et la loi organique n°13/011-B du 11 avril 2013.

digne et loyal magistrat. Il ne peut, en aucun cas, être relevé de ce serment »[2017].

L'article 448 du code de procédure civile consacre le secret de délibération[2018]. Ces dispositions entraînent deux conséquences majeures : la première énonce que toute personne autre que les magistrats légalement admis au délibéré doit être écartée de ce délibéré ; et la seconde, toute divulgation de son contenu est interdite[2019].

La Cour de cassation jugea même que la mention de l'arrêt indiquant que la décision a été prise à la majorité des voix sans faire apparaître en quel sens chacun des juges a opiné ne porte pas atteinte au secret des délibérations[2020].

C'est dans ce sens que la juridiction de Reims jugea que viole le secret de délibéré la décision mentionnant qu'elle a été prise à l'unanimité[2021].La collégialité des juridictions de jugement, dit le conseil constitutionnel, constitue un principe fondamental reconnu par les lois de la République[2022]. Le conseil d'Etat décida que le secret de délibéré constitue un principe général du droit public français qui a pour objet d'assurer l'indépendance des juges et l'autorité morale de leurs décisions[2023].

Parlant du délibéré, le Premier Président de la cour de cassation, Guy Canivet, rappelle que le conseil d'Etat et la cour de cassation considèrent le secret de délibéré comme un principe général de droit dont le fondement est triple : garantir l'indépendance des juges, sauvegarder la dignité de la justice et assurer l'autorité des jugements[2024].

Michèle Laure Rassat, Jean Michel Lemoyne de Forges et Patricia Lemoyne de Forges sont du même avis que le Premier Président Guy Canivet lorsqu'ils soutiennent que la décision juridictionnelle collégiale est celle de la juridiction et ne doit permettre de connaître ni l'avis des juges pris individuellement ni les raisons pour lesquelles chacun s'est décidé, autres naturellement que celles qui servent des motifs au jugement et qui sont réputées communes à tous[2025].

Le secret de délibéré est érigé en principe constitutionnel en droit processuel congolais.

[2017] *Code de procédure civile*, 102ème édition, Dalloz, Paris, 2010, p. 2262

[2018] *Procédure civile*, 102ème édition, Dalloz, Paris, 2010, p. 336

[2019] Serge GUINCHARD, Cécile CHAINAIS et Frédérique FERRAND, *op.cit*, pp. 722-723

[2020] Civ, 1ère, 12 juin 1974, D 1975, 173, note Aubert Soc. 14 mars 1974, Bull. Civ, V. 1982

[2021] Reims, 29 juin 1977, JCP 1980 II. 19300 note Perrin

[2022] Louis FAVOREN et Loïc PHILIP, *op.cit*, Point 316, 32-7.

[2023] CE. 17 novembre 1922, Lebon, 6849, Voir Serge GUINCHARD, Cécile CHAINAIS et Frédérique FERRAND, *op.cit*, p. 723.

[2024] Guy CANIVET, Comprendre le délibéré ou le mystère de la chambre du conseil , in *Justices et droit du procès*, *op.cit*, p. 216.

[2025] Michèle LAURE RASSAT, Jean Michel LEMOYNE DE FORGES et Patricia LEMOYNE DE FORGES, *Institutions administratives et juridictionnelles,* Ellipses, France, 2005, p. 144

Dans le même sens, la Cour suprême de justice de la RDC pouvait juger que

> Si l'on doit considérer comme nulle la preuve obtenue par le témoignage d'un dépositaire du secret professionnel, cela ne peut s'entendre que dans l'hypothèse où le dépositaire du secret, étant sous le sceau de celui-ci, se voit néanmoins contraint de le livrer. Tel n'est pas le cas des juges entendus hors serment, au sujet du secret de délibéré, ceux restant ainsi en droit, libres dans leurs dépositions faites à titre de renseignements qui sont alors appréciés souverainement par le tribunal[2026].

Le secret de délibéré constitue un principe général de droit à toute instance[2027].

Il est d'un principe général de droit que ce sont les juges qui ont participé à l'instruction de la cause qui délibèrent[2028].Serge Guinchard et ses pairs notent à cet effet que la divulgation du secret de délibéré est interdite et que le conseil d'Etat y voit un principe général de droit public français qui a pour objet d'assurer l'indépendance des juges et l'autorité morale de leurs décisions[2029].

Roger PERROT y adhère en affirmant que le délibéré entre les juges est couvert par le secret le plus absolu. Il s'applique devant les juridictions de l'ordre judiciaire que devant les juridictions administratives où le secret de délibéré a toujours été considéré comme un principe général de droit public français[2030].

Quant àl'évolution du secret de délibéré,Jacques BORE et Louis BOREaffirment qu'autrefois, la tradition de délibéré « E*n rouleau* », les magistrats opinant debout, en cercle, en présence des avocats, à l'issue des plaidoiries, a été abandonnée par les chambres civiles qui délibèrent en secret, hors la présence des parties et de leurs conseils, chaque magistrat opinant assis à son siège. Toutefois, la Suisse et la Norvège conservent la délibération en public, obligeant le juge à étudier même le dossier. Par contre, les Etats-Unis d'Amérique, la Suède, la Norvège et la Pologne appliquent le règne tempéré du secret de délibéré par l'indication dans la décision des *concurringopinions* ou des *dissentingopinions*[2031].

[2026] C.S.J, RPA, 46, 1 ai 1977, Bull, 1978, p. 40.

[2027] Cass, 20 septembre 1979, Pas 1980, p. 93.

[2028] Régularité de la composition ; CSJ, RPA 17, 26 juillet 1972, Bruxelles, 1973, p. 144, RJZ, 1972, p. 138.

[2029] Serge GUINCHARD, *Cécile Chainais et Frédérique Ferrand*, 30ème édition, Dalloz, Paris, 2010, pp. 722-723

[2030] Roger PERROT, *Institutions judiciaires*, 11ème édition, Montchrestien, Paris, 2004, p. 477

[2031] Jacques BORE et Louis BORE, *La cassation en matière civile*, Dalloz, Paris, 2008, pp. 61, 555.

Le délibéré n'est pas secret en droit processuel suisse [(2032)] du fait que le tribunal fédéral peut délibérer en audience si le président de la cour l'ordonne ou si un juge le demande, ou encore s'il n'y a pas d'unanimité. Dans tous les autres cas, le tribunal fédéral statue par voie de circulation.

De ce fait, il est facile de connaître avec précision les juges qui ont tranché le litige d'une part et, d'autre, les parties connaissent effectivement la position de chaque juge votant pour tirer les conséquences des fautes professionnelles éventuelles. Le droit suisse ne règle pas toute la question, car sa procédure pénale prescrit le secret de délibéré par l'institution de huis clos[2033].

Le droit processuel franco-congolais n'admet pas le système américain de notes de dissension, moins encore celui d'indiquer que la décision a été prise à l'unanimité des membres, système appliqué par la cour pénale internationale. Le Common Law est entrain d'influencer le système du secret de délibéré.

En cas de prise à partie, tous les membres du collège sont concernés par la requête.

La prise à partie peut être formée tant contre un magistrat individuellement que contre une juridiction ou la chambre d'une juridiction dans son ensemble. En raison de la règle du secret des délibérations et de vote, la prise à partie ne peut toutefois être intentée contre un juge séparément pour une décision ou un acte auquel il a collaboré avec d'autres magistrats[2034].

Il a été décidé que le dol commis lors du jugement d'une faillite d'office entre dans le champ d'application des articles 1140 à 1147 du code judiciaire et ouvre le droit à une prise à partie exclusivement de toute requête civile. Il en est ainsi de même entendu que le dol émane de l'ensemble des juges composant le siège ou d'un seul d'entre eux[2035].

La requête en prise à partie introduisant une instance civile oblige le demandeur à démontrer l'intention de nuire ou de favoriser, ou encore pour un motif personnel au travers des éléments intégrés dans l'œuvre du magistrat ou du collège pris à partie.

Suivant les règles processuelles, la décision de justice est prise à la majorité[2036].

Dès que la faute est contenue dans l'acte, tous les membres du collège sont supposés l'avoir commise. Il revient au membre innocent d'en apporter la preuve contraire. Ainsi, la prise à partie constitue une cause légitime pour le magistrat à violer le secret de délibéré en vue uniquement de justifier son

---

2032 Article 58, procédure fédérale ; article 239, code de procédure civile.

2033 Article 59 de procédure fédérale suisse

2034 Pand LXXX, V° Prise à partie, p. 56, n° 62, RPDG, X, V° Prise à partie, p. 248 n° 53.

2035 Bruxelles, 30 mai 2002, J.L.M.B. 2003, p. 1011, Voir Georges DE LEVAL, *op.cit*, p. 444.

2036 Article 63 du code d'organisation et de compétence judiciaires congolais.

innocence. C'est pourquoi, le régime du secret de délibéré doit être considéré comme un régime tempéré à l'instar du système américain de notes de dissension en vue de protéger les honnêtes magistrats.

Le magistrat, même en collégialité, répond de ses propres fautes professionnelles, en l'occurrence les preuves de récusation évidentes et réunies dans le chef d'un membre de la composition non connues des autres membres en l'absence du déport du magistrat récusable. Partant, la violation de l'impartialité du tribunal est à charge dudit magistrat.

Tel est le cas du magistrat qui, fortement intéressé par l'affaire, reçoit les exploits introductifs d'instance de la partie demanderesse ou de son conseil et se charge de l'enrôlement de l'affaire au greffe. Ensuite, il demande au chef de juridiction de mettre la cause dans sa chambre avec des préférences sur le choix des autres membres de la composition. Cet activisme est fait à l'insu des collègues magistrats.

Il peut arriver que la composition confie au même magistrat la charge de lire en premier le dossier. Il profite pour refaire l'inventaire des pièces par le greffier qui lui est si proche en faisant soit disparaitre les pièces décisives du requérant en prise à partie telles que la procuration spéciale pour opposition ou appel, la preuve de consignation ou de l'exploit irrégulier d'appel déposé en original, les actes sociaux, soit intégrer les pièces et moyens non soumis au contradictoire, soit encore faire modifier le procès-verbal d'audience qui a acté que les parties n'avaient plaidé que sur la forme pour lui permettre de trancher au fond.

Le magistrat activiste aura réuni seul dans son chef l'intention requise pour la prise à partie en vue de favoriser une partie au détriment du requérant.

Il peut s'observer du comportement d'un chef de juridiction qui forme généralement sa composition avec un juge allié régulier de sa chambre, un juge presque inamovible par rapport à cette chambre pour question de la régularité formelle de la composition ; le troisième juge, une quantité négligeable, pour former la majorité. Il est tout autant des magistrats alliés du chef de juridiction, à chaque fois qu'il est muté, il sollicite et obtient aussi celui ou ceux de (son)et ses magistrat(s)presque porte mulettes et coauteurs. Cette situation gangrène l'administration publique en général.

Le chef de juridiction recourt à la formation collégiale de façade avec des jeunes magistrats nouvellement affectés et ne connaissant pas les justiciables comme leur chef coutumier qui se bat toujours pour ne pas être muté. Tel est le cas d'un chef de juridiction ou d'un président de chambre qui a fait presque toute sa carrière ou plus de 10 ans dans une même ville. Un tel magistrat connait les magistrats tant assis que debout, les greffiers et les huissiers. Il peut même arriver qu'il propose aux justiciables les noms de conseils.

Statuant en fait et en droit de manière spéciale par rapport à son rôle naturel, la haute cour apprécie chaque cas d'espèce de façon souveraine.

Le procès-verbal de délibération du juge de fond est de nature à éclairer la religion de la haute cour sur le comportement de chaque juge.

La Cour suprême de justice, statuant dans la cause RPP 30 du 5 juillet 1994 sur la prise à partie à l'égard d'un collège des magistrats avait mis hors cause le magistrat MBIE MORWA en motivant sa décision comme suit :

> La cour suprême de justice se doit cependant de baser la responsabilité de chacun des trois magistrats qui ont concouru à la décision incriminée en fonction des fautes qui leur sont individuellement reprochées. De l'instruction et des débats qui l'ont suivi, il se dégage la seule responsabilité personnelle de deux magistrats à l'exclusion de MBIE MORWA qui s'est rallié à la majorité obtenue dès la première séance de délibération[2037].

La fonction judiciaire de juger est complexe pour déterminer la manifestation irréfutable du dol ou de la fraude, sachant que dans la démarche, le magistrat dolosif ou frauduleux prend des précautions pour une éventuelle prise à partie et/ou une action disciplinaire, voire pénale.

La concussion comme cause d'ouverture de prise à partie ne pose pas de problème en tant que notion. Son application au cas d'espèce replonge le juge dans l'analyse de Maitre Jacques VERGES qui disait que « Celui-ci incarne un destin aveugle »[2038]. La complexité du rôle des magistrats est certes évidente, mais l'on peut dégager un certain nombre de cas des faits qui révèlent le dol ou la fraude dans son chef.

1.2. Quelques cas de figure

S'il faut prendre quelques cas illustratifs, l'on peut ici citer les causes de récusation ou de déport, les causes de requête civile et l'incompétence territoriale et matérielle, l'irrespect du contradictoire et de la loyauté des débats, la recevabilité des voies de recours formées hors délai et la violation des principes dispositifs et d'interdiction de statuer ultra petita.

1.2.1. *Les causes de récusation ou de déport*

Le rapprochement important entre les deux modes de juger les juges, à savoir la récusation et la prise à partie, institués au profit des justiciables, ont pour but de tendre vers une justice impartiale[2039].

Les causes de récusation constituent des raisons sérieuses de suspecter la partialité du juge[2040].La doctrine et la jurisprudence éclairent la violation de l'ordre public processuel, notamment l'ineffectivité de l'indépendance et de

---

[2037] Collection juridoc, *Contentieux de prise à partie*, Tome III, Kinshasa, 2011, p. 16.

[2038] Jacques VERGES, *Justice et littérature*, PUF, Paris, 2011, p. 1.

[2039] Catherine METHY, *op.cit*, p. 95.

[2040] Ernest FAYE, *op.cit*, p. 234.

l'impartialité du magistrat dont une des causes de récusation se trouve réunie dans son chef[2041].

Les législateurs ont toujours sanctionné de nullité les décisions de justice rendues par le magistrat récusable[2042] et qui s'est abstenu de le déclarer à sa hiérarchie[2043].Le magistrat qui suppose en sa personne une cause de récusation ou estime en conscience devoir s'abstenir se fait remplacer[2044].

L'ordre public processuel interdit au magistrat d'agir en fraude de la loi qui porte gravement atteinte à l'essence même du devoir de l'impartialité absolue du juge.

Les faits de récusation déshabillent l'office du juge de la robe sacrée. Il devient partie avec la passion et guidé par l'intérêt, mesure des actions.L'effectivité du recours judiciaire fait défaut dans le chef du juge partial qui refuse de s'abstenir ou de se dessaisir de la cause mais continue de connaître l'affaire dans la fraude de la loi. Il doit en répondre.

Le magistrat frauduleux doit répondre de ses artifices ou de ses manœuvres auxquels il recourt en vue de tromper la justice ou tendant à nuire ou à favoriser une des parties ou pour un intérêt personnel.

Le magistrat récusable qui refuse de se déporter et porte la robe en procédant aux rites sacrés de la justice réservés aux magistrats supposés impartiaux et d'absolues intégrité et loyauté trompe la justice et les parties, et ce parce que c'est un loup vêtu de peau d'agneau.

Le magistrat pris à partie ne peut se prévaloir de sa propre turpitude pour avancer que le requérant aurait dû le récuser. Il sied d'avoir toujours présente à l'esprit l'idée que les justiciables ont foi en la justice, et ce à toute composition. De ce fait, ils ne peuvent pas réaliser les enquêtes préalables de détectives avant de plaider leurs affaires.

Tout en reliant à l'origine céleste la fonction de juger, Paul Martens, juge à la cour d'arbitrage explique l'œuvre humaine de la fonction juridictionnelle en soutenant le lien sacré du Palais de la Justice avec les emblèmes religieux mais qu'ils n'avaient pas pour mission de faire croire à la valeur transcendantale de jugements. Au contraire, ils étaient là pour montrer les limites d'une fonction qui, n'appartenant qu'à Dieu, est vouée à l'erreur quand les hommes s'en emparent[2045].

[2041] Achille BETU NZUJI, *La récusation et la suspicion légitime en droit congolais, Garantie d'une justice équitable*, Mediaspaul, Kinshasa, 2013, collection juridoc, contentieux de renvoie de juridiction

[2042] Ordonnance de François 1er de 1540, ordonnance civile de 1667, CSJ, RPA 38, 23 décembre 1976, Bull. 1977, P. 108, RJZ 1978, P. 94 avec nota ; article 57 de procédure civile suisse, article 38 procédure fédérale suisse

[2043] Article 48 du code de procédure suisse ; article 35 procédure fédérale suisse

[2044] Article 339 du code de procédure civile français ; articles 292, 301, 645 à 663 du code judiciaire belge

[2045] Paul Martens, Les tribulations constitutionnelles des droits de la défense in Les droits de la défense. Acte du colloque « Jacques Henry » organisé par la Conférence Libre des Jeunes Barreaux de Liège, éditions du Jeune Barreau de Liège, 1997, P. 13

1.2.2. *Les causes de la requête civile*[2046]

En instituant la requête civile comme voie de recours extraordinaire avec des causes limitativement déterminées, le législateur du droit commun, par rapport au législateur de prise à partie, a considéré que lesdites causes sont si graves pour la justice. Partant, l'œuvre judiciaire acquise à la suite du comportement déloyal de la part d'une partie doit être rétractée. La requête civile est si proche de la prise à partie, à la différence qu'en prise à partie, la faute incombe à l'office du tribunal qui n'exclut pas la combinaison des fautes d'une partie et de l'office du juge.

Il résulte des dispositions de l'article 85 du code de procédure civile congolais que le dol personnel ou du mandataire, l'usage de fausses pièces ou la rétention des pièces par la partie adverse ou son conseil sont des causes de requête civile[2047].

Le droit processuel belge, en plus de causes énumérées ci-dessus par le droit congolais, reconnaît comme motif de requête civile la décision rendue sur un jugement ou arrêt en matière répressive qui a été ensuite annulée, la décision fondée sur un acte de procédure accompli au nom d'une personne, sans qu'elle ait eu mandat exprès ou tacite à cette fin, ait ratifié ou confirmé ce qui a été fait[2048].

Les dispositions de l'article 595 du code de procédure civile français s'inscrivent dans la purge processuelle contre toute décision inique afin d'encourager la bonne foi des parties, principe directeur du procès.

Le législateur français retient comme causes de révision :

1. la révélation que la décision a été surprise par la fraude de la partie au profit de laquelle elle a été rendue ;
2. la décision a été rendue sur pièces reconnues ou judiciairement déclarées fausses depuis le jugement ;
3. la décision a été prise sur base des attestations, témoignages ou serments judiciairement déclarés faux depuis le jugement[2049].

Le droit de procédure suisse prescrit à son article 328 du code de procédure civile les causes de révision[2050] en instituant que :

1. une partie peut demander la révision de la décision entrée en force au tribunal qui a statué en dernière instance :

[2046] En droit processuel français, la procédure de requête civile est appelée la révision
[2047] KATUALA KABA KASHALA, *Code judiciaire zaïrois annoté*, éditions Asyst SPRA, Kinshasa, 1995, p. 104.
[2048] Article 1133, Code judiciaire belge.
[2049] Article 595, code de procédure civile, 102ème édition, Dalloz, Paris, 2010, p. 488.
[2050] Stephen V. BERTH, *op.cit*, p. 261.

a. lorsqu'elle découvre, après coup des faits pertinents ou des moyens de preuve concluants, qu'elle n'avait pu invoquer dans la procédure précédente, à l'exclusion des faits et moyens de preuve postérieurs à la décision ;
b. lorsqu'une procédure pénale établit que la décision a été influencée au préjudice du requérant par un crime ou un délit, même si aucune condamnation n'est intervenue, si l'action pénale n'est pas possible, la preuve peut être administrée d'une autre manière ;
c. lorsqu'elle fait valoir que le désistement d'action, l'acquittement ou la transaction judiciaire ne sont pas valables ;

2. la révision pour violation de la convention de sauvegarde des droits de l'homme et des libertés fondamentales du 4 novembre 1950 (CEDH) peut être demandée aux conditions suivantes :
a. la cour européenne des droits de l'homme a constaté dans son arrêt définitif une violation de la CEDH ou de ses protocoles ;
b. une indemnité n'est pas de nature à remédier aux effets de la violation ;
c. la révision est nécessaire pour remédier aux effets de la violation.

Le droit processuel suisse considère à bon droit que l'inobservation des règles de récusation constitue une faute importante pour le procès équitable. C'est pourquoi, il prescrit que les actes de procédure auxquels a participé une personne tenue de se récuser doivent être annulés et renouvelés si une partie le demande dans les dix jours après qu'elle a eu connaissance du motif de récusation ; si un motif de récusation n'est découvert qu'après la clôture de la procédure, les dispositions sur la révision sont applicables[2051].

Le juge du tribunal fédéral ou le greffier du même tribunal qui se trouve dans un cas de récusation est tenu d'en informer en temps utile le président. Les dispositions de l'article 38 reprennent celles de l'article 51 de procédure civile[2052]. Il en est de même pour le juge pénal.

L'inobservation par l'office du juge des causes de récusation constitue une cause d'ouverture de prise à partie. Il revient au juge concerné de se déporter car c'est lui qui connaît le motif ignoré par le requérant.

Il a été jugé que tromper le juge constitue une fraude. Il en est ainsi de mensonges[2053], de la réticence[2054], des manœuvres[2055], de l'omission[2056].

[2051] Article 51, code de procédure civile suisse.
[2052] Loi sur le tribunal fédéral du 17 juin 2005, l'Etat le 1er janvier 2011.
[2053] Douai, 23 juin 1976, Gaz, Pal. 1977, 1, 90.
[2054] Soe, 29 avril 1969, Bull. civ. V. Ka 182, Paris, 11 juin 1982, Gaz, Pal. 1982 n°. 562.
[2055] Civ, 2è 16 juillet 1976, Bull. Civ. II, n° 245.
[2056] Paris, 31 octobre 1996. D. 1997, 251 note. Paire.

Jugé par la cour de cassation que l'utilisation de fausses pièces, bien que cause distincte, peut être un élément de la fraude[2057], elle doit être décisive[2058].

L'évitement pour le juge de rencontrer entièrement le moyen de la partie caractérise la réticence. Souvent, certains juges refusent de rencontrer les moyens appuyés par les pièces incontestables d'un justiciable en vue de favoriser une partie en donnant la bonne apparence à sa décision, en évitant les contradictions dans sa motivation par le fait de rencontrer les faits et les prétentions qui les gênent sur le chemin du favoritisme.

L'intention dans le chef de l'office du juge se cristallise dès lors que le tribunal fabrique les faits pour tenter vainement de faire avaler les prétentions adverses au demandeur en prise à partie. Il est de principe général de droit que le tribunal impartial doit rencontrer les prétentions des parties régulièrement échangées.

Le tribunal ne peut servir le droit en le violant systématiquement. La partialité du tribunal se manifeste en rapport avec l'alignement des moyens d'une partie comme un immeuble à étages ; il y a des moyens du premier étage, ceux du deuxième jusqu'au dixième.

Pour monter aux différents niveaux de prétentions où sont logés les plus faibles, au sixième pour ne citer que celui-ci, le tribunal dolosif ou fautif chercherait à y accéder directement, ce qui est impossible étant entendu qu'il y a cinq niveaux à franchir avant, qu'il s'agisse de l'ascenseur ou de l'escalier.

Cependant, le tribunal intéressé ne montera au 6ème étage soit par ascenseur soit par escalier du même immeuble de peur de rencontrer les moyens bétons de la partie,il empruntera d'autres voies peu honorables, notamment l'effraction ou passer par l'immeuble du voisin. Et là l'évitement de rencontrer les moyens des parties saute aux yeux.

Quand le magistrat dénature ou arrange les faits tels qu'ils ont été présentés par les parties, la prévisibilité du dommage est certaine.

Sous RPP 137, dans sa décision du 11 octobre 2002, la cour suprême de justice releva que

> Le tribunal ne peut avoir égard à ces faits puisqu'ils peuvent a posteriori expliquer le comportement du magistrat pris à partie. En l'espèce, il s'agissait du comportement du Premier Président de la cour d'appel de Lubumbashi qui, dans la précipitation et en vue de couvrir les fraudes de Monsieur Freddy NTALE, preuve de collusion et de sa compromission, avait confectionné, le 8 mars 2002, une ordonnance accordant dispense de versement préalable du droit proportionnel et

---

2057 Civ, 2è, 22 octobre 1981, Gaz, Pal, 1982, 1, Pan 107.

2058 Civ. 2è, 17 mars 1983, Gaz, Pal 1983, L Pan, 227.

des frais alors que le précité avait déjà fait signifier l'arrêt en date du 5 du même mois[2059].

Dans la cause inscrite sous RPP 278, la cour suprême de justice fait un constat déplorable du comportement des magistrats pris à partie lorsqu'elle décide que:

En l'espèce sous examen, la volonté obstinée, affichée et injustifiée de recevoir à tout prix la tierce opposition manifestement irrecevable des héritiers présomptifs (...) dénote clairement que les magistrats pris à partie étaient résolus à favoriser les tiers opposants (...). Les magistrats poursuivis ont plus d'une fois reconnu, à bon droit, dans la décision décriée, que Monsieur KABUNGA HAMULI n'avait pas qualité d'agir au nom de l'absent précité (...). Mais en dépit de toutes ces évidences, ils ont reçu la tierce opposition. Le dol sera donc déclaré établi dans leurs chefs[2060].

De même, en statuant sous RPP 299, la cour suprême de justice constata l'usage dans le chef des magistrats pris à partie des artifices et manœuvres délibérément montés pour soutenir qu'aucun élément du dossier n'indiquait que les époux Hans avaient entendu transférer leur droit au requérant, le tout dans le but de favoriser.

La haute cour note dans le chef des magistrats pris à partie un comportement inadmissible en tant que juges d'appel, juges de fond du reste, à qui l'affaire est dévolue, de rejeter la demande de production en appel des originaux des décharges qui avaient été produits en photocopies libres devant le premier juge au motif que le requérant C. Dufay ne les avait pas exigés au premier degré[2061].

Un autre élément viendra renforcer la conviction de la cour, à charge des juges incriminés, c'est la production de l'attestation querellée, pièce reçue à coup sûr des parties Betty MM. BRUYLE et Michele ADAM ; car, après le prononcé de l'arrêt vanté, les juges sont sensés s'être dessaisis du dossier judiciaire soumis à leur examen. Le dol est donc établi[2062].

Tronquer sciemment les faits engage la responsabilité du magistrat et de son civilement responsable.

Eliane DE VALICOURT donne l'exemple du Procureur Général de Lyon qui avait signé un rapport synthétisant pour la chancellerie les éléments d'une information pénale ouverte contre X et confiée à un juge d'instruction. Un hebdomadaire l'avait publié. Attaqué en diffamation par les personnes visées dans ce rapport, le journaliste fut relaxé pour cause de bonne foi, le tribunal reconnaissant qu'il avait recopié fidèlement le rapport du Procureur

---

[2059] Collection juridoc, *op.cit.* pp. 53 à 54.

[2060] Bulletin des arrêts de la Cour suprême de justice, années 2004 à 2009, Tome 1, Kinshasa, 2010, pp. 273 à 274.

[2061] Bulletin des arrêts de la cour suprême de justice, années 2004-2009, Tome I, op.cit, pp. 314-322.

[2062] Idem, p. 322.

Général de Lyon, lequel avait d'ailleurs reconnu, par un communiqué à l'Agence France Presse, qu'il s'agissait bien de son rapport. Mais le tribunal ajouta une incidence montrant que le rapport du Procureur Général de Lyon était « mensonger et diffamatoire »[2063].

Les fausses constatations faites sciemment par le magistrat rentrent dans l'économie du champ de prise à partie.

Tout en reconnaissant que la constatation authentique faite par le juge dans sa décision est contraire à la réalité, la cour de cassation belge jugea l'irrecevabilité de la requête en prise à partie pour défaut pour le demandeur de ne s'être pas inscrit en faux contre cette constatation[2064].

Commentant cet arrêt, le Professeur Georges De Leval soutient l'argumentation du juge de cassation que de manière générale, est irrecevable tout moyen qui conteste la réalité des constatations authentiques d'une décision judiciaire lorsque le demandeur ne s'est pas inscrit en faux contre lesdites constatations[2065].Toutefois, il y a lieu de s'écarter de la position de la haute cour belge et de l'appui du professeur Georges De Leval.

Le droit processuel vise ou commande que l'office du juge soit loyal. Sur base des dispositions des articles 895 à 906 ducode judiciaire belge, le tribunal de fond peut vérifier le faux civil argué contre une pièce.

Au niveau de la cour de cassation, les dispositions de l'article 907 attribuent aussi au juge de cassation cette compétence en instituant que

> Toute partie à l'instance en cassation peut être admise à arguer de faux une pièce régulièrement produite dans cette instance, dont la fausseté peut entrainer à tout le rejet ou l'admission du pourvoi. Peuvent seules être arguées de faux dans l'instance en cassation les pièces qui n'ont pu l'être devant la juridiction souveraine ou dont la fausseté ne peut donner ouverture à la requête civile[2066].

Les tribunaux civils français ont compétence aussi d'examiner le faux allégué sur les pièces produites notamment si un écrit sous seing privé produit en cours d'instance est argué de faux, il est procédé à l'examen de l'écrit litigieux comme il est dit aux articles 287 à 295[2067].

La Cour de cassation saisie en faux contre une pièce produite en examine la pertinence[2068].L'effectivité et la célérité de la procédure de prise à partie militent pour que le juge examine les fausses constatations faites par le

---

[2063] Eliane DE VALICOURT, *L'erreur judiciaire*, L'harmattan, Paris, 2005, P. 284

[2064] Cass, 27 juin 1977, Pas, I, 1101.

[2065](Cas. 22 juillet, 1975, Pas, I, 1073 ; Cass, 16 septembre 1975, Pas, 1976, I, 71 ; Cass, 16 mai 1977, Pas, I, 948). Pour plus d'intérêt, lire Georges DE LEVAL, *De la prise à partie*, in La jurisprudence du code judiciaire commentée, Vol II, B. *Les voies de recours*, La Charte, Burges, 2008, pp. 444-445.

[2066] Code judiciaire belge, p. 343.

[2067] Articles 299 à 332 du code de procédure civile, 2ème édition, Dalloz, Paris, 2010, p. 257.

[2068] Idem, articles 1028 à 1031

magistrat dolosif. La haute cour, siégeant en prise à partie, observe les principes directeurs du procès équitable s'ils ont été respectés par les juges pris à partie, notamment l'indépendance et l'impartialité du tribunal.

Les principes directeurs de toute instance fondent ce que la cour de cassation française qualifie de l'ordre public international[2069].

En tirant le caractère d'ordre public des droits de la défense comme en décida le Conseil d'Etat, le principe du droit de la défense tient à l'ordre public, non seulement il ne saurait être valablement renoncé à son application, mais le vice résultant de sa méconnaissance ne peut être couvert par l'attitude essentiellement conciliante qui pourrait être prise pour des raisons d'opportunité par celui qui pouvait s'en prévaloir[2070].Le Professeur Paul Lewalle y voit la soumission des juridictions administratives[2071]. Et pourtant, les droits de la défense sont évolutifs au regard de la jurisprudence supranationale communautaire, mais aussi de la cour d'arbitrage, comme l'indique Frédéric Close, Avocat Général près la cour d'appel de Liège[2072].

Aux tribulations constitutionnelles, les droits de la défense, comme le souligna le Procureur Général GANSHOF Van Dermeersch, constituent un principe général du droit applicable même en l'absence de texte car le principe général est plus que la loi, puisque le juge est tenu d'en assurer le respect sans qu'il doive revêtir la forme de la loi[2073].

1.2.3. *L'incompétence territoriale et matérielle*

La justice est la propriété de la loi et ses gens la servent en conformité avec la loi tant à la forme qu'au de fond. Les magistrats ne sont pas des électrons libres, ils exercent leur ministère auprès de la juridiction ou de l'office du Parquet qui détermine leur compétence territoriale et matérielle.

La violation volontaire de la loi dans le chef du magistrat peut donner lieu à une prise à partie. François Perrier rapporte que la contravention à une ordonnance à condition qu'elle soit affectée et inexcusable est un moyen de prise à partie. Tel est le cas de l'incompétence du juge. Ce ne sera que lorsque cette dernière est visible et lorsque l'on a lieu de juger que le juge

2069 Civ, 1ère, 19 sept. 2007, Bull. Civ, I, n° 279, D. 2007, AJ, 2542.

2070 CE, 7 janvier 1987, Vangecbergen Conté, Etat Belge, n° 27.307, GA 27 mars 1987

2071 Paul Lewalle, Le principe du droit de la défense et du débat contradictoire en droit administratif in Les droits de la défense. Actes du colloque « Jacques Henry » organisé par la Conférence Libre des Jeunes Barreaux de Liège, éditions du Jeune Barreau de Liège, 1997, P. 33

2072 Frédéric Close, Le Ministère Public et les droits de la défense in Droits de la défense, op.cit, P. 59

2073 GANSHOF Van Dermeersch cité par Paul Martens, Les tribulations constitutionnelles des droits de la défense in Droits de la défense. Actes du colloque « Jacques Henry » organisé par la Conférence Libre des Jeunes Barreaux de Liège, éditions du Jeune Barreau de Liège, 1997, PP. 15 à 16 qui s'est rendu incompétent, l'a fait contre sa propre conscience[2074]. Telle est la position de l'arrêt du 4 juillet 1704 au terme duquel « La seule considération de sa dignité avait porté les juges à ne pas le déclarer bien pris à partie et (...) que pour étouffer une pareille indécence et tâcher de rétablir l'union dans ce siège, on voulait bien tout oublier »[2075].

La volonté de violer la loi se cristallise lorsque les parties ont soulevé et plaidé sur l'évidence de l'incompétence du magistrat, celui-ci agit comme son collègue interpellé par la Fontaine :

« Dans ce penser il se carrait,
Recevant comme siens l'encens et les cantiques
Quelqu'un vit l'erreur et lui dit :
Maître Baudet, ôtez-vous de l'esprit une vanité si folle ?
Ce n'est pas vous, c'est l'idole
A qui cet honneur se rend
Et la gloire en est due
D'un magistrat ignorant
C'est la robe qu'on salue »[2076].

Il s'observe malheureusement dans la constance de l'incompétence des magistrats du Parquet qui ouvrent des dossiers à leur office à charge des personnes qui ne sont pas domiciliées dans leurs juridictions, qui n'y ont pas de résidence, pour des faits non commis dans leurs juridictions, du reste non arrêtées par eux.

En négation totale de la procédure de commission rogatoire, les magistrats des offices périphériques sont souvent tentés d'étendre eux-mêmes leur compétence territoriale en allant au-delà des ghettos pour convoquer les résidents du quartier huppé par appétit de corruption. Des pareils cas constituent les causes de prise à partie.

Dans le contrôle de l'indépendance et de l'impartialité du juge, en ce qui concerne la compétence territoriale et matérielle des cours et tribunaux, la cour de cassation est guidée par la question du juge naturel du requérant de prise à partie.

Sous RPA 322, la cour suprême de justice déclara l'appel du prévenu recevable et fondé contre la décision de la cour d'appel qui s'est, à tort, déclarée compétente de connaître au premier degré de l'infraction commise par un dignitaire de l'ordre national du Zaïre non bénéficiaire du privilège de juridiction réservé aux dignitaires de l'ordre national du Léopard[2077].

[2074] PERRIER François cite par METHY Catherine, *op.cit*, p. 101.
[2075] NUPIED Nicolas cité par METHY Cathérine, *op.cit*, p. 101.
[2076] DE VALICOURT Eliane, *L'erreur judiciaire*, L'Harmattan, Paris, 2005, p. 10.
[2077] CSJ, RPA 322 du 15 février 2006, Bulletin des arrêts de la cour suprême de justice, années 2004 – 2009, Tome 1, Kinshasa, 2010, p. 196

1.2.4. *Non respect du contradictoire*

En ne respectant pas le contradictoire, filtre de vérité judicaire, l'office du juge commet une faute du fait de ne pas faire observer et observer lui-même ce principe naturel des droits de défense.

1.2.4.1. Les actes d'invitation du défendeur ou du cité pour être entendu

La signification de l'assignation ou de la citation donnée au défendeur ou au cité est la genèse des principes directeurs du procès équitable que le tribunal indépendant doit respecter. Lorsque la juridiction se déclare saisie pendant qu'elle ne l'est pas et retient le défaut en condamnant le requérant en prise à partie par défaut pour des faits apparemment non fondés, le dol est établi dans le chef du magistrat.

La Cour suprême de justice considéra que le moyen faisant grief aux magistrats poursuivis d'avoir, dans l'intention d'écarter les demandeurs de la succession, confirmé la décision du premier juge qui s'était, à tort, déclaré non saisi par voie de citation directe à l'égard du curateur, comme étant bénéficiaire du privilège de juridiction, alors qu'aux termes de l'article sus vanté, ne jouissent du privilège de juridiction que des fonctionnaires revêtus au moins du grade de directeur, condition non réalisée par le chef du curateur qui n'était qu'un chef de division.

Eu égard à la succession d'erreurs aussi invraisemblables et des déformations des faits et du droit qui émaillent la décision, la cour suprême de justice jugea qu'il s'agit d'une volonté délibérée des juges pris à partie à faire triompher la thèse des demoiselles MPESA MAMPUYA Elysée et NSONA MPESA Sephora non reconnues de son vivant par le défunt et qui avait surgi de nulle part 21 ans après son décès. Le dol est donc établi[2078].

1.2.4.2. Violation des principes du contradictoire et de loyauté dans la Communication des pièces et conclusions

Les parties doivent observer les principes directeurs du procès en se communiquant régulièrement les pièces et moyens pour permettre à l'adversaire de les discuter. Il est interdit, de ce fait, à l'office du juge de statuer et fonder sa décision sur les pièces et moyens non communiqués.

[2078] CSJ, RPP 213 du 24 février 2006, Collection juridoc, *op.cit*, pp. 111-112.

C'est à bon droit que la cour de cassation a déclaré fondée la prise à partie quant à ce[2079]. La haute cour décida qu'est fondé et le dol établi le grief retenu à charge du magistrat pris à partie, en ce qu'il a pris en compte un procès-verbal de non conciliation déposé frauduleusement, car non soumis aux discussions et non communiqué au ministère public malgré la recommandation faite par celui-ci d'exiger par un jugement avant dire droit de produire ledit document, condition de recevabilité de litige en matière de conflit individuel du travail. Ce faisant, ledit magistrat a violé le droit de la défense[2080].

1.2.4.3. Refus de répondre aux prétentions des parties ou refus de réouverture des débats

L'obligation de vider la saisine à l'égard de toutes les parties au procès, principe général de droit, est inhérente à la fonction de juger qui consiste à trancher le litige conformément aux règles de droit qui lui sont applicables. Il doit donner ou restituer leur exacte qualification aux faits et actes litigieux sans s'arrêter à la dénomination que les parties en auraient proposé (…).[2081] Toutefois, il ne peut changer la dénomination ou le fondement juridique lorsque les parties, en vertu d'un accord exprès et pour les droits dont elles ont la libre disposition, l'ont lié par les qualifications et points de droit auxquels elles entendent limiter le débat[2082].

Le tribunal a l'obligation naturelle de rencontrer l'objet du litige formé par les prétentions respectives des parties fixées par l'acte introductif d'instance et les conclusions en défense[2083], le tout dans le respect du principe dispositif et les droits de la défense.

La Cour suprême de justice considéra comme faute professionnelle lourde et constitutive de dol la requête dirigée contre le magistrat qui a sérieusement omis de répondre à l'une des exceptions soulevées alors que la solution dépendait pourtant logiquement de la réponse à l'exception omise. Elle est constitutive également de dol la faute lourde professionnelle pour le magistrat expérimenté et chevronné qui, sciemment, omet et escamote de reproduire fidèlement les thèses de deux parties après avoir résumé correctement la convention, loi des parties, pour rendre vraisemblable l'interprétation de la loi et la décision prise[2084].

La Cour suprême de justice décida que le refus de réouverture des débats constitue le dol dans le chef des magistrats pris à partie. Elle institua qu'

[2079] MUSHIGO-A-GAZANGA GINGOMBE Ruffin, *op.cit*, p. 36.
[2080] C.S.J, RPP. 296, 10 mars 2009, Juridoc, *op.cit*, pp. 136 – 137.
[2081] MUSHIGO-A-GAZANGA GINGOMBE Ruffin, *op.cit*, p. 35.
[2082] Article 12 du code de procédure civile, 102° édition, Dalloz, Paris, 2011, p. 28.
[2083] Articles 4 et 5 du code de procédure civile, 102° édition, Dalloz, Paris, 2011, pp. 9 – 17.
[2084] CSJ, RPP 30 du 5 juillet 1994, collection juridoc, *op.cit*, p. 13.

« Est constitutif de dol et entraîne par conséquent annulation de la décision attaquée le fait pour le juge pris à partie de manifester sa volonté de favoriser une partie au procès au détriment des autres en ce qu'ils ont refusé de rouvrir les débats et de surseoir à statuer en attendant l'issue des actions disciplinaires et surtout pénales pour faux en écritures, ouvertes à charge du greffier qui avait instrumenté l'exploit contesté. Dans cette cause, la haute Cour releva un autre reproche fondé aux juges pris à partie en soutenant qu'est fondée la requête en prise à partie dirigée contre les magistrats expérimentés qui, pour favoriser la partie adverse au détriment du requérant, ont rejeté sciemment la demande de rouvrir les débats, préférant décréter le défaut-congé contre la demanderesse, lui privant ainsi le droit de se défendre au fond, car le défaut-congé met fin à l'instance[2085].Dans la cause RPP 282, la cour suprême de justice décida qu'

> Est fondée pour dol la requête en prise à partie, dirigée contre le magistrat incriminé qui, bien que disposant des éléments susceptibles d'éclairer sa religion, a refusé d'ordonner la réouverture des débats qui aurait pu davantage l'éclairer et éviter une décision rendue à des termes dubitatifs ; ce refus ne s'explique que par sa volonté délibérée d'éluder l'instruction approfondie de la cause en vue de favoriser la partie adverse au requérant par le dol, et ce en dépit de la force probante attachée au certificat d'enregistrement du requérant portant sur l'immeuble querellé[2086].

1.2.5. *Recevabilité des voies de recours ordinaires et extraordinaires formées hors délai.*

La Cour suprême de justice jugea la requête fondée pour faute lourde, professionnelle et constitutive de dol le cas du magistrat qui a sciemment omis de répondre à l'une des exceptions soulevées, alors que la solution dépendait pourtant logiquement de la réponse à l'exception omise.

En l'espèce, la haute Cour constata à travers ces deux exceptions que la chambre de la Cour d'Appel a omis sciemment de répondre à la première exception de non communication des pièces soulevée dans ses conclusions et consignée à la feuille d'audience du 5 janvier 1994, s'appuyant sur les mêmes pièces non communiquées pour rejeter la deuxième exception tirée du défaut de qualité dans le chef du requérant[2087].

Le juge dè prise à partie considéra également comme dol la volonté obstinée, affichée et injustifiée de recevoir à tout prix la tierce-opposition manifestement irrecevable des héritiers présomptifs de Monsieur

[2085] CSJ, RPP 189, 8 octobre 2004, collection juridoc, op.cit., p. 95.
[2086] CSJ, RPP 282, 12 mai 2006, collection juridoc, *op.cit*, pp. 125 – 127.
[2087] CSJ, RPP 30, 5 juillet 1994, Juridoc, *op.cit*, pp. 13-15.

KABUNGA A KILIMALI KAPI René, ce qui dénote clairement que les magistrats pris à partie étaient résolus à favoriser les tiers opposants[2088].

Le délai pour former opposition ou appel étant impératif, le tribunal qui reçoit un recours formé hors délais favorise nettement la partie contre les intérêts du requérant en prise à partie. Il en est de même des voies des recours extraordinaires.

La Cour suprême de justice jugea que le dol est établi à charge des magistrats chevronnés qui ont déclaré le recours recevable de la partie adverse au requérant pourtant irrecevable parce que porté devant un troisième degré de juridiction pour qu'il en soit statué au fond[2089].

Dans sa constance, la haute Cour jugea par exemple que le dol était établi dans le chef des magistrats pris à partie du fait de leur volonté obstinée, affichée et injustifiée pour avoir reçu la tierce opposition des personnes valablement et régulièrement représentées à l'instance[2090].

Sous RPP 120, la cour suprême de justice reconnut par son arrêt du 12 juin 2002 que le dol est établi dans le chef du magistrat pris à partie du fait de son comportement qui traduit la volonté délibérée de procurer un avantage illicite, laquelle volonté explique de multiples violations de la loi dès lors que ledit magistrat a retracté l'ordonnance autorisant la vente par voie parée sur base d'un recours expressément interdit par la loi[2091].

1.2.6. *Violation du principe général du dispositif et de l'interdiction de statuer ultra petita*

Antoine RUBBENS explique clairement la notion du principe dispositif en vertu du pouvoir juridictionnel délimité par la compétence matérielle et territoriale ; le juge est lié de manière absolue par l'objet du procès, il doit répondre à toutes les demandes formées par toutes les parties, sa réponse sera de les écarter si elles sortent du cadre de sa compétence, si elles ne sont pas régulières en la forme ; sa réponse sera de faire droit aux demandes qui rentrent dans sa compétence[2092].

Suivant la théorie de la règle fondamentale de dispositif, le procès est l'affaire des parties qui saisissent un tiers impartial qui est l'office du juge pour les départager conformément aux dispositions par exemple des articles 4 et 5 du code de procédure civile français qui prescrivent entre autres que

---

2088 CSJ, RPP 278, 7 juillet 2006, Collection Juridoc, *op.cit*, p. 125.

2089 CSJ, RPP 129, 28 février 2003, Juridoc, *op.cit*, p. 39.

2090 CSJ, RPP 278, Bulletin des arrêts de la cour suprême de justice, années 2004 à 2009, Tome I, *op.cit*, p. 272.

2091 Bulletin des arrêts de la CSJ édition 2004, PP. 155 à 163 : Discours du Premier Président de la cour suprême de justice à l'occasion de la rentrée judiciaire de la cour suprême de justice 2014-2015, Kinshasa le 31 octobre 2014

2092 A. RUBBENS, *Le droit judiciaire congolais*, Tome II, presses universitaires du Congo, Kinshasa, 2012, p. 65.

l'objet du litige est déterminé par les prétentions respectives des parties fixées par l'acte d'instance et de par les conclusions, les demandes incidentes se rattachent aux prétentions originaires.

Dans la constance de la jurisprudence, la Cour de cassation française décida qu'une partie ne peut être condamnée au profit d'une autre qui n'a rien demandé contre elle[2093]. Elle décida aussi que le juge méconnait l'obligation qui lui incombe de se prononcer sur tout ce qui est demandé lorsqu'il néglige de se prononcer sur une demande en paiement de dommages intérêts pour résistance abusive, cette omission donne ouverture à ample requête et exclut le recours en cassation[2094].

De ce fait, le juge ne se prononce que sur tout ce qui est demandé et seulement sur ce qui est demandé

Ainsi, le tribunal qui statue ultra petita viole les droits de la défense. La cour suprême de justice jugea qu'est fondé et le dol établi le grief fait au magistrat incriminé d'avoir statué ultra petita en examinant le fond du litige alors que les parties n'avaient débattu ni échangé que sur la question de la compétence territoriale du tribunal, violant ainsi le droit de la défense dans le but de favoriser l'une des parties au détriment de l'autre[2095].

La haute cour réaffirme sa constance du dol dans la violation du principe général du droit ultra petita » en motivant sa décision qu' « Il résulte de ce qui précède que le principe dispositif et celui d'inattaquabilité du certificat d'enregistrement consacrés par l'article 227 de la loi dite foncière sont tellement élémentaires que leur violation par la première défenderesse dans le contexte décrit ci-dessus s'explique par son intention de favoriser Madame Hilde KANGAYANI au détriment des demandeurs[2096].

Le principe dispositif est l'essence même de la justice, fond commun de procédure de droit comparé.

Le droit processuel suisse, au sujet du principe du dispositif indique clairementle principe « Le tribunal ne peut accorder à une partie ni plus ni autre chose que ce qui est demandé, ni moins que ce qui est reconnu par la partie adverse ». Les dispositions prévoyant que le tribunal n'est pas lié par les conclusions des parties sont réservées[2097].

Quelle est la situation de l'interdit de la non-aggravation de la situation du prévenu au degré d'appel en l'absence de l'appel du ministère public en matière répressive ?

[2093] Civ., 2ème, 5 octobre 1983, Bull. Civ-II. N° 159, RTD. Civ 1984, 357 Obs. Normand? Ibid. 364. Obs. Perrot.

[2094] Cons. 11 mai 1976, Bull. Civ. IV, n° 156.

[2095] C.S.J, Arrêt RPP 296, 10 mars 2009, Bull. des arrêts de la cour suprême de justice, années 2004-2009, Tome II (2007-2009), éditions du service de documentation et d'études du ministère de la justice et droits humains, Kinshasa, 2010, p. 135 ; C.S.J. RPP 163, 23 janvier 2004, collection juridoc, *op.cit*, p. 70.

[2096] CSJ, RPP. 163, 23 janvier 2004, Collection Juridoc, *op.cit*, p. 72.

[2097] Article 58 code de procédure civile suisse.

1.2.7. *Violation du principe général du droit de la non aggravation de la peine au degré d'appel en l'absence d'appel du ministère public*

Il est de principe général du droit qu'en l'absence de l'appel du ministère public, la situation du prévenu ne peut être aggravée. C'est ainsi que, statuant sous RPP 434, et rappelant ledit principe dont l'inobservance constitue un dol, la cour suprême de justice décida qu'

> Est fondé et le dol établi le grief tiré de ce que les magistrats incriminés ont aggravé le sort du prévenu, la requérante en l'absence de l'appel du ministère public, et ce pour une nouvelle qualification non débattue alors que le changement de qualification des faits de la prévention au cours des débats doit être communiqué au prévenu, violant ainsi les droits de la défense garantis par l'article 19 de la constitution et versant de ce fait dans la contradiction entre le motif et le dispositif par une motivation spécieuse destinée à favoriser la partie citante[2098].

1.2.8. *Violation du principe général du droit de la foi due aux actes*

Le tribunal indépendant et impartial doit appliquer le principe du respect de la foi due aux actes. Les actes sous seing privé ont des effets des actes authentiques entre parties.

Il s'observe de la jurisprudence de la haute cour qu'elle sanctionne les magistrats pris à partie qui ont annulé le certificat d'enregistrement vieux de plus de deux ans, en violation des dispositions de l'article 227 de la loi foncière[2099].

En méconnaissant les actes authentiques, la cour suprême de justice décida qu' est dolosive la décision d'un magistrat qui, dans le but de favoriser la partie défenderesse, a occulté la vérité en déclarant faux l'acte de vente notarié signé par le conservateur, les témoins et les parties au contrat, alors que pareil acte ne pouvait être déclaré faux par le juge pénal qui est actif sans que le conservateur des titres immobiliers et les témoins aient été entendus pour le confirmer ou le contester[2100].

La Cour réaffirma aussi sa position dans la cause RPP 295 sur la foi due aux actes en soutenant qu'est fondée pour dol entrainant annulation de l'arrêt

---

[2098] CSJ, RPP 434, 13 mars 2009, Bull. des arrêts de la CSJ, années 2004-2009 Tome II (2007-2009), édition du service de documentation et d'études du ministère de la justice et droits humaines, Kinshasa, 2010, p. 143.

[2099] CSJ, RC. 551, 30 nov. 1983, inédit, CSJ, RC 100, 3 avril 1976, Bull. 1977, p. 64 ; CSJ, RC 174, 30 nov. 1977, Bull. 1978, p. 148.

[2100] C.S.J, RPP. 290, 13 mars 2009, collection juridoc, *op.cit*, p. 132.

critiqué la requête en prise à partie dirigée contre des magistrats qui ont refusé de faire foi aux actes et documents produits par le requérant en guise de preuve de ses droits à devenir propriétaire des lieux litigieux en basant leur décision incriminée sur le seul contrat de location de la partie adverse alors que celle-ci l'a obtenu par erreur et sans toutefois tenir compte du fait qu'il a été résilié par lettre du conservateur des titres immobiliers, résiliation contre laquelle ladite partie adverse n'a exercé aucune action judiciaire[2101].

1.2.9. *Méconnaissance du principe général du droit de l'autorité de la chose jugée*

L'ordonnance du 14 mai 1886, approuvée par le décret du 12 novembre 1886 semble restreindre l'autorité de la chose jugée s'imposant au juge en matière de droit coutumier[2102].

La haute cour reconnait le principe général de droit dû à l'autorité de la chose jugée aux effets *erga omnes* au pénal et relatifs au civil[2103]. C'est pourquoi, statuant comme juge spécial de prise à partie, la haute cour déclara qu'« Est constitutif de dol le fait pour le magistrat incriminé d'avoir favorisé une partie au procès au détriment de la partie adverse en ce que ledit magistrat a déclaré inopérante les décisions antérieures rendues en matière répressive alors que s'agissant des décisions répressives, l'autorité de la chose jugée qui s'y attache est absolue, qu'elle s'impose à tous, même à ceux qui n'étaient pas parties au procès »[2104].

1.3. Statuer outre la décision de donner acte ou de renvoi

La Cour suprême de justice déclare le dol établi dans le chef du magistrat pris à partie le fait pour lui de passer outre les injonctions lui faites par l'article 83 alinéa 5 du code de l'organisation et de la compétence judiciaires consistant à la surséance de statuer dans la cause jusqu'à l'intervention de l'arrêt sur le fond d'une requête en renvoi pour cause de suspicion légitime de la connaissance de la cour.

La récusation étant une procédure de recherche de la justice impartiale, la haute cour avait retenu les faits constitutifs de dol dans le chef du magistrat en motivant son œuvre comme suit : (...) des productions de la requérante et du magistrat mis en cause, il ressort que l'arrêt de donner acte rendu sous RR00444 par la cour d'appel de Matadi le 24 décembre 1997 sur la demande de renvoi de juridiction de la requérante a été signifié au tribunal de grande instance de Boma en date du 26 décembre 1997 par l'Huissier Mbala

[2101] C.S.J., RPP 295, 9 juin 2006, collection juridoc, *op.cit*, p. 133.
[2102] Ruffin MUSHIGO-A-GAZANGA GINGOMBE, *op.cit*, p. 39.
[2103] DIBUNDA KABWINJI MPUMBWAMBUYI, *op.cit*, pp. 31-32.
[2104] C.S.J, RPP 187, 9 avril 2004, collection juridoc, *op.cit*, p. 90.

Antoine de résidence à Boma, qui en ayant été au greffe pénal du tribunal susdit, a parlé au greffier IPONDO.La signification de l'arrêt de donner acte avait été aussi, contrairement à l'allégation du magistrat incriminé, porté le même 26 décembre 1997 à sa connaissance par le messager de l'avocat-conseil de la requérante des mains duquel ce magistrat avait reçu la photocopie certifiée conforme de cet arrêt. Il s'ensuit que le magistrat mis en cause avait certainement pris connaissance des termes dudit arrêt de donner acte avant de rendre le jugement querellé comme cela ressort par ailleurs de la teneur de cette décision judiciaire[2105].

La haute Cour saisie comme juge de prise à partie, limitée par les faits, les moyens et l'œuvre du juge incriminé, analyse les règles processuelles et de fond pour déterminer si le magistrat pris à partie a commis un cas d'ouverture à prise à partie. L'examen minutieux de la Cour de cassation en prise à partie peut être facilité par deux décisions contradictoires de la première instance annulée par celle du second degré.

Par les prescrits de la motivation et de rencontrer les prétentions des parties, les deux juridictions agissant dans leur impartialité s'auto-accusent par rapport aux mêmes faits et moyens apportés par les mêmes parties.

Quelle que soit la cause, le second degré est plus éclairé que la première instance du fait que la juridiction d'appel en tant que juge des jugements a la décision déférée à son contrôle et les moyens et pièces des parties. Comme il n'y a pas de crime parfait, même si le chiffre noir est grand, le juge dolosif ou fautif ne peut réaliser une œuvre criminelle parfaite. La hiérarchisation des moyens de la partie victime de la partialité de l'office du juge est faite de telle manière que le tribunal tombe dans la contradiction des motifs et/ou des dispositifs.

Agit illégalement comme les parties qui choisissent la ligne de défense, facteur déterminant de l'usage des droits de la défense, l'office du juge qui opère le choix de nuire à une partie pour son intérêt personnel, ou au profit de la partie adverse. Il s'inscrit dans la logique de contestation radicale et injustifiée des moyens de la victime de l'erreur judiciaire.

C'est en justifiant cette contestation radicale même des évidences, des preuves claires comme le jour à midi, par la motivation que l'office dolosif se trouvera au fond soit de la contradiction des motifs et de dispositif, soit de réticence ou d'évitement de rencontrer les faits et moyens.

Tout est question du choix du chemin, étant entendu que selon qu'on choisit tel chemin plutôt que tel autre on a une destinée. Ainsi, le choix de la justice conduit à une destinée paradisiaque et le choix de l'injustice à une destinée infernale.

La haute Cour n'aura que la tâche de rechercher, par l'appel, des magistrats qui sont présents au paradis de la justice, et dès que les magistrats

[2105] CSJ, RPP 069 du 19 juin 1998, collection juridoc, *op.cit*, pp. 25 – 27.

pris à partie y sont absents, le juge spécial connaîtra où ils sont. Il faut donc les laisser chez-eux, dans la ville de ténèbres.

Les parties ont la liberté de sélectionner les faits et les moyens à soumettre au tribunal pour trancher les litiges selon les règles applicables. L'office du juge n'a pas de liberté de répondre aux prétentions, mais il est débiteur de répondre à celles des parties pour vider sa saisine.

Les plaidoiries emportent virtuellement l'office du juge à la destiné de la partie qui justifie son chemin par la ligne de la défense. Chaque partie a sa ville qu'elle propose au juge pour aller y habiter.

Après les débats et la cause prise en délibéré, l'office du tribunal doit refuser d'abord les invitations des parties, la proposition du chemin, en revenant au carrefour pour se choisir soi-même le bon chemin. Le tribunal doit revenir aux principes fondamentaux de droit sur lesquels s'exercent les voies de recours.

La faillite de l'indépendance et de l'impartialité de l'office du juge ainsi que la méconnaissance du principe carrefour d'égalité des justiciables d'avoir la même justice, par l'application de mêmes règles de forme et de fond, rendent l'auteur de la faute professionnelle responsable de réparer intégralement le dommage causé injustement à autrui.

2. *Les dommages-intérêts*

La prise à partie étant une action en responsabilité civile, le requérant veut obtenir réparation intégrale[2106].

Serge GUINCHARD, en parlant de la responsabilité des gens de justice, soutient à juste titre que « La réparation équitable de l'erreur du juge passe par une pesée nécessaire de l'insoutenable et de l'indispensable. Il faut faire en sorte qu'à l'insoutenable légèreté de quelques-uns réponde l'indispensable protection de tous les autres, c'est-à-dire de la justice »[2107].

Le juge de prise à partie doit avant tout déterminer le dommage spécifique résultant du service judiciaire afin de l'évaluer. N'étant pas liée par la détermination de préjudice du requérant, la haute cour devra faire sienne au regard de la diversité des préjudices.

Observant la tendance à la prolifération des préjudices, Philippe LE TOURNEAU note l'évolution temporelle par rapport à Aubry et Rau qui justifiaient leur présentation brève des variétés du préjudice réparable en 7 lignes :

> Le dommage comprend toujours la perte et le manque de pain que le délit a occasionnés à une personne (damnum emergens et lucrum cessans), il comprend en outre le délit de droit criminel, le tort moral

---

[2106] A. RUBBENS, *Le droit judiciaire zaïrois*, T. II, PUZ, p. 248

[2107] Serge GUINCHARD, cité par l'Avocat Général REGIS ou Gouttes, cité par Eliane DE VALICOURT, *op.cit*, p. 233

que le délit a fait éprouver à la personne lésée, soit en la troublant dans sa sûreté personnelle ou dans la jouissance de son patrimoine, soit en la blessant dans des affections légitimes[2108].

Les catégories des préjudices les plus citées sont : le préjudice patrimonial (dommage matériel ou corporel), le préjudice extrapatrimonial (atteinte à l'intégrité physique, atteinte aux droits de la personnalité).

L'évaluation du préjudice patrimonial semble être le plus aisé que les autres préjudices. Les éléments du préjudice sont établis à partir des données concrètes et vérifiables par le juge lui-même. Le juge peut être assisté d'un technicien, d'un expert[2109] pour une meilleure évaluation.

Le recours ou non à une expertise constitue un choix d'opportunité, décida la cour européenne des droits de l'homme ; l'expertise peut être requise lorsque les divergences importantes existent entre les parties quant à l'évaluation de la satisfaction équitable à octroyer[2110]. Toutefois, il n'est prévu ni dans les textes, ni dans la jurisprudence européenne, de cas de recours obligatoires à l'expertise, à l'inverse de ce qui peut exister en droit national[2111]. Tel est le cas des matières précieuses.

L'indemnisation du préjudice moral, appelé par René SAVATIER *« Son déplaisir »*, à partir de sa définition,*« Atteinte subie au bien-être de la victime »*, est difficile à évaluer[2112]. Tel est le préjudice subi en pleine figure pas un Top Modèle et un ouvrier chargé de travaux lourds.

L'analyse du préjudice de droit commun n'est pas certainement la même que celui résultant du fait de la justice. La réparation est aussi un principe de droit international que la violation d'un engagement entraine l'obligation de réparer dans une forme adéquate[2113] qui doit s'appuyer sur les faits vérifiables.

Le conseil d'Etat posa le principe d'évaluation du préjudice dans l'affaire Compagnie Générale des Eaux et Dame Veuve AUBRY comme suit :

> Cons. Que l'évaluation des dégâts subis par l'immeuble de la dame veuve Pascal, du fait de la rupture d'une conduite de la Compagnie Générale des Eaux, devait être faite à la date où leur cause ayant pris fin et leur étendue était connue, il pouvait être procédé aux travaux destinés à le réparer (...). Cons. Qu'en décidant que l'indemnité de 138.000 F qu'il allouait à sieur Pascal porterait intérêt à compter du 12 août 1942, date de la demande introductive d'instance (...). Cons. Sur les dépens de première instance : Cons. Que, dans les circonstances de

---

2108 Philippe LE TOURNEAU, *op.cit*, p. 505.

2109 Idem, p. 509

2110 Arrêt du 27 avril 2006, Yillas Yildiz Turistik Tesisleri As c/Turquie ; requête n° 30502/96 ; Voir Jean François FLAUSS et Elisabeth Lambert, ABDELGAWAD, *op.cit*, p. 68

2111 Idem, p. 68.

2112 Philippe LE TOURNEAU, *op.cit*, pp. 516-517.

2113 *Usine de Chorzow*, Arrêt, CPJI, Série A, n° 1713 septembre 1928, p. 17 ; Frédéric SUDRE, *op.cit*, p. 791.

l'affaire, c'est à bon droit que le conseil de préfecture a mis à la charge de la Compagnie Générale des Eaux la totalité des dépens de première instance, y compris les frais d'expertise[2114].

La question des éléments corrects et vérifiables d'évaluation du préjudice est très importante pour soustraire celle-ci de l'arbitraire du tribunal. Le conseil d'Etat décida que(...) Qons. Que l'état de l'instruction ne permet pas d'apprécier les éléments du préjudice subi par les Consorts Lecompte et de déterminer le montant des indemnités auxquelles ils seraient fondés à prétendre, qu'il y a lieu de les renvoyer devant le ministère de l'intérieur[2115].

Statuant sur la demande non chiffrée, la Cour de cassation jugea qu'elle n'est pas de ce seul fait irrecevable[2116]. Toutefois, l'exigence de chiffrer sa demande est d'une exigence processuelle,comme les hauts magistrats en avaient tiré les conséquences en ces termes :« Comparant en appel. Après avoir énoncé que les conclusions d'appel doivent formuler expressément les prétentions de la partie et les moyens sur lesquels chacune de ces prétentions est fondée, et relever que ni dans le corps ni dans le dispositif de ses conclusions, la société demanderesse n'avait chiffré sa demande, sollicitant seulement le paiement des sommes dues sans fournir aucun élément de nature à permettre aux juges d'évaluer leur montant, c'est sans dénaturation que la Cour d'appel a retenu qu'elle n'était saisie d'aucune prétention et débouté la société de ses demandes[2117].

Le conseil d'Etat, dans l'arrêt du Ministre des travaux publics et consorts, reconnait la pertinence du dommage moral en décidant que « (...) la douleur morale qui en résulta pour ce dernier suite à la disparition prématurée de son fils est par elle-même génératrice d'un préjudice indemnisable »[2118].

Jacques BORE et Louis BORE notent que ce serait une erreur de croire que tout ce qui a trait au préjudice est abandonné à l'arbitrage des juges du fond, la cour de cassation contrôle les caractères légaux du préjudice réparable, sa licéité, sa certitude, ou son caractère direct[2119], la date d'évaluation du dommage[2120] et le montant de l'indemnisation par le biais du respect du principe de la réparation intégrale[2121].

2114 M. LONG, P. WEILL, G. BRAIBANT, P. DELVOLVE et B. GENEVOIS, *Les grands arrêts de la jurisprudence administrative*, 16ème édition, Dalloz, Paris, 2007, p. 395.
2115 Idem, p. 409.
2116 Civ., 2ème. 14 décembre 2006. Bull., civ. II, n° 350.
2117 Civ, 2e, 1 février 2000, Bull. Civ II, n° 27. JCP 2000 ; II. 10405, note du Rusquec. Adde, note 22.
2118 Ibidem, 548.
2119 Com, 9 décembre 1954, Bull. Civ. III, n° 550, Civ. 1er, 11 décembre 1984, n° 83 – 13.904. Bull. Civ. 1 n° 332.
2120 Req. 10 juillet 1907, DP 1907, 1, 424 Soc. 2 février 1962, Bull. Civ. IV n° 153. Civ. 1er, 15 juillet 1999, n° 97-15.780, Bull. Civ. I, n° 240.
2121 Jacques Boré et Louis BORE, *op.cit*, p. 347.
NB : Les références 1 à 2 sont tirées dans l'ouvrage de Jacques Boré et Louis Boré

La prise à partie comme action indemnisatrice peut s'inspirer du droit des assurances. MM. PICARD et A. BESSON enseignent que toutes les assurances du dommage sont dominées par deux principes, à savoir le principe indemnitaire et l'intérêt d'assurance. Le principe indemnitaire ne doit jamais procurer à l'assuré un bénéfice qui serait pour lui une source d'enrichissement, et ce en vue de craindre les risques volontaires, les dangers des paris et de la spéculation[2122].

Le fondement de la responsabilité civile dans le domaine des assurances, ainsi que l'affirme le Professeur Vincent KANGULUMBA MBAMBI, est un droit s'établissant par l'amont, c'est-à-dire partant du dommage subi par la victime pour désigner le responsable ; ce droit ne peut-être qu'un droit qui garantit objectivement l'indemnisation des victimes. Ainsi, la présomption sera-t-elle une présomption de responsabilité, aboutissant à une responsabilité objective, sans exigence de faute[2123].

Le droit des assurances a une expertise dans le domaine de faute, dommage, de son évaluation et de la réparation, du fait de la profession des assurances[2124].

La Cour de cassation jugea que l'indemnité due par l'assureur à l'assuré ne peut dépasser le montant de la valeur de la chose assurée au moment du sinistre. En conséquence, doit être cassé l'arrêt qui accorde à l'assuré, en plus de la valeur du matériel détruit, le montant de la TVA bien qu'il eut constaté que l'assuré avait obtenu de l'administration le remboursement de cette taxe[2125].

La Cour européenne des droits de l'homme fournit des exemples de réparation de la faute du service public de justice.

Les premières décisions de la commission des Ministres furent mal accueillies. Il s'agissait notamment de l'affaire Hakkar contre la France, condamné en violation de l'article 6 de la convention européenne à la réclusion criminelle à perpétuité sans qu'il ait été présent ou représenté au procès. Les autorités françaises estimèrent que la réouverture du procès suffisait[2126].

La Cour européenne met en avant les termes : satisfaction équitable[2127], la *restitutio in integrum*[2128].

[2122] M. PICARD et A. BESSON, *op.cit*, pp. 289-290.

[2123] KANGULUMBA MBAMBI Vincent, *Indemnisation des victimes des accidents de la circulation et assurance de responsabilité civile automobile*, Louvain-la-neuve, Bruylant-Académia, 2002, pp. 153-154

[2124] Articles 121-1, 171-3, 173-6, Code des assurances, 16ème édition, Dalloz, Paris, 2010, p. 70.

[2125] Civ, 1ère, 9 mai 1972, Bull, Civ. I n° 126.

[2126] Jean François FLAUSS et Elisabeth LAMBERT ABDELGARVAD, *op.cit*, Point 2.1.

[2127] Affaire Baybasin C. Pays-Bas.

[2128] Restitution intégrale, Jean Philippe DUNAND et Pascal PICHONNAY, *op.cit*, p. 146.

Vincent BERGES note que la démarche de la cour européenne dans l'option réparatrice de dommages pour affirmer que le juge européen part du principe qu'il faut placer le requérant, le plus possible, dans une situation équivalent à celle où il se trouverait s'il n'y avait pas eu infraction à la convention. Elle décide que la Belgique doit s'abstenir de recouvrer 51.978 FB de frais de justice relatifs à des procédures pénales suivies dans ce pays et verser à Christian Piersack 275.000 FB moins 3.500 FF perçus au titre de l'assistance judiciaire pour frais d'avocat (unanimité)[2129].

Le juge européen considère comme faisant partie de la réparation intégrale le remboursement des frais et des honoraires dus à l'avocat[2130].

Les préjudices que les justiciables peuvent subir sont variés, on peut citer notamment :

1. la privation illégale de liberté : effective, non effective, sans torture, avec torture, sans publicité accrue, avec publicité accrue. Avec pour conséquence : mort, incapacité permanente ou temporaire de travail ;

2. la condamnation injustifiée aux dommages-intérêts : avec exécution ou sans exécution.

3. la condamnation aux frais et dépens : sans exécution ou avec exécution ;
4. la condamnation irrégulière au déguerpissement :
   - de l'usine et/ou bureau : obligeant la location, la somme totale des loyers, garantie locative et les frais connexes ;
   - du domicile : obligeant la nouvelle location, la somme totale des loyers ;
     - changement des écoles des enfants, probables échecs ;
     - séparation de foyer ;
   - rendement médiocre au travail ;
5. vente irrégulière des biens meubles et immeubles par exemple : objets d'art anciens, biens meubles familiaux ;
6. la défense assurée par :
   - un conseil payé ;
   - un conseil gratuit ;
7. le temps consacré au procès ;
8. violation de droits de la victime porte sur :

[2129] Vincent BERGER, *Jurisprudence de la cour européenne des droits de l'homme*, 4ème édition, Sirey, 1994, p. 147.

[2130] Affaire Hauschildt c/Danemark ; affaire Bozano c/France ; Affaire Ekbatani c/Suède ; affaire Kônig c/Allemagne ; Lire Vincent BERGER, *op.cit*, pp. 45 et suivantes.

- Un droit processuel ;
- un droit substantiel perdu totalement ou avec possibilité de recouvrement.

9. la nature des faits mis à charge du Magistrat

La *restitutio in integrum* est le propre du dommage matériel. Dans l'affaire Papa Michalopoulos et les autres contre la Grèce, dans son arrêt du 31 octobre 1995, la cour européenne affirme avec netteté le principe que la *restitutio in integrum* constitue le mode adéquat de réparation et qu'il s'agit d'une obligation juridique (...) d'en effacer les conséquences de manière à rétablir autant que faire se peut la situation antérieure de celle-ci[2131].

Lorsque la réparation de la *restitutio in integrum* est impossible, la cour européenne accorde la réparation pécuniaire[2132] comme le tableau ci-dessous nous en fournit une nette illustration pour la France :

Affaires de constat de violation de l'article 3 contre la France: Indemnisation demandée et obtenue[2133].

Nom de l'affaire	Références de l'affaire	Nature de la violation de l'article 3	Sommes demandées par la partie requérante	Sommes admises par l'Etat défendeur	Sommes octroyées par la cour EDH
Tomasi c/France	chambre, req. N°12850/87 , 27,8,1992	Violences pendant garde à vue	500.000 FF	Constat de violation suffit	700.000 FF

[2131] Frédéric SUDRE, *op.cit.*, p. 793.

[2132] Idem, p. 793.

[2133] Jean François et Elisabeth Lambert Addelgawal, op.cit. PP. 129 à 131

Selmouni c/France	req. N°25803/94 , 28,7,1999	violences policières pendant garde à vue qualifiées de TORTURE	750.000 FF pour dommage corporel et 1.500.000 FF pour préjudice moral	question de l'article 41 pas en état du fait notamment de l'existence d'une procédure en droit interne	500.000 FF (ITT de 5 jours, *pretium doloris,* préjudice corporel et préjudice moral)
Mouisel c/France	1° section, req. N°67263/01, 14,11,2002	détention du requérant malade	304.898 euros pour souffrances physiques 304.898 pour souffrances morales et 400.000 pour réduction de son espérance de vie	9.000 euros tous préjudices confondus et réfute l'indemni-sation pour réduction de l'espérance de vie	15.000 euros pour préjudice moral
Hénaf c/France	1° section, req. N°65436/01, 27.11.2003	traitement inhumain du requérant alors hospitalisé	Néant	Néant	pas d'examen d'office
Hivas c/France	1° section, req. N°59584/00 1.4.2004	violences policières au commissariat	30.000 euros	8.000 euros	15.000 euros pour préjudice corporel

Madi c/France	2° section, req. N° 51294/99, 27.4.2004	violences policières pendant garde à vue			RA: 99091 euros
R.L. et M.J. D c/France	2° section, req. N°4456898 19.5.2004	violences policières	Requérant 250. 000 euros pour préjudice corporel et moral, et 45.000 euros au titre du préjudice commercial ; Requérante : 150.000 euros pour préjudice corporel etmoral	pour requérant: 4.000 euros pour préjudice corporel et moral; pour requérante , propose 1.500 euros	35.000 euros pour requérant, 10.000 euros pour requérante
Rivière c/France	2° section, req. N°33834/03, 24.10.2006	Traitement inhumain et dégradant du fait de détention	50.000 euros	une somme maximale de 5.000 euros	5.000 euros pour préjudice moral
Vincent c/France	2° section, req. N°6253/03, 24.10.2006	Mauvaises conditions de détention du requérant (handicapé moteur)	5.000.000 euros	2.000 euros	4.000 euros pour préjudice moral
Gebremed c/France	ancienne 2° section, req. N°25389/05, 26.4.2007	n'a pas disposé d'un recours de plein droit sus	30.000 euros pour préjudice moral	3.000 euros	constat de violation suffit

		pensif en zone d'attente pour faire valoir son grief tiré de l'art. 3			
Frerot c/France	Ancienne section, req. N°70204/01, 12.6.2007	concernant les fouilles intégrales des détenus	42.150 euros pour le préjudice moral (30 euros par jour de détention)	8.000 euros	12.000 euros
Renolde c/France	5° section, req. N°70204/01 , 16.10.2008	Néant	néant	Néant	néant

Le professeur Frédéric SUDRE note que la réparation équitable de la cour européenne revêt plusieurs modalités :

1.2. le prononcé de l'arrêt lui-même qui constate la violation ; cas de Boden c/Suède, 27 octobre 1987, A. 125 & 41 ;
1.3. la condamnation au dédommagement des frais et dépens du requérant, s'ils sont réellement nécessaires et au taux raisonnable (Deuricoli c/Italie, 27 août 1991, A. 210 & 49) et à la réparation du préjudice subi (De Cribber, préc. & 64 Sprorrong c/ Lönnroth, préc. & 32)[2134].

Les frais et les honoraires d'avocats ont été reconnus par la cour européenne comme exigence de réparation équitable[2135].

La Cour pénale internationale se préoccupe de la réparation due à la victime, à son article 75, alinéa 1 de son statut qui stipule que « La cour établit des principes applicables aux formes de réparation telles que la restitution, l'indemnisation ou la réhabilitation à accorder aux victimes ou à leurs ayants droit »[2136].

[2134] Frédéric SUDRE, *op.cit*, p. 794.

[2135] Affaire Bozano c/France : lire Vincent BERGER, *op.cit*, p. 47.

[2136] Lwamba KATANSI, *Cour pénale internationale, tribunaux pénaux internationaux et tribunaux pénaux nationaux, publication des facultés de droit des universités du Congo*, Kinshasa, 2010, p. 173.

En dépit de la diffusion des principes directeurs de toute instance, et pour autant que la justice sera administrée par les hommes, l'erreur est humaine, elle demeurera source des dommages qu'il faudra réparer.

Le procès équitable responsabilise la justice. Le législateur français est conscient de la délicatesse de la fonction de juger. Les réformes proposées, avortées ou abouties vont dans ce sens[2137].

Les victimes des erreurs judiciaires ne datent pas d'aujourd'hui. Voltaire n'affirma-t-il pas que les juges avaient assassiné Jean Calas[2138]. Dominique Inchauspé analyse également la constance des erreurs judiciaires en droit anglo-saxon et français[2139], parmi les plus développés de notre siècle

En prenant en compte cette évidence de la constance universelle de l'erreur judiciaire, le législateur pénal français a organisé en parallèle avec la prise à partie, une forme légale de réparation des dommages résultant du fait de la justice[2140].

Les dispositions de l'article 800-2 règlent la question des frais pour toute personne dont un non lieu, une relaxe ou un acquittement est accordé[2141].

Le juge de prise à partie doit recentrer l'évaluation des prétentions des parties pour tenter de répondre à l'obligation légale de réparation intégrale contenue dans les articles 258 et 259 du code civil livre 3.

Il est de principe général de droit à toute instance que le juge saisi d'un litige doit vider sa saisine à l'égard de toutes les parties au procès. De ce fait il doit répondre aux prétentions des parties.

A l'analyse de la jurisprudence congolaise, il se dégage une constance quant à la réparation du préjudice par les dommages-intérêts. La haute cour considère plus la réparation du préjudice par l'annulation de la décision du magistrat dolosif[2142].

La justification comparative peut être trouvée dans la jurisprudence de la cour européenne des droits de l'homme dans l'arrêt Boden c/Suède, 27 octobre 1987, A. 125, 641[2143].

Le professeur A. Van Oevelen admet que la cour peut, selon les circonstances, soit condamner le magistrat concerné à la réparation du préjudice souffert, soit annuler le jugement contesté et renvoyer la cause devant d'autres juges[2144], solution partagée par le droit judiciaire belge[2145].

2137 Isabelle BOUCOBZA, *La fonction juridictionnelle : contribution à une analyse des débats doctrinaux en France et en Italie*, Dalloz, Paris, 2005.

2138 Eliane DE VALICOURT, *op.cit*, p. 7.

2139 Dominique INSCHAUSPE, *L'erreur judiciaire*, PUF, Paris, 2010

2140 Articles 149 et 150 du code de procédure pénale, Gilbert AZIBERT, *op.cit*, pp. 165-166.

2141 Albert AZIBERT, *Code de procédure pénale*, Litec, Paris, 2005, p. 618.

2142 CSJ, RPP 297, 4 septembre 2009, RPP 222 du 3 juin 2005.

2143 Frédéric SUDRE, *op.cit*, p. 794.

2144 A. VAN OEVELEN, *op.cit*, p. 442.

2145 Article 1147 code judiciaire belge.

La position constante de la cour de cassation congolaise risque de donner l'impression que la prise à partie est essentiellement une voie de recours extraordinaire pendant qu'elle demeure une action en responsabilité civile.

L'annulation de la décision par la procédure de prise à partie ne peut constituer une réparation équitable dans une inconstance des décisions judiciaires de la même Cour.

A titre indicatif, dans les causes RPP 222 et 297, la haute cour refusa d'accorder les dommages-intérêts pendant qu'elle ne rencontre pas les bases légales d'évaluation du préjudice estimé par les requérants ; curieusement la même cour, sous RPP 175/220 accorda les dommages-intérêts, outre l'annulation de la décision rendue par les juges pris à partie, sans en donner une motivation pouvant justifier le différentiel[2146].

Dans l'affaire enrôlée sous RPP 429, le requérant avait postulé la condamnation du magistrat pris à partie à l'équivalent de 500.000 USD à titre de dommages-intérêts. Cette prétention du requérant, légale et légitime, avait fait l'objet du contradictoire entre parties obligeant la cour d'y répondre[2147].

La haute Cour jugea dans une autre affaire que « Les conclusions du demandeur n'ayant pas été rencontrées sur un point par le juge d'appel, le moyen qu'il invoque est fondé et entraîne cassation avec renvoi de la décision attaquée sous cet aspect »[2148].

Toutefois, la Cour suprême de justice a rendu un arrêt fort intéressant qui constate que l'annulation de la décision du magistrat pris à partie ne suffit pas à l'obligation de réparation intégrale : cependant, s'agissant des dommages-intérêts sollicités par la demanderesse, la cour constate que l'annulation du jugement RP18924/IX qui sera prononcé ne constitue qu'une réparation partielle et donc pas suffisante de tous les préjudices vantés. Pour cette raison, elle allouera à la requérante, en prenant en compte la situation salariale du juge mis en cause, la somme de 50.000 FC à titre de dommages-intérêts[2149].

Le droit processuel contient des intérêts économico-financiers des parties que doit respecter la justice, gardienne de la propriété privée. La cour suprême de justice semble avoir modifié sa propre jurisprudence en matière de dommages-intérêts lorsqu'elle constate qu'il « Ne motive pas la fixation des dommages-intérêts l'arrêt d'une cour d'appel qui n'indique pas les éléments qui ont servi de base à la détermination des dommages-intérêts, mais qui se borne à énoncer les principes à suivre dans la détermination des dommages-intérêts accordés par le premier juge[2150].

[2146] Collection juridoc, *op.cit*, p. 82.

[2147] RPP 429, 2è et 3è feuillets de l'arrêt, Inédit.

[2148] CSJ, RP 174, 4 juillet 1977, Bull, 1978, p. 66.

[2149] C.S.J, RPP379, 30 novembre 2007, collection juridoc, *op.cit*, p. 178.

[2150] CSJ, RC 235, 29 août 1979, Bull. 1984, p. 240.

Au niveau de la cour suprême de justice, celle-ci a une constance jurisprudentielle comme principe d'évaluation des dommages-intérêts dans la procédure de prise à partie, ils sont fixés *ex-aequo et bono* lorsque les éléments précis permettant le calcul du préjudice subi font défaut[2151].

Comme essence de la justice, la juridiction de prise à partie doit reconnaître à chaque partie ses droits. Refuser d'accorder les dommages-intérêts, la restitution des frais et dépens, des honoraires, etc. au seul motif d'annulation de la décision est de nature à changer le fondement principal de l'action en responsabilité civile du magistrat.

Le soutènement serait fort regrettable de la part d'une cour d'appel qui méconnaitrait à l'appelant les dommages-intérêts au motif que l'annulation du jugement entrepris en appel constituerait une juste réparation. Un tel arrêt de la cour d'appel connaîtrait la censure du juge de cassation.

Dans la pratique, la prise à partie doit demeurer la procédure indemnisatrice et non une voie de recours extraordinaire. Etant une procédure tendant à la réparation du dommage injuste, le fautif en l'espèce, le magistrat, doit remettre, par la réparation intégrale, le requérant en l'état d'avant la faute avec l'appui solidaire de l'Etat.

Cette réparation intégrale, principe général de droit international et interne, qui s'impose à toute instance, est la boussole de procédure indemnisatrice sous réserve du libre renoncement du titulaire du droit. L'annulation de la décision rendue par le magistrat pris à partie ne constitue pas une heureuse victoire étant donné que l'adversaire originaire y est tiers.

La vraie partie adverse originaire n'étant pas concernée directement par la décision de prise à partie, dès lors, la victime du magistrat n'est pas au bout de ses peines. La juridiction de prise à partie est un tribunal qui statue au fond, fût-elle la haute Cour, les règles de fond s'appliquent au litige.

Mais l'attribution spéciale et exclusive actuelle ne justifie pas la modification des règles de fond des juridictions que doit observer la cour de cassation, notamment dans l'évaluation du préjudice et de la détermination de la réparation.

En somme, si l'on sait que la haute cour se trouve au sommet de la pyramide, cette idée de ne rendre compte à personne semble la pousser à méconnaître les intérêts des justiciables. Peut-être aussi, la cour de cassation évite de surcharger le civilement responsable du magistrat, ce qui correspond à un nouveau rôle. Quels sont les effets de l'arret de prise a partie ?

[2151] CSJ, RPP 278 du 7 juillet 2006, Bulletin des arrêts de la cour suprême de justice, années 2004 à 2009, tome 1'éditions de service de documentation et d'études du Ministère de la Justice et Droits Humains, Kinshasa, 2010, p. 273.

Section 4 : Effets de la décision de prise à partie

Le juge de prise à partie rend une décision qui produit certains effets entre parties (§1), entre les parties originaires (§2) et à l'égard des juridictions de renvoi (§3), effets qui soulèvent du reste la question de son exequatur (§4).

§1. Entre parties

La prise à partie est une procédure en responsabilité civile attribuée à l'exclusive compétence de la cour de cassation jugeant en premier et dernier ressort. L'arrêt a l'autorité de la chose jugée entre parties sur pied des dispositions de l'article 29 de la loi organique n° 13/010 du 19 février 2013. Il en est de même en droit processuel belge[2152].

L'autorité de la chose jugée couvre la décision de prise à partie rendue en premier et dernier degré, à l'état actuel de procédure du fait que les règles du pourvoi en cassation s'appliquent[2153]. En conséquence, le droit belge, en application de l'article 1145 combiné avec l'article 1112, alinéa 1er du code judiciaire, l'opposition à un arrêt de la cour de cassation rejetant une requête de prise à partie est partant irrecevable[2154].

Le même principe est appliqué par le droit processuel français sur le non recours de décision de la haute cour, notamment les dispositions des articles 622 et 627 du code de procédure civile. Même les dispositions du code de procédure pénale sont similaires aux règles processuelles civiles[2155].

Dans la recherche de savoir s'il y a des parties à l'instance de cassation pouvant entraîner le défaut, Faye explique que la cour de cassation statuant en matière civile ne peut rendre des arrêts par défaut, idée appuyée par le doyen PERDRAU par le soutènement que le véritable défendeur à un pourvoi c'est le jugement attaqué lui-même, ce jugement étant susceptible de se défendre tout seul, thèse que réfute le professeur CHAPUS[2156].

L'arrêt de prise à partie obéit au principe de *res inter alios acta* ; elle lie les parties, et ce, à l'égard du requérant, du magistrat pris à partie et du civilement responsable. Quelle serait alors la situation des parties originaires ?

2152 Articles 1146 et 1147 codes judiciaires belges.

2153 Cass, 5 mars 1993, Pas, p. 254.

2154 Cass, 25 juin 1987, Pas, I, 1325 ; Cass, 27 avril 1990, Pas, 1, 999 ; Cass, 27 mars 1998, Pas, I, 410 ; lire Le point sur la procédure civile, les voies de recours, formation permanente, CUP, Belgique, p. 348.

2155 Article 617, code de procédure pénale, Gilbert AZIBERT, *op.cit*, p. 457.

2156 FAYE, PERDRAU et CHAPUS cités par Jacques BORE et Louis BORE, *op.cit*, p. 169.

§ 2. Entre les parties originaires

A titre de rappel, la prise à partie peut être introduite soit contre une mesure d'instruction, soit contre un jugement ou un arrêt de la juridiction qui statue sur une exception de procédure, une fin de non recevoir ou tout autre incident mettant fin à l'instance. C'est la même chose pour tout jugement qui tranche dans son dispositif une partie du principal[2157].

La censure de la mesure d'instruction rendue par le magistrat pris à partie ne pose pas de grave problème à la partie adverse originaire étant donné que le droit substantiel n'a pas été affecté.

Mais l'analyse qui revêt plus d'intérêt est celle de la prise à partie qui a abouti à l'annulation de la décision rendue au fond ou ayant tranché sur une fin de non recevoir ou sur tout incident majeur par le magistrat dolosif ou fautif.

Dans la procédure spéciale de prise à partie, action en responsabilité civile, l'arrêt de la haute cour a des effets au-delà des parties pour affecter la partie adverse originaire et ses ayants-droits. La partie originaire, adversaire naturel de l'instance est tiers, mais pas totalement tiers à la procédure de prise à partie. Partant de la définition spéciale du dol du législateur de prise à partie, celle-ci vise directement le tiers et que le magistrat pris à partie est supposé avoir commis des fautes professionnelles bien déterminées en vue de lui accorder un avantage indu. Le droit processuel belge ajoute que le magistrat pris à partie a agi frauduleusement pour nuire au requérant ou pour un intérêt personnel[2158].

Les législateurs, les jurisprudences et les doctrines sont formelles sur le fait que la procédure de prise à partie, quand bien même elle demeurerait une action en responsabilité civile, elle peut, éventuellement, aboutir à l'annulation de l'œuvre du juge pris à partie[2159].Le prétendu tiers, partie originaire, est fortement préjudicié par la reconnaissance par la haute cour de la collision d'intérêts du tiers et du juge fautif ou dolosif.

Le jugement ou arrêt annulé par la décision de prise à partie est considéré comme ayant été obtenu indûment qu'il y a lieu de répéter les droits obtenus du fait de la décision dolosive.

Pour Gérard CORNU, l'indu est ce qui n'est pas dû, le trop perçu, la remise à une personne d'une chose dont on se croyait par erreur débiteur qui ouvre à l'auteur du paiement un droit à restitution[2160].

[2157] Articles 6060 et 607 du code de procédure civile, 102° édition, Dalloz, Paris, 2011, p. 500.

[2158] Cass, 20 décembre 2001, Larcier ; Cass. 2002, n° 783.

[2159] Code de procédure civile français, article 336-1 ; code judiciaire belge, article 1147 ; *Droit processuel congolais*, collection juridoc.

[2160] Gérard CORNU, *op.cit*, p. 487.

Les actions en justice sont des intérêts évaluables, donc des intérêts économiques : en conséquence, personne ne peut s'enrichir sans cause, et à propos l'ordonnance du 14 mai 1886, approuvée par le décret du 12 novembre 1886 prescrit que « Nul ne peut s'enrichir au détriment d'autrui [(2161)]. A ce principe, il y a lieu d'associer un autre principe général du droit, il n'y a pas d'action sans intérêt »[2162].

La décision de prise à partie qui annule celle de l'injustice couvre de déshonneur et le magistrat pris à partie et la partie bénéficiaire de l'indu à répéter. Ce déshonneur risque d'arriver à l'étude du conseil. Celui-ci doit répéter l'indu, en cas par exemple de l'exécution de la décision annulée sur laquelle les honoraires ont été alors indument payés en tenant compte du résultat qui est annulé en prise à partie[2163].

Les arrêts de la haute cour ne sont susceptibles d'aucune voie de recours[2164]. C'est même à ce titre, qu'ils influencent le juge de renvoi.

§ 3. Les juridictions de renvoi : effets semblables des décisions de prise à partie à ceux des décisions de cassation avec ou sans renvoi

Les régimes d'ouverture de prise à partie et celui de pourvoi en cassation sont différents. Le pourvoi en cassation juge les décisions de justice. Par contre, la prise à partie est un mode de juger les magistrats. Ils se rapprochent par la compétence exclusive en droit processuel belgo-congolais attribuée au juge de cassation. C'est à ce titre que les règles de cassation sont applicables tout autant à la prise à partie et au pourvoi.

Etant donné que les règles de cassation s'appliquent à la prise à partie, les décisions de la haute cour ne sont susceptibles d'aucun recours, sous réserve de l'article 161, alinéa 4 de la constitution, à la requête en rectification des erreurs matérielles ou d'interprétation.

L'arrêt de la cour rendu sur prise à partie est couvert de l'autorité de la chose jugée.

Les dispositions de l'article 480 du code de procédure civile français circonscrivent la partie du jugement affecté par l'autorité de la chose jugée en ce que

> « Le jugement qui tranche dans son dispositif tout ou partie du principal ou celui qui statue sur une exception de procédure, une fin de non recevoir ou tout autre incident, a, dès son prononcé, l'autorité de la chose jugée relativement à la contestation qu'il tranche. Le principal s'entend de l'objet du litige tel qu'il est déterminé par l'article 4 »[2165].

[2161] Ruffin MUSHIGA –A-GAZANGA GIGOMBE, *op.cit*, p. 39.
[2162] Idem, p. 35.
[2163] Le régime des honoraires fixés en tant compte du résultat obtenu par le conseil
[2164] Article 29 de la loi organique n° 13/010.
[2165] *Procédure civile*, 102ème édition, Dalloz, Paris, 2020, p. 365.

En matière civile, la cour suprême de justice, en application du principe d'effets relatifs de l'autorité de la chose jugée au civil, décida que « Bien que l'objet du litige est le même, il n'y a pas chose jugée si les parties ne sont pas les mêmes dans les deux procès envisagés »[2166]. Le pourvoi en cassation peut aboutir à la cassation sans renvoi ou avec renvoi.

L'autorité des décisions rendues par la haute cour s'impose aux juridictions inférieures. Cette Cour recherche dans l'examen de la cause en prise à partie si l'adversaire originaire du requérant a obtenu la reconnaissance indue des droits substantiels et/ou processuels.

La haute Cour, juridiction spéciale de fond, examine implicitement les prétentions des parties originaires et le comportement de l'office du tribunal. De ce fait, la prise à partie apparaît comme une procédure statuant sur l'incident de la faillite de l'office du juge par rapport à son indépendance comme dette envers l'Etat de droit et à la méconnaissance de son impartialité comme vertu.

La procédure de prise à partie tend à démontrer que la divinité (juge) est devenue homme prétendu arbitre qui enfilecurieusement le maillot d'une équipe adverse pendant le match en méconnaissance de l'égalité des équipes.

La juridiction de prise à partie peut arriver à reconnaitre la propriété d'un bien querellé dans la procédure originaire. Par exemple, sous RPP 217, la haute cour déclara fondé l'acte de cession détenu par le demandeur X en arguant que son défunt père lui a fait don de sa parcelle située dans la zone de la Gombe (...) enregistrée au certificat d'enregistrement n° 4384, ville de Kinshasa. Cependant, dans sa décision, le juge incriminé prétend que l'acte de cession n'identifiait pas l'immeuble cédé. Par ailleurs, alors que cet acte a été authentifié par l'office notarial de la ville de Kinshasa, le juge mis en cause soutient d'une manière subjective que cet acte est sous-seing privé et faux.

La Cour motiva que c'est en vertu de son acte de cession que le demandeur a vendu l'immeuble querellé au demandeur Y suivant l'acte de vente passé sous forme notariée le 29 août 1994 devant le conservateur des titres immobiliers. Les contre-vérités ainsi retenues ne sont pas innocentes. En effet, le fait de passer sous silence le caractère inattaquable d'un certificat d'enregistrement daté de plus de deux ans a été dicté par la volonté qu'avait le juge pris à partie de favoriser l'adversaire des demandeurs. Il est en effet du droit que le principe d'inattaquabilité du certificat d'enregistrement consacré par l'article 227 de la loi dite foncière est tellement élémentaire que sa violation ne peut s'expliquer que par l'intention de favoriser une partie au procès au détriment d'une autre[2167].

Dans la constance de la haute cour, elle releva que le magistrat poursuivi a, par jugement rendu le 28 octobre 2003, ordonné l'annulation du certificat

---

[2166] C.S.J, RC 76, 8 août 1979, Bull, 1984, p. 185.
[2167] Cour suprême de justice, RPP 217, 9 décembre 2005, inédit.

d'enregistrement établi le 10 septembre 1994 au nom du demandeur, titre vieux de plus de deux ans, constatant ses droits devenus inattaquables, et ce en prenant en compte un certificat d'enregistrement d'une propriété foncière nul et caduc en vertu de la loi[2168].

Dans une sainte colère, le requérant affirma que le magistrat pris à partie était sans honte lorsqu'il affirmait que les demandeurs ont produit un jugement RCA 1302 qui leur reconnait la qualité de concessionnaire de la parcelle sise n° 1362 du plan cadastral (…). C'est du mensonge[2169].

La procédure de prise à partie peut aborder des prétentions de nature à affecter le fond du litige originaire. La cour suprême de justice constata sous RPP 297, la forclusion de délai en contestation de paternité que « Les juges qui ont tenté vainement de justifier la recevabilité de cette action par le fait notamment qu'elle a été introduite par des liquidateurs comme si la loi reconnait à ceux-ci un délai plus long, ont fait preuve d'une tricherie. C'est l'exemple patent d'une manœuvre destinée à tromper »[2170].

La Cour, lorsqu'elle annule l'œuvre du juge pris à partie, pour un motif qui touche au fond de l'affaire originaire et reconnait un droit substantiel dans le chef du requérant, cette décision ressemble à la procédure de cassation.

Quand bien même la procédure de prise à partie ne règlerait pas clairement la suite à réserver au dossier originaire, celui-ci risque d'être vidé de sa pertinence lorsque la procédure de prise à partie vide l'objet du litige originaire, par exemple en reconnaissant la propriété immobilière querellée dans la cause originaire, droit substantiel dans le chef du requérant ; il en est de même lorsqu'elle décide que le juge pris à partie avait reçu irrégulièrement l'appel formé hors délai.

Ainsi, le litige originaire se trouve vidé de son objet par la procédure de prise à partie qui a rendu une décision comparable à la cassation sans renvoi sur pied de l'article 61 de la loi organique n° 13/010 du 19 février 2013 qui stipule que « si la prise à partie est déclarée fondée, la cour annule les arrêts, jugements, ordonnances, procès-verbaux ou tous autres actes attaqués sans préjudice des dommages et intérêts dus au requérant[2171].

Les deux lois, ancienne et nouvelle, n'ont pas clairement réglé la question du sort processuel de l'adversaire originaire. Les arrêts de la cour suprême de justice rendus en matière de prise à partie gardent aussi le mythisme sur le sort de l'action originaire étant entendu que les dispositifs communs se résument en ce sens : « La cour suprême de justice, section judiciaire siégeant en matière de prise à partie ; le ministère public entendu :

[2168] Cour suprême de justice, RPP216, 28 janvier 2005, inédit.

[2169] Requête en prise à partie dans la cause, RPP 649, collection juridoc, op.cit, PP. 138 à 140.

[2170] Cour suprême de justice, RPP 297 du 4 septembre 2009.

[2171] Loi organique n° 13/010 du 19 février 2013, Journal officiel, 54ème année, 1ère partie, numéro spécial, Kinshasa, 20 février 2013, p. 17.

- reçoit l'action en prise à partie et la déclare fondée ;
- dit le dol établi dans le chef des magistrats X, Y et Z ;
- annule le jugement/arrêt _______ du ________ rendu par la juridiction
- condamne les susdits magistrats aux frais de l'instance taxés à la somme de _________ FC.

La cour a ainsi jugé et prononcé à l'audience du ___________ »[2172].

Même lorsque la haute Cour déclare non fondée la prise à partie, elle ne fixe pas les parties originaires.

Le droit processuel belge évite la confusion aux parties originaires précisant que si la prise à partie est accueillie, la cour, suivant les circonstances, condamne le défendeur à la réparation du préjudice souffert, ou annule le jugement et renvoie la cause devant d'autres juges[2173].

Le professeur A. VAN OEVELEN, analysant les effets de l'arrêt accueillant la prise à partie, sur pied de l'article 1147, affirme que quand la prise à partie est introduite avant le jugement , dans ce premier cas, la cour de cassation condamnera le magistrat à des dommages-intérêts, tandis que dans le second cas (contre un jugement), elle annulera la décision judiciaire contestée et renverra la cause devant d'autres juges, essentiellement en octroyant des dommages-intérêts[2174].

En principe, la prise à partie étant une action en responsabilité civile contre le magistrat et son civilement responsable, l'Etat, le fait pour la cour suprême de justice de ne pas renvoyer la cause devant le même tribunal autrement composé donne l'impression aux justiciables qu'elle siégeait en pourvoi et que sa décision constitue un arrêt sans renvoi.

En annulant la décision du juge pris à partie, la cour remet les parties en état initial d'avant l'œuvre judiciaire impropre. Les parties sont à égalité de chances si par exemple l'arrêt de la haute cour n'a retenu comme motif que la violation des règles processuelles qui n'ont pas d'incident sur le droit substantiel. Tel est le cas de la reconnaissance par le haut magistrat de la non saisine des juges pris à partie le jour où la cause a été plaidée par défaut ou le défaut-congé retenu irrégulièrement au préjudice du requérant en prise à partie.

Par contre, lorsqu'il y a forclusion des voies de recours ordinaires comme extraordinaires, dans le chef du bénéficiaire indu, les juges de renvoi ne peuvent décider autrement sur les motifs tranchés.

Il en est de même des droits substantiels qui ont été reconnus par la procédure de prise à partie au détriment de l'adversaire originaire et indu, celui-ci est en retard sur la ligne de la course de la cause originaire du fait

---

[2172] RPP 297, /75/220, RPP 215, RPP 217, RPP 524, RPP 297, RPP 192.
[2173] Article 1147 Code judiciaire belge, Tome 1, Larcier, Bruxelles, 2010, p. 366.
[2174] A. VAN OEVELEN, *op.cit*, p. 256.

que les juridictions de fond sont liées par l'autorité de la chose jugée de la haute Cour.

Devant la juridiction de renvoi qui connait le fond de l'affaire, les parties originaires ne bénéficient pas de l'égalité de chance d'une part et, d'autre, il y a rupture d'équilibre des droits des parties[2175].

La juridiction de renvoi doit observer les chefs des demandes qui ont été tranchées par la cour de cassation statuant comme juge de prise à partie sur pied de l'article 29 de la loi relative à la procédure de la cour de cassation. Sous réserves de l'interdit des demandes nouvelles au degré d'appel, le juge de fond est une juridiction de fait et de droit.

La situation est encore plus confortable pour l'adversaire originaire si la juridiction de renvoi est celle du premier degré autrement composée. Comme l'interdit des demandes nouvelles n'existe pas, les parties ont l'obligation de la concentration des moyens[2176]. C'est à bon droit que les justiciables doivent assurer la défense totale en fait comme en droit dès le premier degré.

En somme, le régime de l'arrêt de prise à partie par principe du renvoi de cause devant le tribunal autrement composé ressemble à un pourvoi en cassation qui aboutit à un arrêt de renvoi. Toutefois, l'autorité de la chose jugée de la décision de renvoi sur pourvoi obéit à la relativité de la chose jugée. Par contre, celle de prise à partie affecte les parties originaires à la cause qui n'ont pas été toutes appelées ni représentées à cette procédure.

Le droit processuel est un droit démocratique, le risque de la partie originaire, gagnant indu, deviendrait grand avec le comportement du magistrat pris à partie qui peut refuser de se défendre totalement ou le ferait partiellement.

Le choix du conseil du magistrat pris à partie souvent volontariste ne facilite pas les choses. Le magistrat pris à partie domicilié loin du siège de la cour de cassation a des difficultés sérieuses d'assurer correctement sa défense. A ces causes s'ajoute la précarité du magistrat qui aggrave la situation de la partie originaire.

La situation de l'adversaire originaire de la cause s'alourdit dangereusement avec le régime des décisions de la cour de cassation[2177].

Ledit régime juridique prévu par les dispositions de l'article 29 de la loi organique désarme dangereusement la partie adverse originaire du requérant en prise à partie qui n'a pas de possibilité juridique et judiciaire de contester la décision. Cette impossibilité du bénéficiaire indu de contester l'arrêt en prise à partie démontre clairement l'exception du principe des effets relatifs des décisions rendues au civil.

[2175] Ionnis DELICOSTOPOULOS et Constantin DELICOSTOPOULOS, *op.cit*, p. 684.

[2176] Article 29 de la loi organique n° 13/010 du 19 février 2013 relative à la procédure devant la cour de cassation.

[2177] Cass, 14 mars 1994, Pas. p. 252 avec concl. Min. Pub.

La procédure actuelle apparait comme une procédure de non respect du contradictoire, filtre de vérité. La transparence comble les insuffisances de procédure, elle légitime les Cours et tribunaux actuellement illégitimés par l'actuelle opinion publique. La transparence tend à l'évitement du fait de surprise.

La partie adverse originaire visée indirectement par la procédure de prise à partie peut être entendue par le juge de cassation pour l'éclairer.

De ces deux sons de cloche, la lumière jaillit parce qu'on s'aperçoit que la procédure de prise à partie qui refuse injustement la lumière fait ombrage à la justice.

A supposer que le juge de cassation puisse retenir comme motif de prise à partie la concussion, fait infractionnel entre le juge et la partie adverse originaire, le bénéficiaire de la décision de prise à partie peut saisir le parquet ou le tribunal par citation directe pour ces faits constatés judiciairement par la haute Cour.

Pour toutes ces raisons de bonne administration de la justice, principe général de droit[2178] et en respect du droit naturel de défense, il convient que la procédure de prise à partie puisse se dérouler en présence des parties adverses originaires dans le respect du principe de double degré de juridiction.

Le droit processuel actuel de responsabilité civile des magistrats contient d'autres écueils comme celui de sa reconnaissance externe.

§ 4. Question d'exequatur des décisions de prise à partie en l'état actuel du droit processuel

Dans la responsabilité civile du magistrat et de son civilement responsable, l'Etat a pour objet l'indemnisation de la faute professionnelle d'un fonctionnaire de l'Etat soumis au droit administratif.

L'analyse de la faute professionnelle du magistrat ne s'écarte pas du régime du statut dudit magistrat, du reste constitutionnalisé et relevant du droit administratif[2179].

A cette raison, il y a lieu de rattacher l'incidence de la décision de prise à partie à l'égard de la partie adverse originaire de la cause, vraie cible de la procédure par laquelle on passe avec un arbitre défaillant pour revenir sur elle de part la définition légale et jurisprudentielle du dol fondée sur la notion de l'indu sur base du principe général de droit qui interdit l'enrichissement sans cause au préjudice d'autrui.

[2178] *Droit judiciaire belge*, p. 187.
[2179] Loi organique n° 06/020 du 10 octobre 2006 portant statut des magistrats.

Il demeure, en l'état actuel du droit processuel, que la procédure de prise à partie portera souvent atteinte aux droits de la partie adverse originaire sur les prétentions fondées ou infondées d'un adversaire loyal ou malicieux.

En droit commun de procédure de fond, une telle procédure justifierait l'intervention volontaire d'un justiciable accusé directement d'avoir été favorisé indument par le magistrat. L'abus de droit d'impartialité aurait profité à cet intervenant volontaire ou forcé.

A en croire Henri MOTULSKY, en référence aux droits de défense éternels et immuables, la procédure de prise à partie viole les droits de la défense de la partie originaire sur laquelle de très graves accusations sont portées devant la haute cour. Le fait de ne pas l'appeler pour être entendue ni de lui offrir la possibilité d'intervenir volontairement constitue une violation de ses droits de défense éternels et immuables[2180].

Sur le plan pratique, le Premier Président de la cour suprême de justice note un abus processuel de prise à partie par certains requérants malicieux qui se servent de ladite procédure comme un paravent, un voile pudique, pour contourner la procédure éprouvante de la cassation et prétendre obtenir facilement l'annulation de la décision sans un combat judiciaire loyal avec les adversaires originaires ([2181]).

Cette procédure, à la lumièrede VOLTAIREqui se révoltait sur le procès de Jean CALAS, assassine les droits moraux, économiques et financiers des justiciables, disposés de se défendre, mais dont le droit lie les pieds et les mains et leur ferme la bouche. Une telle disposition n'est pas digne du droit processuel considéré comme un instrument de communication et de sauvegarde des droits des justiciables.

Une autre évidence qui appelle l'attention du législateur et de la haute cour est celle du fondement de la tierce opposition prévue par le droit de procédure des juridictions de fond[2182].

Le droit processuel justifie la tierce opposition lorsqu'il institue que toute personne qui n'a point été dûment appelée ou n'est pas intervenue à la cause en la même qualité, peut former tierce opposition à la décision, même provisoire, qui préjudicie ses droits et qui a été rendue par une juridiction civile ou par une juridiction répressive en tant que celle-ci statue sur des intérêts civils[2183].

La Cour de cassation belge jugea par exemple que « En matière civile l'autorité de la chose jugée est relative et ne peut être opposée qu'entre parties ; la décision a néanmoins force probante à l'égard des tiers qui n'étaient pas parties à la cause, sous réserve de la voie de recours, exercée

---

[2180] *Vocabulaire de la justice*, PUF, Paris, 2004, p. 364.

[2181] Discours du Premier Président de la cour suprême de justice à l'occasion de la rentrée judiciaire 2014-2015, Kinshasa le 31 octobre 2014, PP. 26 - 27

[2182] Article 80 du code de procédure civile de la RDC ; article 581, code de procédure, 102ème édition, Dalloz, Paris, 2010, p. 475.

[2183] Article 1122, code judiciaire belge.

par demande principale ou par demande incidente que la loi reconnaît à ceux-ci, à savoir la tierce opposition. Cette force probante ne signifie cependant pas que cette décision fait naître des obligations à charge des tiers et que ceux-ci ne pourraient s'en dégager qu'en apportant la preuve contraire »[2184].

La Cour suprême de justice congolaise décida dans le même sens que la cassation belge en affirmant que la tierce opposition est la voie de recours extraordinaire qui confère le droit à un tiers non appelé à la cause, de s'opposer à une décision qui préjudicie ses droits[2185].

Il demeure évident que la prise à partie qui aboutit à l'annulation de la décision rendue par le magistrat visé porte préjudice à l'ancien bénéficiaire.

Etant une procédure spéciale statuant sur la faute du magistrat régi par le droit administratif constitutionnalisé, la prise à partie a un pied dans la procédure administrative qui reconnait la tierce opposition[2186].

Les droits de la défense sont des droits fondamentaux consacrés par la déclaration universelle des droits de l'homme, dûment ratifiés, constitutionnalisés et légalisés. Ils sont des principes généraux de droit appliqués par la cour suprême de justice.

Tenant compte de la hiérarchisation des sources, il est inadmissible qu'une loi ordinaire puisse refuser l'intervention volontaire ou forcée de manière définitive, c'est une violation inadmissible des droits de la défense, face à la conception jurisprudentielle et des justiciables de prise à partie comme essentiellement une voie de recours extraordinaire. L'action en responsabilité civile du magistrat ne peut justifier le différé des droits de défense à l'instance de renvoi, un lendemain incertain. L'évidence est certaine du préjudice à l'égard de la partie originaire supposée bénéficiaire indue.

En jugeant les juges par leur statut relevant du droit administratif, la procédure de prise à partie pioche sur le terrain du droit administratif. Cette réalité fait rentrer la procédure de prise à partie statuant sur la faute administrative constitutionnalisée du magistrat dans l'économie de la décision du conseil d'Etat du 5 mars 1944 dans l'affaire Dame Veuve Trompier – Cravier qui trancha que

> « Cons. Qu'eu égard au caractère que présentait, dans les circonstances susmentionnées, le retrait de l'autorisation, et à la gravité de cette sanction, une telle mesure ne pouvait légalement intervenir sans que la dame veuve Trompier eut été mise à même de discuter les griefs formulés contre elle ; que la requérante, n'ayant pas été préalablement invitée à présenter ses moyens de défense, est

---

2184 Cass, 28 avril 1989, Pas. P.914, Concl.min. Bull. publiées dans Arr. Cass.

2185 CSJ, RC. 47, 8 mai 1974, Bull. 1975, p. 137.

2186 Article 84, ordonnance-loi n° 82-017 du 31 mars 1982, relative à la procédure devant la cour suprême de justice.

fondée à soutenir que la décision attaquée a été prise dans des conditions irrégulières par le préfet de la Seine et est, dès lors, entachée d'excès de pouvoir,... (Annulation) »[2187].

Commentant cet arrêt historique et de haute portée judiciaire et scientifique, les praticiens et les professeurs notent que « Lorsqu'une décision administrative prend le caractère d'une sanction et qu'elle porte une atteinte assez grave à une situation individuelle, la jurisprudence exige que l'intéressé ait été mis en mesure de discuter les motifs de la mesure qui le frappe ». Cette extension aux décisions administratives d'une règle de procédure fondamentale en matière juridictionnelle (...) constitue l'une des applications les plus remarquables de la théorie des principes généraux du droit. Le respect des droits de la défense n'est normalement exigé, en l'absence de texte, que lorsque la mesure présente le caractère d'une sanction et que cette sanction soit suffisamment grave[2188].

Les droits de défense étant du droit naturel[2189], ils ne requièrent pas un texte pour leur application[2190].

En recadrant le principe de l'autorité de la chose jugée au civil, la cour suprême de justice décida que « L'autorité de la chose jugée au civil est relative dans ce sens que seules les parties au procès peuvent s'en prévaloir et l'opposer aux autres »[2191]. L'arrêt de la prise à partie produit des effets immédiats comme les décisions de la cour européenne des droits de l'homme[2192].

Comme procédure spéciale, telle que le reconnaît le législateur lui-même[2193], l'arrêt de prise à partie doit déroger aux prescrits de l'article 29 de la loi organique relative à la procédure devant la cour de cassation étant entendu qu'elle statue spécialement comme juridiction de fond.

En sus, au regard de l'absence de raison justifiée de l'attribution exclusive de prise à partie à l'office du juge de cassation, il y a lieu de reconnaître, à la cour d'appel, la compétence comme juge de premier degré de l'action en responsabilité civile du magistrat afin de recevoir la partie litigante originaire comme intervenant volontaire ou forcée d'une part et, d'autre, respecter le principe général de droit du double degré de juridiction.

En l'état actuel de procédure de prise à partie et dans un contexte de mondialisation, les décisions rendues auront des difficultés d'exéquatur tout

---

[2187] M. Long, P. WEIL, G. BRAIBANT, P. Delvolvé et B. GENEVOIS, *op.cit*, p. 357.

[2188] Idem, p. 357.

[2189] Principe général de droit.

[2190] Théorie de droit éternel et immuable.

[2191] C.S.J, RC 265, 16 juin 1982, inédit, B. BWANDA KABWIYI MPUMBUAMBUYI, *op.cit*, p. 31

[2192] Jean François RENUCCI, *op.cit*, p.639.

[2193] Titre III, Des procédures spéciales devant la cour de cassation, section II, de la procédure de prise à partie, Loi organique n° 13/010 du 19 février 2013 relative à la procédure devant la cour de cassation.

autant les décisions de fond qui feront leurs les chefs de prétentions tranchées par la haute cour, juridiction de prise à partie sur base d'une procédure non équitable.

L'article 509 du code de procédure civile de la République Française conditionne l'exécution des jugements rendus par les tribunaux étrangers et les actes reçus par les officiers étrangers sur son territoire.

La Cour de cassation française arrête comme principe pour accorder l'exequatur hors convention internationale que le juge français doit s'assurer du remplissage de trois conditions, à savoir la compétence indirecte du juge étranger fondée sur le rattachement du litige au juge saisi, la conformité à l'ordre public international de fond et de procédure et l'absence de fraude à la loi ; le juge de l'exequatur n'a donc pas à vérifier que la loi appliquée par le juge étranger est celle désignée par la règle de conflit des lois françaises[2194].

La haute Cour française précise le contenu de la conformité à l'ordre public international en alléguant que «La contrariété à l'ordre public international de procédure d'une décision étrangère ne peut être admise que s'il est démontré que les intérêts d'une partie ont été objectivement compromis par une violation des principes fondamentaux de la procédure[2195].

Il a été décidé également qu' « Est contraire à l'ordre public international la violation des droits de la défense[2196] et est assimilée à une telle violation la fraude aux droits de la défense (déclaration mensongère de l'ignorance de l'adresse de la partie adverse)[2197].

La mondialisation justifie la reconnaissance internationale des valeurs processuelles qui sous-tendent le standard international de toute justice nationale. Le Professeur Jacques Foyer analyse les exceptions d'ordre public international processuel de la France vers un ordre public international européen avec l'influence de la cour européenne de sauvegarde des droits de l'homme[2198].

Tout Etat qui organise sa justice interne doit prendre en compte les interactions en dehors de ses frontières. En analysant le procès équitable le professeur Matadi Nenga Gamanda décèle les règles procédurales qui tendent vers un modèle universel fondé par les instruments internationaux[2199]. L'intérêt de l'ordre public international processuel a pour

2194 Civ. 1er, 20 févr. 2007, D. 2007, AJ. 727, Obs. Gallmirster, Ibid, 1115, note d'avant et Bollée, D 2007, Pan 1758.

2195 Civ. 1er, 19 sept. 2007, Bull, Civ I, n° 279, D. 2007, AJ 2542.

2196 Dijon, 16 décembre 1998, Gaz. Pal 30 janvier, 1er fé v. 2000, p. 9.

2197 Civ, 1er, 30 sept 2003, Gaz, Pal 3-4 sept. 2004, p. 32. Obs. Niboyer.

2198 Jacques FOYER, *op.cit*, pp. 268 à 275.

2199 MATADI NENGA GAMANDA, *Droit judiciaire privé*, Academia, Bruylant, Louvain-La-Neuve, 2006, p. 109.

finalité de dégager les droits fondamentaux communs qui faciliteraient aux décisions étrangères la procédure d'exequatur.

La reconnaissance des valeurs universelles processuelles permettrait d'éviter la contrariété des décisions judiciaires. Tel est le cas relevé par Yves LEQUETTE qui critique un arrêt de la consécration du sexus claudicans d'une personne qui est un homme en Argentine et femme en France[2200].

Le professeur Jacques FOYER met en exergue un autre cas d'adoption d'un enfant par une mère Luxembourgeoise reconnu par le jugement Péruvien que la juridiction Luxembourgeoise a refusé de reconnaître. La cour européenne des droits de l'homme a considéré que la juridiction nationale de la mère adoptive violait l'article 8 et l'article 19 de la convention européenne[2201].

De ce fait, l'on peut estimer que le professeur Thierry S. RENOUX a eu le mérite de rappeler la célèbre formule de Saint-Exupéry dans Citadelle où il disait que « Si tu diffères de moi, mon frère, loin de me léser, tu m'enrichis »[2202], le droit processuel congolais peut être influencé utilement par le droit comparé.

A titre indicatif, le professeur Jean François Renucci note l'européanisation de la procédure civile par l'influence de la cour de Strasbourg. C'est ainsi que la cour de cassation française dans un arrêt de principe estima que l'article 6 §1 de la convention peut être un obstacle à l'exécution des décisions étrangères ; tel est le cas lorsque la décision d'exequatur méconnait les exigences du procès équitable[2203].

Tous les Etats ont l'obligation d'offrir aux citoyens conformément au standard minimum international l'accès à la justice, indépendante, compétente, professionnelle agissant avec probité et respect des droits fondamentaux. Ces objectifs assignés connaissent leur évaluation en vue de réduire les délais de jugement, améliorer l'accueil des citoyens, la qualité et l'effectivité des décisions ainsi que l'efficacité globale de son fonctionnement[2204].

De ce fait, la coopération judicaire constitue un des éléments clés de la mondialisation et pour être utile à celle-ci, il y a lieu de faire comme l'Union européenne qui l'avait compris, en prescrivant que la coopération judiciaire a une incidence transfrontalière, fondée sur le principe de reconnaissance mutuelle des décisions judiciaires et extrajudiciaire. Cet objectif ne peut être

---

[2200] Yves LEQUETTE cité par Jacques FOYER, *op.cit*, p. 278.

[2201] Jacques FOYER, *op.cit*, p. 278.

[2202] Thierry S. RENOUX, *De l'indépendance à la justice au Japon in Justices et droit du procès, du légalisme procédural à l'humanisme processuel*, Mélanges en l'honneur de Serge Guinchard, Dalloz, Paris, 2010, p. 101.

[2203] Jean François RENUCCI, *op.cit*, p. 45.

[2204] Loïc CADIET, *Dictionnaire de justice*, PUF, Paris, 2004, pp. 482-484.

atteint que par l'adoption des mesures de rapprochement des dispositions législatives et réglementaires des Etats membres[2205].

En respect de l'ordre public processuel formé par les droits fondamentaux de procédure, la convention concernant la compétence judiciaire, la reconnaissance et l'exécution des décisions en matière civile et commerciale prescrit à son article 34 qu'« Une décision n'est pas reconnue si :

1) La reconnaissance est manifestement contraire à l'ordre public de l'Etat requis ;
2) L'acte introductif d'instance ou un acte équivalent n'a pas été notifié ou signifié au défendeur défaillant en temps utile et de telle manière qu'il puisse se défendre, à moins qu'il n'ait pas exercé de recours à l'encontre de la décision alors qu'il était en mesure de le faire ;
3) Elle est inconciable avec une décision rendue entre les mêmes parties dans l'Etat requis ;
4) Elle est inconciable avec une décision rendue antérieurement dans un autre Etat lié par la présente convention ou dans un Etat tiers entre les mêmes parties dans un litige ayant le même objet et la même cause, lorsque la décision rendue antérieurement réunit les conditions nécessaires à sa reconnaissance dans l'Etat requis »[2206].

Ainsi, l'adoption le 30 mars 2004 par le Conseil de l'Union européenne de la proposition du règlement de la Commission tendant à instituer un titre exécutoire européen pour les créances incontestées s'inscrit dans la logique de faciliter les conditions de reconnaissance des décisions de justice rendues par les Etats membres par rapport aux conditions d'exequatur liées à l'ordre public de l'Etat requis, ou encore la reconnaissance de la décision sera inconciliable avec une autre décision antérieure ou lorsque l'acte introductif d'instance n'a pas été signifié ou notifié dans le délai à l'autre partie qui ne comparait pas.

Le droit processuel belge règle la question du titre exécutoire en ses articles 1494 et 1498 du code judiciaire[2207].

L'organisation judiciaire répartit les rôles entre différents acteurs judiciaires qui peuvent agir ensemble en vue d'avantager indument ou nuire à un justiciable ou encore dans l'intérêt personnel des gens de la justice.

2205 L.DUBOIRIS et C. GUEYDAN, *op.cit.*, p.249.

2206 *Les codes Larcier*, Tome 1, Droit civil et judiciaire, Bruxelles, 2010, p. 1171.

2207 Frédérique FERRAND, Reconnaissance et exécution en matière de responsabilité parentale, in *Droit et pratique de la procédure civile. Droit interne et droit communautaire*, 6ème édition, Paris, 2009, pp. 1093-1134.

Dès lors, le régime actuel de prise à partie devient inefficace pour la réparation du préjudice.

Section 5 : Quid du service défectueux de la justice et de sa communautarisation ?

En observant la justice, comme institution défectueuse (§1), il se dessine l'idée de son échec à répondre dans son ensemble aux attentes de la société (§2), d'où l'idée de sa communautarisation (§3).

§ 1. Service défectueux de la justice

Le service public est défectueux lorsqu'ilconstitue, selon la cour de cassation, une faute lourde, toute déficience caractérisée par un fait ou une série des faits traduisant l'inaptitude du service public de la justice à remplir la mission dont il est investi[2208].

Emmanuel BRECU pose le problème de mesurage de la justice par l'élaboration d'indicateurs de qualité de la justice dans une perspective comparative autour de :

1. l'indicateur synthétique de durée en relation avec le nombre d'affaires ;
2. l'indicateur par type de juridiction ;
3. l'indice de discrimination ;
4. le taux de confirmation et d'infirmation en appel ;
5. le taux de cassation ;
6. l'efficacité des dépenses[2209].

L'évaluation des performances du service public de la justice peut déceler les principaux dysfonctionnements suivants :

1. la lenteur de la justice ;
2. la validité des critères de célérité ;
3. la rupture d'égalité engendrée par la fortune des justiciables et au caractère coûteux des actions ;
4. l'opacité, complexité et archaïsme de la justice[2210].

Le service public de la justice a des atouts de créer des dommages certains qui appellent réparation, tels que le cas de la détention arbitraire et

---

[2208] Cass, ass. Plein. 23 février 2001, Bul. Civ, AP, n° 5.

[2209] Emmanuel BRECU, *Mesurer la justice ? Elaboration d'indicateurs de qualité de la justice dans une perspective comparative*, rapport final, Institut des hautes études sur la justice, Mai 2001, p. 22.

[2210] Patrick LEHINGUE, *Introduction d'une démarche qualité dans le service public de la justice : inventaire des difficultés et possibles analogies*, Rapport final, Centre universitaire de recherches administratives et politiques de Picardie, Mars 2001, p. 3.

de la réhabilitation d'un innocent. La convention européenne de sauvegarde des droits de l'homme, à son article 5, admet la réparation du fait des actes de justice.

Les législations nationales reconnaissent la réparation du fait de la faute du service public de la justice.

Le dictionnaire juridique retrace la succession du vieux principe d'irresponsabilité du fait des procédures et des décisions de justice par la responsabilité fondée sur le fonctionnement défectueux du service de la justice, (l'équivalent de la faute lourde du service dans les autres services publics ou déni de justice)[2211].

En analysant la responsabilité du fait du service de la justice, c'est rentrer dans l'histoire pleine des polémiques politiques, scientifiques et judiciaires sur la responsabilité de l'Etat. Mais, la décision du tribunal de conflit du 8 février 1873 communément appelée Blanco peut demeurer la genèse de reconnaissance de la responsabilité du service public sur laquelle s'appuya le 30 juillet de la même année, la décision Pelletier[2212].

La responsabilité du service de la justice en France fut instituée par l'article 11 de la loi du 5 juillet 1972 qui deviendra L781-1 du code de l'organisation judiciaire et qui dispose que l' « l'Etat est tenu de réparer le dommage causé par le fonctionnement défectueux du service de la justice (...) »[2213].

En observant les développements actuels de la jurisprudence administrative et judiciaire, Fabrice Hourquebie note la grande recevabilité des recours visant la réparation du fonctionnement défectueux du service de la justice. La conception traditionnelle de la faute lourde cède du terrain au profit d'une nouvelle approche qui doit permettre, à l'avenir, d'engager plus facilement la responsabilité de l'Etat[2214].

Le fondement défectueux du service de la justice procède, indique Eliane DE VALICOURT, d'une faute impersonnelle qui entraîne une défaillance du système en général[2215].Certains Etats organisent au sein du service de la justice des garanties de réparation des préjudices dont sont victimes les justiciables dans l'activité de production des décisions de justice[2216].

Le service de la justice subit une évaluation par rapport aux objectifs généraux lui assignés, à savoir réduire les délais de jugement, améliorer l'accueil des citoyens, la qualité et l'effectivité des décisions ainsi que l'effectivité globale de son fonctionnement[2217].

2211 Loïc CADIET, *op.cit*, p. 1230.

2212 M. LONG et alii, *op.cit.*, pp. 1-15.

2213 Eliane DE VALICOURT, *op.cit*, p. 247.

2214 Fabrice HOURQUEBIE, *Sur l'émergence du contre pouvoir juridictionnel sous la Vème république*, Bruylant, Bruxelles, 2004, pp. 556-557.

2215 Eliane DE VALICOURT, *L'erreur judiciaire*, L'Harmattan, Paris, 2005, p. 275.

2216 Loïc CADIET, *Dictionnaire de la justice*, PUF, Paris, 2004, p. 1228.

2217 Idem, p. 482.

La réglementation des actes de l'office du juge, du ministère public et des auxiliaires de la justice rentre dans l'idée de garantie offerte aux justiciables et de la bonne administration de la justice.

Le rôle dans le processus informationnel du défendeur, l'assignation, les actes des voies de recours, les procès-verbaux d'audience sont les œuvres des greffiers auxquelles la loi attache une grande importance[2218].

Cependant, à tire indicatif, on peut citer le cas du magistrat qui bénéficie de l'apport du greffier ou de l'huissier de procéder à la fausse signification afin de favoriser une partie par la procédure par défaut. Il peut être de même de l'assistance du ministère public à l'audience fictive et au prononcé fictif de la décision.

Il peut arriver que l'office du juge, en vue de nuire totalement à une partie, antidate la décision de la justice avec la coopération directe du ministère public et du greffier avec lequel il signe la minute du jugement en vue de priver à une partie le droit d'aller en appel ou de former opposition, ou de former le pourvoi.

Le délai d'appel contre le jugement contradictoire est de dix jours au pénal pour toutes les parties sauf pour le Ministère public de la juridiction d'appel, à compter du prononcé. Malheureusement, les tribunaux ne prononcent pas généralement les causes dans le délai de la loi. Souvent les magistrats s'arrangent dans l'intention de nuire à une partie pour prononcer la décision à l'insu des justiciables en indiquant une fausse date du prononcé.

Les ordres seront donnés au greffier titulaire de ne pas indiquer en temps utile dans le registre des prononcés la décision dolosive ni de mettre à jour le registre du rôle par l'inscription des dispositifs de la décision.

Ainsi, avec la coopération évidente du greffe, par le verrouillage informationnel, au travers des deux registres, la victime de l'erreur judiciaire ne connaîtra la décision bien que fort tard pour l'empêcher d'aller en appel comme en cassation en temps utile.

Bien que la cour suprême de justice a beau décider que le délai d'appel ou de cassation en matière pénale ne court que dès signification pour les décisions qui n'ont pas été rendues à la huitaine de leur prise en délibéré, les gens de la justice [2219] sont encore capables de beaucoup d'imagination, notamment les juges qui ont rendu la décision frappée d'appel se chargent du suivi auprès de cette juridiction.Ils peuvent organiseraussi une fausse signification de la décision pour que la partie victime de la mafia judiciaire ne fasse pas usage des voies de recours dans le délai légal.

Sur demande fortement intéressée du magistrat dolosif, le greffier peut acter faussement sur procès-verbaux d'audience, il peut s'abstenir d'acter

---

[2218] En RDC, la signification des actes de procédure est faite tant par les greffiers que les huissiers sur base desquels l'office du juge statue pour se déclarer saisi ou non.

[2219] MATADI NENGA GAMANDA, *Droit judiciaire privé*, Bruylant, Academia Louvaine-La-Neuve, 2011, p. 87.

pour permettre à l'office du juge de donner l'apparence d'une décision régulière de justice à son acte, car il faut éviter la contradiction entre l'acte juridictionnel et les procès-verbaux d'audience empêchant ainsi les juridictions supérieures, par le jeu de voies de recours, d'exercer efficacement leur contrôle.

En se fondant sur les dispositions actuelles de l'article 3 de la loi organique de la procédure de cassation, quasi permanentes, la cour suprême de justice décréta l'irrecevabilité du pourvoi dont la requête n'est accompagnée ni de l'expédition de la décision attaquée, ni de la copie conforme de l'assignation, ni de la feuille d'audience ; l'absence au dossier de ces documents empêchant la cour suprême de justice d'exercer son contrôle[2220].

Il arrive d'ailleurs que le greffier procède à la modification de l'inventaire des pièces de procédure afin d'ajouter les pièces et conclusions qui n'ont pas été soumises au contradictoire. L'office du juge partial et dépendant peut demander au greffier de modifier le procès-verbal d'audience qui avait acté les plaidoiries uniquement sur la forme et non au fond afin de lui permettre de connaître le fond en toute impunité.

De manière intéressée, les greffiers font disparaitre des dossiers judiciaires, des pièces importantes telles que les procurations spéciales remises aux fins d'appel ou d'opposition, l'expédition régulière d'appel, la preuve de consignation, des statuts de société produits comme preuve de la qualité des mandataires.

Le procès-verbal d'audience précédent, par lequel la juridiction avait acté l'accord des parties de renvoyer la cause pour plaidoirie, peut être modifié au profit d'une partie déloyale qui ne veut pas plaider.

L'histoire du juge Zico est fortement intéressante mais toute sale. En effet, de manière illégale et avec la complicité du greffier titulaire,il fit soustraire une affaire d'une chambre pour la sienne. Après, il sollicita du Ministère Public que l'avis soit donné sur le banc[2221].

Les auxiliaires de justice, pour les fautes professionnelles, sont soumis au régime du droit commun de responsabilité civile, pendant que les magistrats détiennent un régime particulier de responsabilité.

Dans le cas de coopération entre les magistrats et les auxiliaires de justice en vue soit de favoriser ou de nuire à une partie, soit pour leur intérêt personnel, en l'état actuel du droit processuel, chacun répondra suivant son régime, sauf en cas de saisine des juridictions répressives.

Par contre, en cas de saisine des juridictions civiles en matière de responsabilité, la victime du dol, de fraude ou de concussion doit saisir séparément deux juridictions différentes, une de cassation à charge du

---

[2220] C.S.J, RC 38, 8 mars 1973, Bull, 1974, p. 43.

[2221] Remy KASHAMA TSHIKONDO, *op.cit*, p. 135.

magistrat et l'autre naturellement de fond, le tribunal de grande instance, à charge du greffier, huissier ou secrétaire de Parquet.

Ces deux affaires, étant connexes, devraient, pour une bonne administration de la justice, être jointes en vue d'éviter la contrariété[2222] des décisions de justice.

Les greffiers, les huissiers et les secrétaires des parquets sont des fonctionnaires soumis au droit administratif comme les magistrats, il serait indiqué qu'en cas d'action en responsabilité civile que tous soient justiciables devant une seule juridiction pour autant également qu'ils ont un même civilement responsable, « L'Etat ».

Si la compétence de prise à partie relevait de la cour d'appel comme juridiction siégeant au premier degré, l'auxiliaire de justice ayant coopéré avec le magistrat visé peut être appelé à cette instance ou peut s'inviter à la procédure par le mécanisme d'intervention volontaire.

De temps à autre, certains juges ne faisant pas partie de la composition sont chargés ou se chargent eux-mêmes de la délibération et/ou de la rédaction de la décision au mépris du régime juridique de délibéré[2223], principe général de droit de la régularité de la composition. Une décision judiciaire ne peut être rendue que par les juges qui ont assisté à toute l'instruction de la cause, tant dans l'intérêt des parties que celui d'une bonne justice[2224].

Ces juges illégaux à la composition de la chambre peuvent être pris à partie avec les membres apparents tout autant pour le chef de juridiction qui a conditionné le visa, du reste illégal, par la modification du projet de la décision. Souvent, le chef de juridiction fortement intéressé par autre chose que la justice se charge de retenir la signification de la décision de donner acte de la requête de suspicion, pour permettre à la composition de se prononcer principalement avec l'activisme du chef qui appelle le procureur pour disponibiliser un magistrat du parquet au-delà des heures de service. A ces heures là le greffier complice se trouve consigné.

Dans la pratique, les juges récusables se permettent de recevoir des membres de la composition régulière la charge de la rédaction de la décision dans l'intérêt de tromper la justice pour la motivation apparemment correcte.

Les juridictions recourent à cette pratique illégale surtout lorsque le dossier d'une certaine technicité, au nom de l'équité dans la distribution de causes entre les différents offices des juges a été confié à une composition qui a un problème fondamental avec la connaissance du droit. Cette

---

[2222] Principe général de droit, article 2 code judiciaire belge, p. 187.

[2223] Ruffin MUSHIGO A GAZANGA GIGOMBE, *op.cit*, p. 36.

[2224] CSJ, RPA 17, 26 juillet 1972, Bull. 1973, p. 144, RJZ. 1972 ; CSJ, RP. 572, 26 juillet 1983, inédit ; CSJ, RPA 17, 26 juillet 1972. Bull. 1973, p. 144, RJZ. 1972, p. 138; CSJ, RC. 153, 31 août 1977, Bull. 1978, p. 90.

composition de conformisme accepte, voire propose la sous-traitance illégitime et illégale des causes.

La question peut être embarrassante encore pour un tiers de la magistrature, notamment la partie elle-même ou son conseil ou tout autre avocat qui serait chargé par l'office du juge de la rédaction de la décision.

Dans un temps fort écoulé, l'office du tribunal confia le dossier au conseil d'une des parties pour rédaction du projet de décision qu'il recopierait, étant donné qu'il prétendait être fortement pris après plusieurs rendez-vous manqués.

Après remise de projet, peut-être sous l'ivresse du lait, l'office du juge prononça la décision et signa la minute rédigée de la main d'une autre personne. La partie adverse a été informée contre le pot de vin par le greffier qui connaissait l'écriture du juge.

Dans ce sens, Maître Remy KASHAMA TSHIKONDO rapporte le cas d'un juge qui remettait à son beau-fils, avocat de son état, de rédiger personnellement les jugements dans les affaires qu'il plaidait. Le fils de ce magistrat indigne aussi avocat, au lieu de se plaindre de la violation des règles processuelles par son géniteur, il regrettait pourquoi son père ne lui réservait pas cette faveur, « La commission des infractions »[2225].

De tels cas poseraient assez de problèmes d'une action devant le juge de responsabilité civile en prise à partie tant pour le magistrat que pour le conseil indélicat. Pareille grossièreté constitue aussi un cas d'ouverture de requête civile. Au pénal, il n'y a point de doute, conformément à l'absence de mandat criminel admissible, le magistrat et le conseil rédacteur du jugement répondent de leurs actes devant le même juge.

Aujourd'hui, le droit processuel congolais appelle des modifications heureuses. La recherche du modèle de responsabilité effective des magistrats et des auxiliaires de la justice, en cas de coopération, doit s'inscrire dans le respect du principe général de droit de la bonne administration de la justice[2226]. C'est en respect de ce principe que la loi a institué les règles régissant les causes connexes, la litispendance etc, en vue d'éviter la contrariété insécurisante des décisions judiciaires.

La Cour suprême de justice observe le principe général de droit de la bonne administration de la justice. C'est pourquoi, elle décida qu'il convient de joindre deux pourvois connexes en vue de statuer en une seule et même décision[2227]. La constance de la jurisprudence s'applique dans les cas de participation à des faits infractionnels connexes ou commis en participation[2228].

[2225] Remy KASHAMA TSHIKONDO, *op.cit*, p. 145.

[2226] Article 2 code judiciaire belge, Cass, 14 mars 1994.

[2227] CSJ, RP 160/163, 26 fév. 1977. Bull. 1978, P. 10 ; CSJ, RP 64 et 68, 15 mai 1974, Bull, 1975, P. 159 ; CSJ, RP, 65, 25 juillet 1973, Bull. 1975, P. 142 ; CSJ, RP. 76 et 81, 19 déc. 1973, Bull, 1974, p. 66.

[2228] CSJ, 3 fév. 1971, MP C/T, RJZ, 1972, p. 13.

La recherche du meilleur régime de responsabilité des hommes de la justice constitue un besoin légitime. Elle débouche sur une autre préoccupation de l'effectivité de la réparation intégrale. Il est de ce fait un principe bien clair que la responsabilisation des faits de l'homme, ce compris celle des magistrats, fait partie du principe général de droit de réparation intégrale qui incombe à la sentinelle jusqu'au riche.

C'est au nom de la responsabilité sans égard à la capacité de rembourser que Jérôme KERVIEL a été condamné à des milliards d'euros au profit de la partie civile, la Générale des Banques[2229].

On allègue parfois l'incapacité financière de réparation comme justification de l'irresponsabilité des magistrats alors que cet argument ne saurait faire fortune devant les milliers des chômeurs ou employés vivant de salaire minimum interprofessionnel garanti. Parce qu'ils acceptent l'encens, « *Ces gardiens de promesses* », ils devraient accepter aussi la responsabilité. D'ailleurs, la responsabilité du magistrat appelle celle de son civilement responsable, l'Etat.

Mais le magistrat français se trouve fortement protégé par les dispositions de l'article 11-1 de l'ordonnance n° 58-1270 du 22 décembre 1958 qui prescrivent que la responsabilité civile du magistrat constitue une action récursoire[2230].

L'appel de l'Etat en garantie ne règle pas toute la question de la solvabilité au regard de son déficit budgétaire. Maître Jacques Junillon met sur la table l'idée d'un fonds de garantie pour la justice civile pour l'indemnisation des victimes du procès civil[2231]. Cette préoccupation vaut son pesant d'or pour les Etats qui se félicitent d'avoir été élus au Programme des PaysPauvres Très Endettés (PPTE).

Devant la réalité judiciaire nationale, les justiciables, parfois appuyés par le souverain désorganisateur du service public de la justice, se tournent vers la communautarisation.

§ 2. Echec du juge national indépendant etimpartial

L'indépendance de l'office du juge est prescrite par les instruments internationaux, ratifiée par plusieurs Etats et prévue par les constitutions des Etats modernes[2232].Le droit processuel à toute instance est un droit constitutionnalisé. Le doyen Vedel, bien que contredit par Charles EISENMANN, a réussi à démontrer la constitutionnalité processuelle du droit Administratif.

[2229] Challenges n° 215, 3 juin 2010, p. 54.

[2230] *Procédure civile*, 102ème édition, Dalloz, Paris, 2010, p. 2272.

[2231] Jacques JUNILLON, « Un fonds de garantie pour la justice civile ? », in *Justices et droits du procès*, *op.cit*, p. 125.

[2232] Par exemple, Déclaration universelle des droits de l'homme des Nations-Unies.

Depuis l'affirmation de l'idée de séparation des pouvoirs, l'indépendance du juge a acquis droit de cité. Les Etats démocratiques comme dictatoriaux l'affirment dans les instruments juridiques[2233] malheureusement ineffectifs.

Montesquieu justifiait l'indépendance du juge de l'exécutif par la puissance des mots lorsqu'il pouvait écrire : « La puissance de juger est unie à l'exécutif car le juge pourrait avoir la force de l'oppresseur. Le chef d'œuvre de la législation est de savoir bien placer la puissance de juger mais elle ne pouvait être plus mal que dans les mains de celui qui avait déjà la puissance exécutive. Une des choses qui portent le plus d'atteinte à la liberté est de la faire juger non pas par ses juges naturels mais par une commission »[2234].

En droit interne, les règles processuelles ne garantissent pas l'indépendance et l'impartialité effectives de l'office du juge. Le service public de la justice en principe indépendant reste dans les faits dominé par l'institution politique exécutive.

La constitution de 2006 de la République Démocratique du Congo affirme l'indépendance de l'office du juge par le fait de proclamer que le juge n'est soumis dans l'exercice de sa fonction qu'à l'autorité de la loi[2235].L'indépendance, à elle seule, ne suffit pas, elle se consolide avec l'inamovibilité. L'institution de l'indépendance et de l'inamovibilité du juge par les dispositions de l'article 150 de la constitution ne suffisent pas à protéger l'office du juge.

La préservation de l'indépendance et de l'impartialité du juge est fonction également de la protection de sa carrière. C'est pourquoi la constitution belge prescrit l'irrévocabilité, l'inamovibilité et l'indépendance du juge[2236].

La majorité des juges en Allemagne sont nommés à vie et ne sont liés, dans leurs décisions, que par la loi et le droit[2237].Le droit anglo-saxon a une tradition de nommer à vie ses magistrats[2238]. Bien qu'ayant institué que l'indépendance du juge n'est soumise qu'à l'empire de la loi et son inamovibilité, l'Espagne dégage un autre principe constitutionnel du pouvoir judiciaire, à savoir celui de légitimité démocratique qui veut que « Toute personne a le droit fondamental d'obtenir la protection effective des juges et des tribunaux dans l'exercice de ses droits et intérêts légitimes »[2239].

2233 Le statut moderne du juge en droit comparé.

2234 MONTESQUIEU cité par Pierre Alex FRANCK, *L'inventaire des recours juridictionnels, Actes du colloque sur la magistrature économique*, Bruylant, Bruxelles, 1976, p. I.1.2.

2235 Article 150 de la constitution de 2006.

2236 Cour de justice des communautés européennes, Les juridictions des Etats membres de l'Union Européenne, Luxembourg, 2009, p. 65.

2237 Idem, p. 15.

2238 A titre indicatif, le régime de neuf juges de la cour suprême de justice américaine

2239 Article 24, paragraphe I de la constitution espagnole. Lire les juridictions des Etats membres de l'Union Européenne.

La loi sur le tribunal fédéral suisse, prescrivant l'indépendance du juge institue que « Dans l'exercice de ses attributions judiciaires, le tribunal fédéral est indépendant et n'est soumis qu'à la loi. Ses arrêts ne peuvent être annulés ou modifiés que par lui-même et conformément aux dispositions de la loi »[2240].

Le principe d'indépendance sert celui d'impartialité qui semble en être la finalité[2241]. Le régime d'indépendance du magistrat ne va pas sans critique comme celle de J.FOYET qui affirme que « L'une des maladies de notre temps est de laisser les juges nationaux ou internationaux, étatiques ou communautaires, ligoter des gouvernements et des législateurs pourtant déjà bien débiles, comme les lilliputiens avaient ligoté Gulliver »[2242].

De la conception de la fonction de juger de Montesquieu et de Beccaria, celle de l'interprétation de la loi, les polémiques ont repris de belle avec l'idée de l'autogouvernement et le pouvoir créateur du juge[2243].

L'usage de l'indépendance de l'office du juge ne va pas sans critique parfois justifiée ou injustifiée. Jacques Médecin ne trouve-t-il pas une République appartenant aux juges[2244].

Interrogés pour savoir où vont les juges, Laurent GREILSAMER et Daniel SCHNEIDERMANN notent qu'une dizaine d'années après la conquête tonitruante de leur indépendance (…), les magistrats (…) ont pulvérisé les frontières du petit territoire dans lequel la constitution de 1958 les confinait : une *«Autorité judiciaire* » sans grands pouvoirs, sinon celui d'obéir et de se taire. Aujourd'hui, les juges forment un pouvoir à part entière (…). Les juges d'instruction convoquent, mettent en examen, poussent à la démission, incarcèrent ministres et anciens ministres[2245].

Malgré cette idée de grandeur, cotée à la fonction immense du juge, Jean Michel LAMBERT trouve autrement le Petit juge, un homme[2246].

Il est vrai que le rôle du juge dépend largement de l'environnement démocratique de sa société. Il demeure le produit sociétal. Le droit anglo-saxon accorde une place cardinale au précédent judiciaire parce que la société anglaise reconnait que le juge est l'homme le plus consciencieux du Royaume. C'est pourquoi, le droit processuel anglais accepte volontiers que le tribunal siège souvent à juge unique pendant que le droit romano-germanique est à la poursuite de la collégialité de l'office du juge. Que la

---

[2240] Article 2 de la loi du 17 juin 2005 (Etat le premier janvier 2011).

[2241] Didier DEL PRETE et Eva FISCHER, *Institutions juridictionnelles*, Hachette supérieur, 2006, Point 27.

[2242] Isalle BONCOBZA, *La fonction juridictionnelle : contribution à une analyse des débats doctrinaux en France et en Italie*, Dalloz, Paris, 2005, p. 221.

[2243] Idem, pp. 268, 284.

[2244] Jacques MEDECIN, *La République des juges*, Hachette, Carrère, 1996.

[2245] Laurent GREILSAMER et Daniel SCHNEIDERMANN, Où vont les juges ?, Fayard, Paris, 2002, p. 9.

[2246] Jean MICHEL LAMBERT, *Le Petit juge*, Albin Michel, Paris, 1987, p. 163.

composition du siège soit à un juge unique immoral ou collégial (des juges immoraux), le résultat est le même.

La société anglo-saxonne est éprise de vertu, de la parole donnée et surtout de l'exigence de la totalité de l'homme dans son comportement. C'est pourquoi la vie privée affecte la vie publique. Cette conception de vie sociétale anglo-saxonne continue à produire des classes politiques d'une moralité très acceptable à celle des dirigeants franco-belge et italiens qui ont influencé et parrainé les politiques africaines.

Robert BADINTER n'hésite pas à reconnaitre les pouvoirs et surtout le crédit moral de la Cour suprême des Etats-Unis. Ce constat peut être la réponse à sa préoccupation selon laquelle comment la cour suprême que Stephen Breyer compare à une patrouille vigilante aux frontières de l'Etat de droit assure-t-elle au mieux le complexe équilibre constitutionnel entre les pouvoirs et veille au respect des libertés et droits des citoyens[2247].

Les mœurs politiques se compliquent en Afrique, l'esprit de justice se raréfie. L'ordre public est troublé non pas par la commission des faits infractionnels mais par des poursuites judiciaires rarissimes dans un environnement d'impunité. Montaigne ne disait-il pas que « La plupart de nos vacations sont farcesques ».

L'application du principe de l'indépendance de l'office du juge, bien que prévu dans les pays du Nord, pose sérieusement des problèmes dus à la conservation des pouvoirs politiques et à la question des pluralités identitaires sans méconnaitre le rôle de la précarité de vie des magistrats.

Les juges africains observent l'indépendance textuelle et pratique de l'office du juge du Nord. Stephen Breyer fournit un exemple éloquent de l'interrogation en rapportant : « La présidente de la cour suprême d'une nation africaine, qui se bat pour préserver un pouvoir judiciaire indépendant dans son pays me posait récemment cette question sans détour : « Pourquoi les Américains exécutent-ils ce que décident leurs tribunaux ? Qu'est-ce qui, dans la constitution rend la chose si probable ? Quel est le dispositif institutionnel qui rend les décisions de la cour si efficaces ? Où est le secret ? »[2248].

Ces questionnements sont actuels, en réponse « Je lui ai dit qu'il n'y avait aucun secret, il n'y a pas de mots magiques couchés sur le papier. Le respect de la loi est affaire de coutume, d'habitude, de conception largement partagées sur la manière dont les gouvernants et les citoyens se doivent d'agir et agissent, quand ils sont confrontés à une décision de la Cour qui leur déplait souverainement[2249].

[2247] Robert BADINTER, Préface du livre de Stephen BREYER, *La Cour suprême, l'Amérique et son histoire*, Odile-Jacob, Paris, 2010, pp. 14, 18.
[2248] Stephen BREYER, *op.cit*, p. 59.
[2249] Stephen BREYER, *op.cit*, pp. 59-60.

La magistrature doit s'inscrire quotidiennement dans la culture de la conquête de l'effectivité de son indépendance, notamment par la légitimisation de sa fonction.

Les magistrats congolais doivent éviter l'exemple de John JOY, alors Premier Président de la cour suprême des Etats-Unis d'Amérique, qui démissionna de ce poste en 1795 pour devenir gouverneur de l'Etat de New-York et il refusa plus tard de reprendre ses fonctions au motif que le poste manquait d'ardeur, de poids et de dignité. A cette époque, la cour ne disposait pas de sa propre salle d'audience, elle siégeait dans le bureau du secrétaire du Sénat[2250].

A l'opposé du juge John Joy, il y a le prestige du juge Marshall qui a non seulement institutionnalisé le contrôle de constitutionnalité des lois mais aussi réformé la cour suprême de justice des Etats-Unis d'Amérique[2251].

La justice nationale semble avoir échoué, les Etats, la société civile et les justiciables sont à la quête d'une solution alternative.

L'échec de la justice nationale est épinglé par le préambule de la convention portant statut de la cour pénale internationale en ces termes : (...) des millions d'enfants, de femmes et d'hommes ont été victimes d'atrocités qui défient l'imaginaire et heurtent profondément la conscience humaine (...). Affirmant que les crimes les plus graves qui touchent l'ensemble de la communauté internationale ne sauraient rester impunis et que leur répression doit être effectivement assurée par des mesures prises dans le cadre national et par le renforcement de la coopération internationale[2252].

La communauté internationale a sa cour permanente qui exerce sa compétence à l'égard des personnes pour les crimes les plus graves ayant une portée internationale, au sens de son statut[2253].

§ 3. La justice communautaire : la cour pénale internationale et la cour commune de justice et d'arbitrage, unecapitulation ou une solution ?

Il s'observe, de l'organisation de la justice internationale ou communautaire son caractère de subsidiarité à la justice nationale(A), à l'exemple de la Cour pénale internationale et de la Cour commune de justice et d'arbitrage. Celle-ci pose le principe de déjudiciarisation des cours de cassation nationale (B) qui doit conduire notamment à l'absence de l'unicité de l'interprétation juridictionnelle de la loi, méconnaissant ainsi le rôle créateur du juge de cassation.

[2250] Stephen BREYER, *op.cit*, pp. 45-46.
[2251] Willy KATAMBWE, *op.cit*, p. 111.
[2252] Gilbert AZIBERT, *Code de procédure pénale*, Litec, Paris, 2005, p. 993.
[2253] Article premier de la convention portant statut de la cour pénale internationale

A. Le caractère subsidiaire de la justice internationale et le contexte de guerre économique

Les garanties internes d'indépendance et d'impartialité du tribunal se sont révélées inefficaces afin d'organiser un système judiciaire à la quête du procès équitable que les juges d'absolus impartiaux devaient rechercher.

La désapprobation populaire de la justice nationale s'accentue en dépit des principes directeurs du procès équitable déjà reconnus pour se tourner à l'alternance de la justice communautaire.

La vieille démocratie n'est pas épargnée par l'insécurité judiciaire. Quand bien même d'ailleurs le préambule de la convention européenne de sauvegarde des droits de l'homme rappellerait le patrimoine commun d'idéal et de tradition politique de respect de la liberté et de prééminence du droit, les hautes parties contractantes s'obligent à l'article premier de reconnaître à toute personne relevant de leur juridiction les droits et libertés[2254].

Les cours et tribunaux rendent parfois les décisions qui renforcent la division de la nation. Ainsi, les juges, supposés impartiaux, apparaissent parfois comme les adeptes ou la continuité des idées de certaines politiques.

L'affaire Dred Scot éclaire la perception de la justice qui décida qu'un ancien esclave n'était pas un citoyen jouissant de la capacité de saisir une cour fédérale et qu'un esclave ne pouvait devenir libre du seul fait que son propriétaire l'avait conduit dans un Etat ou un territoire qui avait supprimé l'esclavage[2255].

La mission du jury au procès de Michael DUNN poursuivi de meurtre du jeune noir Kevin a réveillé les démons de division de la société américaine et contraint la Maison Blanche à prendre position.

Le professeur Bernard Asso relève que la magistrature demeure une cible de la désinformation parce qu'elle a une autorité juridique. D'où, il faut pénétrer ce milieu pour avoir des alliés dans la bataille[2256]. Cette stipulation de la convention européenne de sauvegarde des droits de l'homme a un objet, une constatation de la méconnaissance de l'accès effectif à un tribunal national indépendant et impartial, garant du droit effectif à un procès équitable[2257].

A cette inquiétude de la justice interne, il y a lieu d'ajouter le contexte de marchandage ou de troc du pouvoir politique contre les matières premières, débouchant sur les accords léonins ; les contractants, parfois complices, déjuridisissent les cours et tribunaux au profit de l'arbitrage international[2258.]

2254 Gilbert AZIBERT, *Code de procédure pénale*, Litec, 2005, p. 903.

2255 Stephen BREYER, *op.cit*, p. 70.

2256 Bernard ASSO, *op.cit*, p. 38.

2257 Jean François RENUCCI, *op.cit*, p. 279 et suivantes ; Vincent BERGER, *op.cit*, p. 241 ; Fréderic Sudre, op.cit, p. 483.

2258 Constance du choix de l'arbitrage dans les accords miniers

L'impunité organisée par le droit interne justifie en apparence l'idée de communautarisation judiciaire avec des juges ressortissants de différents Etats. Donc le statut du magistrat national constitue un des aspects de la dépendance du tribunal interne.

Le droit international considère la justice interne comme un service étatique qui ne peut justifier de l'indépendance suffisante pour un jugement équitable à l'égard des étrangers. C'est pourquoi, les Etats exportateurs des capitaux semblent avoir la foi dans la justice internationale comme la cour internationale de justice qui précise déjà à son article 2 qu'elle est un corps de magistrats indépendants, élus, sans égard à leur nationalité parmi les personnes jouissant de la plus haute considération morale et qui réunissent les conditions requises pour l'exercice (...) de plus hautes fonctions judiciaires[2259].

La quête de la justice communautarisée se révèle aussi dans la création de la cour pénale internationale liée au système des Nations-Unies, malheureusement une institution non démocratique qui joue le jeu de l'intérêt national d'abord[2260.]

Jeune Afrique tire également sur la cour pénale internationale, au regard des évidences en ces termes :

> C'est l'histoire d'une cour de justice installée en Europe mais qui ne traite que de l'Afrique, financée par des puissances occidentales qui ne sont autres que les oppresseurs coloniaux d'hier et qui se consacre à juger ces délinquants de luxe que sont les dirigeants africains alors que les citoyens ordinaires doivent se contenter de leurs propres tribunaux, jugés précaires et éminemment corruptibles[2261].

La faiblesse des juridictions internes est une réalité face à l'impunité organisée comme système de gouvernance par la loi nationale.

Le professeur LWAMBA KATANSI note la question de subsidiarité de la cour pénale internationale en usant de la force de mots : « La boîte de Pandore à jamais ouverte ? Le Pandore, première femme de l'humanité, responsable de la venue du mal sur la terre. (...) Seule était restée dans la boîte l'espérance, l'espoir de refermer la boîte de Pandore consiste à remonter à Zeus »[2262].

Ce point de vue du Professeur LWAMBA KATANSI se trouve partager par son collègue Albert BOURGI qui argue que « La cour pénale internationale n'a plus que les apparences d'une institution judiciaire avec ses manquements aux principes d'indépendance et d'impartialité. Les prises

---

[2259] Code judiciaire belge, p. 532.

[2260] Le Système des Nations-Unies non démocratique surtout au conseil de sécurité et des organes politiques et non judiciaires.

[2261] *Jeune Afrique*, 54ème année n° 2771 du 16 au 22 février 2014, p. 27.

[2262] LWAMBA KATANSI, *Cour pénale internationale, tribunaux pénaux internationaux, tribunaux pénaux nationaux, Publications des facultés de droit des universités du Congo*, Kinshasa, 2010, p. 183.

de position du Conseil de Sécurité orientent le plus souvent les enquêtes menées par le procureur »[2263].

L'idée de communautarisme de la justice continue à faire son chemin avec les traité et actes uniformes de l'Ohada dont le préambule professe :

> « Qu'il est essentiel que ce droit soit appliqué avec diligence, dans les conditions propres à garantir la sécurité juridique des activités économiques, afin de favoriser l'essor de celles-ci et d'encourager l'investissement »[2264].

La constitution d'une institution internationale, surtout d'une justice communautaire, repose sur le consensus important entre les parties, sur les valeurs communes. A titre indicatif, la construction européenne se fonde largement sur les bases communes, les héritages culturels, religieux et humanistes, l'attachement aux principes de la liberté, de la démocratie et de respect des droits de l'homme et des libertés fondamentales et de l'Etat de droit[2265].

Les préalables à l'intégration ci-dessus sont rappelés dans le préambule de la convention de sauvegarde des droits de l'homme et des libertés fondamentales signée à Rome le 4 novembre 1950:

> Réaffirmant leur profond attachement à ces libertés fondamentales qui constituent les assises mêmes de la justice et de la paix dans le monde et dont le maintien repose essentiellement sur un régime politique véritablement démocratique d'une part et, d'autre part, sur une conception et un commun respect des droits de l'homme dont ils se réclament. Résolus en tant que gouvernements d'Etats européens, animés d'un même esprit et possédant un patrimoine commun d'idéal et de tradition politique, de respect de la liberté et de prééminence du droit, à prendre les premières mesures propres à assurer la garantie collective de certains droits énoncés dans la déclaration universelle[2266].

Dans le rappel des valeurs communes, le préambule du traité sur l'union européenne (version consolidée) proclame la foi des parties dans l'approfondissement de la solidarité entre les peuples dans le respect de leur histoire, de leur culture et de leurs traditions[2267].

En reconnaissant les valeurs communes, la cour de justice décida que (…) le respect des droits fondamentaux fait partie intégrante des principes généraux du droit dont la cour de justice assure le respect. Que la sauvegarde de ces droits tous en s'inspirant des traditions

---

[2263] *Jeune Afrique*, 54ème année n° 27771 du 22 au 22 février 2014, pp. 27-33.

[2264] Ohada, traité et actes uniformes commentés et annotés, 4ème édition, juriscope, Frane, 2012, p. 23.

[2265] *Un traité pour l'Europe*, 2009, Dalloz, Paris, 2008, p. 32.

[2266] Gilbert AZIBERT, *op.cit*, p. 903.

[2267] L. DUBOUIS et C. GUEYDAN, *Les grands textes du droit de l'union européenne*, T. 1, 7ème édition, Dalloz, Paris, 2005, p. 4.

constitutionnelles communes aux Etats membres doit être assurée dans le cadre de la structure et des objectifs de la communauté[2268].

Curieusement et contre toute attente, le préambule du traité du 17 octobre 1993 relatif à l'harmonisation du droit des affaires en Afrique se tait sur les fondamentaux de la justice communautaire.

Comme une fédération, les Etats signataires considérés comme des Etats fédérés en tant qu'institution organisatrice de la justice, ne pourront donner que ce qu'ils ont comme le ferait la plus belle femme du monde, « *L'injustice* ».

Les magistrats de la cour commune viennent des justices nationales fortement décriées par tous. Ils sont les gardiens curieux des promesses d'injustice. Ils sont présentés par les Etats, c'est-à-dire les gouvernements ont pour premier souci d'organiser les passerelles pour contrôler la cour commune.L'environnement politico-judiciaire des Etats signataires et le mode de désignation des membres de la cour commune ne peuvent que créer des doutes sur leur indépendance et leur impartialité[2269].

Le professeur MATADI NENGA GAMANDA pouvait encourager la ratification du traité instituant l'Ohadaen termesdu développement. Pour lui, le souci de vouloir garder les compétences de cassation nationale était vide de sens et d'intérêt national[2270].

La politique sectorielle d'attractivité des capitaux étrangers, fut-elle la justice, est vouée à l'échec étant donné que l'investissement, phénomène globalisant, appelle la globalisation des politiques nationales, telles que la continuité des valeurs démocratiques, la lutte permanente contre la pauvreté, l'amélioration des voies de communication, l'épargne nationale et l'émergence de la classe moyenne, la main-d'œuvre qualifiée et compétitive, etc.

Les capitaux étrangers ont pour premier souci la rentabilité des investissements qui dépend des risques divers dans les pays d'accueil. Ainsi, l'investisseur international est un voyageur fiscal en quête permanente des opportunités des placements.

L'Etat qui attend attirer les capitaux étrangers doit être cohérent avec ses décisions de politique économique. Il est pourtant regrettable qu'avec l''adhésion à la multiplicité d'organisations régionales à vocation économique, telles que la SADC et la COMESA, la République Démocratique du Congo prépare son territoire comme une zone de consommation et non de production, exceptionnellement pour le secteur minier.

[2268] CJCE, 17 décembre 1970, Internationale Handelsgesell schaft mbh contre Einguhr-und Vorratsstelle für getieide und Futtermittel. Aft II/70. Ec. 1125 ; Lire. L. Dubouis et C. Gueydan, *op.cit*, p. 512.

[2269] Articles 31 et 32 du traité.

[2270] Matadi NENGA GAMANDA, *Droit judiciaire privé*, Academia, Bruylant, Louvain-La-Neuve, 2010, p. 502.

L'attractivité des capitaux ne peut modifier l'esprit du capitalisme fondé sur l'exigence d'accumulation illimitée du capital par des moyens formellement pacifiques. Ainsi, le capitalisme mondial est entendu comme la possibilité de faire fructifier son capital mais sans se préoccuper du social[2271], justification de l'ouvrage de Pierre LARROUTUROU qui dresse un tableau noir du libéralisme[2272].

Après la guerre froide, le monde se réveille avec la guerre économique, plus grave que la guerre froide sur plusieurs plans notamment l'espionnage économique, la protection diplomatique, les chefs d'Etats qui accompagnent leurs nationaux à signer les contrats léonins au Sud.

En notant le contexte actuel, Philippe MARTIN, Thierry MAYER et Mathias THOENIG observent qu'en l'espace de quelques décennies, les relations internationales entre les Etats souverains ont été sujettes à deux bouleversements majeurs : la fin de la décolonisation et la fin de la guerre froide. Malheureusement, le monde est loin du « doux commerce » de Montesquieu[2273].

Si la justice internationale demeurait une préoccupation pour tout le monde, la convention portant statut de la cour pénale internationale serait ratifiée par tous les Etats en commençant par les Etats-Unis d'Amérique.

La scène internationale reste dominée par les intérêts nationaux que chaque Etat canalise. La justice permanente internationale constitue un moyen de garantie spéciale et efficace des intérêts nationaux implantés dans les pays d'accueil.

La question de sécurité des investissements directs étrangers demeure une préoccupation séculaire des pays exportateurs de capitaux privés qui a permis de dégager les principes généraux du droit international[2274].

Au niveau de la justice internationale, les juges indépendants de différentes nationalités sont devant moins de pressions de petits Etats de la scène internationale, de petits opérateurs économiques et de la société civile. Par contre, les grandes puissances continueront leur jeu de dame. A titre indicatif, en réaction à la mort du Premier Ministre Rafik HARIRI, l'Ambassadeur Français à Beyrouth, Bernard EMIE, suggéra à son Président de repartir le rôle en laissant aux Américains, moins exposés à Beyrouth que les Français, celui de *« Mechant flic »* contre la Syrie. A la rencontre du lundi 25 février 2005 à Bruxelles, à la résidence de l'Ambassadeur Américain, le Président George Bush est d'accord pour ne pas livrer un assaut frontal contre la Syrie. Le Président Jacques Chirac propose qu' « Il

---

[2271] Luc BOLTAVISKI et Eve CHIAPELLO, *Le nouvel esprit du capitalisme*, Collimard, 1999, pp. 21 – 37.

[2272] Pierre LARROUTUROU, *le livre noir du libéralisme*, Rocher, Monaco, 2007.

[2273]) Philippe MARTIN, Thierry MAYER et Mathias THOENIG, « La mondialisation est-elle un facteur de paix ? », in *27 questions d'économie contemporaine*, Albin Michel, 2008, p. 89

[2274] Dominique CARREAU et Patrick JUILLARD, *Droit international économique*, 3ème édition, Dalloz, Paris, 2007, p. 461.

faut une commission d'enquête sur l'assassinat. Elle doit être forte et soutenue par la communauté internationale car son intrusion sur la scène libanaise aidera l'opposition »[2275].

La justice communautaire Ohada constitue une volonté soutenue des institutions financières internationales et des multinationales d'avoir une règle de droit commune au profit des multinationales. La juridiction communautaire a comme siège la Côte d'Ivoire,pays sous influence certaine de la France, à laquelle la RD Congo adhère tout en demeurant à la SADC, axe anglo-saxon.

La règle internationale de droit protège,dit-on au mieux,les investisseurs étrangers. La préférence à la règle du droit international par rapport au droit national est la préservation des droits acquis du fait que le droit national est facile à être modifié qu'un traité. La politique nationale est très dynamique surtout avec l'alternance au pouvoir par le jeu démocratique.

Le programme de campagne électorale des partis politiques nationalistes par exemple est l'une des préoccupations de la sécurisation des investissements directs étrangers au travers la règle internationale.

Les nationalistes ont été accusés d'être à l'origine des malheurs de l'Europe. Il va y avoir une remise en cause de l'absolutisme de la souveraineté étatique, c'est l'idée que le nationalisme correspond au fascisme et donc au nazisme[2276].

Les puissances exportatrices des capitaux et les détenteurs des moyens de production, appuyés par les médias soutiennent le libéralisme et la circulation des richesses qui ne sont pas les *res nulus*.

La règle d'or dans le domaine des investissements étrangers est la question des avantages comparatifs. Le droit international traditionnel occidental ainsi que l'observe Christian HABERLI vise avant tout la protection de l'investisseur, sans tenir suffisamment compte des intérêts de l'Etat d'accueil et de la situation particulière d'une économie sous développée[2277].

Les investissements dans les pays sous développés soulèvent plusieurs questions[2278] dont celle de justice.

Le besoin de sécurité des capitaux exportés par les américains se trouve expliqué par Christian DEBLOCK et Sylvain F. TURCOTTE quand ils confient que pour y parvenir, il faut que le monde soit unifié par l'économie

[2275] Vincent NOUZILLE, *Dans le secret des présidents*, Fayard, Paris, 2010, pp. 464-466.
[2276] Bernard ASSO, *op.cit*, p. 31.
[2277] Christian HEBERLI, *Les investissements étrangers en Afrique ; avec des études de cas portant sur l'Algérie et le Ghana*, LGDJ, Paris, 1979, p. 293.
[2278] G. Abraham FROIS, *Essai sur les problèmes d'investissement en pays sous développés*, Société d'édition d'Enseignement Supérieur, Paris, 962.

et la règle de droit, et ce à la lumière du rôle qu'ils entendent y jouer, à la fois comme leader et comme centre de gravité[2279].

Pour les intérêts nationaux, les américains croient en la règle internationale de droit. Ils poussent généralement les autres Etats à sa conclusion. Au nom toujours des intérêts nationaux, ils refusent à la ratifier. Telle est l'ambivalence américaine[2280].

Les Etats-Unis d'Amérique ont une force inégale de mettre en place des doctrines. Ils constituent, dit-on, un laboratoire d'idées, ce sont les idées qui dirigent le monde. Toutefois, Monroe en tire la règle en disant que les Américains ne s'intéressent à rien sauf à eux[2281]. Ils ont des intérêts permanents et non d'alliés de toujours.

A cette constance de la politique américaine, le professeur Albert BOURGI rapproche la question de la cour pénale internationale, pour démontrer que les Américains ne croient pas à cette cour en refusant de ratifier son statut [2282] et surtout en s'activant par leur diplomatie, à travers le monde et en particulier en Afrique, à faire signer des accords garantissant l'immunité juridictionnelle des citoyens américains afin d'éviter tout risque d'extradition[2283]. Les contestations américano-israéliennes à la loi belge sur la compétence universelle sont éloquentes à cet effet.

Les multinationales cherchent la règle du droit international mais sans se défaire de l'esprit de pillage et de déstabilisation des pays d'accueil. Elles font du troc des matières premières contre le pouvoir. Ce sont ces accords léonins conclus par les co-auteurs que l'on soumet au juge communautaire[2284] fortement désintéressé comme l'arbitrage international. Les investisseurs criminels ont intérêt d'éviter le juge national parce qu'il se fera justice entant que victime, citoyen des accords de spoliation qui consacrent les désavantages comparatifs entre le pays d'accueil et le capitaliste étranger.

Dès lors, considérer l'Ohada comme un outil juridique imaginé et réalisé par l'Afrique c'est méconnaître la réalité[2285] pour autant même que la

---

2279 Christian DEBLOCK et Sylvain TURCOTTE cités par Boniface KABANDA MATANDA, *Echec de politique sectorielle fondée sur les exonérations fiscale et parafiscale en matière des investissements : appel à la globalisation des politiques, cas de RD Congo*, Tome II, Thèse de doctorat, 25 mai 2011, Université de Nice Sophia Antipolis, p. 878.

2280 Ali BAYAR, Walter COSCIA et Jean Marie DUPRIEUREUX, *Mondialisation à la globalisation et pays en développement*, Université Libre de Bruxelles, 2006 ; Mohammed BEDJAONI, *Pour un nouvel ordre économique international*, Unesco, France, 1980.

2281 MONROE cité par Bernard ASO, *Information et désinformation*, Master 2, sécurité intérieure, université de Nice Sophia Antipolis, 2006, p. 43.

2282 *Jeune Afrique*, *op.cit*, p. 34 ; Ajouter à cette liste : la Russie, la Chine, l'Israël, Le Rwanda

2283 *Jeune Afrique*, *op.cit*, p. 33.

2284 Boniface KABANDA MATANDA, Thèse de doctorat, 25 mai 2011, Université de Nice Sophia Antipolis.

2285 KEBA MBAYE, Préface de l'Ohada, *Traité et actes uniformes commentés et annotés*, 4ème édition, juriscope, France.

révision du traité du 17 octobre 1993 relatif à l'harmonisation du droit des affaires en Afrique s'est faite au Canada, à Québec le 17 octobre 2008[2286].

Le financement étranger des structures et projets de la justice communautaire explique clairement la mise probable des puissances financières du capitalisme, appuyée par les pays exportateurs des capitaux.

En apparence et dans la fausse généralisation, on croit évangéliser que les pays d'accueil insécurisent tous les capitaux étrangers du reste appuyés par la puissance des Etats exportateurs des investissements.

Une autre fausse image des investissements directs étrangers réside dans la manne de création d'emplois pendant que le profit les caractérise et les rend des simples voyageurs fiscaux.

L'investissement direct étranger peut s'analyser comme une question de puissance et celle des réseaux relationnels et d'intérêts directs entre les pays exportateurs des capitaux, l'investisseur étranger et le pays d'accueil. A titre indicatif, il y a lieu de souligner les cas de l'Union Minière du Haut-Katanga en 1960 en République Démocratique du Congo, le contentieux Beny Steinmets et le Président Guinéen Alpha Condé[2287], la société Total porte-étendard de la politique France-Afrique au Congo Brazzaville et au Gabon.

Le juge communautaire demeure dans la tempête des pressions internes et externes comme les juridictions arbitrales par un petit cercle.

La satisfaction d'un besoin n'est que la création d'autres, dit-on. La communautarisation de la justice comme c'est le cas du modèle OHADA conduit à la déjudiciarisation des cours de cassation nationales, gardiennes de l'interprétation de la loi nationale.

B. La problématique de la déjuridiciation de la Cour de cassation nationale par le traité de l'OHADA et la procédure de prise à partie

Le traité du 17 octobre 1993 relatif à l'harmonisation du droit des affaires en Afrique pose le principe d'évitement des cours de cassation nationales à son article 13 et attribue le rôle de la Cour de cassation à la cour commune de justice et d'arbitrage à son article 14.

Fort de ces instruments juridiques de dérégulation de la règle de précédent pour toute la justice nationale, il a été décidé que la juridiction nationale de fond est donc érigée en juge de droit commun des normes

---

[2286] Babacar GUEYE et Saïdou NOUROU TALL et Maurice KAMTO, « Traité du 17 octobre 1993 relatif à l'harmonisation du droit des affaires en Afrique tel que révisé à Québec le 17 octobre 2008 », in *Ohada, Traité et actes uniformes commentés et annotés*, juriscope, France, 2012, p. 19.

[2287] *Jeune Afrique*, 53ème année, n° 2752 du 6 au 12 octobre 2013, p. 28.

Ohada et placée sous la subordination de la CCJA qui exerce son rôle par la cassation sans renvoi[2288].

En commentant les dispositions de l'article 28 du règlement de procédure de la cour commune de justice et d'arbitrage du 18 avril 1996, le conseiller à la cour de cassation de Burkina Faso, Monsieur Birika Jean Claude Bonzi note une préoccupation processuelle pertinente, celle de savoir si le demandeur à la cour commune de justice et d'arbitrage peut soulever le moyen de pourvoi mixte, c'est-à-dire un moyen fondé sur la violation de la loi sans tenir compte de l'ensemble des autres actes de procédure qui font corps avec le dossier, ou même d'autres moyens de cassation qui reposent sur les règles de droit interne ? A cette préoccupation et à l'analyse de Monsieur Birika Jean Claude Bonzi, à partir des arrêts, il s'observe que la CCJA a adopté une approche pragmatique sur cette question, elle n'a pas voulu que son domaine d'intervention se retrouve enfermé dans les limites du règlement de procédure. Mais la conséquence est que des décisions ont été cassées sur des moyens non prévus par le règlement de procédure ni par aucun autre texte applicable devant la CCJA ; arrêt n° 008/2005 du27 janvier 2005, SGBCI c/Getrac, Ohadata J-05-190[2289].

Les dispositions de l'article 20 du traité habillent la cour commune de justice des habits royaux africains lorsqu'elles instituent que

Les arrêts de la cour commune de justice et d'arbitrage ont l'autorité de la chose jugée et la force exécutoire. Ils reçoivent sur le territoire de chacun des Etats parties une exécution forcée dans les mêmes conditions que les décisions nationales. Dans une même affaire, aucune décision contraire à un arrêt de la cour commune de justice et d'arbitrage ne peut faire l'objet d'une exécution forcée sur le territoire d'un Etat partie.

Le droit processuel contient les droits fondamentaux dégagés par les valeurs démocratiques. Les justiciables usant de leur liberté processuelle, peuvent choisir la voie de prise à partie contre les juges nationaux de fond.

En l'état actuel du droit processuel de prise à partie, les juges de fond visés par les dispositions de l'article 13 du traité doivent répondre de leur faute professionnelle devant la cour suprême de justice comme procédure réparatrice de dommage causé à autrui injustement en dépit du fait que leurs décisions ne peuvent plus être censurées par la haute Cour.

Posons que la prise à partie est formée contre l'office du juge qui a rendu une décision du premier degré statuant sur la matière de compétence de la cour commune. Et simultanément, un appel est formé devant la cour d'appel par une des parties à l'instance. En vue d'éviter la contrariété des décisions

---

[2288] Cour d'appel de Douala, 15 mai 2000, société Soccia, précité ; CA Port Gentil, 9 décembre 1999, Société Kossi, précité, CA Port Gentil, 28 avril 1999, Société EFG précité ; CA, Niamey, 8 décembre 2000, Sanak Dan Nona c/ Hemidou Abou, précité.

[2289] *Ohada, traité et actes uniformes commentés et annotés*, 4ème édition, juriscope, France, 2012, p. 103.

entre celles du juge de prise à partie et de la juridiction de fond, celle-ci peut ordonner la surséance.

Par contre, la prise à partie peut être formée contre une décision d'appel et peut être portée par le jeu de recours et de prise à partie simultanément devant la cour commune et la cour de cassation nationale.

L'insécurité judiciaire s'accroît avec le refus de renvoi de la cause par la cour commune qui tient à trancher le litige. Les deux instances sont saisies et doivent connaître les affaires mais la primauté de la cour commune est évidente. Le dérèglement de la règle de précédent national s'accroit avec l'attribution à la Cour commune de justice et d'arbitrage de connaitre l'œuvre du premier juge non susceptible d'appel[2290].

C'est pourquoi, il est déplorable que la cour commune soit compétente avant l'épuisement des voies de recours internes, à l'exemple de la cour européenne des droits de l'homme[2291].

La réparation du préjudice subi injustement est un principe général du droit international et national. La politique qui met la charrue devant le bœuf ne pourra pas marcher aisément. La cour commune de justice est une institution jugée d'intégration des économies africaines, du reste extraverties. Les Etats signataires du traité de l'Ohada devaient déterminer les processus d'intégration de la justice à l'exemple de l'union européenne.

Certes, les Etats membres sont gérés par des régimes qui avaient et ont encore le problème fondamental avec la règle de droit, ils se sont interdits de parler dans le préambule du traité de démocratie stable, de droits de l'homme, de l'Etat de droit et surtout de l'évaluation des justices nationales. Ils auraient pu fixer les minima des conditions d'intégration des justices nationales.

Il demeure établi que parce que les institutions internationales ont les moyens que leur offrent les Etats membres, la cour commune aura certainement des difficultés à obtenir des Etats nations membres des juges indépendants et impartiaux.

Dans la logique d'évitement de la justice nationale, le traité du 17 octobre 1993 relatif à l'harmonisation du droit des affaires en Afrique reconnait la compétence de la cour commune de justice et d'arbitrage sur la censure des décisions non susceptibles d'appel rendusau premier degré par toute juridiction des Etats parties dans les mêmes contentieux. La pratique judiciaire démontre qu'une même affaire peut faire naître des actions pénales, civiles, disciplinaires à charge des magistrats et des auxiliaires de la justice avec comme conséquence que les décisions rendues sur les faits connexes puissent avoir les incidences.

C'est pourquoi, en respect de la règle fondamentale de la bonne administration de la justice[2292], *Le criminel tient le civil en état*, constituée en

[2290] Article 14 al. 4 du traité tel que révisé.

[2291] Article 35 de la convention européenne de sauvegarde des droits de l'homme principe général du droit, commande la surséance de l'action civile aux effets relatifs au profit de la procédure pénale qui est seule compétente à produire une décision opposable à tous[2293] d'une part et, d'autre, en vertu du principe général de droit de surséance en cas de question préjudicielle qui veut qu'en cas de deux demandes connexes portées devant deux juridictions d'ordre différent, la juridiction saisie de la question préjudicielle doit ordonner la surséance à statuer en attendant que cette question soit tranchée.

Les affaires judiciaires n'érigent pas de frontières intangibles à ne pas franchir par les juridictions[2294]. Les interactions entre les composantes du système judiciaire constituent une réalité du palais.

Le traité du 17 octobre 1993 n'attribue pas à la cour commune siégeant comme juge de cassation toutes les affaires judiciaires. Pour les affaires connexes, pénales relevant de la justice nationale exclusivement, civiles et commerciales de la cour commune de justice, le risque de contrariété des décisions judiciaires est certain.

Le contrôle des juridictions de fond par la cour de cassation constitue une règle fondamentale de l'organisation judiciaire en vue de l'unification de la règle de précédent.

Le Procureur Général Hayoit De Termicourt a défini la mission essentielle de la cour de la manière suivante « Veiller à l'unité de l'interprétation de la loi par l'ensemble des tribunaux du pays et à l'égard de tous les justiciables, quelle que soit la région où se situe le tribunal, la profession des parties ou la nature du litige »[2295].

La convention européenne de sauvegarde des droits de l'homme pose l'exigence de la recevabilité des recours devant la cour européenne qu'après l'épuisement des voies de recours internes en motivant qu'il s'agit de respecter les principes des droits internationaux généralement reconnus[2296].

L'exigence de l'épuisement des voies de recours internes, souligne le Professeur Fréderic SUDRE, est empruntée au droit international général et la jurisprudence internationale a reconnu, à plusieurs reprises, son caractère coutumier. (CIJ, 22 juillet 1952, Anglo Iranian Oil Company, 19 mai 1953, Ambatielos, 21 mars 1959, Interhandel, Rec. 1952, P. 93, 1953, P. 10 et 1959, p. 27)[2297].

Le professeur Jean François RENNUCI, arguant l'exigence de l'épuisement des voies de recours internes, dit que l'affirmation d'un tel principe est d'autant plus légitime qu'elle est de bon sens. Il signifie

---

[2292] Cass, 14 mars 1994, Pas. 1252.

[2293] Ruffin MUSHIGO-A-GAZANGA GINGOMBE, *op.cit*, p. 49.

[2294] Idem, p. 85.

[2295] Hayoit De Termicourt R, De Voltallige Zittingen ru het Hof Van Cassatie, Discours prononcé le 1er septembre 1967, AC 1968, 16

[2296] Gilbert AZIBERT, *op.cit*, p. 955.

[2297] Fréderic SUDRE, *Droit européen et international des droits de l'homme*, 10ème édition, PUF, Paris, 1989, p. 757.

également le caractère subsidiaire du mécanisme européen de contrôle, conformément aux règles classiques du droit international, le fait que le requérant doive d'abord s'adresser au souverain territorial pour obtenir justice[2298].

La précipitation en terme de délai raisonnable pour obtenir la décision de la cour commune de justice par l'évitement de la cassation nationale ne peut justifier la violation des règles classiques du droit international ni le bon sens.

Le bon sens de l'épuisement des voies de recours internes est autant perturbé lorsque la cour commune comme juge de cassation est saisie contre la décision du premier degré non susceptible d'appel.

Il n'y a pas de raison ni de droit, ni d'équité, moins encore de la foi due aux autorités judiciaires nationales, lorsque dans un acte presque d'incitation, le justiciable qui a renoncé librement à exercer la voie d'appel contre une décision du premier juge puisse saisir la cour commune, c'est en cassation.

Il est impératif devant la cour de cassation que le pourvoi ne peut concerner l'œuvre du premier juge. Le droit processuel de cassation a institué un principe traditionnel selon lequel le pourvoi est exclusivement ouvert contre les jugements rendus en dernier ressort, exception faite de cas de contrariété de jugements. Les dispositions des articles 605 et 606 du code de procédure civile français sont très claires quand elles indiquent que le pourvoi en cassation, voie de recours extraordinaire, vise les jugements rendus en dernier ressort[2299].

Il a été jugé par la cour de cassation française que le pourvoi en cassation n'est ouvert qu'à l'encontre des dispositions figurant dans le dispositif des décisions judiciaires en dernier ressort ; est donc irrecevable le pourvoi dont les moyens ne concernent aucune partie du dispositif de l'arrêt attaqué[2300].

Le droit belgo-congolais et celui des pays ayant organisé les cours de cassation reconnaissent l'exigence du principe traditionnel des décisions rendues en dernier ressort comme susceptibles d'être soumises au contrôle de la haute cour[2301].

La Cour commune de justice et d'arbitrage, sur pied des dispositions de l'article 14 alinéa 3 est une juridiction de cassation, qui déroge malheureusement et inutilement au principe traditionnel aux cours de cassation de l'interdit de déférer à leur compétence pour censure la décision du premier juge. La tentation toute stérile de méconnaitre les fondamentaux

---

[2298] Jean François RENUCCI, *Droit européen des droits de l'homme*, 3ème édition, LGDJ, Paris, 2002.

[2299] *Code de procédure civile*, 102ème édition, Dalloz, Paris, 2011, 1997, p. 500.

[2300] Com. 17 mars 1998, Gaz Pal 1998. 2, Pan 196.

[2301] Article 131 code judiciaire belge

de la justice notamment de double degré de juridiction et de temps raisonnable va desservir la cour de justice communautaire.

L'évitement des cours de cassation nationales au nom du temps raisonnable du procès joue en défaveur et de la justice et des parties avec l'institution des voies de recours extraordinaires (tierce opposition et requête civile[2302] et les défenses à exécution[2303] ouvertes contre les décisions de la cour commune.

La reconnaissance des faits nouveaux par la procédure de la cour commune, outre les voies de recours extraordinaires, prouve à suffisance que l'évitement des cours de cassation nationales est illégitime.

Si le temps déraisonnable que prennent les cours de cassation nationales était le motif de violation du droit international et de bon sens, le droit communautaire aurait pu imposer des délais stricts d'une part et, d'autre, obliger les Etats membres à accorder des moyens à leurs cours et tribunaux.

Conclusion

Le régime particulier de responsabilité civile des magistrats détermine limitativement les causes d'ouverture de prise à partie fondées sur les règles civiles de faute-dommage et de lien de cause à effet. Les arguments ayant consacré ou qui consacrent encore l'irresponsabilité du magistrat dans certains pays tournent autour de la complexité du rôle de juge et de l'impact de sa responsabilité sur l'indépendance et l'impartialité de son office.

En sus, l'autorité de la chose jugée, un fait processuel particulier des décisions de justice peut justifier l'irresponsabilité du juge. L'indépendance et l'impartialité constituent la créance de l'office du juge envers les pressions internes et externes, elles constituent également la dette du magistrat envers l'Etat de droit, leur finalité du reste[2304].

En tirant les leçons du droit comparé, le professeur Maureno CAPPELLETTI note qu'aucun principe du droit n'est absolu, comme en l'espèce l'indépendance du magistrat qui s'insère et s'emboîte dans d'autres principes processuels constitutionnels éternels tels que le respect des droits de la défense, dit Henri MOTULSKY[2305].

Sans le respect des droits de la défense, l'indépendance de l'office du juge devient boiteuse[2306]. Le droit processuel est un droit porteur de libertés et de démocratie, d'où la nécessité contemporaine de rendre compte comme

---

[2302] Articles 47 et 49 du règlement de la Cour commune de justice et d'arbitrage

[2303] Article 46 du règlement de la cour commune de justice et d'arbitrage

[2304] Loïc CADIET, Jacques NORMAND et Soraya AMRANI MEKKI, *Théorie général du procès*, PUF, Paris, 2010, p.70.

[2305] *Dictionnaire de la justice*, PUF, Paris, 2004, p. 364.

[2306] Georges BOLARD, *op.cit*, p. 596.

tout pouvoir ou toute autorité administrative ou judiciaire de la gestion des intérêts économiques et financiers des parties. La responsabilité civile des magistrats devient alors un contrôle a posteriori du magistrat pour s'assurer s'il y a eu rupture dans l'exercice de sa fonction, de son indépendance et de son impartialité d'une part et, d'autre, de la faillite de son serment solennel, notamment quant à son impartialité, son refus de la passion, de l'amour, de la haine et de l'intérêt, et de sa fidélité à l'ordre social et politique par l'affranchissement à son Seigneur ou à son Roi, sauf à sa conscience [2307].

En effet, les deux écoles, quoiqu'apparemment opposées, sont toutes riches. Les législations nationales s'y sont abreuvées pour consacrer le minimum de responsabilité civile du magistrat. L'analyse de la responsabilité de fait du service public de la justice a évolué avec celle de l'Etat depuis la décision du8 février 1873 dans l'affaire Blanco[2308].

Les causes d'ouverture de prise à partie tendent à vérifier si l'office du juge ou le magistrat du parquet est au courant de la procédure s'est transformée en partie, en rapport avec la qualité de l'arbitre neutre qu'il devait demeurer. La rupture de l'indépendance et de l'impartialité dans le chef du magistrat a pour principale conséquence la violation du principe constitutionnel d'égalité des justiciables devant le service public de la justice qui veut que toutes les parties jouissent de l'accès effectif au tribunal avec les mêmes juges qui appliquent les mêmes règles de justice de forme comme de fond.

En sus, le traitement égalitaire des justiciables préserve le respect de la règle du précédent qui constitue un droit acquis et légitime. L'institution de la prise à partie s'inscrit dans la logique de la compassion universelle à l'égard des victimes de la justice qui ont un droit légitime et légal d'obtenir réparation, du reste, un principe général du droit.

Au plan pratique, la prise à partie se trouve abusivement utilisée principalement comme une voie de recours extraordinaire pendant qu'elle doit demeurer une action en responsabilité civile. La procédure spéciale de prise à partie confiée à la compétence exclusive de la cour de cassation méconnait le droit fondamental du double degré de juridiction. L'arrêt de la Cour de cassation qui annule la décision rendue par le magistrat pris à partie acquiert l'autorité de la chose jugée sur pied de l'article 29 de la procédure relative à la cour de cassation. De ce fait, elle n'est susceptible de recours sauf exceptions limitativement prévues. Ainsi, elle produit des effets tant à l'égard des parties que des juridictions inférieures et, malheureusement, contre la partie originaire, bénéficiaire indu.

Le droit processuel actuel de prise à partie ne permet pas à la partie originaire de faire l'intervention volontaire, ou moins encore il ne lui

---

[2307] Robert JACOB, *op.cit*, p. 15.

[2308] M. LONG, P. WEIL, G. BRAIBANT, P. DELVOLVE et B. GENEVOIS, Les *grands arrêts de la jurisprudence administrative*, 6ème édition, Dalloz, Paris, 2007, p. 1.

accorde pas la faculté de former la tierce opposition d'une part et, d'autre, il institue une procédure non équitable à l'endroit du bénéficiaire indu qui perd l'égalité des chances même devant le juge de renvoi étant donné que la haute cour peut se prononcer sur le droit substantiel au profit du requérant en prise à partie tout comme sur une fin de non recevoir, une exception d'ordre public.

La procédure actuelle de prise à partie viole l'ordre public international de procédure ; son arrêt et ses suites des juridictions inférieures peuvent poser problème, notamment d'exequatur sur l'espace de l'union européenne avec l'exigence du procès équitable de la cour européenne des droits de l'homme.

De ce fait, comme en droit processuel français, dans l'intérêt de la justice, il y a lieu, en respect du principe général du droit de double degré de juridiction, en confiant à la cour d'appel, de statuer au premier degré en matière de responsabilité civile des magistrats, comme en matière pénale, et la cour de cassation statuera au second degré.

Les magistrats commettent des fautes en connivence avec les auxiliaires de la justice tels que les huissiers, les greffiers, les secrétaires du parquet, qui sont soumis au droit commun de responsabilité. Pour la bonne administration de la justice, principe général dudroit[2309], ils seraient en principe jugés ensemble par la cour d'appel.

L'institution de la cour de cassation comme instance de repos n'a pas apporté la sécurité judiciaire, moins encore la paix sociale. Comme le myope, la haute cour ne peut censurer que les décisions qui lui sont déférées en pourvoi et en matière de prise à partie. La justice contemporaine est rendue dans un contexte de méfiance nationale à l'égard de toutes les institutions publiques au Nord comme au Sud avec les évidences du régime d'impunité, de la parodie de justice, de la subordination de la justice à l'exécutif, etc., et les gens de la justice désertent même le palais de justice, ou plutôt, quand ils y demeureraient, ils y font toute autre chose que la justice.

L'idée de la communautarisation judiciaire fait son chemin. La justice internationale, une subsidiarité, ne peut régler le besoin quotidien de justice. En tant que fédération des injustices nationales, la justice communautaire risque de donner ce qu'elle reçoit des Etats membres. L'institution de juridictions communautaires n'est pas seulement une solution mais elle est aussi une problématique, notamment l'action en prise à partie contre certaines décisions des cours d'appel rendues dans le domaine de la compétence de la cour commune de justice et d'arbitrage.

[2309] Principe de bonne administration qui implique notamment que le citoyen doit pouvoir faire confiance aux services publics (principe de légitime confiance. Cass, 14 mars 1994, Pas, p. 252).

L'internationalisation des différends liés aux investissements directs étrangers dans le cadre de l'Ohada prend corps dans les dispositions des articles 13 et 14 du traité du fait de soustraire illégalement à la censure de la cassation les décisions des juridictions de fond en matière de la cour commune de justice et d'arbitrage, sauf en ce qui concerne les décisions appliquant les sanctions pénales[2310].

Il était souhaitable, avions-nous dit ci-haut, que la saisine de la cour commune et d'arbitrage ne soit faite, comme à la cour européenne des droits de l'homme, qu'après l'épuisement des voies de recours internes[2311].C'est aussi illégitime de méconnaître le rôle de la cour de cassation dans les contentieux liés aux investissements.

Les dispositions de l'article 28 du règlement de procédure de la cour commune de justice et d'arbitrage du 18 avril 1996 élargissent la compétence de la justice communautaire avec la problématique des moyens mixtes selon l'interprétation de la cour dans les arrêts n°s 008/2005 du 2 janvier 2005, SGBCI c/Getrac, Ohada J-05 – 190 et 52/2005 du 15 décembre 2005. Bouho Kossia Edith c/Kouadia Jonas. En recevant les moyens mixtes, la cour commune apprécie également le droit interne des Etats membres, situation qui conduirait à des interprétations différentes avec celles des cours de cassation nationales.

Les contestations affaibliront l'autorité de la cour commune par l'usage des dispositions de l'article 46 de son règlement de procédure d'une part et, d'autre, par les mécanismes des voies de recours extraordinaires de tierce opposition et de révision[2312]. L'intervention reconnue aux Etats membres, sur pied de l'article 45, a le risque de la politisation de l'affaire.

Ayant reconnu aux Etats membres la qualité de l'intervenant, ils sont fondés à faire une requête en tierce opposition ou une requête en intervention ou en révision, en se fondant sur l'intérêt, la mesure des actions. Dans l'absence de la culture démocratique et du respect de la séparation des pouvoirs acceptée par les Etats membres, le jeu risque d'élire domicile à la cour commune.

[2310] Articles 13 et 14 du traité du 17 octobre 1993 relatif à l'harmonisation du droit des affaires en Afrique.

[2311] Article 35 de la convention européenne de sauvegarde des droits de l'homme et des libertés fondamentales.

[2312] Articles 47 et 49 du règlement de la cour commune et d'arbitrage

CONCLUSION GENERALE

Dans ce travail, il a été question d'un bout à l'autre du droit processuel en RD Congo où il nous a plu de passer en revue les principes directeurs du procès équitable d'une part et, d'autre, la responsabilité civile du magistrat.

En effet, Le titre premier de ce livre a été consacré à la présentation de l'ordre public processuel formé par les règles fondamentales de procédure, à savoir les principes du contradictoire, de l'égalité et de la loyauté des justiciables, formant tant les droits de la défense que l'indépendance et l'impartialité de l'office du juge.

Le procès équitable demeure le standard international pour tout droit processuel interne. Il constitue un idéal et une unité de mesure processuels pour toute justice, qu'elle soit interne ou internationale. L'étude comparée permet d'examiner les avancées et/ou le recul par rapport aux exigences modernes du procès équitable[2313].

Antoine DE SAINT-EXUPERY n'avait-il pas raison de souligner : « Si tu diffères de moi, mon frère, loin de me léser, tu m'enrichis »[2314] ? Le droit comparé a permis de démontrer que même si les droits fondamentaux, comme principes directeurs du procès équitable, sont érigés en principes processuels en droit congolais, malheureusement certains contenus textuels tendent à méconnaitre l'effectivité des droits de la défense, censés être, selon Henri MOTULSKY, éternels et immuables dans chaque procédure[2315].

Les droits de la défense constituent une reconnaissance universelle parce que tirés de la nature des choses, même si, malheureusement, le contexte local est plus déterminant. La culture de la justice d'un Etat permet d'affirmer et de rendre effectives les règles fondamentales processuelles par les cours et tribunaux et par l'acceptation des décisions de justice par les justiciables, la société et surtout par les pouvoirs politico-administratif et militaro-financier.

Certes, l'effort international qui a permis de déterminer l'ordre public processuel national et international s'impose au droit de procédure interne, mais l'environnement local semble prendre le dessus sur la quête du procès équitable. La reconnaissance quasi permanente et le rêve universel de la cour suprême des Etats-Unis démontrent clairement la capacité de nuisance ou de bonheur des coutumes ou des habitudes locales surtout du politique sur la justice censée être indépendante et impartiale[2316].

[2313] Les exigences du procès équitable.

[2314] Antoine DE SAINT-EXUPERY cité par Thierry S. RENOUX, *De l'indépendance de la justice au Japon in Justices et droit du procès*, *op.cit.*, p. 109.

[2315] Vocabulaire de la justice.

[2316] Stephen Breyer, La cour suprême, L'Amérique et son histoire, Odile Jacob, Paris, 2011

Le droit processuel congolais, du reste rudimentaire, ne peut être qualifié de droit de praticien comme le code de procédure civile de 1806 de la France [2317], ni de droit de professeur[2318], moins encore de droit entre pratique judiciaire et droit savant[2319]. Ce droit demeure non effectif, et pourtant l'essence du droit de procédure doit constituer des garanties spéciales et générales au profit des justiciables pour un procès équitable.

Au-delà des insuffisances des textes juridiques comme instruments de justice, il faudrait ajouter l'impunité, fléau générateur des justiciables déloyaux qui, généralement, abusent de la finalité des règles processuelles. De ce fait, les erreurs judiciaires sont légions et les magistrats abusent de leur indépendance conçue comme une dette envers l'Etat de droits qui les oblige à observer la neutralité, à résister aux pressions internes et externes. Maisdans la hiérarchisation des règles processuelles, si les droits de la défense sont les plus beaux, il sied de signifier qu'à leur sommet il y a l'indépendance du juge qui, sans droits de la défense, reste boiteuse[2320].

Devant le juge de fond, l'absence d'effectivité des droits de la défense et de juge neutre appelé à appliquer les mêmes règles de forme et de fond conduit à l'inconstance de la règle du précédent judiciaire.

Ainsi, avions-nous dit plus haut, à la création de la cour de cassation française qui influença plusieurs pays, ses créateurs pensaient que dans l'intérêt de la société comme dans celui de la justice elle-même, il serait plus utile d'établir un corps de magistrats (...) à la sagesse desquels on confierait l'examen (...) de tous les jugements qui seraient attaqués, et qui, revêtus d'une spécialité exclusive, seraient, dans chacune de leurs décisions, absolus, impartiaux, intègres, indépendants et offriraient ainsi à l'ordre public plus de sécurité, plus de garantie et plus de repos[2321].

Sans prétendre faire le bilan des œuvres de hautes cours, le portrait robot des magistrats absolus, impartiaux et le repos des justiciables et celui de la société sont des idéaux à atteindre.

En tant que juge de la violation de la loi, la cour de cassation, sentinelle du droit d'un genre particulier, n'agit que par voie de recours très formalisé et, de ce fait, rend souvent non effectif le droit processuel du pourvoi avec interdiction de moyens nouveaux, de moyens de fait, de moyens mélangés de fait et de droit après avoir épuisé les voies des recours ordinaires.

Le coût de la procédure de pourvoi et la lenteur judiciaire, caractères séculaires de toute justice, ne facilitent pas le repos de la société et surtout des justiciables. La vie judiciaire est parfois cruelle que l'on ne peut le

---

[2317] Jean Louis HELPERIN, Le code de procédure civile de 1806, in *Code de praticien ?*

[2318] Bernard BERGNIER.

[2319] Catherine CHADELAT.

[2320] BOLARD Georges, *op.cit*, p 596.

[2321] CANIVET Guy, *Discours prononcé à l'audience solennelle de début d'année judiciaire, le jeudi 6 janvier 2000*. Rapport de la cour de cassation 1999, Documentation française, Paris, 2000, p. 50.

penser comme l'ont indiqué certains auteurs, notamment Voltaire[2322], De la Fontaine[2323], Maître Jacques Verges[2324]etc.

En dépit de ce formalisme processuel de la cour de cassation congolaise influencée par le droit franco-belge, cette cour est loin d'uniformiser la règle du précédent. La loi doit refléter la philosophie d'un peuple ; la légitimité des cours et tribunaux franco-belge n'est pas la même en RD Congo. C'est pourquoi, la procédure de cassation congolaise aurait intérêt à se laisser influencer par celle du tribunal fédéral suisse, notamment en ce qui concerne les faits et moyens nouveaux.

Toute procédure judiciaire doit tendre à la finalité de la justice : rendre à chacun ce qui lui revient. Le formalisme processuel de la cassation congolaise s'en écarte illégitimement. Beaucoup d'auteurs ont écrit sur la puissance du Parlement anglais qui n'a pour limite que l'incapacité de transformer l'homme en femme, limite qui semble même dépasser aujourd'hui avec la reconnaissance des mariages homosexuels.Mais, avons-nous horreur de le constater, les juridictions congolaises ont une capacité de nuisance hors pair, elles transforment le créancier en débiteur, le locataire en bailleur, le travailleur en employeur… Les erreurs judiciaires constituent le lot commun. Les causes de l'injustice judiciaire sont nombreuses. L'on peut en l'occurrence citer la moralité sociétale, le traitement du personnel judiciaire, les transitions constitutionnelles, le statut des magistrats et des auxiliaires de la justice, etc.

Dans la société où règne l'injustice, les modes alternatifs sont paralysés. L'arbitrage ne fonctionne pas, la justice disciplinaire, en matière d'honoraire des avocats, ne semble pasnettement satisfaire les pairs. Le service public de la justice, dans la production des décisions judiciaires, porte atteinte aux intérêts moraux, économiques et financiers des justiciables.

Les magistrats auteurs de préjudices illicites sont obligés de les réparer intégralement. Au regard de leur spécificité, ilsse trouvent soumis au régime particulier de responsabilité civile dont les causes d'ouverture sont limitativement prévues par la loi. Dans la pratique, la prise à partie est à tort considérée par les justiciables comme une voie de recours extraordinaire et non une action en responsabilité civile.

La Cour de cassation, par ses nombreux arrêts, en donne l'apparence également. Les droits fondamentaux processuels forment l'ordre public interne et international que doit respecter la procédure actuelle de prise à partie à l'égard du bénéficiaire prétendu indu de la décision du magistrat visé, qui n'a pas la possibilité légale d'intervenir en cours de procédure ni en contester la décision par voie de tierce opposition.

[2322] DE VALICOURT Eliane, *op.cit*, p. 9.
[2323] Idem, p. 10.
[2324] VERGES Jacques, *op.cit*, p. 1.

Devant les juridictions de renvoi, les parties originaires n'ont plus les mêmes chances lorsque la prise à partie aboutit par exemple à la reconnaissance d'un droit substantiel ou processuel qui met fin à l'instance telle que la forclusion du délai d'appel ou d'oppositioncomme les voies de recours extraordinaires. La procédure de prise à partie méconnait le droit fondamental d'appel au profit du magistrat visé d'une part et, d'autre, elle ne peut aboutir à un procès équitable, ceci l'est au préjudice des parties originaires.

A cet effet, le modèle processuel français, soucieux de préservation du double degré de juridiction, peut servir de miroir au droit de procédure de prise à partie congolais. La Cour d'appel, comme juridiction de premier degré, la partie adverse originaire a la faculté d'intervenir ou d'user de la procédure de tierce opposition pour un procès contradictoire, filtre de vérité.

L'actuelle procédure de prise à partie ne rencontre pas le principe général du droit de la bonne administration de la justice en cas de coopération entre les magistrats, soumis au régime particulier de responsabilité civile et les auxiliaires de la justice qui répondent du régime de droit commun de responsabilité, c'est là un cas évident de la défectuosité du service public de la justice. La prise en compte du principe général du droit de la bonne administration de la justice plaide pour que la prise à partie puisse relever de la cour d'appel comme juridiction de premier degré.

Quand on observe que la justice nationale est insécurisante et que cela est dû principalement aux influences négatives surtout des autorités hiérarchiques et politiques nationales sur l'indépendance et l'impartialité des magistrats, le recours à l'appel de la communautarisation de la justice semble se justifier.

La justice communautaire ou internationale répond d'abord à la quête de la sécurité des investissements étrangers, fondée sur la règle du droit communautaire ou international, thèse soutenue par les pays exportateurs des capitaux et défendue par les systèmes des Nations-Unies, la Banque Mondiale et le Fonds Monétaire International. De ce postulat, le vœu de la communautarisation de la justice comme solution à la faillite du juge indépendant national ne saurait être une solution pour les justiciables nationaux ordinaires.

Comme on peut le constater, la justice communautaire ou internationale réduit sensiblement les pressions des justiciables, des membres de la société civile et des Etats. Malheureusement, les Etats puissants et certains réseaux influencent toujours les décisions de la justice. Si la justice internationale était une solution équitable dans la distribution de la justice désirée par tous les Etats, la cour pénale internationale devrait être une juridiction pour tout le monde.

C'est pourquoi, et à certains égards, la communautarisation de la justice peut paraître comme une capitulation partielle, même si elle est subsidiaire, même si elle abandonne à la compétence souveraine des Etats la quantité négligeable de leurs citoyens.

En conséquence, le traité instituant la cour commune de justice et d'arbitrage soustrait du contrôle de la cour de cassation nationale les décisions de juge national de fond. La Cour commune de justice, statuant comme juridiction de cassation, a compétence de connaitre la décision de premier degré rendue par le juge national non susceptible d'appel. Le dérèglement des fondamentaux de la justice ne peut servir celle-ci surtout lorsque les bailleurs de fonds ont mis la charrue devant les bœufs.

Si l'idée de la justice était la leur, les tenants de la justice subsidiaire internationale auraient pu lutter pour un environnement de paix, de prospérité et de justice pour tous. La ghettoïsation judiciaire ne payera pas la justice internationale ou communautaire, elle la dessert.

BIBLIOGRAPHIE

I. TEXTES JURIDIQUES

1. Code de procédure civile congolais
2. Code de procédure civile, 102ème édition, Dalloz, Paris 2011
3. Code de procédure pénale congolais
4. Code de procédure pénale suisse du 5 octobre 2007 (Etat le 1er janvier 2011)
5. Code de procédure pénale suisse, confédération suisse, 2010
6. Code général des collectivités territoriales, 9ème édition, Dalloz, Paris, 2009
7. Code général des collectivités territoriales, Dalloz, Paris, 2006
8. Code de procédure pénale, code de justice militaire, Dalloz, Paris, 2001
9. Codes Larcier, 2010, Tome I, droit civil et judiciaire
10. Constitution de la République Démocratique du Congo, journal officiel, 47ème année, numéro spécial, 20 juin 2006
11. Constitutions de la France depuis 1789, GF. Flammarion, Paris, 1995
12. Convention de sauvegarde des droits de l'homme et des libertés fondamentales signée à Rome le 4 novembre 1950
13. Convention portant statut de la cour pénale internationale adoptée à Rome le 17 juillet 1998
14. Déclaration universelle de droits de l'homme de Nations-Unies de 1948
15. Déclaration universelle des droits de l'homme et du citoyen de 1786
16. Loi fédérale complétant le code civil suisse, livre cinquième, Droit des obligations, du 30 mars 1911, (Etat le premier janvier 2011)
17. Loi fédérale de procédure civile fédérale du 4 décembre 1947 (Etat le premier janvier 2011)

18. Loi n° 04/016 du 19 juillet 2004 portant lutte contre le blanchiment des capitaux et le financement du terrorisme, Journal officiel, 45ème année, numéro spécial, 5 août 2004
19. Loi n° 06-003 du 27 février 2006 modifiant et complétant certaines dispositions de la loi n° 0041 du 13 mars 2003 portant réforme des procédures fiscales. Journal officiel 47ème année, numéro spécial, 15
20. Loi organique n° 06/020 du 10 octobre 2006 portant statut des magistrats
21. Loi organique n° 13/010 du 13 février 2013 relative à la procédure devant la cour de cassation, Journal officiel, 59ème année, Première partie, Numéro spécial du 20 février 2013
22. Loi organique n° 13/010 du 19 février 2013 relative à la procédure devant la cour de cassation, 54eme année, première partie, Numéro spécial, Kinshasa, 20 février 2013
23. Loi organique n° 13/011-B du 11 avril 2013 portant organisation, fonctionnement et compétences des juridictions de l'ordre judiciaire
24. Loi sur le tribunal fédéral du 17 juin 2005 (Etat le premier janvier 2011). Confédération suisse
25. Ohada, traité et actes uniformes commentés et annotés, 4ème édition, juriscope, France, 2012
26. Ordonnance-loi n° 79-028 portant organisation du Barreau, corps des défenseurs judiciaires et du corps des mandataires.
27. Ordonnance-loi n° 82-017 du 31 mars 1982 relative à la procédure devant la cour suprême de justice, Journal Officiel n° 7 du 1er avril 1982
28. Ordonnance-loi n" 82-020 du 31 mars 1982 portant code de l'organisation et de la compétence judiciaires, Journal officiel du premier avril 1982
29. Un traité pour l'Europe, 2009, Dalloz, Paris, 2008

II. JURISPRUDENCE

1. Bruxelles (6ème chambre) 24 mai 1988
2. Bruxelles, 30 mai 2002, J.L.M.B. 2003
3. Cass. 21 février 1979, Pas. 750
4. Cass, 17 octobre 1996, J.T. 670

5. Cass, Ass. Plén. 26 mars 1999, n" 95-20.640, Bull. Ass. Plén. N" 3, Ch. Mixte. 6 septembre 2002, n° 98-22-981. Bull. ch. Mixte n° 4
6. CA, arrêt n° 82/94 du premier décembre 1994, RDP 1995
7. Cass, 20 décembre 2001
8. Cass. 2002, n° 783
9. Cass, 10 mars 1997, Pas.
10. Cass, 10 mars 1997, Pas.
11. Cass, 13 mars 1984, Pas. 1990
12. Cass, 20 février 1990, Pas 1991
13. Cass. 13 mars 1984, Pas. 1990
14. Cass, 20 février 1990, Pas. 1991
15. Cass, 11 août 2003, Pas, 2003
16. Cass, 11 avril 2003, C. 020612 *N,* Pas. 818
17. Cass, 11 juin 1992, Pas 898
18. Cass, 11 octobre 1977, Pas 1978,
19. Cass, 24 septembre 1980, Pas, 1981,
20. Cass, 23 mars 2000, Pas. 2000
21. Cass, 11 octobre 1977, Pas 1978
22. Cass, 24 septembre 1980, Pas.
23. Cass, 13 fév. 1997, Bull. n° 84
24. Cass, 13 mars 1989, Pas. 1990, P. 47, JIMB 1990
25. Cass, 20 février 1990, Pas. 1991,
26. Cass, 14 avril 2005, C.03.0148, F.J. I MB
27. Cass, 14 décembre 2006, C. 0605971 I, T.l, 2007
28. Cass, 14juin 1991, Pas.
29. Cass, 14 mars 1994, Pas. P. 252
30. Cass, 16 juin 1987, P. 1278
31. Cass, 18 avril 1991, P. 740
32. Cass, 18 juin 1970, Pas
33. Cass, 20 décembre 2001, Pas. 2001
34. Cass, 20 septembre 1979, Pas 1980
35. Cass, 21 fév. 1979, Pas. P. 7S0
36. Cass. 14 oct. 1995, J.T.P. 670, J.I.M. B1997
37. Cass, 21 février 1979, Pas, P. 750
38. Cass, 14 octobre 1996, JJ, P, 670, JIM.B. 1997
39. Cass, 22 avril 1993, Pas
40. Cass, 24 mai 1976, Pas
41. Cass, 24 mai 1976, Pas. P. 1014
42. Cass, 25 juin 1987, Pas
43. Cass, 25 juin 1987, Pas, 1,1325
44. Cass, 27 avril 1990, Pas, 1, 999
45. Cass, 27 mars 1998, Pas, 1,410
46. Cass, 27 juin 1977, Pas, 1,1101

47. Cass, 27 mars 1992, Pas
48. Cass, 27 mars 1998, Pas. I. 410
49. Cass, 27me, 24 mai 1982, Bull. Civ II n° 80
50. Cass, 28 avril 1989, Pas. P.914.
51. Cass, 28 février 1997, Pas
52. Cass, 2ème Civ. 21 février 2001, Bull.
53. Civ I n° 21, procédures 2001, n° 81. Obs Perrot
54. Cass, 3 avril 2001, Larcier
55. Cass, 3 octobre 1997, Pas, P. 962
56. Cass, 3me Civ. 16 mars 1976, Bull- Civ. III n° 120
57. Cass, 4 décembre 1995, Pas
58. Cass, 5 mars 1993, Pas
59. Cass, 5 mars 1993, Pas I
60. Cass, 6 mai 1982, Pas
61. Cass, 6 mai 1987, Pas
62. Cass, 7 janvier 2008, C0606.35 F, Pas
63. Cass, 7 novembre 1949, Pas. 1950,1, 123
64. Cass. 6 février 1987, Pas. 1987. I, 62
65. Cass. 7 mars 1986, RDC 1981
66. Cass, 27 mars 1998, J.T. 551
67. Cass. 27 mars 1998, Bull n° 176
68. Cass, 27 juin 1977, Pas, 1,1101
69. Cass, 15 juin 1979, Pas I, P. 1193, J.T., 1980,
70. Cass. 17 décembre 1982, Pas I, P. 481
71. Cass, 25 juin 1987, Pas 1,1325
72. Cass, 8 mai 1987, RG 57 49, Pas
73. Cass, 10 mars 1988, Pas I, 835
74. Cass. 8 février 2007, C0700.101. J.l M.B. 1983
75. Cass, 9fév. 2006, C.06.0029
76. Cass. 21 avril 2006, C0601321
77. Cass, ass. Pléin. 23 février 2001, Bul. Civ, AP, n° 5
78. Cass, Ass. Pléin. 30 juin 1995. D. 1995. 513.
79. Cass, Ass. Pléin. 23 fév. 2001, Bull.Civ; Ass. Plén. N" 5, JCP. 2001.1.340 spéc. N° 26.
80. Cass, Civ, 16 octobre 1968, D. 1969, Somm. 44
81. Cass, Crim, 16 janvier 2004, Dr Prén. 204
82. Cass, Crim, 29 novembre 1982, Bull. 269
83. Cass, Crim. 12 janvier 1994, Bull. 20
84. Cass. Civ. 7 mai 1828, S. 1828, 1, 93
85. Cass. Civ. 22 janvier 1951. JCP. 1957, Il 6161
86. Cass. Crim, 27 janvier 1979, Bull. 234
87. Cass. Crim, 27 novembre 1985, Bull. 381
88. Cass. Crim, 19 novembre 1997, Bull. 393
89. Cass. Crirn. 4 nov. 1987 CP 1988, Il 21087

90. Cass. Crim 25 février 1988, Bull. 98
91. Cass. Crim, 21 juin 1990, Bull. 255
92. Cass. Crim, 26 mars 1997. Bull. 130
93. Cass. Crim, 28 février 1995. Bull. 86
94. Cass. Crim, 7 avril 1993, Dr Pénal, juin 1993, n° 146
95. Cass. Crim 1" février 1994, Bull, 46
96. Cass. Crim. 16 janvier 2004, Dr prén. 2004
97. Cass. Crim. 17 septembre 1991, Bull. 314
98. Cass. Crim. 21 juin 1990. Bull. 255
99. Cass. Crim. 26 janvier 1977, Bull. 36, JCP 77 IV, 74 C
100. Cass. Crim, 5 janvier 1982 Bull. 6 JCP 82, IV 106, Rév. Se cass. Crim, 1983
101. Cass. Crim. 3 avril 1991. Bull 153
102. Cass. Crim. 4 janvier 1963. Bull. 2
103. Cass. Crim. 5 mars 1970, Bull. 93
104. Cass. Crim, 15 mai 1984, Bull. 179
105. Cass. Crim. 7 août 1993 Dr Pénal, juin 1993, *n"* 146
106. Cass. Crim. Premier février 1994. Bull. 46
107. Cass. Req. 11novembre 1908 D.P. 1914 P. 118. rappr. Denis, S. 1909, l. 572
108. CE, 7 janvier 1987, Vangecbergen Conté, Etat Belge n° 27.307, GA 27 mars 1987
109. CE, 13 février 1987, Morel, Rec. Le bon, P. 883, RFDA, 1988
110. CE, 17 novembre 1922, Lebon, 6849
111. CE, 24 avril 2006 n° 2927.42 inédit
112. CE, 5 mai 1944, Dame Trompier-Gravier, Rec. 133
113. CE, Ass. 2 avril 1943. Bouguen, Rec 86
114. CE, Ass. 27 oct. 1995, Commune de Wlorsang-sur-Orge Rec. 372
115. CE, Ass. 3 décembre 1S99, Didier, RC 399
116. CE, Bellet c/France, 4 décembre 1995 § 36 JCP, 1996
117. CE, section 2 février 1945, Moineau, Rec. 27
118. CE, Section 5 mai 1944. Dame Veuve Trompier-Gravier. Rec. 133
119. CE, section 5, Mai 1944, affaire RC 133
120. CE, Section, 2 février 1945, Rec. 27
121. CEDH, 28 février 1984, n° 78 19/77 n° 7878/77, Campbell et Fell c/Royaume-Uni, Série A n° 80, Berger, n° 71
122. CEDH, 13 novembre 2001, n° 38945/97
123. CEDH, 16 juillet 1968, n° 2804/66 Struppat c/RFA. DR. Annuaire de la conv. Vol. XI, P. 400

124. CEDH, 20 Nov. 1995 n° 95/89/92 British American Tobacco co. Ltd c/Pays-Bas. Série A n° 331. RUDH 1996
125. CEDH, 21 mars 2000, D. 2000. 883 note Clay JCP. 200041.10344
126. CEDH, 22 nov. 1995, 19/78/91, Bryan c/R.V. Série A. n" 335, RUDH. 1996
127. CEDH, 23 avril 1996, Remli *cl* France. Rec. 1996
128. CEDH, 25 février 1997, Gregory c/ Royaume Unie, Rev, Se. Crim. 1998
129. CEDH, 16 septembre 19999 – Discemi c/Italie, RC 2000 – I – 203 n° 15 obs. Sudre D. 2000
130. CEDH, 9 octobre 1979, Arrêt Airey § 24
131. CEDH, premier mars 1990, IDI 1991, 773, note P.T.
132. CEH, 13oct. 2009, Ferré Gisbert c/Espagne n" 39590/05 DV et proc, 2010/3. Suppl. DV. Proc, internationales
133. CEDH, 24 février 1995, Mc Michel c/Royaume Uni, D 1995
134. CEDH, 22 février 1989, Affaire 92 et 93/97 Commission/France et Royaume-Uni, Rec
135. CEDH, 27 avril 2006, Yillas Yildiz Turistik Tesisleri As c/Turquie ; requête n° 30502/96
136. CEDH, 10 juillet 1988. Aff. 234/84 et 40/85. Belgique C/Commission
137. CEDH, 11 novembre 1987, Affaire 259/87. France c/Commission
138. CEDH, Arrêt du 21 mars 1990 Affaire 142/87. Belgique c/Commission
139. CEDH, 12 décembre 1990 ; Affaire C 172/89 Vandermoortele/Commission, Rec
140. CEDH, 2 octobre 1978. Affaire 10/78 Belbonab/Bundes Knappschaft, Rec. 1985, 1924
141. CEDH, 13 février 1979. Hoff. Mann - La Roche/Commission, Rec. P. 461 - 511, Arrêt du 7 juin 1983, Affaires jointes 100 à 103/80 Musique. Diffusion Française/Commission.Rec. P. 1S25, 1880
142. CEDH, 9 novembre 1983 Affaire 322/82. Michelin/Commission Rec.
143. CEDH, 25 janvier 1979 Affaire 98/78 Rache/Harptzolleurt Mainz. Rec P. 69, 86. Affaire, 99/78
144. CEDH, 25 septembre 1984, Affaire 117/83 Konecke / Balm, Rec. P. 3291, 3302
145. CEDH, 9 juillet 1981. Affaire 169/80, administration des douanes, Gondrand Frères, Rec.

146. CEDH, 22 février 1989, Affaire 92 et 93/97 Commission/France et Royaume-Uni, Rec
147. CEDH, 27 octobre 1977, Affaire 121/76 Mali/Commission. Rec. Q. 1971 ; 1979
148. CEDH, 13 avril 1978, affaire 75/77. Mollez/Commission.Rec
149. CEDH du 26février 2002siégeant en Grand Chambre
150. Civ, 2ème, 14 novembre 1979. Gaz, Pal 1980. 186
151. Civ, 2ème, 9 mars 1979, ibid. 1979, 2. Somm. 438, Paris 16 mai 1994. Gaz, Pal 1994,1. somm. 351
152. Civ, 1er, 1er avril 2004, Bull, Civ I, n" 205, Procédures 20U5, Comrn, 284 note Arbellot ; Gaz, Pal, 1e', 2 avril 2005
153. Civ, 1er, 19 sept. 2007, Bull. Civ I, *n*° 279
154. Civ, 1er, 27 mars 2007, Bull. Civ n° 131, JCP 2007, IV. 1913
155. Civ, 1er, 30 sept 2003, Gaz, Pal 3-4 sept. 2004
156. Civ, 1"e, 10 mai 2000 D. 2000 J. 649
157. Civ, 1er, 10 mai 2007, JCP 2007, IV 2183
158. Civ, 3ème, 8 octobre 2003, Bull. Civ III n" 14, D. 2003 !R 2547; RTD Civ. 2004, 136
159. Civ, 1ère, 12 juin 1974, D 1975, 173, note Aubert Soc. 14 mars 1974, Bull. Civ, V. 1982
160. Civ, 1ère, 19 sept. 2007, Bull. Civ, I, n" 279, D. 2007, AJ, 2542
161. Civ, 1ère, 28 avril 1998, Bull. Civ l n° 155, Gaz Pal, 15 décembre 1988
162. Civ, 1ère, 4 juillet 2006, Bull, Civ I, n" 340, Rev. Crit. DIP, 2007, 413.
163. Civ, 1ère, 9 mai 1972, Bull, Civ. I n° 126
164. Civ, 2ème 11 janvier 2006, Bull Civ II, n" 10 ; RP 418 ; *û* 2006, 1S252
165. Civ, 2ème, 27 mai 2004. D. 2005, 332
166. Civ, 2 ème 16 déc. 1985, Bull, Civ 11, n" 197
167. Civ, 2ème, 19 oct 1961, Bull Civ II n° 672
168. Civ, 2ème, 19 octobre 1961, Bull, Civ. il, n° 672
169. Civ, 2ème, 27 mai 1994, JCP 1994, IV. 1380
170. Civ, 2ème, 29 mars 1961, Bult, Civ, FI n° 138
171. Civ, 20 , 29 mars 1971, Bull. Civ II n° 138
172. Civ, 2ème 16 juillet 1976, Bull. Civ. Il, n" 245
173. Civ, 2ème, 22 octobre 1981, Gaz, Pal, 1982, 1, Pan 107
174. Civ, 2ème, 12 janvier 1972 Bull. Civ. Il n° 60
175. Civ, *2ème,*27 avril 1933, Bull. Civ. Il n° 103

176. Civ. 2ème, 26 janvier 1986. Bull. Civ. Il *n*° 175, 11 février 1987. Bull. Civ. Il n° 43
177. CIV, 2ème 8 juin 1935 rï° 94 - 60 - 582, Bull. Civ 11 n° 175, JCP, 1995, H. 22512
178. CIV, 3ème 10 février 2009, procédures 2009, Comin. 109
179. Civ. 1er, 10 avril 1996; Bull. Civ, I n° 172, RCA 1886 Civ. 236, RGDA 1996, 717
180. Civ. 1er, 14décembre 1973, Bull. Civ. 1 n° 336
181. Civ. 2™", 10 février 1977, Bull. Civ. Il n° 32. D 1977 IR. 264
182. Civ. 1er, 17 novembre 2005. D 2005. IR 3033 SCP, 2005, IV 366
183. Civ. 1er19sept. 2007, Bull, Civ 1, n" 279, D. 2007, AJ 2542
184. Civ. 1er, 20 févr. 2007, D. 2007, AJ. 727
185. Civ. 1er, 7 juin 1974, Bull. Civ 1, n° 168
186. Civ. 1er, 12 juin 1974, Bull. Civ I n" 181
187. Civ. 1er, *1"* mars 1983, Bull. Civ. I, n° 33, Gaz. Pal 1983.1. Somm. 176, RTD. Civ. 1983, 596
188. Civ. 1er ,11 février 1981. Bull. Civ. n" 51
189. Civ. 3ème, 27février 1985
190. Civ. 1er, 25.mai 1982. D. 1984. 273. Note Prieur, 9 mars 1983
191. Civ. 1er, 4 mars 1981, Bull, Civ I, n° 44 D 1983, IR 341
192. Civ. 1er 6 octobre 1976. Bull. Civ. 1 n° 288
193. Civ. 2ème, 14 déc. 1983, Bull, Civ II, n° 140, Soc. 27 mai 1987, Bull. Civ VI, n° 343, Corn. 1er déc. 1992
194. Civ. 2ème 14 décembre 1992, JCP, 1993, IV, 551
195. Civ. 2ème 16 juillet 1993, Bull. Civ II n" 259
196. Civ. 2ème, 17 juin 1992, Bull. Civ il n° 166
197. Civ. 2ème, 18 octobre 2011, D 2001, IR 32 47 JCP, 2001 IV 2905
198. Civ. 2 ème, 27 mai 2004, Bull.
199. Civ II n° 245. D 2004, IR 1863, JCP 2004, IV. 2490, Gaz. Pal. 25-26 mai 2005
200. Civ. 1er, 28 avril 1998, Bull. Civ. 1er n° 155. D. 1998. IR131
201. Civ. 2°, 28 octobre 1954
202. Civ Il, n° 328, JP 1955, II, 8765, RTD. Civ 1955, 324
203. Civ. 2ème, 3 avril 2003, Buil. Civ. Il *n*° 34, D. 2003, IR 1134; Procédures 2003, Comm. 132
204. Civ. 2ème 10 décembre 1975. Bull. Civ. H n" 265, 26 novembre 1986, JCP. 1987, VI. 43

205. Civ. 2ème, 17 mars 1983, Gaz, Pal 1983, L Pan, 227
206. Civ. 2ème, 20 octobre 1999, Bull II n° 159
207. Civ. 2ème, 27 avril 1983, Bull. Civ. Il, n° 103, 26 janvier 1986
208. Civ. Il n° 175, 11 février 1987. Bull. Civ. Il, n°43.
209. Civ, 2è, 21juillet 1986, Bull. civ. Il n° 130, Gaz Pal 1987, somm 172
210. Civ. 2ême, 17 décembre 1979, Bull.
211. Civ. Il n° 295 Com. 12, 12 février 1985, Gaz. Pal 1985. 2 pan 188
212. Civ. V n° 314, 9 décembre 1933, JCP 1994, IV, 17
213. Cîv. 2*mo, 19 janvier 1983, Gaz, Pol. 1983, Pari 177
214. Civ. 3°, 22 mars 1996, Gai Pol 16mai 1996
215. Civ. 2èmepremier juin 1988, Bull. Civ. Il n° 133 D, 1988. Somm. 180
216. Civ. 2'mB, 22 mars 2007, procédures 2007. Commm. 130
217. Civ. 2ème, 1" avril 2004, Bull. Civ. Il n° 148, Procédure 2004. Comm. 144, JCP 2004 VI 2092.18 février 2009, procédure 2009. Comm. 144
218. Civ. 2ème, 21 juillet 1986, Bull. Civ 11 n° 130, Gaz. Pal 1987.1 Somm 172
219. Civ. 2èmc, 27 mai 1968, Bull. Civ. Il n" 154, 9 mai 1994
220. Civ. 2ème, 28 octobre 19B8, Bull. Civ. Il, n" 257
221. Civ. 1er, 18 février 1981, Bull. Civ. 1 n" 59
222. Civ. 2ème, 5décembre 1933, Gaz Pal 1986.2. somm. 324
223. Civ. 2ème, 31 mai 1972, Bull. Civ II, n° 158
224. Civ. 2 ème 11 janvier 2006. Bull. Civ. Il n° 10.R. P. 418 ; & 2006, IR. 252
225. Civ. 3ème, 10 décembre 1975. Bull. Civ. III, n° 370
226. Civ. 3èmc, 10janvier 1990, Bull. Civ. III n" 5
227. Civ. 3ime, 10 juin 1976, Gaz. Pal 1977, note Viatte RTD. Civ. 1977. 369
228. Civ. 2ème, 25 novembre 1987. D. 1982, 37
229. Civ. 1982, 653. Obs. Perrot
230. Civ. 7 mai 1828. S. 1828.1. 93
231. Civ., 2 ème 10 novembre 1998, Bull. Civ, Il n° 267
232. Civ, 2ème, 5 octobre 1983, Bull. Civ. II, n° 159, RTD Civ. 1984, 357
233. Civ, 2ème, 14 décembre 2006, Bull. Civ. II n° 350
234. Civ, 2ème, 10 février 2000, Bull, Civ, II n° 27, JCP. 2000, II. 10405
235. Ch. Mixte 10 juillet 1981. D. 1981. 637 notes. Cabannes. RTD Civ. 1981. 67

236. CJCE, 3ème chambre, 29 septembre 183 cour des comptes c/Calvrn. E. William. Affaire 9/81Rec 1983
237. CJCE, 9novembre 183, NUMederlands che Bander industrie Michelin c/Commission. Affaire 322/81 Rec. 1983
238. CJCE, 15 mai 1986, Marguerite Johnson contre Chief Constable of the Royal Ulster constabulary. Aff. 222/84 Rec
239. CJCE, 15 octobre 1987
240. CJCE, 15 octobre 2002, Limburgse VinyL Maatschappij NU. (LUM) et DSM, C ; 238/99
241. CJCE, 17 décembre 1970, Internationale Handelsgesell schaft mbh contre Einguhr-und Vorratsstelle fur getieide und Futtermittei. Aft H/70. Ec. 1125.
242. CJCE, 17/12.1970, Internationale Hand elgeselles-chaft mott. *cl* Einfuhr und. Varratsstelle fur Getreide und frîtter mitell. Affaire 11/70. Rec 1970
243. CJCE, 28 juin 1990. Affaire e174.181, Rec 1990
244. Corn, 9 décembre 1954, Bull. Civ. III, n° 550.
245. Com. 9 décembre 1954, Bull. Civ. 1 er, 11 décembre 1984, n° 83 – 13904, Bull. civ. 1 n° 332
246. Corn. 15 février 1982 JCP 1982, V. 161
247. Com, 11 mai 1976, Bull. Civ. IV, n° 156
248. Corn. 16 juin 2009 n° 08-13658, Gaz Pal 26-28 juillet 2009
249. Corn. 19 janvier 1948, Bull. Civ II n° 15
250. Corn 27 novembre 1991 n" 89-20, 356, Bull. Civ. IV n° 357
251. Corn. 30 mai 1972 Bull. Civ. IV n° 168
252. Corn. 30 mai 1972 Bull. Civ. IV n° 168
253. Corn. 30 mai 1972 Bull. Civ. IV n° 168
254. Commission EDH, Req. N° 434-53 an II
255. Conseil constitutionnel, 22 juillet 1980, validation d'actes administratifs (IIPDC)
256. Conseil constitutionnel, 26 janvier 1967, 9 juillet 1970 (31 DC - 40 DC) décision 67, 31 DC Rec 19 et 70 40 DC, Rec 25
257. Conseil constitutionnel, DC. Décision 67-31 DC. Rec. 19 et 7040 DC, Rc. 25
258. Cour d'appel de Douala, 15 mai 2000
259. Cour d'appel de Port Gentil, 9 décembre 1999
260. Cour d'appel de Port Gentil, 28 avril 1999
261. Cour d'appel de Niamey, 8 décembre 2000, Sanak Nona c/Hemidou Abou précité

262. Cour de justice et tribunal de première instance 1977 /90, vol 1, Luxembourg, 195
263. CPJi, Affaire des usines de Chorzow, 13septembre 1928, série A, n° 17
264. CSJ, RC 213, 11 avril 1979, Bull. 1934
265. CSJ, RP 80 du 10 janvier 1973, Bull. 1974
266. CSJ, RP 785 du 23 juillet 1985, inédit
267. CSJ, RPP 189, 8 octobre 2004
268. CSJ, RC 2023, 4 décembre 1997
269. CSJ, RC 137,19 août 1981, RJZ 1982
270. CSJ, RC 235, 29 août 1979, Buli. 1984
271. CSJ, 4 juin 1971, L.J. c/ L.TR, RJZ. 1971
272. CSJ, Arrêt RPP 296,10 mars 2009, Bull des arrêts de la CSJ, années 2004-2009, Tome II (2007-2009)
273. RPP 163, 23 janvier 2004
274. CSJ, RA 740, 14 juin 2004, Procureur Général de la République contre Is Conseil National de l'Ordre, Bulletin des arrêts de la CSJ, Années 2004-2009
275. CSJ, RC 145, 21 juillet 1976, Bull 1977
276. CSJ, RC 122, 28 juillet 1976, Bull, 1977
277. CSJ, RC 153, 31 août 1977, Bull, 1978
278. CSJ, RC. 209, 1er septembre 1977, Bull, 1978
279. CSJ, RC 165, 19 avril 1978, Bull, 1979
280. CSJ, RP 260, 27 novembre 1979, Bull, 1984
281. CSJ, RC 166, 29 août 1979, Bull, 1984
282. CSJ, RC 308,13 février 1980, inédit
283. CSJ, RC 225, 23 août 1978, Bult/97
284. CSJ, RC 83, 28 janvier 1976, Bull, 1977
285. CSJ, RC 265, 16juin 1982, inédit
286. CSJ, RC 38, 8 mars 1973, Bull, 1974
287. CSJ, RC 38, 8 mars 1974 », Bull. 1974
288. CSJ, RC 454 du 10 avril 1985 Inédit
289. CSJ, RC 515, 29 juin 19B3
290. CSJ, RC 76, 8 août 1979, Bull, 1984
291. CSJ, RC 81, 19/12/1973, Bull. 1984
292. CSJ, RC. 235, 29 août 1979, Bull, 1984
293. CSJ, RC. 305, 6 août 1900, inédit
294. CSJ, RC. 47, 8 mai 1974, Bull. 1975
295. CSJ, RC. 551, 30 nov. 1983, inédit
296. CSJ, RC 100, 3 avril 1976, Bull. 1977
297. CSJ, RC 174, 30 Nov. 1977, Bull. 1978
298. CSJ, RP 104, 18 mars 1975, Bull, 1976
299. CSJ, RP 107, 3 avril 1974, Bull, 1975
300. CSJ, RP. 128, 8 août 1974, Bull 1975

301. CSJ, RP 174, 4 juillet 1977, Bull, 1978
302. CSJ, RP 194, 17 mai 1978, Bull 1979
303. CSJ, RP 2, 7 et 9, 8 octobre 1969, RCD 1970
304. CSJ, RP 26 du 30 décembre 1997, TSP, inédit
305. CSJ, RP49, 26 juillet 1972, Bull, 1978
306. CSJ, RP 36, 2 février 1972, Bull, 1-973
307. CSJ, RP 73, 6 décembre 1972, Bull 197
308. CSJ, RP 57, 5 juillet 1972, Bull, 1973
309. CSJ, R.C. 268, 27 août 1980, inédit
310. CSJ, RP. 960 du 23 juillet 1985, Inédit
311. CSJ, RP. 84/S5, 2 fév. 1978, Bull. 1979
312. CSJ, RP. 123, 3 avril 1976, Bull. 1977
313. CSJ, RP. 125; 3 avril 1976, Bull, 1977
314. CSJ, RP. 160/163, 26 fév. 1977, Bull. 1978
315. CSJ, RP. 64 et 68, 15 mai 1974, Bull. 1975
316. CSJ, RC 150, 9 déc. 1982, inédit
317. CSJ, RP. 2, 7 et 9, 8 octobre 1969, Affaire KINI, RCD, 1970
318. CSJ, RP. 36, 2 fév. 1972, Bull. 1973
319. CSJ, RP. 73, 6 décembre 1972, Bull. 1973
320. CSJ, RP. 92, 10 août 1974, Bull. 1975
321. CSJ, RPA 5, 22 juin 1972, Bull. 1973
322. CSJ, RP. 487, 28 décembre 1982, RJ-Z, 1984
323. CSJ, RPA 17, 26 juillet 1972, Bull. 1973
324. CSJ, RP. 572, 26 juillet 1983, inédit
325. CSJ, RPA 17, 26 juillet 1972.
326. CSJ, RPA 322 du 15 février 2006, Bull des arrêts de la CSJ, années 2004-2009, Tome 1, Kinshasa, 2010
327. CSJ, RPA, 38, 23 décembre 1976, Bull. 1977
328. CSJ, RPA, 46, 1 ai 1977, Bull,1975
329. CSJ, RPA, 5, 22 juin I972, Bull, 1973
330. CSJ, RPA, 67, 28 août 1981, inédit
331. CSJ, RPP 069 du 19 juin 1998
332. CSJ, RPP 129, 28 février 2003
333. CSJ, RPP 130,14 mars 2003
334. CSJ, RPP 187, 9 avril 2004
335. CSJ, RPP 189, 8 octobre 2004
336. CSJ, RPP 213 du 24 février 2006, Bull des arrêts de la CSJ, années 2004 à 2009, Tome I
337. CSJ, RPP 217, 9 décembre 2006, inédit
338. CSJ, RPP 278 du 7 juillet 2006, Bull des arrêts de la CSJ, années 2004 à 2009, tome I
339. CSJ, RPP 278, 7 juillet 2O06,

340. CSJ, RPP 278, Bull des arrêts de la CSJ, années 2004 à 2009, Tome I
341. CSJ, RPP 282,12 mai 2006
342. CSJ, RPP 295, 9 juin 2006
343. CSJ, RPP 297, 4 septembre 2009
344. CSJ, RPP 222 du 3 juin 2005
345. CSJ, RPP 30, 5 juillet 1994
346. CSJ, RPP 434, 13 mars 2009, Bull des arrêts de la CSJ, années 2004-2009 Tome II (2007-2009)
347. CSJ, RPP. 163, 23 janvier 2004
348. CSJ, RPP. 290, 13 mars 2009
349. CSJ, RPP. 296, 10 mars 2009
350. CSJ, RPP103, 15 octobre 2004
351. CSJ, RPP216, 28 janvier 2005, inédit
352. CSJ, RPP379, 30 novembre 2007
353. CSJ., RC 80, 10 octobre 1979, Bull, 1984
354. CSJ., RPP 297 du 4 septembre 2009
355. Dijon, 16 décembre 1998, Gaz. Pal 30 janvier, Ier fév. 2000
356. Douai, 23 juin 1976, Gaz, Pal. 1977, I, 90
357. Pand LXXX, V Prise à partie, P. 56, n" 62, RPDG, X, V Prise à partie,
358. Jugement RP 21849 rendu par le tribunal de paix de Kinshasa-Gombe
359. Jugement RC 24698, Ttribunai de Grande Instance de Kinshasa/Matete
360. Jugement RC 94488 Tribunal de Grande Instance de Kinshasa/Gombe
361. Pand, LXXX, Vè Prise à partie, P. 56 n° 59-60 RPDB, X Vème Prise à partie
362. Pand, XXIX, Vè Déni de justice, P. 753, n° 12-13. RPDB, III, Vè Déni de justice, P. 628 n° 9,11 et 12. M. Rigaux et P.E. Trousse, Oc. 335-336, A. Marchal, OC. P. 211, n° 4684 et 4686
363. Pand. LXXX, Vè Prise à partie, P. 59, n° 77, Baas, a.c. P. 326, n° 627, RPDB X, Vè Prise à partie, P. 247 n° 72, R. Hayotte de Termicquet ac. 1955, 512 '
364. Paris, 13 juin 2002, LPA, 14 novembre 2002
365. Paris, 31 octobre 1996. D. 1997, 25
366. Reims, 29 juin 1977, JCP 1980 II. 19300
367. Req. 10 juillet 1907, DP 1907, 1, 424 Soc. 2 février 1962, Bull. Civ. IV n° 153. Civ. 1er, 15 juillet 1999, n° 97-15.780, Bull. Civ. 1, n° 240

368. Soe, 29 avril 1969, Bull. civ. V. Ka 182, Paris, 11 juin 1982, Gaz, Pal. 1982 n". 562
369. TGI te Mans, JME, 22 mars 2007, Juris Data n° 2007 - 331020, Procédures, Focus, 26

III. OUVRAGES

1. A, Rubbens, Le droit judiciaire congolais, Tome II, presses universitaires du Congo, Kinshasa, 2012
2. A. Rubbens, Le droit judiciaire zaïrois, Torne 2, PUZ, Kinshasa, 1978
3. Achille Betu Nzuji, La profession d'avocat : principes essentiels et administration de la discipline, Mediaspaul, Kinshasa, 2012
4. Achille Betu Nzuji, La récusation et la suspicion légitime en droit congolais, Garantie d'une justice équitable, Mediaspaul, Kinshasa, 2013
5. Alexandre Adler, Le rapport de la CIA : comment sera le monde en 2020 ? Robert Laffont, Paris, 2005
6. Antoine Garapon, Bien juger, essai sur te rituel judiciaire, édition Odile Jacob, Paris, 1997
7. Antoine Garapon, Le gardien des promesses, justice et démocratie, édition Odile Jacob, Paris, 1996
8. Basile Osokonda Okenge, Changement des mentalités : instrument de développement, plaidoyer pour les valeurs et les vertus dans la gouvernance, édition MES, Bruxelles, 2014
9. Bible
10. Christian Heberli, Les investissements étrangers en Afrique avec des études de cas portant sur l'Algérie et le Ghana, LGDJ, Paris, 1979
11. Christian Panier, Comprendre la justice, Academia - Bruylant, 2004
12. Claude Bernard, La justice, Le Monde, éditions1996
13. Coralie Ambroise-Castérot, Natalie Fricero, Laurence-Caroline Henry et Patrick Jacq, Glossaire des procédures ; procédure civile, procédure pénale, procédure administrative, procédure communautaire, procédure européenne, Gualino éditeur, Paris, 2007
14. Coran. Complexe Roi Fahd pour l'impression du Noble Coran

15. David G. Hotte et Virginie Heem, La lutte contre le blanchiment des capitaux, L.G.D.J, Paris, 2004
16. Dibunda Kabuinji Mpuambuambuji, Répertoire général de jurisprudence de la cour suprême de justice, 1959-1995 ; CPDZ, Kinshasa, 1990
17. Didier Cholet, La célérité de la procédure en droit processuel - LGDJ, Paris, 2006
18. Didier Del Prête et Eva Fischer, Institutions juridictionnelles, Hachette Paris, 2006
19. Didier Veillon, Magistrat au 19ème siècle, en Charente-Maritime-Deux-Sèvres, Vennie et Venrée, Geste éditions, 2001
20. Dominique Carreau et Patrick Juillard, Droit international économique, 3ème édition, Dalloz, Paris, 2007
21. Dominique Inchauspé, L'erreur judiciaire, PUF, Paris, 2010
22. Dorothée Moisan, Le justicier : enquête sur un président au-dessus des lois, les éditions du moment, Paris, 2010
23. Eliane De Valicourt, L'erreur judiciaire, l'Harmattan, Paris, 2005
24. Eric de Mont Golfrer, Le devoir de déplâtre, Michel Lafon, Paris, 2006
25. Eric Dupond-Moretti et Stéphane Durand-Soufflaud ; Bête noire condamnée à plaider, Michel Lafon, Neuilly-sur-Seine, Cedex, 2012
26. Ernest Paye, La cour de cassation 1903, éditions La Mémoire du Droit, Paris, 1999
27. Ernst Cassirer, La philosophie des lumières, Fayard, Paris, 1966
28. Fabien Lafoy, La mondialisation du droit par le juge, étude du droit privé et sciences criminelles, Tome I, Presses universitaires de Marseille, 2006
29. Fabrice Hourguebie, Sur l'émergence du contre-pouvoir juridictionnel sous la Vème République, Bruylant, Bruxelles, 2004
30. Francis J. Ayume, Crirninal procedure and law in Uganda, Law Africa, 2010
31. Franck Daninos, CIA une histoire politique, 1347 - 2007. Tallandier, Paris, 2007
32. François Martineau, Petit traité d'argumentation judiciaire, 4ème édition, Dalloz, Paris, 2010
33. Frédéric Charpier, La CIA en France, 60 ans d'ingérence dans les affaires françaises, Seuil, France, 2008

34. Frédéric Sudre, Droit européen et international des droits de l'homme, 10ème édition revue et augmentée, PUF, Paris, 1989
35. G. Abraham Frois, Essai sur les problèmes d'investissement en pays sous développés, Société d'édition d'Enseignement Supérieur, Paris, 1962
36. Général Likulia Bolongo, Droit pénal militaire zaïrois, LGDJ, Paris, 1977
37. George W. Bush, Instants décisifs, Plon, 2010
38. Gérard Couchez et Xavier Lagarde, Procédure civile, 16ème édition, Dalloz, Paris, 2011
39. Gilbert Azibert, Code pénal, Litec, Paris, 2005
40. Gilbert Azibert, Code de procédure pénale, Litec, Paris, 2005
41. Gordon Thomas, Histoire secrète du Mossad de 19S1 à nos jours, France, 2008
42. Gordon Thomas, Le livre noir de la CIA, Nouveau Monde, Editions 2007
43. Henri D. Beslg et Damien Vandermeersch, Droit de la procédure pénale, la charte, Brugge, 1978
44. Hervé Pelletier et Jean Perfetti, code pénal, Litec, Paris, 2005
45. Isabelle Boucobza, La fonction juridictionnelle. Contribution à une analyse des débats doctrinaux en France et en Italie, Dalloz, Paris, 2005
46. Jacques Attali, Les géants du XXème siècle, Observateur, Fayard, Paris, 2012
47. Jacques Boré et Louis Boré, La cassation en matière civile, 4ème édition, Dalloz, Paris, 2008,
48. Jacques Héron et Thierry Le Bars, Droit judiciaire privé, 2ème édition, Montchrestien, Paris, 2007
49. Jacques Héron et Thierry Le Bars, Droit judiciaire privé, 4ème édition MontChrestien, Paris, 2010
50. Jacques Héron, Droit judiciaire privé, 2Ème édition MontChrestien, Paris, 2002
51. Jacques Médecin, La République des juges, carrère, 1996
52. Jacques Robert et Jean Duffar, Droits de l'homme et libertés fondamentales, 7ème édition, Montchrestien, Paris, 1999
53. Jacques Vergés, Beauté du crime, Pion, Paris, 1988
54. Jacques Vergés, Justice et littérature, PUF, Paris, 2011
55. Jacques Verhaegen et Christiane Hennau, Droit pénal général, Bruylant, Bruxelles, 2003

56. Jean Denis Bredin et Thierry Levy, convaincre : dialogue sur l'éloquence, éditions Odile Jacob, Paris, 1997
57. Jean François Renucci, Droit européen des droits de l'homme, 3eme édition, LGDJ, Paris, 2002
58. Jean Michel Lambert, Le petit juge, Albon Wliehet, Paris, 1987
59. Jean Philippe Dunand et Pascal Pichonnaz, Lexique de droit romain, Bruylant, Bruxelles, 2006
60. Jean PierreBorloo et Damien Vandermeersch, Le tour de la justice pénale en 80 questions, éditions Luc Pirc, Bruxelles, 2005
61. Jean-Denis Bredin et Thierry Lévy, Convaincre : Dialogue sur l'éloquence. Odile Jacob, Paris, 1997
62. Jean-François Brégi, Introduction historique au droit ; Ellipses, Paris, 2005
63. Jérémie Bentham, Traités de législation civile et pénale, Dalloz, Paris, 2010
64. John Rawls, Théorie de la justice, Imprimerie Froch à Mayenne, 1987
65. Kalala Muena Mpala, Juridictions de droit commun siégeant en matière du travail : composition, compétence et saisine irrégulières. Moyens d'ordre public d'annulation et de cassationpour violation dela loi, Nata, Kinshasa, 2008
66. Katuala Kaba Kashala, Code judiciaire zaïrois annoté, éditions Asyst SPRA, Kinshasa, 1995
67. Laurent Greilsamer et Daniel Schpeidermann, Où vont les juges, Fayard, Paris, 2002
68. Lionel Miniato, Le principe du contradictoire en droit processuel, LGDJ, Paris, 2008
69. Loïc Cadîet, Code de procédure civile, Litec, Paris, 2010
70. Loïc Cadiet, Jacques Normand et Soraya Amrani Mekki, Théorie générale du procès, PUF, Paris, 2010
71. Lotti Raïssi, Le *20ème*Kamikaze n'a jamais existé, histoire d'une manipulation des services secrets américains et anglais, Jacob-Duvernet, 2011
72. Louis Favoreu et Loïc Philip, Les grandes décisions du conseil constitutionnel, 5eme édition, Sirey, 1989
73. Luc Boltaviski et Eve Chiapello, Le nouvel esprit du capitalisme, Collimard, 1999
74. Lwamba Katansi, Cour pénale internationale, tribunaux pénaux internationaux et tribunaux pénauxnationaux, publication desfacultés de droit desuniversités duCongo, Kinshasa, 2010

75. M. Long, P. Weïl, G. Braibant, P. Delvolvé et B. Genevois, Les grands arrêts de la jurisprudence administrative, 17ème édition, Dalloz, 2007
76. M. Picard et A. Besson, contrat d'assurance, Tome 1, 5èmeédition, LGDJ, Paris, 1982
77. Magali Bessone, La justice, GF Flammarion, Paris, 2000
78. Marc Trévidic, Au cœur de l'antiterrorisme, Jean Claude Lattes, 2011
79. Marc Wagemans et Yves Oschinsky, Recueil des règles professionnelles, Barreau de Bruxelles, Ordre français des avocats, 2007
80. Martine Kaluszynski, La fonction politique de !a justice, la découverte, Paris, 2007
81. Matadi Nenga Gamanda, Droit judiciaire privé, Âcademia, Bruylant, Louvain-La-Neuve, 2006
82. Matadi Menga Gamanda, La question du pouvoir judiciaire en République Démocratique du Congo : contribution à une théorie de réforme, éditions Droit et idées nouvelles, Kinshasa,2001
83. Matadi Nenga Gamanda, Le droit à un procès équitable, Academia, Bruylant - Droit et idées nouvelles, Louvain-la-Neuve - Kinshasa, 2002
84. Matthieu Aron, Les grandes plaidoiries des ténors du Barreau. Quand les mots peuvent changer, Jacob Duvernet 2010
85. Maurice Cozian, Précis de fiscalité des entreprises, 30ème édition, Litec, Paris, 2006
86. Mauro Cappelletti, le Pouvoir des juges, Economica - Presses Universitaires d'Aix Marseille, 1990
87. Mbuy Mbiye Tanayi, La profession d'avocat a Congo, 2ème édition Ntobo, Kinshasa
88. Michael etRobert Mecropol, Nous sommes vos fils. L'affaire Rosenberg, éditions sociales, Paris, 1975
89. MichèleLaure Rassat, Jean Michel Lemoyne de Forges et Patricia Lemoyne de Forges, institutions administratives et juridictionnelles, Ellipses, France,2005
90. Michèle-Laure Rassat, Procédure civile, Ellipses, Paris, 2010
91. Mohammed Bedjaoni, Pour un nouvel ordre économique international, Unesco, France, 1980
92. Mukadi Bony, N. Kabasele Kabasele, N. Manatshitu Bile Mputu, Mukadi Bony Jr et S. Ntuba Kabeya ; cinquante ans de législation postcolonialeau Congo-Zaïre. Quel bilan? CRDS, Bruxelles, 2010

93. Nasri Antoine Diab, Le droit fondamental à la justice, la procédure civile Libanaise à l'épreuve des droits fondamentaux, première édition, Bruylant, Delta etLGDJ, premièreédition, 2005

94. Natafie Fricero, Procédure civile, 6ème édition Gualino, Paris, 2010

95. Néhémie Mwilanga Wilnndja, La responsabilité professionnelle des magistrats en droit congolais, cas de la prise àpartie, éditions CabinetMwilanga et associés, Kinshasa,2010

96. Nsambayi Mutenda Lukusa, Droit judiciaire congolais, *2ème* éditions universitaires africaines, Kinshasa, 2010

97. Ntetika Mbakata JA, Les règles de ta profession d'avocat en République Démocratique du Congo, éditions Kapango, Kinshasa, 2012

98. Olivier De Schutter, Fonction de juger et des droits fondamentaux ; transformation du contrôle juridictionnel dansles ordres juridiques américain et européen ; Bruylant, Bruxelles, 1999

100 . Olivier Débat, Droit fiscal des affaires, Montchrestien, Paris, 2008

101 Olivier Jerez, Le blanchiment de l'argent, 2ème édition, Revue Banque édition, Paris, 2003

102 Patrice Debré, Le Roman de la vie, Flammarion, 1999

103 Patrick Devedjian, Le temps des juges, Flammarion, France 1996

104 Patrick O Kiage, Essentials of criminal procedure in Kenya, Law Africa, Kenya, 2010

105 Paul Krugman et Maurice Obstfeld, Economie internationale, 7ème édition Pearson, Paris, 2006

106 Paul Lombard et Simone Rozès, le juge et l'avocat Dialogue sur la justice, Robert Laffont, Paris, 1992

107 Jacques Robert et Jean Dufar, droits de l'homme et libertés fondamentales, *7ème*édition, Montchrestien, Paris, 1999

108 Philippe Bouvier, Eléments de droit administratif, De Boeck&Larcier, Bruxelles, 2002

109 Philippe Broussard et Jean Marie Pontaut, Les grandes affaires de la Vème République, l'Express, Paris, 2011

110 Philippe LeTourneau, Droit de la responsabilité et des contrats, 8ème édition, Dalloz, Paris, 2010

111 Pierre Larrouturou, Le livre noir du libéralisme, Rocher, Monaco, 2007

112 Plo Lumumba, Judicial review in Kenya, 2nd edition Law Africa, Kenya, 1999
113 Remy Kashama Tshikondo, Dans l'arène judiciaire congolaise : chronique d'une justice en déliquescence, Agora, Capetown, 20013
114 Robert Badinter, Une autre justice 1789-1799, Fayard, Paris, 1989
115 Robert Carvin, Justice et politique, évolution de leurs rapports, 2eme édition l'Hermès, 2003
116 Roger Perrot, Institutions judiciaires, 11ème édition, MontChrestien, Paris, 2004
117 Roumiana Ougartchinstea, KGB et Cie. A l'assaut de l'Europe, éditions Anne Carrière, Paris, 2005
118 Ruffin Lukao Munsubao, La jurisprudence congolaise en procédure civile, T.1, édition On s'en sortira, Kinshasa, 2009
119 Ruffin Mushigo-A-Gazanga Gingombe, Les principes généraux du droit et leurs applications par la cour suprême de justice du Congo, Bruylant, Louvain-la-Neuve, 2002
120 Serge Guinchard, Cécille Chainais et Frédérique Ferrand, Procédure civile, Droit interne et droit de l'Union Européenne, 30ème édition, Dalloz, Paris, 2010
121 Serge Guinchard, Droit et pratique de la procédure civile, Droit interne-Droit communautaire, Dalloz, Paris, 2009
122 Shebele Michel, Petit guide pratique de l'avocat congolais en matière de droits, de devoirs et d'interdits professionnels, édition Ngshlaw, Kinshasa, sans date
123 Shebele Michel, Régime disciplinaire et pratique de l'honoraire de l'avocat congolais, édition Ngshlaw, Kinshasa, 2011
124 Stephen Breyer, La cour suprême de l'Amérique et son histoire, Odile Jacob, Paris, 2010
125 Stephen M.R. Covey, Le pouvoir de la confiance, Covey, LLC, 2007
126 Stephen V. Berti, Code de procédure civile, Helbirg Lichfen Hahn Verlag, 2009
127 Steve Ouma, A Commentary on the civil procedure act cap 21, Law Africa, Nairobi, 2010
128 Thomas Janville, La qualification juridique des faits, Presses universitaires d'Aix-Marseille
129 Nicolas Sarkozy, Un traité pour l'Europe, Dalloz, Paris, 2008

130 Vincent Kangulumba Mbambi, Indemnisation des victimes des accidents de la circulation et assurance de responsabilité civile automobile, Bruylant, Academia Louvain-la-Neuve, 2002
131 Vincent Nouzille, Dans le secret des Présidents : CIA, Maison-Blanche, Elysée, les dossiers confidentiels, 1981-2010, Fayard, France, 2010
132 Vincent Berger, Jurisprudence de la cour européenne des droits de l'homme, Dalloz, Paris, 1994
133 Willy Katambwa Mutombo, Petit discours sur la fonction déjuger : modes et méthodes de la justice, édition Adesto, Kinshasa, 2013
134 Willy Katambwa Mutombo, Qu'est-ce qu'une république ? Cetrom TS, Kinshasa, 2010

IV. DICTIONNAIRES

1. André Jean Arnaud, Dictionnaire encyclopédique de théorie et de sociologie du droit, LGDJ, Paris, 1993
2. Christian Sain Rapt, Dictionnaire général de l'assurance, édition Arcative, 1996
3. Dictionnaire de droit fiscal et douanier, Ellipses, Paris, 2007
4. Dictionnaire de droit privé et lexiques bilingues, 2ème édition Yvon Blaisme Québec, commande, 1991
5. Dictionnaire des droits de l'homme, PUF, Paris, Octobre 2008
6. Dictionnaire des grandes œuvres juridiques, Dalloz, Paris, 2008
7. Dictionnaire encyclopédique, éd. Philippe Aurou, Paris, 2002
8. Dictionnaire juridique des communautés européennes, PUF, Paris, 1993
9. Encyclopaedia universalis, édition encyclopaedia universalis, Paris, 1990
10. F. Gaffiot, Dictionnaire latin français, Hachette, Paris, 934
11. Gérard Cornu, Vocabulaire juridique, PUF, Paris, 1987
12. Hugo Neumann et Thomas A. Quemner, Dictionnaire juridique français-allemand, Atlemard - Français, édition Navarre, Paris, 1960

13. J. Baleyte, A. Kurgansky, Ch. Laroche et J. Spirdler, Dictionnaire économique et juridique, Français/Anglais, English-French, 5ème édition LGDJ, Paris, 2000
14. Lexique des termes juridiques, 16ème édition, Dalloz, Paris, 2007
15. Loïc Cadiet, Dictionnaire de la justice, PUF, Paris, 2004
16. Mario Mattenci, Dictionnaire juridique français-italien, édition Navarre, Paris, 1963
17. Olivier Merlin Walch, Dictionnaire juridique français/espagnol, 4ème édition, LGDJ, Paris 1998

V. ARTICLES

1. A. Van Oeveler, L'indépendance du pouvoir judiciaire et des juges individuels in Rôle et organisation de magistrats et avocats dans les sociétés contemporaines, IXème congrès mondial du droit judiciaire, éditions juridiques, Belgique, 1992
2. A. Van Oeveler, La responsabilité de l'Etat du fait des fautes professionnelles des juges in Rôle et organisation des magistrats et avocats dans les sociétés contemporaines
3. Ader, L'intervention de la cour européenne en matière disciplinaire in mélanges à l'hommage de Louis E. Pettiti in Emile .Bruylant, Bruxelles, 1998
4. Anczy C. Mariam, Le problème de blanchiment d'argent et de secret professionnel de cette profession, le problème émanant du crime organisé et de l'éthique àcetteprofession in l'Ethique des avocats, Prague, 3 – 5 novembre 1999, Acacs
5. Annick Sadzot, L'égalité des armes et la contradiction dans un procès pénal in Droits de la défense. Acte du colloque « Jacques Henry » organisé par la Conférence Libre des Jeunes Barreaux de Liège, éditions du Jeune Barreau de Liège, 1997
6. Benoit Dejemeppe, Christian Panier et Claude Parmentier, Les magistrats : indépendance, carrière et pouvoir politique in Annales de droit de Louvain, Revue trimestrielle de droit Belge, Tome XLII, 1982
7. Bernard Bergnier, Le nouveau code de procédure civile : Un droit de professeurs ? in De la commémoration d'un

code à l'autre : 200 ans de procédure civile en France, Litec ; Paris, 2006
8. Bernard Menut, Les technologies de l'information et de la communication au service du procès équitable. Défis processuels et technologiques in justice et droit au procès, du légalisme procédural àl'humanisme processuel, Dalloz, Paris, 2010
9. Bertrand Lissarrague, Hommage à un seigneur de la procédure in justice et droit du procès. Du légalisme procédural à l'humanisme processuel in Mélanges en l'honneur de Serge Guinchard, Dalloz, Paris, 2010
10. Bruno Genevois, Comment trancher-t-on au conseil d'Etat ? in Les aces de l'office du juge, colloque des 29 et 30 septembre 2006, Sénat-Palais Luxembourg
11. Carole Fattaccini, Pourvoi en cassation in Droit et pratique de la procédure civile. Droit interne, droit communautaire, 6ème édition, Dalloz, Paris, 2009
12. Catherine Burgelier, Juger sans préjugé in Mélanges en l'honneur de Jean François Burgelier, Dalloz, Paris, 2008
13. Catherine Chadelat, L'élaboration d'un code de procédure civile entre pratique judiciaire et droit savant in De la commémoration d'un code à l'autre : 200 ans de procédure civile en France, Litec, Paris, 2006
14. Catherine Methy, Le juge entre la prise à partie et récusation, résistance et compromis dans l'ordonnance civile de 1667, in juger les juges au moyen âge au conseil supérieur de la magistrature, collection de l'association française pour l'histoire de la justice, La documentation française, Paris, 2000
15. Christian Debuyst, Présentation et justification du thème, in Acteur social et délinquance, hommage à Christian Debuyst, Pierre Mardaga, Liège-Bruxelles, 1990
16. Christian Vigouroux, La contradiction : principe et pratique du juge administratif in Justices et droit du procès. Du légalisme procédural à l'humanisme processuel in mélanges en l'honneur de Serge Guinchard, Dalloz, Paris, 2010
17. Denis Salas, La justice saisie par la littérature dans l'œuvre de Jean Carbonnier, in Justice et droit duprocès du légalisme procédural à l'humanisme processuel in Mélanges en l'honneur de SergeGuinchard, Dalloz, Paris, 2010

18. Didier Chauvaux, L'office du juge administratif : constances et imitations in justice, justice et cassation, dossier de l'office de justice, Dalloz, Paris, 2010
19. Didier Veillon, Magistrats au 19ème siècle en Charente-Maritime Deux-Sèvres, Vienne et Venrée, Geste édition, 2001
20. Dindrias 0 Cacimh, L'office du juge de la cour de justice de l'Union Européenne, in Justice et cassation. Dossier l'Office du juge, Dalloz, Paris, 2010
21. Dominique Rousseau, Les arguments constitutionnels dans les affaires pénales, in Justice et cassation, Dossier l'office dujuge, Dalloz, Paris, 2010
22. Emmanuel Derieux, Le conseil constitutionnel et les principes du droit de la communication, in mélanges Jacques Robert, Mont Chrestien, Paris, 1998
23. Emmanuel Piwnica, Les droits de la défense in Protection des libertés et de droits fondamentaux, les notices de la documentation française, Paris, 2007
24. Emmanuel Putman, Mythe, justice et tragédie dans les Euménides d'Eschyle, in justice et droit au procès. Du légalisme procédural à l'humanisme processuel in mélanges en l'honneur de Serge Guinchard, Dalloz, Paris, 2010
25. F. Ocqueteau, Avant-propos in Polices et politiques de sécurité : concilier efficacité et respect des libertés, la documenation française n° 972, Paris, Mai 2010
26. Fabien Lafay, La modelation du droit par le juge, étude de droit privé et sciences criminelles, Tome I, Presses Universitaires d'Aix Marseille, OUAM, 2006
27. Francis Kernaleguen, Intérêt, qualité, pouvoir : Le ménage à trois de !a théorie de l'action inJustices etdroit du procès. Du légalisme procédural à l'humanisme processuel in Mélanges en l'honneur de Serge Guinchard, Dalloz, Paris, 2010.
28. François Rigaux, Acteur social et sujet de droit in Acteur social et délinquance, hommage à Christian Debuyst, Pierre Mardaya, Liège-Bruxelles, 1990
29. Françoise Ducarong, La vision des juges in Juge administratif à l'aube du 21ème siècle, Actes de colloque du 40^{ème}anniversaire destribunaux administratifs
30. Frédéric Close, Le Ministère Public et les droits de la défense in Droits de la défense. Acte du colloque « Jacques Henry » organisé par la Conférence Libre des

Jeunes Barreaux de Liège, éditions du Jeune Barreau de Liège, 1997

31. Frédéric Lemieux, Les polices guidées par le renseignement : intérêt et limites d'un nouveau modèle in Polices et politiques de sécurité : concilier efficacité et respect des libertés n° 972, la documentation française, Paris, mai 2010
32. Frédéric Sudre, Les exigences de la convention européenne des droits de l'homme, in Ministère Public et les exigences du procès équitable, Bruylant, Bruxelles, 2003
33. Frédérique Ferrand, La restriction du champ de l'appel : les précieux enseignements dudroit allemand in Justices etdroit du procès. Du légalisme procédural à l'humanisme processuel in mélanges en l'honneur de Serge Guinchard, Dalloz, Paris, 2010
34. George Bolard, La matière du procès et le principe dispositif in Droit et pratique de la procédure civile ; Droit international et droit communautaire, 8ème édition, Dalloz, Paris, 2009
35. Georges De Leval, De la prise à partie in La jurisprudence du code judiciaire commentée, Vol II, B. Les voies de recours, la charte, Burges, 2008
36. Georges de Leval, Les droits de la défense en droit judiciaire privé : granit ou alibi in les droits de la défense.Actes du colloque « Jacques Henry» organisé par la conférencelibre des jeunes Barreaux de Liège, éditions du Jeune Barreau de Liège, 1997
37. Georges Ravadani, Interrogations autour d'un droit fondamental ; l'appel in Justices et droit du procès. Du légalisme procédural à l'humanisme processuel in mélanges en l'honneur de Serge Guinchard, Dalloz, Paris, 2010
38. Georges Wiederkehr, Point de vue, Les exposés des motifs du code de procédure civile de1806 in De la commémoration d'uncode à l'autre : 200 ans deprocédure civile enFrance, Litec, Paris, 2006
39. Guy Canivet et Joly Hurard, La responsabilité des juges, ici et ailleurs, entretiens d'Agnesseau, Limoges, 18 novembre 2005
40. Guy Canivet et Yves Gaudemet, Trancher in Les actes de l'office du juge, colloque des 29 et 30 septembre 2006, Sénat-Palais de Luxembourg

41. Guy Canivet, Accueil in De !a commémoration d'un code à l'autre : 200 ans de procédure civile en France, Litec, Paris, 2006
42. Guy Canivet, L'égalité d'accès à ta cour de cassation in rapport de 2003 de la cour de cassation française, Paris
43. Guy Canivet, Protection juridictionnelle des libertés et droits fondamentaux par le juge judiciaire in Protection des libertés etdroits fondamentaux, 2011
44. Guy Houchon, Les acteurs de pénal, hiérarchies ou réseaux ? in Acteur social et délinquance, une grille delecture du système de justice pénale en hommage au Professeur Christian Debuyst, Pierre Mardage éditeur, Liège, 1990
45. Henri Gerphagnon, Etre défendeur, in droit et pratique civile. Droit interne, droit communautaire, Dalloz, Paris, 2009
46. Henri Oberdoff, Le justiciable, le juge administratif et le temps in Juge administratif à l'aube du 21ème siècle, Actes de colloque du40^{ème} anniversaire des tribunaux administratifs, Presses universitaires de Grenoble, 1995
47. Hervé Croze, Le juge doit-il dire le droit ? in Justices et droit duprocès, du légalisme procédural à l'humanisme processuel in mélanges en l'honneur de Serge Guinchard, Dalloz, Paris, 2010
48. loannis Deiicostopoulos et Constantin Delicostopoulos, L'autorité de la chose jugée et les faits, in Justices et droitdu procès, Mélanges en l'honneur de SergeGuinchard, Dalloz, Paris, 2010
49. Isabelle Pingel, Histoire du ministère public : droit français et droit comparé in Ministère public et les exigences du procès équitable, colloque, Bruylant Bruxelles, 2003
50. Jacques Junillon, Règles générales de rédaction des actes de procédure inDroit et Pratique rie la procédure civile, Droit interne - Droit communautaire, Dalloz, Paris, 2009
51. Jacques Foyer, L'ordre public international est-il toujours français? In Justices et droit duprocès. Du légalisme procédural à l'humanisme processuel in mélanges en l'honneur de Serge Guinchard, Dalloz, Paris, 2010
52. Jacques Junillon, Recours en révision, in droite! pratique de la procédure civile, 6^{éme} édition, Dalloz, Paris, 2009
53. Jacques Israël : leministère public et lesexigences du procès équitable, mieux le droit à unprocès équitable in

Ministère Public etles exigences du procès équitable, Bruylant, Bruxelles, 2003

54. Jean Bonnard, La vision des avocats in Le juge administratif à l'aube du 21^{3ms}siècle. Actes du colloque du 40ème anniversaire des tribunaux administratifs, Presses Universitaires de Grenoble, 1995
55. Jean Claude Magendie, Loyauté, dialogue, célérité : trois principes à inscrire en lettres d'or aux frontons des palais de justice, in Justices et droit du procès. Du légalisme procédural à l'humanisme processuel in mélanges en l'honneur de Serge Guinchard, Dalloz, Paris, 2010
56. Jean François Droochenbroeck, La loyauté procédurale au-dessus de l'ordre public : l'irrecevabilité du moyen renégat devant la cour de cassation de Belgique in Justices et droit du procès. Du légalisme procédural à l'humanisme processuel in mélanges en l'honneur de Serge Guinchard, Dalloz, Paris, 2010
57. Jean François Flauss et Elisabeth Lambert Abdelgawad, L'indemnisation du dommage par la cour européenne des droits de l'homme et ses effets en droit français, septembre 2009
58. Jean Louis Gillet, Faut-il sauver l'oralité in Justices et droit du procès. Du légalisme procédural à l'humanisme processuel in mélanges en l'honneur de Serge Guinchard, Dalloz, Paris, 2010
59. Jean Louis Halperin, Le code de procédure civile de 1806 un Code de praticiens ? in De la commémoration d'un code à l'autre. 200 ans de procédure civile, Litec, Paris, 2006
60. Jean Luc A. Chartier, l'esprit de la justice in Mélanges en l'honneur de Jean François Burgelin, principes de justice, Dalloz, Paris, 2008
61. Jean Pierre Dintilhac, L'égalité des armes dans les enceintes judiciaires, cour de cassation, rapport, 2003
62. Jean Pierre Gridel, L'impartialité du juge dans la jurisprudence de la cour de cassation in Mélanges en l'honneur de Jean Buffet, la procédure en tous ses états, petites affiches, Paris, 2004
63. Jean-Claude Magendie, Loyauté, dialogue, célérité : trois principes à inscrire en lettres d'or aux frontons des palais de justice, in justice et droit du procès. Du légalisme procédural à l'humanisme processuel in mélanges en l'honneur de Serge Guinchard, Dalloz, Paris, 2010

64. Jean-Louis Halpérin, Le code de procédure civile de 1806, un code de praticiens ? in de la commémoration d'un code à l'autre : 200 ans de procédure civile en France, Litec, Paris, 2006
65. Jean-Marc Sauvé, Le juge administratif et la protection des libertés et des droits fondamentaux, in Justices et droit du procès, du légalisme procédural à l'humanisme processuel, Dalloz, Paris, 2010
66. Jiirgen Basedow, L'accès à la justice pour les créances modestes : le médiateur de l'assurance en Allemagne in Justices et droit du procès. Du légalisme procédural à l'humanisme processuel in mélanges en l'honneur de Serge Guinchard, Dalloz, Paris, 2010
67. Loïc Cadiet, les jeux du contrat et du procès : esquisse in philosophie du droit et droit économique, quel dialogue ? Mélanges en l'honneur de Gérard Fayat, éditions Fuson-Roche, Paris, 1999
68. Lubaki Makanga, L'interprétation de la notion du dol en matière de prise à partie, in Justice, science et paix, revue juridique, service de la documentation, d'études et de formation, Kinshasa, septembre 2004
69. Manuel Antonio Lopes Rocha, L'impartialité du juge dans la législation et la jurisprudence portugaise (affaires pénales) in Mélanges en hommage à Louis Edmond Pettiti, Emilie Bruylant, Bruxelles, 1998
70. Mathieu Rigouste, Une militarisation de la lutte contre « les violences urbaines » ?, in Polices et politiques de sécurité : concilier efficacité et respect des libertés n° 972, la documentation française, Paris, mai 2010
71. Maurice Duverger, Introduction à une sociologie des régimes politiques, in Traité de sociologie, PUF, Paris, 2007
72. Michel Dumont, Le conseil d'Etat, tribunal indépendant et impartial in Les droits de l'homme au seuil du 3ème millénaire, Mélanges en hommage à Pierre Lambert, Bruylant, Bruxelles, 2000
73. Naoki Kanayama, Vérités, droits substantiels et autorité de la chose jugée, in Justices et droit du procès. Du légalisme procédural à l'humanisme processuel in mélanges en l'honneur de Serge Guinchard, Dalloz, Paris, 2010
74. Natalie Fricero, Autorité du jugement in Droit et pratique de la procédure civile

75. Nathalie Fricero, Conditions relatives au délibéré in Droit et pratique de la procédure civile, 6ème édition, Dalloz, Paris, 2009
76. Noël Didier, Un procès en annulation d'une sentence pontificale (1276-1277) in Recueil de mémoires et travaux, la société d'histoire des droits et des institutions des anciens pays de droit écrit, Toulouse, 1948
77. Paul Lewalle, Le principe du droit de la défense et du débat contradictoire en droit administratif in Les droits de la défense. Actes du colloque « Jacques Henry » organisé par la Conférence Libre des Jeunes Barreaux de Liège, éditions du Jeune Barreau de Liège, 1997
78. Paul Martens, Les tribulations constitutionnelles des droits de la défense in Droits de la défense. Actes du colloque « Jacques Henry » organisé par la Conférence Libre des Jeunes Barreaux de Liège, éditions du Jeune Barreau de Liège, 1997
79. Philippe Hoonakker, Ordonnances sur requête in droit et pratique de la procédure civile. Droit interne-droit communautaire, 6ème édition, Dalloz, Paris, 2009
80. Philippe Martin, Thierry Mayer et Mathias Thoenig, La mondialisation est-elle un facteur de paix ? in 27 questions d'économie contemporaine, Albin Michel, France, 2008
81. Philippe Pedrot, Le processus juridictionnel et droit des personnes, argumentation et délibération in Les actes de l'office du juge, colloque des 29 et 30 septembre 2006, Senat, Palais de Luxembourg
82. Pierre Karti, Acteur social et régulation biologique in acteur social et délinquance. Hommage à Christian Debuyst Pierre Mardage, Liège-Bruxelles, 1990
83. Pierre Lambert, Le respect du secret professionnel de l'Avocat, composante du droit à un procès équitable in Justices et droit du procès. Du légalisme procédural à l'humanisme processuel in mélanges en l'honneur de Serge Guinchard, Dalloz, Paris, 2010
84. Robert Jacob, Les fondements symboliques de la responsabilité des juges, l'héritage de la culture judiciaire médiévale in juger les juges au moyen âge au conseil supérieur de la magistrature, association française pour l'histoire de la justice, La documentation française, Paris, 2000
85. Roger Aubenas et Lucien Guenour, Notes sur la condition des juifs d'Hyères au XIVème siècle, in recueil de

mémoires et travaux publiés par la société d'histoire de droit et des institutions des anciens pays de droit écrit, imprimerie F. Boisseau, Toulouse, 1943
86. Roger Aubenas et Lucien Guenour, Notes sur la condition des juifs d'Hyères au 14ème siècle in Société d'histoire du droit. Recueil de mémoires et travaux, La société d'histoire du droit et des institutions des anciens pays de droit écrit, Imprimerie F. Boisseau, Toulouse, 1948
87. Roger Errera, Un nouveau domaine de la responsabilité de l'Etat du fait de service public de la justice : la prison en justice in Justices et droit du procès. Du légalisme procédural à l'humanisme processuel, Dalloz, Paris, 2010
88. Serge Dauchy, La conception du procès civil dans le code de procédure civile de 1806 in De la commémoration d'un code à l'autre : 200 ans de procédure civile en France, Litec, Paris, 2006
89. Serge Guinchard, procès équitable : garantie formelle ou droit substantiel ? in Philosophie du droit et droit économique. Quel dialogue, Frison-Roche, 1999
90. Théo Klein, La fonction de juge, Mélanges en hommage à Louis Edmond Pettiti, éditions Bruylant, Bruxelles, 1998
91. Thierry Coosmans, Vers une Europe de renseignement, in Polices et politiques de sécurité : concilier efficacité et respect des libertés n° 972, la documentation française, Paris, mai 2010
92. Thierry S. Renoux, De l'indépendance de la justice au Japon in Justices et droit du procès, du légalisme procédural à l'humanisme processuel, Mélanges en l'honneur de Serge Guinchard, Dalloz, Paris, 2010
93. Yves Stuckler, Liberté, j'écris ton nom, in Justices et droit du procès, du légalisme procédural à l'humanisme processuel, Dalloz, Paris, 2010
94. Yvon Desdevises, Collégialité, impartialité et contradiction in Justices et droit du procès, du légalisme procédural à l'humanisme processuel in mélanges en l'honneur de Serge Guinchard, Dalloz, Paris, 2010

VI. MEMOIRES-THESES

1. Boniface Kabanda Matanda, Echec de politique sectorielle fondée sur les exonérations fiscale et parafiscale en matière des investissements. Appel à la

globalisation des politiques, cas de la RD Congo, 25 mai 2011, thèse de doctorat

2. Boniface Kabanda Matanda, impact de la police congolaise dans la lutte contre le blanchiment des capitaux et le financement du terrorisme, Master 2, sécurité intérieure, Université deNice-Sophia Antipolis 2

VII. SYLLABUS

1. Ali Bayar, Walter Coscia etJean Marie Duprierreux, Mondialisation et pays en développement, Université Libre de Bruxelles, 2006
2. Aufan, Espionnage économique, Master 2, sécurité intérieure, université de Nice Sophia Antipolis, 2006
3. Bernard Asso, information et désinformation, Master 2, sécurité intérieure, université de Nice Sophia Antipolis, 2006
4. Bernard Asso, Réflexions sur l'évolution des services de renseignement français, Master 2, sécurité intérieure, université de Nice Sophia Antipolis, 2009
5. Christian Vallar, Les polices européennes, Master 2, sécurité intérieure, université de Nice Sophia Antipolis, 2006
6. F. Cass, La police administrative, Master 2, sécurité intérieure, université de Nice Sophia Antipolis, 2006
7. Marc Dassesse, droit fiscal, première partie, volume I, principes généraux et impôts des personnes physiques, Presses universitaires de Bruxelles, 2006
8. Michel Bojabwa B.D, Formation en matière de cassation et d'annulation, Kinshasa, 2011

VIII. RAPPORTS ET REVUES

1. Bulletin des arrêts de la cour suprême de justice, années 2004 à 2009, Tome 1,Kinshasa, 2010
2. Bulletin des arrêts de la cour suprême de justice, années 2004-2009, Tome II, Kinshasa, 2010
3. Challenges n° 215, 3 juin 2010
4. Collection juridoc, Contentieux de prise à partie, Tome III, Juricongo, Kinshasa 2011
5. Collection juridoc, Contentieux de prise à partie, Tome III, Juricorps, Kinshasa, 2011

6. Conseil de l'Europe, La lutte contre le terrorisme, éditions du conseil de l'Europe
7. Conseil Supérieur de la Magistrature, chambres de discipline, Recueil de jurisprudences en matière disciplinaire du magistrat, Lejack Print, Kinshasa, sans date
8. C. Elisabeth Paillet, Colloque du 25 novembre 2010 - Université de Nice, Sophia Antipolis, Emmanuel Brecu, Mesurer la justice ? Elaboration d'indicateurs de qualité de la justice dans une perspective comparative, rapport final, Institut des hautes études sur la justice, Mai 2001
9. Jeune Afrique, 53ème année, nO 2752 du 6 au 12 octobre 2013
10 Jeune Afrique, 54ème année n" 2278 du 23 au 29 mars 2014
11 Jeune Afrique, 54ème année n° 2771 du 22 au 22 février 2014, 2010
12 L'Express Fr, 20 novembre 2013 à 10.45'
13 La Tour de Garde, 1er octobre 2012
14 Les juridictions des Etats membres de l'Union Européenne, cour de justice des communautés européennes, Luxembourg, 2009
15 Patrick Lehingue, Introduction d'unedémarchequalitédans le service public de la justice : inventaire des difficultés et possibles analogies, Rapport final, Centre universitaire de recherches administratives et |
16 Pierre Alex Franck, l'inventaire des recours juridictionnels, Actes du colloque sur la magistrature économique, Bruylant, Bruxelles, 1976
17 Rapport de la cour de cassation française, 1984
18 Rapport de la cour de cassation française, 1987
19 Rapport de la cour de cassation, 1999, Documentation Française, Paris, 2000
20 Recueil de mémoires et travaux de la société d'histoire du droit et des institutions des anciens pays de droit écrit, Imprimerie F. Boisseau, Toulouse, 1948
21 Recueil de règles professionnelles, Barreau de Bruxelles, ordre français des avocats, Bruxelles, 2007
22 Recueil de textes législatifs congolais et internationaux en matière de justice militaire, 2009
23 Règlement de l'ordre des Barreaux francophone et germanophone relatif au code judiciaire belge, Tome 1 Larcier, 2010

24 Répertoire de jurisprudence de droit communautaires (CEE-CECA-CEEA) cour de justice et tribunal de première instance 1977-1990, vol1, Luxembourg, 1995
25 Rep. 23 novembre 1852, DP 1852.1.324
26 Réveillez-vous août 2012
27 Réveillez-vous mai 2013
28 Réveillez-vous juillet 2013
29 Revue critique de jurisprudence belge, année 1991, Etablissements Emile Bruylant, Bruxelles
30 La société d'histoire du droit et des institutions des anciens pays de droit écrit, recueil de mémoires et travaux, imprimerie F. Boisseau, Toulouse, 1948
31 Les juridictions des Etats membres de l'union européenne, cour de justice des communautés européennes, Luxembourg, 2009
32 Journal des tribunaux, 108ème année n° 5517, 30 septembre 1989, Belgique

IX. DISCOURS

1. Benoit Lwamba Bindu, La problématique de la prise à partie, Discours à l'audience solennelle de rentréede La cour suprême dejustice, Kinshasa, 2005
2. Discours prononcé par Jean François Burgelin, Procureur Général, in Rapport de 2003 de la cour de cassation
3. Discours prononcé par Mr Guy Canivet, Premier Président de la cour de cassation à l'audience solennelle de début de l'année judiciaire, le jeudi6 janvier 2000. Rapport de la cour de cassation 1999document:
4. Jacques Vanderlinden, colloque organisé à la faculté de droit de l'université de Nice Sophia Antipolis,France, le 25 novembre 2010

X. SITESWEB

5. www. lefiqaro.fr/international/2013
6. http://www.lemonde.fr/

TABLE DES MATIERES

République démocratique du Congo aux éditions L'Harmattan

Dernières parutions

LA SORCELLERIE CHEZ LES DING DE LA RDC
Nkumisongo Vavi Fabiyo François-Xavier
La sorcellerie constitue une force surhumaine, une croyance et une pratique ambiguë, notamment chez les Ding de RDC. L'accent a été mis sur le rôle, le pouvoir et la position du sorcier ainsi que sur les voies d'accès et celle de sa transmission. D'autres phénomènes sont analysés tels que l'incarnation, la réincarnation, l'antisorcellerie, la science et la recherche scientifique. Sans oublier le génie créatif ou inventif propres à chaque peuple. Également liée à la religion, elle est à ce titre l'opium du peuple Ding. Elle bloque par l'envoûtement, il faut chercher à la débloquer par des mécanismes d'antisorcellerie.
(Coll. Géopolitique mondiale, 12.00 euros, 106 p.)
ISBN : 978-2-343-04505-4, ISBN EBOOK : 978-2-336-37078-1

CONVICTIONS ET ESPÉRANCES POUR LA RÉPUBLIQUE DÉMOCRATIQUE DU CONGO
Verbatim (2008-2014)
Mukalay Nsungu Banza - Préface de Manda Tchebwa
Ce livre restitue la vision de l'homme politique pour son pays au travers des «écrits et des dits». Le lecteur découvre les idées-forces du politique qui accompagne le développement d'un secteur socioculturel de la RD Congo. Banza Mukalay Nsungu a été élu quatre fois député de Lubumbashi et ministre dans plusieurs gouvernements. Il est depuis 2012 ministre de la Culture et des Arts de la RD Congo.
(Coll. Comptes Rendus, 21.00 euros, 210 p.)
ISBN : 978-2-343-05743-9, ISBN EBOOK : 978-2-336-37101-6

MA VÉRITÉ SUR LE MARÉCHAL MOBUTU ET SUR LA TRANSITION DÉMOCRATIQUE AU ZAÏRE (1990-1997)
Mukalay Nsungu Banza - Préface de Camille Sesep N'sial
La «transition démocratique» en République démocratique du Congo aura été l'une des plus troubles, complexes et longues de tout le continent africain (1990-2006). Acteur et témoin privilégié de l'histoire politique de ces dernières décennies, l'auteur pose un regard critique sur ces années de tumulte, en interpellant la responsabilité de l'acteur politique congolais. En évoquant ses rapports privilégiés avec le maréchal Mobutu, qui lui confiera la direction de son parti, l'auteur pose aussi son jugement global sur le déroulement de la transition.
(Coll. Comptes Rendus, 16.50 euros, 162 p.)
ISBN : 978-2-343-05741-5, ISBN EBOOK : 978-2-336-37097-2

LES MOTS RÉCURRENTS DE LA TRANSITION POLITIQUE AU ZAÏRE (1990-1997)
Mukalay Nsungu Banza
Rompant avec la tradition qui confine l'étude du vocabulaire et du discours politique dans les sphères des chercheurs spécialisés, l'auteur s'intéresse ici aux mots récurrents de la période politique de la Transition (1990-1997) au Zaïre (actuelle RDC). Une période politique qui va du discours historique de la démocratisation, prononcé par le président Mobutu le 24 avril 1990, à

l'avènement du président Laurent-Désiré Kabila, le 17 mai 1997. L'ouvrage constitue également une contribution à l'étude du français d'Afrique subsaharienne et spécialement de la RDC.
(Coll. Comptes Rendus, 9.00 euros, 56 p.)
ISBN : 978-2-343-05742-2, ISBN EBOOK : 978-2-336-37092-7

L'U.D.P.S. DANS L'ŒIL DU CYCLONE
La violence politique au Zaïre sous Mobutu (octobre 1985)
Mutamba Makombo Jean-Marie
Cet ouvrage relate la traque et la répression d'un mouvement d'opposition clandestin au Zaïre (R.D. Congo) sous la Deuxième République : l'Union pour la Démocratie et le Progrès Social (UDPS). L'auteur s'appuie sur les rapports d'information établis en octobre 1985 par le Corps des Activistes pour la Défense de la Révolution (CADER), qui témoignent des tribulations du petit peuple qui a souffert pour le triomphe du multipartisme et de la démocratie. Ils révèlent aussi les luttes d'influences, la lutte d'intérêts et de clans au sein du Parti unique.
(12.00 euros, 104 p.)
ISBN : 978-2-343-05729-3, ISBN EBOOK : 978-2-336-37252-5

VALORISER L'EXPÉRIENCE DANS L'ENSEIGNEMENT ADMINISTRATIF
Manuel de psychologie et des sciences de l'éducation en République du Congo
Tabezi Pene-Magu Bernard-Gustave
La notion d'expérience est devenue une référence majeure, aussi bien en éducation que dans tous les métiers où des personnes agissent sur l'activité d'autres personnes (orientation, conseil, management, soins). Elle est de plus en plus valorisée au sein de l'enseignement scolaire comme le montre la promotion des pratiques pédagogiques prônant le recours à l'expérience et à l'expérimentation comme source des apprentissages...
(Coll. Études africaines, 19.00 euros, 192 p.)
ISBN : 978-2-343-05376-9, ISBN EBOOK : 978-2-336-37157-3

DES ÉCOLES PRIMAIRES «EFFICACES»
Étude de leurs déterminants à Kisangani
Kamba Eyanganunga Albert
Dans un environnement scolaire marqué par de forts taux de déperdition et des faibles niveaux d'acquis par les élèves, certaines écoles sortent du lot. Ces écoles primaires efficaces fonctionnent dans un climat scolaire positif, recourent à des pratiques éducatives maximisant le temps d'enseignement et à des pratiques managériales participatives et orientées vers les objectifs.
(Coll. Études africaines, 31.00 euros, 290 p.)
ISBN : 978-2-343-05350-9, ISBN EBOOK : 978-2-336-37239-6

LA BANQUE MONDIALE ET LA RÉFORME DES ENTREPRISES PUBLIQUES CONGOLAISES (RDC)
Une analyse critique des enjeux politiques, économiques et sociaux
Mpoy Kadima Godé
Malgré un cadre macroéconomique en relative amélioration, le redressement des entreprises publiques congolaises (RDC) demeure au coeur des enjeux de la relance de l'économie nationale. Victimes des conjonctures et politiques publiques défavorables à leur expansion, ces entreprises sont, pour la plupart d'entre elles, au bord de la faillite. L'option de la privatisation, préconisée comme solution par le gouvernement congolais, ne peut s'imposer comme l'unique voie de recours. Ce vaste plan de privatisation risque d'entraîner des conséquences néfastes sur les plans économique, social et politique.
(Coll. Comptes Rendus, 18.00 euros, 182 p.)
ISBN : 978-2-343-05927-3, ISBN EBOOK : 978-2-336-37273-0

ARCHIVISTIQUE, BIBLIOTHÉCONOMIE, DOCUMENTATION ET LÉGISTIQUE
Des disciplines de la bibliologie
Bobutaka Bateko Bob
En tant que disciplines de la bibliologie (science générale de l'écrit), l'archivistique et la bibliothéconomie ont pris une ampleur considérable dans l'environnement planétaire actuel

caractérisé par l'explosion documentaire. Ces disciplines ont donné naissance à la documentation qui gère l'information actualisée, spécialisée et professionnelle. Outre ces disciplines, ce livre tente de démontrer que la légistique fait également partie des disciplines bibliologiques, au-delà de ses caractères juridiques et politiques.
(Coll. Recherches en Bibliologie, 32.00 euros, 314 p.)
ISBN : 978-2-343-05739-2, ISBN EBOOK : 978-2-336-37076-7

UNE CAUSE SACRÉE
Le dialogue intercongolais, 2000-2003
Winter Philip - Traduit de l'anglais par le professeur Norman Strike
En mars 2000, Philipe Winter est sollicité pour assumer le rôle de chef de cabinet de l'ancien président du Botswana, pressenti pour présider et faciliter le dialogue auquel avaient consenti les trois principales parties belligérantes de la République démocratique du Congo lors de l'Accord de cessez-le-feu de Lusaka en 1999. Ce récit des négociations, basé sur les notes prises par l'auteur ainsi que sur de nombreux procès verbaux et rapports de réunions, constitue un compte rendu qui met en valeur l'importance de la patience et de la diplomatie dans la mise en place d'un cadre pour un meilleur avenir de la RDC.
(Coll. Études africaines, 36.50 euros, 356 p.)
ISBN : 978-2-343-04843-7, ISBN EBOOK : 978-2-336-36842-9

L'INTRODUCTION DE LA TVA EN RÉPUBLIQUE DÉMOCRATIQUE DU CONGO
Critique de la transition fiscale en Afrique
Matenda Kyelu Athanase
Préface de Jean-Claude Martinez – Postface d'Evariste Mabi Mulumba
Le 1er janvier 2012, la TVA entre en vigueur en RDC : aventure de dix ans pour la Direction générale des Impôts d'un pays grand comme l'Europe de l'Ouest. Ce livre pionnier d'une intelligence économique des nations révèle lieux, hommes et déroulement de la réforme pour amener la question iconoclaste : est-ce nécessaire d'avoir la TVA ? N'aurait-il pas été plus efficace de muter la technologie des droits de douane pour les rendre déductibles, plutôt que s'aligner sur la solution de leur réduction puis suppression, avec l'introduction compensatoire d'une TVA ?
(70.00 euros, 510 p.)
ISBN : 978-2-343-03255-9, ISBN EBOOK : 978-2-336-36928-0

LE CONSEIL AGRICOLE RURAL DE GESTION ET DÉVELOPPEMENT À LA BASE EN RDC
Makala Nzengu Patrick - Préface de Thomas Kembola Kejuni
Les évolutions techniques et socioéconomiques dans le secteur agricole de la RDC ont permis d'adopter de nouvelles orientations fondées sur l'approche programme et l'inclusion des acteurs du monde rural dans les politiques agricoles. La nouvelle approche «CARG», objet de ce livre, fait rupture avec celles, directives, d'encadrement et de vulgarisation des pouvoirs publics et partenaires au développement. Elle puise dans les valeurs socioethnologiques congolaises : dynamique communautaire, savoir local ou paysan et autoprise en charge.
(Coll. Études africaines, série Agro-Alimentaire, 17.00 euros, 166 p.)
ISBN : 978-2-343-04888-8, ISBN EBOOK : 978-2-336-36890-0

APPRENTISSAGE DES LANGUES SECONDES EN RD CONGO
(suivi de la version anglaise du texte)
Performance analysis. Imbalance between input and output. A study in second language acquisition
Itangaza Mubangu
La République Démocratique du Congo constitue un vaste territoire linguistique avec une population de près de 70 millions d'habitants répartis en 400 groupes ethniques et autant de langues. À ces langues nationales il faut ajouter le français, langue de l'administration. En se basant sur des textes sélectionnés, l'auteur cherche à savoir si la performance des utilisateurs congolais est proportionnelle au nombre d'heures passées à apprendre le français. Cette étude

intéresse les enseignants et professeurs de langues et didacticiens de différentes disciplines. (Textes en français et en anglais.)
(Coll. Comptes Rendus, 14.00 euros, 130 p.)
ISBN : 978-2-343-05664-7, ISBN EBOOK : 978-2-336-37053-8

INFRASTRUCTURES ROUTIÈRES ET DÉVELOPPEMENT SOCIOÉCONOMIQUE DANS LE MAYOMBÉ (RDC)
Bonkena Bokombola Papy
Ce livre se consacre à la réflexion sur la corrélation entre l'infrastructure routière et le développement socioéconomique. C'est en s'appuyant sur un ensemble très large de variables sociales et économiques jugées pertinentes que cette étude tente de contribuer à la construction d'un dispositif des variables aptes à saisir les changements entraînés par l'intervention du projet routier basée sur la technologie HIMO.
(Coll. Études africaines, 19.00 euros, 188 p.)
ISBN : 978-2-343-04064-6, ISBN EBOOK : 978-2-336-36895-5

LA CONFÉRENCE INTERNATIONALE SUR LA RÉGION DES GRANDS LACS
Une dynamique nouvelle d'intégration en Afrique
Ollandet Jérôme
Il existe en Afrique un nombre important de Communautés économiques régionales qui connaissent des succès mitigés. En s'occupant uniquement des questions de coopération économique entre les États, elles sont inefficaces lorsqu'une crise sociopolitique éclate. Aucun mécanisme n'est prévu pour servir de cadre de résolution des conflits. La Conférence internationale sur la région des Grands Lacs fut créée après la crise de l'est de la RDC et regroupe douze pays : Angola, Burundi, RCA, Congo, RDC, Kenya, Ouganda, Rwanda, Soudan, Soudan du Sud, Tanzanie, Zambie.
(Coll. Harmattan Congo, 29.00 euros, 294 p.)
ISBN : 978-2-343-04937-3, ISBN EBOOK : 978-2-336-36917-4

NGALIEMA (KINSHASA) COMMUNE DES PARADOXES
Kiaki Mayamba Niangi Jean-Baptiste
Ce livre est destiné aux dirigeants et aux aspirants dirigeants des affaires publiques qui devraient connaître et savoir ce que sont et devraient être les infrastructures locales et nationales. L'auteur montre que la réalité de la commune de Ngaliema reflète celle de toutes les entités politico-administratives de la République démocratique du Congo.
(Coll. Harmattan RDC, 38.50 euros, 386 p.)
ISBN : 978-2-343-05353-0, ISBN EBOOK : 978-2-336-36792-7

GUERRES CIVILES DANS LA RÉPUBLIQUE DÉMOCRATIQUE DU CONGO 1960-2010
Emizet Kisangani François
Guerres de sécession, guerres ethniques, rébellions, mutineries et invasions par des Congolais ayant des sanctuaires en Angola caractérisent le paysage politique de la République Démocratique du Congo depuis que le pays devint indépendant en 1960. Pourquoi ? Que pouvons-nous apprendre de ce qui semble apparemment être d'interminables guerres internes ? L'auteur explore ces questions dans une analyse systématique et compréhensive.
(Coll. Études africaines, 37.00 euros, 360 p.)
ISBN : 978-2-343-02198-0, ISBN EBOOK : 978-2-336-36790-3

L'HARMATTAN ITALIA
Via Degli Artisti 15; 10124 Torino

L'HARMATTAN HONGRIE
Könyvesbolt ; Kossuth L. u. 14-16
1053 Budapest

L'HARMATTAN KINSHASA
185, avenue Nyangwe
Commune de Lingwala
Kinshasa, R.D. Congo
(00243) 998697603 ou (00243) 999229662

L'HARMATTAN CONGO
67, av. E. P. Lumumba
Bât. – Congo Pharmacie (Bib. Nat.)
BP2874 Brazzaville
harmattan.congo@yahoo.fr

L'HARMATTAN GUINÉE
Almamya Rue KA 028, en face
du restaurant Le Cèdre
OKB agency BP 3470 Conakry
(00224) 657 20 85 08 / 664 28 91 96
harmattanguinee@yahoo.fr

L'HARMATTAN MALI
Rue 73, Porte 536, Niamakoro,
Cité Unicef, Bamako
Tél. 00 (223) 20205724 / +(223) 76378082
poudiougopaul@yahoo.fr
pp.harmattan@gmail.com

L'HARMATTAN CAMEROUN
BP 11486
Face à la SNI, immeuble Don Bosco
Yaoundé
(00237) 99 76 61 66
harmattancam@yahoo.fr

L'HARMATTAN CÔTE D'IVOIRE
Résidence Karl / cité des arts
Abidjan-Cocody 03 BP 1588 Abidjan 03
(00225) 05 77 87 31
etien_nda@yahoo.fr

L'HARMATTAN BURKINA
Penou Achille Some
Ouagadougou
(+226) 70 26 88 27

L'HARMATTAN SÉNÉGAL
10 VDN en face Mermoz, après le pont de Fann
BP 45034 Dakar Fann
33 825 98 58 / 33 860 9858
senharmattan@gmail.com / senlibraire@gmail.com
www.harmattansenegal.com

L'HARMATTAN BÉNIN
ISOR-BENIN
01 BP 359 COTONOU-RP
Quartier Gbèdjromèdé,
Rue Agbélenco, Lot 1247 I
Tél : 00 229 21 32 53 79
christian_dablaka123@yahoo.fr

Achevé d'imprimer par Corlet Numérique - 14110 Condé-sur-Noireau
N° d'Imprimeur : 127303 - Dépôt légal : mars 2016 - *Imprimé en France*

www.ingramcontent.com/pod-product-compliance
Lightning Source LLC
LaVergne TN
LVHW011226061026
849535LV00001BA/195
* 9 7 8 2 3 4 3 0 7 5 8 8 4 *